CB132046

TEXTOS ANDINOS

Gabriel García Márquez

TEXTOS ANDINOS

· OBRA JORNALÍSTICA 2 ·

1954-1955

Recompilação e prólogo de
JACQUES GILARD

Tradução de
REMY GORGA, FILHO e
LÉO SCHLAFMAN

EDITORA RECORD
RIO DE JANEIRO • SÃO PAULO

2006

CIP-Brasil. Catalogação-na-fonte
Sindicato Nacional dos Editores de Livros, RJ.

García Márquez, Gabriel, 1928-
G21t Textos andinos, 1954-1955 / Gabriel García Márquez; recompilação e prólogo de Jacques Gilard; tradução Remy Gorga, Filho, Léo Schlafman. – Rio de Janeiro: Record, 2006.
(Obra jornalística de Gabriel García Márquez; 2)

Tradução de: Entre cachacos: obra periodística 2, 1954-1955
ISBN 85-01-07042-4

1. Ensaio colombiano. I. Gilard, Jacques. II. Schlafman, Léo. III. Gorga, Remy, 1933-. IV. Título. V. Série.

06-2107 CDD – 868.993614
CDU – 821.134.2(861)-4

Título original em espanhol:
ENTRE CACHACOS. OBRA PERIODÍSTICA 2. 1954-1955

Copyright © Gabriel García Márquez, 1982
Recompilação e prólogo: Jacques Gilard

Projeto gráfico de capa e miolo: Victor Burton

Todos os direitos reservados. Proibida a reprodução, armazenamento ou transmissão de partes deste livro através de quaisquer meios, sem prévia autorização por escrito. Proibida a venda desta edição em Portugal e resto da Europa.

Direitos exclusivos de publicação em língua portuguesa para o Brasil adquiridos pela
EDITORA RECORD LTDA.
Rua Argentina 171 – Rio de Janeiro, RJ – 20921-380 – Tel.: 2585-2000
que se reserva a propriedade literária desta tradução

Impresso no Brasil

ISBN 85-01-07042-4

PEDIDOS PELO REEMBOLSO POSTAL
Caixa Postal 23.052
Rio de Janeiro, RJ – 20922-970

CÓPIA NÃO AUTORIZADA É CRIME
ABDR
ASSOCIAÇÃO BRASILEIRA DE DIREITOS REPROGRÁFICOS
RESPEITE O DIREITO AUTORAL
EDITORA AFILIADA

SUMÁRIO

PRÓLOGO

A chegada de García Márquez a Bogotá e seu ingresso como redator em *El Espectador* devem ter ocorrido em janeiro de 1954, mas é possível que entre um fato e outro houvesse transcorrido um prazo relativamente longo — algumas semanas —, uma vez que a admissão definitiva só aconteceria depois de algum tempo de experiência. Em todo caso, o primeiro texto atribuível a ele é de princípios de fevereiro daquele ano. García Márquez recorda que, terminado o breve período de colaboração em *El Nacional* de Barranquilla, Álvaro Mutis, na época responsável pela publicidade da Esso, convidou-o a ir a Bogotá. Passava, então, os dias no escritório de Mutis, e algum tempo depois já não sabia muito bem o que fazer. A sede de *El Espectador* ficava no mesmo edifício da avenida Jiménez, e mais de uma vez, durante essa estada que devia ser breve, os responsáveis pelo jornal pediram a García Márquez que lhes escrevesse notas breves, "porque faltara um redator", ou que os tirasse de dificuldades. Quando já se aborrecia em Bogotá, pensando que não fazia nada e que desperdiçava o tempo de Mutis, decidido a voltar para o litoral, os donos de *El Espectador* ofereceram-lhe um lugar de redator com um salário de novecentos pesos mensais. A oferta e o salário eram mais que tentadores, se se pensa que nos anos anteriores uma "jirafa"* rendia-lhe apenas três pesos. Com

*"Jirafa", da série de artigos intitulada "La Jirafa", que García Márquez manteve em *El Heraldo*, de Barranquilla, sob o pseudônimo Septimus. (*N. do T.*)

novecentos pesos mensais podia não só viver folgadamente, mas também ajudar seus pais. Por isso aceitou a oportunidade e ficou em Bogotá, quando, no começo, não tinha pensado em se afastar por muito tempo da Costa Atlântica. Anos depois chegou a suspeitar que o convite de Mutis fazia parte de uma manobra de *El Espectador* para atraí-lo a Bogotá e contratá-lo.

*

O mais constante da colaboração de García Márquez em *El Espectador* caracterizava-se por um anônimo trabalho de redação. O exame das coleções do jornal permite pensar que muitos textos reescritos a partir de telegramas de agências de notícias são de García Márquez, parcial ou totalmente: a qualidade estilística, uma característica, uma fórmula, a ênfase posta em um detalhe ou um tema parecem às vezes familiares a quem já leu detidamente a série de "La Jirafa" e as reportagens assinadas dos anos 1954 e 1955 (não há uma semelhança clara com aspectos da obra literária). Mas esses elementos de identificação são tão ínfimos, em qualidade e quantidade, em meio a esses textos de pura informação, que nunca se poderia pensar seriamente em atribuir a García Márquez a redação desses artigos, impessoais e sem transcendência.

Onde realmente se deve assumir o risco de uma pesquisa cuidadosa para atribuir a ele os textos anônimos de *El Espectador* é na coluna "Día a día", que durante anos foi uma instituição nas páginas do jornal, tão inalterável quanto o editorial. Quando García Márquez se incorporou à redação, costumavam participar nessa coluna Guillermo Cano, Gonzalo González (GOG) e Eduardo Zalamea Borda (Ulises). Nenhum deles assinava sua colaboração. Os primeiros sinais de que García Márquez também escreveu em "Día a día" encontram-se até mesmo no curso de uma leitura descomprometida: algumas notas apresentam, muito repetidos, os elementos identificadores mencionados acima e, além disso, notáveis pontos de contato com a temática jornalística e literária de García Márquez. Essa impressão se vê confirmada pelas próprias lembranças do escritor. E há um testemunho irretorquível e oportuno, contemporâneo da colaboração de García Márquez em *El*

Espectador, extraído das páginas do próprio jornal. Quando o conto "Um dia depois do sábado" ganhou o primeiro prêmio no concurso nacional de contos, anunciado em julho de 1954, uma nota de José Guerra, em sua página cultural da edição de domingo de *El Espectador*, referia-se às atividades jornalísticas de García Márquez, deixando de lado, por certo, seu trabalho de repórter, no qual se iniciara poucos dias antes. Dizia José Guerra:

> García Márquez (27 anos, *barranquillero*) continua assim na admirável carreira de escritor e jornalista, o que se pode comprovar tanto nos trabalhos que citamos como em suas finas notas da coluna "Día a día" de *El Espectador*.[1]

Até mesmo as lembranças de García Márquez indicam que foi nas notas de "Día a día" que ele iniciou sua colaboração em *El Espectador*. Em que pese a dificuldade da tarefa, impõe-se a recuperação de textos que ele não assinou e foram publicados nessa coluna; devido a essa mesma dificuldade, não se pode ir mais além nessa pesquisa, que resultaria, ao final, incompleta e nada satisfatória.

De fato, nem sempre é fácil reconhecer García Márquez nesses textos. Cada um dos três redatores de "Día a día" fazia-o à sua maneira, tratando sempre, porém, de manter um tom neutro, que devia ser o da coluna, e esforçando-se por apagar ao máximo sua personalidade e os traços sobressalentes de um estilo próprio. "Día a día" não tinha rigorosamente que respeitar as normas do editorial como gênero, mas a isso tendia mais ou menos, acima das diferenças entre seus redatores e acima de sua própria variedade (incluía textos sérios humorísticos). O caso é que a coluna era publicada imediatamente depois do editorial, na página 4 de *El Espectador*. O editorial ocupava a primeira coluna, e "Día a día," a segunda. Aparecia primeiro a opinião do jornal sobre as grandes questões políticas do momento e, em seguida, com a mesma impessoalidade de princípios, alguns julgamentos, evocações ou reflexões sobre aspectos variados da vida e do mundo. Posteriormente podia-se ler a sempre interessante coluna "La ciudad y el

1. José Guerra, "El concurso del cuento", *El Espectador*, 8 de agosto de 1954, p. 33.

mundo", assinada por Ulises, e a festejada seção de GOG, "Preguntas y respuestas".

Ao iniciar sua colaboração em *El Espectador*, e muito provavelmente com notas para "Día a día", García Márquez teve que se esforçar para alcançar o tom neutro da coluna e despersonalizar seu estilo. Assim dificulta-se a identificação do que escreveu e reduz-se a quantidade de textos que lhe podem ser atribuídos. "Día a día" foi, sob muitos aspectos, uma continuação de "La Jirafa", mas em compensação perdeu-se a liberdade de que gozava Septimus em *El Heraldo*. Septimus era uma máscara cômoda, um dublê jornalístico ao mesmo tempo inalcançável e identificado, a quem se podiam atribuir os erros de "La Jirafa", mas que devia a García Márquez tudo de bom que aparecia sob sua assinatura fictícia. Além da liberdade de redação de que havia gozado, evidentemente, em "La Jirafa", seu autor aproveitara ao máximo as possibilidades libertadoras de sua máscara. Apesar do anonimato, não havia tanta liberdade em "Día a día". A distância, naturalmente, esse anonimato tem uma grande vantagem: García Márquez pode recusar a paternidade de todas as suas notas que não lhe pareçam bem escritas, embora lhes tenha dedicado muito trabalho e concedido muita importância no momento da redação. Além deste discutível aspecto, há outro indiscutivelmente positivo: os textos escritos por obrigação,[2] simplesmente porque alguém devia escrever sobre um fato determinado ou porque era preciso preencher um espaço em branco da página 4,[3] e que assim permanecem em um aceitável anonimato. Seria, aliás, injusto atribuir a García Márquez textos que escreveu de qualquer maneira, mas

2. García Márquez recorda que um dos aspectos mais ingratos para os cronistas era a aproximação de datas festivas de qualquer país que mantivesse relações diplomáticas com a Colômbia. Nada havia que dizer em particular, mas apesar disso deviam eles redigir uma porção de linhas sobre o tema, numa tarefa que sempre lhe pareceu interminável. Em "Día a día" García Márquez teve que escrever muitos textos desse tipo, mas neles não aparece nenhum elemento característico, nem dele nem de qualquer de seus colegas; só se percebe o aborrecimento com que foram redigidos, qualquer que tenha sido o redator.

3. García Márquez recorda que José Salgar ou Guillermo Cano, sem nada lhe dizerem, apenas com o polegar e o indicador mais ou menos separados, indicavam-lhe o espaço que lhe cabia preencher para completar a coluna. Esses textos, entretanto, não foram forçosamente os que escreveu com menor interesse. Pelo contrário: os textos finais são, muitas vezes, excelentes.

não à sua maneira. Isto quer dizer que nem tudo o que produziu em "Día a día", embora se saiba com certeza que o produziu, pode lhe ser atribuído.[4]

Há uma exceção, limitada na verdade, mas que vale a pena levar em consideração. São as críticas sobre cinema que apareceram na coluna. Foram escritas à maneira — muito menos interessante, estilisticamente — de "GGM, crítico de cinema de *El Espectador*". As iniciais são hoje uma máscara transparente, e o estilo de GGM pode ser reconhecido por alguns cacoetes. Por isso essas críticas têm de sair do anonimato e ser atribuídas a García Márquez, ainda que apenas como dados suplementares sobre a crítica de cinema e as lutas de GGM, e não como elementos diretamente ligados à sua grande obra jornalística ou literária. Ele as escreveu a princípio (fevereiro de 1954) para discorrer sobre cinema em algum lugar do jornal,[5] e depois para referendar, com a respeitabilidade desse quase editorial que era "Día a día", suas propostas de defensor do público; essas críticas serviram também para comentar notícias cinematográficas do estrangeiro que a coluna de cinema não podia abordar, por estar restrita aos filmes exibidos em Bogotá, ou para antecipá-las, quando se anunciavam estréias de grande importância.

Por outro lado, não se deve atribuir a García Márquez tudo o que é bom em "Día a día" ao longo dos 17 meses em que foi um de seus quatro redatores. Há muitos textos, literariamente excelentes, que nada têm a ver com ele, embora por essa qualidade do estilo sinta o organizador a tentação de atribuí-los a García Márquez. Sente-se que algumas frases, alguns detalhes, só podem proceder de um verdadeiro escritor, diferente de García Márquez. E é verdade que escritor era também Ulises, se bem que tenha deixado uma obra literária

4. Seria o caso de "Audrey" (8 de abril de 1954), se esse texto não estivesse relacionado com o cinema. De "Audrey", disse García Márquez, relendo-o: "Pelo estilo poderia não ser meu, mas me lembro muito bem de quando o escrevi."

5. As críticas cinematográficas das primeiras semanas pareceram suficientemente boas a ponto de inaugurarem uma coluna semanal de cinema em *El Espectador*, a cargo de García Márquez. O texto "Escravidão" é do sábado, 20 de fevereiro, e a coluna de cinema saiu pela primeira vez no sábado seguinte. García Márquez deve ter estreado oficialmente, como crítico de cinema, na segunda-feira, 22 de fevereiro de 1954.

pouco extensa. É evidente e constante a perfeição de seu estilo em suas incansáveis crônicas de "La ciudad y el mundo", apesar do tédio de muitos anos de redação diária. A concisão necessária às notas de "Día a día" tinha que ser um estímulo para que Ulises recuperasse, sobre determinados temas, toda a vibração da escritura poética. Alguns textos de "Día a día", que não podem ser de García Márquez (são tão bons que poderiam sê-lo), mas de Ulisses, têm uma notável semelhança com os de García Márquez, no ritmo e, às vezes, até na temática. Por outro lado, lembram que ele mesmo e GOG mantinham um jogo que consistia em se imitarem um ao outro, e é provável que esse jogo tenha existido de forma mais ou menos freqüente e consciente entre todos os redatores da coluna, ampliando assim as dúvidas fundadas no anonimato e na necessidade de um estilo comum.

Outro fator de incerteza surge com a impressão de que alguns textos do redator de plantão foram reescritos parcialmente por Ulises. Há textos que, em grande parte, têm de ser e só podem ser de García Márquez, mas que por alguns detalhes fogem completamente ao seu estilo, talvez por uma mera questão de vocabulário.[6] Também é verdade que, inversamente, há textos que poderiam não ser de García Márquez, por não terem nenhuma característica muito acentuada, mas que por um único detalhe verbal ou temático só podem ser dele.

---

6. É o caso da magnífica crônica "Kimathi em Kampala", de 29 de abril de 1954. Termina com a evocação da "jovem soberana que uma vez passou por Uganda, ciente de que estava pisando os territórios da morte". Vê-se que as últimas linhas têm uma marcada tonalidade garciamarquiana e que poderiam incitar a lhe atribuir a nota. Mas García Márquez não a quer reconhecer, em primeiro lugar porque nela figura um adjetivo que ele está certo de não haver empregado nunca: "...as *plúmbeas* ruas cheias de grinaldas e bandeiras." Há, além disso, outros que não recusaria de modo tão categórico, mas que lhe parecem duvidosos. A qualidade literária do texto é indiscutível, e não se pode descartar totalmente a idéia de que alguma coisa nele é de García Márquez. Apesar disso, o texto deve ser atribuído a Ulises, parcial ou inteiramente. Com alguma freqüência, Ulises escreveu sobre a rainha da Inglaterra — e precisamente a viagem pela Comunidade Britânica o interessou muito — em "La ciudad y el mundo" e em vários textos de "Día a día". São sempre textos de excelente nível estilístico e que terminam conformando um corpo coerente, no qual se anunciam traços próximos ao estilo de García Márquez. Ulises gostava de evocar, com simpatia, a intimidade da família real inglesa e a dura tarefa que significava ser rainha para uma mulher jovem. O tema da família e do poder têm muito a ver, naturalmente, com a temática garciamarquiana; isto quer dizer, pois, que a confusão e a atribuição errônea são um risco bastante freqüente.

Os textos que se conservam depois de uma drástica seleção[7] lhe são atribuídos por sua semelhança com o jornalismo anterior e posterior, ou com a obra literária, semelhanças e relações de tipo formal e temático. Os extremos opostos do critério usado na seleção são os seguintes: eliminaram-se os textos que continham, embora em ínfima proporção, elementos que deviam proceder de outro autor, se bem que parecesse claro que García Márquez os escrevera inicialmente; conservaram-se outros que apresentavam traços que deveriam ser de García Márquez. O resultado pode ser discutido, mas era preferível antes selecionar certezas que possibilidades.

*

A seção "Día a día" era de opiniões e, com as diferenças já evocadas, prolongava-se nela o que García Márquez tinha feito em *El Heraldo* de Barranquilla e, anteriormente, em *El Universal* de Cartagena. Apesar das

7. De fato, é de estranhar o reduzido número de textos que lhe podem ser atribuídos. García Márquez aceitou revisar comigo as fotocópias de cinco meses de "Día a día" (fevereiro a junho de 1954), vendo indiscriminadamente todos os textos desse período. Se bem que tenha acabado por deixar a meu critério a seleção, teve sua atenção particularmente despertada para a medíocre quantidade de textos não apenas certos mas duvidosos ("Mas, que é que eu fazia então?"). Ele deve ter escrito muito mais em "Día a día", pelo que se pode afirmar que uma notável parte de sua colaboração foi escrita sem interesse nem cuidado particular. Na seleção, efetuada em várias etapas, eliminaram-se muitos dos textos que pareciam atribuíveis a ele à primeira vista, e inclusive alguns que ele pensou reconhecer como seus. Assim, e por isso, a seleção pode ser discutida, embora se tenha feito o possível para que só o fosse a progressiva eliminação. Entrou em jogo o critério do organizador, forjado em sua visão do jornalismo garciamarquiano anteriormente recolhido (tudo o que foi identificado com sua assinatura completa, por suas iniciais ou pelo pseudônimo Septimus), uma visão que deve ser, mais de uma vez, uma soma de preconceitos nascidos de uma leitura tendenciosa ou simplesmente confusa dos textos já conhecidos na primeira etapa da pesquisa. A participação de García Márquez, embora apenas em um brevíssimo momento do processo, pode ter sido contraproducente: muito legitimamente, o escritor consagrado faz uma idéia muito particular do que *deve* ser sua obra, forçosamente distinta da que tinha em 1954 e 1955. Consciente ou inconscientemente, ele deve ter tentado "confundir" textos que escreveu realmente e não gostou de reler 25 anos depois. O mesmo fenômeno natural do esquecimento pode não ser tão inocente em alguns casos. A verdade é que, diante de uma porção de textos em "Día a día", confessou que sentia a tentação de se atribuir a autoria de alguns que não havia escrito, simplesmente porque gostaria de tê-los escrito. Diante de certos textos que tinham traços garciamarquianos ao lado de outros que, decididamente, não podiam ser dele, sugeriu que fossem incluídos na seleção "só para ver o que acontece" ou "para ver se alguém protesta". O organizador optou por não aceitar essa sugestão, pensando que a seleção de textos anônimos atribuíveis a García Márquez não pode ser feita com critérios tão macondianos.

limitações que significavam as normas vigentes em *El Espectador*, não se tratava de uma nova etapa, mas de uma simples continuação. Foi assim, pelo menos durante as primeiras semanas, até que se abriu uma via que de fato era nova: a crítica de cinema. Ao fim de alguns meses, abriu-se outra, mais nova ainda, fundamental na trajetória jornalística e literária, que foi a da reportagem. Mas enquanto se ampliava o campo profissional, García Márquez nunca deixou de escrever crônicas, salvo quando teve de viajar para cobrir acontecimentos distantes ou seu trabalho de repórter exigiu grandes esforços de apuração. Por isso deixam de aparecer textos de sua autoria quando viaja a Medellín em julho de 1954, e ao Chocó, em setembro daquele ano, e novamente a Medellín em junho de 1955, ou quando o absorve por completo a matéria sobre o marinheiro Velasco.* Nem sequer suspendeu sua participação em "Día a día" durante o que deve ter sido um breve período de férias passadas no Caribe, no final de janeiro de 1955; enquanto se interrompe por uma semana a crítica de cinema e García Márquez envia de Cartagena uma crônica informativa, aparecem em "Día a día" três textos de temática caribenha (26 e 28 de janeiro, 1º de fevereiro) e outros dois que lhe podem ser facilmente atribuídos; uma das crônicas caribenhas ("Juanito Trucupei") só pode se dever a uma reimersão no ambiente do Caribe. Isto significa que de Cartagena, e provavelmente Barranquilla, ele esteve enviando crônicas também para "Día a día", porque tinha vontade de se expressar sobre determinados temas da vida diária ou da atualidade. E demonstra, também, o permanente interesse que teve para ele o gênero comentário, apesar do tédio que sentiu na última etapa de "La Jirafa" e das limitações de "Día a día". Mesmo crítico de cinema e repórter, buscou sempre o gênero de seus primeiros anos de jornalismo como um meio de expressar suas emoções, inquietações ou opiniões, como um simples desabafo às vezes, e sempre como um exercício. O comentário foi uma verdadeira escola, e ele o continuou praticando com fidelidade, quase teimosia, quando já havia alcançado outros níveis em sua atividade profissional. A concisão exigida pelas crônicas de "Día a día" serviu-lhe

---

*O marinheiro Velasco (Luis Alejandro Velasco), personagem do livro *Relato de um náufrago*. (*N. do T.*)

para trabalhar incansavelmente o estilo: treinamento de atleta, exercícios de virtuose, ensaios de histrião, para manter o já adquirido, para preparar novas tarefas, para buscar novas fórmulas. Nestes textos anônimos, García Márquez é mais estilista que nunca.

Daí procedem, em parte, as dificuldades da identificação e atribuição de textos. Como em todo ensaio teatral, há coisas que servem e outras que não; estas últimas não deixam rastros na memória de quem as experimentou: perdem-se completamente ou em parte. Mais parcialmente porque, embora não apareçam na montagem final, podem proceder de montagens anteriores e por isso mesmo situam-se em um processo perceptível. Com a coisa escrita e impressa, subsiste um rastro mais duradouro. Podem assim reconhecer-se resíduos da época anterior e antecipações do trabalho futuro. Em "Día a día" reaparecem, às vezes pela última vez, traços presentes nos textos de Cartagena e Barranquilla, e há outros relacionados ao que estava fazendo ou ia fazer García Márquez. Predomina a impressão de um processo sem rupturas, com paulatinos esquecimentos e progressivas renovações, mas é verdade que tinha de ser assim: se os houve, os elementos realmente novos, descartados após uma única prova decepcionante, não poderiam ser identificados. Talvez se percam, no anonimato de "Día a día", tentativas lógicas que nenhuma marca deixaram na obra.

A identificação com "La Jirafa" — não nas normas do gênero cuja essência é imutável, mas na maneira como as explora García Márquez — é evidente. Em "Día a día" faltam os textos de ficção, mas estes aparecem em *El Heraldo*, sobretudo quando García Márquez não encontrava pretextos entre as notícias trazidas pelo telégrafo. Fora esta ausência há identificação, há continuidade, se bem que sempre, quando se trata de sublinhar um ponto particular, impõe-se a impressão de que o jornalismo de García Márquez se rege por obsessões que primeiro apareceram no Caribe e em seguida na Europa e no regresso da Europa. Apesar disso, há pontos que subsistem, mais notáveis ainda. Não seria muito útil procurar um repertório desses pontos. Bastará assinalar uns poucos. A crônica "O sr. Truman ao piano" (18 de junho de 1954) volta a um personagem evocado mais de uma vez em "La Jirafa";[8] "Canibais à napolitana" (10 de julho de 1954) aborda o tema da antropofagia, tantas vezes evocado em "La Jirafa";[9] "Sexta-feira" (3 de setembro de 1954) retoma uma brincadeira já usada em Cartagena e Barranquilla, demonstrando de passagem com que facilidade García Márquez lograva renovar um truque que parecia esgotado desde a primeira vez. "Bud Fisher" (8 de setembro de 1954) é a última manifestação de interesse de García Márquez pelos quadrinhos, tão elogiados nos tempos de Barranquilla.[10] "Os barbeiros já não cantam" (27 de janeiro de 1955) toca um tema que foi freqüente na fase do jornalismo no Caribe. Em "Chapéus" (10 de março de 1955), o que mais chama a atenção é a semelhança da frase inicial com a abertura de uma "jirafa" de 1950, "O colete estampado", e o tema comum de peças do vestuário e a história da humanidade; mas aí também aparece a muito literária obsessão do tempo, e há, além disso, um vínculo muito claro com um artigo, um pouco entre a reportagem e o comentário, escrito semanas antes, "A história se escreve com chapéu" (título revelador), que demonstra uma vez mais que é quase impossível dar exemplos puros de uma continuidade limitada. Quase sempre, sem remédio, domina o vínculo com o amplo processo da obra.

Seria também interminável um inventário dos temas constantes ou freqüentes do jornalismo de García Márquez que aparecem em "Día a día". Equivaleria a evocar novamente a trajetória completa e suas etapas. Toda tentativa de condensar as coisas conduz a eliminar sinais imprescindíveis. Desordenadamente, pode-se evocar: o interesse em tratar com humor as notícias relativas às grandes figuras da atualidade e, particularmente, seus

---

8. Deve-se admitir, entretanto, que a crônica se vincula com o processo amplo: esse breve texto trata, evidentemente, do tema da solidão do poder, isto é, mais interessante que a relação com "La Jirafa" é a que se percebe com a produção literária posterior. Embora se trate de um texto à primeira vista desimportante.

9. Mas este texto também evoca o problema da relatividade do tempo histórico e anuncia a atitude de García Márquez frente aos europeus; por alguma coisa recorda os costumes dos antigos *vikings*. De uma forma mais geral, é a ilustração momentânea de uma obsessão: o uso sarcástico de clichês.

10. Há ali, indiscutivelmente, o sinal de uma perda de interesse (além de uma prova da evolução política de García Márquez): percebe-se sua hostilidade ao conteúdo ideológico de certos quadrinhos norte-americanos. Esse adeus ao criador de *Mutt e Jeff* é também um adeus ao gênero; os critérios narrativos, estéticos e humanísticos evoluíram notavelmente desde os tempos ainda próximos de "La Jirafa".

idílios e escândalos;[11] a forma de usar estereótipos e clichês para elaborar juízos arbitrários mas convincentes sobre determinados setores da humanidade — a esse tipo de brincadeiras dá lugar o antifeminismo de muitos textos;[12] a denúncia da mentalidade dominante na Colômbia social e, culturalmente, uma denúncia que é também elogio àqueles que tentam romper com o conformismo — a solidariedade de gerações de García Márquez situa-se nesse marco.[13] O incipiente interesse pela literatura da Violência, que fizera sua aparição no país como conseqüência do golpe e das promessas de Gustavo Rojas Pinilla* ("Não é mera coincidência", 28 de junho de 1954; o texto sobre Arturo Laguado), reúne como sempre a preocupação literária e a crítica ao país, mas ao mesmo tempo anuncia a expressão definitiva dos conceitos literários de García Márquez dos anos 1959 a 1960.

Ao tentar um impossível inventário do jornalismo garciamarquiano nas crônicas de "Día a día", surgem os vínculos imediatos com o que seu autor ia fazendo em outras páginas de *El Espectador*. Uma crônica como "Juradó, uma cidade fantasma" (4 de janeiro de 1955) tem uma evidente relação com o que García Márquez escrevera uns três meses antes na série sobre o Chocó — o mesmo caso do correio de Juradó — e o que escreveria dois meses depois, ao fazer um balanço crítico do que não fez o governo por aquele departamento. A pesquisa sobre o problema de Bocas de Ceniza fora preparada em dois textos de "Día a día" ("Contra vento e maré", 3 de julho de 1954, e "O enigma de Bocas de Ceniza", 15 de

11. "Descoberta de Marilyn" (3 de fevereiro de 1954), "Um esporte como qualquer outro" (15 de março de 1954), "A hora do príncipe" (27 de abril de 1954), "Ingrid, outra vez" (30 de abril de 1954), "Salvador Salvo" (12 de maio de 1954) etc.

12. "O cúmulo do equilíbrio" (24 de maio de 1954), "O mais ousado dos pretextos" (23 de junho de 1954), "Mister America" (17 de julho de 1954) etc.

13. "Temos que inventar inventores" (2 de julho de 1954), "Diabéticos, S.A." (9 de setembro de 1954), "Palavras e não fatos" (10 de setembro de 1954), "Juradó, uma cidade fantasma" (4 de janeiro de 1955), "Com juiz, mas sem juizado" (25 de maio de 1955), "Álvaro Mutis" (13 de setembro de 1954), "Exposição de Ramírez Vallamizar" (27 de outubro de 1954), "Um livro de Arturo Laguado" (6 de dezembro de 1954), "Algo mais do que uma coincidência" (28 de janeiro de 1955), "Profetas fora de sua terra" (11 de fevereiro de 1955).

*Gustavo Rojas Pinilla, general, em 1953 derrubou o governo de Laureano Eleuterio Gómez e instaurou uma ditadura. Inimigo do comunismo, perseguiu liberais e conservadores. Em seu governo, recrudesceu o banditismo e agravaram-se as guerrilhas. (*N. do T.*)

novembro de 1954). Mas outra vez se comprova que esses textos, que podem revelar um peculiar e momentâneo interesse do jornalista por determinadas questões, aparentam-se, em realidade, com temas que também pertencem à obra literária. E o mesmo se poderia dizer sobre as relações que os textos de "Día a día" têm com o que havia de escrever seu autor pouco depois na Europa. A mesma facilidade com que García Márquez sempre usou estereótipos[14] preparava-o para ver e pintar a Europa e os europeus da forma impiedosa com que havia de fazê-lo; seu talento para escrever sutilezas sobre idílios monárquicos e figuras da atualidade frívola são anúncios e também fixações. O jornalismo "europeu" de García Márquez existia desde o princípio, de certo modo, só que ainda não existia a condição geográfica, ou seja, de o estar escrevendo na Europa. Se se quiser, um texto como "O navio fantasma" (21 de agosto de 1954), tão bem-sucedido, pode ser visto como uma antecipação de muitas crônicas de 1955, 1956 e 1957, mas nele devem parecer mais importantes aspectos amplos como o são o conceito do tempo, o julgamento político, a atitude de repulsa aos valores culturais que a simples notícia expressava.

Como sempre, como anteriormente no Caribe e como depois na Europa, a atitude sarcástica de García Márquez com relação a certos valores nacionais e estrangeiros funda-se na crença sobre a validade humana e cultural caribenha e em seu alcance universal. Apesar disso, embora seja inevitável, em um primeiro momento, atribuir-lhe todas as crônicas dedicadas aos temas caribenhos que apareceram em "Día a día", entre fevereiro de 1954 e junho de 1955, é evidente que ele não tratou tão abundantemente as questões ou notícias de sua região de origem. Há textos sobre Barranquilla e seus problemas econômicos escritos por outros jornalistas, mas se García Márquez os escreveu, ele o fez de maneira que não lhe podem ser atribuídos, e é como se não os houvesse escrito. Nos textos que se podem indiscutivelmente chamar de gar-

14. Em uma crônica de Cartagena, García Márquez se referia "aos franceses, sempre tão franceses!". Era uma divertida tautologia, simples na aparência, mas irretorquível no que a ele interessava.

ciamarquianos, percebe-se um distanciamento do que, em certo tempo, foi e mais tarde voltou a ser uma espécie de bairrismo. Foram escritos com a perspectiva que a distância física, as novas experiências e os novos conceitos asseguram ao escritor. García Márquez acode, assim, ao inevitável clichê da Barranquilla dinâmica, empreendedora, hospitaleira;[15] estando em Cartagena, ao escrever sobre uma canção da moda, simplifica ao extremo o comportamento do homem do Caribe. Isto significa que sua própria terra e sua gente recebem provisoriamente um tratamento mais ou menos igual ao resto do mundo e à humanidade: também brinca com a eficiente simplificação humorística. Entretanto, em matéria de cultura, o mesmo orgulho e a mesma intransigência de antes e de sempre se manifestam em alguns escritos de temática caribenha, só que com menos agressividade que em "La Jirafa" ou nas futuras crônicas da Europa. Demonstram-no "Dança bárbara" (4 de agosto de 1954) e sobretudo o notável "O velho que tinha lido todos os livros" (31 de dezembro de 1954), no qual, sem dúvida, pela primeira vez, aparece a afortunada definição de "sábio catalão" que imortalizaria Ramón Vinyes. O mesmo se poderia dizer de todos os textos referentes ao cinqüentenário do Centro Artístico de Barranquilla. Mas o mais notável daqueles breves textos caribenhos talvez seja o mergulho em um tema freqüente de "La Jirafa" e básico na obra literária: o da evolução dos povoados e das cidades. Sincelejo e seu fantasma, Fundación e sua emancipação a município e seu progresso, Aracataca com seu tigre e sua decadência, Barranquilla com o problema de que "as cidades não podem, desde o primeiro dia de sua fundação, ter duzentos anos de idade", mais que povoados ou cidades do Caribe, são um pretexto para indagar um tema e uma obsessão presentes em toda a obra de García Márquez. Ali,

15. É possível pensar que alguém, ao revisar o material entregue pelo redator, acrescentou o clichê. Sendo um elemento de pouco valor, não é muito importante saber a quem se deve a sua inclusão no texto, se a García Márquez ou a José Salgar. O distanciamento do próprio García Márquez podia levá-lo a usar espontaneamente um estereótipo freqüente na coluna, e que, além disso, era de emprego nacional. Barranquilla, para suas elites, como para o resto da República, era a cidade valorosa, ativa e acolhedora, um pouco como Bogotá era a Atenas sul-americana.

mais que um fato de natureza geográfica, é onde reside o valor dos textos e se justifica a atribuição da autoria a García Márquez.[16]

Esse eixo temático é um aspecto, entre muitos outros, que já apareceu e voltaria a se manifestar na obra literária. A preocupação com a circularidade ou reversibilidade do tempo,[17] ou com a sua imobilidade,[18] é uma característica recorrente desses textos de "Día a día", e não é nada surpreendente se se pensa que toda obra de ficção é como uma interminável pergunta sobre a existência ou a possibilidade da história. Outros temas aparecem nos escritos que lhe são atribuíveis: por exemplo, o dos inventos, que tanta importância teriam em *Cem anos de solidão,*[19] e o do contrabando, onde se encontram, pela primeira vez, características que, mais tarde, se repetiriam na obra jornalística e na obra de ficção.[20] Aliás, o tema do contrabando ilustra também, e bastante cedo, as particularidades que assumiria o conceito de García Márquez sobre aquilo que se poderia chamar, na expressão de Alejo Carpentier, de "o real maravilhoso americano"; um conceito menos historicista e basicamente mais humorístico que o do romancista cubano. Há traços típicos do humor caribenho na evocação do contrabando de la Guajira (a ilegalidade é a norma, o que já havia expressado

---

16. A crônica "Planeta Rica", de 2 de março de 1954, sobre um povoado do departamento caribenho de Córdoba, emancipado naqueles dias à categoria de município, cria um delicado problema. O primeiro parágrafo é de indiscutível qualidade estilística e se situa, além disso, em uma linha temática muito própria de García Márquez. Diz assim: "A natureza foi excepcionalmente pródiga com aquela região. Era tão vasta e diferente a toda terra conhecida até então que aos primeiros povoadores não ocorreu nada mais razoável que supor que aquele inesperado paraíso não era outra região da Colômbia, mas um novo planeta: 'Planeta Rica'. Tanta riqueza não só era capaz de suportar um exagero, mas também um erro de concordância." Ao lhe ser submetida a crônica, depois de ler este parágrafo, García Márquez comentou: "É a fundação de Macondo." Recusou, porém, a autoria do texto, sem mais explicações. O terceiro parágrafo, tão breve como o primeiro e o segundo, aqui não citado, deve ter motivado a recusa. Nem seu estilo nem seu conteúdo têm a ver com García Márquez. Isto significa que, neste caso (muito ilustrativo dos problemas criados à seleção, embora tenha havido outro tipo de dúvidas), a recusa do presumível autor coincidiu com os critérios geralmente usados para manter ou eliminar textos de "Día a día". Aspectos tão convincentes como o primeiro parágrafo de "Planeta Rica" nem sempre chegaram a se considerar como fidedignos e decisivos.

17. "Erro de cálculo" (10 de abril de 1954), "Nada mais que pedras" (3 de maio de 1954), "Inventando o primitivismo" (16 de novembro de 1954), "Chapéus" (10 de março de 1955).

18. "O navio fantasma" (21 de agosto de 1954), "O tempo parou" (15 de janeiro de 1955).

19. "Temos que inventar inventores" (2 de julho de 1954), "O homem que inventou o celofane" (15 de julho de 1954), a crônica já citada "Inventando o primitivismo", "Ao pó voltarás..." (17 de janeiro de 1955), "O inventor de invenções" (15 de fevereiro de 1955).

20. "O asno de ouro" (22 de maio de 1954), "Digestão de diamantes" (10 de junho de 1954), "A magia do contrabando" (2 de agosto de 1954).

o compositor *vallenato* Escalona em um *paseo* famoso, *Almirante Padilla*), além do correto reconhecimento da exemplaridade de um fato tradicional que alcançaria, nos anos 1970, com o narcotráfico, dimensões propriamente macondianas. Então aí se anuncia uma época bem posterior da obra literária: superada a etapa de *A revoada (O enterro do diabo)*, e materializada apenas em uma reportagem (a da decadência de Medellín), a tendência à narrativa enxuta e densa que se concretizaria em *Ninguém escreve ao coronel* já esboça as atitudes e, em alguns detalhes, o estilo que seriam traços característicos de *Cem anos de solidão* e *O outono do patriarca*. O tema da solidão que ele andou rondando, sem o delimitar claramente, nos textos dos primeiros anos,[21] começa a adquirir nome próprio em uma ou outra crônica: a mais característica é indiscutivelmente "A rainha solitária" (18 de fevereiro de 1954),[22] na qual insistentemente se manifesta a noção de solidão, precisamente a solidão do poder, que reapareceria com "O sr. Truman ao piano"; com "A rainha solitária" parece ganhar corpo, pela primeira vez, a idéia do romance do ditador.[23]

---

21. O poemário *Rostro en la soledad*, de Héctor Rojas Herazo, que García Márquez comentou em *El Heraldo* de Barranquilla, demonstra que o conceito já freqüentava a literatura caribenha. Aparecia também, insistentemente, na poesia da *barranquillera* Meira Delmar. É particularmente significativo o breve prólogo, escrito por Álvaro Cepeda Samudio, para seu próprio livro de contos, de agosto de 1954 — *Todos estábamos a la espera* —, que gira totalmente em torno da noção de solidão. Como então Octavio Paz já havia escrito o principal da definitiva série de ensaios reunidos em *O labirinto da solidão*, vê-se que esse conceito tinha validade no continente. Está para ser feito um estudo minucioso e extenso do fenômeno e de sua cronologia.

22. É interessante uma lembrança precisa de García Márquez a propósito deste texto, pelo qual sente um legítimo orgulho. Ele conta que no dia em que o escreveu, pouco depois de entrar em *El Espectador*, Ulises disse-lhe que, com ele, demonstrava que poderia colaborar em "Día a día". Esse detalhe, embora de pouca importância, dá uma idéia do processo de integração ao jornal bogotano e também confirma o interesse de Ulises pelo tema da monarquia inglesa. E esse tema, que conhecia a fundo, deu a ele uma boa oportunidade para apreciar, em toda a sua dimensão, o talento jornalístico de seu jovem colega.

23. É significativo o fato de que esteja relacionada com o tema do poder, como chega a aparecer claramente, a noção de solidão. É como se a consciência de que a solidão era a chave de todo um universo houvesse faltado no momento de escrever *La casa*, como se este romance — fecundado pela obsessão da solidão do poder e pelo progresso da reflexão sobre o que seria "o livro do ditador" — só tivesse podido se converter em *Cem anos de solidão* depois da visão do cadáver embalsamado de Stalin (1957), da queda de Pérez Jiménez (1958) e do processo contra Sosa Blanco (1959). O período que vai de 1954 a fins de 1958 parece haver sido — pelo menos para o germinar de obras posteriores a *O veneno da madrugada* — mais uma aproximação a *O outono do patriarca* que a *Cem anos de solidão*. É um processo subterrâneo ou marginal, porque enquanto isso ele escrevia obras muito diferentes. Voltando ao abortado projeto de *La casa*, os textos jornalísticos de 1954 e 1955 parecem demonstrar que García Márquez deve ter desistido de escrever o livro antes de chegar a Bogotá, isto é, em 1953.

Mais modestamente, mas de maneira não menos significativa, em dois textos de temática caribenha — sobre a mediterrânea região *vallenata* e a zona bananeira — aparecem umas poucas fórmulas inconfundíveis. Em "Com juiz mas sem juizado" (25 de maio de 1955), outra manifestação do humor e da informalidade caribenhos e outra antecipação da filosofia vital de *Cem anos de solidão*, fala-se de "empoeiradas e antigas amendoeiras" e dessas "serenatas de chumbo" que, em um diálogo do padre Ángel y Mina, anunciariam o final de *O veneno da madrugada*. Em "Fundación (Magd.)", (10 de junho de 1955), reaparecem as árvores da saga de Macondo, "amendoeiras brancas de pó", e começa a fluir o não menos arquetípico "rio pedregoso e transparente" que o brilhantismo do estilo transfiguraria nas primeiras linhas de *Cem anos de solidão*.[24]

Depois do parêntese do ano de 1953 e sobre o que não se tem dados documentais, e enquanto García Márquez ia ampliando seu espaço jornalístico com a crítica de cinema e a reportagem, o trabalho do editorialista nos textos anônimos em "Día a día" permite apreciar melhor a permanência de uma linha e o nascimento de novas tendências. Com as críticas de cinema e a reportagem, verificaremos que a fase literária que parece surgir com *Ninguém escreve ao coronel* já havia germinado quando García Márquez se iniciou nesses novos ramos do seu ofício. E "Día a día" se situa cada vez mais aquém e além dessa fase literária; retoma alguns elementos já tratados na época de "La Jirafa" e abandona outros, anunciando ao mesmo tempo épocas futuras, obras posteriores ao ano-chave que seria 1959. A crítica de cinema e as reportagens demonstram que García Márquez adiara o projeto de *La casa* e já se encontrava metido em outra pesquisa narrativa e formal, mas Día a día, ao longo de quase um ano e meio, também indica que o velho tema da casa e o povoado confrontados com o passar do tempo estava disposto a perdurar, e já começava a encontrar pistas novas. A coluna, com todas as suas dificuldades, constitui um material imprescindível para

24. O otimismo do final parece muito pouco garciamarquiano, mas se enquadra no marco de uma interrogação sobre o tempo e os processos urbanos que é totalmente reconhecível. Não se pode descartar a possibilidade de que outra pena interviesse ao final, mas, se assim foi, a modificação não pode ser tão grande nem tão grave a ponto de justificar a eliminação do texto.

apreciar, cabalmente, o processo da obra literária. E é, com a mesma freqüência com que "La Jirafa" o tinha sido,[25] uma agradável pirotecnia de humor, uma festa de refinamento estilístico.

*

Nos primeiros tempos de sua colaboração em *El Espectador*, a atividade perceptível de García Márquez limitou-se à redação de textos anônimos em "Día a día" e à crítica de cinema, inaugurada em fins de fevereiro de 1954. Aparecem outras vezes nas edições dominicais do jornal, mas são muito poucas, na verdade, as publicações que então representaram para ele um trabalho efetivo. Salvo uma leve alteração, apreciável na primeira publicação, e uma ou outra palavra modificada quando se tratava de dados relativos a datas precisas, a série sobre a região de La Sierpe apareceu em março e abril de 1954 tal como García Márquez a entregou a Álvaro Mutis para a publicação em *Lámpara*, em 1952.[26] Era uma manifestação desse coerente e profundo interesse que teve, ao longo de seus anos de Cartagena e Barranquilla, em conhecer as particularidades humanas e culturais da Costa Atlântica, uma manifestação tardia, já que o texto, nascido na fase caribenha, só aparecia em sua versão completa quando já se havia iniciado a fase bogotana. E a mesma coisa há de se dizer sobre a publicação no *Dominical*

25. Até se poderia pensar que as crônicas de García Márquez em "Día a día" são superiores às incluídas em "La Jirafa", nem que seja só pelo fato de que ele tinha mais tempo para depurar seu estilo. Mas a impossibilidade de saber quais são todos os textos escritos para "Día a día" — e quais os que realmente levou a sério — exclui toda a tentativa de estabelecer comparações de valor muito rígidas.

26. Dessa série de crônicas escritas "sem finalidade profissional" e "para descansar" da já fastidiosa redação de "La Jirafa" na última fase de *El Heraldo*, só a primeira aparecera na revista da Esso, inexplicavelmente. Quando García Márquez entrou em *El Espectador*, ouvindo o responsável pela edição dominical queixar-se de não ter material suficiente, lembrou-se dessa série sobre La Sierpe; procurou-a e a encontrou nos escritórios da Esso, "em uma gaveta de papéis velhos". Originalmente, tinha sido apenas um texto que fragmentara para que lhe pagassem mais. Ele fala de cinco episódios; o texto que saiu na edição dominical de *El Espectador* consta de quatro fragmentos, mas é certo que o terceiro episódio podia resultar da união de dois, porque se reconhecem dois momentos bem delimitados no texto: a superstição, de uma parte, e o velório, de outra. Os dados necessários para a redação da série tinham sido obtidos por García Márquez nos anos 1940, através de numerosas conversas, mantidas em Sucre, onde corriam muitas notícias sobre a estranha região. García Márquez, porém, aponta como seu principal informante Ángel Casij Palencia, um amigo que viveu em Sucre e depois em Cartagena

de *El Espectador* do conto "Um homem vem sob a chuva". Também era um texto velho, um testemunho das tentativas temáticas de 1950 e 1951. Talvez fosse uma primeira edição, porque até agora não temos dados sobre uma publicação anterior.

Isso significa que, naqueles primeiros meses, apenas dois trabalhos de algum fôlego pertencem, de fato, a esse momento — além dos textos anônimos e da crítica de cinema, é claro. Trata-se da crônica sobre o Carnaval de Barranquilla e da reportagem sobre Álvaro Mutis, sempre no *Dominical*. Indiscutivelmente, o trabalho de García Márquez se encontrava dividido em duas partes bem distintas, com a discreta colaboração no jornal diário e a mais visível, mas nada intensa, participação no *Dominical*. Esta última mostrara uma face caribenha e intelectual, quando a outra não saía de um quase insuperável anonimato. São temas caribenhos e literários os que aparecem com alguma espetaculosidade nos fins de semana, mas enganosamente, uma vez que são só duas as contribuições do momento. A crônica sobre o Carnaval, além disso, deve ter exigido pouco de García Márquez, por se tratar de um tema que ele conhecia bem, e que qualquer pessoa, com alguma curiosidade e vinculada a Barranquilla, podia evocar sem dificuldade. Não se deve descuidar do aspecto de informação e popularização que a crônica tem, embora o principal mérito esteja no estilo. É uma boa mostra de como a prática do comentário, em "La Jirafa", serviu a García Márquez, no sentido de poder escrever com um estilo espontâneo e humor ameno sobre matérias bem conhecidas, e também de como lhe serviria, meses mais tarde — com temática e abrangência distintas —, para escrever reportagens com pretensões vanguardistas. A entrevista com Mutis — misto de reportagem e ensaio — era outra coisa, e por isso García Márquez preferiu assiná-la com o pseudônimo que usava em Barranquilla. Ao que parece, é o primeiro texto do período bogotano em que Septimus se manifesta, e será também o último. Daí em diante desaparece o irreverente dublê jornalístico de García Márquez, mas é verdade que não foi discreto esse canto do cisne, mas virulento. Alguma coisa de precaução devia haver no recurso ao pseudônimo: uma prudente nota da redação acompanhava a publicação da entrevista. E assim dizia essa nota:

> Álvaro Mutis, um dos mais talentosos intelectuais das novas iniciativas colombianas, publicou nesta semana um livro: *Los elementos del desastre*. Por esse motivo, Mutis concedeu a nosso colaborador Septimus uma entrevista que, é claro, provocará comentários, dos mais indignados aos mais elogiosos. Álvaro Mutis é um homem de conceitos e, naturalmente, tais conceitos são de sua exclusiva responsabilidade. *Dominical* os acolhe a título meramente informativo.

Outra razão para que García Márquez usasse o pseudônimo *barranquillero* era que Mutis expressava pontos de vista iguais aos que, durante três anos, tinham aparecido reiteradamente em "La Jirafa". A publicação de *Los elementos del desastre*, além da máxima importância do fato, era um insuperável pretexto para que se expressassem rigorosa e agressivamente esses critérios renovadores em um jornal da capital e de circulação nacional. É evidente a continuidade em relação ao que García Márquez tinha feito em Barranquilla, mas de nenhuma maneira se trata de um apêndice. É o anúncio de outros textos, que apareceriam em "Día a día", de reportagens que demonstrariam a constância de uma solidariedade de geração e da convicção de que só a vocação e o trabalho são a chave de um progresso estético e cultural do país. A longo prazo, é uma antecipação dos corrosivos artigos sobre literatura nacional que escreveria García Márquez em 1959 e 1960. Embora os abruptos conceitos da reportagem-ensaio pertençam a Mutis, García Márquez os compartilhava inteiramente, uma vez que os vinha expressando cada vez mais claramente desde 1948. É um só texto — e ademais uma entrevista —, mas também, no alvorecer de uma nova etapa, a reiteração de um ideário que, daí em diante, se manifestaria com maior discrição, devido à novidade do meio em que se havia de desenvolver.

Esta série de publicações corresponde aos primeiros passos de García Márquez em *El Espectador*, quando ainda não se havia iniciado no gênero da reportagem, e é somente uma breve etapa dentro desses primeiros meses, o que poderia dar uma falsa idéia de sua atividade em Bogotá. O principal é o jornalismo, não a criação ou a cultura. Ainda que seja verdade que García Márquez parece voltar a essa enganosa linha inicial no momento em que acaba de publicar sua primeira grande reportagem — a do desabamento em Medellín —, que é a um tempo uma estréia e um sucesso magistral. Trata-se apenas de coincidências. A publicação no *Dominical* do conto "Um dia depois do sábado" se deve a que o texto acabara de ser premiado em um concurso nacional. Seria totalmente errôneo conceder um significado especial ao fato de que os dois textos publicados por García Márquez no *Dominical*, entre maio e agosto de 1954, sejam contos. Só se deve destacar a mudança de estilo entre ambos os textos, algo relacionado à evolução literária de seu autor e não a opções de tipo profissional. E se em seguida aparece o perfil de Cepeda Samudio é porque acaba de aparecer em Barranquilla seu livro de contos *Todos estábamos a la espera* — outro fato importante para a literatura nacional. A crônica de García Márquez acompanha a reprodução do conto "Hoy decidí vestirme de payaso" e de sua ilustração pela pintora *cartagenera* Cecilia Porras. Aqui se repetem as atitudes que apareceram no *Dominical* desde fevereiro: trabalho intelectual e caribenho, solidariedade de geração e amizade. O perfil de Cepeda, como testemunho sobre a primeira fase do escritor *barranquillero*, é um documento insuperável e também um grande texto garciamarquiano, escrito em estado de graça com o melhor de todos os matizes que existiram antes das publicações de "La Jirafa". Mas esta segunda etapa da colaboração de García Márquez na edição dominical de *El Espectador* é ainda mais efêmera que a primeira: depois desse 15 de agosto de 1954 não voltará a escrever em suas páginas até a viagem à Europa, mais de um ano depois. Daí em diante, todo o seu trabalho será exclusivamente jornalístico e se desenvolverá nas edições da semana.

*

Quando se escrever uma história do cinema na Colômbia, o trabalho de García Márquez merecerá um capítulo à parte, não por algumas realizações que nunca teve tempo de levar a cabo, mas por seu trabalho de crítico de cinema — apesar de suas limitações e da modéstia de seu papel histórico. Esse trabalho foi um sintoma, e talvez algo mais que isso.

A verdade é que os documentos fílmicos podem às vezes enganar, e é o que acontece com *La langosta azul* [A lagosta azul], um curta-metragem em preto-e-branco, e sem som, realizado em 1954 pelo grupo de Barranquilla (a data é incerta: talvez 1954-1955, ou 1955). Nos créditos do breve, divertido e interessante filme figuram dois roteiristas e dois diretores: são, em ambos os casos, Álvaro Cepeda Samudio e Gabriel García Márquez. Em realidade, a paternidade de *La langosta azul* pertence totalmente, roteiro e direção, a Álvaro Cepeda, que, além disso, foi seu ator principal. Quando foi rodado, García Márquez estava em Bogotá. E não é à toa que seu nome não é mencionado em um testemunho contemporâneo (1956) de Germán Vargas:

> Unidos (os do grupo) ao cinéfilo catalão Luis Vicens, aos pintores Enrique Grau e Cecilia Porras, ao fotógrafo Nereo López, filmaram em La Playa, um distrito próximo a Barranquilla, *La langosta azul*, um filme de "cinema experimental" com roteiro e atuação de Álvaro Cepeda.[27]

Nenhum dos membros daquele grupo recorda que García Márquez houvesse estado, de alguma maneira, vinculado ao filme: Alfonso Fuenmayor fala do "filme que Álvaro Cepeda rodou em La Playa".[28] Tudo isso o confirmam amplamente dados obtidos junto a Teresa de Cepeda, que possui uma cópia do filme (deve haver outra na Cinemateca da Colômbia),[29] e — mais tarde

27. Germán Vargas, "El grupo de Barranquilla", em *Vanguardia Liberal*, Bucaramanga, 22 de janeiro de 1956 (tomado de sua reprodução no *Suplemento del Caribe*, nº 12, 4 de outubro de 1973, Barranquilla, p. 13).

28. Declaração de Alfonso Fuenmayor em "Del Café Colombia al bar La Cueva", enquete de Álvaro Medina, com a colaboração de Alfredo Gómez Zurek e Margarita Abello, no *Suplemento del Caribe*, edição citada, p. 12.

29. "Gabo esteve aqui (em Barranquilla) há umas duas semanas. Vimos *La langosta azul*. (...) Ele assistiu assombrado e com grande interesse e, mesmo que pareça incrível, acredito que era a primeira vez que o via" (carta de Teresa de Cepeda, 9 de outubro de 1975). O próprio García Márquez não reivindica nada em *La langosta azul*. Se teve alguma coisa a ver com o cinema de Álvaro Cepeda, foi quando estava em Nova York, em 1961, como correspondente da Prensa Latina. Teresa de Cepeda recorda que foi García Márquez quem mandou revelar um curta sobre o Carnaval de Barranquilla, que Álvaro Cepeda realizou com a ajuda financeira de uma cervejaria da qual era executivo.

— ao próprio García Márquez. Seu nome incluído entre os créditos daquele filme é outro resultado dessa amizade que foi o elo mais sólido para a coesão do grupo de Barranquilla. O filme é de Cepeda Samudio, com a colaboração do grupo — do grupo menos García Márquez — e outros amigos, e a Cepeda Samudio corresponde, na interminável proto-história do cinema colombiano, um papel mais efetivo que o de García Márquez.

Quando se pergunta a García Márquez sobre sua iniciação como "cinéfilo", ele afirma que tem uma grande dívida para com Álvaro Cepeda, que, no seu retorno dos Estados Unidos, em junho de 1950, fez-lhe ver que o cinema não era mera questão de atores, mas, acima de tudo, um problema de direção técnica e artística. Esta afirmação, feita ao cabo de muitos anos, talvez se deva enfatizar: Cepeda teve influência pedagógica inegável sobre ele, e o municiou, especialmente, de muita informação; mas os outros integrantes do grupo já deviam ter dado a García Márquez boa orientação.[30] Apesar disso, é preciso reconhecer que ele, apesar do pouco que escreveu sobre cinema em sua fase caribenha (e por conseguinte, apesar da relativa imprecisão das análises que se podem fazer), demonstrou uma notável constância em seus critérios cinematográficos. E há constantes que não podem ser ignoradas: já em Cartagena ele escreveu uma crítica hostil ao sistema de Hollywood e favorável ao cinema europeu, na qual, além disso, manifestava seu apreço por Chaplin e Orson Welles (mas sem explicar os motivos desse apreço). É verdade que suas escassas "jirafas" de tema cinematográfico, exceto a que dedicou à realização de *Herança de sangue*, são posteriores ao regresso de Cepeda e talvez devam algo a este. Mas o

30. Embora não fossem muito numerosas, Alfonso Fuenmayor escreveu em sua coluna de *El Heraldo* de Barranquilla, "Aire del día", interessantes críticas cinematográficas. Quanto a Germán Vargas, uma de suas cartas a Vinyes revela que sabia ler um cartaz de propaganda de cinema, isto é, que era um espectador sério. A 17 de julho de 1950, menciona o sábio catalão "a exibição em Barranquilla de *O mundo não perdoa*, filme baseado no último romance de Faulkner". O que manifesta a seguir demonstra que não só Cepeda orientou García Márquez em sua formação cinematográfica: "O filme é extraordinário, um dos poucos que reconciliam a gente com Hollywood. Há um ator, o porto-riquenho negro Juano Hernández, simplesmente magistral. A fotografia, os atores, tudo é admirável. Aqui só foi exibido durante dois dias e sem anúncio do que se tratava. Pelo título em espanhol, ninguém ficaria sabendo: *Rencor* [Rancor]. Casualmente, ao ler o anúncio, pude ver o título em inglês [*Intruder in the Dust*]: era o mesmo do romance."

entusiasmo face a *Ladrões de bicicletas*, face a sua autenticidade "humana" e seu método "parecido à vida" — fórmulas-chave na cinefilia de García Márquez —, é uma coisa muito própria, quase se poderia dizer que muito íntima, mesmo em se tratando de um amigo tão próximo e um intelectual tão estimável como Álvaro Cepeda. O restante, as "jirafas" sobre as versões fílmicas de *Jennie* ou *O mundo não perdoa* e sobre *O homem da torre Eiffel*, pode dever alguma coisa à cultura cinematográfica do recém-chegado, mas em realidade chama mais a atenção o fato de que então se configuram os procedimentos críticos de García Márquez frente ao cinema, que sempre se valem de abundantes considerações de ordem técnica. Na origem houve influência, mas essa influência parece ser mais coletiva, de todo o grupo.[31]

Com essas precoces manifestações de interesse pelo cinema (precoces se se pensa na época bogotana, porque em verdade o cinema chegou bastante tarde a García Márquez), não se estabelece apenas a noção de uma constância na forma de ver as coisas e analisá-las. Também se chega a suspeitar que houve todo um período intermediário, bastante longo, uma vez que abrange mais de três anos, em que foi se arraigando de maneira sistemática esse interesse. Acontece mais ou menos a mesma coisa que com a indagação sobre a realidade do Caribe e a evolução política, e talvez com maior nitidez: tratando-se de cinema, muito poucos elementos, para não dizer nenhum, do processo formativo vieram à luz no transcurso desses anos. A realidade de todo esse processo se reconhece *a posteriori*, na crônica semanal de *El Espectador*, que demonstra profundos conhecimentos, de tipo quase erudito. García Márquez precisou ver muitos filmes, metodicamente, em Barranquilla e Cartagena, e ler muitos livros especializados. O catalão Luis Vicens, que participou da filmagem de *La langosta azul* e tinha sido o criador do Cine Clube da Colômbia,[32] pode ter tido algum papel orientador

31. É particularmente notável que depois de ver e comentar com emoção *Ladrões de bicicletas*, que sob todos os aspectos foi uma decisiva revelação, García Márquez deixe de escrever sobre cinema por um longo período, mantendo um prudente silêncio.

32. Conforme uma nota sobre Luis Vicens em *Lecturas Dominicales* de *El Tiempo*, 13 de setembro de 1959, Bogotá, p. 8.

em relação ao grupo e a García Márquez. Em todo caso, antes de se instalar provisoriamente na Colômbia, Vicens colaborara no *L'écran français*, a revista de George Sadoul: aliás, sua volumosa *Histoire générale du cinéma* foi uma das bíblias de García Márquez (é impossível saber se foi somente em Bogotá).[33] García Márquez afirma, porém, que Sadoul foi um dos autores entre os muitos que leu então, e algumas alusões que se filtram, de vez em quando, de suas crônicas de Bogotá demonstram que, de fato, chegou a ter uma boa documentação. Cita revistas estrangeiras, como *Bianco e nero* e *L'écran français*; conhece livros de medíocre interesse como *Le cinéma, notre métier*, do diretor francês Jacques Feyder (na crônica "O grande jogo", 14 de maio de 1955).[34] Comprova com desagrado que muitos filmes ruins chegam a Bogotá, enquanto "os jornais e revistas estrangeiros (estão) registrando todas as semanas o lançamento de novas produções excelentes" ("Três velhos filmes", 6 de novembro de 1954). Sem dúvida, suas referências têm, com freqüência, toda a aparência de dados colhidos em uma enciclopédia, por exemplo, na pedante alusão "aos expressionistas soviéticos Kosintsev e Trauberg" ("*O capote*", 20 de novembro de 1954) ou na muito rápida revisão do cinema argentino ("Cinema argentino", 27 de novembro de 1954). Ao falar do silêncio e estabelecer que, "segundo

33. Na biblioteca pessoal de Alfonso Fuenmayor, em Barranquilla, figuram livros que García Márquez lá deixou em 1955, quando passou brevemente pela cidade no momento de sua viagem à Europa. Restam cinco volumes do enorme livro de Sadoul, cuja erudição teve maior influência do que se pensa em sua crítica de cinema. Dessa *Histoire générale du cinéma*, Alfonso Fuenmayor cita os seguintes volumes:

I. *L'invention du cinéma. 1832-1897*, Paris, Ed. Denoël, 1948, 439 páginas. (É edição ampliada e revista).
II. *Les pionniers du cinéma. 1897-1909*, Paris, Ed. Denoël, 1947, 626 páginas.
III. *Le cinéma devient un art. 1909-1920. Premier volume. L'avante-guerre*, Paris, Ed. Denoël, 1951, 371 páginas.
Le cinéma devient un art. 1909-1920. Deuxième volume. La première guerre mondiale, Paris, Ed. Denoël, 1952, 547 páginas.
IV. *L'époque contemporaine. Le cinéma pendant la guerre. 1939-1945*, Paris, Ed. Denoël, 1954, 329 páginas.

Outro livro sobre cinema figura na biblioteca de Alfonso Fuenmayor, e este pensa que García Márquez deve tê-lo lido, embora não tenha certeza de que essa foi a procedência do livro. Trata-se de *Una historia del cine*, Ángel Zúñiga, Barcelona, Ed. Destino, 1948, volume I, 467 páginas, volume II, 529 páginas.

34. Para me referir a textos precisos, aparecidos na coluna cinematográfica, indicarei entre parênteses o título do texto, que é quase sempre o título do filme comentado por García Márquez, e a data de sua publicação. Os dados completos aparecem na cronologia.

Bresson, é a grande conquista do cinema sonoro" ("*O salário do medo*" 12 de junho de 1954), García Márquez alardeia conhecimentos recém-adquiridos, mas sua própria ingenuidade demonstra, pelo menos, a apaixonada seriedade com que fez suas leituras sobre cinema e confirma que passou por um incansável processo formativo e informativo. De qualquer modo, só o fato de que, à sua chegada a Bogotá, o tivessem encarregado de uma nova coluna de cinema, demonstra que se fizera merecedor desse cargo.

Esse período de silenciosa formação cinematográfica serviu principalmente para dar bases mais sólidas a um interesse e uma atividade que, muito cedo, haviam adquirido traços bem definidos. A concepção do cinema que as críticas semanais de *El Espectador* vão detalhando desenhou-se com nitidez em face de *Ladrões de bicicletas*, em outubro de 1950; era transcendental que assim fosse, porque essa concepção — que então se afirmava claramente pela primeira vez — tem inegáveis vínculos com a idéia da história e a psicologia que seria posta em jogo em *Ninguém escreve ao coronel* e histórias posteriores: isto é, que o que se pode considerar como a segunda etapa da trajetória literária de García Márquez tinha um germe identificável em 1950, quando estava escrevendo A *revoada* sobre o pano de fundo mais amplo dos experimentos em torno da mitologia macondiana de família, casa, povoado e tempo devastador. Ao mesmo tempo que se aprofundava o interesse pelo cinema, foi amadurecendo uma nova fase da obra de ficção.

*

A recuperação do trabalho de García Márquez como crítico de cinema poderia parecer sumamente discutível, simplesmente porque não é boa crítica — mesmo levando em consideração as condições da época. E justamente levando em consideração tais condições, é uma tentação dizer que, para a Colômbia dos anos 1950, não fazia falta uma boa crítica de cinema, mas uma crítica como a que García Márquez praticou: como um combate pela criação do cinema nacional. Mas os combates travados de maneira demasiadamente consciente e voluntária nem sempre chegam a dar resultados. Aos historiadores do cinema na Colômbia, e da crítica colombiana de cinema, caberá apreciar o valor do que se fez na imprensa do país nos anos 1950 e princípios dos 1960. Pode ser uma impressão equivocada, mas é como uma obrigação dizê-lo aqui: os refinados textos de Hernando Valencia Goelkel, tão exclusivamente estéticos, talvez tivessem uma importância superior aos de García Márquez na gênese de um cinema nacional, mesmo admitindo-se que tiveram a grande vantagem de aparecer em um momento mais propício.

As críticas de García Márquez sobre cinema talvez nada tragam de novo ou positivo ao conjunto de sua obra. Não há comparação possível com "La Jirafa" ou as reportagens que por si só merecem ser resgatadas e divulgadas. Mas também é verdade que podem contribuir para um melhor conhecimento de como se foi forjando a obra e esclarecer aspectos importantes do processo criativo. Nesse sentido, repetindo um conceito que García Márquez empregou muito em suas críticas, a recopilação desses textos sobre cinema terá mais interesse para "os especialistas" que para "o público em geral". Para quem quiser saber mais sobre o processo criativo, são textos do maior interesse, se bem que possam ser postos como que entre parênteses ou considerados mero pano de fundo.

É que são, e ao mesmo tempo não são, de García Márquez: ele só as assinou com suas iniciais, provavelmente com a intenção de proteger sua independência jornalística e sua liberdade crítica face às inevitáveis pressões exercidas sobre seu trabalho. Também pode se supor que ele próprio não considerava esses textos dignos de sua assinatura. "GGM" é alguém mais, que tem a ver com Gabriel García Márquez, às vezes pouco, outras vezes muito, mas nunca integralmente. Se algumas vezes a proposta e a redação têm uma característica original e brilhante, na imensa maioria dos casos essas colunas têm uma lentidão ou uma superficialidade, uma seriedade ou uma frivolidade que em nada têm relação com a autêntica maneira de García

Márquez.[35] Neste sentido, o liberador disfarce de Septimus, usado em Barranquilla, era mais genuíno que as iniciais — simplificação, mutilação — empregadas para assinar as colunas de cinema.

Em tais condições, é injusto recopilar essas colunas junto com as reportagens assinadas com nome e sobrenome. É uma conseqüência lógica — se bem que perfeitamente discutível — do critério usado na investigação documental, que aspirava a recolher cronologicamente todos os textos imediatamente identificáveis, levassem a assinatura de Gabriel García Márquez ou apenas a de "GGM". Mas o organizador é o primeiro a aceitar que o respeito à cronologia, ainda que tenha o mérito de um rigor pelo menos aparente, não é nada coerente com a verdade dos fatos.

*

35. Ao ler essas colunas de cinema, percebe-se que García Márquez chegou a ser um desses "opinadores" ou "descobridores profissionais" que, segundo ele e em seu período caribenho, abundavam em Bogotá. Porém, mais que de García Márquez, foi o caso de "GGM" — alguém em boa medida diferente dele. As crônicas sobre cinema têm a exata tonalidade "almofadinha" que não agradava a seu autor (e esse era outro motivo para que não as assinasse), se bem que seu engomado didatismo obedecesse a um respeitável projeto a longo prazo. Mas é verdade que não foi assim em cada linha de cada crônica. Embora não muito numerosas, há passagens de alto valor estético (por exemplo em "Les orgueilleux", 13 de novembro de 1954). Em pelo menos um caso ("Os filhos de Hiroshima", 26 de março de 1955), a crítica de cinema tem alguma coisa de reportagem, muito bem realizada. Mas é com o comentário humorístico que as colunas cinematográficas têm maiores afinidades, embora com uma não muito elevada freqüência. Há frases breves que são como chispas e têm muito pouco a ver com a crítica, mas que amenizam com seu arbitrário poder sintético considerações nem sempre atraentes. Um filme musical não serve "nem para interessar às crianças que se aborrecem comendo sorvetes no Central Park" ("Música e lágrimas", 24 de julho de 1954). Um filme produzido na Suíça é "muito bonito, de uma esmagadora correção formal, mas suíço demais" ("Os melhores filmes...", 31 de dezembro de 1954). Um péssimo filme italiano que "parece colorido apesar de ser em preto-e-branco" ("Matarazzo y Bonnard", 8 de janeiro de 1955). Tratando-se de uma versão cinematográfica de *Nossa Senhora de Paris*, "qualquer objeção que se lhe pudesse fazer teria que ser dirigida a Victor Hugo" e não ao realizador ("Três velhos filmes", 6 de novembro de 1954). Dentro desse tom de comentário humorístico, o melhor é certamente a evocação de "uma deteriorada Rita Hayworth, com cinco casamentos nas costas" ("A mulher de Satã", 20 de novembro de 1954), que ocupa uma parte da resenha crítica sem ter nada a ver com o cinema, e que, ampliada, teria dado uma excelente "jirafa". É preciso destacar, finalmente, a presença, em certo número de casos, do método que García Márquez aprendera a dominar em sua coluna de *El Heraldo*: o truque do debate, a divisão maniqueísta da opinião em dois lados, o que lhe permitia estabelecer os problemas de forma espetacular e eficaz. Encontramos este recurso, por exemplo, na introdução da nota "Milagre em Milão" (24 de abril de 1954) e na conclusão de "Cara-de-pau" (9 de outubro de 1954). Mas em geral a coluna de cinema não se salva de certa monotonia de fundo e de expressão.

Os defeitos da crítica cinematográfica de García Márquez explicam-se, em boa parte, pelas limitações objetivas que ele precisava enfrentar. A primeira de todas era que ele praticamente inaugurou o gênero: antes de seus textos, não havia na imprensa colombiana uma coluna regular que falasse, de maneira sistemática, dos filmes lançados em Bogotá. A série "O cinema em Bogotá — Estréias da semana", que ele manteve durante quase um ano e meio, e a que, quando viajou para a Europa, Jorge Gaitán Durán[36] deu continuidade, não tinha nenhum precedente que se lhe pudesse comparar. Era uma iniciativa pioneira: devia praticar um gênero novo no jornalismo nacional, e os modelos estrangeiros acessíveis eram os de países que possuíam uma cinematografia própria; havia uma grande distância entre o que García Márquez tinha a oportunidade de ler em revistas especializadas do exterior e o que devia escrever na imprensa diária de seu país.

Aí se localizava outra limitação: seus leitores seriam os bogotanos que queriam saber que filme valia a pena ver; dariam uma espiada na coluna dele, para se orientarem um pouco quanto à leitura dos anúncios, publicados em outras páginas de *El Espectador*. Não em vão saía a coluna nos sábados, ou nas vésperas dos fins de semana prolongados, em vez de na edição de domingo, o que mais bem conviria à natureza cultural de seu conteúdo. Dirigir-se um "especialista" ao "público em geral", nos sábados à tarde, era um obstáculo sério, mas García Márquez o enfrentou, exagerando às vezes — talvez — o tom didático de suas resenhas de filmes. Porque, se conhecia os problemas, também conhecia a distante finalidade do seu trabalho, que era a de contribuir para o nascimento de um cinema nacional, e fazia o possível para formar um público igualmente nacional, tentando elevar — Prometeu e Sísifo, valha a dupla referência a Camus — o nível daqueles que o liam distraidamente na maioria das vezes.

Quem, porém, não o leu distraidamente foram os donos dos cinemas, e eles constituíram certamente um sério obstáculo para o livre e sereno desenvolvimento da crítica. No trabalho de García Márquez, tudo era contra

36. Parece forçoso atribuir a Gaitán Durán a autoria das colunas de cinema que, com o mesmo título, continuariam saindo em *El Espectador*. As iniciais com que aparecia assinada a coluna, *JGD*, remetem a Gaitán Durán.

a situação do cinema na Colômbia, o que bem revela a realidade do país: dependência tecnológica e cultural. Nessa situação, que fazia do cinema um simples negócio de distribuidores e um veículo de valores estrangeiros quase sempre alienantes, os propósitos de García Márquez vinham perturbar o jogo. Inseguros que fossem, seus critérios estéticos prejudicavam um pouco aquele negócio.

Por isso, não tardaram em se manifestar as queixas, primeiro em outros órgãos de imprensa. A 18 de maio de 1954, menos de três meses depois de criada a coluna de García Márquez, apareceu em "Día a día" uma crônica intitulada "Crítica cinematográfica", anônima como todas as de "Día a día", mas inconfundível quanto ao estilo de Ulises. Como inclui citações, sem indicar sua procedência, esse texto muito pedagógico tem que se referir a um ou a vários protestos aparecidos em outra ou outras publicações. Dizia assim:

> A crítica cinematográfica não é feita com a intenção de "amedrontar" o público, como o afirma algum distribuidor, nem com o objetivo de "nos prejudicar em nossos interesses", como o diz um outro, mas simplesmente educar o público. (...) O cinema, como o teatro, necessita da crítica. (...) Existe ainda entre nós a crença de que as críticas a uma obra de arte, a um romance, a uma obra de teatro ou a um filme prejudicam economicamente o autor, o expositor, o livreiro ou o exibidor. Mas o que acontece é justamente o contrário. Corresponde a um mais alto nível cultural do povo uma maior demanda de boa literatura, de boa pintura, de bom teatro e de bom cinema. Para os maus filmes sempre haverá público. Para os bons, nem sempre.
>
> Não se "amedronta" o público, nem, muito menos, "se prejudicam os interesses" de alguém, publicar na imprensa uma crítica cinematográfica séria e responsável, que se assemelhe um pouco à dos outros países e rompa com os velhos e preconceituosos exemplos do elogio desmedido ao bom, assim como ao mau.

Evidentemente, essa nota foi escrita com pleno conhecimento da dificuldade da tarefa que García Márquez assumia, bem como da grandeza de sua ambição.

Pouco depois, um dono de cinema escreveu ao autor da coluna semanal, e sua carta, datada de 31 de maio, apareceu no sábado 5 de junho, na mesma página 5 de *El Espectador*, onde saiu, naquele dia, "O cinema em Bogotá", sem comentário de parte do jornalista interpelado. Expressando perfeitamente, talvez sem vê-lo com clareza, o conflito entre estética e negócio, entre independência e dependência, dizia o gerente de um cinema central de Bogotá: "...quero manifestar-lhe minha opinião acerca de seus comentários: me parecem honrados mas injustos." E continuava: "Não esqueça, senhor GGM, que quando, ao comentar algum filme, se enfurece impiedosamente com ele, despedaça-o e o liquida, está, sem o propor, prejudicando de maneira grave os interesses de algum empresário."[37] Na terça-feira seguinte, 8 de junho, Ulises — sempre identificável — interveio novamente em "Día a día", com um texto do mesmo teor que o anterior, mas em tom veemente. O título não deixava margem a dúvidas: "A crítica favorece o empresário do ramo do cinema". Dizia Ulises:

> A propósito da carta dirigida por um respeitável empresário do ramo do cinema ao nosso crítico cinematográfico e publicada, no sábado, por este periódico, conviria repetir algumas observações que há poucas semanas fizemos em torno deste interessante tema. Os senhores empresários não têm por que se preocupar ante uma crítica séria e responsável e, pelo contrário, devem considerar e apreciar cuidadosamente os benefícios que dela podem derivar.
>
> O cinema comercial tem seu público certo e garantido. (...) O verdadeiro problema dos exibidores, e do público seleto, está nos bons filmes. (...)
>
> A crítica especializada oferece — gratuitamente — (uma) publicidade aos exibidores, aumenta o número de espectadores de bom gosto e contribui dessa forma para que não seja um fracasso comercial um filme que, por sua qualidade, estava, em nosso meio, destinado a sê-lo.

As pressões não deixaram de se manifestar publicamente. A 19 de fevereiro de 1955, no artigo "Entre parênteses", no artigo de "O cinema em Bogotá",

37. Essa carta saiu com o título "Empresário do ramo do cinema analisa problemas da indústria frente à crítica da imprensa", em *El Espectador*, 5 de junho de 1954, p. 5.

García Márquez reagiu — fingindo que não respondia[38] — a uma outra carta de um outro empresário, publicada em *El Tiempo* de Bogotá. Esse texto de García Márquez indica que, apesar de tudo, embora tenha sabido preservar sua independência, essas pressões, movidas por interesses econômicos, constituíram realmente uma limitação adicional para sua coluna: "8 — Muitos filmes não foram comentados, como uma trégua deliberada, calculada e justa aos empresários — indiscriminadamente — que têm comprometidos fortes e respeitáveis interesses no seu negócio."[39]

Com isso pode encerrar-se o capítulo das pressões objetivas sofridas pela crítica cinematográfica de García Márquez. Um conceito rigoroso da crítica, o que se estava impondo então na Europa à volta de André Bazin, e que triunfaria depois com Truffaut, Godard e Chabrol — os futuros líderes da chamada *nouvelle vague* —,[40] poderia levar à consideração de que outra limitação se manifestava no ideário político de García Márquez. Porque esse ideário, socialista e antiimperialista, que vinha de anos anteriores e se foi reforçando paulatina e silenciosamente em Barranquilla, manifesta-se em suas resenhas cinematográficas — e estas são um bom meio para apreciá-

38. Diz em particular: "Se isto fosse uma polêmica..." E conclui afirmando: "Este é um esclarecimento para o público."

39. E houve pressoes ocultas, provavelmente mais fortes e mais freqüentes. García Márquez recorda que distribuidores e exibidores ameaçaram não destinar mais a *El Espectador* recursos publicitários, mas os donos do jornal não cederam, garantindo-lhe todo o apoio necessário; nota-se, também, que nunca lhe faltou a solidariedade da redação. Há que assinalar, de outro lado, que *El Espectador* era então vespertino e não podia ter, quanto ao aspecto comercial do cinema, o mesmo impacto dos matutinos.

40. É ineludível a comparação, embora seja unicamente pela contemporaneidade. A futura *nouvelle vague* tinha do cinema um conceito mais puro e mais claro, porém também mais intransigente (a chamada "política de autores") e cujas falhas se fazem mais perceptíveis à medida que o tempo passa. Em sua admiração pelo cinema norte-americano, não queria ver que existia ali uma máquina mais econômica que artística, e ao mesmo tempo mantinha uma tranqüila visão européia, onde a cultura e a técnica do cinema pareciam existir a um nível absoluto, e com o pano de fundo de uma realidade colonial que não se discutia, em que pese estar em plena crise. Só nos anos 1960, depois do acesso à realização, o problema ficaria mais claro. Na etapa inicial, a da crítica, havia uma grande ignorância das múltiplas implicações e vinculações do fato cinematográfico. Godard podia afirmar tranqüilamente que "o *travelling* é uma questão de ética". Tudo isso estava a muitos anos-luz dos problemas de García Márquez. Mas não pode haver dúvida de que a contribuição estética da *nouvelle vague* superava em muito o que García Márquez podia fazer. Com umas quantas correções, seguiria caminhos semelhantes uma comparação entre o trabalho de García Márquez e aquele que germinava, então, em Cuba ou no Brasil. Não era nada propícia a situação colombiana.

lo. Expressa-se discretamente esse ideário, mas com bastante regularidade, mesmo nas demonstrações de hostilidade ao comercialismo de Hollywood. Deve determinar, mais de uma vez, os critérios presumivelmente estéticos que García Márquez usa para exaltar ou condenar os filmes que analisa. A discrição se explica: a ingente tarefa de formar um público, que com um pouco de ingenuidade e muita fé se atribuiu García Márquez (há um paralelismo com a linha mais claramente política de certas reportagens), requeria prudência tanto face àqueles que o empregavam quanto aos que o liam: não se podia permitir o luxo de perder sua tribuna ou de afastar o leitor por expressar, de forma abrupta demais, conceitos radicais. A exigência estética deve, mais de uma vez, servir de máscara a um rude julgamento político, sobretudo a propósito de filmes norte-americanos.

Em verdade, segundo o critério geral de García Márquez, a posição política desempenha um papel fundamental e positivo, nada contraditório com sua exigência artística. Como uma etapa na longa e difícil tarefa de criar um cinema nacional, tratava-se de elevar o nível de consciência do público, de ir suscitando condições para uma verdadeira independência cultural (por algum motivo ele falou, certa vez, sobre um filme norte-americano, da "avassaladora popularidade do cinema" — 26 de fevereiro de 1955), e para tanto valiam plenamente os conceitos não estéticos, tratando-se de uma arte que tem tanto de técnica, de indústria, de comércio e de instrumento ideológico: realidades que a melhor crítica européia demorou anos para redescobrir. Isso não impedia, claro, que García Márquez afirmasse que "o grave é o cinema político, que não é nada mais que isso" (19 de junho de 1954), porque seu conhecimento da literatura já lhe tinha ensinado de sobra.

Há política em suas críticas. Política nacional: o discreto pronunciamento anticlerical na resenha de *Dieu a besoin des hommes*, a 12 de junho de 1954; uma alusão aos estragos morais da guerra — a da Coréia, no caso colombiano —, na crítica "Meu ofício é matar" (26 de fevereiro de 1955); uma desnecessária menção aos impostos nacionais ("*Le chevalier de Maison Rouge*", 2 de abril de 1955). As coisas tomam vulto na longa análise dedicada ao problema social e sindical, observado por García Márquez em *Sindicato de ladrões*, de Kazan (crônica de 16 de abril de 1955): este tipo de reflexão servia para falar em termos não tão velados de consciência de classe, isto é, não apenas dos estivadores nova-iorquinos, mas de todos os trabalhadores, os da Colômbia entre outros.[41] Política internacional: manifesta-se a cada passo o antiimperialismo de García Márquez. O exemplo figura na primeira crítica de "O cinema em Bogotá", resenha de *Anjo do mal* de Fuller, "um filme feito exclusivamente para demonstrar que nos Estados Unidos até os ladrões de mais baixa categoria são patriotas e, acima de tudo, anticomunistas" (27 de fevereiro de 1954). É constante a repulsa à penetração cultural e ideológica norte-americana, à exaltação do *American way of life* que então Hollywood propunha incansavelmente. Menos freqüente e mais discreta, há também uma repulsa ao aspecto mais diretamente político do imperialismo, como se vê, por exemplo, na crítica sobre *Bienvenido, Mr. Marshall* (13 de março de 1954). E nem sequer as inócuas autocríticas (esquecido totalmente — e de maneira discutível — o aspecto estético), como a que aparece em *Nasce uma estrela,* podem enganá-lo: "A confidência foi feita por Hollywood, por gente a serviço de Hollywood, que está satisfeita com seu emprego" (11 de junho de 1955). Em nenhum momento ele esquece que, então, os Estados Unidos adotam a política do arrocho no exterior e vivem o macarthismo em casa; sobre este último aspecto, a crônica "Festival UPA", em "O cinema em Bogotá" de 18 de dezembro de 1954, insinua as coisas de maneira muito convincente — sobrepondo, por certo, os critérios estéticos aos demais. Esta parcialidade política, que em realidade nem era parcialidade ou limitação, era uma resposta às condições do momento e à situação concreta em que coube a García Márquez desenvolver esse trabalho inédito em seu meio profissional e cultural. Se suas esperanças de então, e a forma pela qual as manifestou e tratou de concretizar, podem parecer hoje desmedidas ou irrisórias, não é propriamente porque falhou seu sistema crítico, e sim porque o cinema e a Colômbia não evoluíram com a rapidez que ele e muitos outros desejavam. As condições de subdesenvolvimento e dependência são insistentes: o cinema e a história nacionais terão demorado mais de um quarto de século até

41. Talvez se tenha que pensar em *Ninguém escreve ao coronel* quando, a propósito do filme de Kazan, se lê que "a solução é momentânea porque o sistema permanece em pé".

alcançarem as metas sonhadas por García Márquez. À distância, sua ambição de criar consciência para fazer cinema, e fazer cinema para criar consciência, poderia lembrar a brincadeira impossível da galinha e do ovo, ou do ovo e da galinha, mas algum dia terá seu verdadeiro sentido. Ao cinema colombiano e aos estudiosos do cinema corresponde a tarefa de garanti-lo, a partir do reconhecimento de que García Márquez, ao falar de cinema — material, técnica, indústria, comércio e arte —, sabia muito bem a que se referiam suas aspirações no quadro do subdesenvolvimento e da dependência cultural.

*

Os enormes erros de julgamento estético que García Márquez cometeu em suas resenhas de filmes se vêem perfeitamente expressos no balanço do ano cinematográfico em Bogotá, em *El Espectador* de 31 de dezembro de 1954. O melhor filme do ano foi, em sua desafortunada opinião, *Dieu a besoin des hommes*, uma espantosa confusão de Jean Delannoy, um diretor francês que, se entra na história do cinema, será exclusivamente por sua irremediável qualidade de autor de confusões — e que conste aqui que não há a menor intenção de parodiar o estilo de GGM. O cinema francês que García Márquez viu em 1954 era de muito medíocre nível (nenhum filme de Renoir ou Becker) e, apesar de tudo, fala sem ironia da "invariável qualidade" desse cinema. O filme de Delannoy recebe o prêmio moral de García Márquez, depois de competir com filmes de Antonioni, De Sica, Lattuada, Berlanga, Buñuel (este, tão maltratado), Mankiewicz, Ford, Hitchcock, Lang, Ray,[42] Cukor, Wilder, Preminger e — apesar de serem maus — Duvivier e Clouzot; grandes cineastas ou bons cineastas com quem Delannoy não se pode jamais comparar; muitos norte-americanos, é certo, mas que, com ideologia perniciosa ou sem ela, deixaram uma marca que Delannoy não podia deixar. Admitindo-se, mesmo,

---

42. Há motivos para se estranhar que seja sobre *Johnny Guitar* esta cruel afirmação: "Com um pouco de senso de humor, este filme é um bom espetáculo cômico, feito com a maior seriedade do mundo." Ou de que Nicholas Ray seja "um diretor que poderia ganhar a vida escrevendo argumentos para histórias em quadrinhos".

que o cinema pode ser muitas coisas e que podem existir conceitos críticos muito diferentes e igualmente válidos (com a prévia condição de uma coerência que García Márquez não tinha em matéria de cinema), só a passagem do tempo demonstra a insuficiência dos critérios usados em "O cinema em Bogotá". Um quarto de século começa a ser bastante tempo e abrange muitas gerações diferentes de intelectuais, além de um acelerado fenômeno de "globalização" (que García Márquez já intuía e pelo qual aspirava), para que se torne evidente a primordial deficiência dessas críticas de cinema: não foi tão freqüente sua clarividência ao dizer o que servia e o que não servia.

É fácil comprovar que García Márquez nunca se interessou seriamente em saber o que é o cinema. Algumas vezes insinua que há uma diferença de natureza entre o teatro e o cinema, por exemplo, a propósito de *Inferno 17* de Wilder ("*Inferno 17*", 13 de março de 1954), ou a propósito de *Las tres perfectas casbonsadas* e *El niño y la niebla* ("*El niño y la niebla*", no mesmo dia). Insinua, também, que o cinema é diferente do romance (*A nave da revolta,* 5 de março de 1955), e vê como defeitos dignos de acerbas críticas as tendências "literárias" que acredita haver em um filme de Mankiewicz ("A condessa descalça", 12 de março de 1955) ou na seleção de algumas tomadas de *O cangaceiro* (8 de julho de 1954). Então, e com certa freqüência, fala da "linguagem cinematográfica" (por exemplo, na já citada crônica sobre *Inferno 17)* ou de "sintaxe cinematográfica" ("*Senhorita Julia*", 20 de março de 1954), que é uma tentativa de dizer um pouco mais que, por exemplo e outra vez a propósito de Mankiewicz, trata-se de "um filme que poderia ter sido bom se seu autor se conformasse que fosse cinema". Quer isto dizer que García Márquez afirma até o cansaço que cinema é cinema: definição tautológica, tranqüilizadora, mas nada produtiva.

Algumas vezes, entretanto, vai um pouco mais longe e chega a um assomo de definição um pouco mais precisa. A propósito do medíocre *Amor de outono*, do francês Autant-Lara, García Márquez diz que "a prosa de Colette foi traduzida com precisão para a linguagem visual" ("*Amor de outono*", 12 de março de 1955). Sobre *Un divorcio* (24 de julho de 1954), escreve que só se gravou "na trilha sonora o romance de Bourget, sem se prestar a menor atenção nos valores visuais". Em *O cangaceiro*, "o melhor do filme está baseado exclusivamente no fascínio visual". E em *Disque M para matar*, García Márquez reconhece "a esmagadora astúcia narrativa de Hitchcock, que sabe dizer com a câmera muitas coisas úteis, muitas coisas espantosas e inteligentes que não poderiam ser ditas com nenhum outro elemento que não a câmera" ("*Disque M para matar*", 4 de dezembro de 1954). Mas, infelizmente para a crítica de cinema, García Márquez não aprofunda este conceito do predomínio do aspecto visual nem trata de sistematizá-lo. Contenta-se, quase sempre, com falar de "cinema",[43] de "ponto de vista cinematográfico",[44] de "acertos cinematográficos" e de "um adequado ritmo cinematográfico" — e esta última afirmação vale para um filme de John Ford que, apesar de seus "acertos" e seu "adequado ritmo", decepciona-o ("*O sol brilha na imensidão*", 26 de março de 1954); "dos meios cinematográficos" ("*Loucuras de um milionário*", 30 de setembro de 1954). Chega a ver em *A selva nua* "certo valor educativo" e "um apreciável valor documental", quando estes não têm importância alguma no filme considerado ("*A selva nua*", 26 de junho de 1954). Eram inevitáveis as contradições, como por exemplo, a propósito de *Sabrina*,[45] ainda que, é verdade, a mais exemplar dessas contradições se encontre na primeira coluna de "O cinema em Bogotá", a respeito do filme de Fuller ("*Anjo do mal*", 27 de fevereiro de 1954). Dizia García Márquez que "o filme tem um mérito apreciável: é cinematográfico da primeira à última cena", e denunciava, linhas abaixo, "uma direção afetada e retórica, que fez, afinal de contas, um filme comum, com bandidos patrióticos e sentimentais e detetives bobos". Em outros termos: é cinema mas não é cinema; ou talvez:

---

43. Em sua resenha sobre *O padeiro de Valorgue* (13 de novembro de 1954), García Márquez escreve que, "nos três filmes de Verneuil, a coisa é outra coisa: há cinema desde o primeiro momento, e a cada passo se percebe a intenção de que não seja nada diferente do cinema". Quem teve a oportunidade de ver, e mais de uma vez, esses filmes de Verneuil, popularescos e folclorizantes, deve chegar a uma comparação algo atrevida para dar uma idéia do que significa o julgamento entusiasta de García Márquez: não se encontra equivalente, a não ser imaginando que Eisenstein ou Griffith houvessem escrito que, desde a primeira página, há literatura e não há nada diferente da literatura em um romance de Corín Tellado, autora de folhetins popularíssima nos países de língua espanhola.

44. Mas o que quer dizer, que significado pode ter uma afirmação como esta: "O principal defeito do filme, do ponto de vista cinematográfico, é o aborrecimento, a absoluta indiferença do protagonista"? ("*Desirée, a amante de Napoleão*", 26 de fevereiro de 1955).

45. "Em *Sabrina* percebe-se segurança na direção dos atores e na maneira de contar a história" e, apesar disso, é "comédia barata e imperdoável" (9 de abril de 1955).

é bom cinema mas é mau cinema. E assim se explicam essas múltiplas pseudodefinições que não dizem nada quando pretendiam dizer tudo: "filme encantador", "deliciosa comédia", "filme excepcional", "grande filme", "bom cinema", "filme extraordinário", "comédia picante", "realização escrupulosa", "filme inesquecível, original e convincente", "espantosa perfeição". Sérias falhas, por conseguinte, cuja explicação só em parte se deve à modesta finalidade de orientar os espectadores bogotanos em busca de um passatempo para seu fim de semana. Torna-se evidente — e é o que se verá detalhadamente, mais adiante — que García Márquez se interessava por uma coisa que não era precisamente o cinema.

*

Nessas colunas semanais chamam muito a atenção as considerações puramente técnicas, que ocupam amplo espaço, muitas vezes em detrimento de outros aspectos, mais propriamente críticos, que fazem falta — ou que, anos depois, interessariam mais ao leitor, curioso de saber como García Márquez viu certos aspectos de um filme. Em um bom número de casos, ele enumera os múltiplos ingredientes que contribuem à feitura de um filme (o roteiro, o diálogo, a direção, a fotografia, o som ou os sons, a música, a montagem, o desempenho), muitas vezes, sem dar à direção toda a importância que em realidade tem. A crítica sobre *O salário do medo* (12 de junho de 1954) é de certo modo uma exceção nesse conjunto de críticas minuciosas que costumam ser de elogio exagerado, incondicional e freqüentemente desatinado. Nos primeiros meses, sobretudo, o escritor preocupado com o rigor narrativo refere-se muito à "edição", às "tesouras oportunas" que deveriam ter eliminado episódios de histórias frondosas demais para seu gosto. Há certo fascínio frente às complicações técnicas, na atitude do crítico que aspira a que se faça cinema na Colômbia e ao mesmo tempo está convencido dos bloqueios do subdesenvolvimento, bem como bastante ou demasiado rigor didático nessa forma de falar de cinema a um público até então pouco ou nada informado: a longa reflexão sobre os problemas da dublagem ("Entre parênteses", 13 de novembro de 1954) é uma boa ilustração disso.

Dentro dessa preocupação pela técnica situa-se a atitude negativa de García Márquez frente às inovações de seu tempo. Se acertou completamente ao recusar "a incômoda e néscia condição dos óculos Polaroid" (*"Caminhos ásperos"*, 29 de maio de 1954), necessários para ver o "cinema em relevo" que algumas empresas norte-americanas tratavam então de promover, sua hostilidade ao procedimento do Cinemascope demonstra um desnecessário conservadorismo técnico. Com a deficiência das primeiras tentativas de filmes para tela grande, García Márquez pensa reconhecer "uma tenebrosa confabulação para que o cinema regresse a sua idade da pedra" (*"Como agarrar um milionário"*, 20 de março de 1954); atiraram "no precipício, em troca de umas quantas inovações técnicas, as grandes conquistas do cinema como meio expressivo" (*"Desirée, a amante de Napoleão"*, 26 de fevereiro de 1955); "*O príncipe estudante* não é cinema porque é cinemascópio" (19 de fevereiro de 1955). Até o fim de seu tempo de crítico de cinema, García Márquez começa a se resignar ante o valor dessas "novidades técnicas". A 2 de abril de 1955, reconhece que "já se pode apreender a produção em Cinemascope" (*"A viúva negra"*), e termina admitindo que também com o novo processo é possível fazer cinema: a *Carmen Jones* de Preminger é "cinema apesar dos forçados enquadramentos e de todas as dificuldades técnicas que, para um verdadeiro diretor de cinema, apresentam os novos sistemas da tela grande" (*"Carmen Jones"*, 7 de maio de 1955).

Essa hostilidade às inovações pode ser, em parte, devida ao temor de que as novas complicações técnicas se imponham totalmente e constituam obstáculos insuperáveis e definitivos para a criação de um cinema nacional. Alguma coisa disso devia haver na inacreditável afirmação de que "bastante perdeu o cinema com a invenção do alto-falante" ("Entre parênteses", 13 de novembro de 1954). Esse saudosismo técnico, apesar de tudo, tem muito a ver com o que García Márquez pedia ao cinema, que era de índole visual e se relacionava com sua preocupação pelo "humano" — segundo gostava de dizer —, e com algum direito podia, então, lamentar que o som houvesse desbotado o poder e as exigências da pura imagem, ou que o Cinemascope tivesse que pôr à margem o seu querido *close-up*, empobrecendo a aptidão do cinema para captar os comportamentos e as expressões — que era o que a García Márquez mais interessava, e acima de tudo. Daí — além de motivos políticos e culturais — sua hostilidade, ou, pelo menos, o seu receio diante de tudo o que viesse de Hollywood, onde não quer reconhecer senão habilidade aplicada a temas enganadores e alienantes. São poucas as exceções que ele admite, além de comédias sem importância. Dorothy Dandridge é, por isso mesmo, "uma das poucas mulheres de carne e osso que o cinema norte-americano pode oferecer" ("*Carmen Jones*", 7 de maio de 1955). O rigor na direção de atores chega a ser, segundo ele, em certos casos, contraproducente: "Richard Widmark atua com uma extraordinária espontaneidade, que, em certas ocasiões, à força de ser sistemática, não se parece em nada à vida, e é muito própria desse discutível realismo, mais técnico que humano, inventado pelos norte-americanos" ("*Anjo do mal*", 27 de fevereiro de 1954). Mas não se pode esquecer que nem todas as ressalvas de García Márquez são de índole estética. A política tem o seu papel nos julgamentos negativos que emite e gera outras condições. A desconfiança diante dos meios às vezes gigantescos empregados em algumas produções de prestígio (o que em Cartagena ele chamou de "tempestades em copo d'água") se ameniza um pouco agora (por exemplo, sobre a tempestade em "*A nave da revolta*", 5 de março de 1955), e não apenas desaparece diante de filmes europeus, mas se transforma em um cálido apreço. A propósito de *O salário do medo*, escreve: "Há que apreciar e agradecer a absoluta falta de economia no emprego de recursos (a derrubada da ponte, a seqüência da poça de petróleo, a explosão da pedreira), que contribuiu para fazer deste filme uma obra-prima da arte cinematográfica" ("*O salário do medo*", 12 de junho de 1954).

*

O principal receio de García Márquez frente ao cinema norte-americano — que então começava a ser considerado entre os críticos europeus não exatamente como o cinema por antonomásia, mas como o cinema simplesmente —, um receio relativo a sua maneira de não se aprofundar nos comportamentos humanos, tinha fortes vínculos com as preocupações fundamentais do García Márquez daquele momento, que tinham mais a ver com a literatura que com o cinema — embora ele não se desse conta. Um pouco dessa preocupação havia no artigo sobre *Ladrões de bicicletas*, publicado em *El Heraldo* de Barranquilla, a 16 de outubro de 1950, e se repete em "O cinema em Bogotá". A García Márquez interessa o "cinema humano", "parecido à vida",[46] isto é, que ele pensa em algo que não é propriamente cinematográfico (daí os erros críticos e as muitas contradições), mas literário ou, pelo menos, literário à maneira das obras que logo escreveria e, em primeiro lugar, de *Ninguém escreve ao coronel*. O aprendizado de espectador de cinema, o longo processo de formação e informação que vai de outubro de 1950 a fevereiro de 1954 era — em parte e talvez inconscientemente — uma lenta e metódica preparação da segunda fase de sua produção literária.

Embora ele proclame o contrário e seja rigoroso com as tendências teatrais ou literárias dos filmes resenhados, a literatura interfere constantemente nos julgamentos do crítico de cinema. E é assim que vão transparecendo suas preferências e preocupações. *O cangaceiro*, que, embora tenha tido importância histórica, era um filme medíocre, na opinião dele é "um belo e duradouro poema primitivo", realizado "com a prodigiosa segurança técnica dos mestres do cinema mudo, e a inspiração, a ingenuidade e o vagar de um velho professor". A respeito de *Os filhos de Hiroshima* diz García Márquez: "Só um poeta, como os maiores trágicos da Antigüidade, podia, apesar de tudo, oferecer este espetáculo de horror com tão estremecedora beleza."[47] O primitivismo estético — não o técnico — encanta García Márquez, não por ser primitivo, mas por ir diretamente às essências e por saber captar o elementar, que deve ser também o verdadeiro. O critério deve valer em literatura — depende de quem escreve; aplicado no cinema, pode fracassar, mas isso agora não importa mais aqui, uma vez que se trata, nessas críticas de cinema, das reflexões de um escritor que quer narrar segundo algumas normas que reconhece, ou pensa reconhecer, no que lhe parece ser bom cinema. Uma frase ("*A nave da revolta*", 5 de março

46. "Parecido à vida" era *Ladrões de bicicletas*, em 1950. Anos depois também o são, na opinião de García Márquez, *Umberto D.* e *Amor de outono*. Tão pouco tem um filme a ver com o outro que é forçoso reconhecer que os critérios empregados para criticá-los tinham muito pouco de cinematográficos.

47. Kaneto Shindo, diretor de *Os filhos de Hiroshima* e outros "belos" filmes que tiveram êxito no Ocidente, é outro exemplo de que linhas muito contraditórias podiam conviver nas categorias cinematográficas de García Márquez.

de 1955) pode resumir bastante bem a dupla linha do que García Márquez buscava: "(...) só resta analisar a validade dos acontecimentos centrais (...) e a validade psicológica dos personagens".

O primeiro ponto é uma concisão no contar. Poucas coisas desagradam tanto a García Márquez como os roteiros confusos ou pletóricos; ainda que lhe pareçam bem realizados, sempre condena os episódios que, segundo ele, sobram no filme,[48] ou os fatos precipitados (cf. "Jornada cruel", 27 de fevereiro de 1954), ou as mudanças de tom e os desníveis narrativos (cf. "*A princesa e o plebeu*", 3 de abril de 1954), e as situações artificiais (cf. "*Amor à meia-noite*", 26 de março de 1954). Aqui, como em outros aspectos, chega a haver contradições: "a minuciosidade" da narração, que é um fator negativo em *Senhorita Júlia* (20 de março de 1954), modifica-se em fator positivo quando se trata de *O salário do medo*. As reminiscências literárias que lhe parecem incômodas na maioria dos roteiros — pelo menos assim se proclama — vêm a ser um encanto em *O cangaceiro*, que recorda "os contos de fadas" (sempre o primitivismo). Um medíocre filme policial merece elogios que não receberia um bom filme de roteiro inseguro, porque "a história foi contada como devia ser contada: como um enredo puramente exterior", como "um drama conciso, que mantém vivo o interesse" "*Die Spur führt nach Berlin*", 16 de abril de 1955). Uma história sem importância deve ser contada como o que é; o defeito está em que "complicaram a história com a análise psicológica do personagem masculino" ("*A selva nua*", 26 de junho de 1954).

Mas o que mais importa a García Márquez é a "humanidade" de uma coisa imprecisa, que pode ser tanto o roteiro como a direção de atores. Este critério indefinível, que não deveria servir à crítica de cinema, e na literatura, se vale alguma coisa para o escritor, não vale nada para o crítico,[49] contribuiu, mais de

48. Há, apesar de tudo, pequenas exceções. "O gratuito estribilho dos três anões que aparecem em toda parte, sem justificativa nem explicação alguma, é um detalhe genial." ("*Tous les chemins mènent à Rome*", 24 de julho de 1954).

49. Uma conversa com García Márquez convence que ele mantém este critério através dos anos. *O século das luzes*, de Alejo Carpentier, parece-lhe um grande romance "porque ali tudo é verdade" e, aparentemente, por nenhum dos outros muitos motivos que encontraram e encontrarão leitores e críticos para admirar aquele livro. Para dar um exemplo, García Márquez refere-se com entusiasmo à passagem em que Sofía, enquanto lê, "levanta a saia para ventilar o c...". A arte, em cinema e literatura, deve ser, para García Márquez, outras muitas coisas, mas esse critério do pequeno detalhe verdadeiro é de capital importância, embora seja por sua permanência.

uma vez, para que García Márquez comesse gato por lebre, preferindo assim *Dieu a besoin des hommes* a qualquer dos filmes que viu em 1954. Mas diz muito, nas graduações que "O cinema em Bogotá" vai divulgando, sobre os métodos literários que então atraíam García Márquez. Dir-se-ia, quase sem exagero, que com as críticas que escreveu sobre cinco filmes (*Milagre em Milão*, *Quando a mulher erra*, *O capote*, *Alemanha, ano zero*, *Umberto D.*, isto é, cinco filmes italianos),[50] retorna a seu conceito do "humano" em arte, do bom cinema, e à idéia que devia ter, então, do que seria *Ninguém escreve ao coronel*. Muito particularmente, a resenha sobre *Umberto D.* tem todo o jeito de ser como um claro esboço do romance. Já a resenha "*O capote*" destacava que "para baixo, para o fundo, explorando até uma densidade que está além do alcance da vista e apenas ao alcance do coração, *O capote* é a amarga tragédia de um homem comum e simples, contada por um gênio" (20 de novembro de 1954). O personagem de *Umberto D.*, tal como García Márquez o viu em fevereiro de 1955, vai definindo com nitidez os traços morais e comportamentais do coronel,[51] e põe em relevo a importância vital do momento em que desperta a criada grávida; o despertar dos personagens seria em *Ninguém escreve ao coronel* e, mais tarde, em *O veneno da madrugada*, objeto de especial cuidado por parte de García Márquez, e motivo de numerosas e bem realizadas passagens. O "humano" pode ser a minuciosa recriação do agir das pessoas, à base de microscópicas observações, captadas e expressadas com acerto; essa tem que ser a "verdade" que García Márquez busca, o método "parecido à vida" que encontra indiscriminadamente em bons e maus filmes de grandes e péssimos diretores — e que, às vezes, não percebe nem mesmo nos grandes.[52] O mais insuportável sentimentalismo devia alcançar para ele esse

---

50. Uma reedição em volume apaga infelizmente uma expressiva possibilidade de jornalismo, que é a representação tipográfica e visual de títulos e textos. A partir de novembro de 1954, García Márquez fez que as resenhas que lhe pareciam importantes saíssem em grifo e em duas colunas. Isso aconteceu nos seguintes casos: "*O capote*" (20 de novembro de 1945), "*Alemanha, ano zero*" (27 de novembro de 1954), "*La bergère et le ramoneur*" (27 de dezembro de 1954), "*Umberto D.*" (5 de fevereiro de 1955). "*Festival UPA*" (18 de dezembro de 1954) saiu em uma coluna, mas em grifo. "*Os filhos de Hiroshima*" (26 de março de 1955) não teve nenhum critério tipográfico particular, mas a crônica daquele dia teve um título especial — caso único —, o muito garciamarquiano, de "Hiroshima, o filme mais parecido com o inferno."

51. García Márquez afirma que o personagem do filme de Vittorio de Sica lembrou-o, irresistivelmente, do avô, o coronel Nicolás R. Márquez, esperando pacientemente sua pensão de veterano da Guerra dos Mil Dias. (A guerra civil [1899-1902] que custou ao país umas 100 mil vidas.)

52. Cf. "*Disque M para matar*" (4 de dezembro de 1954): "No drama policial, Hitchcock parece esquecer que os protagonistas devem ser de carne e osso."

estimável grau do "humano" ("Grandeza humana", de 20 de março de 1954). Mas é que García Márquez destaca, às vezes, um valor que havia de praticar em seus contos, e que pensa ver em filmes que, ao cabo de alguns anos, demonstraram ser de nenhum valor: a "simpatia pelos personagens" ("*Dieu a besoin des hommes*", 12 de junho de 1954), a "compreensão" ("*Três dias de amor*", 11 de junho de 1955).

Mas se "o essencial é o conflito interior dos personagens" ("*Quando uma mulher erra*", 23 de outubro de 1954), a indagação desse "homem cujos problemas são, afinal de contas, só o que interessa à arte" ("*Como agrarrar um milionário*", 20 de março de 1954),[53] também importa o pano de fundo, sem o qual o "drama psicológico" não pode alcançar sua dimensão verdadeira. García Márquez critica negativamente os filmes que, em vez de criarem uma totalidade com personagem e ambiente, limitam seu interesse à vida de alguns seres e esquecem do que está por trás. "Tudo vira personagem central. O resto da cena é descuidado, o equilíbrio da obra cinematográfica carece de solidez, à custa de um tipo psicológico bem definido" ("*O selvagem*", 19 de junho de 1954). Ou talvez, a propósito de um péssimo filme francês, de outro *inexistente* diretor que — parece a García Márquez — é "um conhecedor (...) um homem que viveu muito". Então, "vale (...) a firmeza na análise dos sentimentos dos protagonistas; o vigor discreto, contido, com que se fez a análise psicológica de um personagem endurecido por suas amargas lembranças". Mas, a partir daí, a resenha se torna negativa, porque há "erros muito evidentes, sobretudo no manejo dos personagens incidentais e no de figuras puramente decorativas: as crianças que passam pela escola, os transeuntes que passam pelas ruas têm um pouco de coisa descuidada, postiça, ao contrário dos personagens que desfilam nos primeiros planos psicológicos. É um erro do veterano diretor, que pôs toda a sua atenção, exclusivamente, na profundidade da história, sem se preocupar com seu ambiente e seu ritmo" (*Amor en las sombras*, "*Leur dernière nuit*", 30 de

53. É significativo seu interesse pela forma como os diretores conseguem ou não captar acertadamente o comportamento das mulheres e, mais ainda, das crianças. Em ambos os aspectos, admirava particularmente a sabedoria dos diretores italianos. Podia ser um eco dos problemas que enfrentou para escrever *A revoada*.

outubro de 1954). Em compensação, *Stazione Termini*, se não tivesse defeitos de outra índole e outros motivos, pareceria irrepreensível a García Márquez, porque "o espítiro criador de *Ladrões de bicicletas* e *Milagre em Milão* está presente em cada pausa de *Stazione Termini*: no homem das laranjas, nas crianças que comem barras de chocolate, na formidável recepção a um presidente que não se vê e nem se sabe, afinal de contas, o que preside" ("*Quando uma mulher erra*", 23 de outubro de 1954). Isto é, não pode haver grande filme — e pensando na literatura, não pode haver verdadeiro romance — se, visualmente, o primeiro plano e o segundo plano não recebem o mesmo tratamento cuidadoso. O mesmo conceito levava-o a repelir o Cinemascope, porque este processo concedia mais importância ao cenário que à personagem.

Também se reconhece uma antecipação do que seria o peculiar modo de narrar do escritor em *Ninguém escreve ao coronel* e *O veneno da madrugada*: uma atenção constante em todos os planos da realidade. Não apenas pela realidade objetiva, mas também pela outra realidade, a do fantástico. Apesar de parecerem tão "realistas", esses romances abririam para o autor o caminho ao mundo do mistério. Em "*Reportaje*" (3 de abril de 1954), entre os cinco argumentos que constituem a trama geral do filme, García Márquez destaca dois, e um deles é do gênero fantástico (tem, além disso, sinais de superstição popular), o do morto que "sai" para pedir que o filho moribundo, que então gozava de perfeita saúde, mas que morrerá horas depois, seja confessado. A mais notável indicação sobre esse interesse constante pela outra realidade — que o compromisso político não apagou nem na crítica de cinema nem na obra literária — aparece no artigo sobre o filme de De Sica: "A história de *Milagre em Milão* é um total conto de fadas, só que realizado em um ambiente insólito, combinados de maneira geral o real e o fantástico, até o extremo de que, em muitos casos, não é possível saber onde termina um e começa o outro. Por exemplo: a descoberta de um poço de petróleo é um acontecimento inteiramente natural. Mas se o petróleo que jorra é refinado, gasolina pura, a descoberta passa a ser inteiramente fantástica, assim como a circunstância de que, no que acontece depois, bastará perfurar a terra com o dedo para que jorre uma fonte de petróleo. Outro exemplo: a cena dos vagabundos disputando um raio de sol, que foi considerada um acontecimento fantástico, é, entretanto, inteiramente real" ("*Milagre em Milão*", 24 de abril de 1954).[54] Talvez essas considerações tenham contribuído para que, em *Ninguém escreve ao coronel*, o músico morto logo se dirigisse ao coronel.

A preocupação literária circula constantemente sob esse espetacular interesse pelo cinema. A intransigente vocação de escritor manifesta-se na alusão ao autor de um romance *best seller* vertido ao cinema ("*A nave da revolta*", 5 de março de 1955), ou no reconhecimento de que naquele filme "o episódio dos morangos (é) de uma extraordinária validade na literatura de ficção". Em *Les orgueilleux* — outro filme excessivamente elogiado —, García Márquez reconhece um pouco peremptoriamente (porque ali queria reconhecê-lo) a influência narrativa de um dos modelos capitais de sua segunda fase literária: fala do "conto de Sartre, colocado dentro da linha literária de seu compatriota Camus" ("*Les orgueilleux*", 13 de novembro de 1954). E sempre se manifestam as preocupações pela própria obra. De *Os filhos de Hiroshima* diz que "não é o drama dos mortos, mas dos sobreviventes", em uma clara antecipação do que manifestaria, quatro anos mais tarde, sobre a narrativa da Violência — e dentro dessa narrativa se situariam *Ninguém escreve ao coronel*, alguns contos de *Os funerais da Mamãe Grande* e *O veneno da madrugada*. Alguns julgamentos concretos parecem, portanto, devidos a uma atitude especial de García Márquez face a filmes que, de alguma forma, se aproximam de seus temas. Sobre um filme sueco que tem, segundo ele, "o desnecessário propósito de contar (retrospectivamente) (...) a complexa história da família do conde" (uma perigosa incursão pelo terreno de *La casa*), ele afirma, com alguma displicência, que "seria preciso que a nossa mentalidade fizesse muitas concessões para que esta produção sueca, de inumeráveis méritos cinematográficos, não nos parecesse complicada e altissonante" ("*Senhorita Júlia*", 20 de março de 1954). O tema interiorano não o desagrada quando se trata de filmes humorísticos franco-italianos (várias vezes menciona

54. Também se deve destacar, nesta mesma nota, a alusão a *Ladrões de bicicletas*, em que "um episódio fantástico foi fundido, de maneira tão sábia, com os elementos da realidade, que sua essência sobrenatural passou inadvertida". É outro ponto de contato com as preocupações literárias.

positivamente *O pequeno mundo de Dom Camillo*, uma exitosa mediocridade do francês Duvivier), e sente simpatia pelos ainda mais medíocres filmes de Verneuil ("*O fruto proibido*", 27 de fevereiro de 1954; "*Le boulanger de Valorgue*", 13 de novembro de 1954). Entusiasma-o *Bienvenido, Mr. Marshall*. Quando, porém, o povoado é um povoado tropical e pertence ao *Deep South* faulkneriano, a atitude muda: na evocação que García Márquez faz, a propósito de *O sol brilha na imensidão*, do "intrincado ambiente rural do 'sul morto', depois da guerra civil, com suas rançosas tradições familiares, seus fazendeiros irredutíveis e um tanto melodramáticos, suas intrigas políticas, seus mexericos e seus negros linchados", se reconhecem muitos elementos — exceto os negros linchados — do mundo *cataqueño* descrito na carta de março de 1952 a Gonzalo González, para que aquele que só quiser reconhecer, no filme de Ford, "o ambiente exterior de uma típica cidade sulista norte-americana", captado com uma "absoluta falta de profundidade realística", possa estranhar ("*O sol brilha na imensidão*", 26 de março de 1954). O autor, com um romance escrito, mas ainda inédito (o primeiro do ciclo Macondo, *A revoada*), com o então suspenso projeto de *La casa*, e outro(s) romance(s) germinando, o(s) do "povo", reagia também como para defender seus territórios. Ao falar de cinema, não pensava só em cinema. Houve uma espécie de intercâmbio: com seu mundo interior García Márquez enriqueceu muito os filmes que via e resenhava (e alguns de seus ataques devem ter sido elogios disfarçados), e o cinema também muito lhe deu — mas este não é o lugar de examinar a dívida com o cinema, que se vê em *Ninguém escreve ao coronel* e em outros contos daqueles anos.

*

Entretanto, não se deve esquecer que a linha consciente de todo esse trabalho crítico manteve sua absoluta validade, apesar do secreto predomínio do literário: García Márquez queria contribuir para que surgissem condições para o nascimento de um cinema nacional. Havia no país uma elite bem informada, anterior ao interesse que ele sentiu pelo cinema, a que havia criado e animado o Cine Clube (Luis Vicens, Hernando Salcedo), a que tinha bastante talento e recursos para se arriscar a produzir filmes curtos como *La langosta azul*, e a que tentava fazer cinema no incômodo quadro das instituições do governo de Rojas Pinilla. Havia, pois, além de uma elite curiosa e atuante, até onde o permitiam as condições do país, alguns meios que vinham reforçar a criação — também sob o signo do governo militar — da televisão colombiana. O trabalho didático de García Márquez destinava-se à formação de um público mais amplo, na base de um conceito de independência cultural (e ele mesmo queria preparar-se, melhor que ninguém, para fazer cinema).

Essa ambição fundava-se sobre noções claras, às vezes claras demais. É explicável que a exigência estética fosse apenas um dos parâmetros que García Márquez utilizava em suas crônicas. As pressões de tipo econômico que se exercem sobre a criação e a ignorância do grande público participavam de seus julgamentos, bem como uma insistente preocupação com as situações nacionais que revelam características peculiares a certas cinematografias. Ao ver cinema, García Márquez lembrava-se sempre de que o que via, além de bom ou mau cinema, era cinema norte-americano, ou francês, ou italiano, ou alemão. A obra de arte, bem-sucedida ou fracassada, aparecia-lhe como o produto de um heterogêneo conjunto de condições. Aqui também não faltam as simplificações ou os exageros. Os métodos aprendidos no comentário, essas distinções arbitrárias e essas afirmações terminantes, podiam conduzir a fantasiosas recriações de histórias nacionais do cinema. Depois de exaltar sistematicamente o cinema italiano, García Márquez se dá conta de que nem tudo que chega da Cinecittá é ouro, e a partir de outubro de 1954 (a virada se dá com a nota *Perdóname*, de 16 de outubro) começa a falar peremptoriamente da decadência do cinema italiano — quando nem Antonioni nem Fellini (conhecia então García Márquez este último?) tinham dado o melhor de sua obra. E é assim que chega, com toda a tranqüilidade, a dizer que o cinema italiano "decididamente é o pior do mundo" ("*Dieu a besoin des hommes*", 6 de novembro de 1954), que "o pior da semana esteve a cargo do cinema italiano, como é natural" ("Mais cinema italiano", 13 de novembro de 1954).[55] É nesse setor, que foi o de seus maiores entusiasmos,

55. Em suas reflexões sobre a suposta decadência do cinema italiano, é notório que García Márquez não reflete o suficiente sobre o papel que podiam ter os exportadores italianos e os distribuidores norte-americanos.

onde mais se manifesta essa tendência a ver os cinemas "nacionais" como indiscutíveis e coerentes entidades. O filme mais prescindível ganha para ele, então, a respeitável categoria de sintoma: acredita ver o anúncio de novas tendências nacionais em um dos poucos filmes alemães que chegaram à Colômbia em 1954. E ele o afirma assim: "Este filme é uma mostra de boa vontade, que é justo levar em conta, para a hipótese de ser a antecipação de uma mudança de rumo." E até considera os critérios, a um tempo mais inesperados e realistas no aspecto da comercialização, que podem servir de base a um renascimento: o impronunciável nome dos atores. "Não se deve ter ilusões no sentido de que o cinema alemão imponha, com esses nomes, uma Marilyn Monroe ou uma Silvana Pampanini, de maneira que seu futuro nos mercados norte-americanos restringe-se exclusivamente à qualidade, embora não seja tão bom negócio como o de Hollywood." ("*Christina*", 27 de novembro de 1954.)

Essa férrea convicção de que há cinemas nacionais tem, é claro, relação com o sonho de contribuir para que exista um cinema colombiano. E este existirá — pensa García Márquez — quando souber apreender o bom de quanto lhe venha de fora e reconhecer, na realidade do país, o que merece ser realizado. A orientação da coluna é didática e García Márquez procura, nos filmes que vê, esse mesmo aspecto didático, destacando o que tem ou pode ter de validade e exemplaridade. Na crítica "*A festa do coração*", que figura na segunda coluna de "O cinema em Bogotá", ele já põe as cartas na mesa ao dar um grande salto, que vai da análise do filme à idéia de fazer cinema.[56] "Ao público acostumado a que o cinema lhe apresente a história mastigada e digerida, *A festa do coração* ensinará como se mastiga a história que está crua e inteira na primeira cena e prodigiosamente esmiuçada na última. Um mestre do cinema pôs sua longa experiência, seu bom gosto e seu senso crítico a serviço de uma obra cinematográfica que é uma lição de arte, de crítica e de cinema. Duvivier parece dizer ao público: 'Isto é bom em cinema.' 'E isto é tão truculento

56. Não foi casual o fato de García Márquez pensar firmemente que o filme de Duvivier havia sido resenhado na primeira coluna de "O cinema em Bogotá". Ele sempre deve ter achado essencial esse texto em que declarava suas intenções. Custou algum trabalho, apesar da cronologia e tudo mais, para ele aceitar que a crítica "*A festa do coração*" saísse na segunda coluna.

que vira cômico.' 'Aquilo é falso.' 'Isto é humano.' 'A mesma cena é sublime feita desta maneira e ridícula desta outra.' E o resultado desta longa lição é milagrosamente bom cinema e também um método ao alcance de todos para distinguir o bom cinema do mau; e até para fazer bom cinema, 'se isso é o que você quer'" ("*A festa do coração*", 6 de março de 1954).

Fazer cinema, fazer bom cinema, e nas condições da América Latina — o que é decisivo —,[57] e o que interessa a García Márquez. Demonstra-o, no balanço de sua última crítica de 1954, o espaço exagerado, em comparação ao todo do artigo, que dedica à evocação de *O cangaceiro*, que até merece um subtítulo (é caso único). "Ao lado de uma Argentina esterilizada por influências contraditórias, dificuldades econômicas e percalços políticos, um grupo de cineastas brasileiros resolveu momentaneamente o difícil problema do cinema na América do Sul. A apresentação de *O cangaceiro* em Bogotá foi um dos momentos estelares do cinema neste ano. A sensação de que o futuro está no Brasil não desapareceu ainda naqueles que tiveram o privilégio de conhecer o magistral filme de Lima Barreto" (31 de dezembro de 1954).[58] A possibilidade de fazer cinema existe para qualquer país, a Colômbia entre outros, apesar dos males do subdesenvolvimento, o que já foi demonstrado com exemplos prestigiosos e irretorquíveis: "*Alemanha, ano zero* (é) uma esperança para os países pobres, onde a indústria cinematográfica pode prosperar à base da qualidade, precisamente aproveitando-se desses escassos recursos" ("*Alemanha, ano zero*", 27 de novembro de 1954), afirma García Márquez com tanta convicção e lucidez que chega a falar teologicamente de "esperança", mas também com uma boa dose de ingenuidade ao esquecer que os italianos, inclusive depois dos estragos da guerra, dispunham de alguns meios — sem contar o que significava o fato de possuírem, há algum tempo, uma cinematografia própria, embora esta se houvesse forjado nas negativas condições do fascismo.

57. É constante o elogio ao ator José Ferrer, que ele sempre recorda ser porto-riquenho.

58. É notável a clarividência de García Márquez, ainda mais que o "cinema novo" tardaria alguns anos em se afirmar e se fazer conhecido. Este é um dos casos em que se pode lamentar que García Márquez tenha sido demasiado conciso. Nada indica os motivos que tem para pensar que o cinema brasileiro tem futuro (motivos simplesmente estéticos? Existência de uma temática nacional e rica temática regional? Existência de capitais dirigidos a investimentos no cinema? Política estatal?).

O problema do imprescindível capital, pensava García Márquez, somente se resolveria com uma colaboração estrangeira (européia, é claro, pela mesma desconfiança de sempre em relação a Hollywood e aos Estados Unidos), como testemunha a entrevista com Enrico Fulchignoni (19 de março de 1955) e como também se veria, meses depois, na entrevista com Jean-Pierre Mocky, realizada em Veneza.[59]

O outro componente das bases de um cinema nacional, o público,[60] García Márquez tratava de forjá-lo com suas resenhas críticas — e até parece que chegou a pensar, mais para o fim, que seus esforços semanais de orientação davam resultados. As notas de elogio ao público — que têm muito de auto-satisfação — demonstram que García Márquez sabia reconhecer sua importância. "*Le chevalier de Maison Rouge* ficou em cartaz apenas três dias nos cinemas de lançamento, derrotado por um público que não parece disposto a continuar permitindo que lhe vendam gato por lebre" ("*Le chevalier de Maison Rouge*", 2 de abril de 1955). Quando *Amor de outono* chega à sexta semana em cartaz, embora tenha tido pequena publicidade, García Márquez considera que isso se deve a "um novo triunfo do público" e se atreve então a imaginar que, com um único exemplo, fica demonstrada a possibilidade de se romper, em parte, o círculo vicioso da dependência e do comercialismo: "O fenômeno de *Amor de outono* poderia servir de base a uma revisão dos atuais sistemas de programação e publicidade" ("Entre parênteses", 7 de maio de 1955). O problema, naturalmente, permanecia intacto, mas é certo que García Márquez, uma vez mais, tinha uma idéia bastante clara de quanto era preciso fazer para que começasse a existir um cinema nacional.

---

59. O mesmo realismo que se notava em pequenos detalhes (o nome impronunciável dos atores alemães) encontra-se aqui aplicado a um problema fundamental, apesar da aparente contradição de apelar a nada filantrópicos investimentos estrangeiros para criar um cinema nacional. García Márquez queria pensar em empresas difíceis, não em impossíveis. Mas era, acima de tudo, porque tinha pressa de ver nascer um cinema colombiano. As coisas aconteceram mais lentamente e de modo bem diferente.

60. Também sobre o público, García Márquez pesquisou e escreveu (reportagem de 27 de outubro de 1954).

Deste ponto de vista, é interessante a crônica — é de erudição emprestada, mas intui-se que a fonte usada não carecia de seriedade — sobre o cinema argentino (27 de novembro de 1954). García Márquez destaca que havia na Argentina uma indústria cinematográfica que entrara em decadência. Salienta que faltou a ela o aspecto estético, por ausência de interesse para com a realidade do país. No começo foi "um cinema autenticamente nacional"; por algum tempo durou essa "linha nacional", mas acabou se impondo uma temática estrangeirizante que originou "essa produção sem método, sem uma linha de conduta que permitisse identificá-la e lhe criar um público certo, como o do cinema mexicano". Por falta de um critério nacional, não se formou o público nacional, de cujo importante papel estava convencido García Márquez. O nacional, a autenticidade, a realidade latino-americana: estes são temas que — além de valerem em literatura — preocupavam García Márquez em suas críticas de cinema.

Ele se entusiasmava diante de *Bienvenido, Mr. Marshall*, de Berlanga, porque "pela primeira vez um grupo de jovens cineastas pôs frente ao mundo o verdadeiro povo espanhol, tão minuciosa e autenticamente conhecido através da literatura", e porque todos os personagens "deixaram de ser pitorescos postais para turistas e se converteram em seres vivos" ("*Bienvenido, Mr. Marshall*", 13 de março de 1954).[61] É o mesmo tema que aparece na entrevista de Fulchignoni; evidentemente García Márquez interrogou-o muito precisamente sobre as possibilidades que via, na realidade humana da Colômbia, para o nascimento de um cinema autêntico, apto a ser exportado e visto em outros países. Como nas crônicas de *El Heraldo* de

61. É interessante o comentário, mas haveria muito que discutir, porque as tendências folclorizantes não faltavam no filme de Berlanga, nem as referências literárias algo antiquadas, mais próximas à Geração de 98 que a Lorca, Cela ou Sánchez Ferlosio. García Márquez também não se interrogou sobre a prudente autocensura da equipe que realizou *Bienvenido, Mr. Marshall*. De outro lado, é preciso considerar que esse filme ilustra um esquema narrativo que García Márquez empregou abundantemente até que fracassasse na redação de *La casa*: o do povoado estagnado que acredita enganosamente no visitante providencial. Outro fator positivo, segundo os critérios constantes da coluna de cinema, era a simpatia do diretor por seus personagens.

Barranquilla, como nas reflexões literárias, surge a bem definida ambição de universalidade: "Fulchignoni pensa que o camponês colombiano, autêntica e cruamente transposto ao cinema, sem enfeites nem mistificações físicas ou morais, seria de um extraordinário interesse universal" (19 de março de 1955).[62]

A imagem fiel das paisagens da América Latina é outro aspecto que García Márquez busca nos filmes que resenha. Curiosamente, a paisagem nordestina não é mencionada em qualquer momento na crítica sobre *O cangaceiro*, mas é de notar, em compensação, que uma das poucas coisas que se salva, em um filme norte-americano ambientado em uma imprecisa Amazônia, é "o tremendo silêncio da selva abandonada por seus habitantes ante a iminência da devastação e da morte", e esse silêncio lhe parece "um acerto cinematográfico". Reconhece até um valor documental (?) ao que o filme divulga (?) sobre os costumes das formigas *tambochas*,* que, anos antes, José Eustasio Rivera evocara em *A torrente* ("*A selva nua*", 26 de junho de 1954).[63] É nos filmes europeus de ambiente latino-americano que García Márquez procura e encontra uma imagem satisfatória da realidade étnico-geográfica de seu continente. Embora tenha sido filmado na África e no sul da França, como ele próprio o recorda, parece-lhe que em *O salário do medo* "deve-se destacar a notável recriação do ambiente americano" ("*O salário do medo*", 12 de junho de 1954). Mas ele se entusiasma de verdade a propósito de *Les orgueilleux*, filme franco-mexicano realizado no México. Fala com emoção e alguma ênfase "deste México sem compromissos turísticos, esta terra humana, crua e convincente que Yves Allegret imortalizou em *Les orgueilleux*. Do ponto de vista da autenticidade do ambiente, este filme é superior a *O salário do medo*". Vai, então, desenvolvendo sua reflexão em uma série de interessantes considerações, que também tratam de literatura e

62. Fala-se do camponês colombiano porque assim deve ter García Márquez formulado sua pergunta. É significativa a orientação rural da temática desse futuro cinema colombiano com que ele sonha.

**Tambochas*, formigas de cabeça vermelha, muito venenosas, da Colômbia. (*N. do T.*)

63. Em 1955 se desenvolveria, na coluna "Día a día" de *El Espectador*, uma virulenta campanha contra um filme norte-americano, rodado parcialmente na Colômbia, sob a acusação de adulterar gravemente a realidade do país.

evocam a realidade de uns povoados de clima, ecologia e etologia macondianos. Como havia sido na literatura, é recebida com alvoroço a lição do estrangeiro que, generosamente, García Márquez vê onde não está (deve-se repeti-lo: seu mundo interior enriqueceu notavelmente os filmes comentados, mas é significativo que aqui não haja receio, mas sim entusiasmo). Então se inicia o aproveitamento e a transmutação: "O cinema mexicano recebeu uma lição exemplar desta equipe de franceses que foi ao México, no princípio do ano passado, à procura de um cenário autêntico, e pôde levar, para mostrá-lo ao mundo, um México mais vivo, mais glandular, mais humano e autêntico que o de todos os filmes mexicanos, mesmo considerados os melhores de Emilio Fernández. É bem curioso que estes povoados desolados, este calor insaciável, esta tristeza que atravessa como um obscuro vento de vida e morte cada cena de *Les orgueilleux* nos recordem muito mais o romancista inglês Graham Greene e o diretor francês Henri-Georges Clouzot que qualquer romancista conhecido do México ou todo o seu cinema." ("*Les orgueilleux*", 13 de novembro de 1954.)[64]

Em resumo: essas críticas de cinema, tão deficientes e discutíveis em muitos aspectos, demonstram uma grande ansiedade por aprender e uma grande ambição por empreender, em todo caso por contribuir para um excepcional trabalho de criação estética e também de independência cultural com projeção universal. É necessário destacá-lo: ainda que García Márquez tenha concedido importância a péssimos filmes de tom folclorizante, ele mesmo nunca pensou em ceder aos atrativos do regionalismo. De *O cangaceiro* assinalava que o filme fora premiado em vários festivais de importância mundial. De *Bienvenido, Mr. Marshall* dizia o mesmo, e insistia em que Berlanga tinha posto "frente ao mundo o verdadeiro povo espanhol". Empregava uma expressão semelhante a respeito de *Les orgueilleux*: Allegret e seus colaboradores filmaram o México de verdade "para mostrá-lo ao mundo". Quando entrevistava Enrico Fulchignoni, era para afirmar, ruidosamente, que "o cinema colombiano conquistaria os mercados de outras nações do mundo", e isso porque "o camponês colombiano (...) seria

64. Por aí parece possível deduzir que, então, García Márquez não devia ter lido qualquer livro de Rulfo.

de um extraordinário interesse universal". Seus projetos eram irrealizáveis nas condições nacionais dos anos 1950, mas ele não era menos exigente a respeito do cinema que da literatura.

Enquanto isso, na espera de uma época que ainda estava por vir, restava-lhe a possibilidade de se entusiasmar diante do entusiasmo dos demais, o entusiasmo daqueles que estavam inventando o cinema por conta própria. O entusiasmo de Berlanga e seus companheiros, "essa formidável aventura juvenil" (13 de março de 1954), e o "excessivo e explicável entusiasmo" de Lima Barreto (8 de julho de 1954). E também lhe restava a possibilidade de acompanhar, com simpatia — com essa solidariedade que manifestou em outros terrenos da arte pelas pessoas de sua geração —, os esforços daqueles que faziam cinema na Colômbia, quase sempre à sombra de um poder político que García Márquez detestava. Foram muitos os protestos publicados em *El Espectador* contra os curtas-metragens oficiais, na coluna "Día a día" — atribuíveis, naturalmente, a García Márquez —, para que não se deixe de dar ênfase à notável serenidade e até à benevolência com que os julgou em nível estético, em que pesem as dúvidas políticas que lhe deviam inspirar. No artigo "Informação e propaganda", em "O cinema em Bogotá" de 6 de novembro de 1954, ele escreve: "Os curtas-metragens do serviço de informação e propaganda do Estado, que começaram na indecisão, experimentaram um processo que é justo registrar." Nenhuma das críticas sobre o balbuciante cinema de então, fosse financiado pelo Estado ou por empresas privadas, deixou transpirar hostilidade; buscou sempre o aspecto positivo, o ponto de vista estimulador. O que importava ao "crítico de cinema de *El Espectador*" era que — ou era convencer e se convencer de que — o "nosso país está encontrando, lenta mas seguramente, o caminho do cinema nacional" ("*Cine-Variedades*", 24 de julho de 1954), que "na rota dos grandes tropeços, o cinema nacional está chegando a algum lugar" ("Cinema nacional", 11 de junho de 1955).

"O cinema em Bogotá", com todos os seus altos e baixos, é um testemunho insubstituível de um complexo momento do processo geral da obra de García Márquez. Literariamente, esse momento já produziu seus efeitos e se manifestou em contos que pertencem a uma fase criativa concluída em 1959 com a volta à temática macondiana no conto "Os funerais da Mamãe Grande". Fora da literatura, esse momento se prolongou nos estudos que García Márquez realizou, por alguns meses, no Centro Sperimentale di Cine de Roma, em um projeto nunca concretizado de criar uma escola de cinema na Colômbia,[65] na atividade de roteirista no México, e, mais recentemente, em algumas incursões episódicas ao mundo das câmeras: o roteiro nunca filmado de "A incrível e triste história da Cândida Erêndira e sua avó desalmada", que se transformou, afinal, em um conto, a filmagem de *Presagio*, a versão televisada de *O veneno da madrugada*.[66] Desde que deu preferência ao aspecto jornalístico, político e humanitário de suas atividades, de 1975 em diante (uma vez publicado *O outono do patriarca*), García Márquez parece ter esquecido o cinema. Talvez não se tenha esgotado esse filão. Em todo caso, e até nova ordem, há aqui uma peça desencaixada.*

*

No trabalho de repórter que García Márquez inaugura brilhantemente em julho de 1954 e vai desenvolvendo até sua viagem à Europa, quase um ano depois, abundam as formas do material e pode ser arriscado uma tentativa de análise global. Nem sempre há grandes diferenças entre as reportagens

---

65. Pouco antes de o jornalista argentino Jorge Ricardo Masetti o chamar para trabalhar em Havana, García Márquez pensara em abandonar a agência da Prensa Latina e afastar-se de Bogotá; queria criar em Barranquilla uma escola parecida ao Centro Sperimentale di Cine de Roma. Lembra que fez um esboço do que poderia ser essa escola e do qual, contra sua vontade, uma cópia chegou a circular nos ambientes intelectuais de Bogotá, onde o interesse pelo cinema crescera notavelmente, em parte pelo impacto da *nouvelle vague* (demonstra-o, entre outros órgãos de imprensa, o suplemento dominical de *El Espectador*, animado em 1960 e 1961 por Ugo Barti, que dava muito espaço ao cinema e, particularmente, ao jovem cinema francês).

66. *Presagio* e *O veneno da madrugada* saíram, na Colômbia, em 1975.

**Adendo*: Este prólogo foi escrito vários meses antes da filmagem de *La viuda de Montiel*, filme realizado pelo cineasta chileno Miguel Littín a partir de um roteiro de García Márquez, e lançado em 1980. Desde então, aconteceram novos fatos, que exigiriam uma ampla atualização destas páginas introdutórias: em especial a edição, com uma abundância inusitada, do romance *Crônica de uma morte anunciada*, em abril de 1981, e a notícia de que García Márquez se dedicará novamente a tarefas cinematográficas (filmagem de *Maria de mi corazón* e outros). Naturalmente, esta correção de última hora também poderia se aplicar a certas passagens dos prólogos escritos para os outros volumes da *Obra jornalística*. (*J.G.* 2-06-1981.)

que esgotam, de uma vez, o assunto e as reportagens seriadas, mas existem, e na essência de ambas as categorias pode haver também apreciáveis variações. As circunstâncias e a natureza do fato investigado, a multiplicidade ou a unicidade das fontes, o estado de ânimo e as intenções do repórter determinam métodos divergentes. Há seis reportagens seriadas e 22 de uma única entrega, às quais se acrescentam três textos de temática cinematográfica que foram assinados apenas com as iniciais do "crítico de cinema".[67] Obtém-se assim um total de 66 entregas, que chegam a setenta se forem consideradas duas reportagens anônimas, mas atribuíveis a García Márquez.[68] A esse conjunto se somam ainda as nove "notas do redator" que acompanharam a reportagem a Hoyos, que têm a um só tempo algo de reportagem e de comentário quanto à parte autobiográfica propriamente dita da reportagem.

Nesse abundante material, as longas séries ocupam, é claro, um lugar especial, mas não deixam de se dividir em duas categorias: há, de um lado, as

---

67. O texto *Dramas reais no cinema mexicano* (outra mostra de sua preocupação em como fazer cinema na América Latina) vale-se de informações imprecisas e é de segunda mão; não é uma reportagem, ainda que a forma em que se reescreveu a notícia seja típica de García Márquez.

68. Trata-se de "A crise do transporte urbano" (I, 24 de agosto de 1954, p. 1 e 18; II, 25 de agosto, p. 1 e 5; III, 26 de agosto, p. 1 e 10) e de "Fontibón, um povoado vítima de Bogotá", 16 de outubro de 1954, p. 1 e 18. A pesquisa sobre o transporte urbano é, em dados momentos, um árido estudo ou uma amena reportagem. É de supor que García Márquez a redigiu do princípio ao fim, ainda que não a tenha assinado. A explicação talvez figure na nota de introdução que dizia assim: "Com a finalidade de oferecer a seus leitores uma informação concreta, ampla e objetiva sobre a crise no transporte, principal problema de Bogotá, *El Espectador* encarregou um de seus redatores para que, em colaboração com os demais repórteres deste jornal, promovesse uma completa investigação sobre as origens, situação atual e possível recrudescimento desta crise." Isto quer dizer que García Márquez escreveu a partir de uma pesquisa que ele não fez ou com a qual colaborou parcialmente. Quando, em janeiro de 1955, realizou uma reportagem sobre os ônibus de Cartagena, ele o fez referindo-se ao caso bogotano. É outro motivo para pensar que trabalhou na pesquisa de Bogotá, e inclusive é razoável supor que, se escreveu sobre os ônibus de Cartagena, em um momento que devia ser de férias passadas com a família, foi porque o tema era fácil de tratar, por bem conhecido. A pesquisa não assinada sobre os transportes de Bogotá deve ser outra prova, depois da reportagem de Medellín, para confirmar suas aptidões de repórter e redator. Daí em diante, as grandes pesquisas seriam de sua inteira responsabilidade, e assim foi com o caso de Chocó. A seguinte reportagem sobre Fontibón tem todas as características do estilo de García Márquez. Além disso, é o primeiro passo de uma série que foi saindo, com alguma regularidade, em *El Espectador*, a partir de então: "*El Espectador* visita os municípios". A nota anônima de apresentação diz: "Quisemos começar por Fontibón..." Em realidade, não se começava, mas se continuava, ou se começava a aplicar, de forma sistemática, uma idéia nascida com a reportagem de García Márquez sobre Belencito. O título geral era, com efeito, "*El Espectador* visita Paz de Río". Era natural que quem houvesse contribuído para o nascimento da idéia inaugurasse a série.

que procedem de uma pesquisa efetuada sobre fontes diversas e as que procedem de um único informante. Há uma diferença de natureza entre, por um lado, as séries sobre as catástrofes de Medellín, o chocó, os veteranos da Coréia e Bocas de Ceniza e, por outro, as séries sobre o náufrago e o campeão Hoyos.[69] Esta diferença repete-se nas reportagens isoladas, que também podem se dividir em pesquisas sobre fontes múltiplas e pesquisas sobre fontes únicas. A segunda categoria é a que, com maior facilidade, se pode delimitar.[70] Nas pesquisas da primeira categoria, isto é, as isoladas, abastecidas em fontes mais ou menos complexas (fontes ou observações), devem introduzir-se novos tipos — que nem sempre resultam satisfatórios. Há reportagens que abrangem uma realidade relativamente ampla e supõem um trabalho prévio bastante variado, de observação, informação e cotejo de dados; mais além desta característica comum, essas reportagens constituem um grupo desigual, uma vez que algumas poderiam dar matéria para longas séries e outras não se prestariam para escrever um parágrafo a mais (estas últimas não devem ter interessado muito a García Márquez).[71] E existem outras duas categorias que também consideram uma atividade de apuração de dados, mas em ambientes limitados e sobre temas igualmente limitados (embora cheios de interesse, às vezes, apesar de sua exigüidade). Pode valer para distingui-las o predomínio, segundo os casos, do interesse por aprofundar alguns aspectos humanos ou episódicos,[72] ou da necessidade de informar simples e urgentemente — mas não sempre

69. A série de "notas do redator" sobre Hoyos, se tivesse que se ligar a uma das duas categorias, participaria melhor da primeira.

70. São as reportagens sobre o gaiteiro escocês (1º de dezembro de 1954), o Papai Noel (22 de dezembro de 1954), Arenas Betancourt (1º de fevereiro de 1955), Joselillo (9 de fevereiro de 1955), sobre Hiroshima, na entrevista com o padre Arrupe (14 de maio de 1955), e o engenheiro perdido na selva (8 de junho de 1955).

71. São as reportagens sobre Belencito (8 de outubro de 1954), a exposição internacional (30 de outubro de 1954), a Universidade de los Andes (20 de novembro de 1954), o escândalo artístico (22 de janeiro de 1955), os ônibus de Cartagena (27 de janeiro de 1955), a crise do café (17 de fevereiro de 1955), a nota tardia sobre o Chocó (23 de março de 1955), e a reportagem sobre a "febre do ciclismo" (31 de maio de 1955).

72. São a reportagem sobre o "cemitério" das cartas (1º de novembro de 1954), a nota-pesquisa sobre os chapéus (31 de janeiro de 1955), a primeira investigação sobre o náufrago (12 de março de 1955), a reportagem sobre as crianças abandonadas (6 de maio de 1955).

sem humor.[73] Essas distinções, é claro, não deixam de ser discutíveis e são apenas medianamente úteis. Uma vez estabelecidas, permitem comprovar, pelo menos, a irredutível heterogeneidade do conjunto[74] — cada reportagem é um caso particular —, e ao mesmo tempo a existência de uma porção de temas na atuação do repórter García Márquez.

O acesso à reportagem, depois de seis anos de trabalho jornalístico — salvo o episódio comercial de 1953 —, significa uma importante etapa nessa atividade de García Márquez, ainda mais que se inicia nela de maneira particularmente bem-sucedida. Sob todas as luzes, é um grande passo o que se dá então no desenvolvimento dessa trajetória profissional, frente a um tipo de problema técnico identificado imediatamente em condições impressionantes e complexas.[75] A realização formal do repórter novato pode ser apreciada na precisão de um texto que, entretanto, tinha que abranger um sem-número de dados, sem que houvesse tido um aprendizado prévio. Mas a esse respeito García Márquez destaca a influência que exerceram sobre ele os conceitos que ouviu de Cepeda Samudio, e relativos ao jornalismo norte-americano. Quando se deparou com a obrigação de escrever sobre fatos, complexos e mal conhecidos, lembrou-se do que dizia o amigo e tentou

---

73. São a breve informação sobre Quibdó paralisada (23 de setembro de 1954), a crônica sobre um aguaceiro em Bogotá (17 de novembro de 1954) e as duas crônicas sobre o caso do marinheiro (24 e 30 de março de 1955).

74. Comprova-se, portanto, que há desníveis, inerentes às necessidades do jornalismo; García Márquez também teve que escrever sobre temas sem interesse.

75. García Márquez recorda que, em primeiro lugar, faltou muito pouco para que não tivesse sequer a oportunidade de investigar a catástrofe de Antióquia. Pouco antes de *El Espectador* enviá-lo a Medellín, esteve a ponto de aceitar um convite de Álvaro Mutis, que viajava então ao Haiti. Se tivesse acontecido isso, é provável que seu rumo posterior houvesse sido muito diferente. Entretanto, não viajou com Mutis e coube-lhe cobrir os fatos já passados do desabamento da Media Luna. Recorda ele que, uma vez em Medellín, uma cidade que não conhecia, esteve a ponto de desistir e faltou pouco para que decidisse retornar diretamente a Barranquilla. Quis provar a sorte e, em um táxi, dirigiu-se ao lugar do desabamento. Durante o trajeto informou-se de que lá não vivia ninguém e não poderia fazer a menor entrevista, então desanimou outra vez. Intuiu, porém, a possibilidade jornalística que oferecia o bairro que mais mortos tivera (gente que caminhou vários quilômetros em busca de sua morte — aí está o elemento dramático mais interessante), mudou de direção e se dirigiu àquele bairro. Lá deu início a uma apuração, com tão bom levantamento de situações humanas e tanto rigor informativo que chegou a averiguar, nesse meio desconhecido, muito mais do que se dissera sobre um fato que, passadas duas semanas, tinha todas as aparências de ser "matéria velha".

pôr em prática suas regras. A explicação dada, muitos anos depois, deve ser válida em parte. Mas é difícil não relacionar as características do estilo de García Márquez na reportagem com a segunda fase de sua trajetória literária: um romance como *Ninguém escreve ao coronel* apresenta evidentes pontos em comum com a reportagem sobre o marinheiro Velasco, para dar o exemplo mais brilhante, e na realidade com todas as reportagens dessa época. Está claro que a prática da reportagem serviu a García Márquez como uma forma de preparação anterior à criação de obras literárias de um novo tipo, mas é necessário pensar também que tudo fazia parte de uma ampla evolução: se García Márquez escreveu reportagem de determinada maneira, é que estava pronto a se valer dos procedimentos e atitudes que definem esta maneira. Tudo estava ligado. Se se manifestavam novas disposições, era porque tinham tido tempo para amadurecer. Nessa forma de escrever reportagem, havia mais que o eco de preocupações literárias nascentes; e de forma alguma se tratava da descoberta repentina de novas possibilidades. Apareciam já as conseqüências de leituras que vieram depois das de Faulkner, especialmente as de Camus e Hemingway,[76] com reflexões, análises e secretos

76. García Márquez leu Hemingway o mais tardar em junho de 1950, como o demonstra sua "jirafa" do dia 21 daquele mês, mas é provável que o tenha lido algum tempo antes, na verdade. Seu critério negativo evoluiu a uma admiração moderada, muitas vezes afirmada desde então — se bem que ele continue convencido de que *Do outro lado do rio, entre as árvores* é um livro medíocre. Não é possível determinar as fases dessa mudança de opinião, que se operou entre 1950 e 1954, mas deve ter desempenhado um papel decisivo a leitura de *O velho e o mar*, na edição da revista *Life* em espanhol. García Márquez recorda que leu esse texto, morrendo de calor, em um quarto de hotel de Riohacha, mas entusiasmado pela leitura, no tempo em que vendia livros (lembrança que é, evidentemente, impossível de comprovar). Quanto a Camus, ele o conheceu mais tarde. Não o menciona senão em uma "jirafa" de 1952 (28 de abril), citando *A peste* de uma maneira que não permite saber se leu o livro e se, por tê-lo lido, gostou dele ou não. Entretanto, Camus fazia parte da cultura do grupo de Barranquilla. Nos anos 1940, Ramón Vinyes o conhecia como dramaturgo e ensaísta, segundo se lê em seus cadernos de anotações. Há, além disso, um dado interessante em uma carta de Germán Vargas ao sábio catalão, datada de 30 de setembro de 1950. Ao se referir aos últimos livros recebidos e lidos, Germán Vargas menciona "um romance que me pareceu magistral: *O estrangeiro* de Camus, com um primeiro capítulo simplesmente admirável". É evidente que por aqueles dias todos os integrantes do grupo souberam do livro. Se não conhecia Camus antes, García Márquez o conheceu então, e é possível até que não o haja lido imediatamente (estava escrevendo *A revoada*), mas tinha que tê-lo lido em 1952, embora parcialmente. Também quanto a isso é impossível saber quando surgiu sua admiração pelo escritor francês. Tinha, porém, que conhecê-lo muito bem e apreciá-lo quando se referiu a ele em sua crônica sobre o filme *Les orgueilleux*. E é evidente a dívida formal que García Márquez tem com Camus, em algumas de suas melhores reportagens.

textos experimentais. É verdade que, ao precisar escrever com a premência do jornalismo de informação sobre fatos investigados há pouco, o aspecto puramente jornalístico devia chamar a atenção mais que qualquer outro. Entretanto, a forma como ele resolveu o problema denunciava preocupações literárias fundamentais e preexistentes, se bem que o trabalho de redação jornalística tenha contribuído para fazê-las mais conscientes. A reportagem era um novo momento — espetacular — no desenvolvimento do trabalho de jornalista, e também outro passo (a um tempo efeito e causa) no incansável aprendizado da arte de narrar. Acrescentou-se a tudo o que García Márquez tinha extraído de seus contos, de *A revoada*, do fracasso de *La casa*, e dos vários anos escrevendo comentários humorísticos.

A característica principal e a verdadeira obsessão de reportagens tão heterogêneas é certamente a preocupação por narrar bem. É significativo o título geral da primeira reportagem: fala de "balanço e reconstituição". Estes dois elementos, embora devessem estar então na ordem inversa, podem ser encontrados em quase todas as reportagens desse tempo, sempre que possível. Figuram em textos de diferentes gêneros. Há reconstituição e balanço no caso do marinheiro Velasco, e os há na série sobre Puerto Colombia. Também se encontram nas reportagens sobre Rodrigo Arenas Betancourt e Joselillo de Colombia, assim como na reportagem sobre o engenheiro que se perdeu na selva. A forma pode variar sensivelmente (há muito de balanço, por exemplo, na frase final da reportagem com o jesuíta Arrupe), mas sempre que pode fazê-lo, García Márquez estabelece o saldo final do que acaba de dizer. Pode ser este o aspecto mais jornalístico — elementar e eficiente pedagogia — destes trabalhos, porque o outro, a reconstituição, apesar da irredutível índole informativa, por ser quase sempre trabalho minuciosamente realizado, tem vastos pontos de contato com o literário, com a arte de narrar (mas também é verdade que um balanço quase aritmético pode ser uma boa conclusão para uma história infantil).

Naturalmente, quanto à reconstituição, o jornalístico não se separa do literário, pelo menos nas reportagens em que o primordial é o relato, mas é necessário perceber com que intransigente rigor García Márquez vai reconstituindo os fatos que relata depois de apurá-los. Esforça-se por dizer como aconteceram as coisas, desde o primeiro instante até o último.[77] Tem uma grande preocupação com a coerência e a continuidade dos fatos, para que não falte nenhum elo narrativo. É notável a constância dessa atitude, tanto frente ao desabamento de Medellín como ao náufrago, quando a multiplicidade dos pontos de vista e a complexidade dos fatos, no primeiro caso, e a monotonia aparente, no segundo, podiam tornar as coisas inalcançáveis. Contra as mais variadas dificuldades, García Márquez luta por evitar que qualquer detalhe se perca. Quando se trata de um processo coletivo, que é também uma soma de destinos individuais, o que se vê na série sobre os veteranos da Coréia tenta ao mesmo tempo contar alguma coisa que possa aplicar a todos e evocar um número de casos mais restritos, mas bastante ilustrativo para fornecer, até onde é possível, uma idéia dos muitos aspectos do problema geral. Quando não há nada que contar (o dificílimo problema de escrever sobre a "febre do ciclismo" em Bogotá), consegue, no mínimo, resolver o problema com uma pesquisa realizada em diferentes bairros, agências e escritórios. O ponto comum dessas reportagens tão desiguais, com história ou não, é a vontade de esgotar as informações disponíveis (e até se pode suspeitar que o jornalista inventou alguns episódios de rua para alimentar sua difícil "crônica" sobre a "febre do ciclismo"). Isso também pode ser constatado em outras reportagens não citadas aqui.

No entanto, há uma exceção na longa série sobre o campeão Hoyos. Essa evocação biográfica não ambicionara um feito tão atraente como o da odisséia do náufrago. Talvez também entrasse em jogo o pouco interesse que García Máquez tinha pelos esportes. Estes, que tanto se prestam para o ditirambo e a hipérbole no momento em que se dão os acontecimentos (e,

77. Na verdade, as reportagens costumam ter início com um fato episódico, às vezes espetacular, e retornam logo às origens da história antes de reconstituí-la. O procedimento aparece, sob sua forma mais atraente, em reportagens sobre pessoas, como no caso de Arenas Betancourt e o do toureiro Joselillo de Colombia, propondo uma situação insólita e divertida. É um procedimento elementar e eficiente, que García Márquez não inventou (talvez o tivesse aprendido na leitura dos folhetins do século XIX), mas que manejou com tamanha habilidade que chegou a estabelecer uma espécie de modelo muito usado no jornalismo colombiano. Naturalmente, pensa-se também na frase inicial de *Cem anos de solidão*, em que se verifica um jogo cronológico desse tipo. E é apenas um dos muitos pontos em comum que se podem encontrar entre as experiências feitas no jornalismo e na obra de ficção.

particularmente, era esse o caso do ciclismo, nas péssimas condições das estradas colombianas de então), perdem lastimavelmente suas dimensões épicas, uma vez que se arrefecem — sobretudo quando o redator encarregado nada entende do assunto. Por falta de paixão pessoal e por sua ignorância quanto a aspectos técnicos, García Márquez desperdiçava muitos dados válidos nas recordações de Hoyos, e tampouco podia alinhavar um relato rigoroso sobre um bom número de episódios esportivos, o que se comprova ao comparar os trechos puramente biográficos aos relativos à carreira do campeão. Os primeiros textos da série, densos e bem construídos, são superiores ao restante da autobiografia de Hoyos. Com alguns altos e baixos — sempre os aspectos técnicos —, as "notas do redator" que acompanham os nove primeiros textos da série são de maior interesse. Mas, no total, salvo umas poucas e talvez inevitáveis exceções, as reportagens de García Márquez baseiam-se numa muito densa trama argumental. Esse rigor narrativo de todos os instantes, essa vontade de tudo abranger, tem muito a ver com o que apareceria em *Ninguém escreve ao coronel*, em uma parte de *Os funerais da Mamãe Grande*[78] e em *O veneno da madrugada*.

Esse rigor narrativo supera seu mero afã inicial de informação, alcançando ressonâncias de tipo literário. Ao tratar de revelar a realidade tal como ela é, essas reportagens chegam ao ponto de transformá-la. A minuciosa matéria sobre o desabamento de Medellín revela a absurda engrenagem de alguma coisa que de acidente multitudinário converte-se em verdadeira tragédia; propõe alguma coisa que é como o primeiro olhar, não por isso inseguro, mas perspicaz e despreconcebido sobre os fatos. Muitas das reportagens de García Márquez têm esse caráter de primeiro olhar posto nos temas mais diversos, sem levar em consideração as aparências ou tópicos trilhados, levando-o em consideração apenas para despedaçá-los e avançar até a essência das coisas. A série sobre o Chocó era, é claro, uma descoberta que o país fazia de um fragmento de sua própria realidade, e García Márquez ordenaria a seu modo um caos geográfico, histórico e humano, que até então

78. Esses contos são "A sesta da terça-feira", "Um dia desses", "Nesta terra não há ladrões", "A prodigiosa tarde de Baltazar", "A viúva Montiel" e "As rosas artificiais".

não tinha sentido senão para os próprios *chocoanos*.[79] A série sobre os veteranos é uma impiedosa desmitificação, e ao mesmo tempo uma defesa de casos humanos evocados com penetrante simpatia. O mesmo acontecia — com uma angustiante revelação informativa — na breve reportagem sobre os menores abandonados. Essas reportagens foram escritas com um agudo senso de observação. A primeira regra de García Márquez devia ser a de saber ver. Para isso, seu humor, longa e minuciosamente cultivado no comentário, ajudou-o. Um caso muito claro é o da crônica sobre a inauguração de uma exposição internacional em Bogotá: ao repórter não interessa a cerimônia em si, mas o que a precedeu; de uma realidade tensa e solene consegue fazer uma coisa ridícula, denunciando todos os truques de uma encenação.[80] Faro jornalístico, naturalmente, mas também, e de maneira mais ampla, uma atitude irreverente face à realidade, que o leva a ver detalhes mais elementares e mais genuínos. Assim se alcança, às vezes, a essência das coisas.[81] Em tudo isso há muito dessa aptidão para captar verdades, que García Márquez exigia e aprendia do cinema, para o enfoque "humano", para a verdade do primeiro plano e do conjunto da obra. E há também uma dívida com Hemingway e sua sempre admirada imagem do gato dobrando a esquina.

Depois dessa aptidão para saber olhar vem a formulação, que é também chave. Aqui desempenham um grande papel o humor e a habilidade adquiridos na crônica. Até onde lhe permitem as circunstâncias, na reportagem García Márquez continua sendo um estilista exigente. A qualidade formal está presente em quase todas as reportagens de 1954 e 1955, o que o faz salvar os temas mais

79. Há uma clara relação entre certas passagens da reportagem com a temática macondiana do povoado arruinado. García Márquez encontrava-se diante de uma região na qual numerosos aspectos lhe recordavam sua região de origem, seu passado e suas crises. E suas lendas nostálgicas. Mas o repórter também deve ter, embora involuntariamente, emprestado à região visitada muitos dos elementos de sua mitologia pessoal. Muito antes de *Cem anos de solidão* falar à Colômbia de suas frustrações e sua história circular, García Márquez começava a dar ao país a forma de sua própria visão.

80. Também na reportagem sobre Belencito havia intenções desmitificadoras. Nos dois textos, mas sobretudo no da inauguração da feira, o espetáculo do poder converte-se em farsa. Há ali a antecipação de muitas passagens de *O outono do patriarca*. E com mais razão na imagem de Rojas Pinilla vendo chover de uma janela do palácio.

81. É preciso pensar, por exemplo, nesse golpe de mestre de um detalhe ínfimo e comovedor ("humano") como o da morte do leiteiro, após a ordenha das vacas, o que não impede que, no dia seguinte, com o cadáver na casa, a viúva realize a entrega do leite como em qualquer outro dia.

irrecuperáveis na aparência. Nos textos menos interessantes há sempre alguns detalhes que, seja pela autenticidade ou expressão, redimem o conjunto. Onde não há um dado que sintetize eficazmente uma situação, ou um episódio insólito ou revelador, García Márquez socorre-se de fórmulas que costumam ser variantes das algaravias que elaborou em anos anteriores. Nessas fórmulas, outra vez o humor desempenha um papel essencial. Às vezes podem ser figuras de retórica muito clássicas — das mais simples —,[82] e outras vezes são amplas formulações, orações complexas, mas que procuram sempre o lado inesperado da realidade, jogos paradoxais.[83] O humor nem sempre tem que ser festivo, e funciona perfeitamente nos textos mais sérios, quando é preciso encerrar, por exemplo, uma história que foi mantida sem outros recursos que os da narrativa. Tem humor, um humor que se abre ao horror e revela as dimensões deste, a frase final da evocação da primeira explosão atômica: essa rua larga por onde não passarão nunca os 240 mil mortos, que, apesar de tudo, são a explicação de sua existência, dá sinteticamente a medida do absurdo que foi o cataclismo de Hiroshima.[84] Há também um pouco disso no final da reportagem sobre os menores abandonados, quando se vaticina corretamente o futuro desamparado e delinqüente das pequenas vítimas da violência oficial. Da mesma fonte procede a sugestão de um sindicalismo específico, no final da série sobre os veteranos. Do mesmo modo que as clássicas figuras do discurso estabelecem reveladoras relações entre as palavras, essas propostas insinuam laços entre conceitos e situações em que aparentemente havia uma realidade desconexa. Tudo isso tem traços de pirueta formal ou conceitual, nem sempre isenta de arbitrariedade, mas o certo é que, ao entrelaçar assim díspares elementos da realidade, García Márquez confere a esta maiores dimensões e uma nova autenticidade, ou lhe devolve sua verdadeira identidade. No fundo de tais procedimentos deve haver

---

82. Por exemplo, a segunda da série sobre Puerto Colombia encerra-se com uma sinédoque. Mas se deve insistir: o humor vem antes da retórica; de certo modo, ele a reativa.

83. Na terceira reportagem da série sobre o Chocó, García Márquez evoca "a psicologia do *chocoano*, um homem que tem vivido sempre preso a sua terra e, apesar de tudo, não parece muito diferente dos outros colombianos, até que suba a uma tribuna". O subentendido é evidentemente a fama do colombiano de ser um orador incorrigível, tantas vezes evocada por García Márquez, com humor ou com agressividade.

84. Diante da forma como García Márquez vai recriando a história do cataclismo de Hiroshima, é forçoso pensar que já tinha analisado detidamente os textos de Camus.

uma herança surrealista, manejada, porém, com uma flexibilidade e uma espontaneidade que nunca tiveram os metódicos e cartesianos criadores do surrealismo. Com relação à literatura que logo escreveria, só falta a essas reportagens o elemento fantástico; mas se se admite com ele que é fantástico o episódio, visto em *Milagre em Milão*, de um ancião desdentado comendo um frango, então já abundam os ingredientes fantásticos na realidade colombiana que ele andou indagando em seus anos de repórter.

Se há, às vezes, uma poetização — bastante gratuita, mas bem-feita — dos fatos mais simples (por exemplo, o ano escolar que se avizinha "a passos rápidos"),[85] predomina uma transformação da realidade, que é, de certo modo, uma subversão. Há ruptura com as normas estabelecidas ou representação de realidades ocultas; mais além do fácil atrativo do insólito, trata-se de captar e expressar verdades nada tranqüilizadoras. Há subversão na visão que García Márquez propõe de Belencito ou da feira-exposição. Há subversão nos perfis e nas biografias que escreve sobre personagens destacados, como o escultor Arenas Betancourt, ou o toureiro Joselillo, e não apenas na forma de apresentar as coisas. O procedimento que usa em ambos os casos (começar por um episódio humorístico e logo seguir o modelo de reconstituição e balanço) estabelece uma norma jornalística que pode parecer fácil e que o jornalismo colombiano vem usando desde então, só que a maneira como se usa nestes dois casos leva a algo que não tem nada de superficial ou fácil: García Márquez revela assim o poder das vocações inabaláveis, que conseguem romper as barreiras do acomodamento regional. Então, realiza um vigoroso questionamento da mentalidade nacional, para afirmar que, com trabalho e sacrifício, é possível a um colombiano impor-se no exterior e alcançar méritos universais.[86] Até no que, anos mais tarde,

85. Na reportagem sobre o transporte urbano em Cartagena (27 de janeiro de 1955).

86. A promissora força da vocação e o caminho que leva a uma importância universal constituem um verdadeiro tema do jornalismo de García Márquez. Nos tempos de Bogotá, esse tema se manifesta em campos muito diversos, o que, aliás, pode ser mais bem apreciado pela proximidade cronológica destes dois textos relacionados à escultura e ao toureiro. Talvez se perceba melhor pelo emprego repetido de um mesmo esquema narrativo. E é o mesmo nacionalismo voltado para fora, isto é, com aspiração à universalidade. Curiosamente, a atitude se repete no setor esportivo, que tão pouco despertava o interesse de García Márquez. Em todas essas análises sobre o poder da vocação, García Márquez destaca o papel do sacrifício necessário.

chamaria de um "honrado trabalho de padeiro", chegou García Márquez a dar a suas reportagens um tom subversivo: o "Papai Noel de verdade", com sua opressiva biografia de pobreza e solidão, em nada podia alegrar a noite de Natal de Bogotá, mas, ao contrário, revelava com bondosa tranqüilidade uma realidade pouco lisonjeira para o país.[87] A reportagem sobre o gaiteiro escocês, que à primeira vista é menos importante ainda, também expõe, em termos engraçados mas inquietantes, o problema da realidade colombiana e da identidade nacional.

A dimensão subversiva dessas reportagens procede, naturalmente e em grande parte, da atitude humorística de García Márquez, assim como de suas convicções estéticas e culturais, isto é, de sua visão absolutamente crítica da realidade de seu país. Esses textos podem ser lidos segundo este ponto de vista, desvinculados de seu contexto mais concreto e imediato, o que permitirá ver, então, como um trabalho intelectual que aspire a contribuir decisivamente para mudanças radicais através do jornalismo (e da literatura), um trabalho de longo fôlego e a longo prazo, se realiza.

Mas o contexto imediato, no momento em que García Márquez passou à reportagem, não era dos que se podem colocar entre parênteses: em boa parte desses textos dominam a política e a preocupação por um imediato resultado do que foi escrito. Quando García Márquez se incorpora à redação de *El Espectador*, há oito meses o general Rojas Pinilla tomara o poder, e o liberalismo perdia rapidamente a confiança inicialmente sentida por esse governo que prometia restabelecer a concórdia nacional. Quando García Márquez se inicia na reportagem, há um mês e meio se dissiparam todas as dúvidas; nos incidentes dos dias 8 e 9 de junho de 1954 perderam a vida dez dos estudantes metralhados pela tropa, durante manifestações pacíficas. *El Espectador* tinha então todos os motivos para ser um decidido opositor da política oficial, em nome do programa liberal e da democracia. Também o era García Márquez, de maneira distinta, ainda que tenha colaborado ardentemente na denúncia do regime. Ele estava vinculado então ao Partido

87. A história de Efraín Tello está relacionada com o abandono a que foram relegados os veteranos da Coréia e com a atitude do personagem central de *Umberto D.* Também aqui se comprova que García Márquez rondava, então, o tema de *Ninguém escreve ao coronel*, e que seu jornalismo levava a marca de suas preocupações de escritor.

Comunista, o que não o impedia de colaborar em um jornal liberal, que, pelo contrário, podia ser uma eficiente tribuna para a esquerda clandestina, no momento em que a luta contra a ditadura apagava em parte as diferenças ideológicas entre os opositores. Nesse tempo de tensões e violências, um jornalista tão brilhante e bem-sucedido como García Márquez, e ao mesmo tempo tão comprometido, podia escrever sem problemas em um veículo do liberalismo. Mas o desajustamento não era tão grande como poderia parecer: a imprensa burguesa é feita por jornalistas de esquerda.[88]

Já em Barranquilla, segundo recorda, García Márquez pagava mensalidades ao PC e continuou fazendo-o em Bogotá, recolhendo também contribuições de outros companheiros da redação de *El Espectador*; entregava esse dinheiro a um militante, que conheceu em Barranquilla como empregado da Livraria Mundo — sem saber então que era comunista — e que chegou a ser, mais tarde, um dos principais dirigentes do partido. Mas, em 1954 e 1955, o que mais importava era o seu trabalho de conscientização, participando, ao mesmo tempo, da luta de *El Espectador* contra a ditadura e na difusão das idéias do PC. E esse trabalho alcançou tamanho relevo que García Márquez chegou a manter, regularmente, encontros pessoais com o líder do Partido Comunista, Gilberto Vieira, que vivia escondido a pouquíssimas quadras do centro de Bogotá.[89]

É claro que nem tudo o que ele escreveu em *El Espectador* revela marcadas conotações políticas. Estas afloram com certa freqüência na coluna de cinema, e só de vez em quando nas reportagens. Ao questionar os conceitos tradicionais, ao desmitificar a imagem da realidade, García Márquez realizava um trabalho útil historicamente, mas muito distante da imediata luta política. Às exigências próprias desta luta, urgentes e não isentas de riscos, corresponde apenas uma parte das reportagens em que ele questiona corro-

88. Acima das diferenças políticas que sempre existiram, as relações de García Márquez com os responsáveis por *El Espectador* eram e são privilegiadas relações de afeto e apreço mútuos. É bem conhecida a amizade que une García Márquez a Guillermo Cano e José Salgar.

89. García Márquez não era caso único em *El Espectador*. Tinha estreitos vínculos com o Partido Comunista, e havia anos, com Eduardo Zalamea Borda, cujas sutis propostas políticas podem ser lidas na coluna "La ciudad y el mundo".

sivamente a imagem e o discurso da ditadura. São principalmente a série sobre o Chocó (e sua repercussão seis meses depois), a série sobre os veteranos da Coréia, a história do náufrago e a reportagem sobre os menores abandonados. Alguma coisa de crítica ao regime assoma em outras matérias, embora até certo ponto limitada; entre esses textos talvez se deva destacar o trabalho sobre Belencito.

O caso do Chocó permitia refutar muitos dos elementos do discurso oficial do momento.[90] O Chocó era uma vasta região que vivia à margem da comunidade nacional e submetida, além disso, à exploração e ao domínio de empresas norte-americanas. O tema da fragmentação do departamento — que era, no mínimo, uma evidente revelação do pouco caso em que aquele território era tido — foi só um pretexto para negar as afirmações de concórdia e patriotismo do regime, ao confrontá-las com a realidade *chocoana*. Era como dizer que o que havia era desídia e entreguismo, sob proclamações que — por isso mesmo — não passavam de mentiras disfarçadas a pretexto de um pseudonacionalismo. Seis meses depois, García Márquez não desperdiçou a oportunidade de demonstrar que nada havia acontecido depois do período de promessas solenes de setembro e outubro de 1954.[91]

90. Neste caso, *El Espectador* tinha especiais motivos para intervir com desenvoltura. A situação do Chocó era diferente da do país em seu conjunto: até setembro de 1954 foi mantido ali o mesmo governador nomeado pelo regime laureanista, que conservou seu cargo sob o governo militar. Sua intolerância para com os liberais fez com que perseguisse os correspondentes locais de *El Espectador* e *El Tiempo*, como se o novo poder não houvesse prometido acabar com os excessos do sectarismo político. E foi assim que esse governador "godo" mandou prender duas vezes, em maio e agosto de 1954, o correspondente de *El Espectador* em Quibdó, Primo Guerrero. A situação política do Chocó era denunciada, com alguma freqüência, na página 4 de *El Espectador*, tanto no editorial como em textos da coluna "Día a día". O sensacionalismo provocado pelo projeto de divisão do departamento tinha que ser aproveitado pelo jornal para assinalar outra etapa no seu confronto com o governo militar. Se é que houve sensacionalismo, porque em inúmeras entrevistas posteriores ao êxito de *Cem anos de solidão* García Márquez afirmou que no Chocó não acontecia nada, que ninguém se importava com a participação, salvo Primo Guerrero; este teria inventado tudo e teve que forjar falsas manifestações populares para que não fosse em vão a viagem de García Márquez e do fotógrafo Guillermo Sánchez a Quibdó. A entrevista mais recente, na qual García Márquez revela sua versão das falsas manifestações, é: "Gabriel García Márquez s'explique", em *Lire*, nº 51, novembro de 1979, Paris, p. 48-68.

91. É notável que García Márquez faça um uso político combativo de sua própria visão pessimista da história. Em suas crônicas, o Chocó aparece como um universo que vai se esgotando, como havia de ser o caso de Macondo. O escritor emprestava ao jornalista e militante das esquerdas as normas de seu moribundo universo fictício, com finalidade rebelde e progressista.

A reportagem sobre Belencito, embora dedique muita atenção — e em tom festivo — à intensa atividade que implicou a realização da obra, inclui também críticas ao regime. São críticas disfarçadas, destiladas em forma sutil, mas de indiscutível dureza. É evidente que o regime tirava todo o lucro político do esforço que ali se concretizava, num afã de demonstrar que eram uma realidade suas propostas desenvolvimentistas (já questionadas, não obstante, no recente caso *chocoano*). García Márquez não deixa de insinuar que era um absurdo a ordem dada de concluir a obra até a simbólica data de 12 de outubro, quando ainda teriam sido necessários mais três meses de trabalho bem organizado. Mas, acima de tudo, vai ele dizendo, constantemente, que o poder militar nunca teve nada a ver com as gestões decisivas que levaram à criação de Paz de Río, que o essencial desse trabalho se efetuou através de iniciativas privadas e que o governo de Gustavo Rojas Pinilla apenas recolheu os louros de estar em exercício no momento da conclusão da obra.[92] E não deixa de revelar a difícil situação social criada nessa região, rural e arcaica, pelo prodigioso incremento da circulação monetária: era outro erro, causado também pela desídia governamental.

A série sobre os veteranos da Coréia apareceu poucos dias depois da volta ao país do último contingente de voluntários do "Batalhão Colômbia". Tinham sido recebidos com grandes honras. Também neste aspecto o governo Rojas Pinilla rompia com seus antecessores. Os conservadores haviam comprometido a nação em uma guerra que não lhe devia interessar em nada, mas que permitia repetir no exterior — na retaguarda dos Estados Unidos — a ilusão de cruzada interna, com extermínio e tudo, que era a Violência. O nacionalismo verbal e o anticomunismo do regime de Rojas colocavam-no plenamente à altura da discutível herança. A reportagem de García Márquez é publicada, evidentemente,

92. Parece haver em García Márquez um real interesse ante o germe de independência econômica que havia na construção do complexo siderúrgico de Paz de Río (e aí se aproximava do discurso oficial). Entusiasma-o o fato de que a Colômbia possuísse um conjunto siderúrgico moderno, à altura do que existia em outros países; reaparece o tema que se manifestou e havia de se manifestar em questões culturais e até esportivas. De outra parte, Paz de Río tinha a particularidade de apresentar um modelo de "co-produção" igual ao que García Márquez queria ver funcionando na indústria do cinema, se bem que já se pode adivinhar alguma impaciência em face das atitudes chauvinistas dos técnicos franceses provisoriamente instalados em Boyacá. E isto é como uma antecipação da posição de García Márquez frente à Europa.

contra a opinião predominante, e pretende anular os efeitos do otimismo patriótico que se manifestou ruidosamente nos dias anteriores. Na certa, ele a vinha preparando fazia algum tempo (em fevereiro tocara no tema em um texto de "Día a día") e a utilizou no momento oportuno, procurando dar a suas propostas uma maior eficácia. Naturalmente, não diz tudo que pensa (em nenhum momento manifesta claramente sua oposição à intervenção colombiana na Coréia, oposição que era a do Partido Comunista), mas não deixam de ser demolidoras suas afirmações. Recorda em que contexto nacional se produziu a decisão de enviar um batalhão àqueles longínquos campos de batalha; em teoria, qualquer um podia criticar a decisão de lutar na Coréia, uma vez que a crítica ao regime *laureanista* era a justificativa do golpe de Rojas Pinilla de junho de 1953, mas a análise de García Márquez ia mais longe do que se costumava, inclusive na imprensa de oposição tolerada, porque entrava no detalhe e relacionava essa aparência de glória militar com a miséria política anterior a Rojas Pinilla. Demonstra que a Colômbia nada tinha a ver com aquela guerra, que os soldados colombianos foram simplesmente dar seus mortos sem saber o que faziam lá, transformados em bucha para canhão posta a serviço de uma potência estrangeira. Revela que a guerra não é gloriosa, mas horrenda. E recorda que o país de 1954 é o mesmo de antes do golpe, incapaz de dar trabalho decente a muitos homens jovens. Os veteranos não são heróis, mas vítimas. García Márquez, com a sincera e hábil intenção de defender os veteranos, transforma-se em um promotor público e desenvolve uma sutil acusação contra o regime. Para concluir, aponta uma solução audaciosa: a de uma ativa solidariedade de tipo sindical. Esse sindicalismo de veteranos teria podido ser mais um elemento nas lutas sociais e políticas que ele desejava ver progredir no país.[93]

O que significou politicamente a publicação do que foi contado pelo marinheiro Velasco, o próprio García Márquez o disse no prólogo, redigido em

93. O tema da solidão aparece na série "Cada veterano, um problema", como apareceria na resenha sobre *Umberto D.* e em *Ninguém escreve ao coronel.* E ele se contrapõe claramente ao da solidariedade, o outro pólo do problema moral, político e histórico, que García Márquez estimula na obra literária. Na série sobre os veteranos está expresso o dilema: ser solidário ou ser solitário. As obras escritas de 1956 a 1958, e inclusive *O veneno da madrugada*, que deve ter sido concluída depois, põem em relevo a importância da rebeldia e da solidariedade.

fevereiro de 1970, para a primeira edição dessa reportagem.[94] Uma revisão mais rigorosa do que então publicou em *El Espectador* demonstra, entretanto, que quando Guillermo Cano lhe entregou essa "bomba-relógio", não se tratava para ele de matéria nova, que tivesse de abordar desde o princípio. Ele já redigira matéria sobre o marinheiro, e é até mesmo muito significativa a quantidade de notícias, três em poucos dias, que escreveu sobre o assunto. Pode mesmo supor-se que um texto anônimo, publicado na edição de 22 de março de 1955, é de García Márquez.[95] Tinha residido muito tempo em Cartagena, e foi tão grande o "silêncio" oficial sobre certos aspectos do drama, que lhe era razoável suspeitar de um escândalo abafado. Não parece casual que reproduzisse com certo destaque, junto a uma informação de 30 de março, os desenhos explicativos enviados por um porta-voz da Marinha. No relato de Luis Alejandro Velasco foi discreta, perdida entre centenas de dados, a insinuação de que as coisas tinham acontecido de maneira diversa à dos comunicados oficiais. Não houve nenhuma denúncia formal que viesse prejudicar a fluidez e a unidade do relato, mas um simples cotejo permitia compreender que os barcos salva-vidas do destróier afundado não tinham o regulamentar equipamento de sobrevivência, e que havia mercadoria ilegalmente transportada na coberta. Tampouco é possível descartar que o êxito da reportagem excedesse o mero aspecto político e ético que García Márquez destaca em suas lembranças; alguma coisa tinha que dever esse êxito à qualidade jornalística do trabalho (mas é verdade que aí se encontra a idéia da força desmistificadora do estilo de García Márquez), embora o primeiro aspecto deva ter desempenhado importante papel. O êxito era enorme de qualquer modo: ao anunciar a reedição da série em um suplemento especial, que sairia a 28 de abril, um longo texto anônimo, publicado na primeira página, no dia 26, afirmava orgulhosamente que *El Espectador* circularia naquele dia com a maior tiragem de um jornal já vista na Colômbia. A "carga política e moral" que tinha a reportagem e o rigor com que García Márquez tratou o assunto estão

---

94. "A história desta história" (p. 7-10) em: Gabriel García Márquez, *Relato de um náufrago*, Barcelona, Ed. Tusquets, 1970, 88 páginas (*Cuadernos marginales*, 8). O longo título que ele deu à reportagem editada em livro é típico desse período em que escrevia *O outono do patriarca*. O título original (aumentado no suplemento especial de 28 de abril de 1955) era bem diferente.

95. Trata-se de "A odisséia do marinheiro do *Caldas*. Uma mulher foi a primeira que viu o náufrago, mas fugiu espavorida", em *El Espectador*, 22 de março de 1955, p. 1 e 3.

confirmados na seleção de fotografias acusadoras que haviam de ilustrar o suplemento especial: é de notar que, concluída a redação da longa reportagem, García Márquez não teve tempo de continuar em sua atividade de crítico de cinema; a coluna cinematográfica que, apesar do trabalho extra, tinha saído nos sábados, 2, 9, 16 e 23 de abril, só voltou a aparecer a 7 de maio. O desafio que representou essa reportagem — apesar de ter sido discreta a denúncia, e mais ainda pela espetacular reedição ilustrada — está fora de dúvida, especialmente se se leva em conta a publicação, na primeira página de *El Espectador*, no dia 27 — véspera da reedição —, de uma "Carta do chefe de informação da Armada a *El Espectador*". Dizia o seguinte:

> O comando da Armada viu-se obrigado a intervir de maneira direta no que se relaciona com a publicação que *El Espectador* vem fazendo sobre o acidente do destróier *ARC Caldas* e, mais exatamente, a maneira como se publicou a entrevista exclusiva, concedida a esse vespertino, pelo marinheiro Luis A. Velasco.
>
> As publicações e os comentários de *El Espectador* sobre o mencionado acidente não se restringiram à verdade dos fatos, estando em conflito não apenas com a técnica naval, naquilo que ao comando dos navios e seus equipamentos se refere, tendo sido lesivos ao prestígio da Armada Nacional e de seus membros. Por tal motivo, e a fim de que *El Espectador* não continue fazendo este tipo de publicações que atentam contra a instituição naval, abusando ao mesmo tempo da boa-fé da opinião pública, solicitou-se a intervenção da Assessoria de Informação e Propaganda do Estado a fim de que esta entidade, assessorada por um oficial da Marinha, aprove as publicações que a seguir se façam a respeito do acidente sofrido pelo *ARC Caldas*.
>
> Até esta data a Armada Nacional se absteve de intervir na publicidade que se deu ao mencionado acidente; acontece, porém, que razões que este comando não deseja mencionar levaram a redação de *El Espectador* a julgar, com critério próprio e de maneira pouco elegante, uma tragédia que pode suceder em qualquer lugar onde operem unidades navais; e que apesar do luto e da dor que afligem sete respeitáveis lares colombianos e a todos os homens da Armada, não se viu inconveniente algum em chegar ao folhetim de cronistas neófitos na matéria, cheios de palavras e conceitos antitécnicos e ilógicos, postos na boca do afortunado e louvável marinheiro que corajosamente salvou sua vida.

Essa carta era comentada, em termos comedidos, no editorial desse mesmo dia 27 de abril. Era um confronto direto de *El Espectador* com o poder, e o já prestigioso repórter convertia-se em um conhecido inimigo da ditadura, capaz de chegar ao fundo daquilo que não se devia dizer.[96]

Poucos dias depois registrava-se um fato que marcaria definitivamente o repórter García Márquez.[97] Não parece tão espetacular a reportagem sobre os menores abandonados; e é até mesmo, formalmente, de menor interesse que muitos outros textos dessa época, ainda que tenha alguns acertos episódicos em frases ou detalhes. Tinha, porém, um alcance muito maior que a restrita denúncia ética discretamente incluída na reportagem sobre o náufrago. Referia-se, nada mais nada menos, à revelação de um novo e dramático brotar da violência oficial. Rojas Pinilla tomara o poder e obtivera um notável consenso político com a promessa de pôr fim ao derramamento de sangue orquestrado pelos governos conservadores que o precederam. Não se trata aqui de dizer se suas declarações foram sinceras ou não — este não é o lugar para escrever ou reescrever a difícil história da violência colombiana —, mas a verdade é que o liberalismo teve motivos suficientes para duvidar dessa sinceridade e assumir progressivamente uma atitude de repúdio ao regime. A esquerda não tinha alterado sua posição em face do golpe: foi hostil a Rojas desde o primeiro dia, como o fora ante as ditaduras "godas" que a perseguiram e a levaram à clandestinidade. Era essa também a posição de García Márquez.[98] Os sangrentos tiroteios de junho de 1954, em Bogotá, menos de um ano depois do golpe, tinham confirmado as previsões de muitos meses antes. A verdade é

96. Um depoimento interessante sobre o impacto político causado pela reportagem com o marinheiro Luis Alejandro Velasco pode ser encontrado em um trabalho de José Salgar: *Jornalismo moderno*, em *Autocríticas de jornalistas. América Latina incomunicada*, Bogotá, Ed. Impresa, 1975, p. 22-23.

97. Em Barranquilla, os amigos de García Márquez lembram-se de que ele viajou com alguma freqüência para o litoral enquanto trabalhava em *El Espectador*, e especialmente que se afastava da capital após cada uma de suas reportagens políticas (dado fornecido por Alfonso Fuenmayor e Teresa de Cepeda). Apesar disso, a permanência da coluna de cinema sugere que essas viagens não devem ter sido muitas, e que, se de fato foram realizadas, foram muito breves. O único período vivido no litoral por vários dias parece ter sido o de fins de janeiro de 1955.

98. García Márquez lembra-se de que, às vésperas do golpe (seria a 14 ou 15 de junho de 1953), disse provocadoramente a um amigo que se identificava "com o governo do meu general Gustavo Rojas Pinilla". Era apenas uma forma de se alegrar pela queda da tirania "goda".

que quando a Violência foi reativada — onde precisamente existia uma forte tradição de lutas camponesas e era de primordial importância o cultivo do café — García Márquez engendrou uma maneira de denunciar o fato sem cair sob o golpe da censura.[99] Não lhe foi fácil encontrar uma base concreta, e sua própria insistência em buscar o dado válido demonstra, uma vez mais, a coerência e a seriedade de sua ação política no jornalismo. Com a reportagem sobre as crianças de Villarrica acertou no alvo: não só revelava o que o poder queria ocultar, como evocava, nas entrelinhas, os êxodos dos camponeses perseguidos através da Cordilheira Oriental; desses êxodos justamente sairiam as zonas de autodefesa camponesa de El Pato e Guayabero, que anos mais tarde os conservadores chamariam de "repúblicas independentes", um problema que, sob diferentes aspectos, não mais desapareceria do panorama político do país. Assinalava, além do mais, e com grande acerto, o nascimento do fenômeno do *gaminismo*, outra das chagas que o país não soube curar, a não ser com a macondiana e transitória solução de redadas e deportações efetuadas nos momentos em que o país recebia visitantes de prestígio ou jornalistas estrangeiros (a viagem do Papa em 1968, por exemplo). Essa reportagem não tenta ser brilhante, e até parece cultivar certa mediocridade expressiva. E tenta também oferecer uma fachada de conformismo ideológico: quase parece elogiar uma obra humanitária das forças armadas, quando estas eram no Tolima o instrumento da Violência, no mínimo. Essa, porém, era uma bomba informativa e política, não uma bomba-relógio como aconteceu com o marinheiro, mas de explosão instantânea. E García Márquez assumia todos os riscos: aparecia, falando com uma das crianças, em fotografia tirada por seu companheiro Guillermo Sánchez. O efeito não se fez esperar. No dia seguinte começou na imprensa liberal uma campanha, de proclamadas

99. Recorda que, com outros jornalistas da imprensa nacional, foi convidado pelo Exército a testemunhar a obra de "pacificação" na zona sul oriental do Tolima e viu, à distância, como uma patrulha militar foi dizimada numa emboscada de camponeses armados. O que devia ser uma demonstração para a imprensa converteu-se em uma derrota parcial mas sangrenta, e aos jornalistas presentes foi notificado, no local dos fatos, que haveria censura e que não poderiam escrever nada a respeito do conflito do Tolima. Por isso, García Márquez teve que buscar em Bogotá o material que lhe permitisse romper o bloqueio da censura e revelar, indiretamente, o que se passava a poucas horas da capital e o país ignorava.

intenções humanitárias, naturalmente, em favor das crianças, mas que era uma clara repulsa à ação do poder.[100] Na primeira página da edição de 7 de maio anunciava-se, em grande manchete, "a intensificação da ajuda nacional às três mil crianças desalojadas. A Cruz Vermelha abre a coleta", e se reproduzia, em fac-símile, a carta de um pai de cinco filhos, dizendo que "nesta paupérrima casa ainda tem lugar" (para acolher um dos órfãos de Villarrica). A campanha continuou nos dias e semanas posteriores, mas García Márquez não voltou mais a escrever sobre o assunto. Já tinha dado uma valiosíssima contribuição ao revelar o renascer da Violência.

Tampouco voltou a escrever qualquer outra coisa que tivesse ressonâncias políticas. Percebe-se, na autobiografia de Ramón Hoyos, uma sutil alusão a certos procedimentos do Exército durante o governo anterior: o regulamento esportivo da Volta da Colômbia de nada serviu, em face das vontades de um grupo de oficiais. Era muito pouco, em comparação com o que havia escrito García Márquez anteriormente. Talvez o próprio jornal tenha julgado que o redator devesse atuar com certa prudência dali em diante. Esse mesmo critério influiu na decisão de mandá-lo à Europa; os preparativos da viagem por fim reduziram a produção de suas últimas semanas na Colômbia à reportagem sobre o campeão de ciclismo.

*

Se a própria notoriedade política do repórter influenciou na decisão de mandá-lo à Europa e afastá-lo do ambiente nacional, ao qual acabava de

---

100. Não faltavam reveladores tons ideológicos na mesma forma de denunciar ou lamentar os efeitos da violência oficial. Por exemplo, em *El Tiempo* de 7 de maio, anunciava-se, com um prudente critério liberal, que "três mil crianças abandonadas ou atendidas com avareza podem se converter em três mil sementes de descontentamento, de miséria, de ódio, de angústia, que produzirão homens hostis à nacionalidade e cabeças de futuras desordens". Já existia o germe da linguagem, das propostas e da ação própria da futura Frente Nacional.

E também não voltou a escrever qualquer outra coisa de repercussão política. Nota-se uma sutil alusão a certas ações do Exército sob o governo anterior. Era muito pouco, comparado com o que escrevera anteriormente. Talvez no próprio jornal se tenha julgado que García Márquez devia agir com certa prudência daí para a frente. Esse mesmo critério pode ter influenciado a decisão de mandá-lo à Europa; os preparativos da viagem, finalmente, limitaram sua produção naquelas últimas semanas vividas na Colômbia.

causar sérios abalos — assim o sugere o já citado prólogo de *Relato de um náufrago* —, só o seu talento já justificava essa saída da Colômbia, o que García Márquez devia querer fazia anos.

Naquele momento, estavam na Europa vários intelectuais colombianos, vinculados de diversas maneiras e graus ao jornalismo, e que enviavam a *El Espectador* crônicas sobre cidades e notícias do Velho Mundo; essas crônicas eram publicadas, com alguma freqüência, na página dos editoriais.[101] Apesar disso, *El Espectador* não se valeu de nenhum deles para cobrir a conferência internacional de Genebra, tal como *El Tiempo* com Germán Arciniegas, que então vivia na Europa. García Márquez foi enviado diretamente de Bogotá, o que confirma o prestígio que adquirira em poucos meses de prática da reportagem, e menos de um ano e meio depois de ser contratado como redator. A verdade é que *El Espectador* não vacilava em entregar a difícil tarefa de correspondente europeu a jovens jornalistas: no ano anterior, tinha sido enviado para cobrir a conferência de Genebra, sobre a Paz na Indochina, Alberto Zalamea, que retornara à Colômbia poucos meses antes da viagem de García Márquez.

É claro que, então, *A revoada* já tinha sido publicado. O romance, após mais de quatro anos de espera, começou a ser vendido a 31 de maio de 1955.[102] Foi recebido com regozijo por críticos tão brilhantes e exigentes quanto Ulises e Hernando Téllez.[103] Em Barranquilla, os amigos de García Márquez organizaram um banquete para comemorar o fato, na ausência do autor, e dali haviam de

101. Em particular Eduardo Mendoza Varela, Gastón Valencia, Uriel Ospina, Ramiro de la Espriella.

102. É o que se lê no artigo anônimo "*A revoada*, romance de Gabriel García Márquez que começou a circular", *El Espectador*, 31 de maio de 1955, p. 5. Uns 15 dias antes, entretanto, circulara o primeiro número da revista *Mito*, com um comentário não assinado sobre o romance (*Mito*, Ano I, nº 1, abril-maio de 1955, Bogotá, p. 52).

103. Zalamea Borda dedicou uma crônica inteira de "La ciudad y el mundo" a *A revoada*, em 4 de junho de 1955. Téllez escreveu uma resenha na edição dominical de *El Espectador*, a 12 daquele mês (p. 3). Tratava-se de dois críticos pelos quais García Márquez tinha um grande respeito. Quanto ao já citado artigo não assinado de *Mito*, destaque-se que aparecia no primeiro número de uma revista que viria a ser a expressão fundamental de toda uma geração de intelectuais colombianos. Não se podia dizer que García Márquez pertencesse a essa geração, mas colaborou destacadamente na revista e sempre reconheceu sua importância e qualidade.

sair algumas resenhas interessantes sobre o livro.[104] O sucesso crítico do livro foi constante na Colômbia, dentro do panorama literário nacional, mas este era demasiadamente limitado. Ainda que *A revoada* tenha sido reeditado e esgotado durante o Festival do Livro, em 1959, as novas gerações literárias do país só começaram a descobrir García Márquez quando *O veneno da madrugada* venceu o concurso de romances organizado pela Esso, em 1962. Em 1955 seu prestígio devia muito pouco à literatura e quase tudo ao jornalismo. Demonstra-o um comentário, citado sem indicação da fonte (provavelmente *El Tiempo*) na nota com que *El Espectador* noticiou a saída do livro. Esse comentário dizia que "se o romance de García Márquez é como suas reportagens, seu autor vai enriquecer". Igualmente reveladoras a este respeito são as lembranças de José Salgar, chefe de redação de *El Espectador*, que se recusava a ver o escritor García Márquez e só considerava as enormes capacidades do redator e repórter:

> Sei de uma história que pode ser curiosa: eu então me empenhava em que ele (GGM) torcesse o pescoço da literatura e trabalhasse mais em jornalismo, porque em suas horas vagas se dedicava a escrever páginas um pouco loucas, e eu não podia aceitar que gastasse tão bobamente seu tempo nisso em vez de buscar notícias atuais. Um pouco clandestinamente ele escreveu *A revoada*, editou-a e a enviou a mim com uma dedicatória que diz que, afinal, com isso vai torcer o pescoço do cisne, dando a entender que era o último que fazia e que iria se dedicar por inteiro ao jornalismo.[105]

De modo que *A revoada* não passava de um adorno muito secundário na fama de García Márquez (e isso é significativo do ambiente intelectual contra

104. Deve ser assinalada, em especial, a excelente nota do polifacético pianista Roberto Prieto Sánchez, publicada em *El Heraldo*, a 14 de julho de 1955 (p. 3 e 5), no mesmo dia em que García Márquez chegava a Barranquilla, de passagem para a Europa. Do banquete dos amigos de García Márquez sabe-se por uma notícia de Armando Barrameda Morán ("Banquete a García Márquez", em *El Heraldo*, 15 de junho de 1955, p. 3) e por umas fotografias conservadas no arquivo de *El Espectador*; uma delas foi publicada.

105. José Salgar, *op. cit*, p. 22. É equivocada a alusão a *A revoada*. José Salgar deve se referir a experimentos literários que nada mais tinham a ver com esse romance. É um dado interessante saber-se que García Márquez trabalhava, então, em textos de ficção, mas deve ser impossível saber em que consistiam essas "páginas um pouco loucas".

o qual se rebelou desde o princípio). Se o mandaram à Europa, era porque viam nele a certeza de uma produção jornalística excelente, e que ajudaria na circulação do jornal.

Os responsáveis por *El Espectador* não podiam ignorar o que prometia García Márquez quando o contrataram (é preciso lembrar a suspeita de que o convite de Álvaro Mutis fazia parte de uma manobra nesse sentido). Como escritor, era nas páginas do suplemento literário que Eduardo Zalamea Borda o havia revelado em 1947. As "jirafas" de *El Heraldo* não eram lidas apenas em Barranquilla; eram também lidas em Bogotá, pelo menos por alguns intelectuais, e suscitaram alguns comentários na imprensa da capital. Com GOG, e depois com Zalamea Borda, García Márquez sempre teve amigos em *El Espectador*, e seu talento de redator apreciado.

Mas seu prestígio deve ter crescido repentinamente com a reportagem sobre o desabamento de Medellín. Indiscutivelmente, os responsáveis pelo jornal souberam lê-la muito bem, apreciando, em seguida, para onde ia a reportagem. A 31 de julho de 1954, na primeira página de *El Espectador*, uma pequena nota não assinada, com a fotografia de García Márquez, anunciava "Uma investigação de *El Espectador*. Balanço e reconstituição da catástrofe de Antióquia". No texto, que podia ter sido apenas um anúncio de intenção publicitária, dizia-se acertadamente, destacando já traços característicos do estilo de García Márquez, que este "conseguiu, através de reportagens de grande interesse jornalístico e apaixonante conteúdo humano, avaliar com exatidão as proporções da catástrofe para dar ao leitor uma visão concreta e exata deste transcendental acontecimento". Dois dias depois, quando saiu a primeira reportagem da série, uma nota anônima introdutória afirmava: "Estas crônicas pretendem recolher os dispersos e caóticos dados publicados e, além disso, os inumeráveis detalhes humanos da tragédia..." Com uma estréia tão bem-sucedida e um resultado tão bem reconhecido, não era estranho que García Márquez recebesse a encomenda da difícil tarefa de investigar os problemas do Chocó, pouco tempo depois. Nem que, ao final de vários meses e depois de muitas reportagens, fosse ele o encarregado de escrever a história do naufrágio e da odisséia do marinheiro Luis Alejandro Velasco.

As sucessivas partes do relato apareceram assinadas somente pelo marinheiro, mas não é de todo exata a afirmação que fez García Márquez em seu prólogo de 1970: "Esta é, na verdade, a primeira vez que meu nome aparece vinculado a este texto." Quando, em 26 de abril de 1955, anunciou-se que *El Espectador* publicaria um suplemento especial com a íntegra do relato, a nota excepcionalmente extensa que acompanhava o anúncio contava a história da reportagem e explicava que, para "assessorar o autor (Velasco), este jornal designou um de seus cronistas mais hábeis e experientes, nosso redator Gabriel García Márquez". Aparecia impresso, finalmente, aquele que talvez fosse o boato mais persistente fora dos círculos jornalísticos de Bogotá. Essa nota apresenta uma análise muito interessante do problema jornalístico e literário que delineava a reportagem, e é um bom estudo sobre o trabalho e o estilo de García Márquez (além de oferecer sólidos indícios de que Ulises participou de sua redação). Dizia este texto em particular:

> Antes da primeira reportagem, tanto ele (GGM) como nós temíamos que não houvesse restado muito a dizer sobre a aventura. Na verdade, como notícia espetacular, já estava esgotada pela imprensa do país. Havia somente os pormenores, os pequenos detalhes, a companhia das gaivotas, os hábitos dos tubarões e a auto-exploração dos pensamentos e do instinto de sobrevivência de um homem sozinho em uma balsa. Ou seja, o antifolhetinesco.
>
> Ao menos para nós, esta foi uma grande experiência em matéria de gênero jornalístico, e não seria justo, ao dizê-lo, omitir a participação que teve García Márquez no êxito do relato de Luis Alejandro Velasco. Satisfaz-nos ainda verificar a sensibilidade demonstrada pelos leitores do país, fenômeno que explica uma característica já evidente nas grandes publicações modernas do exterior: que, além da truculência e do folhetim, há muito espaço nos jornais para outros experimentos dignos da atenção do público, contanto que satisfaçam de boa-fé e com bons métodos os desejos expressos ou subentendidos dos leitores. Neste caso, como em nenhum outro, foram expressos.

Assim, quando *El Espectador* adquiriu a exclusividade de publicação da biografia do ciclista Ramón Hoyos — um "furo" que forçosamente aumentaria as vendas do jornal, devido ao prestígio do campeão —, incumbiu-se a responsabilidade da reportagem a García Márquez, apesar de seu parco interesse por assuntos esportivos. Quando a 23 de junho anunciou-se a publicação da série, o breve texto de apresentação vinha ilustrado por uma foto de Hoyos e outra de García Márquez, e precisava que, "a fim de elaborar esta série de artigos, desde a segunda-feira passada está em Medellín o conhecido escritor Gabriel García Márquez, da equipe de redatores de *El Espectador*". Aqui, a alusão ao escritor não deve prender muito a atenção, pois algumas linhas adiante indica-se qual era então o maior mérito do entrevistador, de caráter jornalístico: "García Márquez — que, como os leitores haverão de lembrar, há pouco publicou em *El Espectador* o relato sobre a odisséia do marinheiro Velasco — regressará a Bogotá no final da presente semana." E, quando a série começou a sair, os nomes de Hoyos e García Márquez apareceram creditados lado a lado, ao contrário do que acontecera no relato sobre o náufrago: "Por Ramón Hoyos. Relatado a Gabriel García Márquez."

E assim se concluía a fase bogotana. Tinha sido uma fase de muita novidade e exitosa quanto ao trabalho jornalístico, que deixou, além disso, marcas profundas na história do jornalismo colombiano — sem esquecer seu papel político. Em matéria de literatura, parece ser uma etapa infecunda, salvo o prêmio obtido no concurso nacional de contos de 1954, e o reconhecimento de um romance cuja publicação foi tão tardia que o entusiasmo de seus fiéis leitores se dirigia ao vestígio de uma época já morta para o autor. Entretanto, esses 18 meses vividos em Bogotá, foram um momento de fervorosa experimentação literária, de ensaios e reflexões, um momento de trabalho secreto apesar de realizado em reportagens muito lidas, lento e intenso, apesar de se realizar em textos aparentemente escritos com magistral facilidade. Em Bogotá, García Márquez encontrou um caminho narrativo que deve ter começado a procurar alguns meses antes; uma vez encontrado esse caminho, podiam vir as obras: a primeira a se concretizar foi *Ninguém escreve ao coronel*. Isto quer dizer que a colheita teve início na Europa, mas as coisas tinham nascido em Barranquilla e se definido em Bogotá. Ao mesmo tempo, em Bogotá, García Márquez continuou pensando em outros possíveis caminhos, em um retorno à temática de Macondo. Há de tudo naqueles 18 meses vividos na capital de seu país; é indiscutivelmente um momento de transição, de incompleta renúncia e voluntariosa renovação, uma etapa polifacética e inatingível. Ao viajar à Europa, García Márquez afastou-se das artimanhas do êxito jornalístico, ainda que sob este aspecto já pouco lhe restava por demonstrar. O tempo havia de ajudá-lo para escolher um dentre os caminhos literários que a ele se ofereciam, ou mais exatamente para saber por onde começar, determinar uma ordem e aclarar idéias. O tempo mais que a distância. Quase tudo, de fato, estava estabelecido antes da viagem, e o que não era ainda consciente estava próximo de uma formulação. A Europa daria a ele, principalmente, além de vivências, novas condições de trabalho jornalístico.

Jacques Gilard

TEXTOS ANDINOS

1954-1955

•

FEVEREIRO DE 1954

*O cinema em Bogotá. Estréias da semana**

O fruto proibido

A sessão cinematográfica da Exposição Francesa apresentou, nos cines Mogador e San Carlos, a segunda seleção do festival: *O fruto proibido*, com Fernandel, Françoise Arnoul e Claude Nollier, baseada em um dos romances não policiais de Simenon: *Carta a meu juiz.*

Um exelente casamento de direção e fotografia é a característica técnica em destaque neste bom filme, em que se contam os conflitos sentimentais de um médico rural, tímido e bom até os miolos, que aos 45 anos de idade e inocência se complica com uma amante jovem, experimentada e calculista, exatamente o reverso de sua séria e metódica esposa.

Há um pouco da personalidade de dom Camillo neste médico de uma aldeia francesa cujos habitantes — como os de todos os lugares do mundo — têm alguma coisa em comum com os inesquecíveis eleitores de Peppone.

---

*Nas referências que faz García Márquez a filmes, tentou-se, sempre que possível, utilizar os títulos correspondentes em português. Quando não exibidos no Brasil, tais filmes aparecem com sua grafia original e uma tradução livre entre colchetes. Em certos casos, por falta de instrumentos que possibilitassem uma pesquisa acurada, optou-se por mantê-los em espanhol, tais como grafados por García Márquez, embora em muitas ocasiões trate-se de filmes franceses, alemães e italianos. (*N. da E.*)

Só que as situações com que se defronta Fernandel como médico são bem diferentes às de Fernandel como padre de aldeia, e o resultado é um drama fortemente humano, uma tragédia palpitante de vida, na qual, às vezes, surpreende-nos um amargo e legítimo sabor chapliniano.

A demolidora personalidade de Fernandel não consegue eclipsar a graciosa e inteligente Françoise Arnoul, que é precisamente "o fruto proibido" que o bom médico morde por acaso e em conseqüência do qual perde seu paraíso de tranqüila e rotineira candura provinciana. Claude Nollier, como esposa do médico, apresenta-se em uma jornada admirável, encarnando um personagem que, mais que uma mulher, é uma tese de ordem, eficiência e dignidade.

Três personagens simbólicos em uma peça exemplar da cinematografia francesa.

Anjo do mal

Com roteiro e direção de Samuel Fuller, a 20th Century Fox está apresentando, nos cines Colombia e María Luisa, um filme feito exclusivamente para demonstrar que nos Estados Unidos até os ladrões da mais baixa categoria são patriotas e, acima de tudo, anticomunistas. Isso é *Anjo do mal*, com Richard Widmark, Jean Peters e Thelma Ritter.

O filme tem um mérito apreciável: é cinematográfico da primeira à última cena. Mas especialmente na primeira, onde uma câmera muito bem dirigida explica, sem a ajuda de elementos estranhos aos da pura imagem, como umas mãos hábeis escamoteiam uma carteira de dinheiro nas barbas dos detetives.

Richard Widmark trabalha com extraordinária espontaneidade, o que, em algumas ocasiões, ao preço de se tornar sistemático, não se parece nada com a vida, e é muito próprio desse discutível realismo mais técnico que humano, inventado pelos norte-americanos. Jean Peters entrega-se de todo coração ao papel de uma jovem vulgar e namoradeira, mas apesar disso não consegue convencer. Thelma Ritter esteve a ponto de arrebatar todas as honras do filme, por ter evitado certos exageros desnecessários no desempenho de uma delatora de malfeitores. Exageros pelos quais é responsável uma direção afetada e retórica, que realizou, afinal, um filme comum, com bandidos patrióticos e sentimentais e detetives bobalhões.

Dois filmes policiais

Dois velhos filmes de detetives voltam às telas esta manhã: *O segredo de um amante*, com Edward G. Robinson e Paulette Goddard, no cine Apolo, e *Justiça tardia*, com Sidney Greenstreet e Peter Lorre, no Califórnia.

O primeiro relata minuciosamente um dia de trabalho de um inspetor-chefe, encarnado com sua habitual desenvoltura por Edward G. Robinson, cuja única desvantagem como ator parece ser a radical e irreconciliável divisão do público a respeito dele: seus apaixonados admiradores e seus apaixonados inimigos. Do mesmo estilo de *Chaga de fogo*, em *O segredo de um amante* se entrecruzam vários argumentos, muito bem levados e muito bem resolvidos por uma direção ágil e inteligente. O roteiro de *O segredo de um amante* é, sem dúvida, o melhor desta excelente produção.

Quanto a *Justiça tardia*, nele se apresenta, com todos os riscos de decepcionar o público pelo final — perigo que é comum à literatura e ao cinema policial —, o eterno problema do crime cometido em um quarto fechado por dentro. Há duas explicações, ambas muito aceitáveis, que com os outros elementos, todos muito bem coordenados, fazem de *Justiça tardia* um bom filme policial.

Jornada cruel

Vittorio Gassman é, neste filme da Columbia, um martirizado jovem húngaro que quer viver nos Estados Unidos, mas as autoridades de imigração não lhe permitem a entrada. Gassman facilmente foge de um navio com o propósito de encontrar Tom, um amigo que, se supõe, toca clarinete em algum lugar de Times Square. Com a mesma facilidade com que fugiu, o jovem húngaro conhece Gloria Grahame, que começa a beijá-lo e a amá-lo, também com muita facilidade, cem metros de celulóide depois de seu encontro.

Todo mundo é muito simpático e muito protetor neste filme, de maneira que acaba saindo um pouco inverossímil o fato de que Gassman viva essa amarga noite de noventa minutos, na qual, curiosamente, se torna muito fácil o que os realizadores de *Jornada cruel* quiseram apresentar como muito complicado. O momento culminante do drama é aquele em que — três minutos antes de ser localizado pela polícia — Gassman penetra no vazio recinto da comissão de direitos civis da ONU e pronuncia um espontâneo e emocionante discurso sobre os direitos da pessoa humana.

Jornada cruel é, em síntese, uma nova versão de *A porta de ouro*, com alguns méritos de caráter técnico e uma atuação aceitável de Vittorio Gassman.

"El Torito", o hino do Carnaval

O DESAFIO DOS "CONGOS" AOS "GALLINAZOS". "EL TORITO", UMA ENTIDADE CIVIL COM PERSONALIDADE JURÍDICA

Barranquilla festeja intensamente cinco dias de Carnaval. Os outros 360 são de trabalho intenso, o que, no caso da capital do Atlântico, não é senão uma maneira de esperar intensamente pelo Carnaval. Enquanto vai à fábrica, descarrega um navio ou realiza um negócio, o *barranquillero* por nascimento, por aclimatação ou por contágio está desejando secretamente, em qualquer época do ano, que as coisas acabem bem para ter um bom Carnaval.

É uma paixão que nasceu com a cidade. Se devemos aceitar que cada povo tem a história que merece, devemos convir que os pastores anônimos que encontraram, nas barrancas de São Nicolau, um lugar propício a suas vacas e fundaram uma cidade sem que o propusessem, sentiram-se pela primeira vez enraizados à nova terra e identificados com ela num domingo da Qüinquagésima.

Certamente é mais que uma casualidade o fato de que, em uma cidade fundada por criadores de gado, a mais antiga dança do Carnaval seja a de "El Torito". Em 1883, enquanto o resto do país saía de uma guerra civil para se meter em outra, um grupo de alegres *barranquilleros*, que, como os de agora e os de sempre não tinham muito que ver com a política, organizou a dança de "El Torito", com a mesma seriedade e o mesmo senso institucional com que, em qualquer outro lugar, se teria organizado um novo partido político.

Épocas teve o Carnaval em que a ineludível e quase patriótica obrigação de se disfarçar era uma perigosa determinação, um desafio daqueles que se caracterizavam de "Congos" àqueles que preferiam fazê-lo de "Gallinazos". A verdadeira história das guerras civis de Barranquilla é a história de seus carnavais, quando dois comparsas rivais se encontravam à volta de uma esquina e se empenhavam em demonstrar dramaticamente qual deles era o dono da rua. O bom juízo dos *barranquilleros*, seu senso de concórdia e também, certamente, o do *fair-play*, permitiram que com o tempo os legítimos facões da dança de "El Congo" — que era a única dança oficialmente armada — fossem substituídos por madeira disfarçada de facão.

Talvez seja em memória dessa época beligerante que a cerimônia inaugural dos carnavais se chama *A batalha das flores*.

Daquela turbulenta idade da pedra, ficou reconhecida a supremacia da grande dança, a dança-hino, a de "El Torito". Só se pode participar dela por direito herdado, de maneira que seus componentes atuais são descendentes em linha direta dos fundadores.

"El Torito" é uma entidade civil, com personalidade jurídica, papel timbrado e secretário perpétuo. Suas funções não são mais exclusivamente as de perpetuar, com autoridade, a tradição das *carnestolendas*,* mas todas as funções privativas das entidades civis, como as de lamentar em nota de estilo a morte de um cidadão proeminente, ou protestar — variando um pouco o estilo da nota — contra a desorganização do trânsito urbano, se esse for o caso.

A autoridade civil de "El Torito" é a melhor demonstração de que o Carnaval de Barranquilla é uma coisa perfeitamente séria.

**Carnestolendas*, os três dias que precedem a Quarta-feira de Cinzas; o Carnaval. (*N. do T.*)

MARÇO DE 1954

O cinema em Bogotá. Estréias da semana

Dois musicais

Dois filmes com a mesma intenção: *Puccini*, nos cines Colombia, Eldorado, Americano e María Luisa, com Gabrielle Ferzetti e Marta Toren; e *Gloriosa consagração*, com Kathryn Grayson, no Coliseu, Apolo e Aladino. O primeiro, italiano, produção de Renoir; o segundo, norte-americano (Warner), produzido por Henry Blanke e dirigido por Gordon Douglas. Ambos coloridos.

Puccini, como seus realizadores previnem com excelente senso crítico e plausível boa-fé, é "uma interpretação livre e poética da vida do grande compositor". Com mais liberdade que poesia, naturalmente, neste filme é contada — muito rapidamente, embora a projeção leve mais de duas horas — a longuíssima e extenuante história de Giacomo Puccini, sua vida, suas obras e seus amores.

Em *Gloriosa consagração* conta-se a história da cantora Grace Moore, que teve muito sucesso nos primórdios do cinema falado, e que a simpática Kathryn Grayson interpreta não com muito êxito nem muita fidelidade, mas com boa voz.

Em *Puccini*, Gabrielle Ferzetti, mesmo sendo o personagem central, não interpreta o melhor papel, pois Marta Toren — que faz, a princípio, a amante e, finalmente, a esposa do compositor — realiza um trabalho mais convincente e até mesmo bom em alguns momentos.

Tem-se entendido, apesar de tudo, que estes filmes biográfico-musicais — mais discretos que os de Samuel Goldwyn e também felizmente mais baratos — não pretendem ser, na história do cinema, mais que motivos de entretenimento para os admiradores — neste caso — da agradável música de Puccini e da que Grace Moore divulgou. Nesse sentido, tanto *Puccini* quanto *Gloriosa consagração* cumprem seu objetivo, sem que a nenhum dos dois falte a técnica, a técnica cinematográfica.

A festa do coração

A terceira seleção da Exposição Francesa nos cines Mogador e San Carlos — *A festa do coração*, de Julien Duvivier, com Danny Robin e Michel Auclair — é uma história singela: dois diretores de cinema com pontos de vista inteiramente opostos se propõem elaborar o roteiro de seu próximo filme, em que desejam contar as peripécias da graciosa filha de um capitão da guarda presidencial no dia de seu aniversário: 14 de julho, data nacional francesa.

Um dos roteiristas, que parece ser uma criação autobiográfica de Duvivier, expõe seus pontos de vista, seqüências de um segundo filme interior, em que conta singelamente, com um cálido toque humano, o encontro ocasional de Enriqueta com um jovem e hábil ladrão, terrivelmente simpático, caracterizado de forma magistral por Michel Auclair, a quem o público recorda por sua atuação em *Direito de matar*.

O outro roteirista, um temperamento exaltado, evidentemente influenciado pela grandiloqüência da Comédie Française, e pelo sensacionalismo aparatoso do gangsterismo norte-americano, expõe, por sua vez, seus pontos de vista em seqüências de um terceiro filme que se propõe apresentar o acidental namorado de Enriqueta como um jovem assassino, que em um truculento e dramático episódio assassina o promotor que o mandou para a prisão e, de passagem, mata o porteiro, o mordomo e todos aqueles que atravessem o seu caminho.

A história dos dois roteiristas em controvérsia e o desdobramento de suas respectivas idéias constituem o roteiro magistral de *A festa do coração*, realizado por Duvivier com uma endiabrada sabedoria e uma agressividade técnica e uma lucidez e uma graça e um senso de humor e um ritmo e um equilíbrio e uma ironia e um assombroso conhecimento do coração humano que fazem deste filme a obra genial do formidável diretor francês, e uma das boas criações em toda a história do cinema.

Depois de *Sinfonia de uma cidade*, de *Seis destinos* — e mesmo de *O pequeno mundo de dom Camillo* — não se podia esperar de Duvivier senão um clímax como este, onde se percebe, em certos momentos, uma depurada impregnação do virtuosismo narrativo — quase um malabarismo — do René Clair de *Esta noite é minha* e desse ambiente de sonho e conto feérico do melhor Cocteau.

Ao público acostumado a que o cinema lhe apresente a história mastigada e digerida, *A festa do coração* mostrará como se mastiga a história que está crua e inteira na primeira cena e, prodigiosamente, esmiuçada na última. Um mestre do cinema pôs sua longa experiência, seu bom gosto e seu senso crítico a serviço de uma obra cinematográfica que é uma lição de arte, de crítica e de cinema. Duvivier parece dizer ao espectador: "Isto é bom em cinema." "E isto é tão truculento que acaba sendo cômico." "Aquilo é falso." "Isto é humano." "A mesma cena é sublime feita desta maneira, e ridícula feita desta outra." E o resultado desta longa lição é milagrosamente bom cinema, e também um método, ao alcance de todos, para distinguir o bom cinema do mau; e até para fazer bom cinema, se é isso o que se quer.

O trabalho de Michel Auclair — como ladrão simpático, intimamente sentimental, e como assassino de folhetim — é completamente excepcional, assim como o de Danny Robin, sobre quem recai o peso da ação determinada pela controvérsia e as idéias discordantes dos dois roteiristas.

O diálogo admirável — encomendado ao melhor especialista francês, Henri Janson, que também colaborou com Duvivier na elaboração final do roteiro; a fotografia de acordo com a qualidade do filme, a música discreta e oportuna e a prodigiosa solução de todos os compromissos, fazem de *A fes-*

ta do coração uma obra invulnerável, em que se destacam os méritos daqueles que estiveram atrás da câmera, mais que os indiscutíveis e relevantes daqueles que apareceram diante dela.

Cinema nacional

Na última sessão do Cine Clube — que anuncia para a terça-feira próxima *Bienvenido, Mr. Marshall* [Bem-vindo, sr. Marshall], do espanhol Berlanga, três vezes premiado em Cannes — foi exibido um curta da Grancolombiana Film, dirigido pelo colombiano Jorge Valdivieso Guerrero. Neste curta, patrocinado por indústrias e casas comerciais do país, notam-se apreciáveis méritos técnicos e numerosos detalhes de direção que é preciso registrar.

Uma seqüência inteiramente a cargo de "Montecristo" — que representa vários personagens ao mesmo tempo — deixa aberta ao país a possibilidade de realizar filmes de ficção, pois esta tentativa, deliberadamente, tem uma qualidade muito superior às aventuras cinematográficas nacionais de longa-metragem conhecidas até o momento.

Mas não é isso o mais admirável no curta de Valdivieso Guerrero. A autêntica surpresa que ele nos oferece é uma interpretação de "El Trapiche", o conhecido *bambuco** de Emilio Murillo, no qual os acertos de roteiro, fotografia e direção são verdadeiramente surpreendentes.

As características que o cinema colombiano deverá reunir para se constituir em uma manifestação nacional legítima encontram-se — mais que em um embrião — na seqüência mais interessante do curta da Grancolombiana Film, primeira manifestação realmente apreciável do cinema colombiano.

**Bambuco*, dança popular colombiana; a música desta dança. (*N. do T.*)

La Marquesita de La Sierpe

MALÁRIA, FEITIÇARIA E SUPERSTIÇÕES EM UMA REGIÃO DA COSTA ATLÂNTICA. O HOMEM QUE PISOU NA LENDA

Há alguns anos veio ao consultório de um médico da cidade um homem espectral, frágil, com o ventre avultado e tenso como um tambor. Disse ele: "Doutor, estou aqui para que me tire um mico que botaram na minha barriga." E contou que vinha do sudeste do departamento de Bolívar, de um pantanal situado entre San Jorge e Cauca, além dos canaviais de La Mojana; além dos baixios de La Pureza, dos matagais de La Ventura e dos pântanos de La Guaripa. Vinha de La Sierpe, um país de lenda dentro da costa atlântica da Colômbia, onde um dos episódios mais comuns da vida diária é vingar uma ofensa com uma praga como essa de fazer nascer, crescer e se reproduzir um mico dentro do ventre do agressor.

Viagem sem volta

Não é novidade falar de La Sierpe, pois os comerciantes de arroz de San Jorge em Magangué sabem que ali se cultiva um grão bom e graúdo e que é possível adquiri-lo a um bom preço, apesar das dificuldades do transporte. Quem sentir vontade de viajar para essa região e tiver coragem para fazê-lo, deve tomar em Magangué uma lancha que, em poucas horas, o conduzirá, navegando pelo braço Mojana, até o porto de Sucre. Ali alugará uma mula que em meio dia o conduzirá a La Guaripa. E, finalmente, depois de dois dias de viagem com a água e o lodo pela cintura, há de se encontrar nos alagadiços de La Sierpe. A ida é relativamente fácil. Difícil é o regresso, pois não teria nada de estranho que, na volta de uma paina, o descessem da mula a facadas e ali mesmo o enterrassem sentado; ou que rebentasse de peritonite, com o ventre cheio de rãs.

Quem decidir correr os riscos desta aventura não encontrará um povoado. Encontrará uma região lodosa, sombria, onde quase não se vê um raio de sol. A cada duas ou três horas encontrará uma casa primitiva, onde moram homens e mulheres devastados pela malária, que racialmente não apresentam diferença alguma dos colombianos comuns. Há gente boa e má, como em todos os lugares, porém mais desconfiada dos forasteiros que em qualquer outro. Diverte-se como todo mundo, com um tambor, um pé de milho e uma talha de aguardente, destilada em uma das peças da casa. E gente que vive mal e come mal, mas faz ambas as coisas em abundância. Gente que inventou orações para se preservar das picaduras das serpentes, mas está sempre disposta a viajar através dos pântanos, durante dois dias e duas noites, para pagar o que cobrarem por um analgésico.

O dia em que canta o "gallinazo"

Nada fará os habitantes de La Sierpe abandonarem seu inferno de malária, de feitiçaria, de animais e superstições. Colhem arroz e têm orações para que nasça de boa qualidade; eles o vendem nos povoados próximos e com o produto dessa venda compram querosene, roupa, remédios de farmácia. São católicos convictos, mas praticam a religião a seu modo, como a maioria dos camponeses colombianos. Celebram a Sexta-feira Santa com suculentas comilanças de carne, mas sua Sexta-feira Santa não é móvel, comemora-se sempre na primeira sexta-feira de março, dia em que, segundo eles, "canta o 'gallinazo'".

Apaixonam-se como católicos e espanhóis. Têm um sentido trágico do amor, com ciúmes, aguardente e facadas; e um sentido poético, que estimula os galãs a cantar a sua donzela longas e graciosas *coplas* de amor, de uma beleza ingênua e estranha. Casam-se catolicamente, nos povoados vizinhos, e celebram o acontecimento com festas tumultuadas, em uma das quais, certa ocasião, resultou morta a desposada. É gente que crê em Deus, na Virgem e no mistério da Santíssima Trindade, mas os adoram em qualquer objeto em que pensam descobrir faculdades divinas, e lhes dirigem orações inventadas por eles mesmos. Acima de tudo — e nisto se diferenciam do resto dos colombianos — crêem em La Marquesita.

La Marquesita

Os mais velhos habitantes de La Sierpe ouviram dizer de seus avós que há muitos anos viveu na região uma espanhola bondosa e miúda, dona de uma fabulosa riqueza, representada em animais, objetos de ouro e pedras preciosas, conhecida pelo nome de La Marquesita. Segundo a descrição tradicional, a espanhola era branca e loura, e não conheceu marido em sua vida. Mais porém que por sua bondade e sua grande fortuna, La Marquesita era admirada, respeitada e servida porque conhecia todas as orações secretas para fazer o bem e o mal; para levantar do leito um moribundo, não conhecendo dele nada mais que a descrição do físico e o lugar preciso de sua residência; ou para enviar uma serpente, através dos alagadiços, que, seis dias depois, desse morte a um inimigo determinado.

La Marquesita era uma espécie de avó daqueles que a serviam em La Sierpe. Tinha uma casa grande e suntuosa no centro daquela que é, agora, conhecida como La Ciénaga de la Sierpe. "Uma casa com corredores e janelas de ferro", segundo a descrevem aqueles que falam daquela extraordinária mulher, cujo gado "era tanto, que durava mais de nove dias passando". La Marquesita vivia só em sua casa, mas uma vez ao ano fazia uma longa viagem por toda a região, visitando seus protegidos, curando enfermos e resolvendo problemas econômicos.

Ela podia estar em diferentes lugares ao mesmo tempo, caminhar sobre as águas e chamar de sua casa uma pessoa, em qualquer lugar de La Sierpe em que esta se encontrasse. A única coisa que não podia fazer era ressuscitar os mortos, porque a alma dos mortos não lhe pertencia. "La Marquesita tinha pacto com o diabo", explicam em La Sierpe.

A outra margem do mundo

A lenda diz que La Marquesita viveu todo o tempo que quis. E, segundo a versão mais generalizada, quis viver mais de duzentos anos. Sua morte foi precedida de sinais celestes, transtornos telúricos e pesadelos dos habitantes de La Sierpe. Antes de morrer, comunicou a seus servidores preferidos muitos de seus poderes secretos, menos o da vida eterna. Concentrou diante de sua casa seus fabulosos rebanhos e os fez girar, durante dois dias, em torno dela, até se formar o lamaçal de La Sierpe, um mar espesso, inextricável, cuja superfície, coberta de anêmonas, impede que se conheçam seus limites exatos. Para aqueles que conhecem a margem acessível do lamaçal, a região termina na margem oposta. Mas até há alguns anos, naquela margem "se acabava o mundo, e estava guardada por um touro negro com cascos e cornos de ouro".

É no centro do lamaçal onde os habitantes de La Sierpe acreditam que estão sepultados o tesouro de La Marquesita e o segredo da vida eterna.

O homem que pisou na lenda

Um personagem muito conhecido nos vilarejos próximos a La Sierpe é um arrozeiro que arrasta um pé inchado e monstruoso. É a pessoa que mais perto pisou dos tesouros de La Marquesita. Ele mesmo conta que um dia resolveu não colher mais arroz e se aventurou até o centro do lamaçal em busca da riqueza sepultada. Como todos os habitantes de La Sierpe, sabia que a busca devia se realizar nos dois primeiros dias de novembro, "em um ano que não seja bissexto". O homem esperou a data, chegou à margem do lamaçal nos últimos dias de outubro e preparou uma balsa com um fogareiro, uma caixa de arroz, bananas, mandioca, sal e um lampião a querosene. Levou também uma cabaça de água, porque a do lamaçal produz hérnia no homem, desarranjos na mulher e infecções intestinais nos animais.

A 2 de novembro, diz a lenda, no centro do lamaçal, cresce todos os anos "um ipê com calabaças de ouro" em cujo tronco está amarrada uma canoa, "que irá sozinha, navegando sem patrão", até o lugar em que a grande mãe sepultou suas riquezas. A lenda acrescenta que a canoa está custodiada por gigantescas cascavéis e jacarés brancos.

A viagem das maravilhas

A descrição que o homem faz de sua aventura é tão fantástica como a lenda de La Marquesita. Conta que durante as primeiras 12 horas do 1º de novembro ele navegou por entre a flora aquática, cada vez mais densa e alta. Não percebeu nada de extraordinário nesse dia. Mas ao anoitecer sentiu a sua volta forte cheiro de alimentos em elaboração, o que estimulou seu apetite e o obrigou a comer e beber desmedidamente até a madrugada. Depois, esse cheiro foi substituído por ruídos fantásticos, "como o bramido de uma boiada", e pela gritaria de louros, micos e *gallitos de ciénaga*. Ao amanhecer de 2 de novembro, viu voar em volta da balsa estranhos animais, quadrúpedes alados com cabeças e bicos de aves e garças de plumagem metálica e resplandecente. Apesar dos ruídos e da lentidão com que a balsa avançava por entre a flora dura e emaranhada, o homem conta que "seguiu navegando para dentro, na perseguição do ouro, das pedras preciosas e do segredo da vida eterna de La Marquesita. Subitamente, no entardecer do dia 2, cessaram todos os ruídos, a vegetação se fez menos hostil e no horizonte resplandeceu a árvore das calabaças maravilhosas, entre um espesso cerco de hastes brancas. Mas estava a uma distância de uns três dias".

O ambicioso aventureiro conta que navegou então para trás, porque não tinha água nem alimento para a viagem até a árvore. Quando desembarcou, o pé começava a inchar e ele se sentia extenuado, mas restava-lhe a satisfação de ser o único homem de La Sierpe que se atreveu a pisar nos terrenos da lenda.

O cinema em Bogotá. Estréias da semana

Inferno 17

Precisamente o magnífico diretor Billy Wilder, em colaboração com Edwin Blum, deu ao roteiro de *Inferno 17* (cines Coliseu e Diana) um formidável exemplo do que é uma adaptação para o cinema de uma peça teatral. Três anos de sucesso na Broadway, *Inferno 17*, um drama sobre a vida de um grupo de prisioneiros norte-americanos em um campo de concentração alemão, ganha agora as telas dos cinemas. Um drama vigoroso, formidável, que reproduz com patética fidelidade o ambiente onde se situa a ação e é, ao mesmo tempo, uma exaltação do moral do Exército norte-americano.

Inferno 17, depois de triunfar no teatro, triunfa no cinema em virtude de uma conscienciosa e inteligente adaptação para a linguagem cinematográfica, com William Holden e Otto Preminger, recentemente aplaudidos em *Ingênua até certo ponto*, o primeiro como protagonista e o segundo como diretor.

Inferno 17 é, em síntese, uma produção magnífica, com roteiro, direção, fotografia e desempenho dos atores sabiamente entrosados para obter uma história cinematográfica convincente, matizada de instantes de bom humor e terríveis episódios de intensidade dramática. Billy Wilder, nome que por si só já é, há muito tempo, garantia de bom cinema, deu em *Inferno 17* uma nova prova de seu talento minucioso, exigente, brilhante, com que teceu, em imperceptíveis mas sólidos filamentos, a trama das mais intensas e inesquecíveis tragédias.

Bienvenido, Mr. Marshall [Bem-vindo, sr. Marshall]

Um grupo de rapazes espanhóis, desvinculados do pequeno e medíocre mundo cinematográfico da península, empenhou-se em fazer um filme. Tinham um bom tema, muitas idéias e um companheiro a quem todos reconheciam talento de diretor, sem que nunca houvesse sabido o que era um filme por dentro. Não tinham, porém, uma só peseta.

Apesar disso, três deles escreveram o roteiro. Lutaram para convencer alguém a financiar a iniciativa. Com um pouco daqui, outro pouco de lá, conseguiram a colaboração de um grupo de atores, alguns com experiência teatral, meteram os peitos, como se diz, e fizeram seu filme: *Bienvenido, Mr. Marshall*, uma produção inusitada do cinema espanhol, que surpreendeu a crítica de Cannes. A cansativa e monomaníaca idade da pedra da cinematografia hispânica — que com muito escassas exceções só havia produzido até hoje indigestos pastelões históricos — teve nessa formidável aventura juvenil sua primeira manifestação meritória, como realização e esforço.

A história do bom cinema espanhol começa com *Bienvenido, Mr. Marshall*, uma comédia alegre e humana, contada com singular talento pelo jovem estreante Luís G. Berlanga, cujo futuro no cinema universal parece assegurado com este seu primeiro trabalho de diretor.

A qualidade mais apreciável deste bom filme é o entusiasmo. Em cada detalhe, em cada tomada, em cada frase, percebem-se o exuberante entusiasmo do roteirista, o inteligente entusiasmo do diretor e o inquietante entusiasmo do fotógrafo. Todos eles se entregaram ao trabalho como se tivessem o secreto temor de que esse seu primeiro filme seria o último, e fosse preciso aproveitar a oportunidade para deixar nele tudo o que cada um tinha pensado na vida.

Essa é a razão pela qual o roteiro de *Bienvenido, Mr. Marshall* pode parecer um pouco exagerado, a narração atropelada e alguns instantes ávidos e excessivamente ambiciosos, defeitos que, afinal de contas, poderiam ter sido corrigidos com uma boa edição. Mas o que se pode fazer, se a edição também esteve contagiada pelo entusiasmo juvenil dos realizadores?

A história de *Bienvenido, Mr. Marshall* é a singela história de um povoado espanhol ao qual, num sábado, chega a notícia de que, na quarta-feira seguinte, chegarão os norte-americanos encarregados de pôr em prática o plano de ajuda à Europa. O amargo final se pressente desde o princípio, pela franca posição satírica dos realizadores frente aos Estados Unidos, posição que não compartilham os personagens do filme, bons e otimistas camponeses da eterna e lendária Espanha, que se preparam para receber os delegados do sr. Marshall como os emissários de um fabuloso Papai Noel.

Pela primeira vez um grupo de jovens cineastas põe diante do mundo o verdadeiro povo espanhol, tão minuciosa e autenticamente conhecido através da literatura. O prefeito, interpretado de maneira magistral por José Isbert, de longa experiência no teatro e com o melhor trabalho no filme, é um prefeito de carne e osso, que vive na tela com a força da realidade. E assim são todos os personagens: o padre, o vigarista, a bailarina e o fidalgo, que em virtude de um tratamento consciencioso e afetuoso, deixaram de ser pitorescos postais para turistas e se converteram em seres vivos.

Bienvenido, Mr. Marshall foi apresentado na terça-feira pelo Cine Clube de Bogotá, no Califórnia, por acordo com seus distribuidores, da Britos Films. Em breve será exibido para o público.

El niño y la niebla [O menino e a névoa]

O cine Cid lançou, em pré-estréia, na quarta-feira, o último filme do diretor mexicano Roberto Gavaldón, *El niño y la niebla*, com Dolores del Río e Pedro López Lagar. Fotografia de Gabriel Figueroa.

El niño y la niebla é a versão cinematográfica da peça teatral de Rodolfo Usigli, que despertou muito interesse no México por ter transportado para o palco o duro ambiente de um conhecido acampamento petrolífero mexicano.

Roberto Gavaldón e Gabriel Figueroa, a dupla que fez *El rebozo de Soledad* [O disfarce de Soledad], não conseguiram fazer da peça de Usigli uma obra de legítimo valor cinematográfico, especialmente por causa dos diálogos, que na versão fílmica conservam seu inconveniente caráter teatral.

Dolores del Río é a esposa de um engenheiro das companhias de petróleo, vivido por López Lagar. A vida familiar não vai bem. Nunca foi bem, em parte porque na esposa perdura a memória de um primeiro amor, mas principalmente porque nela progride a loucura herdada da mãe e cuja manifestação mais patética é o ódio da mulher ao marido e seu mórbido temor pela saúde mental do filho, que, segundo ela, não devia ter nascido. No todo, a peça é um dramalhão.

Dolores del Río, a excelente, a inesquecível Dolores del Río, orientada por um diretor que tinha obtido dela um bom desempenho em *La otra* [A outra], manifesta sua extraordinária qualidade histriônica nas cenas aprazíveis, mas nas explosões fortemente dramáticas acaba sendo falsa e um pouco ridícula, por culpa de uma direção pouco exigente.

Em compensação, o desempenho de Pedro López Lagar, digno e ponderado, falha naquilo que López Lagar tem falhado sempre: a voz de avozinha de história infantil, que arruinou lamentavelmente aquele que, de outro modo, teria podido ser uma excelente personalidade no cinema.

O intérprete do filho do casal, de 15 anos, não oferece nenhuma esperança em termos de carreira, e seu trabalho em *El niño y la niebla* é de uma falsidade lamentável, sem um único instante que leve a prever para ele, ainda que benevolamente, um remoto futuro artístico.

Faz poucos dias e uma outra versão cinematográfica de peça teatral, e dirigida pelo mesmo Gavaldón, foi exibida entre nós: *Las tres perfectas casadas* [As três perfeitas casadas], de Casona. Os erros dessa adaptação são os mesmos de *El niño y la niebla*. Sem desconhecer as obras que lhe serviram de base, pode-se notar claramente que os diálogos foram transpostos sem tratamento algum, como se seus adaptadores não tivessem a menor idéia de que o cinema tem linguagem própria e inimprovisável.

Gavaldón, que desfruta de um sólido prestígio como diretor — prestígio do qual deu indiscutíveis mostras no *El rebozo de Soledad* —, não se mostra com muita freqüência em *El niño y la niebla*, embora os momentos em que isso ocorre salvem o filme, com a diligente e sempre maravilhosa colaboração de Gabriel Figueroa.

O cinema em Bogotá. Estréias da semana

Amar-te é meu destino

Jean Delannoy acertou ao juntar outra vez na tela Michèle Morgan e Jean Gabin, o casal que Marcel Carné tornou inesquecível há 17 anos, em *Cais das sombras*. Dezessete anos mais velhos, sem disfarçá-los, a excelente dupla francesa tem em *Amar-te é meu destino* uma atuação digna de seu prestígio, ele como um maduro, sério e discreto médico de cidade, e ela como uma atriz de teatro a quem a mestria de Delannoy envolve de maneira imperceptível em um adultério, humanamente explicável.

O fio central do relato tem alguma coisa do convencionalismo teatral, apesar dos diálogos legitimamente cinematográficos de Henri Jeanson, que parece possuir o mágico segredo da infalibilidade. Um consciente trabalho fotográfico de Lefèbvre, uma direção cuidadosa e inspirada e um desempenho equilibrado do elenco colaboraram para que um roteiro inteligente e comedido se convertesse em mais um filme exemplar do cinema francês.

Amar-te é meu destino é aquele em que um marido civilizado interpela a mulher que o ama profundamente, mas a quem as circunstâncias, finamente tramadas, conduziram à infidelidade. Poucas vezes se tem dado um tratamento e uma solução tão humanos ao antigo e gasto problema do triângulo amoroso, que no cinema francês, mais que em qualquer outro, já deu origem a obras-primas e a estrepitosos fracassos.

Amar-te é meu destino — El Cid, Palermo e Diana —, sem ser um acontecimento cinematográfico, mantém, com dignidade, a tradição do bom cinema francês.

Como agarrar um milionário

O conhecido diretor Jean Negulesco conta, em *Como agarrar um milionário*, as aventuras de três modelos na caça da fortuna em forma de um marido. Marilyn Monroe, Lauren Bacall e Betty Grable, selecionadas para o elenco, menos por seus méritos artísticos do que por outros mais superficiais, mas muito apropriados para as intenções do Cinemascope, representam com uma frivolidade a toda prova o papel de moças frívolas que um roteiro frívolo e um diretor inesperadamente contagiado de frivolidade exigiam para o cumprimento de seus sinistros propósitos.

Realizada com os recursos comuns, *Como agarrar um milionário* teria sido uma modesta e agradável comédia para burgueses desocupados, e passaria pelo mundo sem pena nem glória, embora com uma bilheteria muito boa e sem chatear ninguém. Realizada, porém, em Cinemascope e precedida de uma propaganda estrondosa, para a qual prestaram sua contribuição críticos tão sérios e conceituados como os da revista *Times*, não é outra coisa que uma tenebrosa conspiração para que o cinema retorne à sua idade da pedra.

Em uma tela esticada longitudinalmente até onde a fisiologia ótica o permite, andam projetando bobagens lambuzadas de tecnicolor, embora para isso tenha sido necessário sacrificar as grandes conquistas que, há 25 anos, fizeram do cinema uma arte humana. Enquanto o Cinemascope não demonstre estar capacitado a ampliar as possibilidades expressivas do sistema comum, estamos obrigados a considerá-lo não como um progresso da arte cinematográfica, mas como um regresso às restrições e defeitos dos pioneiros, e a nenhum de seus méritos. Haveria que aceitar que Eisenstein, Chaplin, Dreyer e toda a galeria de eminentes varões que converteram em uma arte a engenhosa experiência física de Lumière não eram senão vendedores ambulantes.

Até agora, o Cinemascope não tem feito senão destruir a possibilidade do *close-up*, com sua força comunicativa e humana. Em duas produções demonstrou-se sua eficácia para a apresentação de externas desproporcionadas e cenários espetaculares, nos quais poderia atirar-se para dormir comodamente o sr. De Mille com suas estrondosas legiões. Mas o homem, cujos problemas são, afinal de contas, a única coisa que interessa à arte, não é no Cinemascope senão um espantalho inexpressivo, ao qual sobram, seja à direita ou à esquerda, cinco metros de cenário. Os patrocinadores do novo sistema estão na obrigação de derrotar honradamente a arte cinematográfica, ou de abandonar uma invenção que, como arte, ainda está na idade em que estava o cinema quando Lumière assombrou os parisienses com *O regador regado* em fins do século passado. Custou muito trabalho à humanidade percorrer o longo e acidentado caminho da arte cinematográfica para se resignar tranqüilamente, sem a oportunidade de um debate, a que cinqüenta anos depois lhe ofereçam, como uma revelação, essas aparatosas sessões de "lanterna mágica" que são as projeções de Cinemascope.

Um plano sinistro

Este filme, com Joseph Cotten e Jean Peters — que só permaneceu três dias em cartaz no cine Colombia — tem o mérito, muito original, à diferença dos outros e de toda a literatura policial, de que o personagem de quem suspeitam o investigador, os criados e os espectadores em geral, é realmente o assassino. Em síntese: não há caso. *Um plano sinistro* é um desses típicos filmes norte-americanos classe B, que parecem feitos exclusivamente para que os bobos possam continuar tendo alguma coisa com que se entreter. Não há um só detalhe de direção, de fotografia, de montagem, que impeça o espectador sensato de abandonar a sala de projeção com a idéia de se ter enganado de porta.

Jean Peters, que é uma elegante envenenadora, e Joseph Cotten, seu cunhado, nem sequer tratam de brincar de gato e rato para distrair o público, porque ele sabe que é ela que está envenenando seus sobrinhos, e sabe que ela o sabe, e ela por sua vez sabe que ele o sabe, como o sabe o público a partir da quinta cena.

É muito lamentável que Joseph Cotten, que é lembrado com tanta gratidão e admiração por seu trabalho em *O terceiro homem* e em meia dúzia de outros filmes, se comprometa neste tipo de aventuras policiais sem mistério, sem interesse psicológico e sem nada. É um risco que não vale a pena.

Hinter Klostermauern [Atrás dos muros do convento]

Os cines Eldorado e Americano estão apresentando um excelente filme alemão: *Hinter Klostermauern*, com Olga Tchekova, Frits van Dongen e Katharina Mayberg. Uma câmera assombrosamente bem manejada, incrivelmente expressiva, permite-nos assistir ao drama de um homem endurecido pela guerra e que, à falta de uma habitação decorosa, empenha-se em morar, com a esposa e o pequeno filho, em um convento de freiras.

A crueza do meio social e o ambiente de paz, compreensão e amor do convento estabelecem o formidável contraste que uma direção inteligente e profundamente humana soube orientar para obter um drama intenso e verídico. Um menino de sete anos, mais travesso, mais convincentemente infantil que o inesquecível e sensato protagonista de *Ladrões de bicicletas*, realiza neste filme alemão um trabalho que, por si só, garantiria a esta obra méritos destacados.

Um fotógrafo, como há bem poucos no cinema de hoje, aproveitou a extraordinária capacidade histriônica de Frits van Dongen para captar imagens de alucinante força expressiva, e através das quais, melhor que através das peripécias de ação, foram relatadas as transformações psicológicas de um veterano sem Deus nem lei, cuja rebeldia foi primeiro freada e, finalmente, dobrada pela caridade.

Até mesmo para aqueles que não compartilhem a inteligente moral religiosa desta história, *Hinter Klostermauern* oferecerá noventa minutos de bom cinema, de cinema fervoroso e humano. O desenlace convencional, irremediável em um filme de tese como este, é compensado em excesso pela excelente qualidade do tratamento geral.

Senhorita Júlia

O Cine Clube de Bogotá apresentou, na sessão de terça-feira, um filme sueco: *Senhorita Júlia*, de Alf Sjoberg. Premiada em Cannes e contemplada com o aplauso dos círculos especializados, esta produção se ressente de excesso de pormenores, de profusão narrativa e até de grandiloqüência em algumas ocasiões.

Senhorita Júlia, magistralmente interpretada por Anita Björk, é a filha de um nobre e trágico latifundiário sueco, convidado permanente e predileto da adversidade. A noite de São João, que nos países nórdicos se comemora com a transitória suspensão dos convencionalismos e a ruptura das barreiras morais, é aproveitada pela senhorita Júlia para declarar seu velho e implacável amor ao motorista, ferinamente interpretado por Ulf Palme. As conseqüências dessa declaração, o ambiente da noite de São João e as seqüências retrospectivas, quando se conta o tormentoso passado da família, constituem o roteiro de *Senhorita Júlia*, adaptado do drama de Strindberg com um maravilhoso conhecimento da sintaxe cinematográfica.

Se seu diretor tivesse se limitado a contar a tragédia da senhorita Júlia na noite de São João, resultaria um filme menos cansativo, uma obra intensa e discreta. Mas o desnecessário propósito de contar ao mesmo tempo a complexa história da família do conde, seu infortúnio matrimonial e o estranho caráter de sua esposa, bem como os antecedentes infantis do amor da senhorita Júlia, embaraçou, de maneira confusa e lamentável, o fio da história, e o resultado foi uma obra pesada, às vezes melosa, de muito difícil digestão.

O ambiente de autêntica história nórdica que envolve todo o filme está magnificamente realizado, ainda que, a nosso gosto, acabe sendo um pouco pesado e retórico o tratamento que se dá às paixões humanas em *Senhorita Júlia*. Seria preciso que a nossa mentalidade fizesse muitas concessões para que esta produção sueca, de inumeráveis e complexos méritos cinematográficos, não nos parecesse confusa e pompos.

Los elementos del desastre

"CULTURALMENTE, OS COLOMBIANOS ANDAM NO RUMO ERRADO", DIZ ÁLVARO MUTIS. UMA GERAÇÃO DE "BOBINHOS"

Começa a circular esta semana um livro que não está escrito nem em prosa nem em verso, que não se parece, por sua originalidade, com nenhum dos livros em prosa ou em verso escritos por colombianos. Está cheio de uma poesia crua, em ocasiões desolada, e tem um título aterrador: *Los elementos del desastre* [Os elementos do desastre]. Seu autor, Álvaro Mutis, atual chefe de relações públicas da Esso colombiana, não está classificado em nenhum grupo ou tendência literária e não certamente porque não o tenha querido, senão porque tem estado sempre ocupado em coisas muito sérias no departamento de relações públicas da Lansa, na gerência de uma emissora e em uma centena de coisas mais, igualmente práticas, de maneira que a maioria de seus amigos — a quem Álvaro Mutis parece um homem fabulosamente simpático — não pode explicar a que horas escreve seus livros.

As coisas claras

Mas talvez a principal razão pela qual Álvaro Mutis não é um escritor classificável é pela diferença de seus pontos de vista com os pontos de vista dos demais. Sobre os colombianos de sua mesma geração, por exemplo, Mutis opina que culturalmente andam no rumo errado. Os colombianos da mesma idade de Mutis — entre 25 e 30 anos — não concordam. Dizem:

— Estamos fazendo alguma coisa.

E Mutis, a quem agrada chamar as coisas pelo nome, diz:

— Falso. Se estivéssemos fazendo o que historicamente nos cabe, já estaríamos investigando, com seriedade, se Bolívar era realmente bom general, se

Santander era em verdade "O homem das leis" e se é verdade que Caro sabia castelhano. Todos esses conceitos podem ser válidos, mas pode ser também que algum deles seja falso, e nós, em vez de revisá-los, os engolimos crus.

— Mas nós também podemos nos equivocar na revisão.

— Não importa. O que interessa não é estabelecer novos conceitos definitivos, mas que tenhamos uma posição definida. E essa posição deve ser a de revisar seriamente os mitos nacionais.

— Os críticos não se atrevem.

— É uma bobagem dos críticos — diz Mutis. — Que é que pode acontecer a eles? Os mitos mortos não fazem mal algum e os vivos já estão muito velhos e muito domesticados para que os críticos tenham medo deles. Valência, por exemplo...

O que há com Valência?

Quando Mutis fala de Valência é precisamente quando a controvérsia começa. Contestam-lhe que os escritores jovens, desde quando Eduardo Carranza escreveu sua famosa *Bardolatria*, adotaram a simplista posição de atropelar o mito valencista para promover polêmicas e chamar atenção, Mutis explica sua posição:

— Não é que queira repetir o bode expiatório que Valência foi para os poetas de "Piedra y Cielo". Claro que concordo com o que está dito em *Bardolatria* e vou mais além: toda, absolutamente toda a obra de mestre Valência tem valores poéticos muito limitados.

— Mas era o homem mais culto que este país já teve — replicam.

— Qualquer *undergraduate* de Oxford, qualquer rapazinho no último ano do Liceu Louis-Le-Grand, de Paris; qualquer estudante salmantino dos primeiros anos, tem de sobra os conhecimentos que Valência possuía: princípios de grego e latim e uma facilidade normal para traduzir desses idiomas; domínio de pelo menos duas línguas vivas e sólidos conhecimentos de história e filosofia. Valência nem sequer preenchia todos esses requisitos. Uma mente lógica pode pensar que com tais conhecimentos estava em condições de maravilhar seus estúpidos eleitores de Popayán, mas o alarmante é que o assombro desbordou os limites provincianos, generalizou-se no país, e converteu Valência na primeira figura humanística da Colômbia nos últimos cinqüenta anos. Isso é ter perdido o senso de medida.

— Embora seja correta, essa situação não causa nenhum prejuízo aos verdadeiros poetas.

— Claro que causa, e muito grande, porque o ponto de referência, Valência, é falso. Não há por que se preocupar, é natural, com que a pessoa de Valência não corresponda à estátua que o país fez dele. O tempo tem suficiente tempo para limar esses erros de perspectiva. O grave para nossa geração é a terrível inversão de valores que deu origem ao endeusamento valencista. Por causa dele, ficou sem lugar em nossa literatura um Porfírio Barba Jacob, este sim verdadeiro poeta, poeta de fato. Quando nossa geração e a anterior trataram de colocar Porfírio Barba Jacob (veja-se o prólogo de Daniel Arango em *Obras de Barba*, ediciones Cultura Popular) no lugar que lhe compete no panorama de nossas letras, todos os nichos estavam ocupados por convidados de pedra.

— Mas não se pode negar que os discursos de Valência eram bons.

— Sim, muito bons. Mas por um discurso como qualquer dos que Valência proferiu, um *undergraduate* do Magdalen College seria posto no olho da rua, por ser cafona e de mau gosto.

Poesia com mensagem

Outro ponto de vista de Mutis:

"A pretexto da última guerra e seus vergonhosos antecedentes, surgiu no mundo a preocupação de impor aos poetas, romancistas e pintores o compromisso de dar a suas obras uma função social. Esta exigência chegou a limites histéricos entre os comunistas, que naturalmente estão obrigados a exigir, de seus compatriotas, essa função social."

"Tal como todas as benditas modas, esta também chegou, não sem o habitual atraso, a nosso país. Então os jovens colombianos foram acossados com as mesmas exigências feitas aos escritores e poetas da Espanha, em 1936, e aos franceses, alemães e ingleses em 1940."

— Que deve ser então a poesia? — perguntam-lhe.

— Eu creio que esta regra serve tanto para a poesia como para as outras artes: a única função que deve ter uma obra de arte é criar valores estéticos permanentes. Mas quero esclarecer isto: se por acaso ou indiretamente estes valores estéticos coincidem com uma visão determinada da situação do mundo ou do país, isso não significa que a coincidência implique uma mensagem nem que as massas devem exigi-la dos intelectuais, para a solução dos problemas das massas. *El canto de amor a Stalingrado* não vale por sua agressiva beligerância política, mas sim porque criou valores estéticos permanentes.

— A verdade é que os verdadeiros poetas não se prejudicam porque lhes exijam uma mensagem.

— Mas prejudicam a literatura, porque dessa exigência se aproveitam todos os répteis literários, os retóricos, que lambuzam seu inútil palavreado para que suas ações no partido se valorizem, e nada mais.

É preciso mastigar os mitos

É difícil concordar com Álvaro Mutis em relação aos problemas culturais colombianos. Suas opiniões, formadas no estudo dos outros países da América, especialmente no México, país que Mutis visitou recentemente, têm muito pouco de partidário. Quando voltou do México, por exemplo, ele disse:

— Ao contrário do que acontece na Colômbia, onde cada geração recebe os mitos inteiros e os engole sem mastigar, no México estão constantemente examinando, reavaliando o tecido vivo da cultura nacional, para evitar o contrabando de falsos valores ou que o país comece a viver do falso, esticado e adornado pergaminho da retórica.

— Mas isso é no México.

— E também no Brasil, onde há dez grandes revistas de vanguarda, apenas no Rio de Janeiro. Na Colômbia, a universidade é um edifício onde se dão aulas aos estudantes; em outros países, a universidade é um organismo vivo, um centro em permanente atividade e em volta do qual se agita, debate, revisa e engrandece o ambiente cultural de toda a nação.

"Em cada país latino-americano se desenvolve um árduo trabalho de formação de autênticos valores culturais. Em poesia, pintura, música, os sinais de definição do continente estão se fazendo presentes em cada país, com matizes particulares e que necessariamente impõe às artes o caráter nacional de cada um daqueles países."

— Nunca se fez nada neste sentido na Colômbia?

— Devemos reconhecer que a última geração que se preocupou em colocar a Colômbia em uma situação culturalmente vantajosa em relação às demais nações da América, quanto a este especial senso de autodefinição do americano e do que é nosso, foi a geração do Centenário. Aí pára o nosso progresso na tarefa de nos fazer cada vez mais nós mesmos. As gerações seguintes, como a nossa, têm se dedicado a exaltar cegamente valores que não o são porque não nos definem nem como colombianos nem como americanos.

Uma geração de bobinhos

Álvaro Mutis fala excepcionalmente neste tom. Sua conversa habitual é alegre, despreocupada, muito própria de sua boa saúde. Fala de cinema, das pessoas, e se diverte de modo extraordinário lembrando-se de piadas bobas e declamando intencionalmente versos de mau gosto. Quando, porém, se exige dele coisa concreta, manifesta muito seriamente uma arraigada preocupação pela sorte do país, cujos problemas culturais estudou sempre com independência e lucidez. Seu ponto de vista nesse sentido:

"A Colômbia tem as mais amplas possibilidades de ser exemplo vivo e resumo perfeito do americano. Extensas costas, cordilheiras, planícies, selvas, tudo isso servindo de moldura a cem anos de apaixonadas guerras civis, de sangrenta busca de uma nacionalidade, de um perfil, de uma voz da América. Nos primeiros anos deste século, estranhamente, paralisou-se a tarefa de perpetuar a memória desse nosso ser especial e começa o nosso cacarejar em todas as línguas e todas as modas da Europa. Esse processo culminou com a frouxa sucessão de ainda não definidas gerações, grandes grupos de bobinhos, que ouvimos nossas próprias vozes e as alheias, numa torpe algaravia que nos impede de ouvir os apelos da nossa América."

A herança sobrenatural de La Marquesita

A EXCLUSIVIDADE DOS PODERES DEU ORIGEM A UMA BEM DEFINIDA DIVISÃO SOCIAL. AS ARTES DOS CURANDEIROS

Algumas das extraordinárias faculdades secretas de La Marquesita foram compartilhadas por ela com os servidores que estiveram mais perto de seus afetos, e se transmitiram no tempo com a categoria de um direito de primogenitura. É um tesouro essa complicada escala de poderes sobrenaturais, exclusivos de meia dúzia de famílias, cujos primogênitos praticam, defendem, conservam e transmitem a seus descendentes com a mesma solenidade e a mesma gravidade confidencial com que seus tataravós os receberam de La Marquesita. A bíblica transação do prato de lentilhas é de impossível repetição quanto aos secretos poderes dos primogênitos de La Sierpe. Cada família cujo primogênito dispõe de tais poderes pode desfrutar deles, mas um insignificante descuido do detentor, a mais leve indiscrição que ponha em perigo a exclusividade do poder, é suficiente para anular sua eficácia. Assim explicam os habitantes de La Sierpe a perda de um dos poderes mais úteis: a faculdade de caminhar sobre as águas, que foi possuída e desfrutada por uma conhecida família da região durante muitos anos, e perdida há pouco e para sempre por um primogênito rebelde e esbanjador, que tentou jogá-la nas cartas.

A divisão de poderes

A exclusividade dos poderes deu origem a uma divisão social muito bem definida, que tem sua plataforma superior nas famílias detentoras dos segredos para desmatar, e a base nas famílias que dispunham dos segredos para curar a sarna dos cães. "Um qualquer", na severa classificação social de La Sierpe, é o membro da família que nunca teve uma oração secreta em seu patrimônio, e cujos componentes, através dos séculos, civilizaram suas terras, criaram seus filhos e engordaram seus bois, à custa de duros e honrados sacrifícios, sem nenhuma classe de recursos sobrenaturais. Mas a estes enobrece-os a possibilidade de salvar a alma, porque a posse e o desfrute de todo poder implica, necessariamente, "um pacto com o diabo".

O curandeiro

A necessidade determinou que à margem daquela divisão esteja colocado o depositário dos poderes para curar as mordidas de serpente. O caráter selvático da região, em que a abundância e a periculosidade dos répteis venenosos são a mais grave ameaça para os nativos, converteu o "curandeiro de cobras" em sumo sacerdote, de cuja diligência e discrição depende a vida de seus vizinhos. Em La Sierpe, o curandeiro está desprovido dos elementos extravagantes, de caráter decorativo, que distinguem os feiticeiros africanos. O curandeiro é um homem comum que trabalha em sua terra metro a metro, porque não tem o segredo para semear, cujos depositários espalham as sementes sem sair de sua rede e a qualquer distância da terra. E o curandeiro também não recebe remuneração alguma por seus serviços, porque isso tiraria a eficácia de seu poder, mas aceita que o paciente ou sua família trabalhem para ele ou o presenteiem com objetos e animais.

Cobras falsificadas

Em teoria, não é ao enfermo mas ao réptil a quem se dirige o curandeiro. Em razão disso, é preferível capturar o animal vivo, para que o feiticeiro reze em sua presença uma oração que tornará inativo o veneno de suas presas e o que inoculou no corpo da vítima. Estando presente a cobra, o feiticeiro não tem necessidade de ver o paciente, mas de fazê-lo beber uma viscosa beberagem, preparada com o sumo de plantas e órgãos internos de animais, para que recupere, segundo dizem, as forças perdidas no percalço.

Se o animal que produziu a picadura não foi capturado, a benzedura se verifica em presença do paciente, com a conseqüência de que o veneno se tornará ineficaz não apenas nas feridas, mas também nas presas do réptil que as produziu. Essa faculdade deu origem a uma casta de serpentes inofensivas, apesar de suas características, que os nativos chamam "cobras falsificadas", porque morderam uma vez e sua vítima foi salva pelo curandeiro.

A sandália milagrosa

O depositário do poder contra as picaduras é um convicto de suas faculdades: nunca tem pressa. Se no momento em que é necessário ele está empenhado numa ocupação inadiável, continua fazendo o seu serviço e entrega sua sandália ao mensageiro. Este a leva à casa do mordido, pendura-a na cabeceira do catre e se despreocupa do problema. Ele sabe que enquanto a sandália estiver pendurada na cabeceira do catre, o enfermo permanecerá com vida, mesmo que transcorra um ano antes que o curandeiro se desocupe.

Só há uma ameaça mais grave que a picadura das serpentes: a circunstância de ser o décimo cliente do curandeiro. O poder contra as picaduras, concedido pelo diabo, exige como tributo uma vida por dez salvas. O sistema tem um nome: "Curar por dízimos."

O poder e seu contrário

Entre os segredos herdados de La Marquesita o mais valioso de todos é o de desmatar. Em um povoado de agricultores, quem tem o poder de destroncar, limpar e acondicionar um terreno de qualquer dimensão em menos de meio dia está garantido contra a concorrência. E com a vantagem adicional de que quem desfruta de um poder desfruta também do poder contrário. Assim aquele que desmata seu campo com poderes secretos consegue, com os mesmos poderes, que se emaranhe e se torne embaraçado e imprestável o campo do concorrente, se assim o quiser.

Ao poder de desmatar segue-se em importância o de curar o gado atormentado pelos vermes. O depositário desta prodigiosa faculdade exerce suas funções de veterinário sobrenatural sem deixar sua rede, desde que lhe dêem os dados precisos do animal enfermo. O criador que solicita os serviços do veterinário informa quais são as características do animal e o lugar exato em que pasta a uma hora determinada. Depois pode voltar tranqüilo a casa, porque, se não se enganou nos dados, o veterinário rezará, em sua casa, à hora indicada, e dos cornos do animal, simultaneamente, se desprenderão e cairão por terra os vermes.

Em escala imediatamente inferior estão o segredo para deter as hemorragias, para parir sem dor, para localizar uma pessoa a qualquer distância e para fazê-la comparecer a determinado lugar, para espantar as feras nos caminhos e para fazer andar as bestas melhor do que se tivessem cascos de sete léguas. E por último, no nível mais baixo, está o poder mais desprestigiado de La Sierpe, o da mulher para segurar seu marido. Como La Marquesita morreu virgem, supõe-se que nunca teve preocupações sexuais e, portanto, não pode ser seu o segredo para segurar marido.

Simples feitiçaria

O desfrute dos poderes herdados de La Marquesita se considera uma prática nobre. Quem tem uma faculdade não pratica, nos casos normais, a faculdade contrária, a não ser para defender sua vida e a dos seus ou a posse do referido poder. Quem desmata sua terra com segredos não emaranha a do vizinho enquanto este não constitua uma ameaça, nem o curandeiro envia uma serpente, através dos caminhos, em busca de uma pessoa determinada, enquanto essa pessoa não esteja conspirando contra sua vida ou forjando artimanhas para destruir seu poder. Mas ao lado da ciência original de La Marquesita prospera em La Sierpe a feitiçaria vulgar, o despacho desleal, que não edifica, só destrói. São práticas infamantes, inaceitáveis, mas nem por isso menos eficazes e temidas. À diferença dos poderes de La Marquesita, os deste gênero não implicam compromisso algum com o espírito maligno. São poderes com base nas experiências humanas, no conhecimento da botânica e das propriedades de órgãos animais. Aqueles que os praticam — mulheres em geral — dizem possuir a fórmula que produz no marido infiel a impotência relativa ou a que faz estourar nos intestinos do inimigo uma proliferação de quadrúpedes.

Ao lado dos homens estragados pela malária, há em La Sierpe indivíduos de aspecto impressionante, a quem se conhece como "maridos consertados". Homens sem nenhum atrativo, repugnantes a qualquer mulher que não a sua; "ensapados" (porque suas esposas os submeteram a um tratamento com órgãos e secreções de sapo); "graviolas", porque as técnicas de feitiçaria os reduziram a uma coisa que, física e psicologicamente, se parece muito à viscosa polpa da *guanábana.*

O segredo da peritonite

Uma das fórmulas fulminantes que se administram em La Sierpe é uma apetitosa empada, na qual discretamente se introduzem pedacinhos minúsculos, quase invisíveis, de beiço de tigre ou cerdas de porco-do-mato. A progressiva penetração das afiadas partículas nas vísceras produz, na primeira etapa, um monstruoso intumescimento do ventre, acompanhado de dores terríveis. O homem que veio ao médico, porque — segundo disse — "tinham metido um mico em sua barriga", fora vítima daquele procedimento e que, antes de uma semana, produziu nele uma tremenda peritonite.

Os habitantes de La Sierpe defendem-se destas ameaças com a prudência ou os antídotos conhecidos. Têm os instintos adestrados no reconhecimento dos feitiços. Um homem que tenha nascido além dos pântanos de La Guaripa não bebe uma taça de café ou um gole de aguardente que lhe ofereça um desconhecido se não estiver seguro de que não há feitiço neles, ou se não tiver ao alcance os antídotos. Esta situação tornou-os desconfiados, ariscos, e por isso não têm inconveniente algum, em muitos casos, em derrubar um ginete a facadas, prevendo que seja o mensageiro de novas fórmulas para enriquecer a feitiçaria.

O cinema em Bogotá. Estréias da semana

À meia-noite do amor

Jane Wyman e Ray Milland são os protagonistas de *À meia-noite do amor*, uma divertida comédia da Columbia Pictures, em tecnicolor e com um suficiente número de músicas populares norte-americanas para encantar os que gostam dela. Sobre uma curiosa situação, inteiramente artificial, um diretor que evidentemente não desejou nada senão garantir noventa minutos de saudável entretenimento, fez uma comédia que corresponde à intenção de seus produtores.

Ray Milland, o bom ator de sempre, encarna em *À meia-noite do amor* um compositor de música popular, dado às farras inocentes e alegres das revistas musicais norte-americanas, cuja esposa resolve preparar-lhe um susto que precipita o divórcio.

A situação, inteiramente falsa, é sustentada até o final feliz com uma série de episódios igualmente falsos, mas carregados de um humor delicioso e matizados com diálogos da mais pura graça burguesa.

Jane Wyman oferece uma mostra clara de seu talento e sua capacidade de adaptação a qualquer tipo de papel ao interpretar, com agradável e alegre espontaneidade, uma ex-atriz que põe em prática sua experiência histriônica para prolongar a situação doméstica que haverá de corrigir o inofensivo desregramento do esposo. Especialmente na cena em que deliberadamente faz a caricatura de uma mulher fatal — com a voz e os gestos de Marlene Dietrich —, Jane Wyman cumpre seu contrato sem sacrificar sua dignidade de atriz inteligente e segura de si mesma.

Fica perfeitamente entendido que *À meia-noite do amor* é uma peça cinematográfica sem importância, cujo valor se limita, exclusivamente, à habilidade com que foram encadeadas situações divertidas, mas sem que, em nenhum momento, o diretor houvesse conseguido, nem pretendido, aprofundar-se no caráter dos personagens. Desse ponto de vista é um bom produto, do qual não restará rastro algum nas lembranças e nos sentimentos do público, mas cujo propósito de entreter foi inteligente e discretamente alcançado.

Lágrimas robadas [Lágrimas roubadas]

Popularizada pelo cinema argentino e por seus desempenhos no teatro em todos os países da América, Delia Garcés interpretou, no México, dois filmes: *O alucinado*, com Arturo de Córdova e dirigida pelo genial Luis Buñuel, e *Lágrimas robadas*, com Ramón Gay, sob a direção do mais moço dos mais famosos irmãos Soler, Julián, que depois de uma longa trajetória como ator, especializou-se na direção de comédias. *Lágrimas robadas* é seu primeiro drama.

O problema proposto e resolvido com uma de suas duas soluções felizes neste filme de Tepeyac S/A, é o de uma elegante mulher da alta sociedade cujo filho, ilicitamente concebido, lhe foi seqüestrado e internado em um orfanato. Desafiando todos os preconceitos, a sublime dama consegue um emprego no orfanato, onde espera reconhecer, por seu caráter, o filho de cinco anos, confundido com outros da mesma idade.

A exploração de situações sentimentais, "que as mães compreenderão melhor que ninguém" — como muito acertadamente seus exibidores anunciaram —, é o principal elemento deste filme que, certamente, a mais de um espectador desconfiado pareceu inspirado, na essência, em *O direito de nascer*.

É preciso, entretanto, registrar os apreciáveis méritos do elenco infantil que, neste filme, tem sob sua responsabilidade várias cenas importantes, e que uma direção cuidadosa e precavida levou a bom termo, evitando os perigos da mediocridade. Além disso, a veterana Andrea Palma convence no papel da tia milionária e cheia de preconceitos, muito adequado a seu temperamento.

A segurança, a graça e a ocasional força dramática de Delia Garcés mostram-se com apreciável freqüência neste filme em que, afortunadamente, Ramón Gay teve uma brevíssima intervenção.

O sol brilha na imensidão

O veterano diretor John Ford fez em *O sol brilha na imensidão*, apresentado na terça-feira pelo Cine Clube, um filme ambiental baseado num roteiro de Laurence Stallings e Irvin Cobbs. Cinco episódios comuns em uma faulkneriana cidadezinha do Sul dos Estados Unidos, com os quais teve que ver necessariamente o juiz do distrito, ligam-se e se entrelaçam, estabelecendo assim o intrincado ambiente rural do "Sul morto" depois da guerra civil, com suas rançosas tradições familiares, seus fazendeiros irredutíveis e um tanto melodramáticos, suas chicanas políticas e seus negros linchados.

Para os que conhecem a formidável obra literária de William Faulkner, este filme será, sem dúvida alguma, um pouco familiar, filme em que nada surpreende senão por seus numerosos acertos cinematográficos. Apesar disso, comparados, como criação, com o denso e vigoroso universo de Faulkner, os episódios de *O sol brilha na imensidão* acabam como simples histórias sem muita força humana, naturalmente muito bem contadas dentro de um adequado ritmo cinematográfico.

A absoluta falta de penetração da câmera, o escasso interesse da direção pelos problemas psicológicos dos personagens, indicam claramente que John Ford quis apresentar em *O sol brilha na imensidão* a paisagem de uma típica cidade do Sul dos Estados Unidos, sem se aprofundar demais nos sentimentos e paixões, nos conflitos interiores de seus personagens.

A moral desprende-se da solução dos episódios, não da exploração na consciência dos protagonistas do drama. Mas sua posição ante as situações, sua maneira de reagir ante elas, vão tramando lentamente um acanhado cenário ambiental que satisfaz, convence e desperta, afinal, essa inefável confiança na bondade humana, que o mesmo diretor soube proporcionar em *Depois do vendaval.*

Daí porque fica difícil falar de atuações destacadas em *O sol brilha na imensidão.* Tudo saiu discretamente equilibrado, cuidadosamente matizado para que nada e ninguém tivesse oportunidade de disputar, com o puro ambiente, o posto de personagem central. O instante em que o juiz detém a multidão que tenta invadir o presídio para linchar um negro — fenômeno longamente explorado por Faulkner e pelo diretor Clarence Brown na versão cinematográfica de um romance daquele — não tem por isso, em *O sol brilha na imensidão,* o caráter sensacional que lhe teria imposto um diretor com intenções diversas das de John Ford. A seqüência do enterro, que coincidentemente recorda muito a solitária procissão de dom Camillo, foi pelas mesmas razões discretamente tratada, embora ela sozinha bastasse para salvar qualquer filme, e para fazer de *O sol brilha na imensidão* um dos bons filmes do excelente diretor.

A estranha idolatria de La Sierpe

A EXTRAVAGANTE VENERAÇÃO A "JESUSITO". UM SINDICATO DE ÍDOLOS. SANTA TÁBUA E SÃO RIM. A PACHA PÉREZ

A idolatria adquiriu em La Sierpe um extraordinário prestígio desde a remota data em que uma mulher acreditou descobrir poderes sobrenaturais em uma tábua de cedro. A mulher transportava uma caixa de sabão quando uma das tábuas se desprendeu e foram inúteis todos os esforços para recolocá-la em seu lugar; os pregos se dobraram até mesmo nos lugares menos duros da madeira. Por último, a mulher observou detidamente o sarrafo e descobriu, em suas rugosidades, segundo disse, a imagem da Virgem. A consagração foi instantânea e a canonização direta, sem metáforas nem circunlóquios: Santa Tábua, um sarrafo de cedro que faz milagres e que é levado em preces quando o inverno ameaça as colheitas.

O achado deu origem a um extravagante e numeroso santoral, integrado por cascos e chifres de boi, adorados por aqueles que aspiram a curar a doença de seus animais; calabaças destinadas a proteger os caminhantes contra os perigos das feras; pedaços de metal ou utensílios domésticos que proporcionam às donzelas noivos sob medida. E entre tantos santos, o São Rim, canonizado por um açougueiro, que acreditou descobrir em um rim de boi uma assombrosa semelhança com o rosto de Jesus coroado de espinhos, ao qual se encomendam os que sofrem afecções dos órgãos internos.

Jesusito

Elemento indispensável nas festas que todos os anos se celebram nos vilarejos próximos a La Sierpe, é um altarzinho que se instala a um canto da praça. Homens e mulheres comparecem a esse lugar para depositar esmolas e implorar milagres. É um nicho feito com folhas de palmeira-real, em cujo centro, sobre uma caixinha forrada de papel de cores brilhantes, está o ídolo mais popular e o que melhor clientela tem na região: um homenzinho negro, talhado em um pedaço de madeira de cinco centímetros de altura e engastado em um anel de ouro. Tem um nome simples e familiar: Jesusito. E é invocado pelos habitantes de La Sierpe em qualquer emergência, sob o grave compromisso de depositar a seus pés um objeto de ouro, comemorativo do milagre. Daí porque, no altar de Jesusito, há hoje um montão de figuras douradas que valem uma fortuna: olhos de ouro doados por quem foi cego e recuperou a visão; pernas de ouro, de quem foi paralítico e voltou a caminhar; tigres de ouro, depositados por viajantes que se livraram dos perigos das feras, e inumeráveis crianças de ouro, de diferentes tamanhos e variadas formas, porque à imagem do homenzinho negro engastado em um anel encomendam-se, de preferência, as parturientes de La Sierpe.

Jesusito é um santo antigo, de origem desconhecida. Transmitiu-se, de geração em geração, e tem sido, ao longo de muitos anos, o meio de subsistência dos que são ou foram seus proprietários. Jesusito está submetido à lei da oferta e da procura. É um cobiçado objeto, suscetível de apropriação mediante transações honradas, que corresponde, de forma adequada, aos sacrifícios de seus compradores. Por tradição, o proprietário de Jesusito é também proprietário das esmolas e ex-votos de ouro, mas não dos animais obsequiados ao ídolo para enriquecer seu patrimônio particular. A última vez que Jesusito foi vendido, há três anos, comprou-o um criador de excelente visão comercial, que resolveu mudar de ramo, vendeu o gado e as terras e saiu a vagar pelos vilarejos, levando de festa em festa sua próspera tenda de milagres.

A noite em que roubaram Jesusito

Faz oito anos roubaram Jesusito. Era a primeira vez que isso ocorria e certamente a última, porque, desde então todo aquele que esteve além dos pântanos de La Guaripa conhece e se compadece do autor de tal ação. A coisa aconteceu a 20 de janeiro de 1946, em La Ventura, quando se festejava a noite de *O doce nome.* De madrugada, quando o entusiasmo começava a diminuir, um cavalo desenfreado irrompeu na praça do vilarejo e fez saltar o palanque com a banda de músicos entre um estrépito de cacos e roletas espalhados e dançarinos derrubados. Foi uma tempestade em um minuto. Mas quando cessou, Jesusito desaparecera de seu altar. Em vão o buscaram entre os objetos arrastados, entre os alimentos derramados. Em vão desarmaram o nicho e sacudiram os trapos e revistaram minuciosamente os perplexos habitantes de La Ventura. Jesusito havia desaparecido e isso era não apenas um motivo de inquietação generalizada, mas um sintoma de que o ídolo não estava de acordo com os rogos de *O doce nome*.

Três dias depois, um homem a cavalo, com as mãos monstruosamente inchadas, atravessou a longa e única rua de La Ventura, desmontou frente ao posto policial e depositou nas mãos do inspetor o minúsculo homenzinho engastado em um anel de ouro. Não teve forças para subir de novo ao cavalo, nem coragem para desafiar a fúria do grupo que se amontoou à porta do posto. A única coisa que precisava e pedia, aos gritos, era um joalheiro que fabricasse, com urgência, um par de mãozinhas de ouro.

O santo perdido

Em uma ocasião anterior, Jesusito esteve perdido durante um ano. Para localizá-lo estiveram em ação, durante 365 dias com suas noites, todos os habitantes da região. As circunstâncias em que desapareceu dessa vez foram semelhantes às que envolveram o seu roubo na noite de *O doce nome* em La Ventura. Um conhecido valentão daquela região, sem ter qualquer motivo, apoderou-se intempestivamente do ídolo e o atirou a uma horta vizinha. Sem permitir que a perplexidade e o espanto os invadissem, os devotos de Jesusito empenharam-se imediatamente na limpeza da horta, centímetro a centímetro. Doze horas depois não havia um sinal de erva, mas Jesusito continuava perdido. Então, começaram a roçar a terra. E roçaram inutilmente durante essa semana e a seguinte. Por último, depois de quinze dias de busca, foi decidido que a colaboração naquela empresa constituísse uma penitência e que o achado de Jesusito determinasse indulgência. A horta se converteu, desde então, em um lugar de romaria, e mais tarde em um mercado público. Instalaram-se barracas à volta dela, e homens e mulheres dos mais remotos pontos de La Sierpe vieram roçar a terra, cavar, revolver a terra inúmeras vezes revolvida, para localizar o Jesusito. Dizem, aqueles que o sabem de primeira mão, que o Jesusito perdido continuou fazendo milagres, menos o de aparecer. Foi um mau ano para La Sierpe. As colheitas diminuíram, decaiu a qualidade do grão e os lucros foram insuficientes para atender às necessidades da região, que nunca foram tantas como nesse ano.

A multiplicação de Jesusito

Há um rico anedotário, e muito pitoresco, desse mau ano em que Jesusito se perdeu. Em alguma casa de La Sierpe apareceu um Jesusito falsificado, talhado por um gracioso antioquenho, que assim desafiou a indignação popular e esteve a ponto de se sair muito mal de sua aventura. Esse episódio originou uma série de falsificações, uma produção em grande escala de Jesusitos apócrifos, que apareceram em toda parte e chegaram a confundir os ânimos ao ponto de que, em determinado momento, todos já se perguntavam se entre aquela considerável quantidade de ídolos falsos não estaria o autêntico.

O instinto que têm os habitantes de La Sierpe para distinguir o artificial do legítimo foi a princípio o único recurso de que se pôde valer o proprietário de Jesusito para identificar sua imagem. As pessoas examinavam a estatuetazinha e diziam, simplesmente: "Não é este." E o proprietário a recusava, porque embora aquele pudesse ser o Jesusito legítimo, de nada lhe teria servido se seus devotos asseguravam que era um dos falsos. Mas houve um momento em que se registraram controvérsias em torno da identidade dos ídolos. Oito meses depois de perdido, o prestígio de Jesusito começou a ser julgado. A fé de seus devotos se abalou e o montão de ídolos de discutida reputação foi incinerado, porque alguém garantiu que o Jesusito legítimo era invulnerável ao fogo.

Sindicato de ídolos

Resolvido o problema dos numerosos Jesusitos falsos, a imaginação dos fanáticos concebeu novos recursos para localizar o ídolo. Santa Tábua, São Rim, toda a complicada galeria de chifres, cascos, anéis e utensílios de cozinha, que constituem o próspero santoral de La Sierpe, foi trazida à horta, em procissão, para que reforçasse, em íntima solidariedade sindical, a extenuante busca de Jesusito. Também esse recurso foi inútil.

Exatamente quando havia transcorrido um ano da noite em que a imagem fora perdida, algum especialista nas exigências e melindres de Jesusito concebeu um recurso providencial: disse ele que o que Jesusito desejava era uma grande festa de touros.

Os criadores da região contribuíram com dinheiro e animais bravos, e cinco dias de férias remuneradas para os peões. A festa foi a mais concorrida, intensa e buliçosa de quantas se recordam em La Sierpe, mas os seus cinco dias se passaram sem que Jesusito aparecesse. Uma semana depois da última noite, quando os peões retornavam a seu trabalho e os fanáticos da região inventavam novos recursos e extravagantes penitências para que Jesusito aparecesse, uma mulher, que passou a seis léguas da horta, encontrou um homenzinho negro atirado no meio do caminho. No pátio da casa mais próxima acendeu-se uma fogueira e a ela foi atirada a imagem. Quando o fogo se extinguiu, o ídolo estava ali, perfeito em sua integridade de Jesusito autêntico.

A fazenda particular de Jesusito

Aquele foi o começo da fortuna de Jesusito. O proprietário da horta transferiu-lhe a propriedade, na condição de que o terreno fosse considerado patrimônio particular da imagem e não de seu atual dono. Desde então, Jesusito recebe de seus devotos cabeças de gado e terras de bom pasto e água corrente. É claro que o administrador destes bens é o proprietário do ídolo. Mas na atualidade não lhe podem ser apontadas irregularidades na direção da fazenda. Desta forma, Jesusito é dono de uma horta, de duas casas e de um potreiro bem cuidado, onde pastam vacas e bois, cavalos e mulas, distinguidos com sua marca particular. Alguma coisa parecida com o que acontece com o Cristo da vila de San Benito, contra quem foi instruído, há alguns anos, um sumário por furto de gado, porque umas reses alheias apareceram com sua marca.

Um velório em La Sierpe

As donas-de-casa em La Sierpe vão às compras cada vez que morre uma pessoa. O velório é o centro da atividade comercial e social de uma região cujos habitantes não têm outra oportunidade de se encontrar, reunir e se divertir senão a que, eventualmente, lhes proporciona a morte de uma pessoa conhecida. Por isso o velório é um pitoresco e movimentado espetáculo de feira, onde o menos importante, o circunstancial e episódico é o cadáver.

Quando uma pessoa morre em La Sierpe, outras duas saem de viagem em sentidos contrários: uma delas para La Guaripa, para comprar o ataúde, e a outra para o interior do pântano, para divulgar a notícia. Os preparativos começam na casa com a limpeza do pátio e a coleta de quanto objeto possa obstaculizar, nessa noite e nas oito seguintes, o livre movimento dos visitantes. No ponto mais afastado, onde não constitua obstáculo, onde estorve menos, é deitado o morto, no chão, posto ao comprido, sobre duas tábuas. As pessoas começam a chegar ao entardecer. Vão diretamente ao pátio da casa e instalam contra a cerca barracas de quinquilharias, frituras, loções baratas, querosene e fósforos. O pátio anoitece transformado em mercado público, em cujo centro há uma gigantesca tina transbordando de aguardente destilada na região, e onde flutuam numerosas vasilhas pequenas, feitas com calabaças verdes. A aguardente e o pretexto do morto são as únicas contribuições da família.

O colégio do amor

A um canto do pátio, junto à mesa mais ampla, congregam-se as donzelas para enrolar folhas de tabaco. Não todas: só as que aspiram a conseguir um marido. As que preferem, no momento, continuar em atividades menos arriscadas, podem fazer o que desejem no velório, menos dobrar tabaco. Ainda que, em geral, as donzelas que não aspiram a conseguir marido não assistam à feira.

Para os homens que aspiram a conseguir mulher há também um lugar reservado, junto ao moinho de café. As mulheres de La Sierpe sentem uma irresistível atração, muito convencional, mas também muito simbólica, pelos homens que são capazes de moer grandes quantidades de café a velocidades excepcionais. Os participantes daquele concurso vão aderindo, em grupos, à mesa do moinho, onde procuram converter em pó, de uma só tacada, o coração das donzelas que enrolam tabaco e as desmesuradas quantidades de café torrado com que um juiz imparcial e oportunista mantém repleto o depósito do moinho. Mais que os diligentes galãs, os beneficiados são quase sempre os proprietários do café, que aguardaram muitos dias pela oportunidade de que um morto e um otimista lhe resolvessem o problema mais difícil de sua indústria.

Distribuídos em grupos, os outros homens falam de negócios, discutem, aperfeiçoam e fecham negócios, e celebram acordos ou fazem menos ásperas as controvérsias com periódicas viagens à gigantesca tina de aguardente. Há também um lugar para os ociosos, para aqueles que não têm nada que comprar nem que vender. Eles se sentam em grupos, à volta de um candeeiro, para jogar dominó ou o "9", com baralho espanhol.

A Pacha Pérez

Chorar o morto — uma das atividades que no litoral atlântico oferece os mais curiosos e extravagantes matizes — é para os nativos de La Sierpe uma ocupação que não compete à família do morto, mas a uma mulher que, à custa de vocação e experiência, transforma-se em uma carpideira profissional. As rivalidades entre as que se dedicam a este ofício se revestem de características mais alarmantes e têm conseqüências mais sombrias que a alegre competição dos moedores de café.

Gênio de carpideira entre as carpideiras de La Sierpe foi a Pacha Pérez, uma mulher autoritária e esquálida, de quem se diz que foi transformada em serpente pelo diabo à idade de 185 anos. Como La Marquesita, a lenda a adotou. Ninguém voltou a ter uma voz como a dela, nem voltou a nascer nos emaranhados pântanos de La Sierpe uma mulher que tenha, como ela, a faculdade alucinante e satânica de condensar toda a história de um homem morto em um berro. A Pacha Pérez esteve sempre à margem da concorrência. Quando a ela se referem, as carpideiras de agora têm um modo de se justificarem a si mesmas: "É que a Pacha Pérez tinha um pacto com o diabo."

O teatro das carpideiras

As carpideiras não intervêm para se condoerem do morto, senão em homenagem a visitantes notáveis. Quando a assistência percebe a presença de alguém que por sua posição econômica é considerado, na região, um cidadão de méritos excepcionais, notifica-se a carpideira de plantão. O que vem depois é um episódio completamente teatral: as propostas comerciais se interrompem, as donzelas suspendem a dobra do tabaco e seus aspirantes a moagem de café; os homens que jogam o "9" e as mulheres que atendem nos fogões e nas barracas ficam em silêncio, expectantes, voltadas para o centro do pátio, onde a carpideira, com os braços levantados e o rosto dramaticamente contraído se dispõe a chorar. Em um longo e *asaetado** grito, o recém-chegado ouve então a história — com seus bons momentos e seus maus momentos, com suas virtudes e seus defeitos, com suas alegrias e amarguras — do morto, que está apodrecendo a um canto, rodeado de porcos e galinhas, barriga para cima, sobre as tábuas.

O que ao entardecer era um alegre e pitoresco mercado, na madrugada começa a parecer uma tragédia. A tina foi cheia várias vezes e várias vezes teve consumida sua perigosa aguardente. Então se formam nós nas conversas, no jogo e no amor. Nós apertados, indesatáveis, que romperiam para sempre as relações daquela humanidade intoxicada, se nesse instante não viesse à tona, com seu tremendo poderio, a ofendida importância do morto. Antes do amanhecer alguém recorda que há um cadáver dentro da casa. E é como se a notícia estivesse sendo divulgada pela primeira vez, porque então se suspendem todas as atividades e um grupo de homens embriagados e de mulheres cansadas espantam os porcos, levam o morto para o interior da casa, para que Pânfilo reze.

**Asaetado*, em forma de *saeta*, copla que se canta em procissões. (*N. do T.*)

Pánfilo é um homem gigantesco, arbóreo e um tanto efeminado, que agora tem cerca de cinqüenta anos. Durante trinta anos assistiu a todos os velórios de La Sierpe e rezou o rosário para todos os seus mortos. O mérito de Pánfilo, o que o fez preferido entre todos os rezadores da região, é que o rosário que ele diz, com seus mistérios e suas orações, são inventados por ele mesmo em um original e arrevezado aproveitamento da liturgia católica e das superstições de La Sierpe. Seu rosário completo, batizado por Pánfilo, chama-se *Oração a nosso Senhor de todos os poderios*. Pánfilo, que não tem residência conhecida, mas que mora na casa do último morto até que tenha notícia de um novo, planta-se diante do cadáver, assinalando, com a mão direita levantada, a contabilidade dos mistérios. Há um instante de grandes diálogos entre o rezador e assistência, que responde em coro: "Leva-o por aqui", cada vez que Pánfilo pronuncia o nome de um santo, quase sempre de sua invenção. Para arrematar a *Oração a nosso Senhor de todos os poderios*, o rezador olha para cima, dizendo: "Anjo da guarda, leva-o por aqui." E aponta, com o indicador, para o teto.

Pánfilo tem apenas cinqüenta anos e é corpulento e saudável como uma paina, mas — como aconteceu com La Marquesita e a Pacha Pérez — já está com a lenda pelo pescoço.

ABRIL DE 1954

O cinema em Bogotá. Estréias da semana

A princesa e o plebeu

O diretor William Wyler conta em *A princesa e o plebeu* as aventuras da herdeira de um hipotético trono europeu, que durante sua permanência na capital da Itália consegue escapar da vigilância de seus acompanhantes e vive 24 horas comuns e simples, em companhia de um jornalista norte-americano.

A princesa e o plebeu é a própria história da Gata Borralheira contada às avessas, coisa não dissimulada pelos roteiristas (Ian McLellan e John Dighton) ao introduzirem o episódio da princesa, fatigada pela intensa programação protocolar, que perde momentaneamente seu sapato no primeiro baile que em sua honra se realiza em Roma.

A sensacional abertura de um noticiário — que por sua intenção lembra a técnica empregada por Orson Welles em *Cidadão Kane* — apodera-se imediatamente da atenção do público, que desde esse instante sente que foi chamado a presenciar um filme sem precedentes. Infelizmente, essa impressão não se sustenta em todos os momentos da obra.

Audrey Hepburn, uma formidável atriz de 24 anos, descoberta pela romancista Colette em Londres em um espetáculo de variedades, protagoniza, em *A princesa e o plebeu*, a jovem e graciosa princesa, e o faz com tal inteligência, verossimilhança e flexibilidade que ganhou o Oscar de melhor atriz em 1953.

O que impediu *A princesa e o plebeu* de ser um dos grandes filmes de todos os tempos, com um tema original e delicioso, foi o desequilíbrio exagerado entre aquelas cenas em que a princesa é uma herdeira digna e humana e aquelas em que é uma jovem comum e simples, que percorre os lugares turisticamente mais famosos de Roma. Certos detalhes em que a princesa assume atitudes mundanas são, em verdade, inexplicáveis em uma jovem que não teve outras experiências senão os rígidos, inflexíveis regulamentos da família real. Tem-se a impressão de que o diretor, entusiasmado pelas peripécias do roteiro, perdeu de vista a personalidade da princesa e o tom geral do filme, que em certas ocasiões desce aos lugares-comuns mais batidos das comédias norte-americanas. A cena do dono da pensão passeando, de um lado a outro, com um rifle para garantir a segurança de uma jovem que não sabe que é uma princesa, é um imperdoável atrevimento de direção, mais extravagante porque, dois episódios depois, esse mesmo desvelado guardião se nega a entregar umas quantas liras ao inquilino do quarto que andava cuidando. Uma saída no mesmo tom é a grotesca briga entre jornalistas e policiais, na qual a digna, a estranha princesa intervém com vulgar beligerância, ao extremo de quebrar uma guitarra na cabeça de um detetive.

É muito lamentável essa queda no tom narrativo, tirando qualidade a um filme excelente, maravilhosamente interpretado por uma estreante genial, para cuja alucinante trajetória devemos estar preparados. A interpretação de Gregory Peck, simples e natural, alcança momentos inesquecíveis, entre os quais não é o menos valioso aquele em que simula haver sido mordido pela "boca da verdade". Entretanto, muitos dos episódios de comédia barata que, infelizmente, ocorrem em *A princesa e o plebeu*, contaram com a eficiente e lamentável colaboração de Gregory Peck.

Enfim, é inexplicável que gente de tanta experiência no cinema como os realizadores deste filme tivessem deixado passar certas cenas desnecessárias e levado a história até muito mais além de seu fim natural. Teria sido esteticamente mais acertado que o filme houvesse acabado no momento da emocionante despedida do jornalista e da princesa, sem o acréscimo da entrevista à imprensa, extraordinariamente bem realizada mas fatal para a unidade da narrativa. Uma boa edição teria jogado essa cena na cesta de lixo, apesar de seus assombrosos méritos cinematográficos, caso não houvesse primado o interesse por deixar perfeitamente estabelecida a nobreza, o cavalheirismo e o sentimentalismo dos jornalistas norte-americanos.

Apesar de tudo, *A princesa e o plebeu* é, em geral, um filme inesquecível, original e convincente, com um trabalho de Audrey Hepburn que permanecerá indelével na memória dos espectadores. Um argumento de comédia, milagrosamente convertido em drama — em um drama forte e humano — por uma equipe que se impôs a tarefa de fazer um bom filme e nos ofereceu a oportunidade de assistir a um espetáculo simples, terno e belo.

Reportaje [Reportagem]

A dupla que fez *A rede* — Emilio Fernández, diretor, e Alex Phillips, fotógrafo — realizou *Reportaje*, um endiabrado experimento cinematográfico com todos os atores de sucesso do México salvo Cantinflas. De Jorge Negrete e María Félix, até Pedro Vargas e Libertad Lamarque, e pelo menos outros 15 nomes, muito conhecidos, participam deste filme multitudinário do qual só fez falta Pedro Armendáriz, por se encontrar na Europa, atuando em *Os amores de Lucrécia Bórgia*, o filme de Christian-Jacque que a Itália acaba de apresentar no festival de São Paulo. Os outros nomes da equipe de *Indio* Fernández — Roberto Cañedo, Columba Domínguez, Dolores del Río — complementaram este complexo elenco, com os irmãos Soler em massa e sem excetuar Tin-Tan.

O *Indio* deixou o seu ambiente predileto — coisa que já fizera no péssimo filme *La bienamada* [A bem-amada] — e realizou *Reportaje*, uma história desigual, complicada, mistura confusa de todo o extraordinário e o medíocre do cinema mexicano, e à qual os diálogos do irremediável Mauricio Magdaleno impuseram sua habitual fonte de mau gosto.

Em *Reportaje* conta-se uma série de cinco episódios, ocorridos na noite de 31 de dezembro, enquanto os repórteres de um grande jornal perseguem a notícia sensacional e que será premiada com dez mil pesos mexicanos. Dois desses episódios são realmente a notícia sensacional: o do morto que se apresenta diante do sacerdote para pedir-lhe que se apresse a confessar o filho agonizante, que, apesar de tudo, está comemorando a passagem de ano sem suspeitar que morrerá poucas horas depois; e o dos ladrões que pedem, por telefone, o segredo do cofre ao próprio dono da casa em que se introduziram. Este último episódio, cuja origem não foi creditada pelos realizadores do filme, está baseado em um conhecido conto policial, incluído nas melhores antologias do gênero.

Dedicado à Associação dos Jornalistas Mexicanos, *Reportaje* é, em realidade, uma cobertura jornalística da noite de 31 de dezembro no México e, ao mesmo tempo, dos temas mais batidos no cinema daquele país depois do eterno tema do mau gosto.

Embora no todo não seja um grande filme, embora seja evidente a desorganização narrativa e a falta de umas oportunas tesouras, em *Reportaje* estão presentes muitos dos grandes méritos que fizeram de *Indio* Fernández um dos melhores diretores do cinema atual.

No episódio que lhe cabe, Dolores del Río realiza um trabalho excepcional, à diferença de Arturo de Córdova, seu companheiro, o mau ator de sempre, e cujo principal defeito parece ser o exagero e um absoluto desequilíbrio entre o gesto e a palavra.

Em síntese, *Reportaje* é um filme de altos e baixos, ao qual sobram muitas coisas, com uma fotografia penetrante e cruel, que mostra cruamente alguns defeitos físicos desconhecidos até agora em certos artistas mexicanos.

O morto alegre

O CEMITÉRIO DE LA GUARIPA. "LA ZAFRA DEL DOLOR PROFUNDO."* TANTAS VOLTAS DÁ O MUNDO, QUE SÓ DEUS SABE...

O ataúde chega antes do amanhecer. Transforma-se então o ambiente porque algo parece indicar às pessoas de La Sierpe que o que proporciona à morte uma dimensão de pavor não é propriamente o cadáver, mas a caixa mortuária que o carpinteiro de La Guaripa fabrica às pressas, com tábuas mal pregadas e sem aplainar, cada vez que dos pântanos surge um homem com uma corda cortada à medida do morto. A qualquer hora do dia ou da noite em que um mensageiro de La Sierpe bata à porta do carpinteiro de La Guaripa, o homem se levanta disposto a trabalhar, pois sabe que, por muito diligente que seja o mensageiro, aquele que precisa de um ataúde está há pelo menos seis horas atirado a um canto, apodrecendo entre porcos e galinhas.

Nem sempre o homem que vem pelo ataúde tem sido suficientemente veloz a ponto de não cruzar pelo caminho com outros mensageiros que viajam a La Guaripa em busca de mais ataúdes. A aguardente que se consome em La Sierpe produz uma embriaguez de má índole, cujas conseqüências não são, em todos os casos, a convencional dor de cabeça e o mal-estar do dia seguinte. A intoxicação e o tumulto também podem pôr suas velas no enterro, se a tardança do ataúde prolonga os festejos até as horas da manhã. Só uma vez colocado o morto dentro do caixão, as pessoas recolhem suas mesas de jogo e suas barracas e retornam a suas casas, para voltar à dos enlutados nove noites depois, para repetir a festa.

O cemitério de La Guaripa

Por tradição, os mortos de La Sierpe são enterrados em La Guaripa. Não é preciso preencher os formulários do registro civil nem solicitar permissão para ocupar

**Zafra*, a safra, inspira a toada que o povo canta no departamento de Bolívar, na colheita ou durante o trabalho de cavar sepulturas. (*N. do T.*)

o cemitério. Ali estão, apinhados e indiscriminados sob um montão de cruzes, homens, mulheres e crianças anônimos, vítimas da malária e da disenteria; ou os corpos inchados e disformes de um em dez dos picados de serpente.

Só os cadáveres dos afogados ou dos mortos a facadas não repousam no úmido e apertado cemitério de La Guaripa. Os primeiros ficam insepultos, para o prazer dos urubus, porque a do afogado é uma morte impura no estranho código moral de La Sierpe. Quanto aos esfaqueados, sepulta-os aquele que os encontre no caminho, depois de cavar um buraco em que possa repousar o corpo sentado.

A longa viagem de regresso

O cadáver é acompanhado até La Guaripa por homens e mulheres voluntários, que o fazem por afeto ao morto, por consideração aos enlutados ou, simplesmente, para participar da festa. O ataúde é amarrado a quatro paus e transportado em ombros, através dos pântanos, pelos caminhos menos profundos, de maneira que a água não suba além da barriga dos carregadores. O corpo é seguido por um cortejo de homens carregados com calabaças de aguardente e de mulheres com crianças e animais, que aproveitam para fazer compras em La Guaripa. Mas a viagem dura o dobro de uma normal, pois é viagem com várias paradas, em que o morto volta a ser a coisa menos importante.

Onde encontra uma casa, a comitiva fúnebre se detém a conversar, a beber café e aguardente. Se além de sede há fome, os proprietários da casa improvisam um almoço com o sacrifício de um porco ou várias galinhas, como contribuição ao luto. Mas o motivo da viagem não penetra na casa. O morto é abandonado em um lugar distante da calçada, onde não chegue o acre testemunho de que já leva assim mais de 24 horas.

Do lugar menos distante de La Sierpe às primeiras casas de La Guaripa, os enlutados mais apressados não transportam um morto em um dia. A carga é incômoda demais para ser levada através de um pântano e a essa circunstância se atribuem a parcimônia e a indiferença daqueles que convertem a viagem numa movimentada e pitoresca travessia. Geralmente, um cadáver que abandona sua casa acompanhado por meia dúzia de pessoas chega a La

Guaripa seguido por um grupo de mais de vinte, pois ao longo do caminho incorpora-se à comitiva todo aquele que tem uma viagem adiada por falta de boa companhia, ou uma farra adiada por falta de oportunidade.

Durante um dia e metade de uma noite, pelo menos, o grupo chapinha no pântano, abrindo atalhos, bebendo, conversando, conduzindo uma caixa que, por suas frestas, deixa escapar o espesso cheiro do morto. Só quando chegam às terras secas de La Guaripa é que os enlutados procuram recuperar o tempo perdido e apressam o passo.

O morto alegre

Aquilo não é um capricho. É uma cerimônia. Quem já ouviu falar de La Sierpe também tem notícia de um de seus mais patéticos costumes: o morto alegre. É a dramática cerimônia através da qual o cadáver informa àqueles que o levam à sepultura se está satisfeito ou insatisfeito com sua situação.

Como o cadáver não é amortalhado, mas colocado em um caixão feito sob medidas imprecisas, o corpo nem sempre se ajusta ao ataúde. Quando o cortejo sai a trote pelos terrenos secos de La Guaripa, o cadáver mal acomodado golpeia contra as tábuas, ao compasso do trotezinho alegre dos que o conduzem. Em determinadas circunstâncias o corpo não pula dentro da caixa e seus condutores consideram seu silêncio como uma confissão do seu desconforto na morte. Na maioria dos casos, porém, o cadáver golpeia, adquire e conserva o ritmo do trote. Esse sinal precipita o regozijo da comitiva e estimula a festança.

"Vai alegre o morto. Vai alegre o morto", gritam então os humildes habitantes de La Sierpe, irrompendo ofegantes e felizes na rua de La Guaripa, onde vêm sepultar um corpo maltratado e decomposto. O cadáver de um homem que foi justo, e apregoa, com fortes e compassados golpes de cabeça contra as tábuas, que se sente feliz no paraíso.

Final em "Zafra"

Em dois casos se canta a *zafra* nos campos do departamento de Bolívar: nas colheitas e durante o trabalho de cavar uma sepultura. Em La Sierpe conserva-se este costume só para o último dos casos. Portanto, quando o cortejo chega ao cemitério com o morto alegre, o coveiro já o está aguardando, à beira da fossa, e o saúda com uma toada aguçada e vibrante, original da região, cuja estranha beleza e desconcertante sabedoria lembram, por algum motivo, as *coplas* de Jorge Manrique. A toada tem um nome singelo: *La "zafra" del dolor profundo.*

"ZAFRA" DA DOR PROFUNDA*

O ataúde é uma nave
onde quem embarca não volta.
É um sonho para sempre
que apenas Deus o sabe.

Este mundo é uma bola
que em suas voltas nunca pára,
o que não é hoje é amanhã
se não nesta mesma hora.
Mas acreditam muitas pessoas
que o dinheiro em tudo vale.

Deus é um ser muito notável,
que dá o bom e dá o mau.
Feito de cedro que é pau,
o ataúde é uma nave.

---

*Em espanhol: *El ataúd es una nave / que el que se embarca no vuelve. / Es un sueño para siempre / que tan sólo Dios lo sabe. // Este mundo es una bola / que en sus vueltas nunca para, / lo que no es hoy es mañana / si no en esta misma hora. / Pero se creen muchas personas / que la plata en todo vale. // Dios es un ser muy notable, / da lo bueno y da lo malo. / Hecho del cedro que es palo / el ataúd es una nave. // Las torres más elevadas / de aquel verdadero templo, / se han de caer con el tiempo, / más tarde, y nunca se paran. / Porque es una verdad probada, / dicen los inteligentes, / que el que tiene es el que pierde: / el pobre no pierde nada. / Esto es un mar que no para, / que el que se embarca no vuelve. // Es muy cierto que la plata / infunde mucho respeto, / pero en llegándose el tiempo / la muerte a todos nos mata. / Quien creyere que se salva / con plata y sin tener suerte / no sabiendo que la muerte / mata al pobre y mata al rico. / Que por disposición de Cristo / es un sueño para siempre. // La memoria no me da / para explicarme más claro, / pero Dios en realidad / da lo bueno y da lo malo. / Esto pronuncian mis labios: / el hombre debe ser suave, / tener buenas amistades / y no hacer mal a ninguno. / Tantas vueltas que da el mundo / que tan sólo Dios lo sabe.*

As torres mais elevadas
daquele verdadeiro templo,
hão de cair com o tempo,
mais tarde, e nunca se levantam.
Porque é uma verdade provada,
dizem os inteligentes,
que o que tem é o que perde:
o pobre não perde nada.
Isto é um mar que não pára,
que o que embarca não volta.

É bem verdade que o dinheiro
infunde muito respeito,
mas com o passar do tempo,
a morte a todos nos mata.
Quem acreditar que se salva
com dinheiro e sem ter sorte,
não sabendo que a morte
mata o pobre e mata o rico.
Que por disposição de Cristo
é um sonho para sempre.

A memória não me chega
para me explicar mais claro,
mas Deus em realidade
dá o bom e dá o mau.
Isto pronunciam meus lábios:
o homem deve ser suave,
ter boas amizades
e não fazer mal a ninguém.
Tantas voltas dá o mundo
que apenas Deus o sabe.

O cinema em Bogotá. Estréias da semana

Mogambo

Por causa do sucesso de *As minas do rei Salomão,* Sam Zimbalist produziu para a Metro outro filme no mesmo estilo, *Mogambo,* dirigido por John Ford e tendo nos papéis principais Clark Gable, Ava Gardner e Grace Kelly. A fantástica paisagem da África britânica e da África equatorial francesa, com suas tribos, imensos rios e feras, ofereceram ao tecnicolor o pretexto para pintar, quase de maneira incidental, as aventuras de um maduro e cético caçador norte-americano, dividido entre o amor de duas mulheres: uma corista americana, bela, simpática, informal e desiludida, que foi ao Quênia em busca de um hipotético marajá; e a séria, distinta e atraente esposa de um antropólogo inglês, a quem o caçador serve de guia no país dos gorilas.

A história, em geral, é convencional e bem-comportada, com um final previsível. As próprias feras fotografadas ao natural, em alguns casos com excelentes resultados; os próprios aborígines com seus ritos e costumes; e o próprio safári dos eternos filmes de Tarzan, fazem um ato de presença em *Mogambo,* enquanto o diretor John Ford faz o possível por tirar partido da frivolidade do argumento e do caráter dos personagens. Este último propósito foi alcançado com bastante acerto, superados numerosos obstáculos.

A atuação de Ava Gardner merece uma atenção especial. O trabalho de um diretor que parece conhecê-la muito bem conseguiu da atriz uma interpretação diferente de seus conhecidos esforços de mulher fatal. Ava Gardner é, em *Mogambo,* um personagem extremamente simpático, calidamente viva em sua aparente superficialidade, com um mérito que nos obriga a lembrá-lo com profunda gratidão. Esta Ava Gardner criada por John Ford é muito mais agradável e atraente que o manequim de capa de revista cinematográfica que estávamos acostumados a ver.

Clark Gable, em seu papel de quarentão solteiro, não encontrou muitos obstáculos para uma interpretação séria e equilibrada, assim como a americana Grace Kelly, a quem certamente a Metro oferecerá melhores oportunidades que esta de demonstrar seu talento, sendo a "outra" nas discórdias dos filmes convencionais.

Quanto ao resto, *Mogambo* é um filme que pode ser visto, feito com esse infalível ritmo de relojoaria que os norte-americanos sabem de cor, e com inumeráveis acertos de fotografia e direção. Um filme para numerosa platéia, em que, de passagem, se oferecem instrutivas lições de zoologia.

Dois filmes literários

Dois antigos filmes de boa qualidade voltaram ao cartaz nos últimos dias: *Tarde demais*, de William Wyler, com Olivia de Havilland e Montgomery Clift, baseado em um romance de Henry James, e *Apenas um coração solitário*, com Cary Grant e Ethel Barrymore, baseado no conhecido romance de Richard Llewellyn.

O primeiro desses filmes, datado de 1949, em que se podem apreciar os méritos do diretor de *A princesa e o plebeu*, é a história de uma herdeira ingênua e excessivamente tímida e de sua paixão por um elegante *bon vivant*, alguma coisa como um aventureiro. Olivia de Havilland e Montgomery Clift, nos papéis principais, realizam um trabalho admirável.

Apenas um coração solitário, vinculado com notável fidelidade à obra que lhe serviu de base, trata da vida de um ex-soldado solitário e desesperançado, em sua cidadezinha natal, onde reside em companhia da mãe. A análise psicológica dos personagens, propósito central destes dois filmes, foi magnificamente alcançada por direções minuciosas e exigentes.

Vulcano [Vulcão]

As autoridades da ilha de Capri viram-se compelidas a permitir que uma mulher de costumes escandalosos more em sua ilha natal, Vulcano, onde ela terá de enfrentar dois problemas: a hostilidade dos aldeões que não lhe perdoam o passado, e os amores de sua irmã mais moça com um conhecido traficante de mulheres, que a seduziu, para transformá-la em sua presa mais valiosa.

Esse é, em síntese, o problema proposto em *Vulcano*, um filme de William Dieterle, com Anna Magnani, no qual a excelente atriz italiana mostra um trabalho admirável. Uma boa fotografia e uma direção infelizmente nem sempre discreta apresentam neste filme, francamente influenciado pelo neo-realismo italiano, uma rude visão da vida humilde e penosa de Vulcano, constantemente ameaçada pelos rugidos da velha cratera em repouso.

Alguns personagens apaixonantes, como o guarda do vulcão e a mulher que esperou durante longos anos o noivo que retornou à ilha dentro de um caixão, comunicam força e humanidade e interesse a este drama que continha elementos suficientes para um filme extraordinário, mas que, lamentavelmente, desfez-se nas mãos dos realizadores.

A sobriedade e o vigor da atuação de Anna Magnani, a excelente fotografia e alguns acertos de direção nas cenas de alta tensão dramática destacam-se nesta história a que fizeram falta umas tesouras bem manejadas, que teriam compensado a exuberância do roteiro. As cenas submarinas, muito bem realizadas, sobrecarregam desnecessariamente a narrativa e subtraem intensidade a um drama que, em mãos mais hábeis, teria resultado em uma boa criação cinematográfica.

Dois filmes policiais

O terceiro filme policial com Jean Peters apresentado nos últimos dois meses: *Sombras de loucura*, em que a atraente californiana interpreta um papel tão insignificante quanto os de *Anjo do mal* e *Um plano sinistro*. A esperta direção da intriga e a atuação do detetive, que padece de grave desequilíbrio mental, são os dois únicos méritos deste filme sem importância.

Vivendo no inferno, outro filme policial de quarta categoria, contou, apesar de tudo, com uma atuação destacada de Sterling Hayden, que interpreta, com notável vigor, um experiente e rude inspetor de polícia.

O cinema em Bogotá. Estréias da semana

I sette dell'Orsa Maggiori [Os sete da Ursa Maior]

Sete homens escolhidos da Marinha de Guerra italiana — do Grupo da Ursa Maior — recebem treinamento especial para uma ação heróica. Trata-se de penetrar em um porto dominado pelos ingleses, durante a última guerra, e estabelecer ali uma base italiana, temerário propósito para o qual não se conta com outros recursos que o patriotismo e a coragem dos sete heróis da Ursa Maior.

Uma única situação, sustentada até o final com cenas de treinamento e desnecessários episódios de espionagem, permite comparar este filme aos que os norte-americanos fizeram às dúzias durante a guerra e vários anos depois do armistício, e entre os quais houve alguns de indiscutíveis méritos cinematográficos.

I sette dell'Orsa Maggiori lembra particularmente *Rumo a Tóquio*, em que se contavam as aventuras da tripulação de um submarino norte-americano que objetivava penetrar na baía da capital japonesa apesar das malhas protetoras e das severas medidas de segurança. O recurso de aguardar até o momento em que aquelas malhas fossem abertas para permitir a passagem de um navio japonês, circunstância aproveitada pelo inimigo para penetrar na enseada proibida, foi textualmente imitado em *I sette dell'Orsa Maggiori*, um filme chato e desinteressante, com o que o excelente cinema italiano dá um passo em falso, copiando um tema que saiu de moda há dez anos em Hollywood.

Cada país se sentiu obrigado, depois da guerra, a deixar no cinema um testemunho de seu heroísmo e seu fervor patriótico. Os Estados Unidos esgotaram o tema até o exagero. René Clement realizou essa extraordinária apoteose da moral francesa que é *A batalha dos trilhos*, há mais de dez anos, quando o testemunho era oportuno. A Itália, com dez anos de atraso e depois que o neo-realismo divulgou suficientemente a vitalidade do povo italiano, faz um filme que honra a Marinha daquele país e merece todo o crédito como reprodução fiel de um acontecimento histórico, mas que como obra cinematográfica tem muito escasso valor, destacando-se apenas o primor técnico da fotografia submarina.

Eleonora Rossi-Drago, que neste filme representa uma cantora espanhola a serviço da Marinha italiana, tem uma participação muito secundária e forçada, imposta pela necessidade de dar algum atrativo a um tema que não o oferecia de modo algum.

I sette dell'Orsa Maggiori é um filme de "ação" com uma lentidão esmagadora... Esse fato, aparentemente paradoxal, foi muito bem explicado pelo excelente crítico francês Robert Bresson, no artigo publicado em *L'Écran Française*, em 1946, sobre o ritmo no cinema. Bresson diz assim: "Já vi filmes em que todo mundo corre e, apesar disso, são filmes lentos. Vi outros em que os personagens não têm pressa, e que, entretanto, são filmes rápidos. Essas experiências me permitiram constatar que a velocidade das imagens não corrige a lentidão interior. Só as situações que se ligam ou se desligam no interior dos personagens proporcionam ao filme seu movimento, seu verdadeiro movimento."

Por último, a história de *I sette dell'Orsa Maggiori* não está bem contada. Não fosse por tratar de um episódio histórico bem conhecido, os espectadores teriam encontrado sérios inconvenientes para se informarem do conteúdo deste tema bélico penosamente contado.

As noites de Decameron

No *trailer* deste filme, o narrador anuncia, entusiasmado: "Louis Jourdan como Decamerão." Tal disparate — Louis Jourdan no papel de Decamerão — permite pensar que os realizadores de *As noites de Decameron* não tinham a menor idéia do que fizeram ao confundir uma palavra que significa "relação de fatos ocorridos em dez dias" com o nome de um escritor florentino do século XVI, Giovanni Boccaccio.

Os contos do *Decamerão*, cem no total, foram narrados por sete mulheres e três homens durante os dez dias em que permaneceram juntos, fugindo de uma peste que açoitava Florença. No final, eles se contaram mutuamente dez contos por dia, dos quais três foram escolhidos pelo diretor argentino Hugo Fregonese para realizar estas *As noites de Decameron*, que são uma versão desinfetada, esterilizada, dos bárbaros contos de Boccaccio.

Para começar, a peste foi substituída pela guerra. Fugindo dela, Boccaccio, interpretado pelo francês Louis Jourdan, penetra no lugar onde se refugiou, com sua corte, a formosa Fiametta. Inicia-se aí uma disputa entre Boccaccio e Fiametta, protagonizada por Joan Fontaine, e na qual ele participa com histórias escandalosas e ela com histórias moralizantes.

Fregonese, que enquanto esteve na Argentina se revelou um diretor habilidoso e de excelente futuro, fez em *As noites de Decameron* um filme superficial, narrado sem brilho, e em que o famoso escritor florentino não é senão uma simples e remota referência.

Não era preciso, naturalmente, que o filme respeitasse seu inspirador para que fosse um bom filme. Os elementos puramente cinematográficos teriam salvado esta aventura se Fregonese houvesse sabido impor uma notável força psicológica, profundidade vital, aos personagens e acontecimentos de *As noites de Decameron*. Mas tudo é acontecimento exterior, enredo formal, neste filme de escassos méritos, méritos que se restringem a alguns bons momentos de fotografia, facilitados pelas maravilhosas paisagens de Ávila, Segóvia e da Costa Brava, na Espanha.

A atuação de Jourdan e Fontaine é aceitável, muito conveniente aos propósitos simplesmente narrativos do realizador. É justo, entretanto, reconhecer a habilidade do roteiro e o ritmo da narração, que fizeram de *As noites de Decameron* um espetáculo que diverte, independentemente de sua pretensiosa intenção literária. Tomara que as histórias desse filme não influenciem as pessoas que não leram Boccaccio a formar um juízo sobre a obra do grande escritor florentino.

O cinema em Bogotá. Estréias da semana

Milagre em Milão

Milagre em Milão desconcertou ao mesmo tempo dois tipos de públicos diferentes: o admirador de *Ladrões de bicicletas*, *Alemanha, ano zero* e, em geral, os filmes italianos do pós-guerra, e o admirador de *O ladrão de Bagdá*, *O homem invisível* e os filmes de Walt Disney. Os primeiros manifestaram sua perplexidade diante do fato de que os mestres do realismo cinematográfico tenham posto os miseráveis das favelas a voar em vassouras em vez de matá-los de fome, ou de aceitar que um conto de fadas possa ter por cenário uma lixeira, onde os príncipes orientais foram substituídos por uma quadrilha de mendigos.

Totò il buono, o romance do qual foi extraído *Milagre em Milão*, tinha por cenário uma cidade imaginária, onde a fantasia do autor desfrutava de inteira liberdade. Uma cidade sobrenatural chamada Bamba. Cesare Zavattini, o autor do romance, e Vittorio de Sica, adaptando-o ao cinema, preferiram situar a ação em uma cidade real, Milão, onde os pobres são completamente pobres e os ricos fabulosamente ricos. O compromisso com o público ficou, por isso, mais difícil de ser cumprido, pois deviam humanizar a fantasia, fazer passar a fábula pelo filtro do rigoroso realismo italiano, sem que aquela perdesse seu encanto nem este sua elevada temperatura humana. Em *Ladrões de bicicletas* há um episódio tão fantástico quanto o das vassouras em *Milagre em Milão:* o da adivinha, que Rícci visita para averiguar o paradeiro de sua bicicleta, e cujo vaticínio ("você a encontrará hoje ou não a encontrará nunca") se realiza exatamente no filme. Entretanto, aquele episódio fantástico foi fundido de maneira tão sábia com os elementos da realidade que sua essência sobrenatural passou despercebida.

A história de *Milagre em Milão* é toda um conto de fadas, só que realizado em um ambiente insólito e misturando, de maneira genial, o real e o fantástico, a um tal extremo que, em muitos casos, não é possível saber onde termina um e onde começa o outro. Por exemplo: a descoberta de um poço de petróleo é um acontecimento inteiramente natural. Mas se o petróleo que brota é refinado, gasolina pura, a descoberta acaba sendo inteiramente fantástica, assim como o fato de que, na seqüência, basta perfurar a terra com o dedo para que brote uma fonte de petróleo. Outro exemplo: a cena dos vagabundos disputando entre si um raio de sol, que tem sido considerada um acontecimento fantástico, é, entretanto, inteiramente real. E quanto ao desdentado ancião comendo um frango, deve-se reconhecer honradamente que não se sabe, afinal de contas, se é o mais real e o mais fantástico de todos. A mesma coisa acontece com o enterro da sra. Lolotta, que é esteticamente um lance de genialidade.

Considerado sem tolos preconceitos, o conto é de uma bela simplicidade: um órfão que é a essência da bondade humana, funda, organiza e dirige uma cidade de vagabundos na lixeira de Milão. Realizada ali uma escavação, descobre-se petróleo e, como conseqüência lógica, descobre-se também que a lixeira tem dono. O rico proprietário, amo e senhor da cidade, tenta expulsar de suas terras os indigentes, e ante a resistência deles, pede o auxílio da polícia. A resistência dos vagabundos está prestes a ceder quando o espírito da sra. Lolotta, a anciã que criara Totó, entrega ao filho de criação uma pomba, na presença da qual se realiza qualquer desejo, por fantástico que seja. Desde esse instante, Totó começa a repetir milagres, com a prodigalidade que era de esperar no rapaz mais sadio, mais bondoso e mais maluco do mundo.

Não é uma velha história, feita com elementos gastos? Que diferença há entre a pomba do Totó e a lâmpada de Aladim? Que diferença há entre o espírito da sra. Lolotta e o do pai do príncipe Hamlet, e entre as aparições póstumas de uma e de outro? Que diferença há entre os poços de petróleo e os ovos de ouro da fabulosa galinha? Desde quando é novidade que as vassouras voam? E desde quando é original a idéia de que as estátuas ganhem vida e os ricos procurem a polícia para expulsar os pobres de suas terras?

O extraordinário da história de *Milagre em Milão* não é a própria história, que foi escrita com todas as sobras da literatura fantástica, como já se viu. O extraordinário é o modo como foi contada por Vittorio de Sica, com a colaboração de Francesco Golisano, um rapaz feio e sem graça, como devia ser o próprio Totó, cujo papel interpreta. A força humana que os realizadores de *Milagre em Milão* conseguiram comunicar àquele punhado de mendigos, a carga de verdade que há em cada situação por mais disparatada que seja, e esse ambiente de cruel miséria e de sonho inacreditável e essa palpitação de vida que contagia até as estátuas, isso é o que faz de *Milagre em Milão* um filme extraordinário, convincente, humano, iluminado constantemente pelo sopro da genialidade.

Do ponto de vista da realização técnica, *Milagre em Milão* é irrepreensível. Não se deve perder de vista o fato de que é quase literalmente um filme mudo, em que foram aproveitadas todas as possibilidades expressivas da imagem, ao estilo dos grandes mestres dos tempos heróicos do cinema, antes que a invenção da trilha sonora aliviasse a pura imagem de sua rigorosa função narrativa. Retrocedendo àquela época que os especialistas consideram a idade de ouro do cinema, Vittorio de Sica fez uma obra-prima, uma obra de arte para todos os tempos.

A música de Alessandro Sicognini introduz em certas cenas um estranho tom de amarga ironia e contribui a todo momento para que o filme conserve esse equilíbrio geral que vai do achado de Totó entre as couves-flores (com as quais, sem dúvida, se tentou sugerir o mito infantil de que os recém-nascidos procedem das couves-flores) até a evasão coletiva nas vassouras. E preciso, também, destacar a realização da trucagem (o espírito da sra. Lolotta e os anjos atléticos especialmente), de responsabilidade de Ned Mann, assessorado na fotografia por Vaclav Vich e Enzo Barboni.

Milagre em Milão lembra Chaplin na atitude dos vagabundos frente à vida, e especialmente na cena do raio de sol e na maneira como Totó consola o companheiro que quer se suicidar. Lembra René Clair na fonte de petróleo refinado que cada habitante da lixeira tem no jardim de sua casa, e lembra, a cada instante, a cada nova cena, a cada nova tonalidade, os grandes mestres do cinema que De Sica e Zavattini souberam assimilar e que adotaram sem imitação a seus próprios, prodigiosos fins.

Sem dúvida alguma o público saberá valorizar esta obra magistral da arte cinematográfica, que foi, certamente, até ontem, a única grande estréia da semana.

O cinema em Bogotá. Estréias da semana

Topaze [Topázio]

Esta semana estreou uma nova versão do filme com que Fernandel se lançou no cinema, há cerca de vinte anos: *Topaze*, uma excelente e muito divertida comédia, adaptada pelo admirável cineasta e acadêmico francês Marcel Pagnol, da obra de Guy de Maupassant, *O vestal da senhora Husson*.

Nesta nova versão, o papel principal — o casto e tímido rapaz de um esquecido povoadinho da província francesa — é de Bourvil, que tem um desempenho formidável, com essa autêntica cara e esses convincentes gestos de bobo oportunista e esperto.

Um completo e equilibrado grupo de atores — composto em grande parte por veteranos do cinema francês — garantiu a este bom filme um ambiente de saudável e permanente humor, sob a experiente e hábil direção de Boyer, que soube superar sabiamente os constantes perigos da vulgaridade.

Topaze é uma crônica viva e simples da província francesa, através de uma investigação preparada por um grupo de solteironas dispostas a premiar com cem mil francos a mais pura das moças da aldeia. Tudo está impregnado de humor, de fina ironia, de sátira inofensiva e alegre, manifestadas em cada situação, em cada diálogo e em cada personagem, nenhum dos quais foi menosprezado pela direção, mas cuidadosamente elaborado até a construção desse prefeito despreocupado e bonachão, desse médico inteligente e brincalhão e desse grupo de solteironas impressionáveis e ao mesmo tempo desconfiadas, que foram desenhadas com traços precisos, sem se haver incorrido na fácil caricatura.

O longo desfile de Bourvil de sua casa à praça da aldeia é uma obra-prima de cinema simples, espontâneo e terrivelmente divertido, assim como a canção do peru, no banquete, exemplo de humor e completo domínio da personagem pelo ator. Mesmo a angústia popular entre a crença de que o mancebo se afogou — um episódio que teria podido romper a unidade do relato e provocar uma funesta quebra no estilo — foi mantido e superado com um pulso admirável e decidido, de um modo imprevisível e magistral.

Topaze é, em síntese, uma excelente comédia, cuidadosa e inteligentemente realizada por um bom roteirista, um bom diretor, um bom fotógrafo e um bom grupo de atores que divertem sem exageros, e na qual o magnífico Bourvil consegue recriar o personagem central, apesar das dificuldades que esta empresa oferecia, depois de ter sido abordada por Fernandel.

Dois filmes alemães

De três produções alemãs — não se conta aqui *Torreani*, naturalmente — apresentadas nos últimos sessenta dias, só *Hinter Klostermauern* — aqui já comentada — dá continuidade à tradição do bom cinema alemão. As outras duas, *No le preguntes a mi corazón* [Não pergunte a meu coração] e *Alma prisionera* [Alma prisioneira], são muito inferiores àquela e fazem pensar muito sobre a produção alemã do pós-guerra.

Alma prisionera — apresentada na terça-feira pelo Cine Clube, para surpresa e desencanto de seus sócios — é um drama fácil e gasto, contado sem arte nem força. Um melodrama em que não acontece nada que não tenha sido tratado anteriormente — e em alguns casos com maestria — por realizadores de quase todos os países e desde que cinema é cinema. Isso, naturalmente, não teria nenhuma importância se os autores de *Alma prisionera* tivessem superado a algum deles em algum aspecto, ou se nesta nova e lamentável produção alemã houvesse sido incluído pelo menos um episódio que não fosse uma enfiada de lugares-comuns cinematográficos, plásticos e literários.

E bastaria dizer que *Alma prisionera* é a história de uma jovem com méritos suficientes para ser uma grande *prima-ballerina*, inesperadamente afetada por uma paralisia em conseqüência da morte do noivo. Essa é toda a história — nada menos que a de *Luzes da ribalta* — e por cúmulo de pretensões complicada com problemas psiquiátricos inferiores aos de *Em cada coração um pecado* ou *O sétimo selo*, mas semelhantes em sua essência. E com cenas de balé, a cargo do grupo de ópera bávara do Estado, que não tem nem remotamente o valor estético de *Donde mueren las palabras* [Onde morrem as palavras] ou *Os sapatinhos vermelhos*.

Por outro lado, o conflito sentimental do homem maduro apaixonado pela filha da esposa morta, com quem aquela tem uma espantosa semelhança, não é uma novidade nem foi descrito em *Alma prisionera* com mais força dramática que em *Cantaclaro*, o romance de Rómulo Gallegos, ou na versão cinematográfica dessa obra. No filme alemão é um inconveniente do tema central, apresentado ingenuamente, mantido e complicado sem humor nem necessidade e resolvido segundo os mais puros ensinamentos do folhetim.

A tudo isso é preciso acrescentar uma câmera imóvel, fria e indiferente, e um desempenho geral cansativo e convencional.

No le preguntes a mi corazón, em compensação, oferece a oportunidade de admirar uma boa fotografia, de ouvir uma música agradável e bem ajustada às incidências da história e de presenciar, afinal, um drama convencional, realizado, porém, com decoro e correção técnica.

No le preguntes a mi corazón é a história de uma mulher que perdeu o filho durante a guerra e depois do armistício encontra-o em casa de uma família abastada que o adotou. O erro da história está na apatia, na frouxidão do tom narrativo e, especialmente, na absoluta carência de esperteza do roteirista e do diretor, que mostram suas cartas desde o primeiro momento. Além disso, a economia de ação com diálogos cuja função exclusiva é sintetizar a história — como os da aventureira e do rufião no caminhão, que introduz o conflito, e aquele em que se faz referência ao achado das roupas do menino no asilo — são recursos que pertencem ao teatro e que acabam se revelando artificiais e elementares no cinema, que não necessita deles.

Apesar de tudo, *No le preguntes a mi corazón* foi realizado com dignidade e por esse motivo pesa menos nele que em *Alma prisionera* a intenção e a moralidade religiosas, que parecem ser a única preocupação do melodramático cinema alemão do pós-guerra. Um cinema que não tem direito de freqüentar, o que foi permitido a *Alma prisionera*, as salas especializadas.

Mercado de mulheres

Estão especializando a excelente e bela Eleonora Rossi-Drago em mortes prematuras. Em *I sette dell'Orsa Maggiori* e em *Mercado de mulheres* coube a ela o triste e sentimental papel de vítima, o que é, naturalmente, uma simples observação, mas de modo algum um julgamento sobre esses filmes.

A formidável Silvana Pampanini — que depois de uma longa, laboriosa e perturbadora aprendizagem veio a ser uma boa atriz, como o demonstrou em *Qué mujer* [Que mulher!] e, agora, em *Mercado de mulheres* — interpreta neste último filme uma jovem do subúrbio que sobe na vida pela escada da beleza e da complacência bem administradas, sem, entretanto, renunciar à solidariedade com seus miseráveis amigos de infância.

Como o nome indica, este filme inspira-se no problema, real ou fictício, do tráfico de mulheres na Itália. Apesar disso, até mesmo esse problema é um pretexto para contar várias histórias entrelaçadas e das quais são protagonistas as belas filhas de uma quadrilha de ladrões que, no final, decidem se transformar em justiceiros para executar uma quadrilha de rufiões que tentam traficar suas filhas, esposas e concubinas. Os discípulos dos autênticos neo-realistas italianos estão ameaçados pelo constante perigo de confundir o episódico com o essencial. A descoberta de um verdadeiro e grave problema social para apresentá-lo no cinema não é a mesma coisa que o achado de temas superficiais, cujo enraizamento na sociedade italiana do pós-guerra poderia ser apenas aparente. Uma forte dose de crueza, que algumas vezes pode ser pornografia, não resolve o problema nem imprime a um filme os méritos que têm feito das realizações de De Sica e Rossellini obras-primas do cinema de todos os tempos.

Um pouco disso se vê em *Mercado de mulheres*. O ambiente do bairro de ladrões, a personalidade de seus habitantes e até um concurso de dança para premiar o par que resista a mais de quinhentas horas — semelhante a um torneio que se realizou há alguns anos na Colômbia — são mostrados com uma habilidade e uma força convincentes, como nas melhores produções italianas. Em compensação, as peripécias argumentais, os incidentes da trama e a própria história têm interiormente algo que soa falso. Algo que incomoda muito e que transforma o problema do tráfico de mulheres em um simples episódio pitoresco.

Como acertos isolados é preciso destacar, além dos já mencionados, o julgamento dos rufiões pelos ladrões, e quase todo o trabalho fotográfico, que contribui sensivelmente para fortalecer o drama. A atuação de Vittorio Gassman, tão modesta como sempre; a de Silvana Pampanini, adequada, graças a sua inesgotável boa vontade; e a de Eleonora Rossi-Drago, notável e digna sempre de uma oportunidade melhor.

MAIO DE 1954

O cinema em Bogotá. Estréias da semana

Le due verità [As duas verdades]

Dentro da linha de sobriedade, originalidade e inteligência de *A festa do coração* e *Amar-te é meu destino*, o cinema francês oferece-nos agora *Le due verità*, um filme de Leonviola, com Michel Auclair, Ana Maria Ferrero — a atraente italiana de *O Cristo proibido*, de Malaparte — e Michel Simon.

Como em *Rashomon*, em *Le due verità* são apresentadas duas versões das circunstâncias e antecedentes de um crime cujos detalhes ninguém conhecia senão a vítima e o acusado, que morrera em conseqüência de uma embolia antes de confessar. Partindo dos mesmos elementos de julgamento, o promotor e o advogado elaboram histórias completamente opostas, para que Michel Auclair e Ana María Ferrero encontrem magnífica oportunidade de demonstrar sua extraordinária versatilidade, e os realizadores, sua gama de recursos e seu total domínio dos elementos postos a sua disposição.

Na versão do promotor, o acusado é literalmente um corno que explora uma inocente e resignada moça da província. Na versão do advogado, baseada nas mesmas declarações das mesmas testemunhas, as coisas acontecem completamente ao contrário, como se se tivesse tornado a embaralhar as cartas e aos atores houvessem correspondido jogos trocados. O acusado passa a ser um sujeito bom e sentimental, apaixonado e protetor de uma mulherzinha que o precipita na tragédia. Michel Auclair, que já tinha dado mostras de sua capacidade interpretativa quase genial no desempenho de dois papéis opostos em *A festa do coração*, realiza em *Le due verità* um trabalho impecável e discreto, que reafirma suas grandes e definitivas qualidades de ator.

Mas não só a versatilidade dos protagonistas tornou possível o interesse de um filme que, afinal de contas, não é outra coisa que o mesmo filme contado duas vezes. A inteligente experiência resultaria pobre e monótona se à radical mudança do temperamento dos personagens não houvesse correspondido — e isto era natural — uma completa mudança do ambiente. As mudanças nos pontos de vista fotográficos, na iluminação e no enquadramento contribuíram decisivamente para a modificação da carga dramática nas duas versões e para fazer deste filme um novo filme dentro de um gênero bastante explorado.

É evidente, entretanto, que o desenlace da versão do advogado acaba se revelando forçado e perigosamente espetacular. Por não se haver encontrado feridas de bala no corpo da vítima, como constava no processo, teria sido mais natural e convincente, de acordo com o temperamento e o estado de ânimo do acusado, explicar a presença do revólver com ele, como uma determinação de suicídio no caso de que a amante não comparecesse ao encontro. Enfraquecida pelo advogado a certeza inicial das testemunhas, não havia inconveniente — nem ninguém estava certo de ter ouvido o tiro entre a névoa — em estabelecer a hipótese do suicídio, que certamente teria proporcionado ao drama uma solução fácil, mas não mais fácil e artificiosa que a que, na verdade, aconteceu.

Essa conclusão desalentadora — à qual parecem estar condenados a literatura e o filme policiais — não consegue, felizmente, desvirtuar em sua essência a qualidade da direção, da interpretação, da fotografia e dessa estranha música esquemática que fizeram de *Le due verità* outra boa realização do inteligente cinema francês.

O malabarista

Stanley Kramer, produtor de bons filmes de baixo orçamento, entre os quais é impossível deixar de mencionar *Matar ou morrer*, poderia ter somado outro sucesso com *O malabarista*, contando para tanto com um tema interessante, um ambiente original, um diretor como Dmytryck e um ator como Kirk Douglas. Os ingredientes não poderiam ser mais propícios, mas mesmo com eles não era possível o êxito se se tratava de aplicá-los a um roteiro pobre e superficial, crivado de episódios baratos e pastosamente sentimental.

O ambiente da jovem república de Israel, do *kibutz*, assim como a psicologia dos repatriados, estão muito bem tratados neste filme, que é a história de um malabarista judeu, vítima de perturbações mentais em conseqüência do tratamento que sofreu durante a permanência de dez anos em um campo de concentração nazista.

Um malabarista com transtornos mentais, sentimental, amigo das crianças, de caráter duro e perseguido pela polícia, é em verdade um personagem "muito Kirk Douglas", como o obstinado e inflexível detetive de *Chaga de fogo* e o implacável repórter de *Algemas de cristal.* Mas dentro dessa linha, Douglas tende a se converter em um ator monolítico, especialmente se se encomenda exclusivamente a sua personalidade todo o peso de um roteiro vazio como o de *O malabarista.* Um filme frustrado, que não tem nenhum interesse para a crítica nem é suficientemente "um folhetim" para o grande público.

Os corruptos

Outro filme prejudicado pelo roteiro: *Os corruptos*, de Fritz Lang, com Glenn Ford, Gloria Grahame e Joselyn Brando. O mesmo diretor de *Um retrato de mulher*, quando a inteligência do texto e a inatacável direção da trama exerceram o papel decisivo, viu-se confrontado, em *Os corruptos*, por um roteiro ambicioso, que foi pouco conciso para abranger demais, de modo que o resultado foi uma história policial com pretensões políticas e na qual os múltiplos fios soltos da intriga dispersam a atenção do espectador e roubam intensidade ao drama.

Glenn Ford, a quem as estatísticas atribuem a glória de ser o ator que maior número de bofetadas já deu em suas companheiras de profissão, interpreta neste filme um tenente de polícia secreta disposto a desmascarar o poderoso sindicato do crime de Chicago, embora seus membros manobrem, dos bastidores, toda a organização política da cidade. Como uma lula em sua tinta, Glenn Ford realiza um trabalho forte e apaixonante, fazendo calar a todos os seus adversários. Mas isso não basta, e muito menos em filmes policiais, que são talvez os únicos em que o argumento necessariamente deve ter uma estrutura condensada e firme.

É preciso reconhecer, entretanto, que o diretor Lang e o ator principal, Glenn Ford, superaram, até onde foi possível, as possibilidades do roteiro, e salvaram a obra da mediocridade, mas sem que esse esforço tivesse podido fazer dela — era materialmente impossível — um bom filme.

O vulgar tratamento do rosto de Gloria Grahame, horrivelmente empolado por causa de um banho de café fervendo, é um recurso indigno de um diretor cuja experiência e prestígio estão solidamente estabelecidos desde a idade da pedra do cinema.

Rochedos da morte

Além das estréias em tela comum, houve esta semana um novo lançamento em Cinemascope: *Rochedos da morte* permitiu-nos observar um notável progresso artístico no interessante e espetacular sistema. Da pura e simples habilidade fotográfica, evoluiu-se a uma evidente e meritória preocupação com a dimensão humana — que é a única apetecível "terceira dimensão" — e se conseguiu, graças a isso, fazer em *Rochedos da morte* um filme cinemascópico com instantes de indiscutível força dramática.

As cenas submarinas dos pescadores de esponjas, cuja beleza formal e limpeza técnica são impecáveis, foram cuidadosamente incorporadas ao fio da história, de modo que não interrompem a ação — coisa que ocorre com os *shows* dos filmes musicais —, mas fazem parte dela e ajudam a manter a unidade e o vigor do drama.

Rochedos da morte tem méritos, portanto, independentes das inovações técnicas do Cinemascope; méritos que fizeram dele um filme que deve ser considerado de indiscutível sabor cinematográfico.

Um homem vem sob a chuva

Outras vezes tinha experimentado o mesmo sobressalto quando se sentava para ouvir a chuva. Sentia ranger o portão de ferro; sentia passos de homem no caminho ladrilhado e ruído de botas esfregadas no piso, frente ao umbral. Durante muitas noites aguardou que o homem batesse à porta. Mas depois, quando aprendeu a decifrar os inumeráveis ruídos da chuva, pensou que o visitante imaginário não passaria nunca do umbral e se acostumou a não esperá-lo. Foi uma resolução definitiva, tomada naquela borrascosa noite de setembro, cinco anos atrás, quando se pôs a refletir sobre sua vida, e disse a si mesma: "Desse jeito, acabarei ficando velha." Desde então mudaram os ruídos da chuva e outras vozes substituíram os passos do homem no caminho de ladrilhos.

É verdade que apesar de sua decisão de não esperá-lo mais, em algumas ocasiões o portão de ferro voltou a ranger e o homem esfregou outra vez as botas frente ao umbral, como antes. Mas então ela assistia a novas revelações da chuva. Então ouvia outra vez Noel, quando tinha 15 anos, ensinando o catecismo a seu papagaio; e ouvia a canção remota e triste do gramofone que venderam a um negociante de antigüidades, quando morreu o último homem da família. Ela havia aprendido a resgatar da chuva as vozes perdidas no passado da casa, as vozes mais puras e íntimas. De maneira que houve muito de maravilhosa e surpreendente novidade, naquela noite de tormenta em que o homem que tantas vezes tinha aberto o portão de ferro percorreu o caminho ladrilhado, tossiu no umbral e bateu na porta.

Sombrio o rosto por uma irreprimível ansiedade, ela fez um breve gesto com a mão, voltou o olhar até onde estava a outra mulher e disse: "Já está aí."

A outra estava junto à mesa, apoiados os cotovelos nas grossas tábuas de carvalho não lustrado. Quando ouviu as batidas, desviou os olhos para o lampião e pareceu estremecida por uma tenebrosa ansiedade.

— Quem pode ser a estas horas? — disse.

E ela, serena outra vez, com a certeza de quem está dizendo uma frase amadurecida durante muitos anos:

— Isso é o de menos. Quem quer que seja deve estar tiritando de frio.

A outra se levantou, seguida minuciosamente pelo olhar dela. Viu-a pegar o lampião. Viu-a perder-se no corredor. Sentiu, da sala em penumbras e entre o rumor da chuva que a escuridão fazia mais intensa, sentiu os passos da outra, afastando-se, tropeçando nos soltos e gastos ladrilhos do saguão. Logo ouviu o ruído do lampião que se chocou com a parede e depois a tranca, arrastando-se nas argolas enferrujadas.

Por um momento não ouviu nada mais que vozes distantes. O discurso remoto e feliz de Noel, sentado no barril, dando notícias de Deus a seu papagaio. Ouviu o ranger da roda no pátio, quando Papá Laurel abria o portão para que entrasse o carro de bois. Ouviu Genoveva alvoroçando a casa, como sempre, porque sempre, "sempre encontro este bendito banheiro ocupado". E depois outra vez Papá Laurel, botando boca afora seus palavrões de soldado, abatendo andorinhas com a mesma escopeta que utilizou na última guerra civil para derrotar, ele sozinho, toda uma divisão governista. Até chegou a pensar que desta vez o episódio não passaria das batidas na porta, como antes não passou das botas esfregadas no umbral; e pensava que a outra mulher tinha aberto a porta e só vira os vasos de flores sob a chuva, e a rua triste e deserta.

Logo, porém, começou a distinguir vozes na escuridão. E ouviu outra vez as pisadas conhecidas e viu as sombras estiradas na parede do saguão. Então soube que depois de muitos anos de aprendizagem, depois de muitas noites de vacilação e arrependimento, o homem que abria o portão tinha decidido entrar.

A outra mulher voltou com o lampião, seguida pelo recém-chegado; colocou-o na mesa, e ele — sem sair da órbita da claridade — tirou a capa impermeável, virando para a parede o rosto castigado pela tormenta. Então ela o viu pela primeira vez. Olhou-o solidamente no começo. Depois o decifrou dos pés à cabeça, determinando-o membro a membro, com um olhar perseverante, aplicado e sério, como se em vez de um homem houvesse estado examinando um pássaro. Finalmente voltou os olhos para o lampião e começou a pensar: "É ele, de qualquer maneira. Embora o imaginasse um pouco mais alto."

A outra mulher empurrou uma cadeira até a mesa. O homem se sentou, cruzou uma perna e desamarrou a bota. A outra se sentou junto a ele, falando-lhe com espontaneidade de alguma coisa que ela, na cadeira de balanço, não conseguia entender. Mas frente aos gestos sem palavras ela se sentia redimida de seu abandono e notava que o ar empoeirado e asséptico cheirava de novo como antes, como se fosse outra vez a época em que havia homens que entravam suando nas alcovas, e Ursula, estouvada e saudável, corria todas as tardes, às 16h05, para acenar para o trem da janela. Ela o via gesticular e se alegrava que o desconhecido procedesse assim; que entendesse que depois de uma viagem difícil, muitas vezes retificada, havia encontrado afinal a casa perdida na tormenta.

O homem começou a desabotoar a camisa. Tinha tirado as botas e estava inclinado sobre a mesa, secando ao calor do lampião. Então a outra mulher se levantou, caminhou até o armário e regressou à mesa com uma garrafa pela metade e um copo. O homem agarrou a garrafa pelo gargalo, extraiu com os dentes a rolha de cortiça e encheu meio copo com um licor verde e espesso. Logo bebeu sem respirar, com uma ansiedade exaltada. E ela, da cadeira de balanço, observando-o, lembrou-se daquela noite em que o portão rangeu pela primeira vez — fazia tanto tempo!... — e ela pensou que não havia nada na casa para oferecer ao visitante, salvo aquela garrafa de menta. Tinha dito a sua companheira: "Precisamos deixar a garrafa no armário. Alguma hora alguém pode precisar dela." A outra lhe tinha dito: "Quem?" E ela: "Qualquer pessoa. Sempre é bom estar preparada, pois só vem alguém quando chove." Haviam transcorrido muitos anos desde então. E agora o homem previsto estava ali, vertendo mais licor no copo.

Mas desta vez o homem não bebeu. Quando se dispunha a fazê-lo, seus olhos se perderam na penumbra, por cima do lampião, e ela sentiu pela primeira vez o contato morno do seu olhar. Compreendeu que até esse instante o homem não tinha se dado conta de que havia outra mulher na casa; e então começou a se balançar.

Por um momento o homem a examinou com uma atenção indiscreta. Uma indiscrição talvez deliberada. Ela se perturbou no princípio, mas logo notou que também esse olhar lhe era familiar e que não obstante sua perscrutadora e um tanto impertinente obstinação tinha nela muito da travessa bondade de Noel e também um pouco da torpeza impaciente e honrada de seu papagaio. Por isso começou a se balançar, pensando: "Ainda que não seja o mesmo que abria o portão de ferro, é como se o fosse, de qualquer maneira." E ainda se balançando, enquanto ele a olhava, pensou: "Papá Laurel o teria convidado para caçar coelhos na horta."

Antes da meia-noite a tormenta recrudesceu. A outra havia empurrado a cadeira de balanço e as duas mulheres permaneciam silenciosas, imóveis, contemplando o homem que se secava junto ao lampião. Um galho seco da amendoeira vizinha golpeou várias vezes a janela mal fechada e o ar da sala se umedeceu, invadida por uma lufada de intempérie. Ela sentiu no rosto o cortante vento do granizo, mas não se mexeu, até que viu o homem escorrer no copo a última gota de menta. Pareceu-lhe que havia algo simbólico naquele espetáculo. E então se lembrou de Papá Laurel, lutando sozinho, entrincheirado no curral, abatendo soldados do governo com uma escopeta de *perdigones** para andorinhas. E se lembrou da carta que lhe escreveu o coronel Aureliano Buendía e do título de capitão que Papá Laurel recusou, dizendo: "Diga ao Aureliano que não fiz isso pela guerra, mas para evitar que esses selvagens comessem meus coelhos." Foi como se naquela lembrança houvesse esgotado ela também a última gota de passado que restava à casa.

— Tem alguma coisa mais no armário? — perguntou sombriamente.

E a outra, com a mesma inflexão, com o mesmo tom em que supunha que ele não teria podido ouvi-la, disse:

— Nada mais. Lembre-se que na segunda comemos o último punhado de feijão.

E logo, temendo que o homem as tivesse ouvido, olharam de novo para a mesa, mas só viram a escuridão, sem a mesa e o homem. Apesar disso, elas sabiam que o homem estava ali, invisível junto ao lampião exausto. Sabiam

---

**Perdigón* é, ao mesmo tempo, o macho da perdiz e o grão de chumbo, usado para a caça. (*N. do T.*)

que não abandonaria a casa enquanto não acabasse de chover, e que na escuridão a sala se reduzira de tal modo que não tinha nada de estranho que as tivesse ouvido.

O cinema em Bogotá. Estréias da semana

Tre storie proibite [Três histórias proibidas]

Três moças da classe média, que não se conhecem e são reunidas pelo acaso em um hospital, contam suas respectivas histórias: três histórias duras, mais ou menos escabrosas, apresentadas com a nudez com que uma mulher maltratada pela vida revela seus segredos mais íntimos a uma inesperada mas providencial confidente. Essas histórias constituem os três episódios deste filme desigual e um pouco desajustado do bom diretor italiano Augusto Genina.

O espectador, que presenciou com simpatia e interesse este drama bem contado, encontra, afinal, suficientes motivos para lamentar que as três histórias proibidas não tivessem sido apenas duas. A primeira delas alonga o filme sem necessidade e quebra, de entrada, o que nos dois terços finais será um tom equilibrado e intenso.

A história proibida inicial é a de uma jovem psicologicamente perturbada por um forte choque sofrido na infância. Sem mais rodeios, é um caso freudiano: uma atraente mulher, prevenida contra o sexo oposto, define o homem como um símbolo da força bruta e da violência carnal. Os elementos-chave de seu "complexo" estão nítidos demais: em cada homem ela reencontra o seu violador e manifesta uma franca repugnância pelos sorvetes, porque foi um sorvete a isca com que o estuprador a fez chegar ao bosque onde consumou a violência. Como se não bastassem essas pistas elementares para que o caso psicológico fosse completamente revelado, o criador desta história levou ao extremo sua indiscreta loquacidade até fazer da mulher uma ávida leitora de Freud, com que o drama, que teria podido ser interessante e verídico, converteu-se em uma tosca e artificial lição de psicanálise. No aspecto técnico, é preciso dizer que a cena da violação, em que a crueza foi evitada com um bobo e batido simbolismo, reúne elementos que, mais que de cinema e de teatro, são de novela radiofônica.

A segunda história, ao contrário, é em si mesma um excelente filme. A jovem de classe média, acostumada a uma vida penosa e agitada, faz, quando menos o espera, o que as senhoras chamam de "um bom casamento". O marido, um típico "rapaz de bem" europeu, brincalhão, fabulosamente rico e por isso mesmo desocupado, é, na verdade, um homem amoroso — mas de uma maneira estranha para a esposa —; profundamente humano — mas de uma maneira estranha para uma jovem realista —; e tremendamente divertido, mas de uma maneira incompreensível para uma jovem a quem as duras circunstâncias que a classe média italiana do pós-guerra enfrenta obrigaram a criar um entendimento diferente da diversão.

A história deste casamento desigual é simplesmente terna e humana, e ela só teria bastado para salvar o filme, pela sobriedade e pelo equilíbrio do roteiro, e sobretudo pela maneira inteligente como o protagonista masculino desta história, bela e estranha, correspondeu às exigências de uma direção de excelente nível e profundamente humana.

A presença de Gino Cervi e Eleonora Rossi-Drago — a forte Eleonora — na seqüência final era já um fator de inestimável importância para os resultados do filme. Esta terceira história é o tremendo drama de um sério e respeitável professor universitário cuja filha é arrastada por um sedutor toxicômano aos mais torpes níveis da depravação. A dignidade do desempenho de Gino Cervi e essa sólida conjugação de talento, beleza e densa feminilidade que há em Eleonora Rossi-Drago sustentam o interesse e o calor desta história amarga e audaciosa.

Nota-se o mau estado da cópia que nos chegou de *Tre storie proibite*, em grande parte deteriorada. É má, também, a dublagem, encomendada a uma voz inexpressiva e insegura, inteiramente estranha ao vigor e à segurança geral deste filme, que, apesar dos defeitos anotados, merece um especial registro.

Pérfida

Esta infalível garantia de boa bilheteria que é Silvana Mangano foi reforçada com o nome espanhol deste filme, *El lobo de la montaña* [O lobo da montanha], e que não se refere, de modo algum, à perturbadora e nada boba protagonista principal. *Pérfida*, como seus realizadores tratam de advertir várias vezes, é "uma história de sangue e de amor", interpretada decorosamente por Amadeo Nazzari e Silvana Mangano, nos papéis centrais, e por Vittorio Gassman em "participação especial".

Trata-se de uma nova versão da velha e um tanto melodramática história da jovem humilde que se vinga, fria e calculadamente, do latifundiário que ultrajou sua família. Agora, porém, foram introduzidos novos elementos ao drama, que foi contado em um tom discreto, comedido, de maneira que os resultados são cinematograficamente muito apreciáveis, com exceção do aparatoso e sanguinário desenlace.

De um lado, a família humilde, cujo filho mantém relações amorosas clandestinas com a irmã do latifundiário. De outro, a família do latifundiário, um homem duro, capaz de descer à infâmia a fim de impedir que a vergonha manche o bom nome de sua família. A bela filha do lar humilde, que testemunhou a morte do irmão, assassinado em conseqüência do absurdo orgulho do latifundiário, consegue entrar, passado algum tempo, no serviço doméstico do amo e senhor da comarca. É uma criada altiva, que olha de frente seus patrões e que, como sempre acontece em tais filmes, acaba por conquistar o amor do pai e o amor do filho, perturbar a paz doméstica e, finalmente, encher a casa de vergonha.

O drama é interessante enquanto conserva a aparência de que a intromissão da pastora no lar do latifundiário é puramente casual. Enquanto o espectador conserva a ilusão de que o enredo foi determinado por uma amarga e irônica casualidade. Mas quando a distorção do enredo começa, e se revela surpreendentemente a vingança calculada e levada a cabo sem vacilação pela humilde camponesa, o filme precipita-se em um profundo abismo de folhetim, em que o final escandalosamente melodramático é apenas o resultado natural da celeridade adquirida à última hora.

De fato, *Pérfida* não merecia essa solução lamentável. Há nele muita discrição, muita sobriedade do diretor e dos atores, que pareciam não perder de vista, em nenhum momento, a circunstância de que estavam pisando em areia movediça. Há, por fim, em *Pérfida* muitos momentos de bom cinema, muitos momentos de autêntica força humana, que, inclusive, lhe proporcionam suficientes méritos para que o espectador o perdoe pelo final.

O cinema em Bogotá. Estréias da semana

O garotinho perdido

Aos que apreciam Bing Crosby como cantor de música norte-americana, *O garotinho perdido* oferece-lhes três ou quatro oportunidades de ouvi-lo. Aos que não o apreciam por esse aspecto, têm, entretanto, a mais apetecível oportunidade de vê-lo interpretar, com dignidade e discrição, o papel de um pai que tenta identificar seu filho examinando cuidadosamente sua psicologia e procurando despertar nele antigas e reveladoras recordações.

O garotinho perdido é um filme notável, em que o roteiro e a direção evitaram, com muito tato, os constantes perigos do sentimentalismo fácil e do ridículo melodramático. A história, prolongada com inesperados toques de originalidade, está contada em um tom agradável e comedido, sem sentimentalismo, sem a espetaculosidade costumeira neste tipo de histórias. Os sempre belos e sempre novos lugares de Paris — onde foram rodadas muitas das externas deste filme — contribuem para manter o ambiente agradável e de bom gosto em que a ação se desenvolve.

Fator decisivo de *O garotinho perdido* é o convincente desempenho do protagonista infantil, que soube corresponder com talento e compreensão à difícil e perigosa tarefa que lhe foi destinada. Um clima de humanidade e ternura impregna a atmosfera do filme cada vez que este menino triste e estranho intervém ativamente na história.

Não vale a pena apontar como um erro lamentável a introdução, nessa história, de um insípido personagem secundário — o amigo do homem que procura o filho —, que não deve ter outra função que a de ouvir, no que for possível, o longo e forte monólogo do personagem principal. É esse um recurso que demonstra, pelo menos, a honestidade e a boa vontade dos realizadores, e que não chega a frustrar um filme que realmente pode ser considerado como acima da média.

O mar que nos cerca

A escritora norte-americana Rachel Carson publicou, há alguns anos, uma bela e erudita biografia do mar — *The Sea Around Us* —, que foi um acontecimento científico, literário e comercial. Seguindo o roteiro traçado por esse livro e aproveitando suas interessantes revelações científicas, fez-se, com o mesmo título, um bom filme documentário em cores, que tem momentos de extraordinária beleza e é, por inteiro, uma monografia simples e bem estruturada de incalculável valor pedagógico.

A história do mar desde sua formação, antes da luz e do homem: seu estranho e milenar universo, seus segredos mais íntimos e sua misteriosa e apaixonante vida interior, foram examinados minuciosamente com uma profunda penetração que proporciona um certo e válido calor humano a esta história sem homens. Particularmente nas cenas iniciais, nos primórdios do mar, tenebroso e primário na grande noite do Gênese, estão carregadas de uma densa e misteriosa poesia.

O mar que nos cerca teria podido ser, no seu todo, uma obra de arte inteira, se a unidade não tivesse sido quebrada em alguns instantes com episódios que parecem simples curiosidades na apaixonante biografia do mar. A pesca do atum e a caça da baleia, por exemplo, assim como o sumário relato dos progressos na guerra naval, quebram, de maneira visível, o fio central do poema e desequilibram o ambiente de misteriosa e palpitante beleza.

Mas o essencial está ali, apesar de tudo, e *O mar que nos cerca* continua sendo, por isso, um bom documentário ao qual, talvez, fizeram falta umas tesouras mais drásticas, mas que, sem dúvida, merecia uma sorte melhor que a de chatear um público não acostumado a este gênero de espetáculos.

Fuga do passado

Interessante exemplo de habilidade narrativa e deslumbrante velocidade cinematográfica é o diabólico enredo policial de *Fuga do passado*, com Robert Mitchum, Jane Greer e Kirk Douglas. Um filme de 1947 — o que explica o papel secundário de Kirk Douglas —, em que acontecem muitas coisas no menor tempo possível: assassinatos, infidelidades, delações, paixões, traição, reconciliação, perseguições etc., tudo a uma velocidade alucinante e com um ritmo intenso, preciso, matemático, exceto em um leve empastelamento do final. *Fuga do passado* é, portanto, tecnicamente perfeito. Precisa-se de uma espantosa habilidade no roteiro, com a direção, a fotografia e a montagem, para contar este longo conto complicado sem fatigar o espectador e, pelo contrário, obrigando-o a permanecer atento a cada um de seus noventa minutos, pois a síntese narrativa converte cada detalhe em uma pista fundamental para a compreensão da intriga.

É natural que, no fundo, haja muito pouco, e que o comportamento dos personagens tenha muito desse falso e enganoso realismo dos filmes de "ação" norte-americanos. O terrível enredo não conduz a nada importante, a legitimidade psicológica dos personagens é bastante duvidosa e, acabada a história, há motivos para pensar que o processo dramático é inteiramente gratuito.

Mas os méritos técnicos não se podem menosprezar, e menos ainda quando proporcionam a oportunidade de viver noventa minutos de intensidade e vivo interesse, embora, no fim, nada fique e seja até mesmo difícil de recordar ou reconstruir esta vertiginosa história com quatro crimes.

Júlio César

Resta muito pouco por dizer sobre o extraordinário acontecimento cinematográfico que é *Júlio César*, de Mankiewicz, que, felizmente, parece ter tido, de parte do público, a acolhida que merece. Uma peça de teatro monumental, engrandecida pelos mais nobres recursos do cinema, pela sensibilidade, a inteligência e a honestidade de um grande diretor, e pela conscienciosa interpretação de uma seleta equipe de atores.

Um César um pouco desorientado, um Bruto mordido pelo fogo interior, um Cássio apaixonado e decidido e um Marco Antônio vigoroso e visionário são os valores humanos afirmativos com que Mankiewicz homenageou a glória de Shakespeare, com um respeito quase religioso e uma compreensão que, em alguns momentos, invade os territórios da genialidade.

Se fosse indispensável destacar algum aspecto, especialmente neste exemplo de unidade e intensidade dramática da primeira parte, caberia assinalar o desempenho de John Gielgud — Cássio —, o inglês magistral, e, especialmente no monólogo culminante da conspiração, resolvido cinematograficamente com esse longo e assombroso *travelling*, que é em si mesmo um momento estelar da arte dramática.

Deve se também apreciar a força e a beleza da música, utilizada com tanta oportunidade e discrição, e em nenhum momento posta a serviço da falsa espetaculosidade, que se teria constituído em um fácil artifício dramático. Deve-se apreciar a permanente e quase angustiante expressividade da fotografia, e a honestidade e a audácia na utilização do diálogo original de Shakespeare, bem como na solenidade do prazer e até mesmo na continuação do drama até seu ato final, sem se amedrontar pela inevitável decadência da intensidade narrativa. Deve-se apreciar a coragem no respeito aos convencionalismos teatrais, e no respeito aos cenários visível e deliberadamente teatrais, e até mesmo nos efeitos especiais, como a tempestade da noite anterior ao dia do atentado, que é clara, voluntária e espantosamente uma tempestade de estúdio. E ter conseguido que tudo isso seja cinema do melhor, puro e glorioso cinema shakespeariano é uma proeza culminante na história do cinema.

O cinema em Bogotá. Estréias da semana

Menzogna [Mentira]

O cinema italiano, que demonstrou ser capaz de produzir alguns dos dramas mais singelos, ternos e humanos, pode também produzir a obra mais artificial e folhetinesca, o que foi provado com *Menzogna*, um indigesto melodrama com Yvonne Sanson, em primeiro plano, e Alberto Farnese e Irene Galter, anunciados pelos exibidores como "a revelação do cinema italiano". É muito provável que Irene Galter tenha suficiente talento a ponto de competir com Pier Angeli e Ana María Ferrero, com quem parece ligar-se por sua idade e seu temperamento. Mas o diretor de *Menzogna*, a quem coube dirigir a estréia desta jovem e até agora malsucedida atriz, não é propriamente o Leonide Moguy, que assegurou a Pier Angeli um lugar no cinema desde seu primeiro papel em *Amanhã será tarde demais*, e que convenceu Rosana Podestà de que seu futuro estava no cinema. Irene Galter, em quem é fácil descobrir a espontaneidade e a compreensão natural das boas atrizes italianas, não pôde fazer nada nesta oportunidade, quando um roteirista sem originalidade nem talento e um diretor influenciado pela pior literatura cor-de-rosa conspiraram para produzir um espantalho cinematográfico, um escandaloso blefe.

Outra vez a devoradora de homens, agora especializada em seduzir seus criados, interpretada por uma Yvonne Sanson que não consegue, em nenhum momento, entender seu papel, nem se adaptar às arbitrariedades do roteiro. O que podia acontecer de menos recomendável a um realizador é transferir uma viúva rica a uma pitoresca aldeia de pescadores onde, por casualidade, havia uma casa muito luxuosa, especialmente desocupada e mobiliada para ela. Tratava-se de fazer com que aquilo parecesse, de algum modo, realismo italiano. Isso era tudo. Daí, então, a aldeia de pescadores, com policiais de opereta, com chefes ricos e imbecis, famílias pobres e jovens românticos.

Depois de tanto convencionalismo, há um crime. Talvez o crime mais idiota já acontecido em toda a história do cinema. E depois, mistério policial, vergonha e sacrifício pelo amor. E um final feliz, depois de uma agonia de trezentos metros de filme a cargo da jovem protagonista. A única coisa elogiável neste filme, que lembra muito os folhetins psicanalíticos do mexicano Chano Urueta, é o ambiente da aldeia — catastroficamente desaproveitada — e a cena final em que o menino — definição cinematográfica do "ladrãozinho" — recupera o doce que tinha oferecido como ex-voto à Virgem. Mas então aconteceram já tantas coisas que o espectador se sente arrasado, empanturrado de melodrama. A Itália garante para si um involuntário mas rotundo sucesso cômico com este filme.

Hondo: Caminhos ásperos

Este filme, para ser visto com óculos Polaroid, participou da disputa pelo Oscar deste ano. É essencialmente a versão cinematográfica de um dos numerosos episódios da luta dos brancos contra os apaches, que tanto material proporcionaram ao cinema norte-americano, especialmente em seus primeiros anos.

A história de "Hondo" Lane é interessante, mas foi penosamente contada. Tem muitas coisas por esclarecer em sua vida e em seu caráter, pois a atenção do público é desviada deliberadamente para a curiosa amizade de um menino com os indomáveis apaches. A maior surpresa do filme é o fato de que os índios — tradicionalmente "os maus" neste gênero de argumentos — são aqui o lado bom, sério e responsável da humanidade, enquanto os brancos são os mentirosos e violadores do pacto de não-agressão. Toda a simpatia do espetáculo inclina-se em favor de Vitório, o chefe apache que protege o menino, que se preocupa com a tranqüilidade da mãe de seu protegido, e que, em síntese, é apresentado como um personagem valente e nobre.

É evidente que *Caminhos ásperos* foi feito com o conceito infantil do herói. Montado sob medida para ser um sucesso na matinê infantil, onde o pacto de sangue entre o pequeno protagonista e Vitório faria estremecer de emoção a uma platéia de gente miúda.

Seria, porém, injusto não apontar méritos cinematográficos autênticos nesta produção, e destacar especialmente o decoro, a dignidade com que foi realizada. "Hondo", até onde é possível explorar sua personalidade com os dados fornecidos, é um personagem solitário e estranho, que se entende melhor com seu cachorro que com os homens. O personagem feminino, uma mulher sem atrativos e quase outonal, que vive com o filho de dez anos em território apache, participa da mesma dimensão estranha e solitária de "Hondo" Lane. Os apaches são convincentes e não proporcionam, em nenhum momento, esta impressão de falso selvagem de circo que, em geral, se tem dos texanos disfarçados de peles-vermelhas. Além disso, há, ao longo do filme, um permanente tom de dignidade narrativa, que não consegue dissimular por inteiro o sabor de história em quadrinhos que sugere, mas que pôde salvá-lo da vulgaridade, da mediocridade, apesar da incômoda e estúpida exigência dos óculos Polaroid.

JUNHO DE 1954

O cinema em Bogotá. Estréias da semana

Duas mulheres

Uma atraente jovem, dedicada ao próspero negócio do amor com os soldados norte-americanos em Roma, consegue economizar um milhão de liras que não deposita em um banco mas o envia ao pároco de seu povoado, a única pessoa que lhe merece confiança. Ela — Gina Lollobrigida — e sua amiga íntima — Yvonne Sanson — viajam, depois de certo tempo, à aldeia, em busca do dinheiro e lá ficam sabendo que o velho pároco morreu e o novo confundiu as economias da jovem com as doações para o asilo de órfãos. Esse é o episódio central de *Duas mulheres*, um encantador filme de Luigi Zampa, em que o melhor não é, entretanto, a aventura das jovens, mas a análise da vida e dos habitantes da aldeia, uma análise feita com tanta graça e tanta compreensão que lembra muito o clima criado por Berlanga em *Bienvenido, Mr. Marshall*, e por Pagnol-Boyer em *Topaze*. Nessa linha, ainda que sem os méritos extraordinários da produção espanhola, está este filme que é, essencialmente, uma abordagem alegre, humana e em algumas ocasiões terna da vida privada de uma pitoresca aldeia mediterrânea.

São, outra vez, o padre, o prefeito, o farmacêutico, o policial e o pequeno mundo das beatas, tratados em um tom humorístico, mas em nenhum momento caricato, com muita compreensão e apreciável calor humano.

Talvez pelo caráter do papel, Gina Lollobrigida aparece um pouco fria e insípida, ao lado de uma Yvonne Sanson que poderia ter levado todos os louvores não fosse uma excessiva alteração em sua atuação. Em compensação o prefeito, o padre, a mulher que cuida dos órfãos — psicologicamente bem construída — são personagens de carne e osso, envolvidos nessa conhecida teia de intrigas políticas e inofensiva mesquinhez cotidiana própria de todos os pequenos povoados.

A comparação do prefeito preocupado com o Napoleão contemplativo após a derrota é um detalhe de excelente e fino humor, conseguido em uma limpa e deliciosa linguagem cinematográfica. Não há verborragia nem nos diálogos nem na descrição visual do ambiente. Provavelmente só fez falta um pouco mais de rigor na organização do roteiro e no tratamento de algumas cenas, nas quais se pressente a fundo o adejar do melodrama, para que *Duas mulheres* houvesse sido uma criação extraordinária. Mas é agradável, arrebatada, digna e, sobretudo, realizada com audácia no tratamento do tema, além de meritória valentia na maneira de enfrentar detalhes da vida comum e que poderiam saber a mau gosto.

O príncipe valente

A nova estréia em Cinemascope é um conto infantil, deliberadamente ingênuo, segundo permitem afirmá-lo os desenhos, cheios de uma formosa puerilidade, que servem de fundo aos créditos de abertura. Essa pista salva o filme, pois define de saída a intenção do diretor Henry Hathaway, que, evidentemente, não quis fazer uma reconstituição histórica nem um drama do passado, mas singela e maravilhosamente um conto infantil.

Assim considerado, *O príncipe valente* é um filme delicioso, em que as coisas acontecem com humor e ingenuidade, sustentadas exclusivamente pela ação exterior e sem que os realizadores tenham imposto o compromisso de acrescentar qualquer coisa à obra.

Um veterano diretor como Henry Hathaway deve ter encarado assim o seu trabalho, convencido de que o Cinemascope, pelo menos por enquanto, oferece sérias dificuldades para fazer filmes que venham a ser alguma coisa mais profunda e transcendental que belas aventuras coloridas.

Dentro deste gênero, *O príncipe valente* é uma obra apreciável e garante duas horas de diversão, em uma história para crianças que — como os quadrinhos — entretém também os adultos. Por isso não há por que espantar-se de que seja tão superficial e descuidada a atuação de James Mason. Visto a sério em *O príncipe valente*, James Mason não parece ter nem mesmo um remoto parentesco com o extraordinário intérprete valente de Bruto, em *Júlio César*.

Não desonres o teu sangue

Coincidentemente, há muito pouca diferença entre os sobrenomes McCarthy e McCarey, correspondentes, o primeiro, a um conhecido senador norte-americano, e o segundo, ao diretor de *Não desonres o teu sangue*, um filme exibido na terça-feira pelo Cine Clube, e que, por casualidade, parece feito pelo senador. *My Son John* [Meu filho John], título inglês do filme, destina-se a moralizar a juventude norte-americana com o tempestuoso drama de uma família cujo filho mais velho — o mais inteligente e aplicado — é membro do Partido Comunista. Tudo concorre para demonstrar que o homem de mentalidade sovietizada põe, inclusive, os interesses familiares abaixo de seus interesses políticos; que o Partido Comunista é capaz das mais bárbaras represálias, que os métodos de investigações nos Estados Unidos são sutis e infalíveis e, finalmente, que nem sequer os comunistas norte-americanos conseguem escapar a sua própria consciência acusadora e a seus sentimentos patrióticos. Em linhas gerais, são as teses expostas em *Anjo do mal*, mas este é apreciavelmente superior a *Não desonres o teu sangue*, pelo excelente manejo da linguagem cinematográfica.

O documento político-religioso de Leo McCarey é absolutamente tedioso, sem qualquer mérito ao longo do relato monótono e medíocre, e culmina com um batido discurso à juventude americana. O planejamento do roteiro, as entradas, as saídas dos personagens, a movimentação em cena e até a invariabilidade do cenário estão ajustados inteiramente às regras do teatro. Nesse ambiente, uma excelente atriz de teatro, Helen Hayes, em seu papel de mãe, consegue desenvolver-se com correção e oferecer o único aspecto apreciável do filme, exceto nas cenas finais, quando dá rédeas a seu até então contido ímpeto de atriz teatral.

Nem o trabalho de Robert Walker nem o de Van Heflin merecem ser criticados. Nada podiam fazer esses dois respeitáveis artistas, que se limitaram a ser conseqüentes com o asfixiante convencionalismo do roteiro e da direção. Até a fotografia de Harry Stradling, um bom fotógrafo de cinema, é inexpressiva e medíocre neste filme que não podia alcançar seu objetivo edificante senão em um público sentimentalóide e ingênuo.

Dieu a besoin des hommes, de Jean Delannoy, com Pierre Fresnay e Daniel Gelin. Sem tempo para comentá-lo detidamente — o que se fará na próxima semana —, é suficiente dizer, por enquanto, que se trata de uma obra-prima do cinema francês. Um filme que merece a atenção de todo tipo de espectador, e que, sem dúvida, ficará um longo tempo em cartaz.

O senhor fotógrafo

Muito provavelmente *O senhor fotógrafo* é o pior filme de Cantinflas, que parece ter esgotado o rico caudal de seus disparatados colóquios. Sem bons argumentos, sem atores coadjuvantes de autêntico valor, um Cantinflas que não mais se apóia senão em fáceis equívocos, em piadas velhas e de má qualidade, é uma atração em decadência. Muito pouco vai sobrando da frondosidade imaginativa de que deu mostras em suas paródias às grandes obras da literatura — *Romeu e Julieta*, *Os três mosqueteiros* — ou da densidade humana, notavelmente chapliniana, que ele conseguiu em *O porteiro*, talvez sua melhor criação artística e cinematograficamente a mais bem realizada. Nesse último filme percebia-se a vigilante presença de um diretor consciente de seu papel, disposto a realizar uma obra inteira e equilibrada, em que o excelente comediante era o centro da criação, mas não seu elemento único e exclusivo. *O porteiro*, independentemente do humor de Cantinflas, além das sempre divertidas "cantinfladas", era um bom filme.

Em *O senhor fotógrafo*, em compensação, dirigido pelo mesmo Miguel M. Delgado, não há nada, absolutamente nada além da atuação de Cantinflas, que esteja ao nível do seu prestígio de ator, mas que não encontrou, no roteiro, elementos suficientes para se nivelar a algumas de suas criações anteriores. O comediante sozinho, girando no vazio e sem recursos originais, consegue divertir — graças ao costume que temos de aceitar que Cantinflas nos diverte —, mas sem acrescentar uma só nota de mérito e de originalidade à sua respeitável carreira.

E nesta ocasião, Cantinflas nem sequer teve a oportunidade de se defender com uma boa caricatura de sua profissão de fotógrafo. Há apenas duas ou três seqüências em que lhe toca agir como tal. No restante, vê-se um enredo policial, com espiões e loucos, sem graça nem interesse, no qual o famoso artista mexicano tem muito escassas oportunidades de salvar o filme e de se salvar a si mesmo. Considerado justamente, sem qualquer preocupação com sua qualidade cinematográfica nem com seu valor intrínseco, mas simplesmente como um novo filme de Cantinflas, *O senhor fotógrafo* é um filme frustrado, apesar do nunca negligente trabalho do fotógrafo Gabriel Figueroa.

O cinema em Bogotá. Estréias da semana

O salário do medo

O salário do medo — versão cinematográfica do romance de Georges Arnaud — foi realizado pelo diretor francês Henri-Georges Clouzot, com Yves Montand, um cantor que pela primeira vez trabalha no cinema; Vera Clouzot, a esposa brasileira do diretor; e Charles Vanel.

É uma história simples; quatro homens rudes, brutalizados pelo ambiente e as penúrias, conduzem, através de um caminho acidentado, dois caminhões carregados de nitroglicerina, que será utilizada para extinguir o incêndio de um poço de petróleo. Quem não viu *O salário do medo* mas conhece o seu argumento esquemático tem na lembrança um recente filme de Hugo Fregonese — *Sangue da terra* — em que Anthony Quinn protagoniza uma cena semelhante, através de pontes que caem e cerrado tiroteio de um grupo de bandoleiros. Embora não haja qualquer possibilidade de comparação estética entre *Sangue da terra* e *O salário do medo*, vale a pena esta associação, embora seja para demonstrar como uma mesma situação pode ser, no cinema, uma obra de arte ou um folhetim de aventuras, segundo o talento e a habilidade do diretor que a realize.

O que em *O salário do medo* é um drama intenso, forte e até um pouco brutal, em *Sangue da terra* não passa de uma emocionante e superficial aventura. A diferença está no profundo conhecimento que Clouzot tem dos elementos cinematográficos, na intensa qualidade expressiva da fotografia de Armand Thirard, na consciente e circunspecta atuação de Montand e Vanel, na assombrosa habilidade e na astúcia da montagem no rigor do roteiro, mas acima de tudo, na austeridade, nas tremendas exigências e no profundo sentimento humano da direção. Em linhas gerais, essa é a diferença. E que diferença!

Na forma em que nos foi apresentado, *O salário do medo* é primordialmente um monumento técnico. O suspense — talvez o mais prolongado e intenso que se tenha alcançado no cinema — se mantém durante sessenta minutos pelo menos, à base de pura habilidade técnica, mediante a minuciosa, sutil e exasperante análise de todos e cada um dos detalhes de uma situação angustiante. Não há um movimento, um incidente das rodas na lama ou na madeira abalada, um acidente do caminho ou um matiz psicológico que não tenha sido analisado com ansiosa penetração. Em virtude dessa asfixiante minuciosidade narrativa, logrou-se uma atmosfera irrespirável, uma tremenda expectativa que, em certos momentos, conduz o espectador aos limites do insuportável. A maravilhosa qualidade da fotografia e a sustentada e esperta exploração do silêncio — que segundo Bresson é a grande conquista do cinema sonoro — contribuem definitivamente para a criação deste terrível clima de ansiedade, mais austero, mais profundo e humano que aquele em que Alfred Hitchcock pavimentou sua fama e sua glória.

Em meio a esse ambiente angustiante, essa intensidade que se poderia até mesmo apalpar, analisar com o tato quase tão bem como com a vista, talvez surja uma pergunta demolidora: "Quem mandou estes quatro homens embarcarem em tal empresa?"

É então que se mostram lamentáveis os cortes feitos na primeira parte do filme, e que não parecem obedecer a nenhum critério religioso ou moral, mas simplesmente político. Os que tiveram a oportunidade de ver *O salário do medo* na Europa, em sua cópia integral, são unânimes em garantir que mais de meia hora da primeira parte do filme foi cortada. Isso poderia explicar a não muito clara justificativa humana da segunda parte. *O salário do medo* começa com uma longa e rapidíssima sucessão de planos, com breves seqüências que têm, ao que parece, dois objetivos: um estético e outro técnico. O primeiro se propõe mostrar a situação em que vive um grupo de homens em uma aldeia pobre, provavelmente centro-americana, embora existam versões de que Arnaud viveu e padeceu muitos anos na Venezuela, onde os petroleiros são donos e senhores e de cuja vontade depende praticamente o destino dos homens. Gente de todos os países — um italiano, um maltês, vários franceses — aguardam sua oportunidade, a última oportunidade de suas vidas, nessa aldeia insalubre, primitiva, tórrida e brutal, onde a vida humana não vale um níquel. As coisas agravam-se de tal maneira, que a oportunidade de ganhar dois mil dólares arriscando a vida em um caminhão carregado de nitroglicerina é a mais apetecível que se poderia apresentar a qualquer homem nesse meio. A cena de brutal violência de Jo contra o italiano, o ambiente de ternura brutal e até de bárbaro homossexualismo que Clouzot consegue criar na primeira parte não tem outro propósito que o de justificar a segunda parte do filme e marcar um forte contraste entre o comportamento dos mesmos homens diante de duas situações diferentes. Do ponto de vista técnico, trata-se de chegar igualmente a um contraste entre a narração esquemática e a montagem rápida (planos de Mario falando do povoado a Jo; mudança direta de Jo, coberto de barro por um jipe; Jo tentando limpar a roupa) e a narração lenta, minuciosa e penetrante da segunda parte. De igual modo, os intensos comentários musicais, de Georges Auric — na primeira parte — preparam o espectador para os angustiantes silêncios da segunda parte.

Por isso, neste mais que em qualquer outro filme, os cortes são muito lamentáveis: alguns espectadores não acham inteiramente justificada a aventura dos caminhões carregados de nitroglicerina, porque a intenção justificativa do princípio não ficou muito clara, foi desvirtuada por uma censura — muito provavelmente a dos distribuidores para a América — que deve ter considerado ultrajantes para os norte-americanos certas situações, certas alusões feitas por Clouzot, não com intenções políticas, mas com o objetivo de proporcionar a sua obra a validade e a unidade indispensáveis.

Uma prova muito evidente do cuidado com que Clouzot elaborou este filme é o fato de que antes de começar a rodá-lo ele já o desenhara inteiramente, como se pode apreciar pelo desenho que — cedido gentilmente pelo Cine Clube de Bogotá — publicamos nesta mesma seção.

Entre os incontáveis méritos de *O salário do medo* vale destacar a atuação de Yves Montand, excelente em sua primeira experiência cinematográfica. Há que destacar também a circunstância de que cada personagem se expresse em seu idioma original — é um filme falado em inglês, italiano, francês e espanhol —, o que aumenta notavelmente o seu realismo. E a notável recriação do ambiente americano, com os exteriores, ao que parece, rodados na África (o resto do filme foi realizado em Nîmes). Deve-se, porém, apreciar e agradecer a absoluta falta de economia no emprego de recursos (a queda da ponte, a seqüência da poça de petróleo, a explosão de uma rocha) que contribuíram para fazer deste filme uma obra-prima da arte cinematográfica.

Dieu a besoin des hommes [Deus precisa dos homens]

Esta foi a grande semana do cinema francês: além de *O salário do medo*, exibiu-se o discutido filme de Jean Delannoy, *Dieu a besoin des hommes*, com Pierre Fresnay, Madeleine Robinson, Daniel Gelin e Andrés Clement. Trata-se da versão cinematográfica de um romance de Henry Queffelec: *Un recteur de l'îlle de Sein*, adaptado por Jean Aurenche, Pierre Bost e Jean Delannoy.

A história acontece há um século: os habitantes da ilha de Sein, pescadores do mar mais avarento do mundo, vivem da pilhagem e do roubo dos náufragos. O abade Kerhervé ameaça-os de abandonar a ilha se tornarem a acender fogueiras para enganar os viajantes e provocar naufrágios. A armadilha se repete, o abade cumpre a ameaça e o povo, necessitado de serviços religiosos, exige que o sacristão, Tomás Gourvennec, faça as vezes do pároco. Este o faz com muita propriedade, até o instante supremo em que se prepara para oficiar sua primeira missa sacrílega e intempestivamente se normaliza a situação.

O problema religioso exposto por Delannoy deu origem a numerosas controvérsias. O que o sacristão oferece ao povo não é catolicismo mas protestantismo, afirma-se, mas a solução é católica: Tomás ordena aos aldeões, na cena final: "Agora vamos pedir a Deus que nos perdoe. Todos à missa." Alguns cortes parecem não estar, por conseguinte, muito justificados, como aquele da cena em que Tomás conduz sua cunhada no barco, e esta, atemorizada, pede ao sacristão que a ouça em confissão. O corte se faz nesse instante, mas na revista italiana *Bianco e Nero* (ano XII, n.º 5, maio de 1951) está o final dessa seqüência; Tomás concorda em ouvir a confissão da cunhada, mas com uma advertência: "Só o faço para que você se sinta melhor." E em seguida, tendo ouvido a confissão, diz: "Deus a absolverá, porque você está arrependida dos seus pecados."

Como em tudo, é possível encontrar no problema de *Dieu a besoin des hommes* uma origem econômica: a pilhagem, as artimanhas dos aldeões para provocar naufrágios, devem-se exclusivamente à avareza do mar que os cerca. A terra é estéril, até o extremo de que os insulanos, em vez de buscarem meios de vida lícitos, que, de outra parte, não estão a seu alcance, entoam o Credo rogando a Deus que lhes proporcione muitos naufrágios. O drama se desencadeia quando o abade Kerhervé, em vez de procurar a solução dos problemas econômicos do povo, tirá-lo de sua ignorância ou lhe buscar consolos espirituais, decide abandoná-los. Era nessa cena, precisamente, que uma drástica censura religiosa poderia ter imposto um corte, coisa que afortunadamente não aconteceu, para a melhor compreensão deste filme.

Ainda que seja difícil e quase impossível desvincular este drama vigoroso de suas implicações morais, é preciso admitir que do simples ponto de vista cinematográfico *Dieu a besoin des hommes* é uma obra-prima. É isso o que interessa a esta seção: a história foi contada com maestria, com uma lentidão interior que se fazia indispensável para a exata compreensão do problema dramático e do processo psicológico de Tomás, que cada vez se sente mais sacerdote porque o povo vê nele, cada vez mais, um verdadeiro sacerdote. É esse o resultado de uma direção precisa, absolutamente segura de seu objetivo estético, conduzida com uma assombrosa compreensão do coração humano e uma permanente simpatia pelos personagens. Estas características, mas muito especialmente a última, foram apontadas pelos especialistas como constantes na obra de Jean Delannoy.

Aos méritos mencionados é indispensável acrescentar a crueza expressiva do trabalho fotográfico, encomendado à sensibilidade e à experiência do veterano Robert Lefebvre, insubstituível colaborador de Delannoy há muito tempo, e a beleza, a solenidade e o oportuno aproveitamento dos coros de René Cloerec, únicos comentários musicais do filme. Finalmente, a atuação incrivelmente compreensiva e verídica de Pierre Fresnay, cercado por uma multidão de aldeões vivos e atormentados pela fome e pela fé, faz de *Dieu a besoin des hommes*, acima de qualquer consideração, uma obra de arte inteira, estranha e duradoura.

N.B. Às pessoas que se dirigiram a esta seção para manifestar seu inconformismo pelo que elas consideram "enquadramento defeituoso" de *Dieu a besoin des hommes*, fornecemos esta informação: as numerosas ocasiões em que os personagens aparecem decapitados, como se suas cabeças tivessem ficado fora do campo fotográfico, não se deve a defeitos de enquadramento, mas à projeção em tela panorâmica. Este filme é de 1950, quando o cinema não dispunha ainda das atuais "novidades" técnicas, de maneira que foi rodado para tela comum. Ao não se tomarem precauções para eliminar os inconvenientes das telas panorâmicas, que fazem perder em altura o que a projeção ganha em extensão, os problemas aconteceram. Hoje em dia estão colocando as legendas de tradução um pouco mais para cima, para que um operador hábil possa evitar as decapitações sem sacrificar o texto.

O cinema em Bogotá. Estréias da semana

Nós, as mulheres

A idéia foi de Cesare Zavattini: quatro atrizes — Alida Valli, Isa Miranda, Ingrid Bergman e Anna Magnani — contariam um episódio de sua vida particular, e faça-se um filme com essas quatro histórias: *Nós, as mulheres*.

Os principais inconvenientes dos filmes de esquetes — carência de unidade da obra e artificialidade das cenas de fusão — foram eliminados neste caso, pois não se pretendeu fazer apenas um filme de quatro episódios, mas quatro filmes curtos, independentes entre si, procurando que cada um fosse uma obra-prima no estilo. Cada episódio foi realizado por um diretor diferente: o de Alida Valli por Franciollini; o de Isa Miranda por Luigi Zampa; o de Ingrid Bergman por seu esposo Rossellini; e o de Anna Magnani por Luchino Visconti. Quatro grandes diretores para quatro grandes atrizes, contando histórias da própria vida, eram suficiente garantia para um filme excepcional.

Nós, as mulheres é realmente um filme excepcional. Precedidos os quatro episódios por um prólogo — inacreditavelmente bem realizado —, no qual vão contados os pormenores de um concurso para escolher duas atrizes entre sessenta aspirantes, o filme tem, de saída, um delicioso clima de realidade, que o faz extraordinariamente parecido à vida.

O episódio de Alida Valli é talvez o menos convincente. Os sentimentos de uma atriz famosa, nostálgica de uma vida rotineira e simples, não parecem ter sido interpretados com suficiente habilidade, a ponto de convencer de que aquilo é, realmente, uma sincera confidência. As outras, em compensação, têm a espontaneidade, a simplicidade da arte autêntica: a seqüência de Isa Miranda, salva do melodrama pelo pulso humano de Zampa; a de Ingrid Bergman, que ainda não é inteiramente "uma atriz italiana", dirigida amorosamente por um homem que a compreende muito mais como mulher que como intérprete, e que criou, com sua colaboração, um encantador *intermezzo* cômico, estranho e admirável nas respectivas carreiras de Bergman e Rossellini.

O episódio de Anna Magnani merece capítulo à parte. Tem-se dito que ela é, entre as que estão em atividade, a primeira das atrizes e uma das maiores que o cinema teve em toda a sua história. Ainda que existissem sobradas provas, sua intervenção em *Nós, as mulheres* poderia ser suficiente. Tem-se a impressão de que Visconti, um diretor excepcional, não teve nada que fazer neste filme. Ninguém, nem o fotógrafo, nem os artistas coadjuvantes, os eletricistas ou o porteiro do estúdio puderam fazer alguma coisa frente ao avassalador temperamento da Magnani, que faz tudo sozinha em seu episódio, engole-o, dirigindo-o e o dominando.

Em *Nós, as mulheres*, com sua variedade estilística e a inatacável realização de cada episódio, fica demonstrado uma vez mais o profundo conhecimento que os realizadores italianos têm do caráter, dos sentimentos e dos problemas das mulheres e das crianças.

O selvagem

Outra vez Stanley Kramer produziu um filme discutível, realizado por Laslo Benedeck, também o discutido diretor de *A morte do caixeiro-viajante*. O argumento de John Paxton parece inspirado e criado especialmente para Marlon Brando, um temperamento violento, brutal, justamente apropriado a este filme que, em espanhol, com um pouco de liberdade, devia ter se chamado *El atarván* [O malvado].

Isso é Johnny, o personagem central e único do filme, um *atarván*, com todas as características desse deplorável tipo social que, sem dúvida, tem mais de tímido que de perigoso. A violência de Johnny é gratuita — a força pela força — como a de seus colegas de todo o mundo, gente que não persegue nenhum fim, não tem, em sua assombrosa capacidade de criar situações brutais, outro propósito, consciente, senão o de demonstrar sua força física. Se o *atarván* — como no caso deste filme — dispõe do perfeito complemento de uma motocicleta e da cumplicidade de meia dúzia de tímidos, fortes e motorizados rapazes, em uma cidade sem autoridades, a situação é para ele invejável.

A crítica que se fez a Benedek a propósito de *A morte do caixeiro-viajante* é válida para *O selvagem*: tudo é o personagem central. O resto da cena é descuidada, o equilíbrio do produto cinematográfico carece de solidez, em troca de um tipo psicológico bem definido, examinado em cada uma de suas reações com uma habilidade e uma penetração a que contribui mais o temperamento do intérprete que a perícia do diretor.

O selvagem não é um filme indiferente que alguns espectadores acreditaram ver em sua apresentação pelo Cine Clube de Bogotá em sua última sessão. É, em verdade, um filme de difícil classificação, mas de maneira nenhuma uma obra medíocre. A criação do personagem — além do mais um personagem comum e muito conhecido — não admite dúvidas em sua autenticidade, em sua absoluta incapacidade para exprimir sentimentos e em sua prodigiosa imaginação para criar situações difíceis, que provavelmente sejam as válvulas de escape de um acentuado complexo de inferioridade. Um mérito inestimável de *O selvagem* é não haver caído na fácil e nem sempre correta interpretação psicológica — ou psiquiátrica — do personagem. Apresentam-se fatos concretos, para que sejam julgados pelo público — se é que o público o deseja —, mostrados corretamente, com limpeza técnica e nesse desinfetado, asséptico ambiente do cinema norte-americano, apreciável até mesmo em dramas brutais como este.

É compreensível que à maioria dos espectadores pareça aborrecido o tema exposto em *O selvagem*. Mas isso não pode ser um julgamento sobre um filme que, sem ser uma grande coisa, é, apesar de tudo, digno da mais desapaixonada atenção, apesar da vulgaridade dos comentários musicais e da absoluta falta de consistência humana dos personagens secundários.

A sombra da noite

O mal não é um cinema político. O grave para a arte cinematográfica é o cinema político que não é nada mais que isso: a demonstração gratuita de que o bom está de um lado e o mau de outro, não importa qual seja este ou aquele. *O encouraçado Potemkin* poderia ser uma obra política, mas a ninguém terá ocorrido, só por isso, negar que é uma das obras fundamentais na história do cinema. *A sombra da noite* é outro filme político, que vale apenas por isso e talvez pela habilidade na condução do tema e a sustentação do interesse. Mas como o tema é convencional, os personagens falsos, o problema muito pouco convincente e a direção inteiramente impessoal, o resultado é que nem sequer a propaganda política poderia cumprir sua finalidade junto a um público medianamente esclarecido.

Há que lamentar que Anita Bjork, a extraordinária atriz sueca de *Senhorita Júlia*, tenha sido desperdiçada em um papel que não é bem uma oportunidade para ninguém, porque não há nada que fazer com ele. Uma fração de segundo — quando Anita Björk cospe no rosto de Gregory Peck — tem força dramática durante todo o filme. O restante é simples aventura, inclusive quando o formidável Broderick Crawford se esforça para tirar vantagem de um papel que não tem nada por dentro. Tudo isso, em um cenário de vinte metros, inteiramente vazio, que reforça notavelmente os convencionalismos e a desolação.

O cinema em Bogotá. Estréias da semana

Signori in carrozza! [Senhores, ao trem!]

Nesta lânguida semana cinematográfica foi preciso sair da zona dos grandes cinemas para ver alguma coisa aceitável: *Signori in carrozza!*, uma divertida comédia de Luigi Zampa com Aldo Fabrizi no papel principal. O tema não é uma novidade: um maquinista de trem transalpino, que tem uma casa em Roma e outra em Paris. Com seu humor habitual, Zampa conta as peripécias do bom romano, magistralmente interpretado por Fabrizi, e aproveita a oportunidade para fazer uma deliciosa análise das diferenças fundamentais entre a mulher francesa e a italiana, entre a idéia francesa de família e casamento e a idéia italiana das mesmas instituições.

A história torna-se pesada em alguns momentos por causa da extensão dos diálogos — especialmente os do maquinista com seu deslavado e preguiçoso cunhado —, que não têm outro propósito senão o de explorar indefinidamente uma engraçada situação familiar, além de tudo muito bem elaborada. Mas mesmo esse defeito, ou mesmo os recursos de pura natureza teatral e alguns episódios evidentemente disparatados, revelam-se convincentes nesta comédia deliciosa e bem conduzida.

Neste mês o público teve uma boa oportunidade de conhecer o nome de Luigi Zampa como garantia de bom cinema através de *Duas mulheres*, da seqüência de Isa Miranda em *Nós, as mulheres*, que teria sido um melodrama outonal não o tivesse impedido o pulso do diretor, e agora através de *Signori in carrozza!*, que poderia ser uma comédia vulgar não fosse o humor raro e a compreensão humana do excelente realizador italiano, e a surpreendente e sempre nova capacidade histriônica de Aldo Fabrizi.

A selva nua

Há poucos meses o suplemento *Dominical* publicou o dramático conto que serviu de base a este desigual filme com Charlton Heston e Eleanor Parker. O título [*Marabunta*, em espanhol], cujo intrigante significado foi exaustivamente explorado pela publicidade, é o nome indígena da praga das temidas e devastadoras formigas *tambochas*, sobre as quais se apóia todo o peso dramático do filme.

Infelizmente, os realizadores de *A selva nua* não se conformaram em contar os estragos causados pelas *tambochas* nas plantações que um rude e ambicioso norte-americano estabeleceu na América do Sul, mas complicaram a história com a análise psicológica do personagem masculino, inteiramente falso e ridículo em sua concepção e realização. A origem dessa funesta tentação é evidente: Charlton Heston tem, com Marlon Brando, uma semelhança física notável. Tal circunstância levou diretor e ator à loucura de fazer do protagonista principal de *A selva nua* um absurdo e artificial pastiche de Marlon Brando, visível não apenas na construção do personagem, mas de maneira mais lamentável nos gestos, em seu modo de transitar pela cena e até mesmo nos ângulos e movimentos da câmera, evidentemente estudados para acentuar a semelhança psicológica. Para justificar essa pretensão, a situação inicial de *A selva nua* foi claramente criada para um homem brutal, psicologicamente conflitivo, que certamente teria podido ser interpretado discreta e convincentemente por Heston, se o diretor não tivesse pensado na necessidade de obrigá-lo a — ou de o impedir — se parecer com outro ator, em vez de aplicar todo esse esforço à tarefa de fazê-lo parecer a si mesmo. Em meio a essa atmosfera artificial e exagerada, a bela Eleanor Parker sobrenada com sua sobriedade e sua distinção natural, como se sua inteligência e talvez sua intuição feminina houvessem indicado a ela que não lhe convinha comprometer seu nome em tal aventura, para a qual apenas um contrato com seus produtores a condenara.

A narração melhora especialmente quando a atenção do diretor é desviada da exploração psicológica de seu personagem pelo destruidor avanço das *tambochas*. O tremendo silêncio da selva abandonada por seus habitantes ante a iminência da devastação e da morte é um acerto cinematográfico que não concorda com o resto do filme e é sucedido por uma caótica desorganização narrativa até o final do drama.

Apesar disso, é preciso assinalar certo valor educativo em *A selva nua*. A voracidade das *tambochas*, o estudo de seus hábitos e seu senso da guerra têm um apreciável valor documental em virtude do qual este filme fácil e desordenado não é completamente uma perda de tempo.

O salário do medo

Estreou oficialmente esta semana *O salário do medo*, o formidável filme de H.-G. Clouzot, comentado nesta seção há 15 dias, e que, sem dúvida, desfrutará da entusiasta acolhida do público espectador em geral. Esse filme é baseado no romance de Georges Arnaud, publicado, no ano passado, pelo suplemento *Dominical*, de maneira que seu argumento é familiar, ao se comparar a obra cinematográfica com a literária.

O salário do medo, ainda que filme de extraordinário interesse para a crítica especializada, é, entretanto, especialmente apropriado a uma platéia que não vê no cinema nada mais que um saudável entretenimento. Por essa razão, sua permanência em cartaz, acreditamos, será determinada pela constante e entusiasta assistência de todo tipo de espectadores.

JULHO DE 1954

O cinema em Bogotá. Estréias da semana

O cangaceiro

Lima Barreto, autor brasileiro de alguns curtos documentários, fez no ano passado seu primeiro filme de longa-metragem — *O cangaceiro* —, que mereceu nos festivais internacionais os prêmios de "a melhor música de fundo" e de "melhor filme de aventuras". A Gabriel Migliore, o autor da música, esse prêmio fez justiça. Não se fez justiça, porém, a Lima Barreto, que concebeu, projetou e realizou em *O cangaceiro* não exatamente "um filme de aventuras" mas um belo e duradouro poema primitivo, o que puderam comprovar, na quarta-feira, os espectadores da sessão do Cine Clube.

Cangaceiro é o bandido do sertão nordestino brasileiro. O título tem a mesma simplicidade da história: uma quadrilha de salteadores bem armados rapta a professora de uma escola rural. Um dos componentes do bando, alfabetizado na infância pelo padre, apaixona-se pela prisioneira e foge com ela do acampamento, perseguido de perto pelos companheiros. Não é mais, em essência.

O maravilhoso desta história é a maneira como Lima Barreto a contou, com a prodigiosa segurança técnica dos mestres do cinema mudo e a inspiração, a simplicidade e o vagar de um poeta antigo. O melhor do filme está fundado exclusivamente no fascínio visual: a imagem em movimento é o único meio expressivo, o único elemento de que se dispôs para contar a história, especialmente a violenta e rica narrativa do assalto à aldeia, onde nada fica sem uma explicação, graças — exclusivamente — à irrepreensível escrita cinematográfica.

Esta evidente e maravilhosa tentativa de retorno às origens da arte cinematográfica não podia, é claro, evitar o pagamento de certos tributos. Como ocorreu em *A rede* — que é uma tentativa semelhante —, a preocupação de encomendar à imagem toda a responsabilidade do relato, conduziu a certos excessos de retórica fotográfica que poderiam descompensar, em algumas ocasiões, a simplicidade do estilo. Os planos de Chick Fowle, às vezes puramente caligráficos, exaustivamente estudados, e a laboriosa busca do enquadramento original enriquecem, naturalmente, a força expressiva de cada imagem e tornam possível essa montagem de quase aterradora eloqüência, mas em alguns momentos, por excesso de virtuosismo, resultam literários e até evidentemente rebuscados.

Mesmo tais excessos, muito dispensáveis, foram amenizados em *O cangaceiro* pela beleza, convicção e simplicidade do estilo. Lima Barreto, como Jean Renoir, como Emilio Fernández em seus melhores momentos, possui a faculdade mágica de transformar a matéria narrativa em pura substância lírica, mesmo em episódios tão brutais, como o incomparável ataque à aldeia e o arrastar de um homem amarrado à cabeça de um cavalo.

O cangaceiro é um filme lento, uma história contada com o deleite e até com a complacência no pleonasmo, típica dos primitivos. Os diálogos de Rachel de Queiroz, quase sempre densos e abundantes, e a ingenuidade dos símbolos reforçam, neste filme encantador, esse sabor de rica simplicidade, essa beleza de um drama de bandoleiros, contado no idioma e no estilo próprios dos contos de fadas.

Nada se destaca neste filme, a não ser em certos momentos. O equilíbrio geral é sua maior e prodigiosa virtude. Um equilíbrio não transgredido nem sequer pela prolongada agonia dos protagonistas, que morrem parcimoniosamente dessangrados, em uma interminável morte declamatória, cheia de sentenças patrióticas e considerações filosofantes, como os heróis antigos. Dizer que *O cangaceiro* é mais que um testemunho social, um belo e terrível poema, é fazer justiça a um assombroso diretor, cujo único defeito em seu primeiro trabalho foi o excessivo e explicável entusiasmo.

Caprichos de uma mulher

A maravilhosa e estouvada "Caroline chérie" volta em *Caprichos de uma mulher*, agora em tecnicolor, para nos assegurar duas horas deliciosas, semelhantes às que já nos proporcionou a mesma Martine Carol em *Caroline chérie* [Querida Caroline].

Caroline é um personagem psicologicamente bem construído, tão precisamente definido que já parece impossível desvinculá-lo de Martine Carol, sua excelente protagonista em duas ocasiões. No fundo, Caroline é uma moça ingênua, e é esse um dos méritos mais apreciáveis de seus criadores, que têm sabido contar suas aventuras com franqueza e sem preconceitos, mas sem cair em nenhum momento na vulgaridade.

Embora toda a história esteja contada através de sua bela protagonista, o ambiente foi criado com méritos, com um grande respeito aos materiais narrativos, e a situação conduzida com humor e discrição. O resultado é um filme encantador, que não aspira a ser mais e cumpre integralmente seu propósito de divertir um pouco maliciosa, mas saudavelmente.

O sol brilha na imensidão

Há três meses o Cine Clube apresentou um filme de John Ford, *O sol brilha na imensidão*, que não tinha sido exibido para o público até esta semana, em que fez seu melancólico aparecimento em cinemas de discreta categoria. Ford é um diretor desigual e às vezes muito preso a seus compromissos comerciais, mas nunca indiferente. Sua trajetória de realizador merece respeito, e qualquer obra sua é digna de atenções, especialmente este *O sol brilha na imensidão*, um filme discreto, um pouco insípido, mas cheio de momentos magistrais.

O ambiente de um faulkneriano povoadinho do sul foi alcançado com indiscutível maestria, e a seqüência do enterro, particularmente, é um momento cinematográfico que não pode passar despercebido. *O sol brilha na imensidão* é isso, essencialmente: um clima descrito com perícia e sagacidade, digno de um desapaixonado interesse.

Totó nas Arábias

Entre as chanchadas da semana não pode passar despercebida *Totó nas Arábias*, um monumento de disparates protagonizado por um europeu de sangue azul em má hora metido a comediante: Totó, cujo dissilábico nome de guerra contrasta com a longitude de seu nome verdadeiro: príncipe Antonio de Curtis Griffon Phocas Flavius Ducas, Conmeno de Bizâncio. É um ator que descendeu diretamente dos Conmenos para protagonizar um truculento personagem de comédia barata, empanturrado de piadas de mau gosto e simpatizante das situações mais ridículas e bobas.

Claro que ninguém seria tão ingênuo a ponto de esperar que, em *Totó nas Arábias*, lhe servissem um prato de bom cinema; em compensação, porém, tinha o direito de esperar humor e ironia, ou, pelo menos, em última instância e à falta de outra coisa, pornografia. Mas nem isso há em *Totó nas Arábias*. O que há, e em quantidades assustadoras, é luxúria e danças orientais para turistas desocupados.

Nem um único detalhe de finura, um matiz de bom humor pode ser encontrado neste filme, no qual tudo parece improvisado e fez falta um diretor, não propriamente para dirigir, porque ali não havia nada para dirigir, mas para impor ordem a tanto comediante de subúrbio, com as rédeas soltas, em um argumento da pior categoria.

O cinema em Bogotá. Estréias da semana

Mais forte que a morte

Teríamos tido uma insípida semana cinematográfica não fosse pela estréia para o público do belo filme brasileiro *O cangaceiro*, e por *Mais forte que a morte*, um filme feito em Paris por Anatole Litvak, com Kirk Douglas e Danny Robin, a inesquecível protagonista de *A festa do coração.*

A tão conceituada gente de cinema, devia-se acrescentar Armand Thirard, na fotografia, cujo trabalho em *O salário do medo* não se poderá esquecer em muitos anos, para esperar com justiça um filme superior, como *Mais forte que a morte* o é, fora de dúvida, apesar da pouca originalidade do tema.

É evidente que Litvak tinha muito poucas coisas novas para dizer sobre os acidentados amores de um soldado norte-americano e uma bela e desamparada francesinha durante o período de liberação da França, mas em compensação, teria muito que dizer sobre o ambiente daquela época, sobre a desorientada Paris de 1944, tentando normalizar sua vida entre soldados estrangeiros e as dificuldades de sobrevivência, o mercado negro, a desconfiança e a incerteza.

Nesse ambiente desolado, Litvak situa uma história de amor sem convencionalismos, com apreciável discrição, e contada habilmente através das assombrosas imagens de Thirard, sem que em nenhum momento se proporcione a impressão dessa Paris turística que os norte-americanos costumam reconstruir no cinema.

Embora tenha sido pouco explorada psicologicamente a personagem feminina, sobriamente protagonizada por Danny Robin, algumas cenas, onde se tenta justificar o trágico desenlace, parecem ter menos um valor justificativo que uma importância decisiva na compreensão do ambiente. Assim com o estranho apaixonado de Lisa, assim com as dificuldades dela para se casar com o soldado, assim com sua absurda condução à delegacia de polícia. Litvak não parece ter tido — como diretor, ou criador da história — outro propósito que o de fazer uma crônica viva e intensa da incerta existência, do duvidoso futuro de certas jovens francesas durante a liberação. O propósito foi plenamente alcançado com a boa colaboração de um Kirk Douglas parecido ao de seus primeiros tempos: um personagem humano, sentimental, sem a dureza e o caráter um tanto diabólico que seus diretores têm explorado nos últimos anos.

Ardida como pimenta

Para desfrutar da graça, da simpatia e da desenvoltura de Doris Day, qualquer pretexto é bom. *Ardida como pimenta* é um deles, com a vantagem de que foi realizado com muito boa orientação, não tentando em nenhum momento vender gato por lebre. Tentava-se fazer uma *zarzuela* com os elementos comuns a todos os velhos filmes do oeste, e o diretor teve o cuidado de manifestar seu propósito desde o primeiro momento, jogando com as cartas sobre a mesa.

Não há por que espantar-se de que, em meio a uma briga, os protagonistas se ponham a cantar. Em certos filmes de Libertad Lamarque esse é um acidente tão comum como catastrófico, porque a outonal e bem-sucedida senhora irrompe com o tango nos instantes menos apropriados, quando o melodrama se encontra em seu estado máximo de ebulição.

O essencial nesses casos é a intenção do diretor, e no caso de *Ardida como pimenta* não se tenta enganar sentimentais, mas realizar uma obra divertida, alegre, que incidentalmente pode ser considerada como uma saudável sátira dos antigos *westerns*.

Só o encarando assim é possível mencionar alguns detalhes de *Ardida como pimenta*, um filme de momento, que não vai a parte alguma logo que encerrada a apresentação, que não é nem mais nem menos o que seus realizadores quiseram, com graça e honestidade, mas que diverte por isso e garante um momento de sadio entretenimento.

Tormenta sob os mares

Um filme de Samuel Fuller — *Anjo do mal* — recebeu uma menção em Veneza pela hábil condução dos elementos cinematográficos. É um mérito que corresponde exclusivamente ao diretor, inclusive a um diretor de

Hollywood, que recebe todo o filme feito no papel e se limita a exercer uma simples função administrativa. Outro filme de Samuel Fuller, *Tormenta sob os mares*, poderia fazer-se credor da mesma menção recebida por *Anjo do mal*, com os mesmos defeitos e a mesma intenção política de história em quadrinhos. Fuller, porém, foi um pouco além de seus compromissos. Richard Widmark, no papel que lhe destinaram, é o bom ator de sempre. Victor Francen faz seu papel de velho cientista com muita dignidade, e Bella Darvi, em sua primeira atuação, permite abrir um justo compasso de espera.

Mas nem o diretor, nem os atores, nem o criador da marcha emocionante que ilustra o constante aparecimento do submarino podiam salvar um roteiro tendencioso e convencional, cujos autores não manifestaram o menor escrúpulo ao distorcer a história moderna. A interpretação que se dá em *Tormenta sob os mares* a um recente episódio não podia ser mais infantil, de modo que a história está minada em sua base, contagiada de uma perigosa puerilidade.

A forçada inclusão de uma mulher na tripulação de um submarino é de uma imperdoável vulgaridade, pois o espectador menos sagaz percebe que o único objetivo dessa presença feminina, puxada pelos cabelos, é assegurar, através de artifícios sentimentais, os espectadores que, por qualquer motivo, não morderam a isca política. O resultado é uma história infantil — um *comic* em Cinemascope —, ambiciosa demais para que a entendam as crianças e por demais ingênua para convencer ou entreter os adultos.

Os mistérios do Marrocos

O cinema político que não é senão político enredou-se em suas próprias esporas com *Os mistérios do Marrocos*, um imbróglio de espionagem internacional, onde entram bons e maus e cujo único mérito poderia ser o esquema montado para despistar o mistério, tão ambicioso e confuso que, no final, dá muito trabalho saber quais são os bons e os maus neste filme.

O autor deste texto se vê na contingência de confessar honestamente que não entendeu o argumento de *Os mistérios do Marrocos*, que saiu do cinema completamente desorientado e que, portanto, não pode dizer se o que aconteceu naquelas duas horas de pura confusão valia a pena ser contado. Mas se alguém tem alguma coisa a dizer e não pode dizê-lo, contando com elementos expressivos tão úteis e ricos em possibilidades como os do cinema, é simplesmente porque não sabe dizê-lo.

Os mistérios do Marrocos poderia passar despercebido, como um insignificante filme comercial, não fosse a presença de Joan Fontaine e Jack Palance, que em *Morrendo a cada instante* já permitia esperar dele alguma coisa mais importante que um nome para lotar cinemas. Este diretor — Charles Marquis Warren —, nas mãos de quem Palance caiu, não tinha o direito de arranhar o prestígio e prejudicar a carreira do ator com esta complicada aventura.

O cinema em Bogotá. Estréias da semana

O diabo riu por último

John Huston e seus alegres rapazes, soltos pelo mundo com um inesgotável carregamento de genebra, realizaram uma formidável sátira desses filmes de mistério sem mistério, cujos protagonistas acordam hoje em Lisboa e um dia depois amanhecem prisioneiros de um chefe árabe que fala um inglês californiano e pergunta por Rita Hayworth. *O diabo riu por último* é obra de voluntários exilados de Hollywood e, de certa maneira, uma amarga, inteligente e deliciosa vingança. Huston, Humphrey Bogart e Robert Morley compõem um grupo de gente de cinema asfixiada pelo comercialismo de Hollywood, que decidiu produzir seus próprios filmes sem concessões à bilheteria, desde o momento em que os compromissos comerciais norte-americanos estragaram com tesouras, retificações e controvérsias de caráter comercial um filme de Huston, que o grande diretor considerava sua obra-prima: *A glória de um covarde*. Esse foi o começo de uma alegre e benéfica boêmia, de homens inteligentes, cultos e com um grande espírito de independência, e que enriqueceram a arte cinematográfica, durante seu exílio, com *Uma aventura na África* e *Moulin Rouge*.

O diabo riu por último não tem lugar na obra completa de Huston. É um filme feito entre amigos, como passatempo entre uma farra e outra, e tudo está impregnado desse estilo desorganizado e brincalhão que, sem dúvida, tem a conversa de Huston e seus companheiros, quando comentam um filme de Hollywood. A brincadeira foi maravilhosamente complementada com diálogos do jovem romancista norte-americano Truman Capote, que realizou um trabalho endemoninhadamente eficaz, mais inteligente que engenhoso, um pouco à Bernard Shaw.

A obra de Huston é, principalmente, a de um intelectual. Tem fama de ser um dos homens mais cultos do cinema. *O diabo riu por último* não podia ter outra origem, e infelizmente nota-se nele um pouco do desencanto, do ceticismo de quem já vem de regresso de todas as coisas e está disposto a desrespeitar, a julgar por suas convicções mais amadas. Desse ponto de vista, *O diabo riu por último* pode ser um sintoma perigoso dos rumos que Huston vai seguindo em sua alegre boêmia, solto pelo mundo com um punhado de amigos que não acreditam em mais nada.

Como experiência, este é um dos filmes mais perigosos já realizados. Bastará que um espectador desprevenido comece a levá-lo a sério para que seja um completo fracasso. É uma zombaria com a maior seriedade, com um espantoso conhecimento do cinema e um incisivo e alcoolizado senso de humor. Como filme é magistral. Como referência na obra de Huston, há nele suficientes fatores para considerá-lo tremendamente inquietante.

Máscaras

O Cine Clube apresentou, em sua sessão da última terça-feira, um filme tcheco cuja data de realização não nos foi possível apurar: *Rozina, hija del amor* [Rozina, filha do amor], um novelão histórico-romântico, cuja ação se desenvolve em 1621 e cujos atores se comportam como se estivessem naquela mesma época. É um filme grandiloqüente, com especulações retóricas das paixões humanas, mas contado em um legítimo idioma cinematográfico, "devagarinho e com boa letra".

Mas o melhor deste setor do Cine Clube foi o curta holandês de Max Haas, *Máscaras*, um extraordinário filme de arte que merece ser apresentado ao público da capital, e certamente como cortesia da embaixada da Holanda, a pedido de algum exibidor.

Máscaras não é outra coisa que uma sucessão genial de máscaras do museu tecnológico de Leiden, apresentadas ao ritmo da "música concreta", ruídos e vozes de rua, recolhidos e organizados por Pierre Schaeffer. Certos críticos consideram que a "música concreta" está destinada a substituir os atuais fundos musicais e, na França, já se está rodando um filme ilustrado por esse maravilhoso processo.

A experiência de *Máscaras* ofereceu-nos a oportunidade de comprovar até onde é razoável a afirmação de que a "música concreta" é mais "cinematográfica" que a comum. E a prodigiosa direção de Max Haas, os efeitos de iluminação sem artifícios fotográficos, demonstraram-nos o quanto são incalculáveis as possibilidades do cinema puramente estético, que consegue suscitar as emoções mais diversas com uma simples mas inteligente sucessão de máscaras.

Tentación [Tentação]

Um bom filme alemão: *Tentación*, de Kurt Hansen, com o qual o cinema alemão do pós-guerra continua na linha iniciada por *Hinter Klostermauern*, longe do açucarado melodramático da tendência puramente comercial, cujo arquétipo, exibido há pouco tempo em Bogotá, foi *Un alma encadenada* [Uma alma acorrentada].

Com uma sucessão de situações fáceis dentro de um tema pouco original, Hansen fez um filme digno, comedido, em que, sabiamente, soube evitar os perigos do lugar-comum cinematográfico. Dois fatores contribuíram decisivamente para esse resultado: a segurança dos atores e a excelente fotografia. Uma fotografia prodigiosamente expressiva, com uma espantosa riqueza de matizes e enquadramentos muito bem estudados, isentos da retórica espetacular.

O desempenho, especialmente o do velho médico, teria bastado para sustentar todo o peso deste drama bem equilibrado, convincente, humano, apesar de ter sido realizado com situações óbvias. Com um pouco de discrição nos comentários musicais e um final menos convencional que o júri de sempre, e a participação de "toda a companhia", *Tentación* teria sido uma produção magistral. Mas é um bom filme, essencialmente cinematográfico.

Noticiários franceses

A presença de noticiários franceses nos cinemas de Bogotá é um acontecimento notável. Há neles um senso jornalístico mais agradável, maior riqueza de temas e, sobretudo, um inteligente aproveitamento dos materiais comunicativos. A reportagem de um jogo de futebol no último campeonato mundial, por exemplo, é simplesmente prodigiosa. Mais que um documentário, parece uma reconstrução dos momentos decisivos daquele evento, através da qual os espectadores ficam, em breves segundos, completamente informados das principais incidências e da qualidade geral do jogo.

Os espectadores cansados de tanta propaganda, tanto tema de nenhum interesse jornalístico, têm, nos noticiários franceses que agora estão sendo exibidos de novo em Bogotá, uma agradável mudança de direção.

O cinema em Bogotá. Estréias da semana

Un divorcio [Um divórcio]

Um dos oito mil conflitos morais inventados por Paul Bourget foi levado ao cinema pelo mexicano Gómez Muriel: *Un divorcio*, com Marga López e Carlos López Moctezuma. O diretor deste filme, que também é autor do roteiro, não fez outra coisa senão sonorizar o romance de Bourget, sem prestar a menor atenção aos valores visuais. Não foi um trabalho para o cinema, mas para o rádio.

Quanto à situação exposta em *Un divorcio*, é muito fácil perceber que se trata de um simples jogo de prestidigitação literária. É como se o sr. Gómez Muriel, autor de comédias leves, houvesse formado um jogo de situações morais e, à vista do público, o fosse mostrando, sucessivamente, com todas as combinações possíveis, até demonstrar que o jogo é infinito porque o ás de paus está ocupando o lugar do ás de copas, por exemplo. Quando se obteve um número de combinações suficiente para manter um interesse estéril durante noventa minutos, este virtuoso da magia branca troca as cartas erradas e destrói, dessa forma, a possibilidade de repetir o jogo: o personagem central converte-se ao catolicismo e todos os conflitos que o seu ateísmo tinha dado origem desaparecem como por arte de magia.

Esse método, muito útil e muito procurado nos dramas exemplares, é a negação da literatura. E na forma em que foi vertido para o cinema, sem um único recurso cinematográfico bem utilizado, é exatamente a negação do cinema. Os valores humanos perdem-se nos labirintos do raciocínio; as propostas e as soluções morais confundem-se com a habilidade retórica. E o resultado é um extenuante sistema de evasivas encadeadas, em que sobra tudo, inclusive as imagens.

Todo o processo é impulsionado pelo diálogo, exceto nos momentos em que o monólogo interior substitui, literariamente, o que poderia ter sido um relato visual, se o autor de *Un divorcio* tivesse alguma idéia do que é cinema. É essa uma demonstração de que, no presente caso, fez-se uma novela radiofônica, gravada na trilha sonora para aproveitar o pretexto das imagens de entretenimento. Quem duvidar, basta assistir à exibição de *Un divorcio* com os olhos vendados, na certeza de que não perderá um só detalhe, e de que ao final não terá nada que lamentar. Seria uma experiência interessante.

Música e lágrimas

Dois norte-americanos célebres, Houdini e Glenn Miller, inspiraram dois dos filmes que monopolizaram as atenções da semana. Ambos têm os mesmos defeitos: sentimentalismo barato, absoluta carência de força humana e inutilidade da cor. A vida de Houdini é extraordinariamente interessante, mas os que a levaram ao cinema não fizeram dela nada diferente do que puderam fazer, deliberada e calculadamente, os redatores de *The Reader's Digest.*

Na biografia cinematográfica de Glenn Miller, mais ambiciosa que a anterior, porque o popular compositor é representado por um ator tão popular quanto ele, James Stewart, o resultado é ainda mais alarmante. Desde o título havia motivos para suspeitar que os compatriotas de Miller tinham feito de sua vida um melodrama em ritmo de *blues*. E ainda que, felizmente, haja neste filme mais música que lágrimas, a exploração destas últimas, especialmente na cena culminante, é de uma indecorosa intenção comercial. Os norte-americanos estão empenhados em se apresentar como eles mesmos crêem que são. E se os norte-americanos célebres foram como os seus compatriotas os apresentam no cinema, pode-se assegurar que os Estados Unidos não teriam podido pretender nunca o domínio do mundo. Parece evidente que o erro de Hollywood ao romancear a biografia de seus heróis é a confusão em que se incorre ao tentar distinguir entre o essencial e o episódico. O Glenn Miller de *Música e lágrimas* é um personagem de história em quadrinhos para divertir burgueses. James Stewart, como ator, é maior que este personagem que conquista a popularidade pelo caminho do pitoresco, sem que em nenhum momento pareça um personagem de carne e osso. A fome deste Glenn Miller em tecnicolor é uma fome irreal que não convence a ninguém. O fogo interior que o impele a buscar um estilo próprio não o teria ajudado se ele fosse como o apresentam no cinema, nem para interessar às crianças que se aborrecem comendo sorvetes no Central Park. Tudo é falso neste filme, que seria insuportável se não fosse apoiado, com dificuldade, pela música do verdadeiro Glenn Miller.

Os realizadores de *Música e lágrimas* ganhariam muito se seguissem o exemplo de Henry Koester, em sua magnífica biografia de Phillips Souza: *Marcha triunfal*.

Tous les chemins mènent à Rome [Todos os caminhos levam a Roma]

Baseado em um tema original de Jacques Sigurd, o diretor francês Jean Boyer fez uma agradável comédia com Micheline Presle e Gérard Philippe: *Tous les chemins mènent à Rome*. A fórmula era infalível: um distraído jovem matemático, leitor de romances policiais, e uma estouvada atriz de cinema, envolvidos na mesma aventura.

Aqueles que tiveram a oportunidade de desfrutar, há dois meses, de *Topaze*, conhecem a maravilhosa habilidade de Boyer para superar situações que, nas mãos de outro diretor menos seguro de si mesmo, resultariam disparatadas. Os mesmos perigos oferecidos por *Topaze* estavam presentes em *Tous les chemins mènent à Rome*, e embora esta seja uma comédia de costumes tola, a qualquer momento se percebe a mão firme e correta do bom diretor, evitando que o humor se converta em palhaçada.

Como curiosidade cinematográfica, é um desses filmes em que todo mundo corre, em que as coisas acontecem a toque de caixa e, apesar disso, é um filme lento, o que talvez seja um de seus principais defeitos. Em compensação, porém, estão o excelente equívoco dos ladrões, a heróica batalha do jovem matemático com a própria sombra e, sobretudo — como alívio à divertida bebedeira dos dois protagonistas, desnecessariamente alongada —, o passeio de barco à luz da lua, que é simplesmente magistral.

Cada novo filme de Gérard Philippe confirma e justifica o enorme prestígio que esse ator desfruta na Europa, não só no cinema, mas também no teatro. Mas Philippe não se engana de cenário: em nenhum instante deste filme ele é teatral, embora *Tous les chemins mènent à Rome* pudesse tê-lo conduzido a esse erro, pela transbordante e um pouco desenfreada mobilidade das cenas.

O absurdo estribilho dos três anões, que aparecem por toda parte sem justificativa nem explicação, é um detalhe genial. *Tous les chemins mènent à Rome* é, pelo exposto, um bom filme, que, entretanto, poderia ter sido inteiramente magistral.

Cine-Variedades

Entre as múltiplas experiências cinematográficas que se vêm fazendo no país, é preciso destacar, uma vez mais, as revistas periódicas da *Grancolombiana Films*, dirigida pelo colombiano Jorge Valdivieso.

Quando foi lançado o primeiro número de *Cine-Variedades* — nome que seus realizadores deram a este interessante gênero de filmes de curta-metragem —, esta seção registrou o acontecimento como o primeiro ensaio de cinema com futuro que se fazia entre nós. Agora está sendo exibido o terceiro número de *Cine-Variedades*, e não é possível ocultar a satisfação proporcionada pela evidência de que nosso país está encontrando, lentamente mas com segurança, o caminho do cinema nacional.

AGOSTO DE 1954

Balanço e reconstituição da catástrofe de Antióquia

HÁ SESSENTA ANOS COMEÇOU A TRAGÉDIA

E O PERIGO CONTINUA. A IMPRUDÊNCIA. A SOLIDARIEDADE E A CURIOSIDADE FIZERAM MEIA CENTENA DE VÍTIMAS. "NÃO SE IMPORTAVAM QUANDO ERAM ADVERTIDOS DO PERIGO", DISSE O PADRE GIRALDO. ALIRIO E LICIRIO CARO, OS MENINOS SOBREVIVENTES.

Na segunda-feira, 12 de julho, um pouco antes das sete horas, os meninos Jorge Alirio e Licirio Caro, de 11 e oito anos, saíram para cortar lenha. Era um trabalho que realizavam três vezes por semana, com um pequeno facão de cabo de osso, gasto pelo uso, depois de tomarem o café em companhia do pai, o areeiro Guillermo Caro Gallego, de 45 anos. Viviam com a mãe e outros quatro irmãos em uma casa localizada junto à quebrada de El Espadero, que se desbarranca a sete quilômetros de Medellín pela estrada de Rionegro. Naquele dia, porém, Jorge Alirio e Licirio não tomaram o café com o pai, pois este saiu mais cedo que de costume para La Iguaná, um areal no outro lado da cidade (dez quilômetros aproximadamente), onde extraía areia para vender das terras de Luis Enrique Burgos, a quem pagava dez pesos semanais a título de direitos de exploração.

Os meninos dirigiram-se pela estrada até o armazém Media Luna, que dá nome a toda aquela área, porque pensavam que não tinha chovido à noite e que poderiam encontrar madeira seca. Mas não se haviam afastado um quilômetro de casa (o armazém Media Luna está a cinco), quando Jorge Alirio ouviu um ruído, "como uns cavalos", e viu que na base da montanha rolava um pequeno alude em direção à casa dos pais.

— Corremos para avisar — disse Jorge Alirio, o mais velho e o mais falante dos meninos —, mas aí vimos que vinha outra avalanche, maior que a de antes, e já chovia pedra e pau sobre nós, na estrada. — Os meninos se jogaram ao chão até cessar a avalanche. Um minuto depois, não encontraram um só vestígio da casa.

Primeiro saldo: 5

Sepultados pelo alude ficaram: Marta de Caro, a mãe, que quando seus filhos mais velhos viram pela última vez, "ia lavar"; Amparo, de nove, que estava varrendo; Solange, de cinco; Cielo, de dois, que acabara de se levantar, e Argemiro, de oito meses, que ainda não tinha acordado. Um pouco mais abaixo, o agricultor Alberto Rincón trabalhava sua terra sem ter notado o que acontecera, quando os meninos, ainda dominados pela primeira impressão, foram pedir-lhe "que nos ajudasse a desenterrar a casa". Rincón, desconhecendo a extensão da tragédia, respondeu-lhes, segundo dizem os meninos: "Agora estou ocupado, não posso perder tempo."

Um teatro: o dos acontecimentos

Quando no quartel dos bombeiros chegou, às nove horas, um telefonema da secretaria de governo solicitando o envio de pessoal para o resgate, a notícia espalhava-se pela cidade. Os habitantes do pitoresco e tortuoso bairro de Las Estancias, que parece um presépio de Natal, com suas casas encravadas na montanha, dirigiam-se em massa para o local da catástrofe, pulando cercas para encurtar distâncias. Pela estrada chegavam as famílias do bairro Echavarría (para empregados de Coltejer, segundo diz o gigantesco muro de cimento armado), a três quilômetros do local do desabamento. Por ali ia a família do ciclista Ramón Hoyos. Nesse momento havia um novo deslizamento de menores proporções, o terceiro no mesmo lugar: engenheiros e geólogos garantem que há cinqüenta ou sessenta anos, antes da construção da estrada para Rionegro, deve ter ocorrido ali um primeiro deslizamento de grandes proporções. Desde então esse terreno estava gretado, completamente desmatado, e pelas gretas infiltravam-se as águas de uma acéquia não revestida, e que ali está há muito tempo, no local dos desabamentos. Praticamente há sessenta anos começou a se originar a tragédia.

Uma companhia de 24 bombeiros iniciou, às 9h15, os trabalhos de salvamento, lutando não apenas contra os naturais inconvenientes, mas com a imprudente generosidade da multidão, cada vez mais numerosa e desorganizada, que tentava intervir na brutal tarefa. Um grupo de trabalhadores agrícolas removia a terra, sem se preocupar com o perigo de novos deslizamentos causados pela violenta remoção, ou de destroçar com suas pás de aço os cadáveres sepultados. Tratavam de resgatar corpos, mesmo contra a ameaça de novos deslizamentos, e para conseguir isso ali estavam uma companhia de bombeiros e a quase totalidade dos habitantes de Las Estancias e do bairro Echavarría; viajantes de Medellín com destino a Rionegro e viajantes de Rionegro com destino a Medellín, que se detinham para cooperar no resgate, ou simplesmente para olhar, embora o trânsito não estivesse interrompido.

O último a saber

A partir das 11 horas, as rádios de Medellín confirmaram o que já circulava em toda a cidade como um insistente rumor. Ao meio-dia fecharam as repartições e a multidão de empregados, em vez de seguir para suas casas, tomou a direção da estrada de Rionegro em todo tipo de transporte. Se nesse momento houvesse ocorrido um novo deslizamento, sobre uma compacta e desprevenida multidão de empregados, estudantes, operários, camponeses, comerciantes e curiosos sem profissão conhecida, as vítimas teriam passado de mil. Pouco depois do meio-dia, no outro lado da cidade, alguém que os areeiros não souberam identificar chegou à quebrada onde trabalhava Guillermo Caro Gallego, e lhe disse "que fosse urgentemente, porque o rádio tinha dito que sua casa estava caindo".

Dez quilômetros procurando a morte

Aos 45 anos de idade, Guillermo Caro Gallego tinha 12 de areeiro. Ganhava sessenta pesos semanais, vendendo a sete o metro cúbico de areia. Com 120 pesos mensais sustentava a mulher e seis filhos, e tinha conseguido construir uma casa em terreno alugado, com a esperança de comprá-lo mais tarde. Jorge Alirio e Licirio, os dois mais velhos e únicos sobreviventes, foram matriculados, no ano passado, na escola pública de Las Estancias, a quatro quilômetros de sua casa, mas a deixaram antes do fim do ano "porque meu pai não podia nos sustentar", segundo diz Licirio.

Em tais circunstâncias, Guillermo Caro era o areeiro típico, entre os sessenta areeiros da praia de Burgos, que às 14 horas do dia 12 de julho conseguiram que não lhe cobrassem direito de praia durante o tempo que empregaram no resgate dos cadáveres. Caro estivera no local da tragédia, achara que os trezentos voluntários que tratavam de remover a terra eram insuficientes, e retornara a La Iguaná para pedir ajuda a seus companheiros. Todos concordaram, menos um, "porque, no sábado, tomei um purgante". Dezoito não retornaram nunca mais, entre estes uma mulher: Isabel Salazar, areeira, que vivia em Las Nieves, com a mãe e três filhos.

Liberdade de imprudência

Às quatro da tarde, os bombeiros tinham conseguido conter os desabamentos. Uma considerável quantidade de terra havia sido removida, mas não se havia localizado uma única telha, um único objeto doméstico, um único sinal da casa de Guillermo Caro. Incomodada com a monotonia e a esterilidade do espetáculo, a maioria dos curiosos já retornava a Medellín. Outros, porém, que ainda não haviam estado ali, dirigiam-se para a Media

Luna. Quatro estudantes que conversavam em Junin ouviram falar da tragédia e decidiram ir vê-la, viajando no automóvel de um deles. Os estudantes eram: Juan Ignacio Angel, de 22 anos, estudante de economia; Fernando Calle, de odontologia; Carlos Gabriel Obregón e Jaime Uribe. Quando chegaram à quebrada de El Espadero, não eram eles os únicos estudantes: estavam também os meninos de Las Estancias, que saíam da escola e iam diretamente ao local do desabamento.

Quando o pároco de Las Estancias, Octavio Giraldo, viu os meninos passarem à frente da porta da casa paroquial, preveniu-os do perigo que corriam. "Não se importavam", disse o padre Giraldo, um antioquenho jovem, inteligente e cordial, que durante toda a tarde tentou persuadir seus paroquianos. Apesar de seus esforços, até mesmo sua sobrinha, estimulada pela curiosidade, conseguiu a permissão do tio para presenciar o resgate das vítimas.

O último segundo

A única advertência aos habitantes de Medellín foi a do padre Giraldo. Não houve qualquer medida oficial, e se o número de vítimas não foi maior isso se deveu a que, caída a tarde, os curiosos perderam interesse. Começava-se, então, a trabalhar com pessimismo: em oito horas de heróicos esforços, não tinha sido possível resgatar nem mesmo o par de sapatos novos que Jorge Alirio Caro ganhou, dois meses antes, como presente de aniversário, e que na manhã deixara junto à cama, ao voltar da igreja.

Como estava escurecendo, não acontecia nada e todo mundo já ia embora, Yolanda Moreno decidiu voltar para sua casa em Las Estancias, com os irmãos menores: Orlando, de dez anos, e Luz Stella, de 12. Nesse momento viu chegar o leiteiro de seu bairro, Francisco Antonio Hernández, que acabava de encerrar as vacas na fazenda de Jaime Arango, e se preparava para participar no resgate. Eram 18h10 e ameaçava chover.

Yolanda Moreno pegou pelas mãos os irmãos, abriu caminho através de uma multidão, reduzida agora a umas duzentas pessoas, e se dirigiu para sua casa pelo lamaçal formado na estrada pela água dos bombeiros e pela terra removida. Deixava o centro dos desabamentos quando "passou um terremoto", que lhe arrebatou das mãos os dois meninos, arrastou-os, devorou-os em uma fração de segundo, enquanto ela, misteriosamente paralisada e intacta, sentia-se açoitada por uma tremenda explosão de lama.

...Até um coelho

"Parecia estar ouvindo um monte de rádios mal sintonizados", disse o comandante dos bombeiros de Medellín, Efraín Betancourt. Um grupo de cinqüenta pessoas, que se colocara em uma reentrância rochosa da montanha, viu descer sobre suas cabeças um gigantesco alude, arrastando a vegetação e estremecendo os arredores com sua força desenfreada. Em meio à confusão e ao pânico, muita gente viu cair a primeira vítima: o bombeiro Leonardo Urrego, com a coluna vertebral destroçada por uma rocha. Seus 23 companheiros estenderam-se na terra, instintivamente, e só cinco sofreram ferimentos leves. Impelidos pela confusão e pelo terror, a meia centena de curiosos daquele lugar dividiu-se em dois grupos: um correu para a esquerda, outro para a direita. Se em vez de agirem assim tivessem permanecido imóveis, muito provavelmente teriam se salvado, porque um pouco antes de alcançar aquela reentrância o alude se bifurcou. Uma única de suas vertentes sepultou, em uma fenda situada à beira da estrada, um grupo de 27 pessoas amontoadas. As coisas aconteceram com tal rapidez que, dois dias mais tarde, o secretário de obras públicas do município, dr. Javier Mora, resgatou dos escombros o cadáver de um coelho.

Pânico

Seiscentos mil metros cúbicos de terra desceram violentamente sobre a multidão, o que, em peso aproximado, equivaleria ao desabamento, montanha abaixo, de dois capitólios nacionais. O tremendo vendaval provocado pela comoção impediu que muitos pudessem se salvar. A várias quadras do local dos acontecimentos, os postes e fios telegráficos ficaram cobertos de lama, mato e refugos da catástrofe. A pontezinha da quebrada de El Espadero sobre a estrada foi bloqueada pelo alude, e deixou esmagadas sob ela sete pessoas. Juan Ignacio Angel, o estudante de economia que se encontrava na reentrância da montanha, correu para baixo, seguido por uma menina de uns 14 anos e por um menino de dez. Seus companheiros, Carlos Gabriel Obregón e Fernando Calle correram em sentido contrário. O primeiro, sepultado pela metade, morreu asfixiado. O segundo, que era asmático, parou de correr, ofegante, e disse: "Não posso mais." Nunca mais se voltou a saber dele.

Dois minutos depois do fim

"Quando corria para baixo, com a menina e o menino", contou Juan Ignacio Angel, "encontrei um barranco grande. Nós três nos atiramos ao chão." O menino não se levantou mais. A menina, que Angel não identificou entre os cadáveres resgatados, ergueu-se um momento, mas voltou a se atirar no chão, com gritos desesperados, quando viu a terra passar por cima do barranco. Angel tentou correr novamente, mas suas pernas estavam paralisadas. A lama subiu de nível em um segundo até o peito do estudante, que conseguiu livrar o braço direito. E nessa posição permaneceu até que cessaram os ruídos atordoantes e sentiu, nas pernas, no fundo daquele denso e impenetrável mar de lama, a mão da menina que, no começo, agarrava-se a ele com força desesperada, depois o arranhava e, finalmente, em contrações cada vez mais fracas, desprendeu-se de seus tornozelos.

Quando o padre Giraldo soube da notícia, estava escurecendo. Eram 6h20. Cinco minutos antes sua sobrinha tinha voltado para casa.

Balanço e reconstituição da catástrofe de Antióquia (II)

MEDELLÍN, VÍTIMA DE SUA PRÓPRIA SOLIDARIEDADE

A CIDADE SE PREPAROU PARA SOCORRER DEZ MIL FERIDOS. "HAVIA TREZENTOS CHEFES DE OPERAÇÕES" NO RESGATE. OS CÁLCULOS SOBRE AS VÍTIMAS. O QUE PODIA TER ACONTECIDO HORAS DEPOIS. OS DESAPARECIDOS E OS APARECIDOS.

O que aconteceu na cidade de Medellín na noite de 12 de julho foi, do ponto de vista jornalístico, uma coisa completamente diferente da tragédia: aquela foi a mais formidável e enlouquecida explosão de espírito público, uma fabulosa manifestação de solidariedade social. As emissoras locais suspenderam seus programas normais para transmitir a notícia, na hora em que os habitantes de Medellín se sentavam para jantar. A Rádio Nutibara instalou transmissores em um carro, às 19 horas, e transmitiu boletins de notícias do lugar da catástrofe, enquanto se trabalhava no resgate. Minuto a minuto os habitantes de Medellín recebiam versões da tragédia, cada vez mais confusas e alarmantes. Quando se pediu o comparecimento de médicos a clínicas e hospitais, todos os médicos da cidade, enfermeiras voluntárias e estudantes correram para ocupar seu lugar. Na policlínica municipal, uma das mais completas equipes profissionais que se possa conceber em Medellín disputava o cuidado dos feridos, que, geralmente, retornavam a suas casas tão logo refeitos daquilo que não era mais que um tremendo susto.

Quando, às 19h30, solicitaram doações de sangue, os sentimentos de solidariedade do povo antioquenho estavam tão exaltados que em uma hora a capacidade de armazenamento do banco de sangue foi superada e se precisou improvisar elementos para receber as doações oferecidas. Entretanto, é muito provável que a quantidade armazenada no banco de sangue, antes das doações voluntárias, fosse suficiente para atender às necessidades: muito poucos feridos precisaram de transfusões.

Sobrou espírito público

O comandante da brigada, coronel Emilio Tovar Lemus, deixava a sessão vespertina em que acabara de ver *O salário do medo* — cujo cenário é muito parecido ao da estrada para Rionegro —, quando a cidade fervilhava de confusão. Camionetas oficiais e particulares, a frota de segurança da companhia de energia elétrica, transformadas em ambulâncias, corriam por toda a cidade. Devido à confusão das notícias, do clamor das sirenes, da cívica desobediência às disposições do trânsito, originada pela emergência, a cidade se preparou em uma hora para socorrer, com folga, dez mil feridos. Um sereno levantamento final demonstrou que houve apenas 65, nenhum de extrema gravidade.

Confusão no resgate

"Havia trezentos chefes de operações", calcula uma testemunha, lembrando a maneira como uma multidão desorientada trabalhava no resgate, não sabendo exatamente o que estava acontecendo. O padre Jairo Mejía, que soube da notícia quando acabara de rezar missa na igreja de Buenos Aires, foi um dos primeiros a conseguir impor um princípio de organização nos trabalhos de resgate, com sua serenidade e a experiência adquirida em uma emergência semelhante, há poucos anos, no incêndio que destruiu um considerável setor de Rionegro.

O secretário de obras públicas do município, dr. Javier Mora Mora, que apesar de sua cordialidade não fala muito da noite de 12 de julho, "porque não quero recordá-la", tentou coordenar as atividades e o conseguiu até onde foi possível, em um tenebroso inferno de lodo, iluminado com lanternas. Não menos de mil pessoas davam e desobedeciam ordens, aos gritos, através de megafones, sem qualquer orientação.

Intercâmbio de vítimas

"Os mortos pareciam estátuas de barro", disse uma testemunha. E esse foi um dos fatores da confusão. A grande maioria dos que participaram do resgate empenhava-se em localizar uma vítima de sua família, porque algum de seus parentes não estava em casa no momento da divulgação da notícia, ou tinha falado do acidente e depois não havia sido encontrado, ou simplesmente porque não fora jantar na hora de costume.

Na policlínica municipal, uma família reclamou o cadáver de um menino identificado por todos como um dos seus. Quando a família chegou a casa com o cadáver, encontrou o menino verdadeiro, assustado porque, quando chegou e ao não encontrar ninguém, pensou que toda sua família tinha morrido na tragédia.

Caso oposto foi o de Cristina López, residente em Vilahermosa, que identificou como o de seu filho Marco Antonio López, de 35 anos, um cadáver seminu. Cristina López tirou parte de suas roupas e voltou a sua casa para preparar o velório. Quando voltou ao "quarto do esquecimento" do Hospital de São Vicente, onde uma multidão desesperada tentava reconhecer os cadáveres, o suposto cadáver de Marco Antonio López tinha sido entregue a outra pessoa: uma mulher que o identificou e o sepultou como seu esposo, Crisanto Arango. Até sexta-feira passada, Cristina não havia encontrado o filho, nem vivo nem morto, e insistia em que era seu o cadáver disputado, que não sofreu desfigurações.

Erro de cálculo

Os cadáveres eram localizados na escuridão e conduzidos aos postos de emergência, onde os médicos anunciavam geralmente a mesma causa: asfixia. O engenheiro Hugo D'Amato garante ter visto, naquela noite, um policial conduzindo uma perna humana em um carrinho de mão. Não foi, porém, considerável o número de cadáveres mutilados.

No local da tragédia não havia tempo, nem condições ou organização para contar o número de vítimas. Não se sabia quem as levava, nem para onde. Às 21 horas se poderia dizer que os mortos eram mil. Às 22h30, quando o governador do departamento, general-de-brigada Rengifo, deu, através de alto-falante, a ordem de suspender o resgate até o dia seguinte, calculava-se que pelo menos trezentos corpos ainda estavam ali soterrados.

O que podia ter acontecido

Naquele momento havia no local da catástrofe cerca de mil pessoas. À noite estiveram ali não menos de duas mil. E ninguém pensou então em um novo deslizamento, que poderia ter sepultado os governantes do departamento e do município, autoridades eclesiásticas, industriais, comerciantes, profissionais e gente de todas as classes. Apesar disso, uma comissão de engenheiros considerou, na manhã do dia 13, que milagrosamente não houve na noite do resgate uma nova tragédia de proporções gigantescas. Diz a informação dos engenheiros: "Atualmente, há um bloco de aproximadamente cinco mil metros cúbicos, e pelas fendas e rachaduras que apresenta, de um momento para outro pode rolar, ocasionando com sua velocidade e impacto, mais movimentos nas partes inferiores cobertas de material desmoronado." Um dos engenheiros informantes, Conrado Guendica, considera que esse provável novo alude pode arrastar cinqüenta mil metros cúbicos de material, caso não se limpe, drene e arborize o terreno.

Terça, 13

A terça-feira 13, foi, na verdade, um dia fatídico para Medellín. Em uma única quadra do bairro de Las Estancias — rua 52, entre 14-A e 15 — houve sete velórios. Em uma única das casas daquela rua houve duas vítimas: Orlando e Luz Estela Moreno, as crianças que "um terremoto" arrancou das mãos da irmã, Yolanda, quando se preparavam para voltar para casa. Yolanda sofreu ferimentos de pouca gravidade.

A igreja de Las Estancias sepultou oficialmente 23 vítimas identificadas e uma que foi resgatada por particulares 12 dias depois da tragédia, em estado de decomposição, e que foi sepultada como N.N.

Seis das vítimas de morte eram estudantes das escolas Beato Salomón e Miguel de Aguinaga para meninos, e três da escola Manuel José Caycedo, para meninas. É muito provável que a maioria delas tivesse ouvido as advertências do padre Octavio Giraldo, quando se dirigiam ao local da catástrofe.

Números totais

A igreja de Buenos Aires sepultou dez vítimas. E no mesmo dia, dois cadáveres com o mesmo nome completo: Marco A. Grajales Agudelo. Um deles, porém, não morreu na tragédia da Media Luna, mas esmagado por uma árvore, em outro lugar do município.

Dos sessenta areeiros que prestaram socorro a Guillermo Caro, 18 morreram e seus corpos foram resgatados, identificados e sepultados oficialmente. Entre eles, o próprio Guillermo Caro, que, antes do deslizamento das 18h15, mandou levar seus filhos sobreviventes à casa de uns parentes, em El Coco, onde agora vivem.

Na quinta-feira, 22 — dez dias depois da catástrofe, quando os trabalhos de resgate já estavam oficialmente suspensos —, o prefeito de Medellín, dr. Jorge Botero Ospina, forneceu o número final de corpos resgatados: 64. Nos dias seguintes, um grupo de pessoas, não funcionários, resgatou outros cinco, burlando a vigilância. O número exato de vítimas resgatadas: 69.

Desaparecidos

Somado à família de Guillermo Caro (nenhum de seus cinco membros sepultados pelo primeiro desmoronamento foi resgatado), o número total de vítimas conhecidas eleva-se a 74. Embora as autoridades de Medellín tenham solicitado informações sobre os desaparecimentos, seu número não é elevado, e alguns deles não merecem crédito, pois circula a versão, já muito difundida, de que algumas pessoas, com dificuldades econômicas ou de qualquer outra índole, se ausentaram de Medellín para serem consideradas vítimas não resgatadas.

De outra parte, são inexatas as informações de que se sente um cheiro repugnante no local da tragédia, fato que seria tomado como indício de que ainda é considerável o número de cadáveres por resgatar. O local da tragédia é aprazível, o trânsito de veículos foi recuperado, e hoje demonstra a enganosa e tranqüilizante aparência de que ali não acontecerá um novo deslizamento.

Medellín recupera-se rapidamente da comoção. O bairro de Las Estancias, que por sua proximidade com a Media Luna sofreu o maior número de vítimas, recuperou seu sereno e pitoresco aspecto de presépio de Natal. Nem sequer a entrega do leite foi suspensa, todas as manhãs, às seis horas, embora o leiteiro Francisco Antonio Hernández tenha morrido na catástrofe. A 13 de julho, com o cadáver em casa, sua mulher, Carmen Rosa Bedoya, e seus dois filhos, distribuíram o leite como de costume, e desde então não deixaram de distribuí-lo.

Balanço e reconstituição da catástrofe de Antióquia (III)

ANTIGA MINA DE OURO PRECIPITOU A TRAGÉDIA?

TEORIAS DA EXPLOSÃO. COMO EVITAR UMA NOVA CATÁSTROFE. UMA FAMÍLIA DE 15 MEMBROS, DESAMPARADA. O HOMEM QUE VEIO BUSCAR A MORTE. "DEUS, QUE DÁ A DOENÇA, DÁ TAMBÉM O REMÉDIO." PREJUDICADOS.

Diz-se: "A absurda tragédia de Medellín." E está se dizendo a verdade. Foi essa, talvez, a mais absurda de todas as tragédias acontecidas no país, porque era a mais evitável. O deslizamento das 6h15, por ter sido muito maior que o das sete horas da manhã e o segundo das nove horas, foi um fenômeno geologicamente insignificante. Menor que o de vinte anos atrás em Envigado, que sepultou uma fábrica de têxteis. Agora mesmo, afirmam os entendidos, pode estar acontecendo, em diferentes lugares de Antióquia e Caldas, deslizamentos de proporções mais importantes que os da Media Luna e, apesar disso, não passam de insignificantes fenômenos naturais.

Há dez anos uma comissão de técnicos inspecionou as terras do povoado de Jericó, onde um colégio de padres estava deslizando de sua base, montanha abaixo. Depois de um estudo das condições geológicas da região, recomendou-se à população de Jericó a mudança para lugar mais seguro. Há hoje em Jericó casas rachadas por movimentação dos terrenos, e a zona de Guacas (Heliconia), a quarenta quilômetros de Medellín, está ameaçada por afundamento do solo.

Em comparação com esses lugares, Media Luna não oferecia perigo alarmante, especialmente se se tivesse evitado e impedido que duzentas pessoas ali estivessem reunidas quando desabou uma quantidade de terra tão insignificante que nem sequer provocou danos irreparáveis na estrada de Rionegro.

Causas da tragédia?

Numerosas testemunhas são unânimes em afirmar que houve uma explosão. A presença de lama e mato a várias quadras do local da tragédia poderia ser indício de que aquele material espalhado se devia a uma explosão, embora essa dispersão possa ter sido causada também pela gigantesca massa de material pesado que se precipitou montanha abaixo. As mesmas hipóteses poderiam explicar o violento estremecimento que arrebatou das mãos de Yolanda Moreno seus dois irmãos, e o fato de que muitas vítimas não tivessem podido se salvar porque uma tremenda comoção os atirou à terra.

Há em Medellín uma versão muito difundida: no alto do morro, onde ocorreram os desmoronamentos, andaram tentando explorar, há muito tempo, uma mina de ouro clandestina. Os trabalhos foram suspensos, mas ficou o túnel, onde se formou um depósito de água, resultado das infiltrações de uma acéquia não revestida. Um dos engenheiros designados oficialmente para estudar aquele terreno, o dr. Conrado Guendica, considera bastante razoável essa versão. Compartilha também da crença de que houve uma explosão e explica o desmoronamento das 6h15 da seguinte maneira: os desmoronamentos da manhã amoleceram o piso situado sobre o túnel, exerceram uma pressão sobre ele e fizeram explodir o depósito de água. Esse mecanismo teria originado o violento estampido e a imediata formação da lama, que aumentou consideravelmente as proporções da catástrofe.

Essa teoria é tanto mais crível quanto que parece ter ficado inteiramente demonstrado que os deslizamentos da manhã originaram-se a maior altura que o das 6h15. Quanto à teoria de que havia, no ponto de origem do deslizamento, um vulcão de lama (que explicaria a explosão e a presença imediata da lama), foi descartada por alguns geólogos. Uma terceira teoria, que admite a existência do túnel perfurado para explorar uma mina de ouro, pretende demonstrar que a explosão se deve à formação de gases no túnel. Esta última teoria poderia ser comprovada mediante uma imediata análise química da lama que desabou sobre a multidão, o que, segundo parece, não se fez, até onde foi possível verificar.

É preciso arborizar

O atual risco do morro de Santa Helena, onde, segundo os engenheiros, "há um bloco de aproximadamente cinco mil metros cúbicos (...), que, de um momento para o outro, pode rolar", tem um remédio imediato: remover o bloco artificialmente, drenar o terreno e arborizá-lo. Os deslizamentos ocorrem porque a água torna escorregadia a terra que descansa sobre uma rocha inclinada e a faz resvalar. As árvores têm a virtude de absorver a água, eliminá-la lentamente, e evitar que o terreno deslize. A árvore mais recomendável, segundo declarações autorizadas, é o eucalipto, "porque absorve seu peso em umidade". O pinheiro, muito usado em tais circunstâncias, tem — segundo o mesmo informante — a desvantagem de produzir e soltar uma resina que impermeabiliza o solo. Não explicou, porém, por que essa impermeabilização do solo seria uma desvantagem.

O maior prejudicado

As precauções que se tomassem nesse sentido contribuiriam para reduzir consideravelmente a probabilidade de novas tragédias, semelhantes às da Media Luna, uma vez que, por motivos tão absurdos e evitáveis, venham a se repetir casos como o de Emilia Pérez, viúva de Agudelo, que vive agora desamparada em Robledo, com 15 outras pessoas, porque seu filho, Jesús Gilberto Agudelo, areeiro, de 45 anos, caminhou dez quilômetros na tarde de 12 de julho para ajudar no resgate da família de Caro. Jesús Gilberto Agudelo, que sustentava, com 120 pesos mensais, 15 pessoas, tomou o café da manhã em casa, ao meio-dia recebeu o almoço que a mãe lhe fazia chegar todos os dias a La Iguaná, e quando um de seus sobrinhos lhe levou o *alguito* (*mazamorra* com doce), às duas horas, já tinha ido para a Media Luna. Jesús, que "de vez em quando tomava seus traguinhos, mas nunca chegava tarde", segundo diz sua mãe, pertencia à sociedade de ajuda mútua da Virgem do Carmo, cujos membros lhe deram sepultura cristã e custearam os funerais no valor de 250 pesos. O cadáver não estava mutilado: o único sinal de violência encontrado nele, uma vez limpo da lama que o cobria, foi uma ferida superficial, de 2,5cm, na fronte esquerda.

O mal e o remédio

Hoje, Emilia Pérez, viúva de Agudelo, continua morando na mesma casa de dois quartos, pela qual paga 15 pesos mensais de aluguel, e onde moram, comem e dormem 15 pessoas: uma filha "com seis menininhos e o rancho pegando fogo", três filhas mais (de 15, 13 e 12, a mais velha das quais "está na escola, mas não aprende nada e eu não sei por quê"; e entre outros, "a esperança da família": Julio, de 24 anos, que tentou ser areeiro mas descobriu que é alérgico ao areal. Cada vez que entra nele, "aparecem umas crostas que viram feridas".

"Nesta casa chove mais por dentro que por fora", diz Emilia Pérez, a maior das prejudicadas, uma mulher de 65 anos, pequena, frágil e disposta a responder o que lhe perguntem, sem demonstrar desagrado. "Por que não parece triste com a morte do filho e o desamparo em que se encontra?" "Porque não se ganha nada com chorar", responde. "Deus dá ao mesmo tempo a doença e o remédio."

Veio procurar a morte

O sentimento de solidariedade dos antioquenhos teve outra oportunidade de se manifestar a 28 de julho, quando Livia Rojas, mulher de José Alejandro Atehortúa, um dos 18 mortos de La Iguaná, precisou da ajuda dos areeiros, como no dia 12 já acontecera com Guillermo Caro. Livia Rojas deu à luz um menino, 16 dias depois de morto o marido, com quem já tinha outros quatro filhos. As mulheres dos areeiros a assistiram e, às duas da tarde, teve o filho póstumo de José Alejandro Atehortúa: um menino que ainda não tem nome, pois "eu queria pôr José Alejandro, como o pai dele", mas um dos mais velhos já se chama assim.

Atehortúa era considerado "o mais arrenegado" dos areeiros: nunca quis ter esse trabalho. "Cada vez que podia, ia embora", diz o capataz, De la Pava, e durante algum tempo esteve trabalhando na central hidrelétrica de Rio Grande. No dia 1º de julho voltou a La Iguaná, para onde havia prometido não retornar nunca mais. Treze dias depois o desenterraram na Media Luna para voltar a ser sepultado, definitivamente, no humilde e desolado cemitério de San Lorenzo, "o dos pobres", como o chamam em Medellín.

Tão resignados como a família de José Alejandro Atehortúa, como Emilia Pérez, viúva de Agudelo — que até a sexta-feira havia recebido 115 pesos do serviço social do município —, estão todos os bravos e confiantes antioquenhos que perderam um dos seus na tragédia: "Esperando que Deus nos mande o remédio."

O cinema em Bogotá. Estréias da semana

Jeromín

Alguém disse que o cinema espanhol é um elenco de damas e cavalheiros disfarçados de cortesãos, onde há sempre um lacaio que interrompe o diálogo para dizer: "Em Coimbra vos espera vosso pai, majestade." Essa brincalhona definição é, apesar de tudo, apenas ligeiramente exagerada, especialmente depois da longa e indigesta sucessão de folhetins com que o cinema espanhol decidiu depreciar a formidável história da península. Ao término dessa longa corrente de solenes e empertigados pastelões, está *Jeromín*, um banquete de Carnaval dirigido por Luis Lucía, baseado no conhecido romance escolar do padre Coloma.

Jeromín é, como seu nome já o indicara aos leitores do padre Coloma, a biografia do menino que, mais tarde, chegou a ser dom João de Áustria, e que, desde idade muito tenra, deu mostras inequívocas de seu temperamento guerreiro. O protagonista, o menino Jaime Blanch, a quem Luis Lucía frustrou uma vocação que deve ser qualquer uma menos a de ator, faz um lamentável Jeromín de escola pública, com uma verbosidade e uma grandiloqüência de ópera-bufa. E tudo vai nesse passo neste filme, inteiramente operístico, em que não convence nem sequer a indumentária dos personagens, que a todo momento se mostra artificial, desajeitada, sobreposta, porque a falsidade dos protagonistas contamina tudo o mais, até mesmo o figurino. Vê-se de longe que esse cerimonioso cavalheiro que se faz de duque de Alba não é senão um espanhol disfarçado.

O resultado final é um espetáculo cômico. Inclusive o alto e esquálido escudeiro, que é exatamente igual a dom Quixote, e que por isso mesmo infunde um sabor de sátira a esta infeliz realização, tanto mais infeliz quanto porque foi feita com uma desastrosa solenidade. O defeito principal — em uma farsa onde tudo é defeituoso — é a grandiloqüência das imagens e dos diálogos, a venda retórica que engole tudo. A narração e os diálogos são muito mais longos que a ação, de maneira que os protagonistas são obrigados a falar com galopante celeridade para poder dizer sua parte antes que acabe a cena. Em síntese, *Jeromín* parece um filme feito em qualquer país diferente da Espanha, para zombar do cinema espanhol.

Geleiras do inferno

William Wellman volta a contar uma história muitas vezes contada: um grupo de pilotos que se vê obrigado a realizar uma aterrissagem forçada, com poucas provisões, é procurado ansiosa e heroicamente por seus companheiros. Desta vez a história foi bem realizada, com a excelente cooperação de um ator excelente: John Wayne, cuja sobriedade compensa muito bem as manifestações de sensibilidade barata que abundam em *Geleiras do inferno*.

O suspense, baseado na infrutífera busca dos pilotos, não está conduzido com a habilidade dos grandes mestres do gênero, mas funciona modestamente e talvez com melhores resultados que em outros filmes de idênticas pretensões. Desde o começo explora-se uma situação sentimental. E é preciso lamentar que tendo sido essa situação bem escolhida e bem planejada tenham seus realizadores exagerado com as reminiscências familiares dos personagens. Reminiscências que têm um adocicado sabor melodramático, que arruínam a seriedade da história, e sem as quais se teria um filme excelente, singular, embora feito com materiais excessivamente utilizados.

Entretanto, em uma semana em que o prato principal foi *Um romance em Paris*, uma endiabrada miscelânea em tecnicolor, tela panorâmica e terceira dimensão, *Geleiras do inferno* foi o filme salvador, com momentos de autêntica emoção, de legítima força dramática, muito acima da massificante produção em série dos Estados Unidos.

Um leão está nas ruas

Esta é a história, trabalhosamente contada por Raoul Walsh, de um vendedor de bugigangas — "qualquer coisaria", como dizia Joyce — que acabou enredado em uma teia de artimanhas políticas inventadas por ele mesmo. Entre os escassos méritos deste filme é preciso destacar a excelente utilização da cor e o entrosamento quase perfeito entre James Cagney e seu personagem, um demagogo violento, habilidoso, que parece ser uma imagem exata do político sulista norte-americano. Mas, em compensação, a narração tropeça muito, está cheia de acidentes estilísticos, de episódios que não se comunicam e são desnecessários, e sobretudo de um mau gosto que parece ser a característica predominante da obra.

As dificuldades com que foi contada essa história, na verdade muito cinematográfica, impedem que o espectador possa informar-se completamente dos pormenores do enredo, e contribuem para que fiquem sem esclarecimento muitas coisas essenciais. Não há sugestões. O que há é uma evidente incapacidade narrativa do diretor, que não soube explicar, com a precisão indispensável, a manobra dos pesos, por exemplo, ou as relações entre o protagonista e Flamingo, a adolescente falsamente rústica, cuja participação na intriga não se justifica de modo nenhum. Tão artificial é essa personagem inexplicável quanto a cena dos crocodilos, que não tem qualquer valor em si mesma, mas que também não possui qualquer conseqüência, nenhuma ligação ou ponto de contato com o relato central, nem contribui para definir a psicologia dos personagens. Nada.

Um leão está nas ruas é um exemplo típico desses milhares de filmes que poderiam ser bons mas não conseguem superar o limite da mediocridade por culpa de uma catastrófica direção.

O cinema em Bogotá. Estréias da semana

O homem que o mundo esqueceu

Depois de uma longa ausência, o discutido Paul Muni — que até onde chegam as nossas informações foi proscrito de Hollywood por suas simpatias pelo comunismo — retorna em um bom filme feito em Roma, em um autêntico ambiente do *bas-fond* romano, captado pela câmera experiente de Henri Alekan.

O conflito do menino que se julga culpado, explorado no cinema com uma freqüência já quase alarmante, volta a ser exposto neste filme pela magnífica atuação de Vittorio Manunta, um menino italiano cujo trabalho não é espantoso por ser ele um menino italiano. Se a Itália não nos tivesse acostumado à presença destes meninos que andam diante da câmera como se se tratasse de um simples jogo de bolinhas, deveríamos dizer que Vittorio Manunta é uma revelação.

O homem que o mundo esqueceu, valorizada pelo conflito do menino, é uma nova variação em torno do problema de *O ídolo caído*, *Janela indiscreta*, *Coacción* [Coação] e, particularmente, de *Little fugitive* [Pequeno fugitivo], um filme norte-americano amador e, segundo se diz, a melhor produção dos Estados Unidos em cinco anos, ainda não exibido em Bogotá. Pelas informações que se têm de *Little fugitive*, esse filme coincide notavelmente com *O homem que o mundo esqueceu*, especialmente no detalhe da garrafa de leite e nas cenas do parque de diversões. Mas essa coincidência, mesmo sendo mais acentuada do que se supõe, não poderia reduzir méritos a uma obra tão bem realizada como esta em que Paul Muni, no papel de um vagabundo, caracteriza, com seu conhecido talento, um homem que, mais que isso, é um cão perseguido e esfaimado.

O homem que o mundo esqueceu é um filme em que a direção, o desempenho, o roteiro e a fotografia integraram-se perfeitamente para resultar em um extraordinário equilíbrio geral. A pintura da vida social do pós-guerra foi obtida com tanta fidelidade como nos bons filmes do neo realismo, e é magistral a organização de uma história em que se entrecruzam subitamente os destinos de várias pessoas que nada têm em comum e que um dia qualquer se vêem envolvidas na mesma aventura. A exposição desse quadro exigiu a apresentação prévia de uma série de personagens, utilizando uma técnica narrativa semelhante à de *Contraponto*, de Huxley, que o diretor de *O homem que o mundo esqueceu* soube realizar com uma habilidade magistral. O resultado foi um excelente filme.

A morte ronda o cais

Phil Karlson fez, com John Payne e Evelyn Kayes, um filme policial de excelente qualidade: *A morte ronda o cais*, em que acontecem as peripécias de todos os filmes de mistério realizados a varejo, mas desta vez contadas com um ritmo, uma precisão e uma riqueza de detalhes próprios de um virtuoso da narração. O ambiente, os personagens, a própria psicologia dos protagonistas deste drama sem nada de particular fazem lembrar um apaixonante escritor de romances policiais, o norte-americano William Irish — ou Cornell Woolrich — que teve um de seus contos inspirando um excelente filme: *Janela indiscreta*.

Os leitores de Irish, que são muitos, tinham a sensação de que a história de *A morte ronda o cais* estava lhes sendo contada por aquele autor. O mesmo estilo, a mesma habilidade para encontrar e acentuar o aspecto insólito das situações que parecem ser as mais comuns, e sobre tudo isso essa prosa cheia de achados sutis, de calor humano e riqueza expressiva que fazem dos contos de Irish pequenas obras-primas do gênero, ainda que, em muitos casos, o mistério não valha a pena.

Com uma excelente fotografia, toda ela apropriada ao tipo de mistério explorado, *A morte ronda o cais* supera os limites do entretenimento, especialmente porque seu diretor soube conduzi-lo por um caminho constantemente ameaçado pelos lugares-comuns, sem permitir que em nenhum momento a ameaça se concretize. Para tanto contou com a excelente colaboração de um ator quase esquecido, John Payne, que protagoniza, de maneira exemplar, um ex-pugilista que nunca chegou a ser campeão.

A correção formal deste filme é simplesmente espantosa. Esse é seu mérito principal, e o que fez dele um espetáculo admirável, ainda que, afinal de contas — como quase sempre ocorre com o cinema e a literatura policiais —, não se tenha contado uma história que mereça ser lembrada.

Álvaro Cepeda Samudio

Em Barranquilla — onde as aparências indicam que não se lê e há três livrarias em que Faulkner se esgota em 48 horas —, Álvaro Cepeda Samudio, um jovem de 27 anos que, no mínimo, já passou dez nas salas de cinema e outros dez nos bares, acaba de publicar um livro de contos colombianos vividos em Nova York. Há alguma coisa de extravagante em tudo isso, como na própria pessoa do autor, que tem — e ele o sabe, talvez bem demais — certo ar de chofer de caminhão e, ao mesmo tempo, de contrabandista de sonhos. *Todos estábamos a la espera* chama-se o livro, ilustrado com uns extraordinários desenhos de Cecilia Porras, que parece haver desentranhado de cada conto sua recôndita essência autobiográfica, e encheu a edição com retratos de Álvaro Cepeda Samudio vestido de palhaço, vestido de estudante da Columbia, vestido de homem simples e comum. Álvaro Cepeda Samudio vestido de quase tudo o que ele tem sido ou tem querido ser na vida.

Não foi fácil publicar este livro. Aqueles que conhecem Álvaro Cepeda Samudio apenas superficialmente não entendem como faz para escrever seus contos. Aqueles que o conhecem mais a fundo, entendem menos. Ainda que em alguma parte do mundo tenha vivido mais de dois anos consecutivos, Álvaro Cepeda Samudio não permaneceu quieto mais de uma hora em toda a sua vida. Seus contos seriam explicáveis se se demonstrasse que os tem escrito de cidade em cidade, de povoado em povoado, nas paredes, nas mesas, atrás das portas. A gente não pode entender que um dia tenha se sentado diante de uma máquina de escrever e houvesse escrito e logo revisado e, por fim, posto em sua forma definitiva uma coisa tão bela e bem realizada como *Hoy decidí vestirme de payaso*. Mas o caso é que o escreveu — e oito contos mais —, com o mesmo cuidado com que leu, sem que ninguém entenda como nem quando, Saroyan e Faulkner, Joyce e Hemingway, todo Pio Baroja e Arturo Barea e Benito Pérez Galdós, e a outros muitos escritores heterogêneos, alguns dos quais tão estranhos que parecem inventados por ele mesmo.

Germán Vargas e Alfonso Fuenmayor, dois companheiros de Álvaro Cepeda Samudio, que se alguma vez em suas vidas tivessem tido um milhão de pesos já o teriam gastado em aventuras editoriais, foram os que, de certa maneira, puseram ordem a essa desordem ambulante, precipitada e fundamental. Não sei quando se soube que Álvaro Cepeda Samudio escrevia contos. Sabia-se havia tempo que escrevia umas coisas estranhas e inteligentes nos jornais, e que tinha uma vocação, um instinto de jornalista que lhe serviu de pretexto para passar dois anos em Nova York, matriculado na Universidade de Columbia, em verdade abastecendo-se de personagens no metrô, nas pontes e nos bares, por onde andava com as mesmas camisas quadriculadas e os mesmos macacões de mecânico de automóveis que usa em Barranquilla. Um dia, depois de tanto dar voltas sem que se saiba realmente em torno do quê, sem que tenha podido pôr em prática seus conhecimentos e sua vocação de jornalista na forma em que ele o deseja, Álvaro Cepeda Samudio disse que tinha uma porção de contos prontos, suficiente para publicar um livro. Isto já tem uns três anos, e desde então o livro estava saindo sem sair, porque, de fato, não se sabia com muita exatidão onde estavam os originais. De alguma sessão de cinema contínuo, onde estaria vendo uma péssima salada de filmes mexicanos, com os pés sobre o espaldar da poltrona da frente, Vargas e Fuenmayor o desenterraram, para que dissesse onde estavam os contos. Foi preciso buscar por toda a costa atlântica uma camioneta que ele tinha vendido no ano anterior, e em cujo porta-luvas, por engano, foram os originais, que nem sequer figuravam no contrato. Agora o livro está nas vitrines, e fico pensando que, para que isso fosse possível, devem ter mantido o autor pelo menos durante oito dias em uma camisa-de-força.

Muitas das pessoas que duvidavam que Álvaro Cepeda Samudio escrevesse contos terão que se convencer agora, lendo-os no excelente volume que editou e está distribuindo a Livraria Mundo, dos Irmãos Rondón, que tornaram possível esta benéfica e necessária conspiração. São contos, como o diz a epígrafe, de "homens e mulheres que vi em um pequeno bar de Alma, Michigan; esperando em uma estação de Chattanooga, Tennessee; ou simplesmente vivendo em Ciénaga, Magdalena". Porque tudo isto começou em Ciénaga, durante o apogeu das empresas bananeiras, o que serviu a Álvaro Cepeda Samudio para que o cinema fosse um bom negócio e assim começar pelo princípio a aprender tudo o que agora sabe de cinema.

Todos estábamos a la espera são contos nostálgicos. Escritos por um homem que vive se lamentando intimamente de que não se tenha inventado um trem que o leve a suas recordações. Assim me explico o seu permanente e um pouco agressivo inconformismo, e assim me explico estes contos em que os personagens vivem um tempo que quer ser presente e não é mais que uma desolada e formosa tentativa de reivindicação do passado. Por isso são sinceros. Lendo-os, seus amigos entendem agora por que Álvaro Cepeda Samudio escreveu estes contos: são fragmentos de cartas que ficaram sem escrever, parágrafos inéditos daqueles jornalísticos telegramas que ele nos mandava dos Estados Unidos, e que por não virem pelo telégrafo, mas por correio, chegavam com a exata quantidade de atraso que uma notícia deve ter para começar a ser recordação. O resultado tinha que ser este livro, que é um livro de pequenas e humanas notícias dos Estados Unidos, escritas por um jornalista que não teve onde publicá-las a tempo, nem tempo para escrevê-las a tempo, e que de tanto levá-las no seu interior, atravancadas, lhe saíram mexidas com um maravilhoso cisco de poesia. E escritas em um tom de inocência, com a perplexa candura de quem está descobrindo o mundo todos os dias, porque nunca pôde ou quis entender claramente onde termina o circo e onde começa a vida.

Todos estábamos a la espera é, no meu modo de interpretar as coisas, o melhor livro de contos que se publicou na Colômbia. A alguém — talvez a maioria — parecerá discutível esta afirmação. Mas, sem dúvida, todos estarão de acordo em que é o mais interessante.

O cinema em Bogotá. Estréias da semana

Nerone e Messalina [Nero e Messalina]

Nero e Messalina encerrou uma das mais desastrosas semanas cinematográficas deste ano. Com um título que não se justifica senão como isca de bilheteria, esta realização de Primo Zeglio é uma aborrecida biografia de Nero, mais doutrinária que artística, em que Gino Cervi interpreta um imperador romano diferente do divulgado pela história clássica, embora, sem dúvida, mais humano e interessante. Messalina, a amante de Nero, depois de tê-lo sido de seu meio-irmão Britânico, é interpretada com sua habitual dureza por uma Yvonne Sanson que não consegue interessar nem sequer por seus dotes físicos. A história é longa e prolongada até o cansaço, e nenhum de seus protagonistas, exceto Gino Cervi, consegue interpretar seu papel com a habilidade que merecia uma tese histórica tão interessante como a exposta neste filme.

Primo Zeglio concorda com aqueles que consideram Nero um político inteligente e astuto, a quem os historiadores tendenciosos atribuíram uma sensualidade, uma crueldade e uma desenfreada irresponsabilidade administrativa própria de um desequilibrado mental. Essa interpretação de Nero, várias vezes levada ao cinema e popularizada pelos textos escolares, opõe-se radicalmente a este Nero insólito, que é um governante sereno, perigosamente sensato, desconcertado pela doutrina cristã e perseguido por tenebrosos remorsos de consciência depois da morte da mãe. Embora falso, é um Nero mais humano — mais provável —, que acidentalmente põe fogo à cidade mas sofre por isso, embora a razão política o obrigue a assumir uma atitude que, séculos depois, continua sendo odiosa.

Um diretor hábil, um elenco de atores mais adequado e um fotógrafo menos indiferente certamente teriam sabido tirar um bom partido deste roteiro parcimonioso mas interessante. Entretanto, os personagens e o cenário de papel pintado, a insípida reconstrução do império romano e a absoluta falta de penetração psicológica desvirtuaram lamentavelmente os esforços de Gino Cervi, a quem, pelos magníficos e solitários instantes que ofereceu ao espectador, parece pertencer por completo o filme, dispensado, por nada ter o que fazer, o diretor incompetente, que demonstra apenas a disposição de se livrar da tarefa.

El valor de vivir [A importância de viver]

Tito Davison, o diretor de *Cuando me vaya* [Quando eu me for] — que permaneceu em cartaz três semanas — cometeu um novo filme: *El valor de vivir*, um melodrama levado a extremos do ridículo pela patetice declamatória de Arturo de Córdova e pela cumplicidade de Rosita Quintana. Um pianista, acusado de que seus "concertos são mensagens cifradas dirigidas a uma potência estrangeira", é condenado a oito anos de prisão e inabilitado para sua arte pela brutalidade de um policial. Uma antiga aluna de balé, que padece de uma doença tão incurável e pouco contagiosa como o secreto amor que lhe professa, escreve-lhe cartas à prisão de maneira que, quando o pianista é posto em liberdade, não tem senão que se encontrar com ela, como por acaso, para que o espectador tenha de reprimir uma hora mais seus desejos de voltar para casa.

Isto não é propriamente um filme, mas um exemplo de mau gosto, quando os fatos acontecem sempre como convém aos produtores — que afinal de contas são os que arriscam dinheiro — e não como convém à arte mais rica em possibilidades e recursos.

Não há nenhuma crítica a fazer a Arturo de Córdova, pois sua personalidade ajusta-se perfeitamente ao papel que lhe foi encomendado, como, aliás, vem se ajustando perfeitamente a todos os papéis de declamador de folhetins, já há uns vinte anos. O lamentável é notar, neste, como nos filmes anteriores deste ator, que Arturo de Córdova corresponde com eficiência quando interpreta cenas dramáticas, entre os parênteses do melodrama, e até se tem a impressão de que só é bom ator quando zomba de si mesmo. A verificação desse fato permite pensar que Arturo de Córdova teria sido um magnífico intérprete de comédias leves, mas que se deixou levar, contra seu próprio temperamento, porque assim se vende mais, e portanto lhe pagam melhor.

Um filme como *El valor de vivir* não pode ser como é se não foi feito deliberadamente. E isso é o mais grave de tudo, pois a burrice natural e irremediável pode ser perdoada e até mesmo admitida em certos casos; em compensação, a burrice calculadamente provocada para determinados fins é, em qualquer caso, desonesta.

El viaje de la reina Isabel II de Inglaterra [A viagem da rainha Elizabeth II da Inglaterra]

Do momento em que a rainha Elizabeth II saiu de Londres até aquele em que retornou, seis meses mais tarde, de sua viagem pela Comunidade Britânica, foi seguida, dia e noite, por um fotógrafo de Cinemascope. O resultado dessa dispendiosa perseguição foi um documentário em que não se vê nada que não tenha sido visto nos jornais da tela, só que aqui os fatos são vistos em cores e com o dobro do tamanho.

Nunca se entendeu melhor o que significa este símbolo comercial — tela panorâmica — como no documentário da viagem da rainha Elizabeth, que é, na realidade, um álbum de postais panorâmicos do império britânico, no fundo dos quais, inexpressiva e imperceptível, se vê passar a inteligente, nobre e simpática soberana dos ingleses.

A viagem da rainha é um pretexto. Mas talvez não seja um pretexto para fazer notar que os obstáculos encontrados pelos realizadores deste documentário foram criados quase exclusivamente pelas limitações técnicas do sistema empregado nas filmagens. Com o sistema tradicional é muito provável que *El viaje de la reina Isabel II de Inglaterra* tivesse sido, exatamente, o que se pretendia que fosse, isto é, o documentário da viagem da rainha e não uma sucessão das maiores fotografias coloridas tiradas nos países visitados.

Os documentários de longa-metragem devem ser extraordinários para que se possa suportá-los. O filme da viagem da rainha Elizabeth é fatigante, porque do ponto de vista cinematográfico não tem nenhum valor, e do ponto de vista jornalístico não é outra coisa senão uma formidável e longa notícia, lamentavelmente desperdiçada.

O cinema em Bogotá. Estréias da semana

El rapto [O rapto]

Desde 1941, quando se iniciou como diretor, o mexicano Emilio Fernández conseguira consolidar uma equipe que deu renome e glória ao cinema de seu país junto à crítica especializada: Gabriel Figueroa, na fotografia; Mauricio Magdaleno, nos diálogos e na adaptação; Gloria Schoenman, na montagem; e Pedro Armendáriz, Dolores del Río, Columba Domínguez, Roberto Sañedo e Rosario Revueltas, em especial, como atores. Essa equipe vem se desfazendo, ao ponto de que, no último filme de Emilio Fernández, *El rapto*, não estão senão ele, Maurício Magdaleno e Gloria Schoenman. De Pedro Armendáriz e Dolores del Río para Jorge Negrete e Maria Félix há uma longa e dolorosa distância. Os diálogos de Mauricio Magdaleno são falsos e ridículos na maioria dos casos, e neste último filme estão saturados de uma grosseria exemplar. Gabriel Figueroa, o homem forte da equipe, a quem se atribui a maior parcela do êxito de Emilio Fernández, foi substituído por Ramiro Martínez Solar, um diretor de fotografia que nunca fez nada realmente importante. Apesar disso, é surpreendente que nesta ocasião tenha podido adaptar-se, de forma tão espantosa, ao estilo de Fernández, realizando um trabalho à altura dos anteriores de Gabriel Figueroa. O melhor de *El rapto* é a fotografia, que corresponde perfeitamente a umas declarações, bem conhecidas de Figueroa, prestadas em recente viagem à Europa: "O cinema mexicano é essencialmente plástico, inspirado nos murais de Diego Rivera e David Alfaro Siqueiros."

Para os amantes do cinema, este filme tem, apesar de tudo, uma importância maior: a de mostrar o que pode fazer Emilio Fernández por sua própria conta. É uma pergunta que muitos estudiosos do cinema mexicano já se fizeram, e que em *El rapto* parece estar inteiramente respondida: a única coisa que Emilio Fernández sabe fazer, estando sozinho, é a consecução de extraordinárias sugestões poéticas, e um ritmo lento, moroso, suave, primitivo, em uma narração pleonástica e linear. Entretanto, "a lentidão não é um defeito", disse Figueroa, "mas uma característica do temperamento de nossa raça".

El rapto é uma comédia sem graça, com diálogos artificialmente folclóricos e uma desastrosa atuação de Maria Félix e Jorge Negrete. Mas Emilio Fernández encontrou a maneira de abrir espaços líricos, nos quais está de corpo inteiro o poeta de *A rede*, seu estilo sugestivo, um pouco angustiado, e secundado sempre por uma beleza plástica que impõe um clima superior a um filme sem importância. Suas falhas aparecem quando entra no detalhe, quando após os maravilhosos tons poéticos tem que enfrentar uma história pesada e boba que Emilio Fernández não sabe contar.

Gigolo and Gigolette [Gigolô e Gigolete]

Gigolo and Gigolette — exibido na terça-feira passada pelo Cine Clube — é o terceiro filme de esquetes realizado com base nos contos do inglês W. Somerset Maugham. Todos eles — *Trio* e *Quarteto* — devem ser classificados como pequenas obras-primas do gênero. Os três contos deste último filme, apresentado pela organização J. Arthur Rank, em 1952, são: "Gigolo and Gigolette", "A cigarra e a formiga" e "Winter Cruise" [Viagem de inverno], unidos por um cálido e convincente fio de humanidade e por uma encantadora singeleza narrativa, próprios de Maugham, que os três diretores — Pat Jackson, Anthony Pelissier e Harold French — assimilaram quase ao ponto da saciedade. Os mais visíveis defeitos dos filmes de esquetes — já se disse várias vezes — é a falta de unidade entre as diferentes seqüências centrais, e a artificialidade das cenas de fusão. No caso de *Gigolo and Gigolette*, tais inconvenientes foram resolvidos de maneira magistral porque a unidade de estilo dos três contos, cujo sabor literário foi conservado em seu melhor estado de pureza, proporciona unidade à obra e até uma certa continuidade psicológica às seqüências. Os intervalos, sob a responsabilidade de W. Somerset Maugham, quebram um pouco a fluidez da história, por causa da estranha e inexplicável insolência plástica que tem o rosto do fecundo escritor inglês. Ele mesmo, entretanto, resolve o problema com uma recomendação à platéia: "Se não quiserem me ver, podem olhar as flores." E as flores estão de acordo com a beleza e a singeleza da história, magistral em sua graciosa e tranqüila compreensão do coração humano.

Os maridos da mamãe

O conhecido casal de *Rosa da esperança* e *Madame Curie* vem para conquistar seu outono com *Os maridos da mamãe*, dirigida pelo romeno Jean Negulesco. Ainda que não se soubesse com antecedência, qualquer um compreenderia, depois de vê-lo, que este é um filme feito em Hollywood: o roteiro foi escrito expressamente para reconquistar o público que pudesse ter esquecido de Greer Garson e Walter Pidgeon, a dupla mais conhecida do cinema comercial. É um roteiro inteiramente convencional, elaborado com uma série de situações e soluções fáceis e previsíveis desde as primeiras cenas. Seu autor levou em consideração, antes de qualquer outra coisa, a psicologia dos atores, a atmosfera sentimentalóide e senhorial em que Greer Garson sempre soube se movimentar, com particular desenvoltura, e conseguiu escrever uma história que assenta na atriz como um vestido sob medida, ao ponto de que, nas cenas finais, há um diálogo em que ela abandona o olhar pelo vazio e murmura: "Agora tudo acabará bem." E, com efeito, tudo acaba bem, como se sabia que haveria de acabar uma história burguesa.

Mas esse convencionalismo manifesto, que não pôde ser superado nem mesmo pela reconhecida habilidade de William Wyler em *Rosa da esperança*, é bastante aceitável, em *Os maridos da mamãe*, graças ao consciente trabalho de Jean Negulesco, que consegue tirar bom proveito do roteiro e fazer um filme válido inteiramente pela direção e pelo inteligente aproveitamento da cor. A sra. Natalia Kalmus, czarina do tecnicolor, conformou-se com que vestidos e cortinas tenham uma determinada cor. Não tem sabido aproveitar, porém, os valores expressivos dessas mesmas cores, única justificativa para elas no cinema. Em *Os maridos da mamãe*, em compensação, a cor foi aplicada com uma evidente intenção estética, e esse fator, unido à excelente direção de Negulesco, fez deste filme um espetáculo de apreciável valor, mas que, na verdade, estava destinado a ser intolerável.

SETEMBRO DE 1954

O cinema em Bogotá. Estréias da semana

Se Versalhes falasse

Sacha Guitry fez, ao mesmo tempo, em 150 minutos de tecnicolor, um festival da história da França e um festival do cinema francês. Os personagens, nacionais e estrangeiros, que andaram pelos intermináveis salões e pelos intermináveis jardins de Versalhes nos últimos trezentos anos, foram reencarnados pelos numerosos atores, nacionais e estrangeiros, que desfilam por este quase interminável filme, de autoria de Sacha Guitry, um homem de teatro que talvez tenha tido a pretensão de ser perdoado por seus pecados de colaboracionista com esta patriótica apoteose.

Era monstruosamente difícil organizar, em uma síntese cinematográfica, três séculos de intrigas palacianas. Havia que pensar na fidelidade histórica, na reconstituição física e psicológica dos personagens, na sustentação do ritmo e do interesse narrativo, nas mudanças de pontos de vista fotográficos para amenizar a monotonia do cenário inalterável e, por último, em proporcionar a tudo isso uma temperatura humana que desse validade ao relato. Sacha Guitry abraçou corajosamente essa empresa, ousada acima de tudo, e tirou dela a maior vantagem possível.

Com o propósito de realçar o interesse pela história da França, Guitry preferiu contá-la através da pequena, encantadora e irretocável bisbilhotice, um pouco à Alexandre Dumas, que é, sem dúvida, o toque mais humano das cortes faustosas. Os diálogos são excelentes, talvez o que há de melhor no filme, e essa circunstância permitiu que ficasse suportável, apesar de sua esmagadora duração. Mesmo assim, o aproveitamento da cor revela uma intenção estética nem sempre compensada pela habilidade narrativa de Guitry, que não pôde resistir à tentação de contar, a seu modo, o conhecido episódio de *O colar da rainha*, um segundo filme dentro de *Se Versalhes falasse*, com unidade, estilo e ritmo próprios e independentes.

A análise deste filme seria interminável. Seria de perguntar qual foi o propósito desse final com toda a companhia, característico das revistas musicais de Samuel Goldwyn. Seria preciso parar para pensar na penosa diversidade psicológica dos protagonistas, a maioria deles superficiais e indiferentes, salvo Claudette Colbert, Orson Welles e o próprio Sacha Guitry. Mas o resultado final é uma obra apreciável, a reconfortadora culminação de um esforço colossal.

Todos os irmãos eram valentes

Richard Thorpe, o bem-sucedido diretor de *Ivanhoé*, fez outro filme comercial, dentro dos moldes clássicos dos filmes norte-americanos de aventuras: *Todos os irmãos eram valentes*, com Robert Taylor, Stewart Granger e Ann Blyth, a quem incumbe a responsabilidade sentimental dos produtores. A história baseia-se em um romance de Ben Ames Williams, recentemente falecido, e não de Tennessee Williams, como acreditamos entendê-lo, com alguma surpresa, à medida que avançava o filme.

Todos os irmãos eram valentes é o que já se sabe sem necessidade de vê-lo: um homem bom, um homem mau e uma mulher por quem ambos estão apaixonados. A única diferença é que aqui os dois homens são irmãos, embora se comportem como se não fossem até a última cena, quando, intempestivamente, resolvem-se as acusações e se garante o final feliz, com que se rende tributo, de um lado, ao grande público e, de outro, ao código Hays.

Este filme não é bom nem mesmo pelas cenas da caça à baleia. E isto porque até o mais ingênuo dos espectadores percebe que os valentes arpoadores estão agindo frente a uma gigantesca tela, onde se projeta a furiosa arremetida de uma baleia. Como é natural, há uma beldade indígena que não fala uma única palavra de inglês, e que poderia aproveitar a oportunidade para fazer uma pergunta: Que diabo de língua é a que falam os indígenas dos filmes norte-americanos? Alguns acham que é simplesmente o inglês, que os técnicos de laboratório, durante o processo de mixagem, projetam de trás para diante na trilha sonora.

Todos os irmãos eram valentes é mais um dos milhares de filmes exóticos que os norte-americanos têm feito, com os elementos de fabricação doméstica inspirados nas possibilidades do tecnicolor, de Robert Taylor e de Stewart Granger. Nada mais.

Outros tempos

O italiano Alessandro Blasetti reconstitui, com encantadora maestria, vários episódios do passado: um picaresco, outro simplesmente cômico, outro satírico, outro graciosamente nostálgico e outro trágico, puramente teatral, com base em uma peça de Pirandello. Nossas informações indicam que falta, à cópia que se projeta na cidade, uma seqüência: *Il tamburino*.

Outros tempos dá continuidade à linha de filmes de episódios, do tipo dos baseados nos contos de Somerset Maugham; do inesquecível *Na solidão da noite*, um filme inglês que contou com a eficiente colaboração do brasileiro Cavalcanti; e de recentes produções italianas: *Nós as mulheres* e *Três histórias proibidas*. Ao contrário daqueles, *Outros tempos* foi realizado por um só diretor — o mesmo de *Sua majestade o sr. Carloni*, inesquecível — e essa circunstância proporcionou ao filme uma unidade que seria difícil obter dentro da variedade estilística dos diferentes episódios. No todo, o filme é encantador. Como realização é excelente, e em cada momento se percebe a mão segura de um condutor inteligente, espontâneo, certo de seus propósitos.

Gina Lollobrigida, que intempestivamente passou ao primeiro plano do interesse universal, interpreta neste filme um papel magistral. Isso é uma revelação, pois além de seus conhecidos e protuberantes dotes físicos, seu prestígio não repousava em duas ou três bases diferentes, nem sequer quando foi dirigida por René Clair, que, evidentemente, em *Esta noite é minha* utilizou-a como um simples animal decorativo. Em *Outros tempos*, trabalhando com um diretor que parece conhecê-la muito bem, Gina Lollobrigida é uma atriz excelente, sóbria, inteligente, espontânea, sem sacrifício algum de seus atrativos físicos. Vittorio de Sica, em compensação, em sua interpretação de um insosso e estouvado advogado de Nápoles, revela uma honrosa deficiência: seu rosto é lúcido demais, inteligente demais para um papel como o que lhe foi encomendado, e que De Sica não leva a sério em nenhum momento, porque não faz outra coisa que zombar magistralmente de seu personagem.

O cinema em Bogotá. Estréias da semana

A fonte dos desejos

Precedido de um excelente curta sobre o expresso do Vesúvio — talvez o trem mais belo do mundo —, está sendo exibido um filme de Jean Negulesco, diretor de *Como agarrar um milionário*, que oferece agora uma nova variação em torno do mesmo tema com *A fonte dos desejos*, estrelado por Jean Peters, Dorothy McGuire e a extraordinariamente simpática Maggie McNamara, inesquecível por seu trabalho em *Ingênua até certo ponto*.

Por muitos motivos, *A fonte dos desejos* parece inspirado no delicioso filme do italiano Luciano Emmer, *As garotas da praça de Espanha*, embora seja evidente que Negulesco carece dessa graça incomparável, dessa legítima compreensão humana e da rara sensibilidade de Emmer, especialista em documentários de arte e autor de *Paris é sempre Paris*, outra obra encantadora da cinematografia européia. As três garotas da praça de Espanha são, em parte as mesmas garotas de *A fonte dos desejos*, só que estas — norte-americanas — foram transferidas em parte daquelas e tratadas, por conseguinte, como estrangeiras em uma cidade que amam, mas que não entendem completamente.

A fantástica carreira comercial de *Como agarrar um milionário* deve ter estimulado esta segunda versão, em que as três datilógrafas norte-americanas em Roma envolvem-se em aventuras nem sempre bem planejadas, nem sempre bem resolvidas e nem sempre contadas com a habilidade e o humor necessários neste tipo de filme. Em realidade, há três filmes distintos, um para cada garota, pois o autor do roteiro não soube relacionar entre si as três histórias, e Negulesco viu-se forçado a atender por turnos cada uma das protagonistas. Com uma montagem linear, este deveria ter sido um filme de esquetes.

Talvez a essa falta de uma maior interdependência entre as vidas das três garotas se deva esse final forçado, puxado pelos cabelos, em que todos os problemas se resolvem intempestivamente, sem fórmulas de julgamento. Mas no curso do processo algumas coisas foram esclarecidas: a intenção de fazer uma comédia simples, agradável e bem contada, e o irritante sentimento de superioridade dos norte-americanos na Europa, cujas datilógrafas vivem como princesas em um país que a duras penas encontra o que comer. Em geral, *A fonte dos desejos* é uma comédia aprazível, do ponto de vista literário, sem nada de apreciável para a arte cinematográfica.

Heidi

O italiano Luigi Comencini dirigiu um excelente filme suíço, com a espantosa colaboração fotográfica de Emil Herna e o prodigioso desempenho dos meninos Elsberth Sigmund e Heinrich Gretler. O filme é baseado no popular romance infantil de Johanna Spyri, *Heidi*, cujo título conserva, mas Comencini soube comunicar-lhe um forte clima de realismo, uma profundidade psicológica, extraordinariamente traduzidos à linguagem cinematográfica e que conquistaram para o filme o primeiro prêmio do festival de Veneza de 1953, merecidamente.

Uma crítica exigente demais assinalaria uma certa falsidade psicológica no papel da governanta, que contrasta com a simplicidade não só de Heidi mas dos outros personagens, em especial com o sóbrio e magistral caráter do avô. Assinalaria, porém, o desnecessário exagero do sonambulismo de Heidi, que proporciona ao filme um final de caráter científico, tão oposto ao ambiente de ternura, de fina humanidade que flutua sobre ele desde seu primeiro instante. Assinalaria um certo exagero na intenção de propaganda turística, que teria sido inteiramente satisfeita com as prodigiosas imagens dos Alpes suíços.

Mas a qualidade cinematográfica resiste a essas falhas lamentáveis e faz de *Heidi* um espetáculo pouco freqüente, um filme excelente que merece o prestígio de que veio precedido, e o interesse com que foi assistido, na última terça-feira, na sessão do Cine Clube.

Llévame en tus brazos [Leva-me em teus braços]

Não se trata aqui de comentar um filme que está sendo exibido modestamente, o que corresponde a sua qualidade, mas de aproveitar a oportunidade para fazer algumas reflexões sobre seu diretor, Julio Bracho, que, por inexplicáveis fatores, não figura condignamente entre os grandes realizadores do momento. A obra de Bracho é quase inteiramente comercial, banal, mas um espectador diligente poderá descobrir, em certas cenas, em certos detalhes, em certos matizes indiscutivelmente devidos à iniciativa do diretor, um toque de maestria pouco freqüente no cinema mexicano.

Bracho é o autor de um filme em que sobram muitas coisas, mas que não pode passar inadvertido para os críticos: *Rosenda*, exibido há alguns anos no país, em cinemas de terceira categoria. Aquele filme pôde ter sido o fim de Bracho como realizador bem-sucedido comercialmente. Mas se a arte cinematográfica não fosse manipulada por tão poderosos interesses comerciais, teria sido também o princípio de uma obra que daria muito em que pensar aos estudiosos do cinema como arte.

Llévame en tus brazos é um filme comercial, com desempenho e coreografia de Ninon Sevilla, cuja vulgaridade é proverbial. Mas a direção é impecável, apesar da indiferença dos atores, das burrices do roteiro e da intempestiva mudança de estilo nas duas terças partes finais.

Apesar disso, as seqüências iniciais merecem ser estudadas por um grupo de exigentes críticos. Ali está outra vez, sem compromissos com ninguém, o diretor de *Rosenda*, metido até a alma no denso espectro da província mexicana, uma província autêntica, crua, captada magistralmente pela câmera de Gabriel Figueroa. É difícil recordar alguém que haja conseguido dar no cinema uma visão mais pura do folclore mexicano, que tenha sabido compreender e comunicar melhor o caráter de sua raça e converter tudo isso em uma matéria estética da mais alta qualidade. Emilio Fernández, por exemplo, contou com mais independência e melhores colaboradores. Mas Julio Bracho, ele sozinho, e asfixiado pelo apertado cerco dos compromissos comerciais, consegue dar, por conta própria, notas tão altas que a gente não entende como não pôde ainda romper esse cerco e embarcar em uma aventura que pudesse salvar o cinema hispano-americano.

La aventura comienza mañana [A aventura começa amanhã]

La aventura comienza mañana é um clássico filme B, que não merece o alarde publicitário que o acompanha, porque feito expressamente para um público que vê no cinema um simples entretenimento. Tudo é insignificante neste filme, tudo é contado com uma superficialidade de uma crônica de revista, com uma direção impessoal e um desempenho geral medíocre, insípido e espertamente comercial.

Os norte-americanos conhecem seu negócio e parecem dispostos a gastar seus dólares em qualquer absurdo, na certeza de que a mediocridade multiplica, a limites incríveis, os lucros. Mas isso é intolerável, pois os italianos demonstraram que o cinema bom pode ser o cinema mais barato do mundo, e produtores de diferentes países também têm demonstrado que se pode fazer cinema campeão de bilheteria sem sacrificar, a extremos desonestos, a arte cinematográfica. Um meio-termo poderia tornar aceitável o cinema comercial.

O que se fez, porém, com *La aventura comienza mañana* é algo imperdoável, pois seus realizadores esbanjaram em elementos técnicos, sem dar a mais insignificante importância ao que fez do cinema um dos fenômenos estéticos mais interessantes do mundo contemporâneo.

Dortoir des grandes [Dormitório para maiores]

Uma deliciosa farsa policial de Henri Decoin, com Jean Marais e Françoise Arnoul: *Dortoir des grandes*, em que se relatam as investigações de um jovem e elegante detetive em um internato para aristocráticas senhoritas, uma das quais foi assassinada. O mistério policial não tem importância, embora seja bastante aceitável.

O que faz deste filme um espetáculo realmente encantador é o humor sutil, a discrição e o pulso com que um diretor, que nunca foi considerado um mestre, consegue conduzir o mistério através de uma série de peripécias muito bem concebidas.

O veterano fotógrafo René Lefèvre realiza um trabalho excelente com sua reconhecida e já implacável habilidade. O desempenho geral é preciso, inteligente, sóbrio, exceto o de Jean Marais, que se poderia considerar um pouco afetado, mas que, apesar disso, consegue imprimir a seu personagem uma extraordinária simpatia.

O ambiente do dormitório das aristocráticas adolescentes demonstra que o chamado cocacolismo dos 16 anos é um fenômeno universal. Mas neste filme, apesar do tom deliberadamente elementar da narração, esse fenômeno não aparece em nenhum momento exposto com intenção caricatural, mas com uma contida discrição, a que se deve grande parte dos magníficos resultados obtidos por Decoin, com um roteiro sem nada de especial.

O cinema em Bogotá. Estréias da semana

Os amores de Lucrécia Bórgia

O fecundo diretor francês Christian-Jacque, que tem um intenso programa de trabalho com Martine Carol para os próximos quatro anos, deu início à série com uma interessante interpretação da vida de Lucrécia Bórgia, com Pedro Armendáriz no papel de César. A classificação de "estritamente para maiores de 21 anos", imposta pela censura local, permitiria pensar que este filme não é outra coisa senão a exploração comercial da vida licenciosa dos Bórgia. Mas na verdade, ainda que se diga que certas cenas tenham motivado a mencionada classificação da censura, a versão de Christian-Jacque pretende retificar a tradicional imagem psicológica de Lucrécia e apresentá-la como uma jovem ingênua, de muito bons sentimentos, escravizada por seu corrompido irmão e convertida em mero instrumento dele para levar a cabo suas tortuosas manobras políticas.

A parte censurada do filme fica a cargo das companheiras de bacanal de César e do exibicionismo de Martine Carol, que teria cumprido seu papel sem a necessidade de se mostrar ao ponto em que o faz, e sem que com isso perdesse ou ganhasse qualquer coisa a produção, como filme, embora sem dúvida houvesse perdido muito como espetáculo. No mais, a tese de Jacque é talvez a menos censurável, a mais sadia de quantas foram defendidas sobre Lucrécia Bórgia.

O filme é superficial, a narração enxuta e os diálogos, exceto alguns finamente maliciosos, de uma inquietante mediocridade. Mas a música é excelente e a cor foi aproveitada magistralmente com uma clara intenção estética. Em especial as cenas dos bailes nas ruas e a caçada humana têm um notável valor plástico.

Embora os produtores e exibidores não tenham explorado a participação de Pedro Armendáriz neste filme — e, pelo contrário, parecem tê-la dissimulado deliberadamente —, o excelente ator mexicano interpreta um papel magnífico. Seu César Bórgia é convincente, humano, e graças a isso e ao correto aproveitamento da cor, a Lucrécia Bórgia de Christian-Jacque não é completamente uma perda de tempo.

Sie fanden eine Heimat [Eles encontraram uma pátria]

O diretor austríaco Leopold Lindtberg — autor de *Die Vier in Jeep* [Quatro num jipe] — fez em *Sie fanden eine Heimat* um filme que se ressente de bondade, de humanitarismo. "Parece um filme feito pela Unesco", comentou um espectador, no Cine Clube, terça-feira última, e com essa frase definiu corretamente este filme magnificamente conduzido, magnificamente fotografado por Emil Berna — o mesmo fotógrafo de *Heidi* —, mas de insípidos personagens, de uma bondade que cheira a pré-fabricação e a puro convencionalismo.

A vida não é, não pode ser assim como Lindtberg a apresenta em uma aldeia suíça destinada à proteção internacional de órfãos de guerra. A oposição das crianças de todos os países da Europa ao recebimento de órfãos alemães é o único momento em que o filme alcança uma força de realidade que, infelizmente, se perde poucos minutos depois, diluída no mar de melosa caridade que não parece ter alcançado nem mesmo o escritor argentino Constancio C. Vigil.

A psicose de bondade chega neste filme a tais extremos que o único personagem que podia estragar a festa — o delegado da república popular da Polônia, que vem para levar as crianças polonesas — desaparece misteriosamente, como se fosse para não cortar essa pegajosa corrente humanitária que se gruda ao paladar dos espectadores com um sabor de falsa e perniciosa guloseima.

Tudo isso é lamentável, mas a direção do argumento é impecável, o desempenho dos atores é excelente, menos os sentimentos paternais dos protagonistas; a matéria é tratada com muito decoro, com uma contida discrição, o que permite lembrar este filme como um conto insípido, mas admiravelmente bem escrito. Uma excelente prosa desperdiçada.

UPA

O curta da UPA, exibido nestes dias e realizado com base em um conhecido conto de Edgar Allan Poe — "O coração acusador" —, é uma verdadeira obra-prima do cinema, um filme de impressionante dramatismo. Os mais notáveis recursos foram aproveitados neste caso, e postos a serviço de uma causa excepcionalmente valiosa. A incrível força dramática de Edgar Allan Poe foi reconstruída com inquietante crueza, e realçada pelos extraordinários recursos do cinema honestamente entendido.

Quibdó, totalmente paralisada

FECHAM LOJAS, COLÉGIOS E REPARTIÇÕES

ATÉ A CRIADAGEM ESTÁ EM DESFILE PERMANENTE.
REFEIÇÕES NAS RUAS E PROTESTOS COM MÚSICA.

Quibdó, 22 de setembro

Com um desfile por toda a cidade, chegaram ao fim as 16 horas de manifestação permanente em que se manteve o povo de Quibdó. Nenhum gesto político, nenhuma demonstração violenta ou conflitante se produziu durante a manifestação, vigiada por policiais desarmados.

A rota do desfile foi modificada à última hora para evitar que passasse à frente da casa do novo governador, o que poderia ser interpretado como uma atitude hostil.

Continua a paralisação

As atividades desta cidade continuam completamente paralisadas. Os colégios, repartições e lojas estão fechados. As refeições são improvisadas em qualquer lugar, pois com as donas-de-casa também a criadagem está participando em cheio do movimento cívico.

Um protesto com música

O que acontece em Quibdó talvez nunca tenha acontecido nem acontecerá na Colômbia nem em muitos outros lugares. O povo inteiro se levanta em defesa de sua personalidade e sua terra. O protesto contra a tentativa de desmembramento é veemente e decidido, mas este é um protesto com música. Os habitantes de Quibdó se reúnem até a madrugada e vão cantando paródias de todas as músicas populares com letras alusivas ao movimento.

O forte sentimento musical do *chocoano* enalteceu o mais forte de sua unidade e integridade plenas. Desfilando ao som de versos e músicas da terra, o povo *chocoano* está resolvido a levar seu movimento até suas últimas conseqüências.

Desfile de crianças

Depois de uma nova e tumultuada manifestação, à meia-noite, mais de mil crianças de três a sete anos de idade percorreram as ruas num desfile de archotes.

Enquanto prossegue assim um dos movimentos cívicos mais formidáveis, continua chegando a Quibdó um imenso plebiscito de todo o país e no qual está expressa a solidariedade com o povo do Chocó diante da encruzilhada em que se tentou envolvê-lo.

O Chocó que a Colômbia desconhece

HISTÓRIA ÍNTIMA DE UMA MANIFESTAÇÃO DE 400 HORAS

HOJE É TÃO DIFÍCIL VIAJAR A QUIBDÓ COMO HÁ DUZENTOS ANOS. NEM UM ÚNICO CASO DE POLÍCIA NA MANIFESTAÇÃO PERMANENTE. A ATITUDE DO POVO ANTE O NOVO GOVERNADOR. O ATO DE INDEPENDÊNCIA ESTAVA SENDO REDIGIDO. "LAMENTO *CHOCOANO*", O HINO DA RESISTÊNCIA. TRINTA E SEIS LATAS DE BISCOITOS, TUDO O QUE COMEU O COMITÊ DE AÇÃO.

Fundar outra vez Quibdó custaria hoje tanto trabalho como há duzentos anos. Só há três caminhos para chegar lá; apesar do tempo e do progresso e da técnica, o menos dispendioso, o mais viável e seguro continua sendo o rio Atrato, por onde penetram, depois de uma viagem de oito dias, as pequenas e parcimoniosas lanchas a motor que transportam mercadorias de Cartagena. Quibdó não tem aeroporto: sua pista de pouso é o Atrato, onde, duas vezes por semana, amerissa um avião que, por mais de um motivo, se assemelha aos aviões expedicionários que procuravam Tarzan. Ali se viaja, pelo ar, em condições muito pouco diferentes daquelas em que se viaja nas lanchas do Atrato: entre grandes volumes de fibra para fabricar escovas, comestíveis e têxteis. Quando este avião enfrenta uma tormenta — e isto ocorre provavelmente em cada viagem, pois no Chocó chove 360 dias ao ano —, a água se filtra pelas goteiras da fuselagem, e a oitocentos pés de altura tem-se a sensação do naufrágio. Apesar disso, aquela é uma ponte aérea salvadora, cujos tripulantes têm o mesmo espírito intrépido dos primeiros colonos. Se ela não existisse, a maneira mais adequada de chegar a Quibdó a partir de Bogotá seria viajando primeiro a Cartagena.

A aventura inédita

Nos mapas figura uma estrada de 160 quilômetros, que é pura especulação cartográfica: Medellín-Quibdó. Viajar por ela é padecer em uma angustiante e exastiva jornada de 22 horas, em veículos abarrotados de mercadorias e animais. E como o rio Atrato, ou como quase todos os rios e povoados do Chocó, essa estrada, mais teórica que real, pois só admite o trânsito em um único sentido, é uma longa calçada de terra batida com ouro em pó. Em certos pontos, mas especialmente em La Platina, a nove quilômetros de Quibdó, basta cavar um buraco e lá se instalar para explorar indefinidamente uma mina de ouro. Por esse motivo, viajar ao Chocó tem sido, durante um século, uma aventura um pouco fabulosa, e que, inclusive como aventura, ainda está por descobrir.

Uma cidade na selva

É preciso saber como se chega a Quibdó para entender claramente o que aconteceu no Chocó nas últimas semanas. Com sua igreja inacabada, remendada com latas, e seu dizimado parque municipal, que parece o saldo de um terremoto, Quibdó é um povoado de gente civilizada, hospitaleira e pacífica, mas que parece um acampamento no coração da selva. Suas empoeiradas casas de madeira embutida e tetos de zinco, invariavelmente de dois andares; suas enviesadas ruas empedradas e seus homens vestidos de branco, com o imprescindível guarda-chuva pendurado ao braço, obrigam necessariamente a recordar algo que não é Quibdó de nenhum modo: uma aldeia africana. Nas escuras lojas da rua principal — um bazar argelino paralelo ao rio Atrato — os artigos são exibidos e vendidos na porta da rua, em parte porque não têm vitrines e em parte porque no horário comercial a população arde a 35 graus à sombra. Os artigos colombianos ali vendidos parecem artigos ultramarinos.

A primeira notícia

Quibdó tem 16 mil habitantes. E essas 16 mil pessoas, como todos os *chocoanos*, não têm feito outra coisa dentro de seu cerco florestal que saber de cor, com uma minuciosidade e uma penetração aprendida no hábito de pensar todos os dias na mesma coisa, os graves problemas do isolamento de seu território. O consultor-geral do departamento, os engraxates e a negrinha que atende no hotel explicam, com diferentes palavras, mas com os mesmos argumentos, por que o Chocó não progrediu.

Há anos os *chocoanos* estão pedindo uma estrada. Não importa para onde vá essa estrada, desde que rompa o cerco da selva. Pode ser para a baía Solano, com o que ganhariam um porto no Pacífico, distante cem quilômetros de Quibdó. Pode ser para Cupica, onde uma esquecida selva de laranjas silvestres está apodrecendo há um século, uma vez que não há como levá-las a parte alguma. Pode ser para Medellín ou ao Japão, mas de qualquer modo os *chocoanos* estão há muito tempo pedindo o fim de seu isolamento, e já gritaram no parlamento, no conselho de ministros, nos jornais, em folhas soltas e nas mesas dos cafés. Há algum tempo estavam tentando instalar uma emissora de onda curta para, então, pedir pelo rádio. Como não tinham dinheiro para fazê-lo, criaram um sistema de alto-falantes na rua principal, através do qual transmitem todos os dias notícias e música popular e um discurso toda vez que se apresenta uma ocasião. Esse discurso, invariavelmente e embora de maneira indireta, pedia às autoridades federais que libertassem o Chocó do cerco florestal. Entretanto, há 18 dias a voz profissional que lê os anúncios comerciais através do sistema de alto-falantes anunciou aos habitantes de Quibdó que, em vez da estrada pedida durante tantos anos, ia-se fazer exatamente o contrário: o Chocó seria esquartejado e repartido de uma só penada.

A hora do incêndio

A notícia chegou em Quibdó às 19h30, que é a hora em que seus habitantes ouvem os boletins noticiosos de Bogotá e também a hora em que principiam os incêndios. Quando ouviram a sirene, os habitantes de Quibdó, que sabem que suas casas foram construídas com lenha, correram com baldes e recipientes de lata, preparados para colaborar com o reduzido mas eficiente corpo de bombeiros na extinção do incêndio. Toda a população tomou conhecimento da notícia pelos alto-falantes da rua principal, e ali permaneceu durante 13 dias, cantando, ouvindo discursos, agitando a bandeira da Colômbia e a bandeira de Santa María la Antigua, que é a bandeira do Chocó. Em pelo menos nove desses 13 dias choveu implacavelmente.

Muito poucos *chocoanos* sabem que seu emocionante movimento esteve sitiado durante mais de uma semana. Ninguém viajou para o Chocó nem saiu dele nos dias iniciais, quando os correspondentes dos jornais bombardearam o país com boletins carregados de tensa literatura cívica. Sabia-se, por informações transmitidas pelos *chocoanos* (que por isso mesmo são, de fato, suspeitas de exagero patriótico), que o povo estava nas ruas, que estava chovendo e que, apesar disso, continuavam os discursos. Sabia-se que os manifestantes choravam, escreviam abaixo-assinados e se lavavam na via pública enquanto o governo decidia sobre o projeto de desmembramento. Mas a verdadeira grandeza do movimento e suas aspirações humanas eram desconhecidas por completo. Ninguém soube, no resto do país, que o Chocó, com seu movimento congestionado, estava redigindo uma ata de independência.

Nem um só incidente

Apesar de tudo, havendo conhecido os *chocoanos* em seu próprio terreno, havendo vivido com eles e conhecido intimamente seu movimento, compreende-se que muito provavelmente a declaração da independência jamais tivesse sido produzida. Durante as quatrocentas horas de manifestação permanente, não se ouviu um grito contra a Colômbia, nem contra o governo da Colômbia. Não se ouviu um grito contra ninguém. As manifestações foram vigiadas por policiais desarmados, e durante todo o seu longo decorrer não se registrou um só incidente violento. O único caso de sangue, o único incidente, o único caso de polícia — mas literalmente o único — registrado até ontem no Chocó foi uma morte violenta no Carmen del Atrato, por motivos ao que parece estritamente pessoais.

Se tais resultados são devidos à serenidade do povo e às reiteradas solicitações de prudência do comitê de ação *chocoana*, é preciso reconhecer que para tanto contribuiu, de maneira quase definitiva, a atitude das autoridades. Não houve em toda a história do país nos últimos anos, e talvez em muitos mais dos que se possam calcular, uma situação mais fácil de se converter em um sangrento problema de ordem pública. Teria bastado um grito hostil, uma imprudência das autoridades para que esta formidável batalha cívica se tivesse convertido em um episódio sangrento.

Algo mais que prudência

Até terça-feira da semana passada houve no Chocó um governador *chocoano*. Quando este se afastou e foi nomeado para substituí-lo um militar — que desfruta de uma profunda estima em todo o departamento — a designação foi interpretada como uma cautelosa preparação do terreno para a assinatura do decreto de desmembramento. Quando o novo governador tomou posse de seu cargo, fazia três dias que o presidente da república fizera as declarações de Tocaima, que pareciam definitivas. O povo de Quibdó não assistiu à posse do novo mandatário, mas também não assumiu qualquer atitude hostil. O presidente do tribunal superior estava pronunciando o discurso com que empossou o novo governador, enquanto duas quadras adiante oradores improvisados saudavam, frente a uma multidão de três mil pessoas, os enviados de *El Espectador*, os primeiros jornalistas a pisarem terras *chocoanas*. Nessa mesma tarde, ao se completarem trezentas horas de manifestação ininterrupta, a multidão percorreu as ruas da cidade, realizando seu trajeto normal. Em cima da hora modificou-se essa direção, para evitar que o novo governador considerasse como uma atitude hostil a passagem da manifestação à porta de sua casa, embora por ali houvessem passado os manifestantes durante dez dias consecutivos.

A cidade paralisada

A crise do gabinete produziu-se naquela mesma tarde. Os secretários de governo enfrentaram uma situação difícil: não podiam aceitar a confirmação de suas nomeações, porque eram *chocoanos*, e não podiam recusá-la, porque queriam evitar, a todo custo, que o novo governador interpretasse a atitude como um desafio. O impasse foi resolvido pelos fatos: dois dias depois tornou-se conhecido o abandono do projeto de desmembramento, os secretários insistiram na irrevogabilidade de suas renúncias, e novos secretários *chocoanos* começaram a colaborar com o governador militar.

Por tudo isso é preciso crer que a declaração da independência do Chocó não se tivesse produzido nunca, nem sequer no caso de que o departamento houvesse sido desmembrado com uma simples penada. Tanto os manifestantes como os membros do comitê de ação apresentavam, na terça-feira da semana passada, o aspecto de uma multidão dizimada pelos padecimentos. O comércio estava fechado, os alunos das escolas primárias, da escola normal e do segundo grau permaneceram nas ruas, ao lado dos adultos, e em seus rostos notava-se os estragos da dura jornada. Houve paralisação no campo. Lutou-se contra a natureza e se correu um grave risco, felizmente sem conseqüências lamentáveis: o pequeno grupo de homens que, na prática, dirigiu o departamento durante duas semanas, ficou 15 dias sem dormir uma noite inteira e sem comer regularmente. Os fatos demonstraram que, apesar de tudo, eles não perderam um só momento de lucidez e serenidade.

O sexo forte

Ainda que a atitude firme, prudente e decidida dos *chocoanos* fosse a plataforma de sustentação da jornada, deve-se admitir que a grande batalha da resistência foi travada pelas mulheres. Até a quinta-feira da semana passada não se comia regularmente em Quibdó nem em qualquer dos municípios importantes do departamento. As donas-de-casa, nos postos de organização, e as empregadas domésticas nas ruas, cantavam uma canção popular: "No Chocó se come sardinha, *chontaduro** e fruta-pão..." Mas aquilo era história antiga: ninguém pescou uma sardinha em 15 dias, nem colheu um *chontaduro* ou o pão da árvore. Nos dias críticos do movimento, eles comeram alimentos em conserva, banana frita e um pouco de arroz feito às pressas. O comitê de ação *chocoana* e seus colaboradores imediatos consumiram, como alimento básico, 36 latas de biscoitos.

Resistência cantada

No Chocó, como em todos os territórios tropicais, as pessoas conservam o hábito de pôr seus assentos na rua quando anoitece e aí conversarem até as nove da noite. Durante as últimas semanas, interrompeu-se esse costume, e os *chocoanos* que não saíam às ruas encerravam-se nas casas, para compor paródias de músicas populares e estabelecer projetos para o futuro. Inevitavelmente, aquelas reuniões tinham um clima de conspiração. *Lamento chocoano*, a bela e triste canção composta pelo professor de uma remota aldeia *chocoana*, quase nas fronteiras com o Panamá, foi cantada com tal insistência, com tal fervor, que cinco dias depois de iniciado o movimento a maioria de seus intérpretes mais entusiastas estava afônica. Naquelas peças fechadas, naquele ar carregado de carbono e expectativa, as mulheres e os homens esquálidos, cantando seu hino até o amanhecer, pareciam capazes de continuar cantando esse hino até o final dos tempos. Vendo-os e os ouvindo, as pessoas se lembravam de *La cucaracha* e *Adelita*, na revolução do México.

**Chontaduro*, na Colômbia e no Equador, espécie de palmeira, cujo fruto é comestível. (*N. do T.*)

Nessas pacíficas porém dramáticas reuniões estudavam-se todas as providências que seriam tomadas no caso de o decreto de desmembramento ter sido assinado: as carteiras de identidade de todos os *chocoanos* seriam recolhidas e enviadas ao presidente da república; o dinheiro seria sacado do banco e a manifestação pública continuaria até que a justiça decidisse a demanda. Os planos para a resistência passiva eram infinitos e a cada dia concebiam-se novos recursos.

Nós, que assistimos a essas reuniões, temos suficientes motivos para acreditar que o povo *chocoano* tem o ânimo temperado para haver resistido indefinidamente. E a melhor prova disso é que, desde a quinta-feira à noite, quando se ouviu a notícia, procedente de Bogotá, da alteração dos propósitos oficiais, o povo do Chocó continuou cantando, agora com maior entusiasmo, e continuará cantando e dançando, sem dormir até o próximo mês. Na atualidade, celebram-se as festas dos padroeiros, ao término das quais começará o Carnaval. Em realidade, ainda não se suspendeu no Chocó a manifestação coletiva.

O Chocó que a Colômbia desconhece (II)

UMA FAMÍLIA UNIDA, SEM VIAS DE COMUNICAÇÃO

O PACTO POLÍTICO, UMA RECONCILIAÇÃO FAMILIAR. A ÚNICA ESTRADA INTERIOR DO CHOCÓ ESTÁ ISOLADA. O POVOADO ONDE SE JOGAVA COM LIBRAS DE PLATINA. TRANSPORTE A LOMBO DE HOMEM ATRAVÉS DA SELVA.

É difícil chegar a Quibdó. Porém é mais difícil sair. Em uma palavra, é esse o problema do Chocó, o que causa sua situação atual, a origem primária do conflito que acaba de ser evitado e, ao mesmo tempo, a fonte dessa férrea unidade e desse sólido patriotismo dos *chocoanos*. Se se vai mais a fundo, compreende-se que os filhos do Chocó amam sua terra e a ela estão apegados de uma forma radical e definitiva, porque estão acostumados a saber que formam uma só família. Desmembrar o departamento teria sido, literalmente, dispersar uma antiga e extensa casa de cem mil parentes.

Política: um problema doméstico

O ramo hoteleiro lá é um mau negócio. Em toda a sua área, da foz do Atrato até San Juan, não há um único povoado com restaurante: cada viajante come na casa de um primo de sua tia, e dorme na casa de um cunhado ou na casa do cunhado de seu cunhado. Qualquer *chocoano* enraizado que investigue sua ascendência em mais de duas gerações encontra a maneira de ser parente de seu vizinho. E se não o é, não tem importância, porque cedo ou tarde terá a oportunidade de ser seu compadre. Esse é o segredo do já proverbial nepotismo do Chocó. O pacto político que acaba de se subscrever é por isso, mais que um pacto político, uma reconciliação familiar.

A estrada isolada

Através dos tempos essa família vem crescendo, fortalecendo-se, apesar de que, para conservar sua unidade, tenha sido preciso caminhar muitos quilômetros, abrir muitos caminhos na selva, percorrer enormes distâncias em canoas sob esses aguaceiros que parecem anteriores à criação. O alarmante é que a nação, em toda sua história, não haja contribuído, de modo efetivo, para estimular, com adequados meios de comunicação, essa unidade *chocoana* que tão útil e exemplar pode ser para o resto do país. A única coisa que se fez é uma estrada interna, teoricamente de Yuto a Istmina, e que muito provavelmente é a única estrada do mundo que, na verdade, não sai de nenhuma parte nem chega a parte alguma. O isolamento do Chocó é tão crítico que até sua única estrada interna é uma estrada obstruída.

Fantasias do mapa

O trecho de Quibdó a Yuto aparece traçado nos mapas. Essa é outra especulação cartográfica: nem uma única árvore foi ali derrubada para explorar o terreno. Esse trajeto é feito em barco a motor de Quibdó, subindo pelo Atrato, até o lugar em que a estrada sai ao encontro do rio, dois quilômetros além do vilarejo de Yuto, e na margem oposta. Com o correr do tempo, é possível que ali se forme outro povoado, em torno das ramadas onde se vende — por outro pacto familiar — galinha cozida em uma, e peixe frito na outra. Enquanto não se forma esse povoado, e lhe venham a pôr o nome de Yuto para conciliar a realidade com os mapas, deve-se admitir a verdade: a estrada de Yuto a Istmina não passa agora nem nunca passou por Yuto.

A terra milagrosa

Em toda a extensão daqueles 75 quilômetros estreitos e empedrados, divididos longitudinalmente por uma cresta de mato que é como uma antecipação natural da faixa branca nas estradas asfaltadas, não há um só centímetro, nem sequer um milímetro de terra civilizada. Essa estrada é uma incursão de pedra na selva virgem, através de uma vegetação insaciável e poderosa. Ali não há nada que semear. Nada que criar. São terras inexploradas, das quais os construtores da estrada extraíram ossos de fósseis marinhos, a oitenta quilômetros do mar. É completamente sensato pensar que, se alguém tivesse pensado em plantar bananeiras naquela terra, as bananas teriam crescido inchadas com grãos de platina. Apesar disso, a realidade indica que nem mesmo essas bananas fabulosas poderiam ser levadas ao mercado mais próximo antes de começarem a apodrecer.

Em carne e osso

Não fosse pelo desconforto dos transbordos, a viagem pela única estrada interna do Chocó seria uma repousante experiência humana. Por ali viaja o vendedor de bugigangas, que fala de política e ensina como prevenir as picaduras de serpente. Viaja a professora, que trabalha, em uma remota aldeia de San Juan, em uma escola com 123 crianças, muitas das quais percorrem vários quilômetros em canoa para irem às aulas. Por ali viaja o índio que está sendo catequizado pelos protestantes e cujo idioma tem 24 tons das vogais e verbos que condensam toda uma oração castelhana. Esse índio, que vende galinhas e não aceita pagamento senão em moeda, porque não entende o sistema monetário, é talvez uma das únicas oito mil pessoas que, com uma só palavra, podem dizer: "Vou de Quibdó a Condoto e almoçarei em Istmina." Os missionários protestantes que realizam pesquisas lingüísticas em San Juan garantem haver recolhido dez mil termos para um dicionário indígena.

No caminhão que faz o transporte de Yuto a Istmina, entre o homem das bugigangas, a professora e o índio, viajava um homenzinho de sessenta anos, destruído pelo impaludismo, que dizia, em voz alta, para que os jornalistas o ouvissem:

— Esta é a gente mais honrada do mundo. Levo na carteira trinta mil pesos em valores declarados e ninguém pensou em roubá-los.

Era verdade. Ao lhe perguntarem quem era, o homenzinho, muito cordial, muito cerimonioso, apresentou-se, com muita honra:

— Sou o correio nacional.

O reverso da teoria

O transbordo do barco para o caminhão não é o único que se faz na viagem de Quibdó a Istmina. Há um segundo, "em Cértegui", segundo dizem. Mas também essa é uma maneira de dizer as coisas, simplesmente porque a estrada de Yuto a Cértegui, que não passa por Yuto, também não passa por Cértegui. Passa por um lugar onde já está se formando um povoado, a três quilômetros da verdadeira povoação de Cértegui, em cuja rinha, há vinte anos, se jogou uma libra de platina, e que hoje é uma poeirenta aldeia à margem da estrada. Ao contrário do que sempre tem acontecido, no Chocó são os povoados que têm de passar forçosamente pelas estradas e não as estradas pelos povoados.

Uma única ponte

Da margem esquerda do rio Cértegui, onde se interrompe a estrada, é preciso atravessar em canoa para a margem direita, onde se pega o caminhão que definitivamente conduz a Istmina. Ali está o único pilar para uma ponte que não se construiu jamais, ninguém sabe a razão. Embora talvez seja para que o Chocó continue sendo o grande paradoxo administrativo, o departamento que tem o maior número de rios e, apesar disso, não custou nada mais que uma ponte à nação: a ponte de Las Animas, construída em 1942.

"Como me contaram..."

A razão para que uma estrada construída para quebrar o isolamento de Cértegui não passe por Cértegui é muito difícil de averiguar. Os habitantes da região, acostumados às mais inexplicáveis e curiosas manobras administrativas, garantem que Cértegui ficou sem estrada porque o engenheiro encarregado de sua construção tomava banho nu, um dia, no perímetro urbano, e um policial chamou sua atenção. Como represália, o engenheiro deixou Cértegui sem estrada.

Essa é a história, como a contam no povoado. Mas os informantes mais sérios insistem em que tudo é pura literatura folclórica, e que o que realmente aconteceu foi que, à última hora, modificou-se o progresso e a estrada foi desviada para onde a ponte custasse menos e fosse mais fácil de construir. Isso já faz muitos anos, mas a ponte ainda não foi construída.

Istmina, afinal!

Ao final da estrada, Istmina é uma rua longa, ou mais exatamente o último trecho da estrada com as danificadas casas de madeira de um lado e outro, até a margem do rio San Juan. Um povoado de gente simples, cordial e hospitaleira, que faz seu desjejum com leite condensado, porque não há outro, e só come carne de boi a cada 15 dias. Em um elevado, às costas de um busto do general Uribe, que ninguém sabe como sobreviveu à violência, há um colégio de missionários, com seminaristas que cantam no coro, e ao entardecer saem para passear pelo povoado em bicicletas ou para fotografar.

O aqueduto, construído pelo Instituto de Fomento Municipal, abastece a população em um tanque ao ar livre e onde, além de água, se deposita toda espécie de refugos. Donaldo Lozano garante que, há três meses, abriu a torneira de sua casa e por ela saiu a pele de uma serpente. Embora em Istmina saibam que Donaldo Lozano vive em louvor ao exagero, há três meses ninguém mais voltou a beber água do aqueduto.

A Bolsa de Valores

O comércio de Istmina é de uma instabilidade espantosa. Na quarta-feira passada, um maço de cigarros nacionais custava trinta centavos, como em todo o país. Na sexta-feira custava oitenta. A remarcação do preço se devia ao fato de que o teco-teco da Seraco, que anda de povoado em povoado como um gafanhoto providencial, não pôde transportar um carregamento de cigarros que o aguardava em Buenaventura. O teco-teco ficou de voltar na terça-feira. Se também nessa ocasião não pôde transportar aquela preciosa carga, toda Istmina deve estar fumando agora cigarros estrangeiros, que já devem estar custando muito menos que os nacionais.

A despensa perdida

A dramática conseqüência do isolamento do Chocó está no Baudó, a prodigiosa e inútil despensa onde a banana apodrece e o arroz se perde porque não há como levá-los aos mercados. Nada se ganha por levar os produtos a Puerto Pizarro, no oceano Pacífico, porque o único barco que passa por ali, *El Ciudad Quibdó*, demora um mês na travessia. Vários quilômetros ao norte, esperavam-no "os loucos do Baudó", um punhado de intrépidos colonizadores que sobreviveram comendo baratas marinhas.

Não há um mercado no mundo onde as suculentas bananas do Baudó — das quais se conhecem oito variedades — possam chegar em menos de uma semana. E a banana começa a apodrecer cinco dias depois de colhida.

A lombo de homem

O caminho do arroz é longo e sangrento. Mas como os habitantes de Istmina, Condoto, Andagoya e Tadó têm que se alimentar com qualquer coisa para não comer sua terra de ouro e platina, continuam utilizando o caminho do arroz. É preciso transportar a carga, em canoas, até as cabeceiras do rio Pepe. Ali a espera um grupo de homens de carga, bestas humanas, que a transportam, em longas e dramáticas jornadas através da selva, agarrando-se, como gatos, à base da montanha virgem, até a estrada de Istmina. Cada carregador, sobrevivente dos tempos heróicos da colonização, recebe dois pesos pela jornada. Uma saca de arroz, comprada a 15 pesos no Baudó, chega a Istmina — oitenta quilômetros, aproximadamente — custando 28 pesos, se se teve a sorte de não chover muito.

Onde está o Pacífico?

Se é difícil viajar ao Chocó de qualquer parte do país, é mais difícil viajar dentro do Chocó. Em Quibdó fala-se da baía Solano como de uma lenda: dizem que é a enseada natural mais bela e aproveitável do país, e que pode vir a ser uma fantástica porta do Pacífico. Mas muito poucos daqueles que dizem isso conhecem a baía Solano, simplesmente porque, para percorrer a centena de quilômetros que a separam de Quibdó, são necessários uns quatro dias de viagem, pela rota do piã e da malária.

Até mesmo os povoados do Pacífico estão isolados entre si. Baía Solano desconhece o sabor das laranjas de Cupica, embora no mapa figurem a 2,5cm de distância. Desde a foz do San Juan até Ponta Ardita, na fronteira do Panamá, não há um único posto telegráfico. Em outubro do ano passado, um policial que viajava a Juradó precisou pernoitar na baía Solano. O agente postal pediu-lhe o favor de levar ao agente postal de Juradó um pequeno embrulho, protegido com papel encerado. Era a correspondência de seis meses.

OUTUBRO DE 1954

O Chocó que a Colômbia desconhece (III)

"AQUI SE APRENDE A LER NO CÓDIGO CIVIL"

A HISTÓRIA DA AMÉRICA COMEÇA NO CHOCÓ. NO PASSADO, PLATINA, AGORA BANANAS. UM DEPARTAMENTO QUE É UMA ENORME ESCOLA. A LIÇÃO DE SI MESMO.

Samurindó é uma aldeia de 19 barracos, uma igreja pobre e uma escola enorme, que quase não cabe nela. Os barracos são de cana embarreada e tetos de palha; a escola é de madeira, teto de zinco e grandes janelas gradeadas. Montada em uma alta elevação, em uma das voltas do Atrato, Samurindó parece um presépio sem a mula e o boi, porque no Chocó, pelo menos nesta zona, não há uma só mula de carga ou boi para a lavra. Os habitantes da aldeia são pescadores, pequenos agricultores e ocasionais mineiros. Em seus arredores, aproveitando a faixa de terra limpa onde o rio impediu a voraz invasão da selva, vêem-se o homem atirando sua tarrafa e a mulher na margem, pescando pepitas de ouro e platina com sua bateia. É uma vida igual todos os dias: meia dúzia de peixes e quatro gramas de platina, que um comprador ambulante levará por três pesos, no sábado à tarde.

O problema do problema

Com seus nove barracos à volta da escola, Samurindó é uma síntese do Chocó, um departamento onde as escolas são, como nesse caso, maiores que os povoados. Lá todo mundo sabe ler e escrever, e sabe explicar, sem que se pergunte, apenas pelo costume de o dizer todos os dias, qualquer problema do Chocó. À força de sabê-los de cor e de havê-los repetido esterilmente, chegaram a polir ao máximo seus argumentos e suas palavras. As frases de um *chocoano* sobre os problemas de seu departamento, de tão impenetráveis, brilhantes e rebuscadas, parecem feitas de platina.

Aqui começou a história

Nos povoados do Atrato e do San Juan é possível ver, desde as cinco horas da manhã, duplas de crianças sentadas às portas de sua casa cantando, em escalas rítmicas: *Vasco Núñez de Balboa descubrió el océano Pacífico.* E se alguém lhes pergunta, dirão que o descobrimento aconteceu em um ponto do Chocó, onde uma lei do general Uribe ordenou levantar um obelisco, que não se construiu jamais.

Essa é a razão pela qual qualquer *chocoano* sabe de memória os problemas do Chocó. Porque os professores, que têm sido sempre *chocoanos*, ensinaram às crianças que a história está errada quando diz que o Pacífico foi descoberto no Panamá, e que está certa quando diz que Santa María la Antigua, a primeira cidade fundada na América do Sul, era uma cidade *chocoana*. Qualquer estudante de escola primária está, por isso, capacitado a demonstrar que a história da América começa no Chocó. E porque o sabe e o sente, ele se somou, na semana passada, àquela manifestação de quatrocentas horas em que a bandeira e o escudo da Colômbia estiveram, em todos os momentos, junto à bandeira e ao escudo de Santa María la Antigua. No memorando que está sendo redigido para enviar ao governo, além do plano viário, da modernização dos portos e da mecanização da agricultura, está incluída a reconstrução de Santa María la Antigua.

Todos à escola

O inevitável sentimento de superioridade do *chocoano*, que o *chocoano* não pode dissimular apesar de sua cordialidade, de sua simplicidade nas relações sociais, parece basear-se precisamente nisso: de qualquer maneira, ainda que tenha de madrugar para percorrer vários quilômetros a pé ou em canoa, o *chocoano* vai a uma escola em que, todos os dias, lhe dizem, seja na aula de matemática ou na de moral cívica, por que o Chocó é o mais abandonado, o mais esquecido e pobre dos departamentos.

"Aqui se aprende a ler no código civil", já disse alguém, com evidente exagero, mas aproximando-se, desse modo, de uma gráfica explicação da psicologia do *chocoano*, um homem que jamais saiu de sua terra e, apesar de tudo, não parece muito diferente dos outros colombianos até subir a uma tribuna.

A mina de oradores

Durante o movimento para evitar o desmembramento, operou-se uma inversão no comportamento habitual: a multidão pronunciava os discursos, e o reduzido grupo de líderes, destinados às grandes ocasiões, fazia o papel de um minoritário e seleto auditório. Em Quibdó, Condoto, Istmina, Nóvita ou Tadó, qualquer carregador de bananas que chegava à praça pública e se informava, em duas palavras, do que estava acontecendo, subia ao palanque para improvisar um discurso e explicar por que o Chocó não era, como devia sê-lo, o primeiro produtor de bananas do país. E o explicava citando o número da lei que ordenara a construção de uma estrada, e o nome completo do ministro que apoiou o projeto. Esses mesmos homens apresentavam-se, mais tarde, aos correios para enviar telegramas ao presidente da república.

O fim da paciência

Essa trajetória de um povo que se sabe competente, que tem orgulho de conhecer a fundo seus problemas e a pretensão de que não se deixa enganar, embora tenha sido enganado muitas vezes, é o resultado de ter estado aprendendo secularmente na escola que o Chocó é uma coisa importante, única e indivisível, mas completamente esquecida pela nação. A jovem que atende os hóspedes no hotel de Itsmina, que estudou até o segundo ano de pedagogia e não pôde continuar por falta de recursos, sentava-se à mesa com os passageiros, e dizia: "Nós temos concordado que nos deixem sem estradas, que levem a nossa platina e tudo o que queiram. Mas não podemos aceitar que nos esquartejem e nos atirem aos cães."

Há para todos

Apesar de tantas escolas, elas não são suficientes para atender à população em idade escolar. Por isso, recorreu-se, em alguns lugares, ao engenhoso e prático sistema de "escolas alternadas". Uma mesma escola é usada, para o ensino de meninos, nas segundas, quartas e sextas-feiras; e para o ensino de meninas, nas terças, quintas e sábados. Um professor e uma professora atendem, por turnos, a essas escolas.

A discriminação não é possível. O filho da lavadeira e da cozinheira, do alfaiate e da telegrafista freqüentam a mesma escola com o filho do prefeito, do mineiro ou do juiz. Às oito horas da manhã, quando passam com sua pasta de livros atravessada ao ombro e uma banana madura para o recreio, não se sabe quem é quem no Chocó. É bastante provável que em nenhum outro lugar do país estejam menos acentuadas as diferenças de classe.

O retrato mais popular

Se Quibdó tivesse uma universidade seria preciso aumentar o país para que coubessem seus profissionais. Lá há um colégio para meninos e duas escolas normais, para ambos os sexos. Por isso há barbeiros que têm o segundo grau completo e mecânicos e balconistas que fizeram dois e até três anos de universidade, em Medellín, Cartagena ou Bogotá, e não puderam continuar estudando por falta de recursos.

A maioria da população escolar é feminina. A pobreza do departamento obriga o homem a atender às necessidades da família, enquanto reserva umas horas para as lides domésticas e vai à escola, até onde lhe é possível. A Escola Normal Feminina de Quibdó não fornece merenda. Dela saíram aqueles grupos de mulheres que, em recente movimento, desempenharam um papel decisivo.

Mesmo tão numerosas, as escolas não são suficientes para receber todos os professores do Quibdó. E caso se fizesse uma pesquisa, se descobriria que todos os colégios do país estão cheios de professores *chocoanos*. E no interior, a costureira que mora em um barraco de palha, que ao mesmo tempo lhe serve de sala e quarto para toda a família, tem junto à máquina de costura, entre a imagem do Coração de Jesus e o retrato de um político da atualidade, seu diploma de professora. Talvez a isso se deva que, nas casas do Chocó, mesmo nas mais humildes, não há lugar para os retratos de um artista de cinema.

O ídolo caído

Esse nível cultural é muito provavelmente a razão para que no Chocó não haja miséria. Há uma terrível pobreza generalizada, mas não há miséria. E o caso mais dramático é o de Condoto, um povoado de ruas tortas, com enormes casas de madeira, onde há vinte anos se comia em louça importada da China e hoje parecem restos de um naufrágio. No pátio de qualquer casa de Condoto cava-se um buraco, acha-se um pouco de água e se encontra platina. É um povoado triste e desolado, mas não um povoado miserável.

As pessoas vivem mal, comem mal e lembram com nostálgica e silenciosa amargura os tempos em que o povoado era uma permanente festa babélica. Os russos, os suecos, os chineses, todo o desesperado lixo do mundo, arrastados até ali pelo furacão da platina, passavam debaixo dos luminosos candelabros daquelas casas em que se queimava dinheiro como na Zona Bananeira, e hoje não se pode dançar dentro delas pelo temor de que desabem.

"Pó serão"

Apegados a suas lembranças, a um passado cuja extinção definitiva não podem entender, os habitantes de Condoto não se deixaram arrastar pela miséria. Não se resignaram a dormir no chão. Não podem admitir que o vizinho descubra que a panela não ferva no fogão. É uma pobreza que os habitantes de Condoto defendem, com unhas e dentes, enquanto vêem passar, pelos fundos do pátio, as grandes barcaças carregadas com a platina que viaja para o exterior.

Ali o passado não se foi simplesmente, como se vê em toda parte. Foi arrastado por um escuro vendaval de fatalidade. Cada poltrona desbotada e remendada, posta a um canto, pode ser uma peça de museu se o dono da casa lembrar exatamente quem se sentou nela. Nos frisos destruídos de suas casas, de um estilo grandiloqüente e retórico, vislumbra-se ainda a mão e a ambição de um gravador que se fez matar por um valentão, embora guardasse nos alforjes uma libra de platina, que valia trinta mil pesos.

A psicologia do passado

Apesar dessa dura experiência, Condoto continua tentando reconquistar o passado. Cada minuto do dia seus habitantes lutam contra o que consideram uma terrível injustiça. É essa uma amargura que eles entesouram grão a grão, com o mesmo desespero paciente com que recolhem, em oito dias, um *castellano* de platina. Essa convergente rebeldia, essa luta implacável e surda contra uma adversidade que não podem entender, constitui a essência de sua psicologia.

Em Condoto, como em todo o Chocó, o que querem é comunicar-se com o país, que construam a estrada, que lhes seja garantida a saída para o mar. Mas no fundo estão pensando na platina. Não podem entender que ali mesmo, no pátio de suas casas, uma draga remova enormes quantidades de terra, que desentranhe a riqueza de seu leito, enquanto eles se sentam a uma mesa que, em 1918, foi adornada a ouro, e serve agora apenas para que sobre ela comam um pouco de arroz puro e três pedaços de banana frita.

O último que se perde

Esse passado lendário é aprendido pelas crianças na escola. Mas quando o professor o conta, as crianças já o sabem. Aprenderam-no em suas casas, à hora das refeições, ao se levantarem e ao dormirem. Desde que tiveram consciência, não ouviram falar de outra coisa. Em toda a zona mineira do Chocó fala-se dos metais como se não fossem extraídos do subsolo mas do baú da família. Essa é a origem da subjetividade dos centros mineradores do Chocó, pobres até os ossos, embora seus mortos estejam sepultados em ouro em pó. É uma subjetividade diferente da de outras regiões do departamento, onde se fala dos metais como de uma maravilhosa lembrança, não como de uma angustiante e rebelde esperança.

Há que semear o futuro

Aqueles que compreendem este problema acham que a educação primária do Chocó deve passar por uma mudança. É preciso reconquistar o ouro e a platina, dizem, mas orientar a instrução para a agricultura. A nova geração estará, então, preparada para explorar a verdadeira riqueza do departamento, ou seja, o seu potencial agrícola, quando as obras que agora se promete sejam uma realidade.

Até agora as escolas têm ensinado um lema: "Vamos reconquistar a platina." Fez-se assim um povoado com subjetividade de mineiros, vivendo sobre uma terra cuja assombrosa fertilidade engole um caminho em poucas horas.

O Chocó que a Colômbia desconhece (IV)

A RIQUEZA DA PLATINA COLOMBIANA

ANDAGOYA, UMA CIDADE BEM GERENCIADA. O PROBLEMA MORAL DE ANDAGOYITA. A ZONA NEGRA DO CHOCÓ SE CHAMA CASCOTE. ENERGIA E RIQUEZA *CHOCOANAS*, MAS ALHEIAS. O PRINCIPAL PROBLEMA SOCIAL DO CHOCÓ. A PLATINA E SUAS RIQUEZAS MINERAIS.

Muito poucos colombianos sabem que no Chocó, em pleno coração da selva, levanta-se uma das cidades mais modernas do país. Ela se chama Andagoya, na confluência dos rios San Juan e Condoto, e dispõe de luz elétrica, água encanada, um serviço telefônico perfeito, ancoradouros para embarcações e lanchas que pertencem à municipalidade, e profundas e belas ruas arborizadas. As casas, pequenas e limpas, de grandes espaços cercados e pitorescas escadas de madeira no portal, parecem plantadas na grama compacta e aparada. No interior de cada uma delas respira-se um ar higiênico e acolhedor, e a cozinha, dotada de todas as comodidades modernas, como a sala de jantar, a despensa e os quartos, é tão limpa e silenciosa como toda a casa.

No centro da cidade há um cassino, com um bar em que se consomem, pelo menor preço do país, bebidas importadas; há mesas de jogo e um restaurante. É uma cidade habitada por homens de todo o mundo. Por um gordo e simpático italiano, técnico de laboratório, que pode passar dias inteiros falando de câmaras frigoríficas. Por suecos, norte-americanos e ingleses, além de colombianos que se esqueceram da saudade e estão ali melhor que na capital da república.

Como é uma cidade diferente, Andagoya tem sua própria polícia, que zela a ordem e a vida e os bens e a honra dos cidadãos por conta do gerente da cidade. Porque esta cidade não tem prefeito, mas gerente. A única autoridade colombiana que lá existe é um decorativo inspetor de polícia, que encosta seu banco de couro no marco da porta e se senta para ver passar as dragas à frente de seu escritório. Talvez seja esse o único inspetor de polícia do país que se aborrece porque não tem o que fazer.

Andagoya é uma cidade jovem: não tem cinqüenta anos. Fundou-a, desenvolveu-a e a governa uma companhia mineradora norte-americana, da qual há muito tempo não se ouve falar no país: a Chocó Pacífico. O isolamento daquele departamento e o esquecimento em que é mantido são de tal modo graves que muito poucas pessoas lembram quem explora o ouro e a platina, quem o vende e para onde vai. Na prática, Andagoya é um território internacional. Uma cidade de propriedade privada, com todas as complicações e movimentos rotineiros de uma cidade moderna, mas que, apesar disso, funciona com absoluta precisão, como um mecanismo de relojoaria.

Seus habitantes vivem bem, alimentam-se bem e não se lamentam de nada. São funcionários ajustados ao seguro e infalível mecanismo administrativo, que dentro do perímetro urbano não tem uma peça falsa ou mola gasta. Como organização técnica, Andagoya é a cidade ideal. Exatamente o contrário de Andagoyita, o humilde casario da outra margem. Construída com os restos humanos e materiais de Andagoya, a miserável e triste Andagoyita é quase que inteiramente um povoado de tolerância.

A aldeia proibida

O casario é formado por duas ruas estreitas, labirínticas, calçadas com os restos que as dragas expelem depois de esquartejar as entranhas do rio Condoto. É um montão de espantosas cabanas apinhadas, onde moram mulheres de ninguém com cinco filhos, entre as mulheres e os filhos dos operários da extração da platina. As cabanas são construídas com tábuas imprestáveis, falhados tetos de palma e paredes sem janelas. Na união rural de Andagoyita, em cujos quartos vivem e morrem destroços humanos de todo o departamento misturados a seus animais domésticos, não foi aberta uma única janela. O interior das cabanas é sórdido e assustador.

Ao meio-dia, ardendo a uma temperatura de 36 graus, 106 meninas e 63 meninos dirigem-se para as duas escolas encravadas no alto de uma colina. Quando as crianças passam por aquele labirinto de pedra, as mulheres dormem a sesta, as portas abertas de seus apertados quartos revestidos com as páginas das revistas ilustradas. "Não há jeito de corrigir isto", diz o jovem e sério professor da escola de Andagoyita, que vive no casario com a esposa, também professora. "Por onde passem as crianças, têm sempre que passar pela Coréia." É assim que se chama, há três anos, o superpovoado setor de prostituição de Andagoyita, onde não há um posto de saúde nem uma separação efetiva entre as mulheres que chegam de todo o departamento, arrastadas pelo esplendor e pela solidão dos homens de Andagoya, e a família dos operários que vivem no casario porque não têm outro lugar para viver.

Derrubando a tradição

A história de uma mulher que vive sozinha em Andagoyita é, em linhas gerais, a mesma de todas as outras mulheres, de suas 180 companheiras, que depois das 22 horas atravessam o rio, em canoas ou na balsa exclusiva da companhia mineradora, na caça dos homens solteiros. "Às vezes voltamos sem nada", dizem. Mas, às vezes, especialmente nos dias de pagamento quinzenal, voltam às cinco da madrugada com dinheiro suficiente para comprar um vestido.

Assim levam a vida. Estão em Andagoyita, lamentando-se de sua sorte, mas submissas a ela enquanto juntam dinheiro para ali se instalar com os filhos, "que são só meus". As pessoas do casario protestam, mandam cartas para a autoridade reclamando do ambiente moral em que estão crescendo seus filhos. "Nossas filhas se acostumam a pensar que a mulher deve procurar o homem", dizem. Mas o problema continua, igual ao primeiro dia.

A zona negra

Ao lado de Andagoya há outro tortuoso casario, montado sobre um montão de pedras, onde vive o restante dos mineiros. Chamam-no de Cascote, nome que se dá, na região, às intermináveis e esterilizadas montanhas de pedra que as dragas atiraram à margem. É uma única rua, extensa e torta, com o rio por um lado e uma confusa sucessão de casas de madeira, residências coletivas construídas pela companhia para uma só pessoa, onde vivem os operários com suas mulheres e seus filhos. Essa é a zona negra do Chocó.

E é ali que vive também o presidente do sindicato dos trabalhadores, um negro magro e esperto, que às quatro da tarde volta do trabalho, com seu desbotado macacão e suas ferramentas de carpintaria, para se lamentar de sua situação até o dia seguinte. Ali vive Ismael Lagarejo, um melancólico ancião de 62 anos, que tem 36 anos de trabalho em Andagoya e recebe uma diária de 2,88 pesos. Segundo eles mesmos dizem, com palavras de ansiosa expectativa, esse é o valor da diária média na companhia mineradora.

Mil problemas em um

Andagoya é o centro da região mineira do Chocó e, ao mesmo tempo, o que contribuiu para criar, em toda a região, esse duro clima de amargura que se nota em cada gesto, em cada palavra, em cada resposta. A companhia mineradora administra há trinta anos uma central hidrelétrica, por ela construída, e que fornece energia a todos os povoados do setor. Construiu também uma estrada particular, que passa a uma distância de dois quilômetros de Condoto. E anda pelos rios com suas gigantescas dragas, extraindo o ouro e a platina, e esterilizando, com o *cascote*, as terras ribeirinhas.

Tudo isso, somado à pobreza da população, que se sente dona de seus metais, que sabe de cor as leis e as interpreta a seu modo enquanto vê correrem seus grandes rios despojados, contribuiu para criar, na zona mineira do Chocó, um ambiente de tensão, de surda luta social; um sentimento de injustiça e amargura que pesa no ar, que se pode tocar com as mãos, seja em Cascote, em Condoto, em Nóvita, em Tadó, em toda a extensão e largura do imenso e empobrecido reino da platina.

Luz, mais luz

É muito provável que esse sentimento de injustiça, amadurecido durante longos anos, cultivado com um desespero duro e um pouco sombrio, determine certo exagero dos habitantes de Condoto e Istmina quando falam do problema da iluminação pública. A companhia mineradora, cujos funcionários atenderam, com esplêndida gentileza, os representantes de *El Espectador*, fornece luz aos municípios. Um serviço que os municípios administram com o compromisso de adquirir, montar e vigiar as instalações. Na atualidade, apenas um setor pouco importante de Condoto desfruta desse serviço. "Não querem nos dar mais luz", dizem seus habitantes. "Fornecem luz só quando têm vontade", dizem os de Istmina, e recordam que, recentemente, a população ficou três meses sem iluminação pública, porque estavam sendo recuperados os centros de distribuição de energia. A luta é tenaz, permanente, e já causou um clima de tensão irrespirável.

A resistência interminável

Os habitantes da zona mineira do Chocó, que vivem lutando contra sua pobreza, não encontram explicação para sua lamentável situação: não querem aceitar que seus povoados estejam na penumbra enquanto um rio *chocoano* gera mil quilowatts de energia. "A companhia se nega a nos dar mais de 25 quilowatts", dizem, enquanto a companhia insiste em que há desperdício de energia causado por instalações defeituosas dos municípios.

Recentemente o município de Condoto, cujo parcimonioso e diligente prefeito afirma que suas instalações não têm defeitos, pediu à companhia o envio de técnicos para consertar, se for o caso, o sistema de energia local. A companhia concordava, caso o município se comprometesse a pagar 600 pesos pela revisão. Os atritos se acentuaram e, a cada dia, são mais críticos. Nenhuma das partes quer dar o braço a torcer. Os habitantes da zona mineira, que também, como se diz de todos os habitantes do Chocó, "aprendem a ler no código civil", só admitem uma solução: que a nação exproprie a central hidrelétrica, há trinta anos administrada pela Chocó Pacífico. Esse é, em síntese, o problema da energia elétrica, que parece ser o mais perigoso problema social do Chocó.

Depois da draga, o dilúvio

Aqueles que já ouviram dizer que em qualquer quintal de Condoto basta cavar para encontrar platina perguntam por que as pessoas daquele município não vivem da exploração da mina de sua própria terra. O caso é que, cavando das seis da manhã às seis da noite, não chegam a extrair dois pesos de platina. Por toda a extensão dos rios, mineiros do Chocó, homens e mulheres *barequean** — assim os *chocoanos* chamam a exploração elementar do ouro e da platina — em busca das resplandecentes pepitas que se depositam em sua bateia. É um trabalho paciente, cansativo, do qual vive a metade da população, embora há muitos anos se saiba que o *barequeo* não rende o suficiente para viver.

No começo do século, quando apenas se selecionava o ouro, desprezando-se a platina, considerada, desde os tempos da conquista, como "ouro oco", homens e mulheres enriqueceram *barequeando*. A riqueza era superficial, antes do conhecido episódio da "raiz", em Condoto, quando toda a população, na mais escandalosa das disputas de que se tem memória, extraiu, durante uma semana, *totumas** cheias de ouro sedimentado no fundo de uma raiz. Depois vieram as dragas, "naqueles tempos em que o general Reyes deu o país de presente", segundo se diz em Quibdó, e arrasaram com a riqueza da superfície. Na atualidade, o metal que os *barequeros* encontram é o metal profundo que as dragas vão espalhando à sua passagem.

**Barequear*, na Colômbia, extrair ouro ou platina com bateias, como no Brasil. (*N. do T.*)

**Totuma*, fruto do *totumo*, do qual se faz uma vasilha. Da Venezuela ao Peru, e também na América Central, é uma planta bignoniácea. (*N. do T.*)

El Espectador *visita Paz del Río*

BELENCITO, UMA CIDADE A MARCHAS FORÇADAS

UMA CIDADE MODERNA, CONSTRUÍDA EM OITO ANOS. A FESTA DA FRANÇA SE CELEBRA EM BELENCITO COMO EM PARIS. GOLPES DE TEIMOSIA. SETE MIL HOMENS À VOLTA DE UM FORNO. QUINHENTAS TONELADAS DE FERRO EM UM DIA. A RUA FRANCESA. DO BOI À LOCOMOTIVA.

Pode-se dizer, com absoluta certeza, que em nenhuma cidade do país está se trabalhando atualmente com a intensidade, a força e o desespero com que se trabalha em Belencito, uma cidade moderna, de ruidoso e confuso cosmopolitismo, situada a sete quilômetros de Sogamoso, numa curva de uma extensa planície agrícola. Há oito anos, a cidade não existia. Em toda a extensão do vale não havia outra construção que uma grande casa colonial cheia de janelas, que até há um século era um convento de agostinianos, e uma capela caiada de uma só torre e um só sino. "Belencito" chamava-se o lugar, que por ninguém mais era procurado senão pelos fiéis que cumpriam ali promessas uma vez ao ano e, ultimamente, pelos historiadores, porque se dissera que ali repousavam os restos do general Rook, o irlandês que morreu na batalha do pântano de Vargas, depois de haver guardado no bolso a decepada mão para continuar lutando com a outra, e "foi enterrado em um convento próximo".

As árvores nascem de pé

À volta do convento cresceu a cidade, que segundo os cálculos estaria concluída no princípio do próximo ano, e que, por uma disposição inesperada, deverá terminar, ficar pronta e sob medida, dentro de cinco dias. Belencito se fez mais rapidamente que qualquer outra cidade no país. Mas talvez em nenhum lugar do mundo se fizeram tantas coisas com tamanha rapidez, no ritmo vertiginoso com que ali se fizeram, nos últimos dias. O habitual é que as árvores de uma cidade comecem por ser árvores pequenas. As belas árvores que margeiam as calçadas de Belencito foram pequenas em algum tempo, mas a muitos quilômetros dali, em Suba, onde as cultiva um agrônomo japonês. E como se fossem mercadoria japonesa, estão chegando à nova cidade, em grandes caminhões amarelos, árvores embrulhadas em papel, amarradas com arame, árvores que são plantadas nas calçadas com invólucro e tudo. Com a mesma pressa, mas com igual eficácia, estão dando os toques finais à nova cidade de Belencito, que tem ao mesmo tempo alguma coisa de gigantesca proeza humana e de magia negra.

Paris é sempre Paris

Nos dias de hoje, Belencito tem, no horário comercial, dois mil habitantes. Durante as horas de descanso, cinco mil. Oitocentos veículos — enormes caminhões de carga, ônibus, modernos automóveis — transportam aqueles três mil homens flutuantes que trabalham na periferia: colombianos, mexicanos e franceses. Especialmente os franceses, dos mais bem pagos engenheiros especializados aos robustos e primários operários da estação geradora de energia.

Desde que La Banque de Paris et des Pays-Bas concedeu um empréstimo de 25 milhões de dólares para a empresa de Paz del Río, começaram a chegar franceses a Belencito. Foram praticamente eles que iniciaram a construção da cidade, e eles que impuseram o caráter exótico ao setor que ocupam na atualidade, e que corresponde à metade do perímetro urbano. Ali não se ouve uma palavra em castelhano; há um restaurante francês onde, por dois pesos, se podem comer bons pratos da cozinha francesa, e ler, em francês, um aviso que diz, para que o saibam nativos e estrangeiros: "As pessoas encarregadas do serviço fazem todo o possível para satisfazer a maioria. Aqui, os cuidados com os clientes são os mesmos que em qualquer restaurante da França."

A França em Boyacá

Os franceses de Belencito não recuaram, com a mudança, um só milímetro em sua personalidade. Aprenderam a falar espanhol, para se entenderam com os colombianos que não se deram ao trabalho de aprender francês, mas dentro de seu bairro vivem inteiramente como viveriam na França. Tomam vinho e lêem, junto à lareira crepitante, jornais de Paris com notícias e comentários da política francesa. A paz da Indochina foi recebida, em Belencito, do mesmo modo como em qualquer outra cidade da província francesa. O 14 de julho há cinco anos é comemorado nas ruas dessa cidade colombiana, como nas ruas de qualquer cidade da França. "Como católicos são exemplares", diz o padre Abella, o alto, moreno e vigoroso pároco que se viu obrigado a praticar seu francês para se entender adequadamente com seus novos e insólitos paroquianos. A mesma coisa fez o professor, um cordial *boyacense* que dá aulas em francês a um turbulento grupo de crianças francesas.

Isto é a Colômbia?

Pelo inusitado, por sua espantosa atividade, pela maneira de estar pondo em prática um pensamento pretensioso que só foi possível graças à pertinácia, Belencito não parece uma cidade colombiana. Não há ali nada em comum com as nossas cidades, exceto as invariáveis inscrições nas paredes dos banheiros: "abaixo os godos", "abaixo os ladrões liberais". No resto — em uma cidade onde não há tempo para falar de política —, Belencito parece uma cidade estrangeira, com um restaurante automatizado, onde são servidos mil almoços em duas horas, com absoluta eficiência, e esse monstruoso alto-forno, que, dentro de cinco dias, começará a produzir 120 mil toneladas de ferro e aço.

Tudo começou em 1942, quando o engenheiro Olimpo Gallo apresentou-se ao Instituto de Fomento Industrial com a notícia, velha mas só então inteiramente comprovada, de que em Paz de Río, em toda a extensíssima fazenda dos Archilas, em Boyacá, havia jazidas de ferro suficientemente ricas para ali montar uma das usinas siderúrgicas mais importantes do mundo. Antes de 1938, a assembléia de Boyacá tinha dito isso, sem que se desse muita atenção ao fato.

"O governo mandará realizar, com a maior brevidade, sob a direção de uma comissão de engenheiros especializados no setor de minas, a localização, estudos geológicos e petrográficos e demais trabalhos de natureza técnica das minas de ferro e seus derivados, cujo filão principal nasce na quebrada de Cosgua, no município de Betéitiva, continua pelas sendas de Colacote, Soabaga, Salitre, Dibaria e Chitacogo, no município de Paz del Río, e vai morrer na jurisdição de Sativasur, neste departamento."

Só em 1945 o governo do dr. Alberto Lleras Camargo adotou medida efetiva, autorizando a emissão de bônus nacionais, no valor de dez milhões de pesos, destinados aos estudos para a implantação de Paz del Río.

À força de pertinácia

Apesar disso, durante os anos seguintes, falou-se com freqüência da construção da siderúrgica de Paz del Río como de uma maravilhosa loucura. Todos pensavam mais na política que na indústria. O primeiro comitê de financiamento, nomeado pelo primeiro gerente da empresa — o mesmo de hoje —, dr. Roberto Jaramillo Ferro, apresentou ao governo um plano definitivo, que o Congresso não pôde aprovar simplesmente porque o Congresso foi fechado. Foi necessário, então, aprovar o plano por um decreto executivo, e o dr. Jaramillo Ferro, que não esperava outra coisa, calculou que o projeto demoraria quarenta anos para se concretizar se não tomasse uma medida heróica. "Não é preciso pensar duas vezes", disse com uma frase habitual nele, e baseado no plano aprovado, conseguiu financiamento externo para construir, em quatro anos, uma usina siderúrgica que parecia uma história de mil e uma noites. E uma história interminável.

Desde então o simpático e fabulosamente ativo gerente de Paz del Río não teve um minuto de férias. Nas últimas semanas viajou três vezes por dia de Bogotá a Belencito, no novo e confortável DC-3, de propriedade da empresa, que faz viagens de trezentos quilômetros em 45 minutos e, entretanto, pela maneira como está sempre à disposição do dr. Jaramillo Ferro, parece seu carro particular.

A passo de conga

No mesmo ritmo com que trabalha o gerente, construiu-se a usina siderúrgica que, dentro de cinco dias, será inaugurada pelo presidente da república, na presença de dois mil convidados. Instalações que deveriam ser construídas em quarenta anos, estão prontas depois de oito anos de trabalhos. E uma cidade como Belencito, que normalmente demoraria cinqüenta anos para se formar, está sendo terminada às pressas, por pintores armados com as maiores brochas do mundo, gigantescos hissopes de cerdas umedecidos em gigantescos tonéis de tinta, com os quais se pinta, em dois dias, um edifício de cinqüenta metros de altura. Em meio dia asfalta-se uma rua, constrói-se um muro de cimento e se levanta uma árvore de dois metros de altura. É o ritmo natural de uma cidade que produzirá quinhentas toneladas de ferro todos os dias.

Os rastros do desespero

Até agora, com trezentos milhões de pesos investidos, Paz del Río não produziu um alfinete. Está agora completando o processo de montagem. A madeira atirada nos arredores, restos das caixas que vieram da França com equipamentos, bastaria para construir uma cidade tão grande quanto Belencito. A alucinante velocidade com que se trabalhou, o volume do equipamento mobilizado, deixaram uma enganosa marca, que não parece o resultado de uma enorme construção, mas os destroços de uma catástrofe. Ali mal se teve tempo de montar essa usina de força, que gera 25 mil quilowatts, e que duzentos técnicos mexicanos meteram dentro de um monstruoso edifício de tijolos, com janelas de vinte metros de altura. Técnicos que, depois do trabalho, cantam canções de Jorge Negrete e comem molhos picantes puros, como se fossem água.

O grande gigante

Qualquer um se pergunta o que fazem sete mil pessoas, duas ferrovias, oitocentos veículos e um gerente que talvez seja a pessoa que mais viaja de avião durante o dia, à volta de uma coisa fabulosamente grande e complexa, mas que, apesar disso, vista em Belencito, dentro da complicada organização da cidade, mostra-se pequena e simples: o alto-forno. Em duas palavras, um alto-forno não é senão uma complicada caldeira da qual podem sair diariamente quinhentas toneladas de ferro. Tanto se tem falado dele que só falta mesmo escrever um poema. Dentro de 15 dias, com certeza, será esse alto-forno o objeto mais fotografado do país. Porque, até agora, a coisa mais importante de Belencito — muito mais importante que as fantásticas jazidas de Paz del Río — é o alto-forno, que parece uma interplanetária catedral de aço e que, apesar de tudo, tem nome de mulher: Elena. Esse, aliás, é o nome da bela e cordial esposa do gerente de Paz del Río, em homenagem a quem se batizou o primeiro alto-forno montado no país.

Do boi à locomotiva

O monstro mais caro e apreciado da gigantesca instalação será, talvez, o menos visível no futuro. Há quatro dias foi aceso pela primeira vez e, possivelmente, não volte a se apagar nos próximos cinqüenta anos. Os visitantes acostumaram-se a ver nele, simplesmente, uma incrível construção metálica, com uma temperatura infernal, dentro de uma cidade que tem um clima ideal de 18 graus. Mas será ele a fonte de todo tipo de peças de ferro e aço, que viajarão por todo o país, todo o mundo, talvez em caminhões amarelos — como os que agora circulam apressadamente pelas ruas de Belencito — com uma inscrição bem visível: "Empresa Siderúrgica de Paz del Río S.A."

Antes de produzir um prego, a atividade dessa empresa já começou a influenciar a economia. Em Sogamoso, que é o povoado mais próximo de Belencito, um quarto para uma pessoa, que há poucos anos custava sete pesos mensais, vale agora cinqüenta. Nessa proporção sobe o custo de vida em Sogamoso, onde sempre se vendeu gado lanígero e produtos agrícolas e talvez seja, dentro de poucos anos, um grande mercado de objetos ou aparelhos de ferro e aço, do alfinete à locomotiva.

O cinema em Bogotá. Estréias da semana

A volta de dom Camillo

"Nunca as segundas partes são boas", se diz, e é preciso acreditar nisso depois desta nova obra de Julien Duvivier, que não resistiu à tentação de fazer uma segunda versão de seu inesquecível *O pequeno mundo de dom Camillo*, baseado no conhecido romance do italiano Giovanni Guareschi. O pior de tudo é que já há uma terceira versão, em cores, que ainda não chegou à Colômbia, mas que deve ser uma estéril continuação das familiares controvérsias entre o padre de uma escarpada aldeia italiana e o prefeito comunista. *A volta de dom Camillo* não é, entretanto, um mau filme. Tem, porém, a desvantagem, o inconveniente de ser uma continuação do primeiro. E este segundo filme carece da unidade, do permanente humor e da originalidade do primeiro, embora só a presença de Fernandel seja suficiente garantia para que se desfrute de duas horas de agradável entretenimento.

Sobre os incidentes entre o prefeito e o padre, nem Duvivier e, certamente, nem Guareschi têm nada mais a dizer. Os encontros são monótonos, forçados, apenas simples repetições do que o público já conhecia. O filme se salva, porém, nas escapadas líricas, com a patética condução do Cristo através da montanha, sob a chuva impiedosa; na longa e encantadora seqüência a cargo do padre e o filho do prefeito, e em outros momentos — por certo não muito escassos — em que esse diretor inteligente, mas sem gênio, que sempre foi Duvivier, consegue levar adiante um tema ao qual já não havia mais o que acrescentar. Os repetidos acertos na fotografia e no desempenho dos atores, já conhecidos em um extraordinário filme — *Milagre em Milão* —, complementam os esforços de direção, que, a toda hora, estiveram a ponto de fracassar por culpa de uma história sabida de cor.

Cara-de-pau

Danny Kaye tem um bom público. Ainda que não seja só para se divertir com ele, um filme com Danny Kaye vale a pena ser visto. *Cara-de-pau* vale por isso, ainda que valha por um pouco mais. A neurose do ventríloquo, quando parecia que a comédia estava se tornando demasiadamente séria, desnecessariamente séria, lembra a extraordinária seqüência de Alberto Cavalcanti, no formidável filme inglês *Na solidão da noite*. Mas a zombaria com a psicanálise, o puro sabor de fina sátira com que se resolve e se esquece aquela tentação, desvia o processo por um caminho agradável, delicioso em algumas ocasiões, com o que este filme de Danny Kaye deixa de ser uma coisa comum e desinteressante para se converter em uma divertida comédia.

A trama policial foi bem concebida e bem realizada. Mas quem quiser encontrar algo mais em um filme desta classe, terá suficientes motivos para se sentir logrado. Mas aqueles que sabem o que se deve esperar normalmente de uma comédia norte-americana com Danny Kaye encontrarão suficientes motivos para se sentirem satisfeitos.

Weisse Sklaven [Escravos brancos]

O cinema alemão, cujos representantes na Colômbia nos tinham favorecido com um repousante recesso, apresenta agora um filme que é, evidentemente, uma réplica política a *O encouraçado Potemkin*. Em nenhum caso — não poderia sê-lo —, uma réplica artística.

A história que este filme alemão conta é a da sublevação dos tripulantes de um encouraçado russo — *Sebastopol* — no final do poder czarista. A direção — de Karl Anton — está carregada, como é natural, de simpatias czaristas, de maneira que os revolucionários são uns sanguinários depravados, que assassinam sem piedade os mansos aristocratas russos. As cenas de chacina são muito bem-feitas, com excelente fotografia, mas o trabalho dos atores principais é falso e pomposo, como a intenção política, que não convence a ninguém.

O cinema em Bogotá. Estréias da semana

Perdonami [Perdoa-me]

O italiano Mario Costa realizou *Perdonami*, um filme com Raf Vallone e Antonella Lualdi. Vendo-a, os admiradores do cinema italiano se perguntarão o que foi feito da simplicidade, da humanidade, do realismo com que Rossellini e De Sica assombraram o mundo do pós-guerra. Alguém se cansou do chamado neo-realismo. Não se poderia precisar se foram os produtores ou se foi o público. Foi dito que o governo italiano interveio para evitar que o mundo continuasse conhecendo a miséria do país. Foram ditas muitas coisas. Mas a verdade é que o desaparecimento do neo-realismo, tão lamentável quanto prematuro, deu origem a um cinema comercial italiano que conta com todos os indigestos elementos da ópera.

Rafael Mattarazzo parece ser o campeão da nova escola. *Tormento* e *Quien se sienta libre de culpa* [Quem se sinta livre de culpa], suas últimas produções exibidas em Bogotá, são dois folhetins de uma qualidade escandalosamente deplorável. E ainda não desapareceu o ressaibo, o pegajoso sabor do melodrama que deixou no espectador a passagem, felizmente fugaz, de *Menzogna*, um dos piores filmes dos últimos anos.

Ladrões de bicicletas, *Alemanha, ano zero*, *Roma, cidade aberta* e tantas outras produções do cinema italiano em seus anos de pobreza, de trabalho difícil, acostumaram a platéia exigente a pensar nele como o melhor cinema do mundo. Baseado nesse prestígio, cresceu a bilheteria do cinema italiano, consolidou-se um novo elenco de estrelas populares e se acumularam suficientes recursos para dar início a esta produção em série, esta produção melodramática que só serviu para demonstrar que, se a Itália foi capaz de produzir o melhor cinema, foi também capaz de produzir o pior.

Perdonami é, em síntese, uma complexa embrulhada de todas as paixões humanas: amor, ciúme, inveja, sede de vingança etc. Um filme com crimes, traições, infidelidades e calúnias e ternura barata e homens, mulheres, crianças e lágrimas, enfim, tudo o que o celulóide suporta, e, pelo que já se viu, suporta bem mais que o papel.

Enquanto isso, o *Umberto D.*, de Vittorio de Sica, e *Os sete pecados capitais*, realizado pelo estado-maior do cinema italiano, e tantos outros filmes dos grandes tempos, continuam sem exibição em Bogotá.

El gran concierto [O grande concerto]

Como o filme *El gran concierto* — realizado na União Soviética — é essencialmente balé fotografado, o autor desta seção tem a honra de ceder o espaço a um crítico de balé muito bem credenciado, dom Hernando Salcedo, que, além do mais, é um excelente embora esporádico crítico de cinema.

"Como *Carnegie Hall* ou *Esta noche cantamos* [Esta noite cantamos], *El gran concierto* é um excelente musical sem argumento, uma vez que não se pode chamar de tema as duas ou três seqüências sobre uma fazenda coletiva e as oportunidades que se oferecem aos jovens camponeses com vocação artística no Conservatório de Moscou. Mesmo para os que gostam de ópera, a síntese do *Príncipe Igor*, de Borodin, pode parecer longa demais, apesar da magnífica fotografia que dá movimento às cenas; em compensação, a primeira parte e o *adaggio* do *Lago dos cisnes*, dançados admiravelmente por Olga Lepeshinskaya, e alguns trechos do *Romeu e Julieta* de Prokofieff, a cargo da já quase lendária Galina Ulanova (dançarina, não cantora, senhores exibidores), redimem o filme de todos os seus defeitos. *El gran concierto* é, assim, um trabalho muito instrutivo para as pessoas que se interessam pelo balé, pois serve para comparar a dança genuinamente russa do Bolshoi de Moscou e a mais ou menos ocidentalizada, que vemos do lado de cá da chamada cortina de ferro. Por exemplo, as danças do *Príncipe Igor* são quase um espetáculo do Roxy de Nova York, comparadas com a força e a violência da versão de Fokine. Nota-se também um horrível convencionalismo tanto nos cenários como nos figurinos. Valem as grandes figuras da Lepeshinskaya e da Ulanova. Impossível negar o fascínio do *port de bras* da primeira ou dos arabescos da Ulanova, como também da magnífica coreografia de Lavrovsky para o *Romeu e Julieta* de Prokofiev. Cenas como as do baile na casa dos Capuletos, a do duelo de Romeu e Teobaldo e a da alcova de Julieta, com grande aproveitamento do espaço cênico, têm uma indiscutível grandeza, o que foi muito bem captado pelo fotógrafo Nikolaiev. Neste festival de ópera e balé russos que é *El gran concierto*, não são os amigos do cinema, mas os da música e da dança que sairão mais satisfeitos."

O cinema em Bogotá. Estréias da semana

Filhos do amor

Leonide Moguy é um diretor cuja obra não se pode ver com indiferença. É um homem de cinema que conhece seu ofício a fundo, que faz bem o que quer fazer e sabe se fazer entender por seus ajudantes. Pier Angeli, a quem outros diretores puseram na obrigação de fazer bobagens, é uma atriz inesquecível e alcançou o lugar que hoje ocupa em virtude de seu trabalho sob a direção de Moguy em *Amanhã será tarde demais.*

O que é, no mínimo, incômodo e discutível em Moguy é sua persistência nos dramas morais. Dramas que não apenas têm sido expostos no cinema, mas também no romance. Seu último filme, *Filhos do amor* é uma versão cinematográfica de um romance de seu diretor e, ao mesmo tempo, uma nova etapa em sua implacável obra de crítico social.

O drama de *Filhos do amor* não tem nenhuma importância estética. É um descarnado estudo do problema das mães solteiras na França, com dados estatísticos, advertências e discursos moralizadores. Seu autor teve o cuidado de não deixar sem análise nenhuma das situações criadas pelas relações sexuais das adolescentes solteiras. Conseguiu reunir um grupo de tipos psicológicos diversos, para estudar o modo como em cada um deles incide o problema, e finalmente julgou a sociedade pela defeituosa educação da juventude francesa.

Não fosse por sua aborrecida pretensão moralizadora, pelos prolongados sermões e por essa esmagadora insistência crítica, *Filhos do amor* seria uma apaixonante reportagem sobre o problema social das mães solteiras, muito mais convincente e, ao que parece, mais documentada e séria que a de *Las compañeras de la noche* [As companheiras da noite] sobre o problema da prostituição. Nesse sentido, *Filhos do amor* é um bom trabalho, com um diretor que pode ser discutido pela maneira de conceber e desenvolver a história, mas jamais pela maneira de contá-la. Literalmente, o drama é convencional, o processo é melodramático e de mau gosto em algumas ocasiões e o desenlace acomodado às exigências de uma sociedade que é precisamente a mesma que Moguy critica tão duramente. Mas a narração visual é excelente, irrepreensível, como todas as deste diretor de cinema perdido nos labirintos da sociologia.

Quando a mulher erra

Indiscreción de una esposa norteamericana [Indiscrição de uma esposa norte-americana] é o longo e não muito adequado título com que nos chegou o filme *Stazione Termini* [no Brasil, *Quando a mulher erra*], de Vittorio de Sica, com Jennifer Jones e Montgomery Clift. Seu diretor já manifestou, em diversas ocasiões, seu inconformismo com este filme, tornando públicas as limitações a que foi submetido por parte dos produtores e, especialmente, de David O. Selznick, marido e agente da atriz, e lamentou a forçada circunstância de que a protagonista do drama seja norte-americana e não italiana, como estava previsto, para acentuar a fatalidade do desenlace. Uma esposa norte-americana pode se divorciar do marido e voltar a Roma em busca do amante italiano, disse de Sica. Em compensação, uma esposa italiana católica não poderia fazê-lo. O final do drama seria definitivo.

Apesar disso, essas manifestações de inconformidade parecem ser simples veleidades do diretor. O indiscutível e evidente é que *Quando a mulher erra*, tal como foi realizado, é um filme magistral. O fato de que os protagonistas não abandonem, em nenhum momento, a estação de Roma, não atrapalha o desenvolvimento do drama nem cansa o espectador, como também não é uma novidade no cinema. *Chaga de fogo*, de Wyler, e *Ingênua até certo ponto*, de Preminger, são dois recentes filmes com cenários invariáveis, ambos magistrais. Os dramas dessa espécie são uma prova de fogo para o diretor, mas por esse mesmo simples fato só os virtuoses correm o risco de realizá-los, e a experiência tem demonstrado que a tentativa fracassou em muito poucos casos.

Jennifer Jones e Montgomery Clift são dois atores excepcionais. O drama fica inteiramente por conta deles, e seu trabalho, especialmente o de Clift, é daqueles que se esquecem com dificuldade. A história de *Quando a mulher erra* — baseado no romance de Cesare Zavattini, o infalível colaborador de De Sica — é inteiramente subjetiva. O mundo da estação não conta. O essencial é o conflito interior dos protagonistas. E a forma como De Sica o transportou para o cinema, com prodigiosos diálogos de Truman Capote, é simplesmente surpreendente.

Em realidade, este é um filme insólito na obra do grande diretor italiano. Mas o espírito criativo de *Ladrões de bicicletas* e *Milagre em Milão* está presente em cada pausa de *Quando a mulher erra*: no homem das laranjas, nas crianças que comem barras de chocolate, na formidável recepção a um presidente que não se vê nem se sabe, afinal de contas, o que preside. Em compensação, deve-se lamentar o inexplicável declínio da cena na polícia, uma cena frustrada, fraca e absurdamente resolvida por falta de elementos de convicção. Idêntica observação há de se fazer à cena em que a protagonista tenta socorrer o operário italiano com dinheiro, e à desnecessária intervenção do sobrinho em um drama em que não fazia nenhuma falta.

Como está sendo exibido, o filme faz pensar em mutilação. Não só porque sua duração dificilmente alcança os setenta minutos, mas porque alguns aspectos secundários parecem soltos da narrativa central. Contudo, *Quando a mulher erra* é uma obra-prima, com um final esmagadoramente lógico e que poderia desconcertar os mesmos incautos que se sentiram desconcertados com o final de *Ladrões de bicicletas*.

O inimigo público nº 1

Esta aceitável semana cinematográfica — na qual o Cine Clube apresentou *O demônio de Paris*, o extraordinário filme de Maurice Tourneur — iniciou-se com O *inimigo público nº 1*, com René Fernandel, dirigido por Henri Verneuil, que já havia dirigido o grande comediante francês em *O fruto proibido*. Este é uma formidável sátira dos filmes de gângsteres norte-americanos, no estilo de *O diabo riu por último*, embora muito diferente. É uma zombaria sadia, sem intenções políticas, realizada com um humor terrível e, como em tantas outras ocasiões, prodigiosamente interpretada por Fernandel.

Em *O fruto proibido* notava-se, como disse ao comentar esse filme, um certo sabor chapliniano em algumas cenas. Esse novo filme veio demonstrar que essa é uma tendência do novo diretor francês: a prolongada e magistral cena do interrogatório tem um acentuado tom chapliniano. Mas também a lentidão, a parcimônia narrativa de *O fruto proibido* está em *O inimigo público nº 1.*

O excelente trabalho fotográfico é de Jacques Thirard, o inesquecível fotógrafo que participou da realização de um filme alegre, fino e despretensioso com tanto esmero e tanta seriedade como na transcendental obra de Clouzot. Tudo conserva um perfeito equilíbrio neste novo filme de Fernandel, que satisfaz tanto os críticos quanto o público em geral.

Por que você vai à matinê?

ÀS TRÊS DA TARDE, HORA IDEAL PARA IR AO CINEMA

O SENTIMENTO DE CULPA DA MATINÊ. "A PIOR MANEIRA DE PERDER O SONO." A SESSÃO IDEAL PARA O CRÍTICO. QUANDO TIVER UM PROBLEMA SEM SOLUÇÃO, VÁ À MATINÊ.

Às três da tarde, enquanto a cidade trabalha, um moderno automóvel particular pára diante de um cinema. O motorista, sem uniforme, sai do carro, abre sem cerimônia a porta traseira, e dá passagem a um ancião pequeno, pele de fruta desidratada, cuidadosamente vestido, que se dirige à entrada do cinema arrastando os pés. Enquanto isso, o motorista compra a entrada.

É difícil acreditar que a essa hora possa haver clima para se ver um filme. A bilheteira da sessão das 3h15 é quase sempre a mesma que vende as entradas para a sessão noturna. Mas tem uma aparência completamente distinta. Às três da tarde, o dela é um trabalho rotineiro, sem qualquer atrativo, e que ela realiza com vagarosa negligência. No melhor dos casos, numa quarta-feira, vende 25 entradas em meia hora. Uma delas, quase invariavelmente, é para o ancião do automóvel, motorista particular e aspecto distinto, que entra no cinema pouco depois das três, com uma pontualidade que talvez nunca tivesse tido para ir ao trabalho.

"Um sentimento de culpa"

À hora da matinê — uma palavra francesa metida a empurrões no castelhano —, no interior dos cinemas, respira-se uma atmosfera lúgubre. Parece que os passos ressoam menos no piso atapetado, mas a verdade é que os que assistem à sessão das três procuram, inconscientemente, passar despercebidos. "É o sentimento de culpa da matinê", já disse alguém, definindo dessa maneira a atmosfera de mistério e clandestinidade que têm os cinemas às três da tarde.

Antes de iniciada a sessão vespertina, que é a sessão dos apaixonados e daqueles que não o estão embora pareçam estar, ouvem-se palavras soltas, frases interrompidas. Na sessão noturna, as pessoas aguardam seus convidados na ante-sala; cumprimentam os conhecidos, conversam com eles. Há um ambiente de saudável entretenimento. Na matinê não se ouve uma palavra. Não se ouve um ruído. É como se cada um dos espectadores — 15, 20, 25 — tivesse se refugiado, a essa hora, na escuridão de um cinema para esconder-se de seu próprio sentimento de culpa.

A hora do cinema

Muitas pessoas não vão à matinê, embora pudessem fazê-lo, para evitar a depressão. "Ir à matinê é a pior maneira de perder o sono", dizem, e preferem fazer qualquer outra coisa em lugar de desfrutarem, comodamente, de duas horas de bom cinema.

Um cinema à hora da matinê se parece a um museu. Ambos têm um ar gelado, uma quietude funerária. E, entretanto, às três da tarde é a hora preferida dos verdadeiros cinéfilos.

O verdadeiro cinéfilo

É difícil definir o verdadeiro cinéfilo. Existe o especializado, o que devora duas horas de projeção na perseguição de um detalhe, de um ângulo fotográfico ou de um acerto de direção, e a assiste com o mesmo senso com que um erudito decifra um pergaminho antigo. É bastante discutível que esse seja o verdadeiro cinéfilo. Mas, apesar disso, a matinê é também a sessão mais adequada para o crítico. Os cinemas onde se exibem filmes antigos estão cheios deles às três da tarde.

O verdadeiro cinéfilo vai ao cinema sempre sozinho. Senta-se invariavelmente nas laterais da sala. Não mastiga chiclete nem come qualquer tipo de guloseima. Não lê jornais nem revistas, pois permanece nas nuvens, contemplando a tela com um certo ar de concentrada estupidez, até começar a projeção. Então desaperta o cinto, desamarra os cordões dos sapatos e o nó da gravata, e trata de apoiar os joelhos ou pôr os pés no espaldar da poltrona dianteira. Cinco minutos depois de começada a projeção, pode estourar uma bomba no cinema que o verdadeiro cinéfilo não se dará conta. O filme pode ser excelente ou uma droga, isso não tem importância. Se a um verdadeiro cinéfilo se diz, na rua, que um filme é insuportavelmente ruim, ele assistirá à próxima exibição só para se convencer de que é ruim de fato.

Rossellini vai dormir

Nem todos os que sabem muito de cinema são bons espectadores. Roberto Rossellini, o grande diretor italiano, dorme profundamente e ronca como um urso durante uma projeção. Ele mesmo declarou que já dormiu, inclusive, durante a exibição de seus próprios filmes. René Clair, o insuperável diretor francês, afirmou que para entender a maioria dos filmes devem explicar-lhe o argumento depois da projeção. De André Gide foi dito que, em seus últimos anos, tinha por costume freqüentar, desde as primeiras horas da tarde, os cinemas de sessões contínuas, enrolado em cachecóis e cobertores, que ia tirando à medida que avançava a projeção. Azorín assistia a qualquer filme e os via e entendia à sua maneira. Não como um cinéfilo, mas como um literato. Em suas prolongadas idas à matinê nasceu um livro que nada tem a ver com o cinema: *El cine y el momento*, em que Azorín faz interessantes comentários literários sobre *Matar ou morrer*, o extraordinário filme de Fred Zinneman, e descobre que Gary Cooper é um cavaleiro manchego, como dom Quixote. Seu ator favorito, ao que parece, era Gregory Peck.

O cinema para quê?

A melhor clientela da matinê é, portanto, aquela que realmente se interessa pelo cinema. Mas vai também à matinê aquele a quem o cinema não tem a menor importância. É muito difícil encontrar em sessões vespertinas ou noturnas espectadores que não estejam ali por algum motivo que, de algum modo, tenha a ver com o cinema. A maioria dos que vão ao cinema é atraída pelos atores. O julgamento que fazem do filme depende, em primeiro lugar, da maneira como o ator correspondeu à simpatia que se lhe tem. E quase sempre essa simpatia está condicionada ao gênero de papéis atribuídos ao ator favorito. "Não gostei desse filme, porque ela morre no fim", é um comentário comum entre os freqüentadores das sessões vespertinas ou noturnas. Em compensação, muito poucas pessoas que assistem à matinê emitem tal julgamento. Algumas, porque entendem muito de cinema. Outras porque não sabem o que houve no filme, nem lhes interessa.

Não estão todos os que são

É muito provável que a clientela das matinês diminuiria sensivelmente se os colégios secundários fossem fechados. Os estudantes que comumente vão ao cinema em grupos não têm outro interesse além de se refugiar em lugar seguro enquanto as aulas passam. Como todos nós o fizemos alguma vez, é também muito provável que essa seja a origem do "sentimento de culpa" e da sensação de clandestinidade que nós, adultos, padecemos na matinê.

Devido a esse pequeno público, um cinema às três da tarde é o lugar mais seguro para um encontro escondido, para os amores secretos — por qualquer motivo — e para fugir a uma obrigação inadiável.

"Quando tiver um problema sem solução, vá à matinê", dizia, há algum tempo, o gerente de uma importante empresa a seu chefe de relações públicas. Na quarta-feira da semana seguinte, eles se encontraram à saída de uma matinê.

A terapia da matinê

Em Bogotá, o personagem mais curioso que assiste às sessões de estréias, às três da tarde, é o ancião cuidadosamente vestido, cujo automóvel o aguarda à porta até o final da sessão. Quase diariamente o crítico de cinema deste jornal o tem visto entrar e se acomodar silenciosamente em uma das poltronas laterais. Seu comportamento é o de um amante perfeito do cinema: não mastiga chiclete, não come qualquer guloseima, não lê jornais nem se levanta até o momento preciso em que aparece na tela a palavra "Fim".

Apesar disso, segundo sua própria declaração, esse inveterado freqüentador de matinês não se lembra sequer do nome dos atores. É proprietário de um armazém, e tem uma única explicação para seu encantador costume:

— Há nove anos venho à matinê todos os dias, por recomendação do médico.

A preparação da feira internacional

EM TRÊS HORAS, O TRABALHO DE 15 DIAS

NO ÚLTIMO DIA FORAM CONSTRUÍDOS PAVILHÕES INTEIROS. UM AMBIENTE DE TINTA FRESCA. O MACABRO ESTANDE DO "LESS". UMA CIDADE LIMPA E VERDE ÀS 18 HORAS, E SUJA E ENLOUQUECIDA ÀS 17. A FITA E AS TESOURAS. A PASSO DE CONGA.

Uma hora antes de o presidente da república inaugurar ontem a Feira-Exposição Internacional, faltavam pelo menos dez dias para que os trabalhos estivessem concluídos. Eram 5 horas da tarde. Pela primeira vez em toda a semana tinha deixado de chover e um sol brilhante e firme resplandecia sobre as trezentas estruturas metálicas. Minutos antes fora dada a ordem de suspender os trabalhos através de gigantescos alto-falantes instalados no centro da nova e moderna cidade, de 125 mil metros quadrados, que quatro mil operários tentavam acabar apressadamente em uma hora. Muito poucos obedeceram à ordem.

A passo de conga

Não se tratava simplesmente de dar os retoques finais nos 1.127 pavilhões onde se exibem produtos de todo o mundo ocidental. Tratava-se, em muitos casos, de construí-los completamente. O pavilhão dos senhores Hernando Abondano e Enrique Jaramillo não existia na manhã de ontem. No momento da inauguração estava concluído, com um letreiro em que se anunciava a rifa de dois automóveis em benefício dos filhos dos presos. Um dos poucos pavilhões prontos, em seus últimos detalhes, às 17 horas, era o dramático e um tanto espantoso pavilhão do Instituto dos Seguros Sociais, onde há um cadáver de gesso, em tamanho natural, estendido entre quatro velas, e um homem agonizante, com o crânio destruído. É o anfiteatro da exposição.

O cheiro predominante era o de tinta fresca. Mas não havia tempo de pôr avisos. Os operários que se movimentavam sem parar, carregando estruturas que, um momento depois, pareciam ter um mês de instaladas, apresentavam um curioso aspecto de sérios e cansados arlequins. Os macacões azuis iam recolhendo manchas à medida que caía a tarde. Minutos antes da inauguração pareciam quebra-cabeças coloridos.

Quatro pintores terminavam, 15 minutos antes da chegada do presidente, as últimas letras no letreiro de um dos organismos oficiais de nome mais longo: Instituto Nacional de Aproveitamento de Águas e Fomento Elétrico. Em compensação, no pavilhão da frente, o trabalho era exatamente o contrário: um pintor cobria, apressadamente, com muita tinta amarela, um letreiro que fora ali pintado com muita calma, desde o princípio da semana, e tinha um erro de ortografia.

As árvores nascem adultas

O maravilhoso sol de verão que brilhou todo o dia facilitou os trabalhos de improvisação. No programa de trabalho fora prevista a pavimentação das ruas interiores da feira. Mas a data da inauguração, chegou e, à última hora, foi preciso trazer o asfalto que sobrara da construção das ruas de Belencito, uma cidade feita quase na mesma velocidade que a da Feira-Exposição.

Com menos de um mês de diferença, na idade, estas duas cidades, as mais jovens e também duas das mais completas do país, têm uma mesma história de última hora. Também na Feira-Exposição foram semeadas árvores já formadas, trazidas em caminhões do município de Bosa. Entretanto, diferentemente do que ocorreu com as de Belencito, muitas das árvores da feira não vingaram. Ontem, minutos antes da chegada dos 6.500 convidados, grupos de operários arrancavam árvores murchas e plantavam novas. Ao entardecer, as avenidas exibiam verdes árvores acabadas de comprar.

A fita e a tesoura

Os gigantescos alto-falantes davam a medida exata da situação vivida naqueles momentos. "Urgente: espera-se pelo empregado que foi buscar a fita e a tesoura", ouviu-se dizer, através deles, às 17h30. E imediatamente depois: "Solicita-se a todos os responsáveis pelos veículos que se encontram no interior da feira que os retirem. Só os carros da limpeza estão autorizados a permanecer."

A verdade é que se esses veículos tivessem sido retirados àquela hora, quando os convidados chegassem teriam tido dificuldades para se movimentar entre os escombros e o lixo que, ao entardecer, foram tirados dos pavilhões. Pelo menos uma tonelada de lixo foi movimentada naquela última hora, enquanto a nova cidade limpa e reluzente esperava a chegada dos convidados, e a voz angustiada repetia pelos alto-falantes: "Urgente: precisa-se do empregado que foi buscar a fita e a tesoura." Era a fita que o presidente devia cortar na solenidade de inauguração, e a tesoura com que devia cortá-la.

Dito e feito

"Não há inauguração sem chuva", disse às 17h40, olhando o céu transparente, um dos operários que plantavam as árvores. Foi como se alguém o tivesse ouvido: grossas e pesadas gotas começaram a cair sobre a cidade que, minutos antes, brilhara sob o sol firme. "Choveu em Paz de Río e aqui também tinha que chover", continuou dizendo o operário, enquanto acabava de plantar a árvore, e enquanto um barro amarelo e escorregadio cobria a improvisada crosta de pedra das ruas. Em menos de cinco minutos transformou-se em um pântano amarelo o que oito horas de sol haviam endurecido lenta e trabalhosamente. Às 17h45, quando a ordem de suspensão dos trabalhos foi dada pelos alto-falantes e se acenderam as incontáveis luzes coloridas, a feira era uma cidade de ruas desoladas. Os quatro mil operários refugiaram-se nos pavilhões. Chapinhando na lama recém-formada, sombrios e silenciosos entre a névoa, penetraram então os soldados da guarda presidencial.

A chuva inesperada transtornou os preparativos, mas deu tempo aos trabalhadores dos pavilhões inacabados para aperfeiçoarem os últimos retoques. Tinha-se a impressão, vendo-os trabalhar afanosamente na preparação do colorido final, de que em cada pavilhão se esperava a visita pessoal, o exame minucioso do presidente da república, que, a esta hora, deveria estar contemplando a chuva, através das janelas de San Carlos, perguntando-se, talvez, por que a exposição não fora inaugurada às três da tarde.

Mas na feira pensava-se que se a exposição houvesse sido inaugurada três horas antes para aproveitar o sol, os convidados teriam encontrado uma coisa completamente diferente do que encontraram. Na verdade, fez-se em três horas o trabalho de 15 dias, como em um mês o trabalho de um ano. Quando o presidente chegou, apesar da chuva e do barro, embora a bandeira da Grécia estivesse, no começo, mal colocada e a da Áustria só fosse içada cinco minutos antes da cerimônia, quando numerosos colombianos viram, em seus receptores de televisão, a entrada do presidente, às 18h29, a Feira-Exposição estava pronta para ser inaugurada. E tudo correu muito bem, embora o trânsito estivesse parado da avenida das Américas à praça de San Diego.

O cinema em Bogotá. Estréias da semana

Loucuras de um milionário

Fazia tempo que não se exibia em Bogotá uma comédia tão agradável, tão fina, tão aguda como *Loucuras de um milionário*, na qual Gregory Peck, um ator desigual, realiza um trabalho extraordinariamente notável. Baseado em um romance de Mark Twain, este filme é uma formidável união de roteiro, direção e desempenho que conserva todo o humor e o inteligente e discreto tom satírico do escritor norte-americano.

Como exemplo do que pode fazer um bom diretor, *Loucuras de um milionário* é insubstituível. Assim como é uma obra encantadora, poderia ter sido uma farsa intolerável não fosse realizada com tanta dignidade, tanta inteligência e, sobretudo, essa assombrosa utilização dos recursos cinematográficos. O diálogo, que é excelente, foi empregado nos momentos precisos, não para substituir a ação, mas para enriquecê-la.

Loucuras de um milionário não é, estritamente, uma obra de arte. Mas é um excelente filme, que garante noventa minutos de saudável alegria.

O fantasma do castelo

Provavelmente, muitos realizadores já aspiraram a fazer um filme como este. Mas lamentavelmente têm fracassado, porque levam as coisas a sério. Em *O fantasma do castelo*, em compensação, tudo transcorre dentro de um ambiente de zombaria e alegre improvisação que faz dele uma comédia deliciosa, bem concebida e mais bem realizada.

Silvana Pampanini, com um trabalho em que se podem observar notáveis progressos, foi incluída no elenco, evidentemente como chamariz de bilheteria. Nada teria perdido sem ela essa farsa, que foi uma pausa na ofensiva de vulgares e melodramáticos folhetins com que o cinema italiano tem nos castigado nos últimos tempos.

Rapsódia

Com Elizabeth Taylor e Vittorio Gassman, o italiano bobo, Hollywood fez um filme comercial, colorido, que assegura, de um lado, o público amante da música pouco difundida, e, de outro, o público fiel das soporíferas histórias burguesas. *Rapsódia* não é inteiramente um filme musical, nem inteiramente nada. É uma colcha de retalhos de tudo o que Hollywood tem de bom e de ruim, só que, desta vez, realizado com mais agilidade que em ocasiões anteriores.

O trabalho de Elizabeth Taylor é aceitável, embora ainda não se tenha refeito de *Ivanhoé*, muito menos para quem se lembra de sua singular atuação em *O papai da noiva*, quando, adolescente, iniciava sua carreira. Louis Calhern, que depois de seu espetacular trabalho em *Júlio César* não tem direito de negociar seu prestígio, está à altura do papel que lhe destinaram neste filme em que Vittorio Gassman aparenta tocar um violino sem convencer ninguém, e no qual aparenta ser um egoísta apaixonado, cujo amor e egoísmo tampouco convencem a ninguém.

Leur dernière nuit [A última noite]

Georges Lacombe, um dos veteranos do cinema francês, conta um novo caso de dupla personalidade: *Leur dernière nuit*, com um Jean Gabin maduro e cheio de experiência, e uma competente Madeleine Robinson. Embora velha em sua essência, na forma em que Lacombe volta a contá-la, a história tem certos aspectos de interessante novidade.

A narração é lenta, pesada. Não flui, arrasta-se, mas através de uma espetacular densidade humana que permite adivinhar, por trás da câmera, a presença que viveu muito. Isto é, em realidade, o que vale em *Leur dernière nuit*; a segurança na análise dos sentimentos dos protagonistas; a força discreta, contida, com que se operou a análise psicológica de um personagem embrutecido por amargas lembranças.

É necessário, entretanto, apontar certos erros muito evidentes, sobretudo na direção dos personagens incidentais e no das figuras puramente decorativas: as crianças que vão à escola, os transeuntes pelas ruas têm um pouco de coisa descuidada, artificial, ao contrário dos personagens que se vêem nos primeiros planos psicológicos. É um erro do veterano diretor, que dispensou toda a sua atenção, exclusivamente, na profundidade do relato, sem se preocupar com seu ambiente e seu ritmo.

Luis Buñuel

Dois filmes do aragonês Luis Buñuel foram exibidos nesta semana: *A ilusão viaja de trem* e *Escravos do rancor*. Este último é baseado no muito conhecido e já filmado romance de Emily Brontë, *O morro dos ventos uivantes.*

A ilusão viaja de trem é um conto maravilhoso, que Bunuel nao soube contar. Como contribuição a sua incapacidade, neste caso, contou ele com a colaboração de atores medíocres e diálogos de uma intolerável extensão. É simplesmente uma produção que não se pode suportar, salvo nas divertidas e um pouco surrealistas diversões sobre o Gênese, quando em alguns momentos aparece o grande diretor que Luis Buñuel foi em mais de duas horas de sua vida.

Os espantados espectadores de *Os esquecidos* não poderão entender como um mesmo diretor pôde realizar aquela obra-prima do cinema e estas duas mediocridades exibidas nesta semana. Foi uma demonstraçao, em dose dupla, de que Luis Buñuel se precipitou pelo abismo da vulgaridade, sem a menor consideração por seu próprio e muito merecido prestígio.

NOVEMBRO DE 1954

O carteiro bate mil vezes

UMA VISITA AO CEMITÉRIO DAS CARTAS PERDIDAS

QUAL É O DESTINO DA CORRESPONDÊNCIA QUE NUNCA PÔDE SER ENTREGUE. AS CARTAS PARA O HOMEM INVISÍVEL. UMA REPARTIÇÃO ONDE O ABSURDO É INTEIRAMENTE NATURAL. AS ÚNICAS PESSOAS COM AUTORIZAÇÃO LEGAL PARA ABRIR A CORRESPONDÊNCIA.

Alguém postou uma carta que não chegou jamais a seu destino nem retornou ao remetente. No instante de escrevê-la, o endereço estava correto, o selo irrepreensível e perfeitamente legível o nome do destinatário. Os funcionários do Correio a despacharam com escrupulosa regularidade. Não se perdeu uma só conexão. O complexo mecanismo administrativo funcionou com absoluta precisão, do mesmo modo para esta carta que não chegou nunca como para milhares de cartas que foram levadas ao Correio no mesmo dia e chegaram a seu destino.

O carteiro bateu várias vezes, retificou o endereço, averiguou na vizinhança e obteve uma resposta: o destinatário tinha mudado de casa. Deram-lhe o novo endereço, com dados precisos, e a carta, finalmente, foi mandada para a posta-restante, onde ficou à disposição do destinatário durante trinta dias. Milhares de pessoas que diariamente vão aos escritórios do Correio para procurar uma carta que jamais foi escrita viram lá a carta que, essa sim, tinha sido escrita mas que nunca chegaria a seu destino.

A carta foi devolvida ao remetente. Mas também o remetente tinha mudado de endereço. Trinta dias mais esteve essa carta devolvida aguardando-o na posta-restante, enquanto ele se perguntava por que ainda não recebera resposta. Finalmente, essa singela mensagem, esses quatro parágrafos que talvez não dissessem nada de particular ou fossem decisivos para a vida de um homem, foi metida dentro de um saco, misturando-se a outro milhar de cartas anônimas, e enviadas à pobre e empoeirada casa n.º 567, da oitava *carrera*. Aí fica o cemitério das cartas perdidas.

Investigação epistolar

Por essa casa de um só andar, teto rebaixado e paredes descascadas, onde parece não viver ninguém, passaram milhões de cartas não reclamadas. Algumas delas deram voltas ao mundo e retornaram a seu destino, à espera de um reclamante que talvez tenha morrido esperando-a.

O cemitério das cartas se parece com o cemitério dos homens. Tranqüilo, silencioso, com grandes e profundos corredores e escuras galerias cheias de pilhas de cartas. Apesar disso, ao contrário do que ocorre no cemitério dos homens, no cemitério das cartas transcorre muito tempo antes que se perca a esperança. Seus funcionários metódicos, escrupulosos, cobertos pela ferrugem da rotina, continuam fazendo o possível para encontrar as pistas que lhes permitam localizar um destinatário desconhecido.

Três dessas seis pessoas são as únicas que no país podem abrir uma carta sem que sejam processadas por violação de correspondência. Entretanto, até mesmo esse recurso legal é inútil na maioria dos casos: o texto da carta não revela nenhuma pista. E uma coisa mais estranha: de cada cem envelopes selados e postados com o endereço errado, pelo menos dois não têm nada dentro. São cartas sem cartas.

Onde vive o homem invisível?

A mudança de endereço do destinatário e do remetente, ainda que pareça rara, é o caso mais simples e freqüente. Os encarregados da seção de achados e perdidos — assim se chama oficialmente o cemitério de cartas perdidas — perderam a conta das situações que podem se apresentar no confuso labirinto das mensagens extraviadas. Da média de cem cartas abandonadas que lá chegam todos os dias, pelo menos dez foram regularmente seladas e despachadas como convinha, só que os envelopes estão completamente em branco. "Cartas para o homem invisível", são chamadas, e foram introduzidas na caixa postal por alguém que teve a idéia de escrever uma carta para alguém que não existe e, por conseguinte, não vive em parte alguma.

Cartas a Ufemia

"José, Bogotá", diz no envelope uma das cartas perdidas. O envelope foi aberto e dentro dele viu-se uma carta, de duas páginas, manuscrita e assinada por um "Diógenes". A única pista para encontrar o destinatário é seu cabeçalho: "Meu querido Enrique."

Contam-se aos milhares as cartas que têm chegado à seção de achados e perdidos e em cujos envelopes só se escreveu um nome ou um sobrenome. Milhares de cartas para Alberto, para Isabel, para Gutiérrez y Medina e para Francisco José. É dos casos mais comuns.

Nesta seção, onde o absurdo é uma coisa inteiramente natural, há uma carta, dentro de um envelope de luto, onde não está escrito o nome nem o endereço do destinatário, mas uma frase em tinta roxa: "Mando-a em envelope preto para que chegue mais rápido."

Quem é quem!

Estes despropósitos, multiplicados ao infinito, que bastariam para enlouquecer uma pessoa normal, não alteraram o sistema nervoso dos seis funcionários que, durante oito horas por dia, fazem o possível para encontrar os destinatários de milhares de cartas extraviadas. Do leprosário de Agua de Dios, especialmente nas proximidades do Natal, chegam centenas de cartas sem nome. Em todas se pede uma ajuda: "Para o senhor que tem uma lojinha na rua 28-Sul, duas casas depois do açougue", diz em um envelope. O carteiro descobre que não só é impossível localizar a loja ao longo de uma rua de cinqüenta quadras, mas que em todo o bairro não existe um açougue. Apesar disso, de Agua de Dios chegou uma carta a seu destino com os seguintes dados: "Para a senhora que todas as manhãs vai à missa das cinco e meia na Igreja de Nossa Senhora do Egito." Insistindo, fazendo averiguações, os empregados e carteiros da seção de achados e perdidos conseguiram identificar a anônima destinatária.

Apesar de tudo...

As cartas que se declaram definitivamente mortas não constituem a maioria das que diariamente chegam à seção de achados e perdidos. Dom Enrique Posada Ucrós, um homem parcimonioso, cabeça branca, que depois de cinco anos à frente dessa seção já não se surpreende com nada, tem os sentidos aguçados no fabuloso ofício de localizar pistas onde aparentemente não existem. É um fanático da ordem em uma seção que só existe em virtude da desordem abismal dos correspondentes do país. "Ninguém lê a posta-restante do Correio", diz o chefe da seção. Mas aqueles que as lêem são precisamente os que postaram uma carta sem endereço, ou seja, um inexpressivo número. A porta-restante da administração dos Correios de Bogotá vive cheia de gente que espera receber uma carta. Apesar disso, em uma lista de 170 cartas com endereço errado, só seis foram retiradas pelos destinatários.

Homônimos

A ignorância, o descuido, a negligência e a falta de espírito de cooperação do público são as principais causas para que uma carta não chegue a seu destino. É muito escasso o número de colombianos que mudam de endereço e fazem a correspondente comunicação aos Correios. Enquanto essa situação perdurar, serão inúteis os esforços dos funcionários da seção de achados e perdidos, onde há uma carta não reclamada há muitos anos, e que está endereçada da seguinte forma: "Para você, mandada por sua noiva." E ali mesmo, pacotes procedentes de todo o mundo, com jornais, revistas, reproduções de quadros famosos, diplomas universitários e estranhos objetos sem aparente aplicação. Duas peças estão entulhadas com tais devoluções, procedentes de todo o mundo, e cujos destinatários não puderam ser localizados. Ali podem ser vistos pacotes para Alfonso López, Eduardo Santos, Gustavo Rojas, Laureano Gómez, que não são os mesmos cidadãos que qualquer pessoa poderia imaginar. E entre eles, um pacote de revistas e boletins filosóficos para o advogado e sociólogo da Costa, dr. Luis Eduardo Nieto Artesa, atualmente em Barranquilla.

O carteiro bate mil vezes

Nem todos os pacotes que se encontram na seção de achados e perdidos têm o endereço errado. Muitos deles foram recusados pelos destinatários. Homens e mulheres que fazem compras pelo Correio, e que logo se arrependem, teimam em não receber a remessa. Dizem não ao carteiro. Ficam indiferentes aos chamados do sr. Posada Ucrós, que localiza o telefone do destinatário no catálogo e lhe implora que receba um pacote procedente da Alemanha. O carteiro, acostumado a estes incidentes, recorre a todo tipo de artimanhas para fazer com que o destinatário assine o devido recibo e conserve a remessa. Na maioria dos casos, resultam inúteis todos os esforços. E o pacote, que muitas vezes não tem remetente, passa definitivamente ao arquivo dos objetos não reclamados.

Neste caso encontram-se, também, os artigos de importação proibida, que chegam às alfândegas do país, e os de importação permitida, cujos destinatários não os reclamam, porque os impostos são superiores ao preço da mercadoria. Na última sala do cemitério das cartas perdidas há nove volumes remetidos pela alfândega de Cúcuta. Nove volumes contendo todo tipo de valiosos objetos, mas que chegaram sem documentos de procedência ou destino e que, por conseguinte, não existem legalmente. Mercadoria que não se sabe de onde vem nem para onde vai.

O mundo é grande e estranho

Às vezes falha o complexo mecanismo do Correio Mundial e chega à seção de achados e perdidos de Bogotá uma carta ou um pacote que não devia percorrer senão cem quilômetros, mas já percorreu cem mil. Do Japão chegam cartas com muita freqüência, especialmente desde que o primeiro grupo de soldados colombianos regressou da Coréia. Muitas delas são cartas de amor, escritas em espanhol indecifrável, onde se misturam confusamente os caracteres japoneses com os latinos. "Cabo 1.º La Habana", era o único endereço que trazia uma dessas cartas.

Há apenas um mês foi devolvida a Paris uma carta que estava endereçada, com nome e endereço perfeitamente legíveis, a um remoto povoadinho dos Alpes italianos.

O cinema em Bogotá. Estréias da semana

La peccatrice dell'isola [A pecadora da ilha]

O cinema italiano, que decididamente é o pior cinema do mundo, forneceu esta semana sua obrigatória cota de mau gosto: *La peccatrice dell'isola*, com Silvana Pampanini e Folco Lulli. Este filme é o auge de um terrível processo de degeneração do cinema italiano, que começou na Colômbia com *Menzogna* e progrediu com *Quien se sienta libre de culpa*, *Totó das Arábias*, *Tormento*, *Perdonami*, e outros de nomes semelhantes e semelhante qualidade. O primeiro deles, de uma mediocridade que parecia insuperável, pode ser lembrado agora como um filme admissível, depois que se viram experiências posteriores mais que alarmantes: aterradoras.

Um exame do cinema italiano do pós-guerra nos leva a crer que, na verdade, o neo-realismo, a base de que nasceu o prestígio da produção cinematográfica da Itália, foi simplesmente um fenômeno momentâneo, devido a um reduzido grupo de diretores que não puderam resistir, posteriormente, à pressão econômica e à poderosa resistência que, ao que parece, a nova escola encontrou em certos setores sociais muito influentes. Roberto Rossellini, Vittorio de Sica, Luchino Visconti, especialmente, dispersaram-se por outras tendências. O primeiro deles faz agora outro gênero de cinema, em colaboração com a esposa, Ingrid Bergman, e, segundo recentes informações, faz experiências com o Cinemascope. De Sica resolveu não arriscar seus escassos recursos econômicos em novas aventuras, e se dedicou à representação, que foi por onde tinha começado, com resultados de retumbante eficiência.

O assustador é que, além dos três diretores citados, há na Itália outros que não poderiam ser classificados dentro do neo-realismo, mas que fizeram cinema de excelente qualidade, e que agora não se vêem em parte alguma. Do veterano Alessandro Blasetti — o inesquecível diretor de *Sua majestade o sr. Carloni* — não voltamos a ter qualquer notícia. Luciano Emmer, autor de *Paris é sempre Paris* e *As garotas da praça de Espanha*, considerado o primeiro documentarista de arte da Europa, parece também esquecido. De Santis, o de *Roma às onze horas* e *Arroz amargo*, e Luigi Zampa, o de *Viver em paz*, *Las dos esposas* [As duas esposas] e *A volta da perdida*, tampouco dão sinais de vida. Em compensação — e este é o sintoma mais amargo da decadência do cinema italiano —, do formidável Alberto Lattuada, de *O capote*, veio uma lamentável notícia há apenas um mês: *Passado que condena*, que um grupo de cinéfilos teve ocasião de conhecer em exibição privada, é talvez o pior filme que já foi feito pelo pior cinema do mundo. Se diretores como Lattuada acabaram fazendo coisas como *Passado que condena*, devem-se perder as esperanças.

Diante desta tenebrosa realidade, aos cinéfilos da Colômbia não resta outro recurso, para voltar a ver produções italianas, senão esperar pacientemente que nos dêem os filmes antigos que, por inexplicáveis razões, não foram exibidos em Bogotá: *Europa 51* e *Paisà*, de Rossellini; *Umberto D.*, de De Sica; *A terra treme*, de Visconti; *O capote*, de Lattuada, que veio e se foi, depois de exibido para um grupo de críticos, e tantos outros filmes dos bons tempos, entre eles *Pão, amor e ciúme*, que pode ser um novo êxito de bilheteria, por causa de Gina Lollobrigida.

De *La peccatrice dell'isola* não há nada que dizer. É o mesmo cinema complicado e repetido, de que tantas mostras de espetaculosidade operística está nos dando esse manancial de diretores improvisados, os discípulos de Matarazzo. Se o cinema italiano não corrige seu propósito de despencar pelos precipícios da ópera, será preciso recorrer ao injusto mas prudente procedimento de classificar o particular pelo geral, e, em conseqüência, não correr o risco de ver novos filmes italianos.

Três velhos filmes

1. A decadência do cinema italiano poderia ser considerada como uma parte apenas da decadência generalizada do cinema se jornais e revistas estrangeiras não estivessem registrando, todas as semanas, o lançamento de novas produções excelentes. Enquanto esperamos *Madame D* e essa meia dúzia de filmes japoneses premiados em festivais internacionais nos últimos quatro anos, a única maneira de ver cinema aceitável é ver os relançamentos. Mas nem sequer todos os relançamentos são aceitáveis. Nesta semana, relançaram a indigesta revista de longuíssima metragem, *O maior espetáculo da Terra*, que é também o mais longo, e no qual um dos fundadores do cinema, Cecil B. de Mille, demonstrou que sua longa experiência só lhe serviu para aprender a técnica. Deste ponto de vista, *O maior espetáculo da Terra* é excepcional. É um "Frankenstein técnico", com uma história idiota, mas com um choque de dois trens que é, pelo aspecto técnico, simplesmente magistral.

2. O outro relançamento foi *O corcunda de Notre Dame*, com Charles Laughton, uma adaptação do romance de Victor Hugo, feita em 1940 por William Dieterle. Este filme é da época em que o bom em cinema era a maquiagem. O rosto dos grandes atores se perdeu sob uma massa transfiguradora, embora em muitas ocasiões o exaustivo procedimento não tenha podido esconder completamente a qualidade dos atores. Um deles, Paul Muni, de inesquecível memória, conseguiu fazer-se famoso com uma série de rostos estranhos, em uma série de filmes aceitáveis. A transformação de

Charles Laughton em *O corcunda de Notre Dame* foi outro dos grandes momentos dessa galeria de monstros de boa qualidade, que enriqueceu toda uma época do cinema, a partir de Frankenstein. À parte a desconfortável atuação de Laughton, o filme está, no todo, muito bem realizado, ao ponto de que qualquer objeção que se lhe pudesse fazer, havia que dirigi-la a Victor Hugo e não a William Dieterle.

3. O terceiro relançamento foi o de *A ladra*, de Otto Preminger, com José Ferrer. Os admiradores do magnífico ator porto-riquenho e do bom diretor alemão não poderão dissimular sua surpresa com este filme, tecnicamente irrepreensível, mas falso e suntuoso. A presença de Ferrer nesse filme explica-se por um prejuízo econômico. Um pouco do investimento de *Uma aventura na África* e *Moulin Rouge* — José Ferrer é sócio de John Huston — procede de *A ladra*. Isso poderia justificá-lo um pouco, embora não seja um filme que, apesar de tudo, mereça ser visto.

Informação e propaganda

Os filmes de curta-metragem da assessoria de informação e propaganda do Estado, que começaram aos trambolhões, experimentaram um progresso que é justo registrar. Dois dos últimos são aceitáveis: o da refinaria de Barrancabermeja e o da campanha de vacinação contra a tuberculose.

O primeiro é excelente como filme documentário. O segundo é uma experiência de cinema-argumento que merece ser considerado na estéril história do cinema nacional. Na fotografia percebe-se um cuidado, um conhecimento e certa preocupação estética bem dirigida e que não tinham os filmes daquele organismo oficial. Os erros de interpretação são explicáveis, enquanto que a direção soube tirar bom partido do tema, bem como corresponder satisfatoriamente às exigências da montagem visual. A montagem musical continua com alguns tropeços, muito fáceis de corrigir.

O cinema em Bogotá. Estréias da semana

Les orgueilleux [Os orgulhosos]

O Cine Clube apresentou, em sua sessão da terça-feira, o esperado filme do francês Yves Allegret, *Les orgueilleux*, que é a tradução cinematográfica de um conto de Jean-Paul Sartre, com Michèle Morgan, Gerard Phillippe, Victor Mendoza e Carlos López Moctezuma. É esta a terceira vez que o escritor existencialista é levado ao cinema. *Os dados estão lançados* e *A puta respeitável* são as duas anteriores, nenhuma delas exibida na Colômbia.

Rodado inteiramente no México, com fotografia de Alex Phillips e a assistência de direção de Rafael Portas, *Les orgueilleux* é um dos grandes filmes dos últimos tempos, uma obra de arte vigorosa e profunda.

O cinema mexicano recebeu uma lição exemplar desta equipe de franceses que viajou ao México, no princípio do ano passado, em busca de um cenário autêntico, e conseguiu levar, para mostrá-lo ao mundo, um México mais vivo, mais glandular, mais humano e autêntico que o de todos os filmes mexicanos, sem excetuar os melhores de Emilio Fernández. É muito curioso que estes povoados desolados, este calor insaciável, esta tristeza que atravessa como um escuro vento de vida e de morte cada cena de *Les orgueilleux* nos recorde muito mais o romancista inglês Graham Greene e o diretor francês Henri-Georges Clouzot que qualquer romancista conhecido do México, ou todo o seu cinema.

Um russo descobriu para os cineastas mexicanos o esplendor plástico de sua própria terra. Apesar disso, o México em tecnicolor que os norte-americanos viram — talvez com a única exceção de John Ford em *Domínio de bárbaros*, baseado precisamente em um romance de Graham Greene — é mais parecido ao México divulgado pelos próprios diretores mexicanos que este México sem compromissos turísticos, esta terra humana, crua e convincente que Yves Allegret imortalizou em *Les orgueilleux*. Do ponto de vista da autenticidade da paisagem, este filme é superior a *O salário do medo*.

O conto de Sartre — colocado dentro da linhagem literária de seu compatriota Albert Camus — é profundamente inquietante. E a maneira como

Yves Allegret o verteu a uma rigorosa linguagem cinematográfica, com as magistrais e descarnadas imagens de Alex Phillips, fez dele uma obra-prima grandiosa e perdurável.

Entre parênteses

Alguns cinéfilos de indiscutível autoridade discordaram do autor desta seção quanto aos prejuízos causados pela dublagem a *Les orgueilleux*, inclusive a Gerard Phillippe, que fez sua própria dublagem em um castelhano correto mas sem colorido. Isto merece uma explicação.

Por mais hábil que seja o ator encarregado da dublagem, é quase impossível reproduzir a emoção, a intensidade e os tons da voz original enquanto deve atentar, ao mesmo tempo, para a duração das frases, a entonação e as pausas que acomodam tecnicamente a voz superposta à ação do ator dublado. Por outro lado, é muito improvável que uma tradução rigorosamente cronometrada, como é a tradução para a dublagem, possa reproduzir, com precisão, o sentido e o vigor da frase original. O resultado desse trabalho mecânico são esses diálogos desvirtuados, pouco convincentes, que arruinaram a intensidade de uma cena como aquela em que Rodrigo opõe-se à turista francesa no quarto do hotel, e que, precisamente por causa dos diálogos, é uma das cenas mais fracas de *Les orgueilleux*.

Embora o espectador não entenda a língua original, é preferível a magia da voz original ao enganoso recurso da dublagem, cujo caráter de coisa artificial é impossível dissimular, mesmo nos casos em que esse trabalho tenha sido realizado razoavelmente. Rosana Podestá, nos cinco minutos verbais de *A rede*, tem uma voz demasiadamente impostada e teatral. A semelhança da voz com seu dono pode ser uma invenção literária, mas há alguma coisa de verdadeira nessa invenção. Alguma coisa que se demonstra nos filmes dublados, em que o duende da voz sai pela manga dos protagonistas, que parecem movidos por um ventríloquo.

Em *O salário do medo* cada ator fala em sua língua. Esse é um procedimento muito razoável em um filme de ambiente cosmopolita que não pretende ser outra coisa. Nele não se tem essa sensação de divórcio entre o processo visual e o processo auditivo, que, com freqüência, se experimenta em *Les orgueilleux*. Bastante perdeu o cinema com a invenção do alto-falante, para que agora se admita como autêntico o artifício da dublagem.

Tudo isto, é claro, vai entre parênteses, pois nada de estranho teria que a dublagem fosse uma simples questão de gosto pessoal, precisamente para alguém que não entende nenhuma língua senão o espanhol.

A importância de ser prudente

O magnífico diretor inglês Anthony Asquith dirigiu e fotografou em tecnicolor a deliciosa comédia de Oscar Wilde *A importância de ser prudente*. Um elenco de excelentes atores teatrais participou dessa empresa, que não tem nada de cinema, mas, em compensação, é bom teatro, realizado honestamente e com as cartas sobre a mesa.

O filme começa com a entrada do público em um teatro onde se representará a famosa comédia de Wilde. A ação tem início quando se abrem as cortinas e transcorre exatamente como se ali não se estivesse fazendo outra coisa senão representando *A importância de ser prudente*, com seus longos diálogos e as unidades de tempo e espaço de cada ato. Os movimentos de câmera foram eliminados. Nos longos diálogos preferiu-se a montagem de campo e contracampo, sem uma única exceção, a qualquer outro recurso que houvesse proporcionado maior variedade à cena. Mas isto foi feito deliberadamente, conscientemente e com pleno conhecimento de causa, de maneira que o cinema não tem por que melindrar-se, se desde o primeiro momento advertiu-se que o que viria depois era teatro filmado.

O inconveniente é que estas peças de teatro, que foram escritas com seus entreatos, para que a aristocracia britânica tivesse tema de conversa nos corredores, acabam sendo cansativas quando se as apresenta de um só fôlego. Com uma hora de projeção contínua, os engenhosos diálogos de Wilde começam a parecer engenhosos demais, elaborados demais, como se, de tanto estarem metidos naquela atmosfera, os espectadores tivessem descoberto seu secreto mecanismo, e tivessem perdido o interesse inicial.

Apesar disso, *A importância de ser prudente* é um espetáculo encantador, pois seus realizadores, que já haviam feito *Pigmalião*, de Bernard Shaw, souberam arranjar tudo para que houvesse na obra um legítimo sabor a Wilde, do princípio ao fim, sem pausas ou notas discordantes. Inclusive a semelhança física entre a atriz, que faz o papel da mãe de Guendolin, e os retratos mais conhecidos de Oscar Wilde parece ter sido proposital.

Le boulanger de Valorgue [O padeiro de Valorgue]

Decididamente, René Fernandel encontrou quem o entenda no diretor Henri Verneuil, autor de *Le boulanger de Valorgue*, de *O fruto proibido* e de *O inimigo público nº 1*, embora não de *A festa do coração*, como recentemente insistiu um crítico, confundindo Henri Verneuil com Julien Duvivier, e certamente Fernandel com Danny Robin.

Depois de assistir a este terceiro filme é possível definir algumas características desse diretor francês que soube explorar, com extraordinária habilidade, a cálida sensibilidade humana de Fernandel, que é o que fez dele um grande comediante e não um bom palhaço. Em *Le boulanger de Valorgue*, Verneuil reincide na lentidão narrativa, mas também nesse discreto e profundo tom chapliniano que se notou desde *O fruto proibido*.

Deve-se recordar o que Christian-Jacque fez com Fernandel em *Un de la légion* [Um da legião] para saber como foi grande a sorte do maravilhoso ator francês ao cair nas mãos de Verneuil. O filme de Christian-Jacque era uma comédia de disparates que nada tinha a invejar do pior dos filmes do Gordo e o Magro, mas tinha, em compensação, muito a invejar do que havia de bom neles. Nos três filmes de Verneuil a coisa é bem outra: há neles cinema desde o primeiro momento, e a cada passagem percebe-se a intenção de que não sejam senão cinema. O trabalho de Armand Thirard na fotografia de *O inimigo público nº 1* é tão bom quanto o de Charles Suin em *Le boulanger de Valorgue*, uma história agradável, grata, verídica, e com ela parece ter ficado claro que a lentidão narrativa não é um defeito casual, mas uma característica da obra de Henri Verneuil.

O fantasma da rua Morgue

Este filme poderia passar despercebido, como uma simples mercadoria para o grande público, não fosse apresentada como a versão do romance de Edgar Allan Poe, obra-prima da literatura policial, e que é até mesmo considerada por alguns críticos como a primeira manifestação do gênero. E Poe, no cinema, já tivera um glorioso princípio, com *A queda da Casa de Usher*, realizado com inesquecível maestria por Epstein, de modo que ninguém tem o direito de se enganar quanto às possibilidades cinematográficas de sua obra, coisa que foi feita pelo diretor desse filme truculento e vulgar que é *O fantasma da rua Morgue.*

É evidente a intenção dos produtores deste filme: tratava-se de encontrar um sucessor para *Museu de cera* e em terceira dimensão, e não pensaram senão em buscá-lo em outro autor que em Poe, confundindo lamentavelmente o autenticamente terrorífico com o truculento. O resultado é um filme de mau gosto, em que os assassinatos do romance de Poe foram aumentados a uma meia dúzia. E, além disso, é preciso submeter-se, durante noventa minutos, à tortura dos óculos Polaroid só para presenciar um massacre.

Mais cinema italiano

Apesar de tudo, o pior da semana ficou a cargo do cinema italiano, como é natural. *Las infieles* [As infiéis] e *Tormentos del pasado* [Tormentos do passado], de diferente qualidade, dão continuidade à linha que está impondo, nos mercados americanos, o pior cinema do mundo, que, como se sabe, produziu algumas obras que podem figurar entre as melhores. Entre o cinema mexicano e o cinema italiano que estamos vendo há uma grande diferença, favorável ao primeiro. Os maus filmes italianos são maus até a raiz: a fotografia é má, é má a direção, o desempenho dos atores é ruim e o som é pior que todo o conjunto. Em compensação, a técnica do cinema mexicano é irrepreensível, embora aplicada a esses folhetins melodramáticos de Chano Urueta ou Tito Davison.

Felizmente, como uma pausa que refresca nesta sufocante sucessão de maus filmes italianos, anuncia-se para muito breve a exibição de *O capote*, de Alberto Lattuada, obra-prima do cinema, citada há oito dias nesta seção como um dos filmes que, inexplicavelmente, não tinham sido apresentados em Bogotá. É preciso confiar que, com *O capote*, haverá uma mudança de rumos no cinema italiano. É preciso acreditar que virão, também, *Umberto D.*, *Paisà*, *Europa 51*, *Os sete pecados capitais*, *Dois centavos de esperança*, *A terra treme* e todos esses bons filmes italianos de que temos sido privados, nós os pacientes amantes do cinema deste paciente país.

A cidade ficou paralisada

Às quatro da tarde, depois de uma manhã de sol, precipitou-se sobre Bogotá um dos mais torrenciais aguaceiros dos últimos anos. De acordo com informações recebidas em nossa redação, até as 18 horas a chuva ainda não diminuíra de intensidade, as águas tinham causado estragos em diferentes lugares da cidade, e os bairros mais afastados estavam inundados.

A cidade paralisada

O trânsito no centro da cidade parou desde as 16h30. A avenida Jiménez de Quesada converteu-se em um caudaloso rio que arrastava objetos domésticos, arrancados pela força da corrente dos bairros altos da cidade. Não menos de trezentos veículos ficaram ilhados àquela hora na Jiménez de Quesada. Os milhares de transeuntes, que foram surpreendidos pela chuva nas ruas, refugiaram-se nos edifícios públicos, escritórios particulares, lojas e cafés. O centro da cidade ficou totalmente paralisado.

Solidariedade

A solidariedade dos habitantes de Bogotá manifestou-se nessa emergência. Os automóveis que ainda circulavam carregavam os transeuntes de uma calçada a outra. Na rua 2ª, entre as *carreras* 3ª e 4ª, a rede de esgotos ficou entupida pelo volume de águas e detritos e foi necessário que os moradores solicitassem o auxílio do corpo de bombeiros, mas então os telefones daquela corporação não paravam; de inúmeros lugares da cidade chegavam pedidos de ajuda e seu equipamento não era suficiente para atender as urgentes e múltiplas solicitações.

O rio do Arcebispo transbordou

As patrulhas que se dirigiam aos bairros afastados, dispostas a prestar socorro às primeiras vítimas das inundações, foram bloqueadas pelos engarrafamentos do trânsito que, em poucos minutos, se formaram em diferentes lugares da cidade. O rio do Arcebispo, que atravessa o parque nacional, transbordou à primeira hora da chuva torrencial. Na rua 36 com avenida Caracas, um carro do corpo de bombeiros colaborava com os moradores, que em um gesto de emocionante solidariedade tentavam pôr a salvo os móveis e demais objetos de algumas residências ameaçadas pela progressiva e incontrolável inundação.

Os moradores do bairro de La Pradera, frente às granjas de Techo, abandonaram suas casas, apressadamente, quando se rompeu a represa de uma obra pública que lá se realiza, e as águas irromperam com força incontrolável porta adentro. O bairro de La Pradera, um dos mais atingidos pelo tremendo aguaceiro, está totalmente coberto pelas águas.

Uma criança afogada

Cenas dramáticas registravam-se no bairro de La Perseverancia, onde os esgotos se romperam e as águas invadiram as casas. Duas crianças não puderam escapar e seu resgate só foi possível com a ajuda de um grupo de operários que se apresentaram para evacuar a residência inundada. Uma das crianças, semi-asfixiada, recebe nestes momentos os primeiros-socorros, em um desesperado esforço para lhe salvar a vida.

Nesse mesmo bairro, as casas estão sendo desocupadas rapidamente, ante o perigo de que desabem. Uma anciã inválida foi transportada, em seu leito, por voluntários que generosamente desafiavam a fúria das águas. As casas que ainda não tinham sido afetadas pelas inundações ofereciam sua hospitalidade aos desalojados: em algumas dessas casas era materialmente impossível receber um objeto, uma pessoa mais, pois estavam literalmente cheias.

Crianças e inválidos

A violenta ruptura dos esgotos foi uma das causas do pânico em alguns setores. Na *carrera* 1ª entre as ruas 12 e 13, um beco, com um pronunciado declive, habitado por gente humilde, a ruptura de um esgoto espalhou o pânico a toda aquela zona e pôs em perigo a vida de seus habitantes. As casas foram evacuadas apressadamente pelos voluntários, uma vez que foram inúteis os insistentes telefonemas ao corpo de bombeiros, cujo equipamento se encontrava ocupado em outros bairros. Patéticas cenas puderam então ser presenciadas naquela área: com os móveis e os utensílios domésticos, eram tirados, nos ombros, crianças quase afogadas, doentes e anciãos inválidos, que precisavam ser retirados nos próprios leitos.

Na Exposição-Feira

Às 17h30, por telex, da redação de *El Espectador*, perguntamos à administração da Exposição-Feira Internacional: "Por favor, informe-nos se por aí há inundações e com que intensidade caiu a chuva." A resposta foi a seguinte: "Aqui não há inundações. Choveu um pouco forte, mas agora não está chovendo e está seco."

Meia hora depois, perguntamos de novo: "Desejamos saber se está chovendo novamente." A resposta foi imediata: "Por todos os lados, a chuva cai a cântaros. Não se pode sair por causa das inundações."

Corrida de barcos

Em alguns bairros registraram-se notas de humor em relação à chuva: os proprietários de barcos que, durante os fins de semana, vão pescar no Tota ou no Magdalena, aproveitaram as correntes urbanas para pescar. Às 18 horas, na avenida Caracas, organizava-se um campeonato de barcos a motor. Quatro desses navegantes participavam dessa prova, cujos resultados não tinham sido conhecidos até o momento de se encerrar a presente edição.

Desabamentos em Usaquén

Um operário das areeiras, além de Usaquén, quebrou uma perna ao deslizar um barranco, levado pela força das águas A vítima, cujo nome não pôde ser fornecido pela prefeitura de Usaquén, carregava areia em um vagonete quando desabou o aguaceiro, e ele permaneceu parado, esperando que a chuva parasse. Ali foi surpreendido pelo deslizamento, que felizmente não provocou desgraças maiores.

Como nasceu e como funciona a nova universidade

POR QUE LLERAS ESCOLHEU A REITORIA DE LOS ANDES

MARIO LASERNA E SEU AMIGO ALBERT EINSTEIN. PROJETOS PARA UMA NOVA CIDADE UNIVERSITÁRIA, PERTO DE SUBA. O PROFESSOR-CONSELHEIRO E O CURSO DE HUMANIDADES. EMPRÉSTIMOS PARA QUE O ESTUDANTE SE ESPECIALIZE NOS ESTADOS UNIDOS.

No momento em que o ex-presidente da república, Alberto Lleras Camargo, tomou posse da reitoria da Universidad de los Andes, a maioria dos colombianos perguntava-se, sem dúvida, por que essa foi a única posição que o antigo secretário da Organização dos Estados Americanos aceitara ao retornar a seu país. Relativamente, são muito poucos os colombianos que já ouviram falar da Universidad de los Andes, e muito menor é ainda o número daqueles que conhecem sua história. Quando, em 1948, o jovem matemático colombiano Mario Laserna manifestou seu propósito de fundar em Bogotá uma universidade como as universidades dos Estados Unidos, houve um pouco de publicidade sobre o projeto. Uma publicidade estimulada mais pela aparência de aventura juvenil do projeto que pela importância que ele pudesse ter para a educação na Colômbia.

Falando na condição de convidado de honra à entrega dos prêmios Cabots, a 22 de outubro, na Universidade de Columbia, o dr. Carlos Dávila, sucessor do dr. Alberto Lleras na OEA, formulou uma pergunta: "Quantos centímetros de coluna dedicaram os jornais norte-americanos à notícia da inauguração, em Bogotá, da Universidade de los Andes?" É uma pergunta sem resposta imediata, como o seria se dirigida à imprensa colombiana por sua atitude em relação ao mesmo acontecimento. A Universidad de los Andes começa a ser um pouco mais conhecida desde ontem, porque o único cargo que o dr. Alberto Lleras aceitou em seu regresso à Colômbia foi a reitoria daquela instituição, embora pudesse, em qualquer outro posto, auferir maior renda. Isso começou a interessar o país. E é como se a Universidade de los Andes tivesse sido fundada ontem, às 18 horas, embora há seis anos esteja funcionando com uma seriedade, uma eficiência e um ritmo de progresso que certamente não tinham prognosticado aqueles que, em 1948, ouviram o dr. Laserna dizer que estava tentando fundar uma universidade.

Meu amigo Albert

Antes de falar com qualquer colombiano de seus projetos, o fundador da Universidad de los Andes falara deles com um dos homens mais famosos deste século e que, muito provavelmente, jamais conhecerá a Colômbia: Albert Einstein, a quem Mario Laserna conheceu e com quem estabeleceu uma forte amizade na Universidade de Princeton. Einstein é um velho descomedido, de branca cabeleira desalinhada, que costuma ser fotografado com muita freqüência. Quando a universidade foi fundada, e se publicou, como notícia mais importante que a própria fundação, que Mario Laserna era amigo pessoal de Einstein, houve muitas fotografias para comprovar esse fato. Fotografias de destacadas personalidades do mundo em companhia do genial matemático. E Mario Laserna não estava apenas nessas fotografias de grupos, mas em todas elas aparecia, ombro a ombro, com Einstein, o que parece ser a menor distância em que um colombiano se fez fotografar com o precursor da bomba atômica. O grande matemático, como sempre, estava com suas folgadas calças, que mais parecem o *mameluco** de um garoto relaxado, e Mario Laserna — pelo menos em uma das fotografias — estava vestido como sempre, mas com o relógio de pulso no tornozelo esquerdo.

Talvez de uma dessas fotografias tenha saído a idéia de fundar a Universidad de los Andes, uma instituição que, antes de abrir suas matrículas, antes de ter alunos e professores, e mesmo antes que seus fundadores soubessem em que edifício funcionaria, tinha a junta consultiva mais magnificente que universidade alguma possa ter em toda a América do Sul. Albert Einstein, da Universidade de Princeton; Leopoldo Arnaud, Mark Van Doren e George Humphreys, professores da Universidade de Columbia; Jacques Maritain, da Universidade de Chicago; Conrad Gini, da Universidade de Roma, e o famoso romancista Thornton Wilder, fazem parte dela.

O pátio mais belo de Bogotá

Com parte de seu capital, Mario Laserna deu forma às idéias que muitas pessoas consideravam uma aventura romântica. O dr. Fabio Lozano y Lozano, ministro da Educação em 1949, aprovou os regulamentos e o estatuto da nova universidade, certamente sem muito otimismo quanto à sua sobrevivência. Apesar de tudo, em fevereiro deste ano a nova universidade abriu as matrículas especialmente para os cursos de matemática, arquitetura, química, engenharia elétrica, economia e línguas.

O mais original da nova universidade — que abria suas portas com muitas coisas originais para a Colômbia — era que o edifício onde funcio-

---

**Mameluco* é peça de vestir usada por crianças, formada pela união da camisa com as calças; na Argentina, camiseta e cueca em uma só peça; no México, blusa e calça de uma só peça. (*N. do T.*)

nava se parecia a muitas coisas menos a uma universidade. É uma casa antiga e enorme, de construção colonial, à qual se chega, ofegante, por tortuosa e íngreme rua de pedra viva. O imenso pátio da universidade é um bosque de árvores centenárias e corpulentas, com estreitos caminhos pavimentados, onde foi preciso colocar numerosas setas indicativas para que se possa saber onde chegar naquele silencioso e maravilhoso labirinto de árvores antigas e construções coloniais. A casa, cujo pátio é talvez um dos mais belos de Bogotá, tem uma história sombria: durante muitos anos foi um hospício para mulheres. Mais tarde, uma prisão feminina.

Embora qualquer visitante com sensibilidade sinta o imediato impulso de se matricular na Universidade de los Andes para participar ativamente daquele sossegado ambiente monástico, dentro de poucos anos a história do velho casarão nº 18-34 da *carrera* 1ª-E terá tomado outros rumos. Os sócios do Jockey Club cederam à Universidad de los Andes um grande prédio no município de Suba, onde se construirão as modernas faculdades e as residências universitárias. Se não se enganam os cálculos financeiros.

Um capital sem dono

Desde sua fundação, a Universidad de los Andes é uma entidade autônoma, regida por um Conselho Diretor, que elege o reitor para um período de cinco anos. E uma instituição "sem proprietário determinado e onde ninguém percebe lucro ou renda alguma em conseqüência das atividades da universidade". Seus fundadores definem, da seguinte maneira, a intenção que presidiu a criação da entidade: "Criar um centro de atividade educativa e cultural para estar diretamente sob o controle de cidadãos para quem o problema da educação representa um interesse permanente da sociedade em que vivem, e estão dispostos a dedicar a este problema seus esforços, seu tempo e, dentro de suas possibilidades, sua ajuda econômica."

E é quanto a este aspecto, o da ajuda econômica, que a entidade vive o seu lado mais triste nos últimos seis anos. A Universidad de los Andes mantém-se apenas com o dinheiro das matrículas: oitocentos pesos mensais de cada aluno. Ainda que os professores recebam salários modestos, a situação econômica da universidade é extremamente difícil.

Até se empresta dinheiro

Apesar das dificuldades econômicas da Universidad de los Andes, há cinco anos estudam em universidades dos Estados Unidos jovens colombianos que nunca sonharam viajar para aquele país e lá concluírem seus cursos. Especialmente para os estudos de caráter técnico — engenharia e economia—, a Universidad de los Andes tem um convênio com as universidades do Illinois, Pittsburgh e Texas. De acordo com esse convênio, os estudantes que cursaram dois anos e meio na Universidad de los Andes, "que adquiriram domínio suficiente do inglês e reúnem as condições pessoais necessárias para prosseguirem, com êxito, seus estudos, são transferidos para aquelas universidades norte-americanas para concluírem seus cursos em dois anos".

Mas como também para isto se precisa de dinheiro, e muitos dos estudantes não o têm, a Universidad de los Andes estabeleceu um sistema sem precedentes na história universitária do país: adianta o dinheiro aos estudantes para que estes o reembolsem quando forem profissionais. Para esse fim foi criado, no âmbito da universidade, o fundo "Mrs. Diego Suárez", constituído por doadores dos Estados Unidos e da Colômbia, e, em especial, pelas doações da sra. Evelyn de Suárez. "A universidade reserva-se o direito de suspender, a qualquer momento, estas facilidades se as classificações obtidas pelo aluno não forem satisfatórias ou se seu comportamento não for correto, ou no caso de que se tenha tido que tomar qualquer medida disciplinar contra o aluno", dizem os regulamentos. Entretanto, até agora essa medida não se aplicou, embora a Universidad de los Andes já tenha enviado aos Estados Unidos 63 estudantes. Doze deles já são profissionais e trabalham na Colômbia.

O Anjo da Guarda

Na Universidad de los Andes estuda-se engenharia, arquitetura, economia e ciências naturais, ciências sociais, humanidades etc., na escola de Estudos Superiores. A seção feminina, fundada em 1953, está organizada para ministrar cursos semestrais de humanidades, história da língua espanhola, literatura da língua francesa e inglesa, história da arte etc. No próximo ano começará a funcionar, como complemento do Instituto de Conservação de Recursos Naturais, um setor de engenharia florestal.

Os estudantes da Universidad de los Andes podem contar com um sistema sem precedentes na história universitária do país: os professores-conselheiros. De acordo com esse sistema, cada um dos estudantes tem um professor que se interessa pessoalmente em ajudá-lo e orientá-lo. E o aluno depende desse professor do ponto de vista pessoal e acadêmico. O professor-conselheiro é nomeado para cada aluno pelo reitor e exercerá seu cargo desde o instante em que o estudante ingressa na universidade até a graduação.

Convidados de honra

Apesar de ser tão pouco conhecida na Colômbia, é muito provável que em poucos anos nenhuma outra universidade colombiana seja tão conhecida, por alguns dos homens mais importantes destes tempos, como a Universidad de los Andes. Em sua curta vida, a jovem entidade já convidou, para proferir conferências ou cursos especiais, um bom número das personalidades mais importantes que têm visitado o país nos últimos anos. Entre outras: Federico de Onís, chefe do setor de línguas da Universidade de Columbia; Pierre Simonar, professor de psiquiatria da Universidade da Pensilvânia; Dietrich von Hildebrant, professor de filosofia de Fordham University; Marc Krasner, do Centre National de la Recherche Scientifique, de Paris; e Emilio O. Ferrer, ex-professor de arqueologia da Universidade de Berlim. E entre esses, nada menos que John von Neumann, consultor da Comissão de Energia Atômica dos Estados Unidos. Se isto estivesse acontecendo há dez anos, seria bem provável que, um dia destes, o dr. Mario Laserna escrevesse uma carta a seu amigo Albert Einstein, e o velho sábio viesse explicar aos colombianos, da cátedra da Universidad de los Andes, suas complicadas teorias sobre a concepção do universo.

Zero em política

Uma última coisa que faz a Universidad de los Andes diferente das demais universidades colombianas é a presença de estudantes de cursos técnicos no de humanidades. E o curso de humanidades, com seu nome tão importante e comprometedor, não é outra coisa que a leitura obrigatória, durante o ano, dos livros fundamentais da cultura ocidental. Através das profundas alamedas de altos eucaliptos, estudantes de matemática superior lêem Sófocles e Ésquilo. Estão de tal modo ocupados com seus problemas estudantis que não se lembram de discutir política. Talvez em nenhuma universidade ou faculdade colombiana se fale menos de política que na Universidad de los Andes e não seria estranho que essa circunstância haja sido um dos fatores que decidiram o dr. Alberto Lleras Camargo a aceitar o cargo de reitor, no qual foi empossado ontem à tarde, com um discurso histórico.

O cinema em Bogotá. Estréias da semana

O capote

Alberto Lattuada, um diretor italiano que já realizou uns quatro pastelões, ganha o direito de figurar entre os grandes diretores do momento por sua assombrosa versão cinematográfica de *O capote*, o famoso romance de Nikolai Gogól, levado pela primeira vez ao cinema em 1926 pelos expressionistas soviéticos Kozintsev e Trauberg. Entre as obras-primas do cinema dos últimos anos, *O capote* terá de ser recordada, necessariamente, por sua muito grande penetração humana e por esse ambiente de cruel desolação em que transcorre a história.

O capote é o simples e dramático relato de um funcionário público que desejava ter um capote novo, que o compra com suas economias e morre de pesar por tê-lo perdido. Não é mais que isso, em uma análise horizontal da obra. Mas para baixo, para o fundo, explorando a uma densidade que está além do alcance do olhar e apenas ao alcance do coração, *O capote* é a amarga tragédia de um homem comum e simples, contada por um gênio. Neste caso, Alberto Lattuada mostrou uma genialidade que ninguém sabe onde tinha metido para assumir, com autoridade e eficiência, a tarefa de recriar a genial criação literária de Gogól, que é talvez um dos contos mais emocionantes já escritos.

O cinema italiano, pobre de atores masculinos, consagra Renato Rascel — ator de teatro — como um intérprete insólito. O pobre Carmelo da história de Gogól não podia ser diferente deste obscuro funcionário, pobre de espírito e com um coração maior que o palácio municipal, que permite entender de algum modo estas palavras: "Bem-aventurados os pobres de espírito, porque deles será o reino dos céus." O trabalho de Renato Rascel em *O capote* é algo que não se poderá mencionar incidentalmente na história do cinema.

Talvez se deva à presença de Cesare Zavattini na elaboração do roteiro esse humor sombrio que em algumas cenas de *O capote* lembra tanto o método narrativo de *Milagre em Milão*. A expressão dos rostos que presenciam a morte de Carmelo e o discurso final do prefeito — que é do melhor René Clair, quanto aos formidáveis efeitos de som — permitem recordar muito mais o grande argumentista de De Sica que o insólito Alberto Lattuada. As influências de *O capote* são evidentes: Chaplin e René Clair. Mas é preciso ter visto um pouco de cinema para compreender — e quem o afirma tem exata noção dos compromissos que contrai com esta afirmação — que Charles Chaplin, em seus melhores momentos, não teria tido nenhum constrangimento em assinar esta versão de *O capote*, que se exibe em Bogotá, como um maravilhoso parêntese na torrente de mau cinema que o pior cinema do mundo vinha nos proporcionando. E talvez como uma prévia de *Umberto D.*, considerado pelos críticos mais exigentes não só como a melhor criação de De Sica, mas como um dos três grandes filmes de toda a história do cinema.

A mulher de Satã

O segundo filme baseado em uma obra literária que se exibe esta semana é *A mulher de Satã*, tomado do magistral conto de W. Somerset Maugham, "Chuva", considerado um dos melhores do excelente contista inglês. Uma deteriorada Rita Hayworth, com cinco casamentos nas costas, encarna a dissoluta protagonista de uma história cruel, e o faz com a mesma falsidade com que tem carregado toda a sua carreira — talvez com uma única exceção, *A dama de Shangai*, dirigida pelo marido do momento, Orson Welles — mas sem nenhum daqueles perturbadores encantos anatômicos que lhe permitiram entrar para a história dos Estados Unidos pintada em uma bomba atômica. A Rita de hoje é uma sombra do passado, em um filme que não merecia a sempre extraordinária presença de José Ferrer.

Talvez o desempenho do magnífico porto-riquenho seja a única coisa que se possa recordar de *A mulher de Satã* 24 horas depois de tê-lo visto. É um trabalho espontâneo, que se deve ao ator e em nenhum caso ao diretor, que não soube marcar a história com uma nota apreciável ou um só detalhe que pudesse ter livrado sua obra de uma mediocridade chata e rotineira.

Se os soldados norte-americanos no Pacífico tivessem sido tão bobos como os descreve o diretor de *A mulher de Satã* é bastante provável que o Japão houvesse vencido a guerra, inclusive contra a bomba atômica. Pretendeu-se introduzir passagens de comédia em um drama violento e o resultado foi uma coisa nada convincente, onde os bravos soldados são uns estúpidos, e a mulher que vem perturbar a paz da aldeia, uma pobre senhora outonal, sem qualquer parentesco com uma criatura de tanto peso humano quanto a protagonista do conto de Maugham.

Amor de outono

Mas há um terceiro filme baseado em obra literária, que, ao que parece, tem problemas com a censura: *Amor de outono*, a versão cinematográfica do romance homônimo de Colette, realizada pelo francês Claude-Autant Lara.

Este belo filme, visto em uma sessão privada, poderia ser apresentado ao público com a rigorosa advertência de "apto" para maiores de 21 anos. A censura tem permitido a exibição de filmes que são, do seu ponto de vista, mais perigosos que *Amor de outono.* Não há nada vulgar, nada que não seja fiel à discrição e ao bom gosto de Colette, tão diferente de alguns desses dramas de grosso calibre que se exibem em Bogotá e que deviam ser proibidos por uma questão de bom gosto.

Amor de outono é, antes de qualquer outra coisa, um belo filme, escrito em uma irrepreensível e poética linguagem cinematográfica, com a infalível colaboração fotográfica de René Lefèvre. Embora o desenlace tenha sido desnecessariamente prolongado, muito poucos filmes exibidos neste ano têm a boa qualidade desta criação de Claude-Autant Lara, o inesquecível autor de *Adúltera.*

Dramas reais no cinema mexicano

UM CINEASTA EM GREVE DE FOME

JÁ ESTAVA A PONTO DE MORRER QUANDO SUAS PETIÇÕES, POR HAVER CRIADO UM PROBLEMA DE ORDEM PÚBLICA, FORAM ACEITAS. UM ATOR QUE SE DEDICA AO TRABALHO DE GARÇOM PARA NÃO CANSAR SEUS ADMIRADORES.

No dia 10 deste mês, um homem alto e magro chegou, em roupão de banho, diante do Palácio de Belas Artes, na Cidade do México, e ali se sentou para ler uma revista ilustrada. Os numerosos cidadãos que por ali passavam viram o extravagante leitor na via pública e pensaram talvez que se fosse gravar um desses filmes mexicanos em que acontecem tantas coisas que os protagonistas podem até se sentar na rua para ler com a maior naturalidade. Entretanto, as horas foram passando e as equipes de filmagem não apareceram de nenhum lado. O homem, porém, continuava lendo, indiferente à curiosidade pública, metido em seu roupão de banho quadriculado, como se não estivesse em um dos lugares mais freqüentados da cidade, e sim no terraço de sua residência.

As suposições dos transeuntes encontraram rapidamente uma resposta. O leitor de rua era Guillermo Calles, um diretor de cinema, de sessenta anos, que naquele dia se declarara em greve de fome porque tinha sido proibido de reingressar na seção de diretores do sindicato de trabalhadores da produção cinematográfica.

Acabaram-se as revistas

Apesar disso, a imprensa e o mundo do cinema não acreditaram que o problema fosse muito sério. Muitos amigos de Calles, um dos pioneiros da indústria cinematográfica, tentaram fazê-lo desistir de seus dramáticos propósitos. O diretor sem trabalho estava havia várias horas sem alimentos, nem sólidos nem líquidos, e parecia disposto a não dar o braço a torcer enquanto não fosse reconsiderada a proibição de seu retorno à profissão de diretor, mas se acreditava que seu organismo, apesar da evidente fortaleza física, seria incapaz de resistir à provação. Vinte e quatro horas passadas, porém, Guillermo Calles, a quem se chama de *Indio*, como a seu colega Emilio Fernández, continuava impassível diante do Palácio de Belas Artes, com seu roupão de banho, firme em seu propósito de não comer.

A única diferença era que já havia lido todas as revistas e tinha posto óculos escuros.

O coração não me assusta

Quando se completaram as primeiras 24 horas de greve todos os jornais já cobriam o assunto e o ambiente sindicalista começara a se agitar. Alguns comentaristas de imprensa, com veia patriótica exaltada, protestaram contra "a máfia" de diretores estrangeiros que discriminavam os diretores mexicanos. A multidão aglomerava-se diante do Palácio de Belas Artes, à volta do *Indio* Calles, que continuava imperturbável, rodeado por amigos do cinema, solidários com sua causa. O solitário grevista não falava de problemas físicos nem aparentava tê-los, mas na verdade, depois de 24 horas de abstinência total, a vista começava a se turvar. No entardecer do segundo dia, o coração começou a falhar e foi preciso que os amigos chamassem uma junta médica. A partir desse instante sempre houve um médico ao lado do grevista. Os doutores José Kaim, Ramón Echenique e Alfredo de Valle, da Associação Nacional de Atores, fizeram plantões de seis horas junto ao intransigente grevista, que, ao saber que o seu coração estava falhando, manifestou a um repórter: "Isto não me assusta: continuarei assim até morrer ou conseguir que me façam justiça."

O escândalo

O escândalo jornalístico, que mobilizou milhares de cidadãos até o pórtico do Palácio de Belas Artes, foi secundado pelo escândalo dos diferentes organismos da indústria cinematográfica. As opiniões estavam divididas. "É escandaloso que sua nacionalidade seja o principal inconveniente, quando os diretores estrangeiros têm a faca e o queijo na mão", comentava-se. Entretanto, a seção de diretores do sindicato do trabalho da produção cinematográfica expediu uma nota, 48 horas depois que Calles se declarou em greve. Essa nota, cheia de "fraseologia e demagogia", dizia, segundo uma síntese publicada pela imprensa mexicana: "Lamentamos que Guillermo Calles, membro da Associação Nacional de Atores, tenha tido que recorrer a uma escandalosa greve de fome para coagir este organismo, em vez de se apegar ao que dizem os estatutos para os casos de novas admissões."

Embora essa nota terminasse afirmando que Calles poderia solicitar outra vez seu reingresso, "tão logo sejam aprovados, pela Secretaria do Trabalho, os estatutos que fixarão, no futuro, a admissão de novos sócios", *Indio* continuou sentado frente ao Palácio de Belas Artes, sem comer nem beber.

A questão não é dinheiro

Talvez nenhum cidadão tenha recebido em muitos anos tantas propostas de trabalho quanto o diretor grevista nas primeiras 24 horas. Ele recebeu ofertas tentadoras, muito superiores às suas aspirações. Mas Calles as recusou. Seu problema não era dinheiro, mas um problema de princípios. Por essa razão, as baterias foram endereçadas a outro lado: para o presidente Raul Cortines, a quem foram dirigidos inflamados telegramas de protesto, pedindo que interviesse no caso. A Confederação de Organizações Sociais, organismo muito poderoso, declarou no dia 12 que emprestava todo o seu apoio ao moribundo cineasta.

O final feliz

"Não sairei daqui até que me digam que posso dirigir filmes", manifestou Calles, com 31 horas de greve, quando os médicos expressaram seus temores de que pudesse morrer de um momento para outro. Ele, porém, garantiu que estava bem e "nem sequer tinha fome". Duzentos artistas, técnicos e trabalhadores do cinema, que durante os dois primeiros dias tentaram dissuadir o solitário grevista, assumiram então outra atitude: enviaram telegramas de protesto e ameaça ao sindicato. Oito deles, mais extremistas, sentaram-se junto a Calles e declararam, eles também, a greve de fome.

Em resposta às numerosas mensagens de protesto, José Rodríguez Granada, secretário-geral do comitê central do sindicato de trabalhadores da produção cinematográfica, complicou as coisas ao atribuir a solução do problema a outra entidade. Disse que o problema de Calles era da exclusiva alçada do sindicato de diretores.

A essa altura, quando o caso já ameaçava se transformar em um problema de ordem pública, chegou-se a um acordo. Não fosse assim, Calles teria que esperar até 13 de dezembro, quando haveria a sessão ordinária dos diretores. Calles não apenas não conseguiria resistir — 32 dias de fome —, mas certamente morreria de inanição nas próximas 48 horas.

Com muita honra

Enquanto Calles passava fome e sede, um caso menos dramático, mas igualmente significativo dos problemas que a indústria cinematográfica mexicana enfrenta, acontecia na mesma cidade, no restaurante de Gutenberg y Melchor Ocampo. Um sobrinho do general Juan Andrew Almazán, que foi o ator principal do filme *El joven Juárez* [O jovem Juárez], servia os fregueses como garçom.

— Se meu tio já soube, deve ter caído para trás de espanto — disse à imprensa o ator Humberto Almazán, que tomou essa decisão porque não tinha dinheiro e os filmes para os quais fora contratado só seriam filmados no próximo ano. — Prometi a mim mesmo — disse — só aceitar um filme por ano (no máximo dois), pois acho que o público se chateia muito quando lhe dão sempre a mesma cara em todos os filmes. Entre um filme e outro, vou trabalhar como agora.

Melhor negócio que o cinema

Desde o momento em que se empregou de garçom de restaurante, Humberto Almazán tem trabalhado duramente 14 horas diárias. Fechado o estabelecimento à meia-noite, ele limpa vidros, põe cadeiras sobre as mesas e presta contas ao caixa. Exceto nos sábados e domingos, quando recebe até cem pesos, Humberto Almazán calcula que recebe cinqüenta pesos diários só em gorjetas. Recentemente, um cavalheiro cujas filhas reconheceram o ator lhe deu cem pesos por um autógrafo.

A um jornalista mexicano, que escreveu uma reportagem sobre ele, Almazán disse:

— Considero que, em sete meses de trabalho aqui, terei dinheiro suficiente para fazer outra vez a volta ao mundo.

O cinema em Bogotá. Estréias da semana

Alemanha, ano zero

O relançamento de *Alemanha, ano zero* pelo Cine Clube, na sessão de terça-feira, pode ser considerado como uma homenagem ao neo-realismo em seu décimo aniversário e quando nenhum rastro dele parece restar no cinema italiano. "O talento acaba primeiro que o dinheiro", já se disse, e a magnífica criação de Rossellini, feita com garra sobre os rudes cenários da Berlim devastada, permite comprovar esta afirmação.

Alemanha, ano zero, com seus inumeráveis tropeços técnicos, com sua difícil montagem e sua fotografia rudimentar, continua sendo um bom exemplo do muito que perdeu o cinema italiano por haver ganhado tanto dinheiro, e ao mesmo tempo uma esperança para os países pobres, onde a indústria cinematográfica pode prosperar à base de qualidade, aproveitando exatamente seus escassos recursos. É preferível ver um cinema sem nenhum esplendor técnico, mas tão inteligente e cheio desse grande calor humano que Rossellini impôs às suas maravilhosas aventuras do pós-guerra.

Visto à prudente distância de dez anos, o neo-realismo parece mais valioso, comparado com a produção fácil, acomodada e superficial que lhe sucedeu. Em *Alemanha, ano zero* não há nada senão cinema. Não houve recursos para efeitos especiais, nem suficientes elementos para a especulação retórica. Simplesmente se contou uma história verdadeira e cruel, que parece ter ido se desenvolvendo ao ritmo da filmagem, como transcorre a vida em uma cidade bombardeada. A demorada e monótona volta do menino pelos bairros de Berlim, que se deve mencionar entre as seqüências mais humanas que já se fizeram, demonstra que o bom cinema não tem por que ser nada diferente da reconstrução do cotidiano, do reflexo fiel desse montão de coisas minúsculas, aparentemente inúteis, mas carregadas de um profundo significado, que os homens fazem em qualquer hora de sua vida. "O monólogo das pedrinhas" — como devia se chamar a última seqüência de *Alemanha, ano zero* — é um episódio clássico, do qual os dilapidadores da grande herança do neo-realismo italiano poderiam tirar uma excelente lição.

Cinema argentino

Depois de prolongada ausência, o cinema argentino volta com *El abuelo* [O avô], baseado no romance de Benito Pérez Galdós, e com *Un ángel sin pudor* [Um anjo sem pudor], com diálogos de Alejandro Casona. São dois filmes dos 24 que a empobrecida indústria cinematográfica argentina está produzindo anualmente, nenhum dos quais é, ao que parece, superior a estes que tivemos a oportunidade de conhecer.

É dolorosa a história do cinema argentino, que contou com o trabalho de um pessoal eficiente e, apesar de tudo, não conseguiu se impor nos mercados internacionais.

Em 1908, quando Hollywood estava em gestação, o cinema argentino já dava seus primeiros passos com razoável êxito, mas a ponto de conquistar os melhores mercados. Foi o começo de um cinema autenticamente nacional, curiosamente impulsionado por um diretor, roteirista e fotógrafo italiano, Mario Gallo, que resgatou dos escombros da guerra civil uma história admirável: *El fusilamiento de Dorrego* [O fuzilamento de Dorrego]. Novos italianos, entre eles Emilio Peruzzi e Atilio Lapuzzi, deram continuidade, na segunda década do século, à linha nacional iniciada por Mario Gallo, até o momento em que — contraditoriamente — a formação de diretores argentinos desviou o cinema argentino para temas cosmopolitas, como a adaptação de comédias de Oscar Wilde e outros autores europeus. A presença de realizadores de origem estrangeira — Luis Saslavsky, de origem eslava; Mario Soffici e Castrano M. Castrani, de origem italiana e, ultimamente, Pierre Chenal — deve ter determinado na indústria argentina essa produção sem método, sem uma linha de conduta que permita identificá-la e criar-lhe um público certo como o do cinema mexicano. Luis César Amadori, o mais conhecido dos diretores argentinos e que foi a grande esperança nacional, voltou-se para um comercialismo imperdoável. Todas essas circunstâncias, somadas aos problemas da política internacional argentina, tiveram como conseqüências a decadência de uma indústria que, em 1938, estava produzindo 68 filmes e que muito provavelmente não produza mais de vinte neste ano.

Os atores argentinos espalharam-se pelo mundo, em busca de melhores contratos. E entre eles, esta graciosa, jovem e bela Susana Freyre, que é a estrela de *Un ángel sin pudor*, dirigido por seu marido, Carlos Hugo Christensen, autor de *La balandra Isabel llegó esta tarde* [A balandra Isabel chegou esta tarde], por encomenda do capital venezuelano. *Un ángel sin pudor* é uma comédia irrepreensível do ponto de vista técnico, mas com algumas manifestações de mau gosto e uma absoluta falta de habilidade na condução dos delicados materiais fantásticos. René Clair teria feito dessa história, sem mudar uma só linha do roteiro, um filme excelente.

Christensen é um diretor correto, mas não tem magia, e Angel Magaña é um ator insuportável. Com tais elementos nada podia fazer em um tema tão perigoso como o de *Un ángel sin pudor*, onde nem sequer a sombra de Alejandro Casona aparece.

Papai não quer

Uma comédia agradável, divertida e humana é *Papai não quer*, de George Cukor, com Spencer Tracy, Jean Simmons e Teresa Wright. É evidente que se tentou fazer algo semelhante a *O papai da noiva*, a inesquecível realização de Vincente Minnelli, e a verdade é que os esforços não foram inúteis nem as intenções frustradas.

Spencer Tracy não deixou uma grata impressão em certo tipo de público como ator dramático. Em compensação, nestas comédias leves teve uma acolhida geral, e talvez seja isso o que lhe reste na história do cinema norte-americano.

É difícil apontar um erro em *Papai não quer*. A história acerta no alvo desde o primeiro momento e é conduzida com uma segurança, e um humor e um domínio dos elementos cinematográficos que permitem classificá-la entre as boas comédias norte-americanas. Os espectadores acostumados a que Hollywood os logre no final, vão se sentir um pouco desconcertados com esta conclusão surpreendente, que é precisamente uma das coisas mais admiráveis de *Papai não quer*.

Uma nova personalidade de Jean Simmons, a inesquecível Ofélia que a tantas loucuras foi obrigada por seus contratos, revela-se neste filme, que talvez não entre para a história — coisa que parece importar muito pouco a Hollywood. Em compensação, proporciona duas horas de grata reconciliação com o cinema norte-americano. Além disso, esse filme pode ainda ser um êxito de bilheteria.

Christina

Um filme alemão talvez normal demais, *Christina*, que tem uma boa atriz de nome não muito difícil de lembrar: Barbara Rütting. Dentro da medíocre produção alemã, este filme é uma mostra de boa vontade, que é justo considerar, para a eventualidade de ser um anúncio de mudança de rumo.

O que de mais grave está acontecendo aos empresários do cinema alemão é que seus filmes não têm méritos suficientes para serem acolhidos pelos setores exigentes, nem têm seus intérpretes suficiente prestígio ou nomes suficientemente simples a ponto de atrair o grande público. Não se devem, por isso, alimentar ilusões quanto ao fato de que possa o cinema alemão impor, com os nomes de seus atores, uma Marilyn Monroe ou uma Silvana Pampanini, de modo que seu futuro nos mercados americanos depende exclusivamente da qualidade, embora não sejam seus filmes tão bom negócio como os de Hollywood.

Christina não é, porém, um grande filme, mas foi salvo da mediocridade por uma direção escrupulosa e pela ausência do melodramatismo barato das anteriores produções alemãs. Seu defeito é a extensão, os longos espaços em que não acontece nada e a ação não progride, mas o desempenho de Barbara Rütting é extraordinário e a direção sóbria e sem brilho, mas correta e penetrante.

DEZEMBRO DE 1954

Um personagem singular em Bogotá

O GAITEIRO QUE DESFILOU ONTEM IGNORAVA HAVIA OITO DIAS ONDE FICAVA A COLÔMBIA

E VIAJOU HOJE ENCANTADO COM O NOSSO PAÍS. BAILES, MULHERES E UÍSQUE. "A MESMA GAITA QUE MEU 'TAITA'* TOCOU."

O escocês que tocava gaita na recepção ao Batalhão Colômbia chama-se Samuel Andrew. É membro da Guarda Negra do Exército britânico há cinco anos. Em Bogotá só foi visto tocando sua gaita e a caminhar pelas ruas com passo marcial, sem demonstrar maior interesse pela cidade. Aqueles que não tinham visto gaiteiros escoceses nem no cinema devem ter ficado perplexos diante daquele homem que andava impunemente com uma saia curta quadriculada e colorida e grossas meias de lã até os joelhos. Mas ainda que até os mais ignorantes tenham podido tirar suas dúvidas, quando ontem o viram tocando sua gaita na recepção ao Batalhão Colômbia, esta madrugada Samuel Andrew retornou à Guiana Britânica sem

---

**Taita*, nome que as crianças dão, na costa do Pacífico da América do Sul, ao pai; tratamento dado aos velhos negros. (*N. do T.*)

que seus muito numerosos e entusiastas admiradores colombianos soubessem que outras coisas faz, também às maravilhas, além de tocar gaita. Na festa da noite de ontem em sua honra, no consulado da Grã-Bretanha, Samuel Andrew dançou as danças escocesas melhor que todos os seus compatriotas, e também melhor que todos eles cantou as canções populares de sua pátria. Além de gaiteiro, Samuel Andrew é cantor e bailarino oficial do Exército britânico.

Onde fica a Colômbia?

Quando, *há dez dias*, disseram a Samuel Andrew, em seu quartel da Guiana Britânica, que devia viajar para a Colômbia e participar da recepção aos veteranos da Coréia, ele se deu conta de que nunca em sua vida tinha ouvido falar do nosso país. A princípio pensou que ia para a Colúmbia Britânica. Mas horas depois, quando lhe explicaram que a Colômbia era um país sul-americano, com cidades e edifícios de vários andares e congestionamentos de trânsito, disse que sentiu "uma grande emoção pelo desconhecido". E tão logo chegou a Bogotá, em fins da semana passada, seus compatriotas o perderam de vista. Muito cedo deu mostras de sua formidável capacidade de adaptação, que lhe tem servido tanto para viver em Campbelltown, sua terra natal, ou na Guiana Britânica, onde vive há apenas cinco semanas. Durante os seis dias de sua permanência em Bogotá, Samuel Andrew não precisou de guia nem intérprete, apesar de não falar uma só palavra de espanhol. Não visitou a Quinta de Bolívar nem o Salto de Tequendama, o Museu do Ouro ou qualquer um dos lugares preferidos pelos turistas. Em compensação, nunca foi dormir antes das cinco da manhã. Essa ausência noturna, que para seus compatriotas continua sendo um mistério, parece que o é também para o próprio Samuel Andrew. "Não me lembro onde estive nem o que fiz", explica. "Só sei que passei todas as noites muito bem."

A tradição gaiteira

Em 1729, quando um grupo de Royal Highlanders foi incorporado ao Exército britânico, o destino de seis companhias que usavam trajes típicos escoceses — cuja saia negra lhes valeu o nome de *Black Watch* —, um dos gaiteiros desse corpo era o pai do tataravô de Samuel Andrew. Essas companhias foram empregadas primeiro para fazer obedecer ao ato de desarmamento na Escócia, o que exigiu uma constante vigilância dos partidos rivais, no sentido de se evitarem represálias. Com o tempo, o *Black Watch* mudou duas vezes de nome, mas há cinco anos, quando Samuel Andrew ingressou no Exército, já havia recuperado oficialmente o que lhe foi dado quando dele fazia parte o pai de seu tataravô.

"A mesma gaita que meu 'taita' tocou"

Como um gaiteiro não pode estar sozinho nos atos oficiais, o capitão Steven Graham — que veste a mesma coisa que Andrew, embora não toque gaita — foi destacado para dirigi-lo aqui em Bogotá. Samuel Andrew afirma, entretanto, que mandaram o capitão Graham — nascido há 32 anos em Broughty Ferry, um povoado escocês famoso pelo peixe defumado — "para cuidar de mim".

Em realidade, alguém está cuidando de Samuel Andrew desde que nasceu, há 24 anos, em Campbelltown. Aprendeu a tocar gaita com o avô, porque quando chegou à idade de aprender, aos sete anos, o pai estava em Londres, tocando gaita na Guarda Negra. Quando chegou à idade do serviço militar, Andrew apresentou-se ao rigoroso concurso anual que seleciona os gaiteiros, e imediatamente passou a ocupar a mesma posição que todos os seus antepassados varões ocuparam, desde 1729.

O melhor da Colômbia

Apesar da rígida disciplina militar, Samuel Andrew não deixou de prestar tributo, cada vez que as circunstâncias o permitiram, à principal indústria de sua cidade natal: a destilaria de uísque, que, por ser o melhor da Escócia, é o melhor do mundo. Em Bogotá, Samuel Andrew surpreendeu-se porque se toma uísque, nas festas oficiais e sociais, na mesma quantidade em que é tomado na sua Campbelltown. Esta madrugada, poucas horas antes de abandonar o nosso país, ao qual deseja voltar "porque aqui me trataram como um príncipe, pelas festas e pelas mulheres", perguntaram-lhe o que mais o agradou na Colômbia. Samuel Andrew não vacilou um instante: disse que o que mais gostou na Colômbia foi do uísque.

O cinema em Bogotá. Estréias da semana

Disque M para matar

A espantosa habilidade técnica de Alfred Hitchcock volta a se manifestar em *Disque M para matar*, com Ray Milland, Grace Kelly e Robert Cummings. O filme é baseado em uma peça de teatro homônima que muito justamente desfrutou de extraordinário êxito nos Estados Unidos.

Não parece que o roteiro tenha modificado fundamentalmente a obra teatral, nem que ninguém, senão Hitchcock, tenha feito alguma coisa para adaptá-lo à linguagem cinematográfica. A trama tem por base quase exclusivamente os diálogos, alguns deles, como o do marido da presumível vítima com o presumível assassino, são muito mais longos e explicativos do que pode admitir o bom cinema. Entretanto, *Disque M para matar* está muito longe de ser teatro filmado, graças à reconhecida e surpreendente astúcia narrativa de Hitchcock, que sabe dizer com as câmeras muitas coisas úteis, muitas coisas assombrosas e inteligentes e que não poderiam ser ditas com nenhum elemento diferente da câmera.

Esta desconcertante habilidade de quem muito adequadamente tem sido chamado "o mago do suspense", parece ser a causa para que, em certos momentos, as reações dos personagens não pareçam reações humanas, mas reações estritamente técnicas. No drama policial, Hitchcock parece esquecer que os protagonistas devem ser homens de carne e osso e os dirige como se fossem nada mais que pedras desse delicado e alucinante xadrez em que se converte a história ao passar por suas mãos. Em meio a essa trama sutil que Hitchcock vai tecendo diante de nossos olhos, com uma diáfana honradez, deve-se destacar como um mérito incrível a prodigiosa capacidade didática, a escritura claríssima e um pouco fria com que se explica cada um dos detalhes preliminares, cada um dos problemas do planejamento, até alcançar esse sufocante clima de tensão em que se asfixiam, indefesos, os pobres espectadores.

O drama policial é magistral. O elenco não podia ser mais adequado, e a bela e discreta Grace Kelly — conhecida por *Mogambo* e esperada em *Tentação verde* — permite pensar que é uma boa atriz, à espera de sua grande oportunidade. Dimitri Tiomkin — o inesquecível autor da balada de *Matar ou morrer* — compôs para *Disque M para matar* uma trilha sonora muito apropriada, livre da indiscrição que caracteriza a música dos dramas policiais. Estes fatores, perfeitamente acoplados à qualidade da fotografia e ao bom aproveitamento da cor, fazem de *Disque M para matar* um bom filme, no qual, infelizmente, não se sustentou o magistral estilo dos primeiros minutos e em que o editor não eliminou o falso e desnecessário julgamento da protagonista.

La guerra de Dios [A guerra de Deus]

Depois de um breve recesso, o cinema espanhol volta à Colômbia com *La guerra de Dios*, um filme do tenaz Rafael Gil, que, no caso desta produção, desviou-se um pouco da vulgar linha espanhola. Os colombianos que leram o romance *El Cristo de espaldas*, de Caballero Calderón, ou *O céu e a terra*, do italiano Carlo Coccioli, recordarão, sem dúvida, essas obras ao verem este filme, a história de um padrezinho novato em uma agreste aldeia peninsular. Ao que parece, há em *La guerra de Dios* uma tese de socialismo cristão que o diretor não soube expor e desenvolver com a devida discrição e a história dos mineiros persegue e alcança a mesma finalidade literária e sentimental de um mau filme mexicano exibido recentemente: *El plebeyo* [O plebeu]. Todas estas coincidências, que demonstram a pouca originalidade do filme de Rafael Gil, contribuíram para diminuir o interesse de um drama que, em certas ocasiões, parece coisa muito conhecida, e que não conseguiu eliminar esse estilo pomposo e declamatório que caracteriza a produção espanhola, com a exceção de *Bienvenido, Mr. Marshall.*

O pequeno bárbaro que fez o papel de *Jeromín* de Luis Lucía tem um desempenho semelhante em *La guerra de Dios.* O protagonista, um francês dublado, erra por seu entusiasmo, e todos os atores erram pela trepidante grandiloqüência, como erra a história por seu final pesado e melodramático. Entretanto, *La guerra de Dios* não é um filme sem méritos, graças à autenticidade do ambiente, à fidelidade na recriação do meio, o que o inclui na linha de *Bienvenido, Mr. Marshall,* mas a uma considerável distância dela. Isto, afinal, já é muito mais do que se podia esperar de Rafael Gil.

Il mondo le condanna [O mundo a condena]

O italiano Franciolini conta em *Il mondo le condanna* a história de uma prostituta italiana, apaixonada por um engenheiro rico, que não consegue se livrar do seu sombrio passado. Muito do bom cinema italiano está nos primeiros compassos deste filme, que tem um começo realista, convincente, mas que, na metade do caminho, se precipita pelos abismos melodramáticos de Rafael Mattarazzo e Mario Bonard.

A veterana Alida Valli interpreta seu papel sem brilho, mas com inteligência. A mesma coisa alcançam Amedeo Nazari e a francesa Claude Nollier, este talvez o personagem mais bem estruturado, mais bem compreendido e realizado pela direção.

Se Franciolini houvesse se conformado com fazer uma história singela, não teria tido a necessidade de modificar substancialmente o roteiro de *Il mondo le condanna.* Mas a veleidade de um simbolismo desnecessário conduziu-o por caminhos proibidos pelo bom gosto.

A ex-prostituta encontra-se, de repente, obrigada a escolher entre três homens, símbolos do amor, da segurança e da vida passada, e o resultado foi uma extenuante confusão narrativa para o diretor e uma carnificina final. Um desenlace de capa-e-espada, com um dos apaixonados no cemitério e o outro na prisão, e a mulher no convento, de acordo com a pior tradição romântica.

Teria bastado que Franciolini seguisse discretamente o mote inicial, sem complicações simbólicas, para que realizasse um bom filme. Mas isso não aconteceu, e o resultado foi, simplesmente, um novo filme italiano para que os bons amigos do cinema tenham outra oportunidade de lamentar a conspiração contra o neo-realismo.

Quo Vadis?

O relançamento de *Quo Vadis?* — o indigesto "tambor à romana" de Mervin Le Roy, competidor ocasional de seu contemporâneo Cecil B. de Mille, foi a cota de Hollywood nesta semana. Não há nada neste filme que não tenha sido visto em anteriores produções da mesma escola, exceto no admirável Nero vivido por Peter Ustinov, superior talvez ao de Charles Laughton.

Da Coréia à realidade

VETERANOS DE GUERRA, VÍTIMAS DA PAZ

VIDA FOLGADA, SEM NOVIDADES NA FRENTE. OS PRIMEIROS MORTOS EM BATALHAS INÚTEIS. A GLÓRIA E O EMPREGO

A 30 de novembro deste ano desembarcaram em Buenaventura os últimos colombianos enviados para a Coréia. Os primeiros haviam regressado em 1952. Todos foram recebidos como heróis, merecidamente. Organizaram-se manifestações multitudinárias para saudar o regresso dos sobreviventes, e emocionados atos fúnebres em memória dos que nunca regressarão. A palavra "veteranos", que não tinha aplicação no país desde os tempos das guerras civis — nem mesmo depois do conflito de Leticia — entrou na moda poucos dias depois do regresso do primeiro contingente. Mas ao contrário dos veteranos das guerras civis, os veteranos colombianos de uma guerra travada a milhares de quilômetros das fronteiras nacionais, em um país do qual a maioria deles nunca tinha ouvido falar, transtornaram a economia local a seu regresso. Cada soldado colombiano na Coréia recebia 39,50 dólares mensais. Era um soldo livre: não tinham gastos de alimentação, cigarros, artigos de higiene nem com diversão. O último contingente a chegar a Cali trazia oitocentos mil dólares. Dólares coreanos, como eram chamados, na capital do Valle, duas horas depois de haver chegado o contingente, quando o comércio foi invadido de papel-moeda norte-americano. Ao tentar convertê-los, assim, maciçamente, em moeda colombiana, o preço do dólar baixou, em uma tarde, de 3,30 para 2,90 pesos.

"Que vida descansada"

Aquela enlouquecida solvência dos soldados colombianos destacados no Pacífico não foi, porém, a única nem a mais importante mudança que sofreram em suas vidas desde o momento em que se inscreveram — em 1951 os primeiros — como voluntários para integrar o Batalhão Colômbia. Quando se divulgou a notícia do recrutamento, muitos dos atuais veteranos dizem ter ouvido que, na volta da Coréia, os voluntários receberiam bolsas especiais, pensões vitalícias e até facilidades para viver nos Estados Unidos. Foi uma versão infundada que chegou aos ouvidos de jovens motoristas, carregadores, mensageiros e de todo tipo de artesãos de todo o país. Essa ilusão estimulou a maioria. Os outros foram para conhecer o mundo e por espírito aventureiro.

Jovens de todos os rincões da república, que viviam com dificuldades econômicas, lutando com um presente duvidoso e um futuro sem perspectivas, sentiram que suas vidas tinham mudado por completo, a 19 de julho de 1951, quando, ao desembarcarem em Pusan, foram recebidos pessoalmente pelo pequeno e ladino presidente da Coréia do Sul, Singman Rhee. Muito provavelmente, quando o mandatário coreano pronunciou o discurso de boas-vindas, era essa vez a primeira de sua vida em que pronunciava oficialmente o nome desse remoto e desconhecido país sul-americano que enviava ao seu 1.063 homens para lutar contra os comunistas.

Realização total

Os historiadores encontraram certamente uma boa fórmula literária para escrever a história da guerra coreana. Mas essa história é muito mais interessante e humana quando a contam os soldados rasos, os veteranos que agora andam por aí, transformados em colombianos comuns, depois de haverem conhecido, junto ao perigo, nas antípodas da casa em que nasceram, um modo de viver que, por muitos motivos, parecia, às vezes, um sonho fantástico e, às vezes, um pesadelo. Desde o momento em que pisaram terras coreanas, contam os veteranos que não tiveram que se preocupar com nenhuma das exigências elementares da vida: eram abastecidos de sabonetes, dentifrícios, alimentos em conserva com tamanha generosidade "que, com uma única lata, no almoço, a gente ficava satisfeito". Em nenhum momento lhes faltou o maço de cigarros de qualquer marca norte-americana, e até para presenteá-lo a um amigo, se este amigo não houvesse estado nas mesmas circunstâncias.

7 de agosto na Coréia

Talvez muitos dos soldados do Batalhão Colômbia tenham chegado a pensar que a guerra não era mais que um contínuo treinamento, com todas as comodidades que não conheceram em sua terra, durante os três primeiros meses de preparação. Aquilo era como atravessar o Pacífico para brincar de guerra sem balas, uma guerra em que até o inimigo era hipotético, e em compensação a boa roupa, a boa alimentação e as grandes rações diárias de chicletes eram coisas reais. Esta brusca mudança da visão do mundo teria podido originar nos soldados colombianos um desmedido amor pela guerra; e os teria feito pensar nela como a solução de todos os problemas e o forno inesgotável do pão de cada dia, se não houvesse chegado um novo aniversário da independência da Colômbia — 7 de agosto de 1951 —, que ironicamente foi celebrado na Coréia, com a participação efetiva dos colombianos no conflito.

A guerra mostra a cara

"Todos íamos com medo", diz um soldado raso, ao recordar aquela sombria e gelada noite em que dormiram na linha UTAH, preparados para ver, naquela madrugada, pela primeira vez, a cara do inimigo. Era uma missão de reconhecimento, que um boletim oficial descreve da seguinte maneira: "Uma das três patrulhas destinadas a esta missão estabeleceu contato com o inimigo e decidiu atacá-lo com granadas de mão. Os ataques foram sucessivamente rechaçados, com o que se demonstrou que as tropas contrárias estavam em condições de opor resistência. Contra-atacando valorosamente, os soldados colombianos esgotaram as granadas de mão, mas fizeram as observações indicadas sobre a posição do inimigo." Quando se deu a ordem de retirada, 11 colombianos estavam feridos.

Foi assim o primeiro contato dos nossos compatriotas com a guerra. Apesar disso, apesar do perigo e da sensação de estarem pisando nos domínios da morte, havia nessa guerra algo insólito, ao qual não estavam acostumados os soldados da Colômbia. Depois da ação, como caída do céu, mas em realidade transportada em caminhões, chegava a comida. "Estava sempre fria", diz um veterano, mas em compensação era abundante. E só o café da manhã, reforçado segundo a dieta norte-americana, era melhor que muitos dos almoços que os soldados comiam todos os dias na Colômbia, com dinheiro ganho honradamente.

Os primeiros heróis e os primeiros mortos

Um mês depois da primeira intervenção na guerra, caíram os primeiros colombianos, na ofensiva aliada contra o baluarte comunista de Kumsong. Os soldados colombianos, que pareciam pequenos lutando ao lado dos robustos norte-americanos, conheceram então, pela primeira vez, a importância de serem os primeiros a atirar. Pacíficos e românticos rapazes de Antióquia, Cundinamarca, Boyacá ou da costa atlântica, que todas as noites, ao tiple, entoavam canções colombianas, e escreviam cartas a parentes e amigos como se aquilo não fosse outra coisa que umas estranhas, inesperadas e cômodas férias; bons rapazes que jamais em sua vida haviam matado uma mosca, encontravam-se bruscamente confrontados com a necessidade de matar para conquistar dois mil metros quadrados de um pelado morro que, para eles, nada significava, cujo nome original não sabiam pronunciar e que hoje muitos não recordam. Lá caíram o cabo Helio de Jesús Ramos, o segundo-sargento Daniel Hurtado e o soldado Oliverio Cruz. Mas os sobreviventes, aqueles que talvez tivessem pensado que aquela era uma guerra inútil, em que não se conquistavam cidades e sim colinas, tiveram, poucos dias depois, a sensação do heroísmo reconhecido: o general James A. Van Fleet, comandante do VIII Exército, enviou a eles uma mensagem especial de felicitações por sua destacada atuação na ofensiva de Kumsong. O general Brian, comandante da XXIV Divisão, disse que se sentia orgulhoso de ter colombianos sob seu comando.

Férias em Yokohama

Durante sua permanência no Pacífico, cada soldado colombiano teve, pelo menos, cinco dias de licença em Yokohama. Como a maioria deles não gastava os 39,50 dólares mensais que recebia, quando viajavam de folga, retiravam o saldo e se apresentavam em Yokohama dispostos a gastar um pequeno capital em dólares, que, convertidos para o colombiano e ao custo da vida colombiana, lhes teria bastado para viver decorosamente durante um semestre. A invasão norte-americana fez prosperarem as diversões no Japão. A guerra da Coréia reforçou seu esplendor. Quando os soldados colombianos chegaram a Yokohama, encontraram, a cada passo, delgadas e graciosas japonesas que falavam um espanhol de quatro ou cinco palavras muito expressivas, aprendidas em dez dias. Acostumados a fazer contas em moeda colombiana, os soldados se depararam, de repente, com o problema de conceber engenhosas maneiras de gastarem seus dólares, pois o tradicional sistema colombiano de torrar o dinheiro demonstrou-se extraordinariamente rudimentar no Japão, onde uma festa com uma amiga não custava 20 dólares.

O páramo perdido

Muito provavelmente nenhum colombiano pobre, nem mesmo um colombiano rico tenham se sentido tão intempestivamente ricos como os soldados colombianos no Japão. Dessa transitória experiência, os veteranos que estão agora na Colômbia, matando-se para conseguir um emprego, guardam apenas o retrato de uma sorridente japonesa, de quem falam muito, com profusão de detalhes, e talvez muitos deles com a saudade de uma guerra que lhes permitiu serem quase fabulosamente solventes durante cinco dias. Na Coréia, os colombianos aprenderam que a comida, abundante e boa, podia chegar em caminhões que pareciam dirigidos por Papai Noel. Aprenderam a ser saudados como heróis nas cidades do Japão, e a que os militares estrangeiros da mais elevada patente manifestassem o orgulho de tê-los sob suas ordens. Aprenderam a mascar chiclete, a fumar cigarros estrangeiros, sem necessidade de pôr em perigo o orçamento doméstico, e até a gastar cinqüenta dólares em uma festa, sem necessidade de pensar, na manhã seguinte, no dinheiro do leite das crianças. Não só eram heróis condecorados, mas heróis solventes, a quem as comodidades da vida choviam do céu, como se supõe que deve ocorrer à imagem do tradicional herói.

Outra vez a realidade

O regresso à Colômbia, depois das grandes recepções, foi como um brusco choque com uma realidade que agora é amarga porque estiveram na Coréia, mas que antes era, simplesmente, a realidade colombiana. A versão das bolsas especiais, das pensões vitalícias e das facilidades para viverem nos Estados Unidos acabou sendo uma invenção fantástica, de origem desconhecida. Pouco tempo depois do regresso, recebiam a baixa do Exército, e os soldados, vestindo roupa civil dada pelo governo, tinham um bolso para as condecorações, outro para a carteira com o último dólar coreano e a fotografia da amiga japonesa, e finalmente dois bolsos nas calças para enfiarem as mãos.

Da noite para o dia, a vida mudou. E do dia para a noite, mudou outra vez, em piores circunstâncias. Foi impossível obter o dado oficial de quanto custou à nação colombiana a experiência destes veteranos, grande número dos quais não consegue emprego, porque outra versão se espalha agora, e absurdamente generalizada: dizem que todos os veteranos da Coréia são desequilibrados mentais.

Da Coréia à realidade (II)

O HERÓI QUE EMPENHOU SUAS CONDECORAÇÕES

"NÃO ME MATARAM NA CORÉIA E ME MATAM EM BOGOTÁ."
LARROTTA NÃO ESTEVE NUNCA NA FRENTE. UM INVÁLIDO COM
PENSÃO DE 25 PESOS. DUAS MIL LIBRAS DE CINZAS COLOMBIANAS

No dia 19 de fevereiro deste ano publicou-se a notícia de que, em Armênia, um veterano da Coréia tinha empenhado suas condecorações. Com este gesto, sombriamente simbólico, mas perfeitamente explicável, alcançou seu ápice a difícil situação de muitos ex-combatentes que, ao retornarem à vida civil, com sua heróica auréola e suas medalhas, não encontravam materialmente como se sustentar. Era inteiramente natural, embora alarmante como indício da grave situação dos veteranos, que um deles empenhasse suas condecorações.

Mas a 19 de fevereiro deste ano haviam já transcorrido dois anos da volta para a Colômbia do primeiro contingente. Alguns de seus integrantes, especialmente suboficiais, continuaram no Exército. A maioria, especialmente os soldados rasos incapacitados na frente para a vida militar, dispersou-se por todo o país, a caminho de seus lares, convencida de que sua condição de veteranos lhe abriria as portas do trabalho assalariado. Muitos deles conseguiram incorporar-se de novo às empresas que abandonaram para viajar para a Coréia. A maioria, porém, se tornou membro forçado dessa numerosa, desadaptada e dramática família dos veteranos sem emprego.

Assim começaram as coisas

O país começou a se dar conta da situação de seus veteranos pelas cartas que eles escreviam aos jornais, quando se convenceram de que sua condição, em vez de garantia, era um inconveniente para o trabalho. Mas essas cartas chamavam pouco a atenção do público, e em compensação havia alguma coisa que, isto sim, causava uma tremenda impressão e contribuía para que a nação formasse uma série de juízos falsos, absurdamente generalizados, sobre os jovens que voltavam da Coréia: com alarmante freqüência, um veterano da Coréia aparecia na crônica policial dos jornais.

Até ontem, tal conceito sobre os veteranos esteve particularmente na moda por causa de Carlos Efraín Larrotta, morto a tiros quando tentava fugir da polícia.

Justos por pecadores

Outro caso muito conhecido, e que contribuiu notavelmente para reforçar a absurda opinião sobre os veteranos da Coréia, foi o do veterano que na manhã de 12 de setembro deste ano matou a bala dois cidadãos, na praça de San Diego. Informou-se, nessa ocasião, que o vitimário, "em um excesso de indiferença", declarou, no juizado permanente do Norte:

— Se na Coréia matei mais de trinta, por que em Bogotá não posso matar dez?

Esses dois casos, que foram apenas o clímax de uma série de casos de sangue de menor importância e em que se encontravam envolvidos veteranos da Coréia, pareceram confirmar ante o país a injusta teoria de que absolutamente todos os veteranos da Coréia são indivíduos perigosos, devido aos transtornos mentais que a guerra produziu neles.

Um indício de que o país procedeu com leviandade ao medir com a mesma medida todos os veteranos, e ao crer que pelo simples fato de haverem estado na guerra são desequilibrados mentais, é precisamente que nem o veterano que declarou, depois de assassinar dois homens, que podia matar porque matara na Coréia, nem Carlos Efraín Larrotta estiveram na frente de batalha. Quando esses dois desembarcaram em Pusan, já tinha sido assinado o armistício.

O reverso da trama

Em compensação, muitos dos que consideram os veteranos da Coréia como indivíduos perigosos, porque, com freqüência, têm lido casos nas páginas policiais, não se deram conta de que, na maioria dos casos, as vítimas têm sido os veteranos. Por diversas causas, pouco tempo depois de haverem retornado às suas casas, vários veteranos têm sido mortos violentamente. A vítima no conhecido caso do café La Tusa, apunhalado em uma rixa provocada por um disco, exclamou, antes de morrer, com muita razão: "Não me mataram na Coréia e vêm me matar em Bogotá."

Casos concretos

Não se passaram três anos desde que o primeiro contingente regressou e já os veteranos, vítimas de morte violenta, passam de uma dúzia. Em Barrancabermeja, tão logo desembarcou, o sargento San Juan foi morto com um tiro. O sargento Cardoso mal teve tempo de chegar a Leticia, pois foi assassinado a bala. O sargento Cantor, que honrando seu nome fez menos amargas as horas de seus companheiros na Coréia, cantando e se acompanhando à guitarra, foi também morto a bala no bairro de San Cristóbal. No bairro de Restrepo, de Bogotá, outro veterano foi apunhalado há algum tempo, e para lhe dar sepultura seus vizinhos precisaram organizar uma coleta.

E outro mais concreto

O que aí está dito parece indicar que muitos veteranos — alguns deles acostumados à guerra, outros ressentidos pelo fracasso de suas vidas — têm uma acentuada tendência a se converterem em indivíduos problemáticos. Apesar disso, alguns veteranos consideram que o fato de que muitos de seus companheiros tenham sido vítimas de agressões fatais deve-se simplesmente a um preconceito que há no país contra eles. Para demonstrá-lo, recordam o caso de Ángel Fabio Goes, um veterano autêntico e não "veterano de barraca", como os que estiveram na frente chamam aos que não passaram da retaguarda. Ángel Fabio Goes, que tinha perdido um olho e a mão esquerda, foi apunhalado, numa emboscada em Cañasgordas, por três desconhecidos, que fugiram da polícia.

A panela de pressão

A verdade é que para a Coréia viajou todo tipo de gente. Foram mais de quatro mil indivíduos, recolhidos em todos os rincões da república. É difícil reunir ao acaso quatro mil cidadãos, e que, por casualidade, todos tenham espírito sadio e caráter afável.

Quando se anunciou que a Colômbia enviaria um batalhão para a Coréia, muito poucos compatriotas bem empregados e estabelecidos na vida atenderam ao chamado. A convocação ocorria precisamente em um dos momentos mais difíceis da história nacional. Os camponeses tinham perdido suas terras. As cidades, superpovoadas, não ofereciam nenhuma perspectiva. A Colômbia era, exatamente, como se repetia quase todos os dias nos editoriais, na rua, nos cafés, nas conversas familiares, "uma república invisível". Para muitos dos camponeses sem terra, para numerosos jovens sem perspectiva, até mesmo sem distinção de classes, a Coréia foi uma solução. Entre os campos de batalha da Coréia e as cidades de batalha da Colômbia, onde a simples, a insistente tentativa de conseguir trabalho era todo um problema de guerra, muitos preferiram os primeiros. Lá houve de tudo, resolvido sem discriminações muito precisas e apenas por suas condições físicas, quase como os espanhóis vieram descobrir a América.

Duas mil libras de cinzas

Só ao retornar à Colômbia esse grupo teve um distintivo comum: veteranos. Bastou, porém, que alguns deles protagonizassem um conflito qualquer para que a culpa recaísse sobre todos; para que lhes fechassem as portas das fábricas e se lhes dissesse, singelamente, que para eles não havia emprego porque eram desequilibrados mentais.

Apesar disso, da Coréia não regressaram apenas veteranos. A 26 de novembro chegaram a Buenaventura duas mil libras de mortos colombianos. E lá chegaram, cuidadosamente dispostos em urnas especiais, jovens de todo o país, convertidos em cinzas.

A mãe de um deles, uma velha negra, vive sozinha em Quibdó, na miséria, mantida pela caridade pública. Só o que lhe resta do filho, ternamente emoldurada, é uma condecoração póstuma.

Os inválidos

Entre os veteranos desempregados há uma classe especial: a dos inválidos de guerra. Um deles teve alta recentemente no hospital de Buenaventura, e vive do auxílio de outros veteranos que conseguiram trabalho na capitania do porto.

Outro, a quem uma bala de fuzil destroçou o estômago no Morro 400, não recebeu nenhuma ajuda econômica. Um terceiro, que durante três meses foi prisioneiro dos chineses, está com um braço inutilizado e uma pensão de quarenta pesos. Finalmente, entre muitos outros, está o caso do veterano ferido no fêmur, que teve baixa, "incapacitado relativa e permanentemente para a vida civil e militar", e agora recebe uma pensão mensal de 25 pesos. Teoricamente, com esse dinheiro vivem sua mãe, viúva, e três irmãs.

O beco sem saída

Muitos dos veteranos sem emprego reconhecem a boa vontade daqueles que foram seus superiores na Coréia. O coronel Alberto Ruiz Novoa, comandante do Batalhão Colômbia por algum tempo, e atual inspetor-geral da república, empregou muitos dos seus antigos soldados e outros receberam longas cartas de recomendação, que para nada lhes têm servido. Um desses recomendados é Gustavo Palmar Díaz, de quem dependem a mãe e 11 irmãos menores, e que foi ferido na face direita, no braço e em uma perna, no que ele mesmo chama "o abatedouro do Viejo Calvo". Uma das balas, que penetrou sua face direita e foi sair pela orelha esquerda, fez com que Gustavo Palmar Díaz perdesse um olho, o ouvido e o paladar. E a recomendação do coronel Ruiz Novoa, ampla e convincente, não obriga a nenhum médico, de nenhuma empresa, a dar um atestado a um inválido que trabalha em niquelagem quando encontra oportunidade, e então recebe três pesos por jornada.

É portanto absolutamente humano que um herói tenha empenhado suas condecorações.

Da Coréia à realidade (III)

CADA VETERANO, UM PROBLEMA ISOLADO

NÃO SE TRATA DE UM CASO DE PSICOSE COLETIVA... MAS DE PREVENÇÃO GERAL. INVÁLIDOS, DESAJUSTADOS E HERÓIS. ANTES DA CORÉIA...

Examinada a situação dos veteranos, verifica-se que é um pouco inexplicável que ela não tenha sido resolvida de maneira adequada. A tendência a generalizar parece ter sido um dos principais obstáculos para esclarecer o problema. Todos os veteranos têm uma carteira militar que os identifica como ex-combatentes. Esse indispensável documento, cuja falta fez com que se fechassem tantas portas a tantos aspirantes a emprego, é precisamente o que fechou as portas do trabalho a alguns veteranos, que, apesar de tudo, não parecem ser a maioria. Muitos deles — é preciso repeti-lo — estão empregados. Outros não têm esperança de trabalho por sua invalidez. Por conseguinte, embora pareça simplesmente uma frase, o problema geral dos veteranos é que uma série de problemas diferentes foi considerada como um problema geral.

Dois e dois são quatro

O país se acostumou a chamá-los de veteranos. Esse termo abrange aqueles que realmente estiveram na linha de fogo; os que simplesmente estiveram na Coréia e, inclusive, as desamparadas famílias dos mortos na guerra. Se se admite que a guerra produz transtornos mentais, é pelo menos incompreensível que nas empresas sejam recusados — "porque são loucos" — os que não estiveram na linha de fogo. Apesar disso, essa situação vem se registrando sistematicamente. E se não fosse assim, o problema dos veteranos estaria limitado aos integrantes do primeiro e segundo contingentes, os únicos que combateram.

Em Sibaté, não há veteranos

Analisando o caso dos que se chamam a si mesmos de "veteranos de verdade", porque lutaram efetivamente, alguns deles corpo a corpo com o inimigo, enfrenta-se igualmente o problema da generalização. Uma quantidade considerável de combatentes sofreu transtornos emocionais em conseqüência do ambiente de guerra. Simples transtornos emocionais, devidamente tratados por especialistas, em hospitais do Japão, Estados Unidos e mesmo da Colômbia. Alguns desses homens — como dado irônico — trabalham hoje, normalmente, em diferentes pontos do país. Em compensação, muitos dos que não sofreram transtornos emocionais, não encontraram ocupação porque, à primeira vista, um funcionário de mau humor resolve acusá-los de desequilibrados mentais. Como fato muito significativo, é preciso dizer que em Sibaté não está internado nenhum veterano.

O caso dos inválidos

Em última instância, a situação permanente mais difícil de resolver é a dos inválidos. Para admitir um empregado, as empresas exigem, geralmente, um atestado de bons antecedentes passado pelo último empregador. Muitos dos veteranos não apenas estão impossibilitados de apresentar essa documentação, por terem estado à disposição do Exército por mais de dois anos, mas porque não tiveram emprego anterior. Saíram da casa paterna diretamente para o quartel. É essa uma das situações de mais fácil solução, mas cuja permanência é inexplicável dois anos depois do retorno dos primeiros veteranos.

O caso dos inválidos, em compensação, requer urgente atenção especial. Uma justa indenização, que lhes permita viver dignamente. De idêntica maneira, deve-se proceder com as famílias desamparadas dos mortos na frente.

"Os heróis não trabalham"

Há um último aspecto do problema dos veteranos que parece não ter merecido interesse maior: o daqueles que podendo trabalhar e tendo oportunidades de emprego continuam parados porque sua nova mentalidade de heróis alterou-lhes o sentido da realidade, fazendo-os aspirar a muito mais do que realmente se lhes é possível oferecer nas atuais circunstâncias. É bastante provável que alguns destes últimos — certamente em reduzido número — tenham se alistado no Batalhão Colômbia precisamente para não trabalhar. Maiores motivos para aspirar a uma vida descansada devem ter hoje, que são heróis.

Agências de empregos onde os veteranos da Coréia se inscreveram não têm podido colocá-los, simplesmente porque seu currículo não corresponde às suas aspirações.

A ciência em chinelas

Seria preciso um cuidadoso exame científico de cada caso em particular para saber até onde um veterano é um desajustado. Outra generalização absurda é considerá-los a todos como indivíduos desajustados e pretender, em conseqüência, que um antigo semeador de cevada retorne à sua gleba, em lugar de aspirar a um emprego numa fábrica.

É inclusive muito provável que alguns dos veteranos da Coréia, realmente deslocados em seu meio, já o houvessem estado antes mesmo de viajarem. E esse poderia ser exatamente o caso do jovem que, em 1948, teve que fugir do seu povoado por causa da violência política, e que em 1951 atendeu ao chamado do Exército porque já estava havia três anos deslocado na cidade, onde encontrou segurança para sua vida, mas, em compensação, não encontrou trabalho. Entretanto, é inadmissível que no caso concreto de determinado ex-combatente se faça essa afirmação sem nenhum fundamento científico. É muito mais inadmissível que se generalize o conceito, como tem acontecido.

O que dizem os psiquiatras?

O dr. Ariel Durán, psiquiatra de reconhecida autoridade, que teve a gentileza e a paciência de orientar o autor desta crônica com seus conceitos, não considera improvável que alguns dos veteranos da Coréia tivessem feito suas inscrições como voluntários precisamente por serem indivíduos desajustados. Alguns deles, camponeses, acostumados à vida rudimentar e descomplicada do campo, e também ao duro trabalho do campo, devem ter sofrido uma nova complicação emocional ao submergirem, como por artes de magia, em um ambiente e uma vida inteiramente diferentes. Em Tóquio, desfrutaram de diversões e comodidades desconhecidas para eles. Ao retornarem à Colômbia condecorados, foram recebidos como heróis. Além disso, conheceram a guerra.

O doutor Ariel Durán tratou de dois casos de veteranos com neurose de guerra, e ambos tinham "personalidade psicopática". Isto quer dizer, traduzido ao idioma das ruas, que os dois indivíduos estavam predispostos à psicose. E muito provavelmente foi sua personalidade psicopática que os induziu a se inscreverem como voluntários.

Há que começar pelo princípio

As anteriores ilustrações científicas, que em uma crônica como esta podem parecer uma necessidade, permitem afirmar até onde é absurda, confusa e injustamente superficial a opinião geral sobre a personalidade, a saúde e as possibilidades de adaptação dos veteranos.

O que faz falta de imediato é um tratado de limites: considerar os diferentes problemas, e não o problema geral dos veteranos. Faz falta um verdadeiro interesse pela situação deles, um interesse que, em realidade, não existiu nunca, em nenhum lugar do país, talvez porque se tenha acreditado que a solução é muito mais complexa do que poderia ser de fato. E, por último — e este dado foi revelado por muitos veteranos —, faz falta maior sentido de cooperação nos veteranos, maior organização e solidariedade na defesa de seus interesses.

O cinema em Bogotá. Estréias da semana

Die weisse Hölle von Piz Palu [O inferno branco de Piz Palu]

Provavelmente *Die weisse Hölle von Piz Palu* foi a última grande realização do cinema alemão, que produziu o clássico *O gabinete do dr. Caligari*. O Cine Clube, em sua sessão de terça-feira, desenterrou esta jóia da cinematografia, que nestes tempos é, além de um extraordinário espetáculo, uma excelente lição para aqueles que perderam a linha do bom cinema no labirinto da abundante produção comercial.

Originalmente, *Die weisse Hölle von Piz Palu* foi um filme mudo, um dos últimos, por certo. A cópia mostrada agora tem diálogos em francês, superpostos com uma técnica irrepreensível. Mas, apesar desse procedimento, não por bem realizado nem por menos artificial, a imagem conserva toda a sua penetrante força expressiva. É uma imagem que fala, que converte o diálogo em uma coisa supérflua, pois a história, com seu profundo dramatismo, seu realismo cruel, está contada inteiramente por uma câmera de assombrosa mobilidade.

O diretor, Arnold Franck, especialista em filmes alpinos, e seu colaborador, o famoso G. W. Pabst, tinham conseguido, nesse momento do cinema

— 1928 —, superar todos os obstáculos do relato mudo, alcançado uma magistral habilidade no manejo da pura imagem como elemento de narração.

Leni Riefensthal, que protagoniza este filme, teve mais tarde — sob o nazismo, de sua privilegiada posição de amiga de Hitler — a oportunidade de realizar algumas coisas consideradas magistrais, por aqueles que tiveram oportunidade de vê-las, e que necessariamente perdurarão na história do cinema alemão.

Die wiesse Hölle von Piz Palu é um clássico do cinema, que seria de enorme valia aos atuais realizadores alemães, empastelados entre a opereta e o melodrama.

Los hijos de nadie [Filhos de ninguém]

Talvez pareça masoquismo assistir a um filme de Rafael Mattarazzo, quando se sabe muito bem que ele é o pior diretor do pior cinema do mundo, e que o título da obra não diz muito claramente se se trata de um filme já visto, quem sabe quando. A impressão que se tem, desde o começo de *Los hijos de nadie*, é na verdade a de que este é um filme feito muitas vezes, moído e tornado a moer, a um ponto em que já cheira mal.

Apesar disso, Rafael Mattarazzo demonstra neste filme um mérito que faz muita falta à maioria dos bons diretores: o mérito de ser fiel a si mesmo, a qualquer preço. Não é indispensável que o nome de Mattarazzo figure nos créditos para saber de quem é este folhetim insuportável, impossível de digerir depois das duas seqüências iniciais.

Não acontece nada que não tenha sido previsto por quem padeceu o infortúnio de ver uma obra empolada e de mau gosto desse infeliz mestre do cinema cor-de-rosa, que tanto dano causou ao cinema italiano do pós-guerra. Aqueles que conspiraram contra o neo-realismo não têm senão que contemplar os estragos de sua obra. Seria maravilhoso que, como punição, fossem obrigados a ver filmes como *Los hijos de nadie*, porque, para fazê-los, não teria sido necessário inventar o cinema.

Elle et moi [Ela e eu]

O cinema francês, em sua equilibrada e segura qualidade, proporcionou esta semana um momento saudável: *Elle et moi*, uma comédia alegre, divertida, original e deliciosamente maluca. A inesquecível Dany Robin, de *A festa do coração*, mantém-se no mesmo alto nível daquele magnífico antecedente neste filme, talvez excessivamente carregado de peripécias, mas definitivamente encantador.

A queda que alguns espectadores perceberam na segunda metade da história parece obedecer simplesmente à intensidade, à perfeição das primeiras tomadas. Era um início magistral tão difícil de sustentar que, se o tivesse alcançado o diretor de *Elle et moi*, teria realizado uma obra-prima. Fez, porém, um filme que não poderá passar despercebido.

O cinema em Bogotá. Estréias da semana

A fera deve morrer

O excelente romance policial de Nicholas Blake — que deu início à famosa coleção Sétimo Círculo — foi levado ao cinema pelo argentino Viñoly Barreto, com Narciso Ibáñez Menta e Laura Hidalgo, conhecida em *La orquídea* [A orquídea] e reconhecida em *Las tres perfectas casadas*. As linhas essenciais da base literária deste filme foram conservadas, mas apenas até o ponto em que o drama deixa de ser policial para se converter em intriga sentimental.

A fera deve morrer é um romance simples, a serena história de um escritor policial que procura o motorista do automóvel que atropelou seu filho sem deixar pistas. Ao passá-la para o cinema, Viñoly Barreto sobrecarregou o argumento de um dramatismo desnecessário e um meloso sentimental que não corresponde, em primeiro lugar, ao pensamento de Nicholas Blake, nem favorece, em segundo lugar, à adaptação cinematográfica. Mais que um filme policial, *A fera deve morrer* é por isso um drama de grandes proporções, desses a que são tão afeitos os realizadores argentinos dos últimos dias.

O intenso dramatismo da fotografia não corresponde à ação, é um dramatismo inútil, desnecessário e ridículo em geral. O trabalho de Narciso Ibáñez Menta, como o escritor que procura a fera, é, do mesmo modo, desnecessariamente patético, e todo o processo mostra-se falsamente espetacular, em contraposição à intriga, que é simples e agradável. Do filme se conclui não apenas que Viñoly Barreto desconhece os segredos, os delicados matizes da linguagem cinematográfica, mas que é inábil também na direção dos atores. O resultado é este filme policial que não é policial, com um dramatismo sem sentido, uma violência sem objeto e um patetismo injustificado.

Festival UPA

O Cine Clube apresentou, em sua sessão de terça-feira, um programa lamentavelmente desigual e contraditório. Em primeiro lugar, um curta-metragem sobre a exposição industrial, de algum valor informativo, que foi merecidamente sabotado por um grupo de especialistas. Em segundo lugar, outro curta-metragem sobre o Vaticano, sem nenhum valor cinematográfico, sem nenhum valor documental ou jornalístico, e apenas realizado com uma evidente intenção de propaganda, plausível mas que não explica nem justifica sua exibição em um Cine Clube. Em último lugar, para felicidade dos sócios, apresentou-se uma série de curtas da UPA, uma resposta aos filmes anteriores, uma sessão de bom cinema, inteligente e original.

A UPA — United Production of America — é o resultado da reação de um grupo de intelectuais progressistas, dirigidos por Stephen Bosustow, contra o convencionalismo de Walt Disney. Com os mesmos recursos utilizados por este, mas reivindicando a tradição iniciada pelo francês Emile Cohl no princípio do século, o grupo UPA deu início e impôs transitoriamente uma nova escola de desenhos animados, em que o efeito estético e a poesia da imagem predominassem sobre a despida narração dos formalistas. Alguns de seus personagens, especialmente *Mister* Magoo, que foi considerado como uma caricatura do desaparecido cômico norte-americano W. C. Fields, demonstravam as possibilidades comerciais do novo estilo, sem sacrifício da qualidade estética.

El corazón delator [O coração delator], baseado em um conto de Poe — já conhecido do público —, é uma formidável tentativa de incorporar definitivamente ao cinema a pintura como elemento expressivo: pintura em movimento que fala e comove, explica e penetra com sua força comunicativa até as raízes da sensibilidade e da inteligência.

Logo de cara, notou-se que os desenhos da UPA não eram meras obras de entretenimento nem revoluções puramente estéticas, mas que seus autores não desperdiçavam a oportunidade de ir mais além da história para realizar uma crítica social mais ou menos amarga. *Gerald Mc Boing Boing* ou *Celos Infantiles* [Cuidados infantis], dois dos curtas apresentados pelo Cine Clube, estão nesta linha. A sociedade norte-americana, em sua progressiva mecanização, chegaria a produzir, cedo ou tarde, um menino incapaz de falar, mas capaz, em compensação, de emitir todo tipo de sons mecânicos, com a perplexidade inicial mas a posterior satisfação dos pais, que poderiam explorá-lo como espetáculo. A crítica à educação elitista é mais que evidente no segundo dos curtas mencionados.

Não é, por isso, estranha a conspiração contra a UPA, nem espantoso que essa conspiração triunfante tivesse conseguido frustrar sua excelente carreira. Alguns dos fundadores da UPA viram-se obrigados a migrar para outras atividades. Outros titubearam e, ao que parece, continuam produzindo desenhos animados convencionais. Mas na história do cinema permanecerá indelével esta extraordinária experiência, algumas das quais são a manifestação de uma mentalidade genial, posteriormente asfixiada por interesses políticos e comerciais.

The Secret People [As pessoas secretas]

A encantadora Audrey Hepburn, em quem se centralizou a publicidade de *The Secret People*, tem neste filme um papel muito secundário. O centro da ação é o personagem interpretado por Valentina Cortese, a filha de um velho revolucionário de um país não localizado pelos realizadores.

Alguma coisa não está certa em *The Secret People* desde o primeiro momento. Alguma coisa que não é a fotografia, nem a direção e os atores e muito menos a montagem. Do ponto de vista estritamente fílmico, é um filme irrepreensível, contado com imagens de uma apaixonante vitalidade. Há momentos em que se tem a impressão de estar presenciando um filme extraordinário, especialmente na seqüência do atentado contra o presidente de um país indeterminado. A correção da escrita obriga a esquecer, por breves instantes, a história inconsistente e difícil que se tenta contar.

Mas a memória que fica de *The Secret People* é a de um filme sem importância, extraordinariamente bem narrado. Em especial, a fotografia e a montagem são de uma mestria que lembra muito a um outro filme inglês — *Ultimatum* [Ultimato] —, mas, ao contrário daquele, em *The Secret People* faltou discrição na elaboração de uma história que, com menos complicações e menos sentimentalismo, teria podido ser aceitável.

Um Papai Noel de verdade alegra este Natal em Bogotá

COMO E DE ONDE VEIO

Faz muito poucos anos a publicidade norte-americana impôs a imagem de Papai Noel na Colômbia. Antes era simplesmente uma referência literária, sem nenhum vínculo com a tradição nacional. O ancião vestido de vermelho, de longos cabelos e barba branca e um grande saco de brinquedos às costas, era tido como uma versão protestante dos presentes que o Menino Jesus depositava na cama das crianças colombianas.

Um dia Papai Noel chegou à Colômbia, e desde esse dia nasceu um novo trabalho para um número muito limitado de colombianos: o de se disfarçar de Papai Noel na época do Natal. Para ganhar alguns pesos às portas de uma loja de brinquedos, distribuindo caramelos às crianças e listas de preços aos adultos, um colombiano não precisa ter mais de vinte anos nem se parecer com Papai Noel. A idade e a semelhança estão nas máscaras de cabelos e barbas de espuma de algodão, hoje uma nova indústria, ao se admitir que Papai Noel participasse do Natal colombiano.

O verdadeiro Papai Noel

Este ano, entretanto, os habitantes de Bogotá, que desde 16 de dezembro passaram pelo centro comercial, encontraram-se com um Papai Noel de carne e osso, cabelo e barba naturais, que, certamente, é muito pouco diferente do São Nicolau original, o santo que, no século III, destacou-se nos países nórdicos por seus surpreendentes presentes. É um ancião albino, pequeno, tímido, que vira o rosto quando vê um fotógrafo — "porque os *flashes* podem me cegar" — e permanece oito horas à porta de uma loja, agarrado a um poste com um letreiro onde se anunciam fogos de artifício. Hoje em dia, esse é o Papai Noel mais popular de Bogotá, porque se tem a impressão de que é um Papai Noel verdadeiro. As crianças puxam suas barbas para se convencerem de que não é algodão penteado e vão embora convencidas de que, no meio desse montante de Papais Noéis mascarados que andam pelas ruas de Bogotá, localizaram, afinal, o Papai Noel verdadeiro. Apesar disso, há quarenta dias o Papai Noel verdadeiro, que não se lembra de ter se olhado em um espelho nos últimos trinta anos, ignorava que se parecia com Papai Noel.

A história começa com um alemão

O cidadão alemão que, em 1928, encomendou a um carpinteiro albino de Fontibón um toucador com incrustações de prata, certamente não se lembra, se é que ainda vive, que aquele carpinteiro não se parecia com Papai Noel. Entretanto, esse carpinteiro, que não pôde fazer o toucador com incrustações de prata simplesmente porque ignorava como se faziam as incrustações de prata, era o ancião de 65 anos que agora está anunciando fogos de artifício, disfarçado de Papai Noel mas sem a necessidade de se disfarçar. Ele não se lembra do alemão pela história do toucador, mas porque aquele era o homem mais branco que ele mesmo lembra de ter visto em sua vida. A história do toucador não tem para ele a menor importância, nem lhe importa saber se o alemão encontrou, por fim, em Fontibón, um carpinteiro que pudesse fazê-lo. O que lhe importa é que o alemão era um homem mais branco que ele, e por isso admite, como muito provável, que aquele homem esteja agora na Alemanha, ou em qualquer outro lugar do mundo, também disfarçado de Papai Noel, sem necessidade de se disfarçar.

Cinqüenta anos chamando-se Efraín Tello

Quando o alemão foi à sua modesta e honrada oficina, fazia nove anos que Papai Noel era carpinteiro em Fontibón. Mas como então não tinha barba nem cabelos longos, há pouco fizera quarenta anos, e além disso podia manejar o serrote e a plaina, não se chamava Papai Noel, mas Efraín Tello, "para servi-lo, senhor". Tinha nascido com os últimos tiros da guerra de 85, mas certamente não pensara nunca que essa coincidência seria um bom antecedente para que chegasse à velhice anunciando fogos de artifício.

Na atualidade, só se lembra de que nasceu em "um povoado de Cundinamarca", que era muito pequeno então para se dar conta da Guerra dos Mil Dias, e que o chamaram de Efraín por causa do personagem de *María*, de Jorge Isaacs. Nunca se casou, e durante vinte anos trabalhou em sua oficina de carpintaria de Fontibón. Quando não pôde mais manejar o serrote e a plaina, como o pai o havia ensinado e como o fez, com grande destreza, durante os 32 anos de sua vida profissional, veio viver em Bogotá. Tinha então mais de cinqüenta anos e ainda não se parecia com o Papai Noel.

História de um cabelo branco

A barba cresce de noite

Doente e sem recursos, Efraín Tello passou dez anos em Bogotá sem se parecer com Papai Noel, vivendo, às vezes, da caridade pública e quase sempre como caseiro de casas desocupadas. Com a idade, porém, começou a ter problemas de visão, "porque isso acontece a nós que não somos morenos". Durante vários anos viveu "de favor", como ele mesmo diz, em um quarto da *carrera* 18 — não recorda em que quadra —, dormindo no chão, sobre um piso de tábuas estragadas, que se inundava no inverno. Fez-se amigo dos vizinhos, e ali se sustentou, aos tropeções, realizando pequenos trabalhos domésticos. Então pegou uma gripe muito ruim, que durou três meses e esteve a ponto de matá-lo. Ele a tratou "com remédios de paciência", porque nunca pôde ver um médico. Em compensação, deixou-o exatamente igual a Papai Noel.

Os ônibus saem às seis

Essa gripe de três meses é um dos acontecimentos estelares de sua velhice. Como já não podia mais se barbear nem cortar o cabelo, decidiu continuar assim, em seu estado natural, convalescendo em seu sórdido quarto da *carrera* 18. Ali soube, há apenas cinco meses, que no bairro Simón Bolívar havia uma casa desocupada e seu dono precisava de um caseiro. Quando assumiu o posto ainda se chamava Efraín Tello. Três dias depois se chamava Papai Noel, e ele mesmo não soube explicar por que, até que um de seus vizinhos o explicou, há quarenta dias.

No dia 12 de dezembro lhe disseram que em uma loja do centro estavam precisando de um Papai Noel mascarado, para pagar-lhe cinqüenta pesos pela temporada; as mesmas pessoas que lhe deram a notícia disseram-lhe que ele podia cobrar duzentos pesos, porque era um Papai Noel verdadeiro. Apesar disso, o negócio foi acertado por sessenta pesos pelos vinte dias de trabalho. Papai Noel não se atreveu a cobrar duzentos, dizendo que nunca em sua vida ganhou tanto dinheiro.

Hoje em dia ele anda muito satisfeito com seu trabalho. E diz que quando passar o Natal contará toda a sua vida aos jornalistas. Agora não, porque mora muito longe e pode ser que os ônibus não o levem por estar contando uma história tão longa.

O cinema em Bogotá. Estréias da semana

La bergère et le ramoneur [A pastora e o limpador de chaminés]

Baseado em um belo conto de Hans Christian Andersen, os renovadores do desenho animado francês fizeram um filme de longa-metragem de qualidade excepcional e que está sendo apresentado como parte de um programa de cinema predominantemente estético. O curta sobre o balé *O cisne negro* e a obra de cinema abstrato, cinema puro, cinema do movimento, são duas peças de um extraordinário valor artístico, que com *La bergère et le ramoneur* constituem um maravilhoso final de ano.

O convencionalismo dos desenhos animados comerciais foi alijado por completo em *La bergère et le ramoneur*, em que não se vê nada diferente de uma constante e agressiva preocupação estética, embora seus realizadores tenham acreditado ser necessário advertir que foram introduzidas algumas modificações no argumento e nos diálogos, modificações que desaprovam. Embora seja difícil especificar quais foram essas modificações, devidas certamente ao produtor, o resultado final é uma obra de arte de incrível beleza. Os infinitos recursos do desenho animado para proporcionar ao espectador uma pura sensação de beleza, de poesia das formas em movimento — e neste caso, das cores — foram aproveitados pelos realizadores de *La bergère et le ramoneur* com uma inteligência e uma sensibilidade e um bom gosto e um conhecimento de cinema realmente surpreendentes.

O aspecto técnico é irrepreensível, e de maneira muito especial os efeitos de som, que contribuem notavelmente, com sua eficácia e originalidade, para complementar esse universo diferente e belo criado neste magistral filme francês.

O maior espetáculo da Terra

O título em espanhol com que está sendo exibido este filme soviético é certamente de seus distribuidores para a América. Em realidade, trata-se de um documentário sobre o circo de Moscou, realizado pelo governo da URSS com o propósito de divulgar as qualidades de um grupo de artistas populares soviéticos, e distribuído para a América Latina — como o recente filme sobre balé — por uma firma de Nova York. É portanto inexplicável que não se advirta o público sobre a origem de um filme que nada tem a ver com as idéias políticas.

Tecnicamente, o documentário é deficiente. Os movimentos da câmera são limitados, e em nenhum momento percebe-se a presença de uma direção preocupada com a arte cinematográfica. A cor é inexpressiva, e a fotografia, inteiramente convencional.

A ausência absoluta de uma história é o que permite pensar que este é um filme cru e intencionalmente documental, realizado exclusivamente com este propósito, sem qualquer intenção de fazer cinema. Tratava-se simplesmente de levar o circo de Moscou a todo o mundo, e esse propósito foi plenamente alcançado, prescindindo das bobagens sentimentalóides e da espetaculosidade técnica de Cecil B. de Mille.

O que este filme precisa é de um crítico de circo. Não de um crítico de cinema. Mas até onde um homem comum pode saber o que é bom em um circo, é possível dizer que o circo de Moscou é simplesmente assombroso. São os mesmos acrobatas, os mesmos malabaristas, os mesmos equilibristas, os mesmos palhaços e os mesmos domadores de todos os circos tradicionais. Mas cada um desses é um mestre em seu gênero. Os acrobatas e os domadores, especialmente, aperfeiçoaram sua arte aos limites do incrível. Ter domesticado pingüins para fazer deles passageiros de um trem de brinquedo; ter treinado galos comuns; ter conseguido que ursos andem de bicicleta e os leões cavalguem é ter superado consideravelmente as aspirações de um domador habitual.

Mas ver este filme não é o mesmo que ver cinema: é ver o circo. Um circo assombroso, que como circo é certamente o maior espetáculo do mundo.

Minha espada, minha lei

Errol Flynn está gastando o dinheiro ganho em uma longa carreira em filmes que parecem feitos exclusivamente para recuperar seu antigo prestígio de espadachim. Um deles é *Minha espada, minha lei*, realizado na Itália, com a isca de uma Gina Lollobrigida vestida à medieval, o que significa uma Gina Lollobrigida sem qualquer atrativo à vista.

Errol Flynn está aumentando sua fortuna, ao que parece não exatamente para ganhar mais dinheiro, e sim para não perder muito depressa sua fama de conquistador. De maneira que ele é o centro da ação, em seu papel de galhardo espadachim perseguido pelas mulheres. É o narcisismo da menopausa. E o filme realizado com esta preocupação é uma história longa e burra, mais bem contada já uma dúzia de vezes, onde só o que parece virginal é a personagem que persegue o conquistador para fazê-lo ouvir o decreto que ameaça seu celibato.

Como acontece a todos os filmes realizados por uma equipe de técnicos norte-americanos, a técnica de *Minha espada, minha lei* é irrepreensível. A cor é original, mas aplicada sem qualquer critério estético. E a ação, absolutamente insignificante, pesada demais; a fotografia é de cartão de Natal, e a direção, inteiramente impessoal. Em resumo: uma diversão para débeis mentais.

Desejo humano

Baseado no popular romance de Emile Zola, o veterano diretor Fritz Lang fez uma nova versão de *A besta humana*, já definitivamente realizada por Jean Renoir com Jean Gabin no papel principal. Broderick Crawford é a besta humana na versão de Fritz Lang, e é esse o único personagem psicologicamente impecável produzido neste filme pelo diretor alemão. O personagem feminino, interpretado por Gloria Grahame, é psicologicamente um pouco confuso, inseguro, embora, evidentemente, não seja esse um erro de interpretação, mas de direção. A mesma coisa se deve dizer do personagem interpretado por Glenn Ford, que não passa de um caráter abstrato, superficial, sem raízes psicológicas no corpo do drama. Como o apresenta Fritz Lang, o rude condutor de locomotivas de Zola — tão bem interpretado por Renoir — é um personagem pitoresco. E o duro e um pouco brutal ambiente dos ferroviários desvirtua-se sensivelmente ao substituir as monstruosas e primitivas locomotivas da França pelos trens elétricos dos Estados Unidos.

Apesar disso, *Desejo humano* é um filme medíocre apenas se comparado com a obra de Renoir. Individualmente tem valores muito apreciáveis, em especial do ponto de vista técnico. Os efeitos de som que pretendem destacar com o ruído dos trens algumas situações psicológicas ou que determinam o clímax de certos instantes dramáticos são de uma inegável eficácia. Mas do bom diretor que foi Fritz Lang nos primórdios do cinema resta muito pouco. Até mesmo o personagem de Broderick Crawford — um dos méritos deste filme — parece devido inteiramente à inteligência e à compreensão do grande ator, em nenhum caso à direção.

Resumo crítico do ano cinematográfico em Bogotá

OS MELHORES FILMES FORAM UM FRACASSO COMERCIAL

A INVARIÁVEL QUALIDADE DO CINEMA FRANCÊS. ITÁLIA, O MELHOR E O PIOR. HOLLYWOOD, MERO PROGRESSO TÉCNICO. NOVENTA MINUTOS DE CINEMA SUL-AMERICANO. O MELHOR FILME DO ANO PASSOU DESPERCEBIDO.

O ano cinematográfico em Bogotá teve um começo espetacular: *A um passo da eternidade*, de Fred Zinneman, considerado pela crítica européia mais exigente como o melhor diretor de Hollywood. Apesar da direção impessoal e do método narrativo mais literário que cinematográfico, *A um passo da eternidade* foi a melhor coisa que nos chegou de Hollywood, com o extraordinário e inesquecível *Júlio César*, de Mankiewicz. O resto da produção foi puramente comercial, simples especulação técnica, com som estereofônico de alta-fidelidade em quatro faixas e as novas lentes anamórficas revolucionárias.

A produção independente

Felizmente o cinema de Hollywood não é o cinema norte-americano. O produtor independente Stanley Kramer financiou um dos mais qualificados produtos do ano: *O selvagem*, de Laslo Benedeck, em que Marlon Brando desempenhou aquele que, sem dúvida, é o trabalho mais denso de sua carreira. E Stanley Kramer produziu também *O malabarista*, de Dmytrick, com Kirk Douglas, um filme desigual e insignificante, mas com alguns momentos excepcionais.

A frieza com que estes dois filmes foram acolhidos pelo público colombiano contrastou sensivelmente com o exagerado entusiasmo provocado por *A princesa e o plebeu*, uma comédia superficial, de escassos méritos, cujo interesse não foi garantido, de modo algum, por seu diretor, William Wyler, e sim pela graça e pela inteligência de Audrey Hepburn. Em compensação, um dos seis melhores filmes do ano passou quase despercebido: *O diabo riu por último*, produzido e dirigido por John Huston, que, com a colaboração de um grupo de artistas independentes, fez a farsa mais divertida, inteligente e mordaz do cinema comercial norte-americano.

O melhor filme do ano

Os programas de qualidade tiveram início com o cinema francês, na magistral comédia de Julien Duvivier, *A festa do coração*. Esse foi o começo de uma série de filmes franceses de uma qualidade firme, invariável, entre os quais passou, sem qualquer repercussão, aquele que, a juízo do autor desta crônica, foi o filme do ano: *Dieu a besoin des hommes*, de Jean Delannoy.

O salário do medo, de H. G. Clouzot, impôs-se e é recordado, com insistência, pela mestria espetacular de sua direção. *Les orgueilleux*, de Yves Allegret — ainda não exibido para o grande público —, pela força e pela autenticidade do ambiente. Mas junto a estes acertos excepcionais, é preciso recordar um filme singelo, fino, inteligente, e também de Delannoy: *Amar-te é meu destino*. Esse discreto filme com Jean Gabin e Michèle Morgan pode ser considerado como o filme típico da produção francesa conhecida na Colômbia neste ano. Uma produção que se interessou mais pela compreensão psicológica que pelo interesse argumental. Em *Dieu a besoin des hommes* harmonizaram-se, com serena genialidade, os melhores elementos da produção francesa, a mais segura, inteligente e equilibrada do momento.

Itália: o pior e o melhor

Quatro dos melhores filmes do ano foram italianos. E três desses quatro foram dirigidos por Vittorio de Sica: *Milagre em Milão*, *Quando a mulher erra* e *A culpa dos pais*. O quarto foi *O capote*, de Alberto Lattuada, que como os três anteriores constituiu-se em deplorável catástrofe comercial.

Mas à Itália corresponde também a glória de ter produzido o pior cinema do ano. Depois de *Outros tempos*, de Alessandro Blasetti, e de *Nós, as mulheres* — feito pelo estado-maior do bom cinema italiano —, os programas foram assaltados pelos sombrios apóstolos de Rafael Mattarazzo e Mario Bonnard. São eles os pontífices do folhetim passional, a abominável escola nascida da triunfante conspiração contra o neo-realismo.

Um rumo diferente e promissor foi traçado pelas esquecidas e extraordinárias comédias de Luigi Zampa — *A volta da perdida* e *Las dos esposas* — e o humor luminoso e cordial de Luciano Emmer, em *Paris é sempre Paris*, e *As garotas da praça de Espanha*.

Noventa minutos de Espanha

O cinema espanhol teve noventa minutos magistrais com a espetacular aventura de Luis Berlanga: *Bienvenido, Mr. Marshall*. Depois, a produção espanhola precipitou-se, diretamente e sem escalas intermediárias, a *Jeromín*, o pastelão histórico de Luis Lucía. Posteriormente, *La guerra de Dios* foi uma apreciável mas frustrada tentativa de Rafael Gil para reabilitar o incurável cinema espanhol.

A decadência progressiva: México

A esperança mexicana esteve baseada no diretor Roberto Gavaldón, autor de um filme desigual com duas cenas magistrais, *El rebozo de Soledad*, e de um pastoso melodrama, *El niño y la niebla*, que não foi salvo sequer pelo implacável gênio fotográfico de Gabriel Figueroa.

Quem acompanhou cuidadosamente a trajetória de Emilio Fernández teve, este ano, dois escandalosos motivos de desencanto: *Reportaje* e *El rapto*. Luis Buñuel, que, com *Os esquecidos*, pôs o cinema mexicano acima do nível da produção universal, caiu de bruços com uma lamentável versão de *O morro dos ventos uivantes*, uma formidável história sem um só toque de direção.

O nível normal do cinema mexicano consolidou-se este ano com os melodramas em ritmo de bolero de Tito Davison e Chano Urueta.

O cangaceiro

Ao lado de uma Argentina esterilizada por influências contraditórias, dificuldades econômicas e problemas políticos, um grupo de cineastas brasileiros resolveu momentaneamente o difícil problema do cinema da América do Sul. A apresentação de *O cangaceiro* em Bogotá foi um dos momentos fundamentais do cinema neste ano. A sensação de que o futuro está no Brasil não desapareceu ainda naqueles que tiveram o privilégio de ver o magistral filme de Lima Barreto.

A Inglaterra não tem pressa

O severo e equilibrado cinema inglês mostrou-se notavelmente esquivo neste ano. Mas como mostras de uma continuidade exemplar, foram exibidos *Coacción* e *Encore*, baseados em quatro contos de W. Somerset Maugham. Em outra linha, a nova versão de *A importância de ser prudente*, de Anthony Asquith, e *Loucuras de um milionário*, demonstraram que o cinema inglês prefere continuar andando "devagar e sempre".

Alemanha, Suíça e a União Soviética

A Alemanha Ocidental iniciou seu ano com *Hinter Klostermauern*, um filme realmente excepcional, que passou despercebido. Exceto *Tentación*, de méritos muito apreciáveis, o restante não passa de uma série de melodramas irrespiráveis e revistas musicais sem nenhum valor, entre os quais figuram alguns dos piores filmes do ano.

Os dois documentários da URSS que tivemos a oportunidade de conhecer — um sobre o balé e outro sobre circo — não permitem, infelizmente, formar uma idéia precisa, um julgamento autorizado sobre os novos rumos do cinema soviético. A razão política não devia interferir no conhecimento dos herdeiros de Serguei Eisenstein, o mestre do cinema de todos os tempos.

Heidi, do italiano Luigi Comencini, foi a cota do cinema suíço. Muito bonito, de uma esmagadora correção formal, mas suíço demais.

Cinema nacional

Este também não foi o primeiro ano do cinema nacional. Apesar disso, talvez em nenhum dos anteriores tenha se constatado um maior interesse para encontrar um rumo seguro para a vacilante produção colombiana. Os magníficos equipamentos da Assessoria de Informação e Propaganda do Estado realizaram uma apressada série de curtas sem um caráter geral definido. Seu principal defeito é a improvisação, embora seja justo reconhecer que em alguns filmes da última produção foi possível registrar maior segurança na exploração dos temas e um notável progresso na utilização dos recursos técnicos.

O melhor do cinema nacional esteve a cargo de Jorge Valdivieso, com seus curtas de entretenimento. Deve-se lamentar, apesar disso, que à última hora o único diretor colombiano que fez algo digno de uma grande expectativa tivesse manifestado sua tendência de substituir seu bom sentido do cinema por espetaculares efeitos de publicidade.

Cine Clube

A atividade do Cine Clube em Bogotá não se distinguiu, neste ano, por um exigente critério de seleção. É pelo menos inexplicável que essa respeitável entidade tivesse patrocinado dois dos piores filmes do ano: *Alma prisionera*, melodrama alemão da mais baixa qualidade, e *Un alma envenenada* [Uma alma envenenada], um folhetim de propaganda política.

Durante vários meses, o Cine Clube foi aproveitado por alguns distribuidores para dar créditos a filmes sem nenhum valor, e que a direção daquela entidade programou ingenuamente. Entretanto, nos últimos meses observou-se uma mudança de orientação, o que se pode considerar uma retificação dos erros passados.

Sua última sessão — o festival UPA — foi um dos momentos inesquecíveis do cinema em Bogotá neste ano. Este ano cinematográfico que, considerado desde dezembro, não foi tão deplorável como poderia ter sido.

JANEIRO DE 1955

O cinema em Bogotá. Estréias da semana

Daniel Gélin e Burt Lancaster

Daniel Gélin é toureiro em *Sang et lumiéres* [Sangue e luzes]. Burt Lancaster é um guerreiro pele-vermelha em *O último bravo*. Coincidentemente, esses dois filmes, exibidos nesta semana, têm no todo os mesmos defeitos e os mesmos méritos. É muito pouco o que acontece no primeiro que já não tenha sido visto em outros filmes de toureiros. É muito pouco o que acontece no segundo que já não tenha sido visto em anteriores filmes de peles-vermelhas. Em nenhum dos dois se vê o diretor em parte alguma. Nos dois, o personagem principal foi criado exclusivamente pelo ator.

O toureiro Daniel Gélin é completamente diferente de todos os toureiros vistos até agora no cinema. É um humano, de caráter definido, caráter de pessoa viva. A mesma coisa fez Burt Lancaster com seu personagem.

Vistos segundo esse ponto de vista, os dois filmes são uma magnífica lição de cinema.

O outro homem

O diretor inglês Carol Reed fez um filme seu. Esse *O outro homem* não é uma continuação de *O terceiro homem*, mas uma exploração da mesma idéia, em um ambiente de intranqüilidade internacional — Berlim no caso —, muito semelhante ao ambiente de Viena, cenário do mais famoso dos filmes de Reed. Se se tratasse de traçar um paralelo entre os dois filmes, poder-se-ia dizer, com um pouco de leviandade, que *O outro homem* é um *O terceiro homem* sem Graham Greene — autor do roteiro; sem Orson Welles — protagonista principal; e sem Anton Karaz — autor e intérprete da trilha musical. As coincidências entre os dois filmes — coincidências que começam no título, ao que parece deliberadamente — desvirtuaram notavelmente alguns dos indiscutíveis méritos próprios de *O outro homem*. Evidentemente, Graham Greene influenciou, de forma decisiva, o diretor Carol Reed. E, ao que parece, é cada vez mais notável a influência de seu compatriota, Alfred Hitchcock, no que se refere à riqueza dos recursos técnicos para a criação e a manutenção do suspense. Entretanto, talvez Carol Reed não tenha perseguido, ao longo de sua carreira, outra coisa que este estilo predominantemente mais imediatista, este magistral aproveitamento da mecânica até muito perto de suas últimas conseqüências, que permitem classificá-lo nessa linha, que não é do cinema inglês — o cinema humano —, mas que é, em compensação, a do cinema puramente técnico, com todos os seus grandes méritos.

Um mestre do imediatismo deve ser necessariamente um mestre na direção dos atores e na condução da trama. E Carol Reed o é em *O outro homem*, um filme cujos personagens são falsos, de uma psicologia artificial, mas que cumprem, com impecável e espantosa correção, os propósitos da direção. Claire Bloom — a inesquecível dançarina de *Luzes da ribalta* — não consegue comover com seu desempenho em *O outro homem*, mas convence plenamente. A mesma coisa acontece com James Mason, que não parece ser um personagem de carne e osso, mas uma peça implacavelmente real neste drama que não é de homens mas de criaturas técnicas. É particularmente interessante o menino da bicicleta neste último filme de Carol Reed. Um menino que parece ser uma continuidade temática do pequeno protagonista de *O ídolo caído* e daquele insólito menino alemão de *O terceiro homem*. Os estudiosos do cinema têm um excelente motivo de reflexão nos estranhos meninos de Carol Reed, como já devem ter tido com os de Vittorio de Sica, tão diferentes mas ao mesmo tempo tão interessantes.

A culpa dos pais

E precisamente nesta semana está se exibindo um filme de Vittorio de Sica, em que se percebe o apaixonante interesse e a profundidade do grande diretor italiano na psicologia infantil: *A culpa dos pais*. Assim como se poderia pensar que essa mesma preocupação se originou em Carol Reed por seu permanente contato com Graham Greene, também se poderia dizer que De Sica é uma evidente influência de Cesare Zavattini. As inesquecíveis e inquietantes crianças de *Milagre em Milão*, *Ladrões de bicicletas* e *Quando a mulher erra* tinham em *A culpa dos pais* um antecedente desconhecido para nós, pois na verdade este filme de De Sica, agora exibido, é uma de suas primeiras realizações.

Le rest est silence é uma curta novela francesa na qual um menino relata a infidelidade da própria mãe. Um pouco assim amargo, mas tratado com uma implacável crueldade, é o que se conta em *A culpa dos pais*, um filme de um Vittorio de Sica que ainda não era o genial mestre que hoje conhecemos, mas que já começava a mostrar seu pulso firme. Ninguém se atreveria a negar que há melodrama em *Ladrões de bicicletas* ou em *Milagre em Milão*. Mas é o melodrama da vida diária; um melodrama moderado, discreto, mas de modo algum explorado com fins comerciais. A mesma dose de melodrama que se nota naqueles dois filmes de De Sica é a que aparece em *A culpa dos pais*, só que menos controlado, um pouco fora do domínio de um diretor ainda inexperiente para conduzir sua história por esta corda bamba que vai do sublime ao ridículo. Apesar disso, ali está esse Vittorio de Sica implacável na análise das situações mais cruéis, e mais cruel talvez, mas igualmente magistral na dissecação do coração humano, e especialmente mestre no conhecimento do coração das crianças.

O cinema em Bogotá. Estréias da semana

Mattarazzo e Bonnard

Os leitores desta seção devem pensar que o autor tem uma especial prevenção contra os diretores italianos Rafael Mattarazzo e Mario Bonnard. Os que pensam assim não estão enganados. Esta semana ofereceu-se uma ingrata mas excelente oportunidade para demonstrar até onde não é gratuita essa prevenção. *Los hijos de nadie* é um filme de Rafael Mattarazzo. *Frine, cortigiana d'Oriente* [Frinéia, cortesã do Oriente] é um filme de Mario Bonnard. Os dois sombrios apóstolos do drama passional se superaram a si mesmos nessas duas realizações, em que acontece tudo de medíocre que pode acontecer na vida e no cinema, e não acontece absolutamente nada do que é estética ou humanamente aceitável.

O estilo destes dois diretores é tão parecido que um dos dois sobraria na história do cinema italiano se não sobrassem os dois. Mas se se admite, só de brincadeira, que para infortúnio do cinema um dos dois deve necessariamente existir, o outro é absolutamente desnecessário para a mesma finalidade. Qualquer um deles, escolhido ao acaso, cumpre sua desmedida tarefa de render tributo ao mau gosto, com a mesma eficiência e a mesma fecundidade inesgotável.

Todos conhecemos a história de Frinéia, uma bela tebana que escalou o pináculo mais elevado da fortuna e do poder pela escada do bom serviço, para favorecer a seus desterrados compatriotas. Não é improvável que um diretor discreto, sem que tenha necessariamente talento, possa fazer com essa história um filme razoável. Mas o meloso conceito de drama de Mario Bonnard fez dela uma história cinematográfica que parece colorida apesar de ser em preto-e-branco, e que poderia ter acontecido em qualquer lugar ou tempo, que isso não teria sido obstáculo a que fosse, o que é de fato, um folhetim da pior qualidade.

Frine é uma confusa mistura de todos os medíocres filmes históricos da história do cinema com o aproveitamento comercial de um personagem feminino. É uma mistura de *Salomé, Sansão e Dalila, Davi e Betsabá, Fabíola* e todos os outros anteriores e posteriores, mas sem qualquer dos méritos parciais de nenhum deles. Não é, portanto, estranho que um espectador prevenido descubra que todos os personagens masculinos que em *Frine* se esforçam para fazer algo heróico são, por alguma razão misteriosa, exatamente iguais a Victor Mature.

Los hijos de nadie foi comentado nesta seção quando de seu lançamento. Embora tenham transcorrido várias semanas, não parece uma falta de responsabilidade pensar que, agora, continua sendo tão inadmissível como então. Apenas que confrontado com um filme de Mario Bonnard, mostra-se muito mais interessante aos que se interessam pelas grandes catástrofes do cinema.

Lua-de-mel agitada

O diretor Vincente Minnelli fez uma deliciosa comédia com o casal mais valorizado da televisão dos Estados Unidos: Lucille Ball e o cubano Desi Arnaz. O autor de *O papai da noiva* e *Sinfonia em Paris* — a quem um sagaz amante do cinema admira sobretudo por haver feito uma atriz da bailarina francesa Leslie Caron — continua impondo seu humor inesgotável e um pouco amalucado em *Lua-de-mel agitada*, uma comédia que para muita gente é de morrer de rir, mas, para outros tantos, é também um interessante motivo de sérias reflexões sobre a sociedade norte-americana.

Tal como a Jean Negulesco em *A fonte dos desejos*, a Vincente Minnelli, em *Lua-de-mel agitada*, a comédia saiu com dois filões. De um lado está a maravilhosa, veloz e bem contada história de uma longa lua-de-mel em um confortável e problemático *trailer*, e de outro está a sátira, talvez não deliberada, mas de qualquer maneira amarga, dos costumes da classe média norte-americana.

É uma situação encantadora a do marido complacente. Entretanto, nada tem de encantadora essa situação se não é pura ficção mas o reflexo de relações conjugais de um país. É uma deliciosa situação de comédia fina, a da numerosa família — que, como é natural, tem sua boba —, indicando ao recém-casado como introduzir seu *trailer* na garagem. Nada, porém, teria de deliciosa essa situação se ela não correspondesse a um arranjo imaginário, mas à psicologia de toda uma classe social.

É bastante provável que Minnelli não tenha tentado fazer uma sátira e que *Lua-de-mel agitada* não o seja na verdade. Mas é tão convincente esta história, tão bem elaborada a ficção com materiais da realidade, que embora não o seja, para o prestígio exterior dos Estados Unidos é como se o fosse.

O cinema em Bogotá. Estréias da semana

Um homem e dez destinos

Com um título em espanhol que não diz nada — *Cuando llama el deseo* [Quando o desejo chama] —, Robert Wise fez um excelente filme, ao mesmo tempo que seus produtores jogavam dinheiro pela janela, não só quanto à qualidade e à remuneração dos atores, mas quanto à largueza com que permitiram ao diretor recorrer a certos métodos inteiramente estranhos ao cinema comercial. O personagem principal, que não se vê em nenhum momento, pois é protagonizado pela câmera — como o de Robert Montgomery em *A dama do lago* — e a eliminação total da trilha musical, substituída apenas momentaneamente pelas sonoras batidas do relógio — como foi substituída por efeitos sonoros em *O mundo não perdoa*, de Clarence Brown, baseado em um romance de Faulkner — são dois recursos bem-sucedidos e oportunos neste caso, aos quais não nos têm acostumado os realizadores de Hollywood.

É difícil reunir um elenco mais completo que o formado por Fredric March, William Holden, Barbara Stanwick, June Allyson, Louis Calhern, Walter Pidgeon, Shelley Winters e Paul Douglas, e é extraordinário que um diretor correto mas convencional, como Robert Wise, tenha podido dirigir com essa segurança, essa precisão que é talvez o mérito primordial de *Um homem e dez destinos*. A direção dos atores e a espantosa agilidade da câmera — uma câmera que tudo penetra e investiga — teriam bastado para que este fosse um filme diferente e admirável.

A história — baseada no romance *Executive Suite*, de Cameron Hawley — é de um interesse muito limitado, estranho à pequena burguesia que constitui nosso público de cinema. Mas a análise dos personagens, a luta pelo poder no último piso da sociedade capitalista, são absolutamente convincentes neste filme, de maneira que o propósito de seus realizadores foi cumprido integralmente. É provável que o nosso público esteja em condições de compreender melhor a psicologia do casal, representado por William Holden e June Allyson — ainda com um pé na classe média e outro na aristocracia do dólar —, mas indiscutivelmente os personagens mais bem construídos são interpretados por Louis Calhern e Fredric March, envolvidos na teia densa e sombria dos mais complexos interesses do capital.

Julieta

Não estaria enganado quem se perguntasse quantas vezes já viu esta comédia divertida, amalucada e, sobretudo, bem francesa. A cada momento tem-se a impressão de que tudo isto foi feito anteriormente, tal como em uma comédia norte-americana, quando se atiram tortas de creme no rosto uns dos outros. Mas a verdade é que desta vez a velha comédia está bem-feita, por Marc Allegret, com Danny Robin e Jean Marais.

É evidente que o diretor de *Julieta* fez todo o possível para não desfigurar, mas, pelo contrário, dar continuidade à psicologia de Henriette, a inesquecível personagem de Julien Duvivier. A mesma garota ingênua, alegre, assustadiça e um pouco maluquinha, complementada em *Julieta* por uma encantadora maneira de dizer grandes e inocentes mentiras.

Essa nova qualidade envolveu Henriette — agora Julieta — em um mundo que se parece muito ao dos contos de fadas, e onde as coisas acontecem como na vida real, mas vistas através das pupilas de uma bela e desorientada adolescente com uma aura sobrenatural.

A fotografia, do veterano e infalível Henri Alekan, e uns diálogos endiabradamente bem elaborados, com rajadas de uma limpa e simples poesia, são o complemento dessa velha história que Marc Allegret contou de novo. E que, por ser velha, às vezes se faz um pouco pesada, como se estivesse girando inutilmente sobre o próprio eixo, mas que por estar tão bem contada deixa, no fim, uma grata e saudável recordação.

Dois relançamentos

Dois interessantes relançamentos nesta semana: *Mulher exótica* de Sam Wood, com Gary Cooper e Ingrid Bergman, baseado em *Saratoga Trunk*, de Edna Ferber; e *A filha do fazendeiro*, com Joseph Cotten e Loretta Young. É possível que os exibidores sejam mais exigentes em relação ao relançamento de filmes que às estréias, mas o que parece evidente — apesar disso — é que vendo de novo o cinema norte-americano de há dez anos se tem uma idéia mais clara e fundamentada de sua decadência.

Havia anteriormente uma linha geral de correção nos processos narrativos, que se deteriorou com a intempestiva revolução técnica. Os bons diretores de Hollywood — a maioria deles de remanescentes do cinema mudo — tiveram que fazer, em vinte anos, o curso de cinema falado, e quando já haviam conseguido um perfeito domínio de suas modalidades especiais, precisaram enfrenta o novo problema do "som estereofônico direcional de alta-fidelidade em quatro faixas e as novas lentes anamórficas revolucionárias". Não há corpo de diretor que resista a tanta aprendizagem em trinta anos só para acomodar a arte cinematográfica à inusitada inquietação técnica de Hollywood.

Entre parênteses

Camilo Correa, inquieto cinéfilo de Medellín, fundador, gerente e diretor da Procinal, publicou em *El Colombiano* uma carta aberta ao diretor desta seção, que é uma cordial reclamação, porque não se levou em consideração sua produção. A resposta é a mesma de sempre: esta seção comenta filmes vistos, e o autor dela ainda não viu nenhum dos produzidos pela Procinal, embora reconheça — pelas fotografias que recebeu de seu diretor — que a empresa antioquenha dispõe de excelente equipamento, do qual sairão certamente excelentes filmes.

Na verdade, nesta seção se diz que o cinema japonês é bom, sem conhecê-lo. Mas a pequena diferença entre o cinema japonês e as produções da Procinal é que aquele está levando, há quatro anos, os primeiros prêmios dos festivais internacionais.

O escândalo artístico em Barranquilla

PREPARA-SE AÇÃO CONTRA A DECISÃO

NÃO SE LOCALIZOU A AUTORIDADE COMPETENTE. AS RAZÕES DE UM ESCÂNDALO. UM ALMOÇO REVELADOR

Em Barranquilla, onde periodicamente se organizam exposições de pintura cuja importância — e isto, naturalmente, não depende da importância da exposição — não consegue quase nunca ultrapassar os limites locais, foi recentemente encerrada a exposição promovida pelo Centro Artístico, para comemorar seu cinqüentenário. Vinte e quatro horas depois de anunciado o julgamento, os fatos indicam que, pelo menos desta vez, os resultados do concurso darão origem a um escândalo nacional. Trinta pintores de todo o país, e alguns estrangeiros, penduraram 59 quadros em um salão do Clube Barranquilla, transformado em um labirinto de bastidores. Dez dias depois de inaugurada a exposição, dentro de um ambiente de intensa expectativa, três dos cinco membros da comissão julgadora anunciaram sua decisão: primeiro prêmio, dois mil pesos, para Ignacio Gómez Jaramillo, por seu quadro *Exodo*, que é, sob todos os aspectos, o equivalente plástico dos romances da violência na Colômbia; segundo prêmio, mil pesos, a Alejandro Obregón, *barranquillero*, que expõe atualmente em Washington, por seu quadro *Gato comido de pájaros*, e terceiro prêmio, quinhentos pesos, a Jorge Elías Triana, por seu quadro *Naturaleza muerta*. O julgamento não foi recebido com naturalidade, pois estourou como uma bomba na cidade, especialmente porque foi diferente do que os jornais tinham anunciado, no dia anterior, com base em informações confidenciais.

Assim começaram as coisas

Antes mesmo do julgamento notava-se certo inconformismo entre alguns pintores concorrentes em relação a determinados procedimentos do júri de seleção, que desta vez, em um caso sem precedentes na cidade, foi reforçado por jovens arquitetos. O júri de seleção — integrado pelo escritor Alfonso Fuenmayor — distinguiu-se por sua independência e por seu drástico critério. O pintor J. L. Gastaldi, famoso pela fecundidade, pelas dimensões heróicas de seus quadros e pela generosidade com que se apresenta às exposições locais, só conseguiu ver aprovado um de seus quadros. Essa atitude insólita do júri de seleção fez pensar que nesta ocasião as coisas seriam completamente diferentes. E na verdade o foram, inclusive pela maneira como se espalhou o rumor de que um dos quadros de Gustavo Velásquez Vásquez tinha sido copiado, com um pantógrafo, de uma revista de arte alemã. Um exemplar da revista foi enviado anonimamente ao poeta e pediatra Atílio Marino, presidente do comitê organizador do concurso e, com efeito, há nele um nu muito parecido ao do quadro de Velásquez Vásquez: *La morenita*, exposto no Clube Barranquilla. Velásquez Vásquez alegou informalmente: "Todos os nus são iguais." Mas a versão do pantógrafo prosperou, e o quadro não recebeu a menção que, de modo algum, lhe teria concedido um júri justo.

O almoço revelador

Como em todos os concursos, a expectativa foi extraordinariamente intensa, especialmente entre os pintores, enquanto o júri deliberava. Vinte e quatro horas antes da decisão, a pintora *cartagenera* Cecilia Porras, candidata certa a um dos prêmios por seu *Autorretrato*, foi convidada para almoçar por dois dos membros do júri de seleção: Miguel Sebastián Guerrero, também de Cartagena, e Clemente Airó, editor espanhol, radicado em Bogotá, e trazido expressamente para integrar o júri por alguém não identificado até ontem. Nesse almoço, naturalmente, só se falou da exposição.

Mas quando foram servidas as sobremesas, Cecilia Porras sabia, embora não o dissesse, qual era a decisão do júri. A notícia começou a circular e, no dia seguinte, os jornais locais publicaram a decisão, antes que o júri a tornasse conhecida oficialmente. E essa decisão atribuía a Ignacio Gómez Jaramillo o primeiro prêmio, a Alejandro Obregón o segundo, e a Cecilia Porras o terceiro. Seis horas depois, porém, o júri divulgava oficialmente sua decisão e nela havia uma modificação: o terceiro prêmio tinha sido concedido a Jorge Elías Triana. Então Cecília Porras conversou com um redator de *El Heraldo* e fez a revelação que levantou toda esta questão.

"Não era leão"

"Casualmente", diz Cecilia Porras, "encontrei-me, na Livraria Mundo, com os senhores Miguel Guerrero e Clemente Airó, membros do júri de seleção, e lhes perguntei o que havia de verdadeiro na informação de *El Heraldo* sobre a concessão dos prêmios. Eles me disseram, de comum acordo, que, de fato, o júri tinha decidido premiar meu retrato mas que modificara sua decisão porque fora informado que esse quadro havia sido exposto anteriormente." A informação não é verdadeira, e aqueles que a mencionaram devem ter se referido a *La blusa rota*, premiado há dois anos no Salão de Artistas da Costa. O rosto é muito parecido ao do *Autorretrato* em questão, mas o quadro é diferente. Além disso, aqueles que conhecem Cecilia Porras sabem que, embora ela lhes tenha dado outro nome, pelo menos seis de seus quadros são auto-retratos.

O direito dos outros

Em suas declarações, a silenciosa e bem vestida pintora *cartagenera* formulou uma grave acusação ao júri de seleção. "Aqui se organizou", disse, "um júri de seleção que cumpriu, até onde sei, sua tarefa com exemplar idoneidade. Esse júri admitiu um determinado número de quadros e sobre eles, sem outra consideração que não o seu valor artístico, devia se pronunciar a comissão julgadora. Apesar disso, essa comissão resolveu fazer uso das atribuições exclusivas do júri de seleção, com a agravante de que o fez para cometer uma indefensável injustiça."

Com esta tese, deu-se início a um processo contra a comissão julgadora através da imprensa local, e cada dia aparece um novo argumento destinado a desmerecer a decisão.

O ataque direto

Até agora, a mais grave das acusações formuladas nesse processo não é a da pintora Cecilia Porras, mas a do jornalista de Bogotá, radicado em Barranquilla, Ernesto Rodríguez Pulecio, e publicado em *El Litoral*.

É a seguinte a síntese dessas acusações:

a) O júri de seleção era composto por cinco pessoas, das quais duas não compareceram a nenhuma das reuniões, uma por estar fora da cidade e outra por motivos desconhecidos. Os três membros restantes agiram por conta própria, sem terem informado ao Centro Artístico, o que se devia fazer no caso da redução do número de jurados.

b) O primeiro prêmio foi concedido ao pintor Ignacio Gómez Jaramillo, presidente da Associação de Escritores e Artistas Colombianos, com o voto do sr. Clemente Airó, que integra a comissão julgadora por recomendação da Associação de Escritores e Artistas Colombianos.

c) O terceiro prêmio foi concedido, naturalmente com o voto do sr. Airó, ao pintor Triana, sócio de uma firma comercial com o mesmo sr. Ignacio Gómez Jaramillo.

d) Um dos quadros selecionados tinha sido exposto antes, apesar da prévia advertência do autor do júri de seleção. (O denunciante omite os nomes do quadro e do pintor.)

e) Deve-se investigar: se a comissão julgadora, reduzida como estava, tinha ainda poderes para recusar quadros; se, de fato, algum dos quadros enviados de Bogotá tinha sido exposto anteriormente; se a comissão julgadora podia atuar com três membros, sendo cinco os designados; se um dos três jurados estava ou não impedido normalmente para julgar, levando-se em consideração o fato de que sua indicação partira de um dos pintores concorrentes.

Os que não compareceram

Diante da avalancha de acusações e suspeitas, os três membros atuantes do júri — Clemente Airó, Miguel Sebastián Guerrero e o arquiteto José Alejandro García — não disseram, até o momento, uma única palavra. Aqueles que desconsideram a decisão pela redução do número de jurados lembram, com insistência, que um dos membros designados, o escritor Hernando Téllez, justificou-se com suficiente antecipação para que pudesse ser substituído oportunamente, coisa que não se fez. Quanto ao quinto integrante, Bernardo Restrepo Maya, que não participou de nenhuma das reuniões, *El Heraldo* publicou uma carta dele na qual explica sua ausência das deliberações. "Ainda que acate a decisão do júri como público", diz Restrepo Maya em sua carta, "não tenho nenhuma responsabilidade nela como julgador, uma vez que jamais fui convocado para as deliberações nem tive qualquer notícia sobre o tempo e o lugar em que elas se realizavam."

O homem da rua

A denúncia jornalística do procedimento corresponde ao inconformismo generalizado contra a decisão. Uma enquete entre pessoas que conhecem artes plásticas revela que os pintores com maiores possibilidades de vitória, pela qualidade de suas obras, eram, em primeiro lugar, Alejandro Obregón, Enrique Grau Araújo e Cecilia Porras. Os três são da Costa, e essa circunstância atribui ao prognóstico um suspeito regionalismo. Entretanto, ao serem premiados por um júri fortemente influenciado pelo jurado trazido de Bogotá, dois pintores que trabalham em Bogotá, um jornalista bogotano radicado em Barranquilla escreveu: "Teremos sido, uma vez mais, vítimas do centralismo? Terá se expandido este centralismo a regiões que consideramos imunes a este tipo de influências, intrigas e procedimentos pouco conhecidos em nosso meio, sincero, espontâneo, franco?"

A discordância em relação ao primeiro prêmio está de tal modo generalizada que se tem dito, informalmente, que o júri julgou influenciado por sentimentos políticos: *Exodo* é um tema da violência. E é preciso notar a estranha circunstância de que o público mostrava-se favorável ao quadro de Alejandro Obregón, um abstrato, contra o de Gómez Jaramillo, puramente figurativo e episódico.

Os pintores e críticos locais estão dispostos, de acordo com tais argumentos, a questionar a decisão, mas não se puseram de acordo quanto à autoridade competente para conhecer a demanda.

O cinema em Bogotá. Estréias da semana

Um fio de esperança

William A. Wellman, que associado a John Wayne está fazendo filmes de aviação, vários deles exibidos em Bogotá no ano passado, realizou agora o primeiro em Cinemascope: *Um fio de esperança.* Trata-se de um filme interessado em explorar a psicologia da tripulação e dos passageiros de um avião comercial em vôo noturno do Havaí a San Francisco.

O que se disse sobre os filmes anteriores de Wellman vale para este: a maneira de apresentar e analisar a psicologia dos pilotos é convincente, de modo muito especial quando o personagem em questão é o protagonizado por John Wayne. É muito provável que seja justo abonar esse mérito ao próprio ator, mais que ao diretor.

Mas a psicologia do resto dos personagens é falsa e rebuscada. Em *Um fio de esperança* recorreu-se, para prolongar a ação e demorar o final, sob a expectativa natural do público, a uma série de monólogos interiores, por meio dos quais são reconstruídos episódios da vida dos passageiros. Mas nenhum deles convence, muito menos o da simpática e demagógica coreaninha que viaja a San Francisco.

Apesar de tudo, *Um fio de esperança* é um bom filme, desnecessariamente alongado. O fato de estar comprometido na aventura o prestígio de uma empresa de aviação permite pensar que não acontecerá nada, como evidentemente não acontece, pois os produtores não podiam correr o risco de serem processados judicialmente pela empresa se as coisas acabassem mal. Seria preciso objetar esse final com toda a companhia, que não acrescenta nada de bom ao filme, mas que, em compensação, leva-o para muito além de seu fim natural.

Um editor mais exigente teria feito de *Um fio de esperança* um filme admirável. Em sua forma atual, é apenas um filme aceitável, em que sobram as revoluções técnicas e em que se dissolveu, nas especulações psicológicas, uma intensidade honesta e firme.

O drama do deserto

Com seu convencionalismo característico, Walt Disney apresenta o primeiro longa-metragem de sua série *True-life adventures* [Aventuras da vida real]. Trata-se, nesse caso, de *O drama do deserto*, apresentado como um filme documentário, mas como tal não se justifica, pois é muito o que deve a efeitos especiais e à montagem.

Não é inteiramente demonstrável que em alguns casos tenha se recorrido à transparência, para dar a impressão de simultaneidade dos animais capturados pela câmera em diferentes circunstâncias de tempo e espaço. Mas as aparências permitem essa suposição, especialmente no encontro da serpente e do mangusto, quando parece se perceber que a serpente foi projetada em uma tela de fundo, enquanto este se movimenta diante desta tela.

O que de fato é indiscutível é que algumas perseguições são meros truques de montagem: mostra-se o mangusto fugindo, depois a serpente deslocando-se na mesma direção; outra vez o mangusto e outra vez a serpente, e em seguida a coruja, enquanto o narrador descreve o episódio como uma perseguição real do mangusto pela serpente, na presença da coruja. Este é, claro, um recurso admissível em cinema, desde que não se diga que o filme é um documentário.

Apesar disso, *O drama do deserto* é apenas compatível nessa medida. Como composição cinematográfica, como aproveitamento do paciente trabalho de um grupo de fotógrafos — que quase sempre precisaram recorrer à teleobjetiva — é simplesmente excelente. A dança dos escorpiões, especialmente, e o balé da bela serpente de quatro cores são uma vitória da imaginação, do senso de seleção da música e do aproveitamento cinematográfico da natureza. A narração é boa em geral, exceto quanto a uma meia dúzia de piadas baratas, simples chamariz de bilheteria.

Quanto ao curta *Yo y Franklin* [Eu e Franklin], que se exibe com o filme anterior, serve apenas para advertir que Walt Disney não realizou progresso algum desde *Branca de Neve e os sete anões.*

Fanfan la Tulipe

O fecundo e desigual Christian-Jacque tirou uma grande vantagem com o legendário aventureiro francês, que — como muito acertadamente adverte o *Time* — é uma mistura de Rob Roy e Robin Hood. É impossível saber de que modo julgar Christian-Jacque, que, às vezes, faz maus filmes que poderiam ter sido bons, e vice-versa. Este é, entretanto, um bom filme, muito bem realizado, com um realismo convincente e encantador. Especialmente a seqüência da captura do estado-maior é um episódio inesquecível. E a comédia é, em geral, divertida, arrebatada, sem disparates, sem vã espetaculosidade e que confirma o espetacular talento de Gerard Phillippe, a tridimensionalidade de Gina Lollobrigida, e a desigualdade de Christian-Jacque, autor de *Valente a muque*, que é precisamente o oposto de *Fanfan la Tulipe.*

Os cartageneros *ganham outra batalha*

PASSAGEM A DEZ CENTAVOS EM CARTAGENA SE FOR SUPRIMIDO O IMPOSTO MUNICIPAL

No início do próximo mês começará o ano letivo. Na cidade se tem por certo que, então, recrudescerá e talvez atinja o clímax o velho e enorme problema dos ônibus urbanos, pela determinação coletiva de não usar esse tipo de transporte senão em casos de extrema necessidade.

Desde que começou o problema, há mais de um ano, os *cartageneros* que não dispõem de recursos para cobrir seus gastos com transporte e os de sua família estão se acostumando a não usar o ônibus. Os bairros da cidade acordam um pouco mais cedo, e desde as primeiras horas da manhã se vêem caravanas de pedestres que, pela via mais direta, se dirigem ao centro da cidade. A rua em que corriam os trilhos do trem para Calamar é a rota dos bairros pobres que se deslocam a pé para o centro da cidade.

Esta disposição dos *cartageneros* de retornar às origens deve-se à antiga e nunca resolvida controvérsia entre os empresários e o município. No princípio, ninguém queria dar o braço a torcer. Agora são os empresários que se mostram dispostos a rever sua posição, diante da sensível redução de seus usuários. Eles, porém, esperam que o município também ceda. Será possível, então, que, com a determinação dos *cartageneros* de andar a pé, o acordo se converta em realidade.

E é possível que então desapareça essa curiosidade fiscal de Cartagena, onde o centavo municipal não é um centavo, como seu nome o indica, mas três centavos e meio. Para o sistema monetário colombiano abriu-se um parêntese em Cartagena, onde a escassez de moedas de dois centavos se resolveu com essa pitoresca e circulante moeda de papel que são as passagens de ônibus.

Confusão com trocados

Quando a Superintendência Nacional de Tarifas decidiu unificar em dez centavos o preço do transporte urbano, os empresários de Cartagena só puderam cobrar nove centavos, porque o município continuou cobrando um imposto de três centavos e meio por passageiro. Até o momento parece não haver ninguém em Cartagena capaz de entender o regime monetário dos números quebrados. Mas o sistema se impôs.

Para viajar de ônibus é preciso ter 15 centavos. O motorista, que é o arrecadador do imposto, devia dar ao passageiro dois centavos e meio de troco. Mas como o sistema monetário colombiano não dispõe dessa fração, começa então a funcionar a moeda de papel: um tíquete, que o passageiro recebe como troco de seus 15 centavos, e mediante a apresentação do qual a tesouraria do município entrega-lhe dois centavos e meio, ou cinco centavos por dois tíquetes.

Dois centavos de papel

Além de não entender muito bem esse sistema, o povo de Cartagena não tem paciência para esperar, ao final de uma sempre longa fila à porta da tesouraria, para que se faça do tíquete dinheiro. Por isso, resolveram negociá-lo. E os lojistas, os vendedores ambulantes e os negociantes de tíquetes de ônibus — que não existem em nenhuma outra parte do mundo — compram por dois centavos o tíquete de dois e meio centavos, com um lucro de meio centavo em cada um. Em qualquer loja de um bairro de Cartagena aceita-se, por dois pesos, cem tíquetes que a tesouraria municipal compra por dois pesos e meio.

Entretanto, o habitual é que se perca o tíquete. As crianças não pedem mais dinheiro, mas o tíquete do ônibus, porque sabem que vale tanto quanto o dinheiro, mas não merece a mesma consideração. Por isso, nas estações de ônibus os mendigos já pedem o tíquete ao passageiro que sai do veículo.

Com uma extraordinária capacidade de sacrifício, o *cartagenero* aceitou, durante algum tempo, que a passagem custasse 15 centavos, e destruiu os tíquetes. E por cada tíquete destruído o município ganhou dois centavos e meio. Mas a arrecadação desse tributo está agora diminuindo, porque os *cartageneros* decidiram, de repente, alterar essa situação e não aceitar pacientemente que as tarifas tivessem subido para 15 centavos, por causa da complicada escalada dos números quebrados.

Os dois extremos

Só um colégio de Cartagena não está localizado no Centro. Os empresários do transporte coletivo urbano, que sabem há muito tempo que o seu negócio se mantém com os estudantes, sentem aproximar-se o novo ano letivo a passos rápidos. No ano passado, quatro empresas de ônibus fecharam suas portas, quando ainda não era generalizada a disposição de prescindir do serviço. Então a controvérsia estava em plena ebulição. O município negava-se — como continua se negando — a modificar o imposto municipal, porque é a única renda de que dispõe e lhe produz um milhão de pesos por ano.

Os empresários negavam-se a ceder um pouco em suas aspirações e demonstravam, com livros de contabilidade à mão, que não estavam tendo lucro algum com o negócio.

Na controvérsia o tempo foi passando. E diante da proximidade da abertura dos colégios e da disposição municipal de não sacrificar seu imposto, os empresários estão se preparando para mudar de atividade.

Fazendo contas

Os empresários de Cartagena têm os mesmos argumentos de um empresário de Bogotá. "Estamos à beira da ruína", dizem, com palavras que parecem clichês, e demonstram que um ônibus produz quarenta pesos diários, dos quais 11 são para o motorista e o resto para combustível, manutenção e multas. Porque, segundo dizem, os procedimentos da direção de trânsito descapitalizam as empresas do transporte urbano ao ponto de que, mensalmente, são pagas em multas somas superiores aos lucros.

Os ônibus de Cartagena não têm carrocerias metálicas. "A maresia as come", dizem os empresários. E é assim que explicam por que as carrocerias são de madeira e um veículo que em Bogotá, ou em qualquer outra cidade do país, pode prestar serviços durante quatro anos, não o presta durante mais de dois em Cartagena.

O terceiro homem

Como no caso de Bogotá, há um terceiro ponto de vista que não se leva em consideração: o do motorista. Os de Cartagena ganham, em média, 11 pesos diários. Não têm contribuições sociais, porque os empresários insistem em que não há recursos para pagá-las. Sua psicologia é, portanto, a do homem que trabalha o dia inteiro como um burro e só ganha 11 pesos diários, sem contribuições sociais.

Desesperados com a situação e as constantes reclamações dos motoristas, os empresários fizeram uma proposta: que os motoristas assumissem a administração dos veículos e os pagassem em prestações mensais até adquirir sua propriedade. Os motoristas, que conhecem o negócio melhor do que ninguém, fizeram as contas e responderam negativamente. Temem não ganhar, nas novas circunstâncias, nem sequer os 11 pesos de hoje.

Abono de Natal em impostos

Por sua vez, os chefes de família, que no começo tiveram parte ativa nas discussões, decidiram afastar-se e ensinar os filhos a se locomoverem sobre as solas dos sapatos. Não é que achem caro o preço de 15 centavos. É que estão fisicamente impossibilitados de enfrentá-los em uma cidade onde todas as crianças vão à escola e onde os salários são dos mais baixos do país.

Um chefe de família, que não faz a média, mas é um chefe de família comum em Cartagena, descobriu que as seis pessoas que utilizam o ônibus por sua conta pagam ao município 78 centavos por dia, ou seja, 23,40 pesos mensais. Ao multiplicar por 12, descobriu que só em imposto municipal ele gasta por ano 280,80 pesos. Seu abono de Natal é de 200 pesos, de modo que prescindiu do ônibus para toda a família para não ter que pagar ao município, durante um ano, nada menos que seu abono de Natal.

Se além dos impostos esse chefe de família tivesse incluído em suas contas o valor líquido da passagem, teria descoberto que também gastou, no fim do ano, o valor de sua previdência acumulada em 12 meses.

Em busca do tempo perdido

Nesse discurso de interesses opostos está a causa dos ônibus vazios que circulam pelas ruas de Cartagena, enquanto caravanas de pedestres se dirigem, às seis da tarde, até os bairros mais afastados. Diante dessa situação, alarmante para todos, um grupo de empresários solicitou a um redator de *El Espectador* que torne pública esta proposta:

Se o imposto municipal for abolido, os empresários cobrarão apenas dez centavos pelo transporte, assumindo o compromisso de depositar um centavo no Banco da República, destinado à educação.

Então, por que consideram que não é um bom negócio com uma tarifa de nove centavos, e apesar disso comprometem-se a mantê-la no caso da suspensão do imposto municipal?, perguntou-lhes o redator.

E os empresários — falando em nome de todos os seus colegas — manifestaram que quando a tarifa voltar a ser de dez centavos o público voltará a utilizar os ônibus e a compensar, com sua afluência, o déficit atual. Afinal de contas, também eles, como os empresários de Bogotá, sabem que a solução de seus problemas não se restringe exclusivamente ao aumento das tarifas, mas aos privilégios que lhes possam ser concedidos, porque administram um serviço público.

Muito provavelmente, no curso desta semana, os empresários estarão expondo novamente seus argumentos às autoridades municipais. E muito provavelmente o município não recuará de sua decisão, porque o imposto sobre o transporte urbano é o único de que dispõe. Mas então os colégios já terão aberto suas portas e o problema terá seu natural clímax.

A história se escreve com chapéu

Quando se construiu a avenida Jiménez de Quesada, Bogotá era uma cidade de chapeleiros profissionais convictos ou irredutíveis. Mas fazia tempo que estava abolido o chapéu-coco na cabeça da nova geração. O último milhar de cocos chegados a Bogotá, na segunda década do século, estava nos depósitos da loja Richard, na ponte de San Francisco, quando os comerciantes do setor foram notificados de que deviam se mudar para outro lugar. Nesta época, um chapéu-coco valia comercialmente 12 pesos. Mas o último milhar foi liquidado em três dias, a cinqüenta centavos cada um, na última disputa de chapéus ocorrida em Bogotá. Oitocentos deles foram arrematados por um comerciante de Caldas, que os vendeu a três pesos em Manizales, onde já o não-chapelismo começava a ganhar terreno. Então, entrou na moda o chapéu-coco entre os areeiros de Caldas, ao tempo em que passava definitivamente de moda em Bogotá.

A psicologia da cabeça

Os vendedores de chapéus, que na Semana Santa de 1930 instalaram em suas lojas um sistema de vinte espelhos para poder atender eficazmente à clientela que nessa época do ano comprava seiscentos chapéus diários, assistiram à transformação da cidade, como todos os seus habitantes. Enquanto, porém, os engenheiros interpretam essa transformação através das construções, da reforma e modernização das ruas, os negociantes de chapéus interpretam a transformação psicológica da cidade através das mudanças na moda do chapéu. "O senhor tem cabeça de filósofo", contam que dizia a um de seus clientes dom Paulino Nieto, o famoso vendedor de chapéus que, de certo modo, era um colecionador de cabeças. De qualquer homem que penetrasse em sua loja à procura de um chapéu, dom Paulino Nieto podia ler o caráter na forma de sua cabeça, melhor que nas linhas da mão. "A forma da cabeça é como as impressões digitais", diz na atualidade dom Humberto Mejía, sucessor de dom Paulino Nieto e herdeiro de sua penetrante sabedoria para adivinhar, ao primeiro olhar, que tipo de chapéu levará o cliente que acaba de chegar.

O segredo da extravagância

O gelô, da place Vendôme, Paris, foi o chapéu favorito do rei Eduardo VII e dos bogotanos. Há 15 anos, um gelô custava 12 pesos e durava dez anos. Hoje em dia custa oitenta e sua qualidade não é superior. Mas os vendedores de chapéus não classificam sua mercadoria pela qualidade e pelas formas, mas pela psicologia da clientela. "Em qualquer tempo se pode vender qualquer chapéu", dizem. E explicam que tudo o mais — a moda do chapéu-coco, o tirolês, o príncipe e o chapéu-pluma — são acidentes econômicos. Todavia é possível que um colombiano, com a psicologia de um europeu do século passado, saia à rua com cartola, apesar de que hoje se vêem tão poucos chapéus na rua. É principalmente uma questão de psicologia pessoal.

Gênese do não-chapelismo

Até a última pré guerra, a moda do chapéu foi imposta pela Europa, porque na Colômbia predominava a psicologia européia. Nenhum chapéu importado se vendeu tanto como o príncipe nem foi tão elegante como o príncipe, até que, em 1936, se fabricou o primeiro chapéu colombiano, de acordo com o modelo favorito de Carlos Gardel. Coincidentemente, o primeiro chapéu fabricado na Colômbia que se vendeu em Bogotá — cor-de-rosa — foi comprado a seis pesos pelo tenor colombiano Agudelo.

Mas nesta época havia começado o não-chapelismo, cujas primeiras manifestações foram percebidas quando o dr. Enrique Olaya Herrera decidiu economizar divisas e os universitários apoiaram suas medidas substituindo o chapéu importado pela boina basca. Anos antes não se podia conceber um adolescente que começasse a usar calças compridas sem simultaneamente comprar um chapéu. A moda da boina basca foi o primeiro passo para o não-chapelismo. Um não-chapelismo que, apesar de ser tão evidente na atualidade, não é considerado pelos vendedores de chapéus como um fenômeno alarmante. Têm uma tese: "Não é que os bogotanos tenham deixado de usar chapéus. É que agora veio para Bogotá muita gente que não usa chapéu."

Tudo é questão de dinheiro

Os comerciantes do ramo não recordam de nenhum colombiano importante que tendo sido chapelista haja evoluído para o não-chapelismo. Tentam demonstrar com essa afirmação que as gerações que não voltaram a usar chapéu tomaram essa determinação por conveniências econômicas. Não porque alguém a houvesse indicado. Simplesmente, começaram a se acostumar pelas coisas mais indispensáveis, e o dinheiro não chegou para que pudessem pôr algo na cabeça. Mas a psicologia da nova geração já é uma psicologia de não-chapelistas. "Nada é mais difícil que vender um chapéu a um Coca-Cola", diz um vendedor. "Nunca têm uma idéia definida do que querem." E afirma que antes da guerra, quando um cliente penetrava na loja, tinha uma idéia precisa de suas aspirações. O vendedor oferecia-lhe imediatamente a peça exata e logo, pressionando com um sutil senso de diplomacia e persuasão, conseguia convencê-lo de que levasse um modelo mais avançado. E assim foi se passando, imperceptivelmente, da cartola do fim do século, que acentuou a solenidade da Semana Santa e os enterros, ao coco de copa alta, ao meio-queijo, ao tirolês, ao chapéu de abas largas — evidente influência dos filmes de faroeste —, e a toda gama e tonalidades de chapéus-plumas, assim chamados por seu peso e flexibilidade e não porque algum deles tenha uma pluma colorida na faixa que os envolve.

Para contar com nome próprio

Apesar disso, os vendedores consideram que os homens de certa prestância nacional não evoluíram no uso do chapéu, salvo o dr. Abelardo Forero Benavides, que iniciou suas campanhas políticas com um chapéu de palha e chegou ao parlamento com um chapéu clássico, e na atualidade está usando um chapéu-pluma, muito esportivo, de cinco centímetros de aba. Os outros políticos — segundo a observação de um experiente vendedor — têm permanecido fiéis às normas clássicas, evoluindo apenas quanto às tonalidades. O dr. Guillermo Valencia — que usou o menor dos chapéus, o número 3 — preferiu sempre o gelô, assim como o dr. López de Mesa, que tem igual medida. Nenhum dos políticos colombianos dos últimos tempos teve um diâmetro craniano menor que o deles, seguidos apenas pelos drs. Silvio Villegas e Augusto Ramírez Moreno, que os superaram em um centímetro. O maior diâmetro, quase insólito, é o dos drs. Laureano Gómez e Guillermo León Valencia, que é de 59 centímetros — mais de meio metro. O dr. Enrique Olaya Herrera usou chapéus número 4 e o dr. Alfonso López o *rouler* com orlas de seda, número 4,5. O mesmo vendedor, que tem vendido chapéus a duas gerações de políticos colombianos considera que o crânio perfeito para qualquer tipo de chapéu era o do dr. Jorge Eliécer Gaitán: um crânio sólido e conformado, na medida *standard* de 4,5.

FEVEREIRO DE 1955

Um grande escultor colombiano "adotado" pelo México

DE FREDONIA AO MÉXICO, ENFRENTANDO TUDO

BREVE VISITA A SUA PÁTRIA FAZ O GRANDE ESCULTOR COLOMBIANO ARENAS BETANCOURT, QUE DEU AO MÉXICO O MELHOR DE SUA OBRA. COMO TEM LEVADO SUA VIDA, CONTRA AS DIFICULDADES DO MEIO. SUA VITÓRIA EM UM PAÍS QUE RECONHECE O MÉRITO DA ARTE.

Em 1953 um grupo de artistas do México visitou o presidente Ruiz Cortines. Um deles vestia um empoeirado e velho macacão. Entre o grupo de pintores e escultores, o pequeno e atarracado visitante de macacão parecia o mais mexicano de todos, um índio puro, com seu cabelo indomável e seu indecifrável rosto acobreado. Apesar disso, esse era o único dos visitantes que não tinha nascido no México, mas na área rural de Uvital, no departamento colombiano de Antióquia. Muito poucos de seus compatriotas sabiam que se chamava Rodrigo Arenas Betancourt, e talvez nenhum o admirava tanto como o presidente Ruiz Cortines, que passara uma tarde inteira contemplando o monumental *Prometeu*, de sete metros de altura, que o singelo colombiano do macacão levantara diante da Torre das Ciências Exatas, na Cidade do México.

Já então Arenas Betancourt era considerado o mais vigoroso dos escultores do país, um dos grandes intérpretes da raça, capaz de desentranhar de um bloco de pedra vulcânica o mais intrincado segredo da personalidade asteca. Mas não foi por isso que visitou o presidente de macacão. Ele o fez porque estava em seu ateliê, às duas da tarde, quando lhe disseram que a audiência era às duas e meia e não teve tempo de mudar de roupa. "É preciso conhecer o México para saber que lá o presidente não julga ninguém pela roupa que veste", explica Arenas Betancourt, agora que está na Colômbia, em uma visita de 15 dias, com uma boa quantidade de glória, dinheiro e fama, mas sem gravata.

O ombro da América

Antes de voltar em carne e osso, Arenas Betancourt voltara à Colômbia nos jornais e nas revistas de arte mexicanos, quase sempre trepado, como um mico, com sua cara de mico, no ombro do seu *Prometeu*, cuja pupila é maior que a cabeça do escultor. Ali podia ser visto, com um gorro ajustado à cabeça e um labiríntico casaco sem mangas, que é a única peça parecida a um casaco que ele usa desde que fugiu, aos 13 anos, do seminário das missões de Yamural.

Ao vê-lo retratado a semelhante altura, junto a uma coisa tão grande, muitos dos que o conheceram na Colômbia, vivendo pobremente em Medellín, em 1938, em um sórdido quarto de *El hueco de ña Rafaela*,* ou, um ano depois, na Escola de Belas-Artes de Bogotá, pensaram que o do retrato não era o mesmo Rodrigo Arenas Betancourt que tinham conhecido. O daqui, pequeno e problemático, não parecia capaz de chegar à orelha de um monumento de sete metros de altura. Mas o que se ignorava era que quando o Rodrigo Arenas Betancourt da Colômbia não pôde obter seu diploma de professor na Escola de Belas-Artes de Bogotá, porque Luis Vidales o classificou em segundo lugar em história, já tinha ele percorrido, aos trambolhões, morrendo de fome aos pouquinhos, pelo menos a quarta parte do caminho que o conduziria ao ombro de Prometeu.

*O buraco de Nha Rafaela, pensão popular. (*N. do T.*)

Ao compasso de um bambuco*

Quando veio a Bogotá, em 1939, ainda não tinha passado o pior. Mas já passara uma parte, desde aquela madrugada de 1919 em que respirou pela primeira vez o ar cheirando a terra lavrada, a leite quente e a mugido de vaca, no distrito de Uvital, a dois quilômetros de Fredonia. Nasceu a 24 de outubro, sob o signo de Escorpião, mas na casa dele ninguém tinha com os astros relações diferentes das puramente agrícolas. Seus pais eram, quando nasceu Rodrigo, dois camponeses antioquenhos como esses de sacolão e alpercatas que chegam nos domingos, por causa de um *bambuco*, para vender frutos da terra na praça do povoado. Mas antes de fazer cinco anos, sem querer e sem se lembrar agora muito bem, Rodrigo obrigou-os a mudar de trabalho, a abandonar o duro distrito de Uvital e a se instalar em Fredonia, para que pudesse ir à escola. Ninguém tinha pensado então que quando fosse homem seria escultor. Tendo, porém, sido agricultor desde pequeno, também seu pai jamais tinha pensado que seria pedreiro em Fredonia para que o filho de cinco anos pudesse freqüentar a escola. Foi um acaso, mas agora parece lógico que seja escultor o filho de um pedreiro.

Seu personagem inesquecível

Rodrigo Arenas Betancourt tem um personagem inesquecível: dom Miguel Yepes, o robusto e paternal professor da escola primária de Fredonia, que lhe deu três em história da pátria — embora nunca tenha podido entender o livro de Henao e Arrubia — porque fez a lápis, aos seis anos, uma cópia de *Bolívar en el ocaso*, que o professor colou na parede para exemplo dos outros meninos. Estava entre eles o atual gerente do Instituto Colombiano de Direitos Sociais, dr. Gabriel Barrientos Cadavid.

O professor Miguel Yepes, convencido de que o pequeno Rodrigo não tinha vocação para a história, pois só abria o livro para copiar três Bolívares por dia, decidiu ajudá-lo nas outras matérias para que continuasse desenhan-

**Bambuco*, na Colômbia, dança popular, de provável origem africana; música dessa dança. (*N. do T.*)

do Bolívares. Enquanto o professor lia em voz alta *Coração*, de Edmundo de Amicis, sua primeira emoção literária, Rodrigo continuava desenhando Bolívares. Ao terminar o quarto ano, a sala de aula estava toda empapelada com a imagem do Libertador. Talvez a isso se deva, hoje em dia, seu grande desejo de trabalhar em um monumento a Bolívar.

O problema do casaco

Quando abandonou a escola primária, Rodrigo não tinha outra aspiração que permanecer em casa, brincando com esses articulados bonecos de madeira, de vivas cores, que o pai fazia para diverti-lo. Mas o pai pensava em outra coisa. Pensava que o menino devia ser padre; em segundo lugar porque era de bom gênio, caseiro e piedoso, embora fosse o único de sua turma que não tinha sido nem nunca foi cantor do coro; e em primeiro lugar porque o pároco de Fredonia ofereceu-lhe uma bolsa de estudos no seminário das missões de Yarumal.

E ao seminário ele se foi, como a maioria dos meninos antioquenhos, vestindo uma roupa que não tinha nada de particular, exceto o casaco. Por isso, e pela inflexibilidade da disciplina, o seminário não o agradou. Em 18 meses perdeu a devoção e uma madrugada, em vez da missa, foi para a estrada e pediu carona ao motorista de um caminhão carregado de porcos que o levou, por 45 centavos, a Fredonia. Na primeira curva, jogou fora o casaco.

Seu regresso à casa foi uma catástrofe doméstica; para Rodrigo, um acontecimento inesquecível. Enquanto a mãe lhe cantava inteira a lista das recriminações e o pai abandonava a pá de pedreiro para empunhar o cinturão, Rodrigo, silencioso, sentado em um banquinho, pensava, sem saber por quê, com um estranho prazer, em talhar na madeira um Cristo bárbaro, chagado e sangrento.

Por que não há estatísticas em Fredonia?

Em 1935 Ramón Elías Betancourt, um distante parente da mãe de Rodrigo, que talhava e vendia cabeças de Cristo, voltou da Espanha. Mas não chamou a atenção de ninguém em Fredonia, já invadida pelos destroçados Cristos de Rodrigo. Eram uns crucifixos horrendos, lambuzados de tinta vermelha e monstruosamente martirizados, que nenhum pároco quis abençoar pela implacável concepção de sua tortura. Todos esses Cristos tinham saído da apertada e tumultuada seção de estatística de Fredonia, onde Rodrigo talhava santos arbitrários, e em cujos livros não se fez o registro das escrituras, nem dos assaltos nem dos falecimentos nos dois anos em que Rodrigo foi o encarregado, ganhando vinte pesos mensais.

Antes tinha sido carteiro por 12 pesos. Depois de fazer a entrega, talhava santos. E não fez outra coisa até aquele dia em que caiu em suas mãos um exemplar da revista *Pan*, dirigida pelo engenheiro Enrique Uribe White, e viu a fotografia de uma escultura do colombiano Tobón Mejía. Rodrigo a reproduziu em barro, sem se preocupar com o fato de que fosse uma mulher nua. Mas em Fredonia os habitantes se preocuparam, e logo as congregações de senhoras católicas e, por último, a câmara dos vereadores. Os habitantes e as senhoras católicas fizeram Rodrigo destruir a escultura, mas os vereadores o tiraram da seção de estatística para lhe dar um auxílio de 15 pesos mensais, mandando-o para eMedellín para que se aperfeiçoasse — antes de José Horácio Betancourt, autor de *Bachné* — na arte de fazer mulheres nuas.

Da mula ao avião

A 29 de março de 1944, Rodrigo Arenas Betancourt chegou ao aeroporto do México, com dois ternos e algumas maquetes em uma velha mala de papelão. Tinha então a vantagem de ser estrangeiro e de haver conhecido, em Bogotá, o embaixador da Colômbia no México, Jorge Zalamea. Mas, seis anos antes, quando chegou pela primeira vez a Medellín — onde pagou dez pesos mensais para viver em *El hueco de ña Rafaela* — era apenas um desajeitado rapaz que parecia tirado a laço de Fredonia. Sua principal desvantagem era ser colombiano. A mesma coisa em Medellín que na Escola de Belas-Artes de Bogotá, e a mesma coisa outra vez em Medellín, em 1942, quando voltou derrotado pela nota 2,9 de Luis Vidales. Mas então conheceu o pintor Pedro

Nel Gómez e o grupo de estudantes que dirigia o suplemento literário de *El Colombiano*. Alguns deles eram conservadores em política, mas revolucionários em arte: Miguel Arbeláez, Otto Morales Benítez, Hernán Merino, Belisario Betancourt e Alberto Durán Laserna. Este grupo escreveu artigos no suplemento literário de *El Colombiano* com o pseudônimo comum de PRAB, que significava "Para Rodrigo Arenas Betancourt". Os textos publicados com essa assinatura eram pagos pela gerência do jornal e depositados em um fundo especial, depois remetido ao México para Arenas Betancourt. O escultor lembra-se de haver recebido um cheque de cem dólares em seus dias mais difíceis. Pela primeira vez alguém compreendeu que Rodrigo Arenas Betancourt era capaz de fazer o que dizia. Então seu nome apareceu pela primeira vez em letra de fôrma, e pela primeira vez em um cheque: mil pesos que lhe foram pagos por seu trabalho na exposição industrial de Medellín.

Seu primeiro cheque e Pedro Nél Gómez — em um país que poderia se salvar com cinco *Pedroneles*, segundo diz agora Arenas Betancourt — abriram para ele o caminho da ambição. Os rapazes de *El Colombiano* também ajudaram-no a caminhar. E Ramón Jaramillo Gutiérrez, secretário de Educação de Antióquia, fez uma mágica orçamentária para sentá-lo em um avião para o México. Não fosse por isso, teria ido de foguista em um navio.

De tudo, como em um armazém

Quando na Colômbia se soube que um colombiano era um dos melhores escultores do México, fazia oito anos que Arenas Betancourt tinha saído do país. Mas ele ainda não sabe por que não morreu de fome, do momento em que Jorge Zalamea o instalou, com outros estudantes colombianos, na "República do Chile", número 38, até vender seus primeiros 450 pesos de terracota, quatro anos depois, em uma exposição coletiva no bosque de Chapultepec. Durante esses anos, não houve no México ocupação ou trabalho que Arenas Betancourt não tivesse desempenhado. Por muito tempo, seu amigo mais endinheirado foi o escritor Manuel Zapata Olivella, que tinha chegado sobre as solas dos sapatos e com quem compartilhava a maca de operações no consultório de um médico cubano.

Alternadamente foi ajudante de cenógrafo de *La reina de la opereta* [A rainha da opereta], um péssimo filme com a colombiana Sofía Álvarez, que lhe rendeu duzentos pesos semanais; foi operário do escultor colombiano Rómulo Rozo, por cem pesos mensais; entalhador de falsas miniaturas astecas para depenar, por conta do patrão, os turistas norte-americanos; redator do *Diario de Sureste*, em Mérida, e aí mesmo assistente eventual da casa de diversão de "*La Nena Alpuche*". Uma noite, em 1947, um bêbado encontrou-o ali e lhe ofereceu um contrato como professor de desenho. Arenas Betancourt aceitou só para não contrariar o bêbado, mas 24 dias depois estava viajando para ensinar desenho em Quintana Roo, um território na selva, no Sudeste do país, para onde não levou senão, e por recomendação do empreiteiro, "um cantil com muita água".

A história se faz de repente

Em Quintana Roo, único nome pronunciável em uma região onde se encontram Yaxcava, Kanabsonot, Taxhibishen, o pequeno e caboclo antioqueno compreendeu que já vivia havia três anos no México e, na verdade, não conhecia o México. Misteriosamente, vivendo entre os indígenas, ensinando-lhes desenho por 218 pesos mensais como professor da missão rural número 5, outra vez comendo feijão e empadas como em Fredonia, começou a entender retrospectivamente toda a história que não entendeu no tempo do professor Miguel Yepes. Quando retornou para a Cidade do México, voltou a ilustrar revistas; carregou as câmeras e os tripés do fotógrafo colombiano Leo Matiz; escreveu reportagens, comeu quando pôde e dormiu como pôde, amontoado em uma pensão, até que lhe permitiram participar da exposição coletiva do bosque de Chapultepee. Nela ele vendeu duas esculturas que tinha feito em Quintana Roo. E essa venda foi como um milagre. Três meses depois era amigo de Diego Rivera, José Clemente Orozco e de todos os que têm importância na arte mexicana. Em 1949 participou da exposição coletiva do Palácio de Belas-Artes com *Mujer maya torteando*, que o engenheiro José

Domingo Lavín comprou por mil pesos. E foi lá que ele conheceu o arquiteto Raúl Cacho, que iria construir a Torre das Ciências Exatas. Raúl Cacho conversou com Arenas Betancourt, entenderam-se sobre a necessidade de "incorporar a escultura à arquitetura" e o primeiro pediu ao segundo que lhe levasse um projeto. Arenas Betancourt, que mede 1,62m, apresentou-se com um impressionante monstro de sete metros de altura: *Prometeu*, duas toneladas de bronze que, em seis meses, o fizeram famoso em meio mundo.

O mexicano de Fredonia

Agora Rodrigo Arenas Betaneourt vive bem no México, casado com Lidia Rosas, e com um filho de três anos, José Patrício. Sua casa, centro ocasional de reuniões artísticas, é o número 18 da rua Dr. Río de la Loza, a poucos metros de um coliseu de luta romana, onde os lutadores se quebram os ossos para comer. No palácio de comunicações, onde trabalhou o estado-maior dos artistas mexicanos, está a sua monumental *Homenaje a Cauthemoc y la patria*, maior, mais imponente e mais bem realizado — segundo o autor — que o famoso *Prometeu*. Uma obra já incorporada ao patrimônio artístico e histórico do México, que lhe rendeu quarenta mil pesos, e que para ser levada ao local onde se encontra foi preciso desarmá-la em peças e desmontar o próprio ateliê do escultor, para que pudessem sair as peças maiores.

Ao voltar para a Colômbia, os amigos de Rodrigo Arenas Betancourt constataram que ele continua sendo simples, emotivo e cordial, como se tivesse acabado de chegar de Fredonia, porém mais otimista e maduro. Atribui mais importância ao conhecimento de suas limitações que ao de suas possibilidades. Tem lido muito, romances em especial, e especialmente romance americano. Não fuma, salvo quando trabalha. Considera ser capaz de se expressar adequadamente em desenho e fotografia, que cultiva como entretenimento, e vai ao cinema três vezes por semana, no mínimo, para ver, de preferência, filmes italianos, e os de seu amigo pessoal Cesare Zavattini, a quem conheceu no México e visitou recentemente na Itália.

Rodrigo Arenas Betancourt tem a passagem de volta no bolso e vários compromissos no México. Mas seus amigos desejam que ele se demore um pouco mais na Colômbia. Desejam que faça em Bogotá o monumento a Bolívar, que, de qualquer maneira, fará em qualquer lugar do mundo, pensando em suas primeiras e esquecidas garatujas de Fredonia.

O cinema em Bogotá. Estréias da semana

Umberto D.

Esta é a história de um homem pobre. Vittorio de Sica e Cesare Zavattini decidiram que fosse italiano e que se chamasse Umberto Domenico Ferrari. Mas a nacionalidade e o nome são neste caso elementos puramente circunstanciais: em qualquer lugar do mundo — talvez em todos os lugares — encontra-se agora este personagem, passeando pelas ruas com seu cão e uma enorme dignidade, que impede conhecer seu drama. De Sica e Zavattini penetraram pela porta falsa na vida de Umberto Domenico Ferrari, surpreenderam-no com a guarda baixa e elaboraram uma história singela, cruelmente verossímil, contada pelo reverso da dignidade. E foi assim que puderam dizer o que é e o que significa, na sociedade contemporânea, um homem digno, um homem decente, e demonstraram que a virtude é mais dramática que a depravação.

Deve-se, porém, estabelecer uma profunda diferença entre a história de Umberto D. e a maneira de contá-la, que são dois méritos diferentes do filme, ainda que o concurso dos dois seja o que faz dele uma obra imortal, a obra-prima da história do cinema. A história de Umberto Domenico é válida porque é verdadeira, é verdadeira porque é humana. Se fosse mais humana que a vida de um homem, seria uma história falsa. Sua grandeza está na fidelidade com que se parece à vida. Mas há uma fabulosa distância entre a concepção e a narração da história. E a maior manifestação do gênio de Cesare Zavattini, a de conceber e elaborar a história de Umberto Domenico Ferrari, foi perfeitamente compensada pela maneira de contá-la.

Uma história igual à vida deveria ser contada com o mesmo método que a vida utiliza: dando-lhe a cada minuto, a cada segundo a importância de um acontecimento decisivo. De Sica e Zavattini dividiram o drama em espaços infinitesimais, demonstraram o profundo patético que há no simples ato de se deitar, de voltar para casa; no fato simples, inevitável e transcendental de existir um segundo. Curiosamente, essa insondável concepção da arte cinematográfica não chega à plenitude em nenhum dos momentos de Umberto Domenico Ferrari — que é o suporte do drama —, mas na seqüência do despertar da criada grávida, cada qual desses imperceptíveis, inúteis mas já irremediáveis movimentos são um precioso dispêndio de vida que não pode passar despercebido.

Os profissionais da literatura, inevitavelmente, devem ter se lembrado de Joyce. Os cinéfilos, inevitavelmente, devem ter se lembrado de todo o cinema que já viram e chegado à conclusão de que não foi inútil haverem visto tanto filme ruim, tanto cinema medíocre, tanto cinema bom e até mesmo extraordinário, se essa fosse uma condição indispensável para que a espécie humana produzisse *Umberto D.*, uma obra de arte que dignifica a espécie humana.

Avant le deluge [Antes do dilúvio]

André Cayatte e Charles Spaack — como De Sica e Zavattini no cinema italiano — são uma excelente dupla no cinema francês. Como os dois italianos, a irmandade Cayatte-Spaack alimenta sua obra com a realidade social, mas com radicais diferenças de ideologia, de método e de estilo. Cayatte é um advogado metido a diretor de cinema. Não tem feito outra coisa que aplicar seus interessantes conhecimentos jurídicos — especialmente de direito penal — para a análise cinematográfica da sociedade contemporânea. Assim nasceram *Direito de matar*, *Somos todos assassinos* e, agora, *Avant le deluge*. A única exceção foi *Os amantes de Verona*, em que Cayatte demonstrou, de fato, que é um bom diretor de cinema, além de bom jurista.

Avant le deluge é a continuação de um discurso iniciado em *Somos todos assassinos*. Mas este não parece ser ainda o final do discurso. Ainda falta muito que dizer nesse implacável e um pouco sádico julgamento da sociedade contemporânea. O inaceitável em Cayatte é sua negatividade, a inteligência e a astúcia de sua análise destruidora. Cayatte está vivendo, fez *Avant le deluge*, e com seu filme parece dizer e demonstrar: depois de mim, o dilúvio. Todos os métodos de educação, todos os sistemas de organização social são defeituosos. Sua tese é a anarquia, é o fim.

Há razões para crer que Cayatte está formulando um discurso equivocado, cortado na medida de seu pessimismo. Mas infelizmente sua habilidade na direção dos elementos cinematográficos converte-o em um discurso perigosamente convincente.

Avant le deluge é a história de cinco rapazes e uma garota — criados em diferentes meios de uma mesma sociedade, por pais com diferentes idéias políticas, sociais e até religiosas — que se associam para delinqüir inocentemente e cometem um crime involuntário. De acordo com seu sistema tradicional, Cayatte desconsidera o julgamento dos delinqüentes e é rigoroso no julgamento dos pais e, finalmente, da sociedade. Até aí tudo bem. Mas não apresenta soluções, de maneira que esse julgamento é dissolvente, inútil e pernicioso.

Do ponto de vista estritamente cinematográfico, *Avant le deluge* é um filme notável, nítido, apesar do perigo de confusão que oferecia a narração e análise paralelas de seis vidas. Até onde termina o relato essencial, o corpo central da história, o filme é irrepreensível. Mas Cayatte não se conforma em contar sua história, leva-a até suas últimas conseqüências desmoralizadoras, com prejuízo da seriedade narrativa. Um editor independente, com duas ou três tesouras bem afiadas, teria podido tirar desta longa corte jurídica um filme excepcional. Como foi apresentado, é apenas um bom filme, extraordinariamente bem-feito, ao qual sobram muitos metros de discursos e censuras.

As intimidades de um célebre toureiro colombiano

JOSELILLO REVELA OS SEGREDOS DE SEU TRIUNFO

SEU PRIMEIRO *TRAJE DE LUCES** FOI O DA PRIMEIRA COMUNHÃO, COM LANTEJOULAS. E FOI BORDADO PELA PRÓPRIA MÃE. UMA VACA BRAVA, DEZ DIAS DORMINDO NO PARQUE E *MAZAMORRA*** EM REVERBERO, SUSTENTÁCULOS DE SUA FAMA. "HOJE ENCURTARAM AS DISTÂNCIAS E SE SENTE MAIS MEDO."

Aquele dia de 1949 — dia de feiras — a muito *caucana**** população de Santander amanheceu disfarçada de povoado andaluz. Era natural. Pela primeira vez na modesta mas intensa história de suas feiras municipais tinham contratado dois toureiros espanhóis, legítimos espanhóis da Espanha, com uma longa trajetória e muitas cornadas, segundo se dizia, e legítimos nomes espanhóis: Joselillo e Manolo.

Para dois legítimos toureiros espanhóis, o ambiente devia ser igualmente legítimo. Devia haver *manolas***** a cavalo e cravos nas janelas, como de fato os houve. Com previdente antecipação, a banda rural executou um legítimo *paso doble* espanhol, diante da junta organizadora encabeçada pelo prefeito e do conjunto mais destacado das autoridades municipais, entre o estampido dos foguetes e os sinos, e se deram as boas-vindas aos toureiros.

A emoção foi maior porque os dois jovens *diestros******, antecipando-se aos acontecimentos, chegaram a Santander às 11 da manhã, suando dentro do *traje de luces*. Um para cada um e iguais, de tecido preto, adornado com lantejoulas de sete cores. Não houve discursos, mas houve tudo o que pudesse parecer espanhol legítimo.

**Traje de luces*, o traje de seda, bordado a ouro ou prata, com lantejoulas, que os toureiros vestem para tourear. (*N. do T.*)

***Mazamorra*, comida à base de farinha de milho com açúcar e mel; biscoito estragado; sopa de pedaços de biscoito velho. (*N. do T.*)

****Caucano*, natural da região de Cauca, Colômbia. (*N. do T.*)

*****Manola*, moça dos subúrbios madrilenhos, que se distinguia por seus vestidos e desembaraço. (*N. do T.*)

******Diestros*, de destros, hábeis; o que toureia a pé, matador. (*N. do T.*)

Às três da tarde, o trompetista da banda rural deu o primeiro toque. Abriu-se o touril e uma enorme vaca, legítima vaca *vallecaucana*, entrou na praça como uma tempestade. Dez minutos depois, Joselillo e Manolo, debaixo de pauladas e com os *trajes de luces* esfarrapados, foram levados nos ombros da multidão até a estrada para Cali. A viagem de volta, fizeram-na a pé.

"O contrato dizia que tourearíamos touros e não vacas", disse Joselillo, o mais velho dos toureiros, ao prefeito de Santander. E explicou, em tom de grande conhecedor, que os toureiros legítimos não podem *lidiar** vacas, "porque elas investem com os olhos abertos". Mas o que em realidade ocorria era coisa bem diferente: Joselillo e Manolo não tinham visto um touro, nem uma vaca, em toda a sua vida.

A importância de se chamar José

Os dois ousados rapazes eram os dois filhos mais moços de dom Abel Zúñiga, um conhecido e estimado barbeiro de Cali, que nunca tiveram nada a ver com touros. A esses dois filhos menores, dom Abel batizou José e Manuel, pelo mesmo motivo que chamou o mais velho de Hernando: porque gostava desses nomes. Jamais pensou que, por assim se chamarem, pudessem protagonizar um escândalo em Santander, uma vez que, com os mesmos nomes, teriam podido ser médicos ou engenheiros, como dom Abel Zúñiga o desejava e, por isso, os matriculou na escola pública, depois no Colégio San Luis e, por último, no Santa Librada.

Os dois rapazes não tinham então manifestado nenhum gosto taurino, nem leram revistas de tauromaquia, até que José, o mais velho, fugiu de casa, passou quatro meses rodando por Bogotá e Medellín, e retornou a Cali com a história de que era toureiro diplomado. Então foi quando Manuel pensou também que era toureiro por contágio, e começaram a se chamar de Joselillo e Manolo, e conseguiram o contrato para a feira de Santander, nem eles mesmos recordam como. A mãe, dona Jesusita, que nunca acreditou na se-

**Lidiar*, de *lidia*, enganar o touro, lutando com ele, esquivando-se de suas investidas, até matá-lo. (*N. do T.*)

riedade da aventura, foi quem lhes fez os *trajes de luces*, costurando labirintos de lantejoulas nas peças de pano preto da primeira comunhão. Como os rapazes tinham crescido, aquelas peças ficaram justas, como a dos toureiros.

"A culpa foi daquele maldito tango"

Um daqueles arrojados toureiros de Santander é agora Joselillo de Colômbia, um toureiro legítimo, com cartaz na Espanha. O outro, Manolo, recebe este ano a *alternativa** na Espanha, onde já faz seu nome. Agora aquela história de diploma não tem nada de pilhéria, como quando Joselillo voltou a Cali, aos 16 anos, quatro meses depois de haver fugido do pátrio poder e do Colégio Santa Librada, a cabeça cheia de idéias confusas e dez pesos no bolso. Quando subiu a um caminhão que o conduziu a Cartago, já queria ser toureiro. Um mês antes, era um estudante normal, no terceiro ano do secundário, que não pensara jamais em um touro. A coisa começou num sábado, na galeria do teatro Jorge Isaacs, de Cali, quando Joselíllo viu o filme mexicano *Toros, amor y gloria* [Touros, amor e glória], com Cagancho. Repentina e tumultuadamente, nasceu sua vocação. Uma semana depois, tentando ser toureiro, chegou a Cartago num caminhão; lá tomou outro caminhão, que o levou a Medellín, e outro que o levou a Bogotá. Quando chegou, com sua maleta cheia de boa roupa, à pensão Roma, em San Victorino — em 1946 —, dos dez pesos só lhe restava um. Joselillo não se lembra de haver experimentado nenhuma sensação extraordinária, diferente do frio. Tem, porém, motivos para se lembrar disso: durante dez dias, com seu leve terno cinza e enrolado em jornais e cartazes, dormiu encolhido e tiritando no parque de Santander.

Quem lê os classificados?

Agora Joselillo lê romances de Blasco Ibañez e poemas de García Lorca. Mas quando dormia no parque de Santander e o meio-dia o surpreendia em

---

**Alternativa*, o fato de um toureiro reconhecer em outro condições para alternar com ele na arena. Isso se verifica durante a *lidia*, quando o novato recebe do mestre o estoque (espada curta, que só fere de ponta) e a *muleta* (bastão que leva o pano vermelho, que serve para enganar o touro). (*N. do T.*)

jejum, só lia os classificados dos jornais. Respondia a todos os "precisa-se". Passavam-se os dias, as semanas, e não encontrava colocação, e menos a maneira de se tornar toureiro. Um dia, depois que lhe negaram uma vaga qualquer na rua 66 — até onde foi, a pé, da avenida Jiménez de Quesada —, leu no jornal que na *carrera* 5ª com a rua 14 precisavam de um ajudante de litografia. Voltou a pé, e quando chegou ao lugar indicado já eram cinco horas e havia sessenta candidatos de plantão. "Mas me viram com cara de fome", ele conta, e lhe deram o emprego, a trinta pesos mensais.

Nunca mais mazamorra*!*

Com as primeiras economias comprou um capote e uma *muleta*. Vendeu-os por quarenta pesos a um aprendiz colombiano, cujo nome Joselillo não recorda. Começou então a freqüentar, quando saía do trabalho, os treinamentos de tauromaquia que se realizavam no Parque Nacional. Mas Joselillo era um rapaz tímido: nunca se atreveu a dizer a ninguém que queria ser toureiro, de modo que no Parque Nacional ele se limitava a observar. À noite, encerrado no quarto "de uma família García, do Valle", onde se hospedava, treinava com o capote e a *muleta* até a madrugada. Antes de se deitar — num colchão estendido sobre o chão — preparava a própria *mazamorra* em um fogareiro. Quando adormecia, cansado de seus touros imaginários e farto de *mazamorra*, sonhava com muitas coisas, menos com os touros.

E porque se cansou da *mazamorra* que ele mesmo preparava — uma *mazamorra* que nunca mais voltou a comer, nem quer voltar a comer em sua vida — foi que voltou para Cali. Para não dar o braço a torcer, inventou a história de que era toureiro diplomado, sem ter visto em Bogotá sequer uma corrida. O ingênuo do irmão, Manuel, acreditou na história, e por acreditar nela convenceu-se e se tornou toureiro.

No puro olho

Ninguém ensinou Joselillo. Aprendeu sozinho, aproveitando a oportunidade que lhe proporcionava "o sr. Polanco", o capataz da fazenda de García Bajo, em Cali. Pela primeira vez viu então a cara de um touro de carne e osso, poucos meses depois de ter visto a da vaca de Santander. E o mais desconcertante de tudo foi que começou a ser considerado como "o fenômeno do Valle", antes de conhecer as noções rudimentares do toureio, só porque Pepe Castoreño o viu numa novilhada em *El Tablón*, a fazenda de Pepe Stella, e enviou uma fotografia a *El Liberal*, de Bogotá. O cronista *Piquero* fez uma notícia cheia de elogios rasgados, e Joselillo se converteu na expectativa dos circuitos taurinos, antes de ser bom toureiro.

Na Espanha, por engano

Joselillo — nascido a 9 de agosto de 1930, no bairro de San Antonio de Cali — chegou a Madri em 1951, porque o avião que devia levá-lo para a Costa Rica o deixou no Panamá. Pensava viajar para o México, com o dinheiro economizado na Colômbia, depois de haver toureado durante dois anos em quase todas as feiras do Ocidente. Em Palmira, figurou no cartaz com seu conterrâneo Nito Ortega, quando este era matador e Joselillo um novilheiro de boa cepa. Em 1949 o empresário Julián Barbero viu-o fazer dois *quites** em Buga e disse a si mesmo, segundo se diz agora: "Aqui temos um toureiro." Tentando tirar vantagem dessa impressão, Julián Barbero montou um estardalhaço jornalístico em Bogotá, levou especialistas e cronistas a Buga e organizou uma corrida para apresentar, em sociedade, sua revelação. Em toda a história de sua carreira, foi essa a única vez que tocou a Joselillo um touro vivo: um *sabonero, astifino*,** que o fez passar mal e, pior ainda, Julián Barbero. Embora por pouco tempo, porque no ano seguinte Joselillo estava triunfando em Quito, toureava pela primeira vez na praça de Santamaría e voava para a Costa Rica, de passagem para o México. Mas por ter se enganado no horário do avião, precisou assinar um contrato para sete corridas no Panamá. Ao finalizar a temporada, viu que o dinheiro não apenas bastava para viajar para o México, mas o levaria para a Espanha. Lá, desconhecido e

---

**Quites*, tauromaquia: o momento em que um toureiro socorre o outro, em perigo diante da arremetida do touro. (*N. do T.*)

***Sabonero, astifino*, o touro de cor branca-suja, manchado, de aspas finas e longas. (*N. do T.*)

desorientado, foi apresentado a um grupo de taurófilos por um bandarilheiro:

— Este é um grande menino venezuelano, Joselillo de Colômbia.

"Sancocho" de orelhas*

Três anos depois de haver chegado à Espanha, Joselillo tem um bom cartaz e um apartamento amplo e luxuoso no número 31 da Dr. Castelló, onde vive seu irmão Manolo, que lhe seguiu os passos. Não lhe foi fácil introduzir-se nos círculos especializados, mas batendo às portas de praça em praça, encontrou menos obstáculos que na Colômbia. Ao contrário do que lhe aconteceu em Bogotá, na Espanha ele não dormiu em parques. Sempre teve para viver, embora no princípio seu único conhecido em toda a península fosse o irmão da cantora Tere Amorós, a quem conheceu na Colômbia.

A 20 de setembro de 1953, na praça de Lorca, tomou a *alternativa* das mãos de Antonio Bienvenida. Como estava na Espanha, para celebrar o acontecimento Joselillo cortou quatro orelhas e um rabo.** Se estivesse em Cali, certamente teria feito o mesmo. Mas teria feito alguma coisa mais e que, segundo se diz, é o que mais gosta de fazer na vida: teria comido um *sancocho* de galinha à beira do rio.

Medo?

Joselillo orgulha-se ao descrever com números sua carreira: toureou vinte corridas, como matador, e só em duas delas não cortou orelhas. Sofreu oito cornadas. A primeira na coxa direita, toureando em Palmira, em 1950, o que lhe custou os quatrocentos pesos que havia ganhado. A cicatriz que tem na face esquerda foi feita por um touro em Cereté, Córdoba, na Sexta-feira Santa do ano passado. Joselillo não tem nenhuma superstição e se alegra por não

**Sancocho*, carne malcozida; comida à base de carne, mandioca, banana e outros ingredientes, muito popular nos países da América Central. (*N. do T.*)

**Cortar orelhas e rabo, prêmio que a autoridade ou o público concede ao toureador, segundo o maior ou menor brilho de sua atuação. (*N. do T.*)

tê-las, mas é um católico convicto e atribui a marca do rosto "ao desatino de tourear numa Sexta-feira Santa".

— Sou um homem temperamental e invejado em minha profissão — responde quando lhe perguntam qual é a sincera e objetiva opinião que faz de si mesmo. Quanto à sua arte, considera: — Hoje se toureia melhor que nunca, porque encurtaram as distâncias e se sente mais medo.

— Mais medo?

— Sim — diz. — Cada vez sinto mais medo.

O cinema em Bogotá. Estréias da semana

O carneiro de cinco patas

Nesta estéril semana cinematográfica, o único ponto de interesse é *O carneiro de cinco patas*, com seis Fernandéis diferentes e um só Fernandel. Já é hora de começar a considerar que Henri Verneuil e René Fernandel são uma interessante dupla do cinema francês. Em quatro filmes comprovou-se que ambos são infalíveis no gênero: Verneuil como diretor discreto, fino e humano, ainda que um pouco parcimonioso em sua maneira de contar a história, e Fernandel como um bom ator cômico, cujo único defeito é se parecer cada vez mais a si mesmo.

O carneiro de cinco patas é aparentemente a história de um pai francês cujos quíntuplos são iguais a ele mesmo e iguais entre si. Os seis personagens são caracterizados por Fernandel, e magistralmente caracterizados. Mas, de fato, a apresentação de uma só história é um mero recurso do autor do roteiro: a verdade é que *O carneiro de cinco patas* é um filme de cinco episódios, com suas seqüências de fusão a cargo de Fernandel-pai. Cada um dos episódios, mas especialmente o primeiro, é excelente. E o recurso de nexo é engraçado e válido, de maneira que *O carneiro de cinco patas* é, no todo, um bom filme, sem outra pretensão que a de divertir com boa qualidade, apesar do fácil e momentâneo exagero técnico de apresentar os cinco Fernandéis diferentes em um mesmo plano fotográfico.

A dupla Verneuil-Fernandel, que já fez *O fruto proibido, O inimigo público nº 1, Le boulanger de Valorgue* e agora *O carneiro de cinco patas,* não tem outra objeção que o perigo de se tornar fecunda e monótona demais. Seu cinema é intranscendente, mas bom. Mas seria melhor se no futuro não fosse freqüente demais.

A mocidade é assim mesmo

Foi relançado um filme de 1944: *A mocidade é assim mesmo*, com Mickey Rooney e Elizabeth Taylor. Aqueles que não se lembravam deste filme devem ter se espantado um pouco com essa Elizabeth Taylor de 12 anos, tão inteligente, tão bela e tão compreensiva. Seu diretor, Clarence Brown, ficará na história do cinema por seus numerosos filmes com Greta Garbo e por sua versão cinematográfica de *Intruder in the Dust*, de William Faulkner.

A mocidade é assim mesmo foi um filme puramente comercial, mas nele se pode apreciar a mão genial do excelente e veterano diretor. Um filme bem realizado, só que inteiramente convencional.

Noticiários franceses

Cada noticiário francês é um instante de bom cinema. Deve-se perder o medo de que seus realizadores caiam na rotina, pois a cada nova edição nota-se a intenção de fazer verdadeiro jornalismo cinematográfico e não essa simples informação igual, tediosa e predominantemente propagandística dos noticiários norte-americanos.

Nos últimos noticiários franceses têm sido admiráveis as reportagens sobre a moderna cetraria e, particularmente exemplar em nosso meio, sobre a organização do trânsito em Paris. É jornalismo vivo, cinema verdadeiro, com narrações simples, breves e agradáveis.

Como José Dolores vê o problema do café

UM PRODUTOR DE CAFÉ QUE NÃO ENTENDE DOM MANUEL MEJÍA, MAS SABE INTERPRETAR A BAIXA. "ENQUANTO NÃO SOBE O CAFÉ, VIVEREI COM AS BANANAS E AS ERVILHAS." UM COLOMBIANO DIVULGA RECEITAS DE COZINHA EM NOVA YORK. O QUEBRA-CABEÇA PARA TODOS, RESOLVIDO POR UNS POUCOS.

A uma hora de Bogotá, sob o morno clima de Santandercito, vive Arístides Gutiérrez, um agricultor que, em parte, sustenta a mãe e duas irmãs, e as necessidades de seu rancho, com o que lhe rende a plantação e a colheita de café. Na manhã de ontem, enquanto em Bogotá se alastrava o pânico, Arístides Gutiérrez não tinha ouvido falar da baixa sofrida pelo café em Nova York e se dedicava precisamente a inspecionar o lugar onde estão os trinta cafeeiros que lhe produzirão a colheita de abril.

A essa mesma hora, o gerente da Federação Nacional dos Cafeicultores, dom Manuel Mejía, e o ministro da Fazenda, dr. Carlos Villaveces, conversavam sobre a situação do café no restaurante Gran Vatel, onde ocuparam lugares próximos, por uma delicada previsão diplomática da embaixada da Bélgica, que ofereceu o almoço. O gerente da Federação e o ministro, que, pelo menos por estes dias, pode ser chamado de "ministro do café", devem ter analisado todos os aspectos do grave problema que tão duramente afetava todos os setores da economia nacional, inclusive — e de maneira muito especial — esse humilde e desconhecido Arístides Gutiérrez, que na colheita passada vendera três arrobas de café em Santandercito, libra por libra, a 48 centavos a libra.

Que acha José Dolores?

Na manhã de ontem, o presidente da Federação Nacional dos Cafeicultores declarou ao redator de economia de *El Espectador*: "Tenho a impressão, absolutamente pessoal, de que a crise cafeeira encaminha-se para uma solução, e o panorama geral pode melhorar de um momento para outro." O redator de *El Espectador* que ontem à tarde viajou a Santandercito, para entrevistar o pequeno produtor em sua roça, fez Arístides Gutiérrez ler aquela declaração e ele confessou não entender uma só das 25 palavras de dom Manuel Mejía, mas entendeu perfeitamente que se o café tinha baixado em Nova York, não poderia pagar, este ano, todas as prestações da roça que comprara no princípio do ano passado, a três quilômetros de Santandercito.

Por diferentes motivos, a preocupação de Arístides Gutiérrez e a de dom Manuel Mejía eram exatamente a mesma e tinham a mesma origem. Arístides Gutiérrez, que nunca foi à escola e aprendeu a ler porque o pai, que morrera havia sete anos, lhe ensinou, afirmou:

— O que se deve fazer é guardar o café até que o preço se normalize.

— Mas o café não se estraga se for guardado? — perguntou-lhe o redator.

— Se não se molhar, não estraga nunca — responde Arístides Gutiérrez.

"Me limito às ervilhas"

Dom Manuel Mejía consulta seus precisos e complicados horóscopos financeiros. "O mercado de ontem em Nova York sofreu uma dura investida de setores especulativos e baixistas, mas resistiu sem sofrer maior depressão", declarou na manhã de ontem. Arístides Gutiérrez consulta sua rude experiência. Sem se preocupar seriamente com as alterações nas cotações, ele diz: "Enquanto o café estiver guardado, esperando que o preço se normalize, venderei as bananas e as ervilhas que tenho lá embaixo, na canhada."

E imediatamente explicou seu sistema econômico: Arístides Gutiérrez não planta apenas café, "porque não dá". Ele divide sua roça em duas: para o lado da estrada, sob uma espessa sobra de bananeiras, tem trinta pés, nos quais não acredita muito. No ano passado, esses trinta pés se desgalharam, carregados de frutos vermelhos. Este ano não oferecem boas perspectivas, por causa do rigor do inverno. Como nunca sabe como será a colheita, Arístides Gutiérrez planta bananeiras e ervilhas do outro lado de sua roça, na canhada.

— De acordo com isso, o senhor não confia na monocultura? —perguntaram-lhe.

Arístides Gutiérrez não entendeu. Quando, porém, lhe foi explicado o significado da pergunta, disse ele:

— Se me limito ao café, o diabo me carrega.

Alguém que entende o problema

Trinta pés não são a única relação de Arístides Gutiérrez com o café. Durante a colheita, emprega-se, poucos quilômetros adiante, na frondosa plantação de dom Víctor Burgos, um produtor de café que lá mesmo tem suas instalações para debulhar e fermentar o grão, e vende anualmente 1.200 sacas à Federação Nacional dos Cafeicultores. Dom Víctor Burgos, que chega à sua plantação descendo por uma labiríntica estrada de pedra sobre as quatro rodas de sua camioneta azul-celeste, sabe perfeitamente da crise do café, em todos os seus aspectos. Sabe que no ano passado o café foi vendido a bom preço em Nova York porque o Brasil perdeu suas colheitas. "A situação é grave, mas não tanto como há dois anos", explicou, e expôs com extraordinária precisão seus pontos de vista sobre a crise.

Segurança pela direita

"A qualquer preço, deve se colher", disse dom Víctor Burgos. "Não se pode perder um só grão." Mas sabe que se a situação não se modifica antes de sessenta dias — quando deve começar a colheita, encontrará dificuldades para contratar trabalhadores na região. No ano passado, quando o café era cotado em Nova York a 95 centavos, dom Víctor Burgos pagou a cada homem 4,50 pesos por *palito* colhido. Um *palito* é uma medida convencional, uma caixa de madeira construída à margem da lei da oferta e da procura, que transborda de grãos azul-violeta nos primeiros dias da colheita, mas se enche com muita dificuldade nos últimos.

Na plantação de dom Víctor Burgos, no ano passado, Arístides Gutiérrez colheu cinco *palitos* diários no primeiro mês da colheita. Durante três meses fez algumas reformas em sua casa, melhorou a cerca de sua roça e atendeu a outros compromissos, com as diárias da colheita. Ontem, quando soube que o café tinha baixado em Nova York, sem ter a mais rudimentar noção de economia acadêmica, Arístides Gutiérrez declarou que este ano não poderia empregar-se, porque certamente pagarão "a metade do preço do ano passado pelo *palito*".

Dom Víctor Burgos confirmou, posteriormente, essa opinião: se o café continua a 52 centavos, não pagará mais de dois pesos por *palito*.

"O vendedor de ilusões"

Enquanto em sua roça de Santandercito Arístides Gutiérrez faz contas com os dedos e chega à conclusão de que este ano terá que se defender com a banana e as ervilhas, um colombiano pensava em Nova York — sem nunca ter ouvido falar de Arístides Gutíérrez — em modernos sistemas publicitários para que Arístides Gutiérrez não perca a esperança em seu café. Esse colombiano — tão colombiano quanto Arístides Gutiérrez — é o robusto, calvo e dinâmico dom Andrés Uribe, uma espécie de ministro plenipotenciário sem credenciais, que escreveu um livro — *Brown Gold*, Editora Random House, N.Y. — para que os Estados Unidos continuem tomando café. Nesse livro, que é a apoteose literária, histórica e científica do café, incluem-se, além disso, cinqüenta receitas para fazer doces, molhos e balas com os grãos que Arístides Gutiérrez cultiva em Santandercito, e Arístides Gutiérrez não conhece.

Através do rádio e da televisão, dom Andrés Uribe está convencendo os Estados Unidos da necessidade de continuarem tomando café, em xícaras, ou de qualquer outra forma, mas consumindo-o, o que, afinal, é o que importa.

Dom Andrés Uribe é o agente, em Nova York, da Federação Nacional dos Cafeicultores da Colômbia, e não só suas cartas são timbradas, como a fita de sua máquina de escrever tem a cor do café. Ele é um apaixonado, um convicto da monocultura, que não perdeu as esperanças de que as donas-de-casa norte-americanas sirvam a seus esposos e suas crianças sopa de café, torta de café, sobremesas de café e uma taça de café para terminar. Embora a 52 centavos, para que não desabe a economia colombiana.

Pânico generalizado

Dom Manuel Mejía, dom Andrés Uribe e uns quantos milhares de colombianos mais sabem exatamente o que está acontecendo e o que pode acontecer em conseqüência da queda do café. Arístides Gutiérrez e nove milhões de colombianos não sabem o que está acontecendo na verdade, mas sabem confusamente que alguma coisa está acontecendo. Alguma coisa que se relaciona de algum modo com o custo de vida.

Em Bogotá ontem não se falou de outra coisa senão do problema do café. Não há outra maneira de dizê-lo: havia pânico. Nas filas dos ônibus, nos cafés, nas repartições públicas, viam-se muitas caras sombrias, muitas caras assustadas. Apesar disso, um redator de *El Espectador* dedicava-se, toda a tarde e parte da noite de ontem, a pedir uma explicação para o problema a todos os que surpreendeu falando, com muita propriedade, do colapso do café. Não apenas nenhuma das pessoas consultadas ao acaso pôde dar uma resposta segura, mas muito poucas conseguiram explicar a razão de suas preocupações nem o mecanismo do mercado cafeeiro.

Talvez imaginando a existência deste estado de coisas, o ministro da Fazenda fez, na noite de ontem, uma exposição documentada, simples e completa da situação real. A explicação foi transmitida pelo rádio e em alguns setores a tensão cedeu, menos na casa de Arístides Gutiérrez, simplesmente porque Arístides Gutiérrez não tem luz elétrica nem gerador de energia em sua propriedade. Mas talvez tenha escutado a didática exposição ministerial o engraxate José Antonio Alvarado, que ontem, às quatro horas da tarde, em um café do centro, manifestou explosivamente seu agrado pela queda do café.

— Como tudo está subindo, pelo menos que baixe o café — disse José Antonio Alvarado. E concluiu: — Assim voltarão a vender o cafezinho a cinco centavos.

O cinema em Bogotá. Estréias da semana

L'étrange madame X [A estranha senhora X]

Jean Gremillon é um dos veteranos do cinema francês. No final da segunda década — com Jacques Feyder, Jean Renoir, René Clair e o brasileiro Alberto Cavalcanti —, Gremillon fazia parte da extraordinária equipe que assegurou o prestígio universal do cinema da França. A crítica foi unânime em admirar sua simplicidade, seu pulso firme mas tranqüilo na condução da história. Agora, em plena maturidade, Gremillon realizou *L'étrange madame X*, com Michèle Morgan — a quem havia dirigido em 1939, em *Águas tempestuosas* — e o marido dela, Henri Vidal.

Em *L'étrange madame X* percebe-se a preocupação insistente de Gremillon em utilizar uma linguagem simples, diáfana e discretamente poética. Mas levando ao extremo essa característica, o que pode ter sido uma manifestação de virtuosismo, derivou ele para um estilo plano e insípido, sem um milímetro de profundidade. O filme é insuportável por sua lânguida superficialidade, mas ao mesmo tempo — e isto é desconcertante em um veterano —, pela dureza, pela rigidez da linguagem cinematográfica, agravada por uma montagem cheia de tropeços e vacilações.

Mais desconcertante ainda é que o roteiro careça de vida e de humor, sendo de Albert Valentin, um dos bons adaptadores de argumento do cinema francês, como puderam comprovar aqueles que admiraram seu último e recente trabalho em *O carneiro de cinco patas*. Um estranho duende de futilidade e negligência conspirou com êxito para que este filme, com o qual contribuía uma série de excelentes ingredientes, tenha sido uma história tristemente insignificante, igual, sem o mais reles peso interior, captada por uma câmera sem graça e impessoal.

É o eterno tema francês do adultério, do conflito passional entre três, mas desta vez explorado com uma evidente pretensão de lirismo sombrio. A essa intenção devem-se essas situações de poema barato e esses diálogos em tom menor, de um sentimentalismo ridículo, que recordam com insistência os poemas de toucador de Paul Géraldy. Henri Vidal e Michèle Morgan, que na vida real formam um casal ideal, protagonizam um drama amoroso frio e convencional, como se no filme fossem em realidade esposos aborrecidos e não apaixonados amantes.

Em *L'étrange madame X* acontece alguma coisa mais estranha que a senhora X — que por certo não tem nada de estranho —, e nisso é que falharam todos, absolutamente todos os elementos convocados para um bom filme.

Entre parênteses

Um respeitável e credenciado dono de cinema formulou interessantes declarações sobre a crítica cinematográfica na Colômbia. Em relação a essas declarações — *El Tiempo*, página 18, quinta-feira, 17 de fevereiro —, esta seção tem interesse em esclarecer aqueles pontos que a ela se refiram:

1. A acusação de que a crítica seja parcial em favor do cinema europeu é, quanto a esta seção, injusta e gratuita. Comumente, aqui não se fala do cinema italiano senão como "o pior cinema do mundo".

2. Em nenhuma ocasião — mas literalmente em nenhuma ocasião — foi solicitada a colaboração do autor desta seção para o lançamento de filmes norte-americanos de grande qualidade.

3. Nos casos concretos de *Loucuras de um milionário* — que é mais inglês que norte-americano — e *O drama do deserto*, o primeiro foi elogiado e o segundo atacado. Nenhum dos dois foi ignorado maliciosamente.

4. No caso concreto de *O homem que o mundo esqueceu*, com Paul Muni, o autor desta seção, infelizmente, não recebeu o pedido pessoal — nem de qualquer outra forma — de apoiar o filme e assistir à projeção privada. O autor viu, em exibição comercial — e sem entradas de favor, que nunca utilizou, apesar da amabilidade de alguns donos de cinema —, *O homem que o mundo esqueceu*, sem nenhuma referência prévia sobre o excelente filme. Como ignorava completamente o nome do diretor, pois nos créditos só pôde identificar o fotógrafo Henri Alekan, solicitou, por telefone, aos exibidores a ficha do filme, mas foi impossível obtê-la, porque não esta-

va à disposição da empresa. Até o momento se ignora quem realizou *O homem que o mundo esqueceu.**

5. Muito poucos filmes têm sido tão justamente elogiados nesta seção como *O homem que o mundo esqueceu.* Eduardo Zalamea, de gosto exigente e infalível, também lhe dedicou uma nota, justa e entusiasta na coluna "La ciudad y el mundo".

6. "Mais que arte, o cinema é uma diversão", é o título das declarações ora comentadas. Isso é verdade hoje em dia, pela decadência da indústria cinematográfica.

7. É verdade que o autor desta seção tem prevenção contra o cinema norte-americano, depois de haver experimentado, até a saciedade, o comercialismo da produção de Hollywood. Mas em nenhum caso se deixou de comentar — e se isto fosse uma polêmica, publicaria o autor uma lista — um filme norte-americano — ou de qualquer outra nacionalidade — que tenha parecido bom ao autor desta seção.

8. Muitos filmes não foram comentados, como uma trégua deliberada, calculada e justa, aos donos de cinema — sem discriminação —, que comprometem fortes e respeitáveis interesses em seu negócio. Absolutamente em todos os casos, os filmes não comentados tinham parecido medíocres ao autor desta seção, e isso teria afirmado se houvesse decidido comentá-los.

9. No caso desta seção, não se aceitará nunca como irremediável a realidade do cinema de hoje, que, em geral, é "mais um entretenimento que uma arte".

10. A aceitação da tese de que "a exploração das linhas anatômicas" é um recurso "das produtoras que buscam a realidade que persegue o público para entretê-lo" também não vale para esta seção. A tese é, sob qualquer ponto de vista, imoral.

11. Esta é uma explicação para o público.

*A direção foi do americano Joseph Losey. (*N. da E.*)

Sí... Sí... Es él [Sim, sim, é ele]

Esta é uma divertida peça que entretém até a saciedade, precisamente por ser aloucada e vulgar. De vez em quando o cinema italiano — entre os melhores e os piores filmes do momento — concebe e realiza um filme como este, que não é nem bom nem ruim, mas uma desengonçada aventura para vender. Não há senão romper com todos os convencionalismos, fabricar a martelo alguns diálogos equivocados e como que grudados com cola, e aplicá-los a uma história de mau pintor, com mulheres gordas e mulheres perturbadoras.

Silvana Pampanini é um excelente condimento comercial para este tipo de filmes, dos quais se podem citar três sem pensar duas vezes: *Qué mujer!*, *O fantasma do castelo* e *Sí... Sí... Es él.* Nos três trabalha Silvana Pampanini. No primeiro é a atriz principal, nos dois últimos como chamariz de bilheteria, no quarto plano da história mas no primeiro da bilheteria.

Este filme não foi dirigido por um diretor, que poderia parecer tão disparatado como a própria obra; foi dirigido por uma sociedade comercial, patrocinada pelo produtor Dino de Laurentiis. O resultado é uma mercadoria de muito público mas de muito pouco cinema e absolutamente nada de arte.

Walter Chiari — o jovem comediante de *O.K. Nero,* outro filme como este, também com Silvana Pampanini, e aí estão quatro — é definitivamente uma versão italiana de Tin-Tan. Seus recursos e seu grosso estilo histriônico são exatamente iguais. É um palhaço de circo suburbano elevado à categoria de ator cômico, como seu aristocrático compatriota de nome tridimensional, o príncipe Totó. Em compensação, como ator dramático e nas mãos de um bom diretor, Walter Chiari é um ator aceitável, como se demonstrou na versão francesa de *Amar-te é meu destino*, de Jean Delannoy, quando desempenhou o papel que na versão italiana coube a Daniel Gélin.

Sí... Sí... Es él tem um suculento futuro comercial. Para uma seção comercialmente desinteressada como esta, não é outra coisa que uma nova prova das horríveis alternativas do cinema italiano.

O príncipe estudante

Se de fato existisse uma velha prevenção contra o Cinemascope, seria possível demonstrar a falência do sistema com *O príncipe estudante*, uma opereta dirigida pelo mesmo autor de uma anterior opereta medieval, *Ivanhoé*. O autor é Richard Thorpe e neste filme ele dirige Ann Blyth — definitivamente anulada pelas revistas musicais — e Edmund Purdon, a quem uma alegre publicidade apontou como o sucessor de Marlon Brando, só porque substituiu Marlon Brando no papel que este — com excelente julgamento — se negou a fazer em *O egípcio*, que a associação de críticos de Caracas classificou como o pior filme do ano passado.

O príncipe estudante tem sido contestado por ser uma opereta. Mas também por ser uma opereta foi elogiado. Apesar disso, *O príncipe estudante* não é um mau filme por ser uma opereta nem é um bom filme por ser uma opereta. Simplesmente porque não é completamente cinema, nem completamente opereta, nem completamente revista musical.

O príncipe estudante não é cinema porque é Cinemascope, um sistema baseado nos mesmos princípios físicos do cinema, mas com um caráter particular ainda não definido. Os diretores de cinema, obrigados pela necessidade, pelos contratos ou pela mania de novidade, ainda não aprenderam a falar em Cinemascope. Aqueles que primeiro se adaptaram ao novo sistema — muito logicamente — são os cenógrafos, daí porque os cenários de *O príncipe estudante* são o único mérito do filme. O diretor, que nunca foi um bom diretor, mas já fez coisas aceitáveis, limitou-se a dirigir os atores com o pulso inseguro e trêmulo de quem não domina seu idioma. Os atores, entao, responderam da mesma maneira, e para o montador criou-se um confuso problema de ritmo e extensão, que fizeram de *O príncipe estudante* um simples filme experimental.

Não cabe à crítica analisar as deficiências das instalações. Mas no caso de *O príncipe estudante* essas deficiências afetam gravemente a qualidade do filme, de modo que é preciso falar das deficiências das instalações. O rosto em forma de melão — melão em tecnicolor — dos atores de *O príncipe es-*

tudante deve-se, sem dúvida, a um erro das famosas "lentes anamórficas revolucionárias", devido a algum defeito da instalação. Um erro naturalmente passível de correção, mas que neste caso acentua o caráter experimental do filme e do sistema.

Acontece, porém, que *O príncipe estudante* não é também a conhecida opereta fotografada em tecnicolor, porque foi adulterada com canções da moda. Assim como aos verdadeiros cinéfilos não pode agradar que se faça com o cinema uma confusão de cine-opereta e revista musical, é bastante provável que aos respeitáveis amantes da opereta também não agrade uma confusão de opereta e canções populares.

E acontece que também não se pode considerar *O príncipe estudante* como uma revista musical, porque o gênero foi definido pelo paladino de sua apoteose, Samuel Goldwyn, que tinha feito de *O príncipe estudante* algo certamente mais enjoativo e indigesto, mas com mais personalidade. Se aqueles que misturaram Cinemascope com opereta e canções populares acreditaram fazer uma revista musical, a empresa lhes saiu falida. Este é, simplesmente, um filme em Cinemascope, e nada mais.

Inaugurada ontem à noite exposição não-impressionista

Ao ser inaugurada ontem à noite, nas Galerias de Arte El Callejón, a exposição de pintura não-impressionista de Armando Villegas, nosso redator Gabriel García Márquez pronunciou as seguintes palavras:

"Se a prestidigitação servisse para fazer pintores, seria preciso admitir que alguém, vestindo fraque, tenha pronunciado uma frase cabalística e tirado Armando Villegas de uma cartola como se fosse uma lebre de fantasia. Este pintor de hoje tem a mesma voz, mas não é a mesma pessoa que no sábado me ligou e convidou para o *vernissage* de sua exposição. Então — e desde que alguém nos apresentou em uma vaga festa — era simplesmente um homem simples, esmerado no comportamento e no cultivo do bigode, de uma cordialidade quase infantil e uma maneira sobrenatural de desaparecer das reuniões.

"Como pessoa, como amigo, como companheiro de festas ocasionais, fazia-lhe falta, pelo menos, um defeito. Necessitava uma deformação notável, um sobrenome espetacular, uma maneira indiscreta de sorver a sopa, para eliminar essa impressão de carta sem erros de ortografia que me produziu sempre.

"Mas há 24 horas entrei neste maravilhoso beco sem saída, conheci estes quadros de Armando Villegas, e subitamente tive a sensação de haver penetrado sem licença em sua vida privada. Compreendi que durante todo este tempo tinha sido um incauto, enredado na delicada trama de sua discrição.

"Há alguns anos, quando chegou de Pamabamba, seu povoado do Peru, Armando Villegas organizou uma exposição que, merecidamente, não chamou a atenção de ninguém. Em seguida, participou de exposições coletivas, sem obter qualquer destaque. Seus quadros de agora demonstram que ele mesmo concordou com seu fracasso. E demonstram que em lugar de andar pelos cafés para convencer os céticos da beleza de seus quadros, ele se fechou para lutar contra si próprio, para progredir em segredo, para se limpar por dentro, perseguindo formas e cores e suando óleo de linhaça.

"O ambiente de ilusionismo que tem sua revelação, esta aparência de que alguém de fraque confundiu a frase de tirar coelhos com a frase de tirar pintores, é uma conseqüência daquela surda e fecunda batalha interior. Com essa cara de homem normal demais, rodeado de boa educação por todos os lados, dissimulava em público sua formidável e demolidora conspiração contra seus próprios quadros anteriores. De certo modo, mas de um modo autêntico e nobre, Armando Villegas era um desses personagens despistadores dos romances policiais, que não matam uma mosca, que parecem puro material de recheio, e que na última página acabam sendo os criminosos ou os detetives.

"Tenho a satisfatória impressão de estar assistindo ao princípio de uma obra pictórica assombrosa. Os críticos mais exigentes encontrarão nestes quadros o pulso firme de um pintor novo, cuja personalidade é difícil de definir. Parece-me que Armando Villegas está tratando de estabelecer nestes quadros, resolvido em formas e cores, um novo e muito pessoal conceito da realidade; dessa realidade viva, dinâmica mas nada espetacular, especialmente de muito bom gosto, aprendida ou herdada de seu humilde povoado peruano, cujo caráter e cujo esplendor cromático parecem haver sido as fontes de seus primeiros experimentos figurativos.

"O caso de Armando Villegas, um pintor que aprendeu a pintar na Colômbia, é um sintoma, que devemos considerar definitivo, de que aqui está acontecendo um fenômeno estético do qual não nos temos apercebido, todos os colombianos que estamos na obrigação de apreciá-lo: nossos pintores aprenderam a pintar. E creio que isso se deve, pelo menos à segunda vista, a que nenhum grupo da nova geração está assumindo sua vocação e tratando de dominar as ferramentas do seu ofício com tanto fervor, com tão desesperada convicção, mas especialmente com tanta seriedade, como os jovens pintores.

"Até mesmo nos casos em que os resultados não são satisfatórios, é um belo e exemplar espetáculo o deste grupo de pintores, que está pintando sem trégua, quase como se estivesse convencido de que um bom quadro ou um mau quadro é, de qualquer forma, uma coisa que se pode consumir. Desta obstinada e ofegante equipe — que muito especialmente a galeria de arte *El Callejón* estimula — saiu Armando Villegas, com estes quadros que, no meu modo de ver, devem figurar entre os mais interessantes que se fizeram na Colômbia. Interessantes, inclusive, para aqueles que não decidiram ainda onde começa a pintura moderna e onde terminam as palavras cruzadas."

O cinema em Bogotá. Estréias da semana

Désirée, o amor de Napoleão

É fácil entender por que Marlon Brando — sem dúvida o melhor ator norte-americano — declarou, em relação a sua atuação neste filme, que "a maquiagem não o tinha deixado trabalhar". Depois de ter sido dirigido por Elia Kazan em *Um bonde chamado desejo* e *Viva Zapata!*; por Joseph Mankiewicz em *Júlio César*, e por Laszlo Benedeck em *O selvagem*, não se podia esperar que um diretor convencional como Henry Koester — autor de *O manto sagrado* — pudesse dominar e amoldar a um personagem difícil e manjado o vigoroso temperamento de Marlon Brando. Por outro lado, o magnífico ator não deve ter se sentido confortável, metido em um compromisso que o obrigava mais a se parecer fisicamente com Napoleão, para não decepcionar os produtores, que a recriar o formidável personagem histórico.

A falha maior do filme, do ponto de vista cinematográfico, é o aborrecimento, a absoluta indiferença do protagonista, que não fez outra coisa senão cumprir seu contrato, salvo na cena em que Bernadotte pede permissão para mudar de nacionalidade. Nesse instante há um brilho de vigor dramático, que se deve exclusivamente a Marlon Brando. O resto do filme é uma sucessão de frios e coloridos cartões-postais, que não despertam, em nenhum momento, a emoção nos espectadores mais ingênuos. E neste caso, a história de Napoleão foi falsificada, não — como ocorre quase sempre — para aumentar a carga dramática, mas para que o público tenha noventa motivos para bocejar.

O Cinemascope inaugurou a era dos cenógrafos. Griffith, em seu memorial histórico, *Intolerância*, construiu os maiores e mais espetaculares cenários da história do cinema, mas nem por isso se considera aquela época como o grande momento dos cenógrafos. Esse momento foi propiciado pelo Cinemascope, um curioso sistema que menosprezou todos os valores primordiais do cinema e colocou, em troca, no primeiro plano da atenção os valores secundários. Em *Désirée, a amante de Napoleão*, como em *O príncipe estudante*, cenário é a única coisa apreciável.

Supondo que o livro da escritora austríaca Annemarie Selinko não tenha sido adulterado na versão cinematográfica — como o asseguram aqueles que conhecem o livro —, se deveria admitir honradamente que os realizadores de *Désirée* não são os responsáveis intelectuais do que parece ser uma protuberante desfiguração histórica. Mas são os responsáveis materiais por colocar em circulação, aproveitando a avassaladora popularidade do cinema, uma série de fatos duvidosos e sobretudo uma tese histórica que se pode considerar como a apoteose do traidor.

Mas há mais: o assustador, do ponto de vista estritamente cinematográfico, é a prosa insubstancial e insignificante com que se contou a história, a superficialidade do drama, o que se deve principalmente à absoluta falta de domínio e penetração de um roteirista e um diretor que ocuparam todo o seu tempo em observar os detalhes técnicos, com lamentável menosprezo da intensidade e do poder de persuasão do filme.

Aqueles que consideram que a ausência do *close-up* no Cinemascope é lamentável apenas para a literatura especializada, não encontrarão explicação para a frieza da cena em que Désirée surpreende Napoleão na casa de Josefina, ou para a absoluta falta de emoção da autocoroação. Essas cenas — em que se destacam os erros típicos do filme — são o resultado de terem jogado fora, em troca de uma porção de inovações técnicas, as grandes conquistas do cinema como meio expressivo. *Désirée* poderia ser suficiente para pôr fim ao formidável e merecido prestígio de Marlon Brando se não se conhecessem os motivos que obrigaram o grande ator a participar deste desastrado filme.

Meu ofício é matar

Fred Zinneman imaginou que Frank Sinatra poderia ser ator depois de ter conquistado uma extraordinária popularidade como cantor. Isto é, imaginou exatamente o contrário do que pode imaginar um produtor de Hollywood, e teve êxito, dirigindo-o em *A um passo da eternidade*. Já consagrado como ator, Frank Sinatra confirma seu segundo e nascente prestígio em *Meu ofício é matar*, um filme que pelo aspecto da organização da trama é uma desbotada versão de *Matar ou morrer*, feita segundo o ponto de vista dos criminosos e não do ponto de vista da justiça, como aquela.

Meu ofício é matar é um clássico filme de suspense, sem a mestria de Hitchcock, mas muito acima da mediocridade. Admite-se que os elementos com os quais se estabelece o *suspense* são os mais vulgares nas populares novelas de mistério, mas em compensação, a condução da trama é emocionante e limpa, e a compenetração de Frank Sinatra com seu personagem é realmente notável.

A justificação psicológica do assassino é válida neste caso. "Na guerra me davam uma medalha para matar, e aqui me condenam", diz o protagonista, um doente mental, desmoralizado pela guerra. Por esse aspecto, *Meu ofício é matar* é um importante libelo contra os campos de batalha, e graças a ele a ação não é inteiramente gratuita, como é freqüente nos filmes deste tipo.

Descontado o falso final feliz, este filme é um remanso na enxurrada de maus filmes que estamos padecendo. São desculpáveis uns quantos recursos infantis, em troca da dignidade e da habilidade com que foi contada a história, com muito respeito aos materiais próprios e exclusivos da arte cinematográfica.

Amarte es mi pecado [Amar-te é meu pecado]

Há um velho filme mexicano, *Amar fue su pecado* [Amar foi seu pecado], que é muito melhor que este filme italiano em cujo título só foram modificados os tempos verbais. Sergio Gresco, o diretor, não figura na lista de discípulos de Rafael Mattarazzo e Mario Bonnard, mas deve-se incluí-lo. Em dois filmes de Mattarazzo — *Tormento* e *Los hijos de nadie* — a protagonista veste hábitos religiosos quando já não há outra solução para seu drama. Esse recurso, que vem da velha e enjoativa tradição melodramática, é utilizado por Sergio Gresco em *Amarte es mi pecado*, o que, naturalmente, não se poderia considerar como uma culpa se o diretor tivesse conseguido dar um tratamento original ao gasto recurso. O insuportável é que as coisas acontecem como sempre, e a gente não sabe se o que está presenciando é um velho filme ou uma colcha tecida com os piores pedacinhos do pior cinema do mundo.

Curiosamente, este filme leva em seu interior a própria crítica. Há um momento em que o melodrama alcança o seu clímax e a protagonista principal confessa seu estado de espírito diante de uma alegre e despreocupada amiga. E a amiga comenta: "Você está apaixonada como na ópera." E é exatamente como na ópera que essa criatura angelical está apaixonada, e isto nem a evidente espontaneidade de Luisa Rossi consegue superar.

Não há mais o que dizer. Aqueles que assistirem à exibição de *Amarte es mi pecado* não precisam senão acompanhar os comentários de Valeria às ridículas manifestações da amiga, que não parece posta ali pelos produtores mas pelos críticos italianos. Em tais comentários estão expostos, em resumo, os defeitos do filme. E é, para o público, uma grande vantagem esta novidade dos filmes, que passam a incluir seu crítico dentro deles mesmos. E é também uma vantagem para os críticos, que assim evitam o trabalho de serem tão auto-suficientes. Com uma auto-suficiência que aborrece.

MARÇO DE 1955

O cinema em Bogotá. Estréias da semana

A nave da revolta

Os críticos literários certamente têm apontado as diferenças fundamentais entre os romances do pós-guerra europeus e os romances do pós-guerra norte-americanos. Também eles, certamente, têm apontado as causas dessas diferenças, entre as quais não se poderia omitir a circunstância de que o povo norte-americano e o povo europeu sofreram a guerra, seus horrores e sua destruição, de modos muito diferentes. Para o povo europeu, um romance de guerra sem guerra, como *A nave da revolta*, deve ser impenetrável, árduo e sem interesse, como o é para nós. Mas para o povo dos Estados Unidos deve ser exatamente o contrário, por alguma coisa que diz mais respeito ao patriotismo que à literatura, ao sentimentalismo que ao bom gosto. *A nave da revolta* baseou seu êxito no ambiente de revelação confidencial com que o autor soube cercar um relato que talvez seja inteiramente fictício, mas que se propõe oferecer ao leitor a oportunidade de fazer uma incursão fácil e profunda nas intimidades de algo que exalta o sentimento patriótico e também um pouco o sentimentalismo patriótico do povo norte-americano: a Marinha. Por isso *A nave da revolta* foi um *best-*

seller, o que não quer dizer que seja um bom livro, mas quase completamente o contrário: um livro que se vendeu. E um livro que muito se vende tem que servir de base, necessariamente, a um filme que muito se vende. Segundo esse ponto de vista, a versão cinematográfica de *A nave da revolta* é uma versão fiel, respeitosa e notável.

Dmytryk, o diretor a quem se encomendou a realização do roteiro, é um dos melhores de Hollywood; Humphrey Bogart e José Ferrer, dois de seus melhores atores. O produtor não economizou um dólar nesta empresa de seguros e suculentos dividendos. Mas era comercialmente perigoso introduzir na obra literária modificações que, de certo ponto de vista, eram indispensáveis, e teriam feito de *A nave da revolta* mais que uma estrita transposição do romance para o cinema, uma interpretação cinematográfica do drama, que é o que teria preferido um verdadeiro criador de cinema.

Em primeiro lugar, *A nave da revolta* começa com meia hora de antecipação. Nenhum, mas absolutamente nenhum dos detalhes do preâmbulo tem uma justificação nos acontecimentos centrais. Se se entende que o centro do interesse é constituído por: a) os fatos da sublevação a bordo do caça-minas; b) as causas imediatas ou mediatas dessa sublevação e, finalmente, c) suas conseqüências.

Um espectador razoável não encontra explicação para o significado do longo preâmbulo deste filme:

1. O comandante, que em seguida é substituído pelo comandante Queeg.
2. A noiva e a mãe do novo oficial.
3. O passeio ao campo do jovem oficial com a noiva, a cascata de fogo, o café da manhã no hotel campestre, o casamento frustrado e tudo o mais.
4. As idas e vindas do caça-minas antes da chegada do comandante Queeg, idas e vindas inteiramente gratuitas.

O filme começa realmente quando Queeg assume o comando e acaba no momento da absolvição. E demasiado também é o moralizante epílogo, o extraordinário epílogo, a cargo de José Ferrer, quando o formidável ator porto-riquenho demonstra, uma vez mais, seu extraordinário talento, mas já fora do contexto. Todo o epílogo é uma formidável obra de teatro de um único ato e a cargo de um só e excelente ator. Mas é dispensável no filme.

Tudo isto admitido, *A nave da revolta* se reduz a um filme de uma hora, aceitável do ponto de vista de um correto artesanato, que assegura o interesse e permite apreciar um bom trabalho de Humphrey Bogart. Em síntese: todo o drama é a preparação dos elementos do processo final, como tantas vezes se vê no cinema; um processo que, neste caso, não está entre os melhores, exceto no instante em que o personagem protagonizado por José Ferrer interroga o que Humphrey Bogart interpreta.

Reduzido a tais extremos, resta apenas analisar a validade dos fatos centrais — ou seja, os antecedentes do julgamento, os preparativos e o ato da sublevação — e a validade psicológica dos personagens. Se o diretor não tivesse pretendido basear o drama na psicologia dos personagens, esse seria um aspecto sem importância para a crítica. Mas ele o pretendeu, fez disso um dos alicerces do filme, de maneira que não é possível ignorar esse aspecto.

As revistas de divulgação científica transformaram a psicologia e a psiquiatria em ciências de bolso, ao alcance de todos. Lendo revistas de 25 centavos, qualquer um se sente capaz de especular sobre psiquiatria. Freud deve ser um *best-seller*, a julgar pela maneira como qualquer pessoa, em uma festa de aniversário, expõe as bases de suas teorias psicanalíticas, seu código de interpretação dos sonhos e suas explorações científicas na vida sexual dos seres humanos. A personalidade psicopata do comandante Queeg — apesar dos assombrosos esforços de Humphrey Bogart — está baseada em argumentos de revistas. As três bolinhas de chumbo são ridículas, porque parecem um capítulo de psiquiatria vulgarizada. O episódio dos morangos — de um extraordinário valor na literatura de ficção e excelentemente realizado no filme — torna-se ridículo no instante em que o primeiro-piloto extrai dele uma interpretação psiquiátrica. De tudo isso resulta falsa a personalidade do comandante Queeg, que como simples ser humano, calejado e disciplinado lobo-do-mar, já era um personagem extraordinário, sem a necessidade de complicá-lo com especulações psiquiátricas a cinco centavos.

Curiosamente, o único personagem com legitimidade psicológica, conduzido com segurança do princípio ao fim, é um dos mais fracos do drama: o primeiro-piloto, interpretado com decoro por Van Johnson. O novo oficial é inseguro, pouco convincente. E o oficial-escritor, que parece um personagem autobiográfico, deve ser em realidade um personagem autobiográfico. Um drama como este só podia ser concebido por um homem assim, um marinheiro-escritor que não é completamente marinheiro nem completamente escritor. Sua obra seria igual a este filme: atulhada de detalhes inúteis, pretensões científicas, desnecessários circunlóquios mas com formidáveis esplendores, como se houvesse sido concebida entre os imprevistos violentos e a impalpável curiosidade da navegação.

Em síntese, é justo dizer que *A nave da revolta* é a obra de um bom artesão do cinema, porém nada mais. A tempestade e a sublevação, que fazem o instante culminante do drama, hão de ser lembradas como um acerto técnico formidável, com a eficaz colaboração de Humphrey Bogart. Por esse aspecto, não há um instante de *A nave da revolta* que não seja correto. No mais, é longo e aborrecidamente convencional. Tão aborrecido como esta crônica, como ter tido que escrevê-la para justificar um ponto de vista que, de outro modo, poderia ter parecido arbitrário.

Matar ou morrer

Deve-se considerar um acontecimento o relançamento de *Matar ou morrer*, de Fred Zinneman, e que, embora visto pela sexta vez, parece invulnerável. Todos os elementos concorreram para fazer deste um filme excepcional: a história magistral, com uma força interior de tragédia antiga; a direção segura, de uma maravilhosa sensibilidade; o roteiro correto, inteligente e minucioso; a música, de assombrosa sabedoria; a montagem, de uma alta qualidade sinfônica; e o inesquecível desempenho de Gary Cooper. Até nos mais insignificantes efeitos sonoros, como naquele apito de trem como jamais se viu um trem tocando na realidade, percebe-se o propósito de fazer um filme sem falhas, como este.

A grandeza deste filme tem sido realçada exatamente por sua simplicidade. E essa simplicidade tem sido sublinhada pela fotografia, que é de uma expressividade natural, sem efeitos espetaculares, sem rebuscamento, sem alardes de nenhuma espécie, mas notavelmente sábia no achado dos ângulos e enquadramentos.

Desse precioso concurso de elementos precisos obteve-se este filme implacável. Uma obra que é ao mesmo tempo simples e sólida, como as grandes obras-primas.

A natureza decide o velho pleito entre Puerto Colombia e Bocas de Ceniza

DIANTE DA DESTRUIÇÃO DA PROTEÇÃO DA BAÍA, JÁ SE PENSA NOVAMENTE EM CONTINUAR A OBRA DE BOCAS DE CENIZA. A BATALHA INACABADA.

A destruição da barra protetora da baía e a arremetida do mar contra Puerto Colombia parecem ter decidido a antiga, apaixonada e um pouco acadêmica controvérsia sobre a conveniência de Bocas de Ceniza. O pitoresco porto do Atlântico, com suas ruas sinuosas e suas velhas casas cobertas de pó e salitre, por onde até há vinte anos penetraram no país as saudáveis correntes migratórias do progresso, é hoje uma relíquia histórica ameaçada pelo mar. O extenso quebra-mar, construído por iniciativa do engenheiro cubano Francisco J. Cisneros, em 1893, que se internava três quilômetros no mar e desfrutou do prestígio de ser um dos mais longos do mundo, é, na atualidade, uma arruinada plataforma de ferro e madeira. No atracadouro dos gigantescos e suntuosos transatlânticos, no mesmo lugar em que um trem portátil, que parecia um trem de brinquedo, recebeu durante muitos anos toneladas de civilização e progresso, os meninos aprendem a procurar caramujos com a água pelo joelho, em uma diversão que até há poucos dias — segundo se dizia em alguns círculos — tinha custado à nação vários milhões de pesos.

Ainda que seja uma casualidade

A atual situação de Puerto Colombia cancela a polêmica sobre Bocas de Ceniza e cientifica a nação sobre a necessidade de continuar a obra começada há quarenta anos e ainda inacabada. Aqueles que abandonaram um porto natural para construir um dispendioso porto artificial revelam-se agora como um grupo de visionários. Se não se tivesse preservado a tempo Bocas de Ceniza, por se haver ampliado as instalações de Puerto Colombia, com o maciço investimento que essa ampliação significava, a estas horas o país teria perdido uma de suas portas mais importantes no Atlântico. O investimento estaria perdido irremediavelmente, e do dia para a noite Barranquilla teria deixado de ser um porto marítimo. A tese de que Bocas de Ceniza foi uma loucura, uma custosa novidade, que o sensato teria sido reforçar Puerto Colombia e ligá-lo a Barranquilla através de uma moderna auto-estrada, foi derrotada por um indefensável golpe do mar. Quando entrou em operação, Bocas de Ceniza não custou, na verdade, os 23 milhões de pesos que nesse mesmo tempo produziu para a nação. Muito provavelmente, custaria agora bem mais salvar as instalações de Puerto Colombia.

Puerto Colombia substituiu Bocas de Ceniza

A derrota dos argumentos em favor de Puerto Colombia pode ser considerada agora como um capricho da casualidade, um acidente que, na verdade, os autores de Bocas de Ceniza não previram. Mas, de qualquer modo, os fatos estão evidentes e é oportuno lembrar agora que os estudos literários, sentimentais e técnicos sobre Bocas de Ceniza, a idéia de convertê-la na via definitiva, começou muito antes da existência de Puerto Colombia. Barranquilla é uma cidade sem história. Mas agora que seus escassos e rotineiros dados biográficos estão intimamente ligados à sorte de Bocas de Ceniza, pensa-se com razão que a história de Barranquilla é a mesma insegura, acidentada mas persistente história de Bocas de Ceniza. Uma história que começou em 1501, quando dom Rodrigo de Bastidas descobriu a revolta e cinzenta desembocadura do rio Magdalena, e 21 anos depois, quando dom Jerónimo Melo penetrou nela pela primeira vez. Se a história fosse escrita de suas verdadeiras origens, Barranquilla seria considerada uma cidade colonial, que começou a existir antes que tivesse nome, ruas e casas e habitantes e autoridades, no instante mesmo em que se comprovou a navegabilidade de Bocas de Ceniza. Essa remota comprovação foi a primeira pedra na fundação de uma cidade que teve forças para subsistir e prosperar, aferrada à esperança de Bocas de Ceniza.

Quando não teve mais remédio

Já se disse que Barranquilla se empenhou cegamente naquela obra. É verdade, mas apenas em parte. A história demonstra que os *barranquilleros* começaram a batalhar seriamente pela realização de Bocas de Ceniza quando já era materialmente impossível encontrar outra via para substituí-la. No século passado pensava-se em Bocas de Ceniza, mas bastou que se encontrasse outra comunicação com o mar — pelos canais de Ciénaga — para que se desistisse do empreendimento. Até 1872 — quando se construiu a ferrovia Barranquilla-Salgar — não se voltou a pensar em Bocas de Ceniza. E embora o Congresso de 1876 as tenha habilitado legalmente para o comércio internacional baseado na comprovação de que por ali tinham penetrado, sem problemas, 106 navios e 453 barcos a vela, em 1893 voltou-se a abandonar o projeto, simplesmente porque se pensou que era mais prático que os navios atracassem em Puerto Colombia, enquanto fosse possível. Então se construiu o quebra-mar, o porto desfrutou de uma prosperidade explicável numa época em que o tráfego internacional era notavelmente inferior ao atual, e então tudo pareceu indicar que a razão esteve sempre com os inimigos de Bocas de Ceniza. De modo que Bocas de Ceniza não substituiu Puerto Colombia, mas exatamente o contrário.

O quebra-mar do povo

Em meio ao esplendor de Puerto Colombia, esse grupo de profissionais do civismo que sempre existiu em Barranquilla (um grupo combatido e combativo, mas de um fervor e um dinamismo cívicos hereditários), pensava em 1907 que um dia Puerto Colombia seria insuficiente para responder ao crescente progresso do comércio internacional. Se o engenheiro Francisco J. Cisneros não estivesse sepultado no túnel de Puerto Berrío, certamente estaria no quebra-mar de Puerto Colombia, uma obra grandiosa e decisiva em seu tempo. Mas esse quebra-mar teria sido insuficiente para atender ao desenfreado progresso da cidade. Em 1907, esse parecia um pensamento sombrio. E foram necessários cinqüenta anos de luta, de projetos e retificações, de acertos e também de erros, para que se comprovasse que aquele era um pensamento profético.

Uma batalha de todos os dias

Foi então que os *barranquilleros* se empenharam, com uma febril obstinação, em levar adiante o projeto Bocas de Ceniza. Enquanto no Congresso se travavam batalhas oratórias entre congressistas de todo o país, os representantes de Barranquilla tinham um único objetivo: a realização de Bocas de Ceniza. Era uma delegação de congressistas monotemáticos, porque em Barranquilla se fizeram muitas coisas boas e muitas coisas más em cinqüenta anos, mas todas elas nos intervalos da campanha em favor de Bocas de Ceniza. Provavelmente nenhum tema nacional serviu de argumento a tantos discursos como o de Bocas de Ceniza. E com absoluta segurança, nenhuma empresa cívica mereceu maior número de editoriais, artigos, fotografias e debates nos jornais locais, como o projeto de Bocas de Ceniza. Foi uma longa, intensa e acalorada batalha de palavras e papel, de audiências com presidentes e ministros, de aulas nos colégios e até de versos recitados por crianças nas solenidades de fim de ano.

A culpa é de todos

Quando se faz uma minuciosa análise da obra, conclui-se que em todos os percalços sofridos pelo projeto Bocas de Ceniza, em seu longo processo e em seu atual estado de obra inacabada, foi decisiva a circunstância de que havia muita gente tratando do mesmo assunto. Nenhum projeto foi definitivo, e sempre houve misteriosos motivos para que certos acontecimentos benéficos fossem atribuídos, com iguais direitos, à eficácia da engenharia e à Divina Providência.

O primeiro projeto técnico foi elaborado pelo engenheiro hidráulico norte-americano Lewis M. Haupt, em 1907. Foi um esforço de Barranquilla, que os congressistas *barranquilleros*, com a precipitada pronúncia caribenha que seus severos colegas daquela época não entendiam muito bem, expuseram e levaram adiante no Parlamento, à força de persuasão, de pertinácia e, inclusive, com um pouco de saudável, construtiva e indispensável esperteza.

Álbum de autógrafos

O engenheiro Haupt foi o primeiro a assinar o Livro Branco de Bocas de Ceniza, que, em virtude da indiferença com que seria tratado pelos sucessivos governos, deveria se transformar em um álbum de autógrafos, com a assinatura de engenheiros hidráulicos e construtores de todo o mundo.

Depois de haver encomendado o projeto inicial ao engenheiro Haupt, o governo celebrou um contrato com Julius Berger Konsortium, em 1914, para a elaboração de outro projeto. Esse foi o primeiro erro. Se a nação houvesse encarado o problema de Bocas de Ceniza desde o primeiro dia como uma obra vultosa, demorada e difícil, mas absolutamente necessária; se houvesse garantido sua conclusão acima das mudanças de governo, das alternativas políticas, das veleidades dos diferentes e sucessivos administradores, provavelmente Bocas de Ceniza estaria concluída há muito tempo, e também provavelmente teria custado muito menos.

O projeto de Julius Berger Konsortium era o segundo, mas estava muito longe de ser o último e muito mais longe ainda de ser o projeto definitivo. Quarenta anos depois, sobre um montão de projetos, estudos, acertos, erros e retificações sucessivos, voltam à moda alternadamente a tese de que Bocas de Ceniza foi um disparate e aquela que afirma ter sido um acerto profético. E, entretanto, só agora começa a se pensar em um projeto definitivo.

Via-crúcis de Bocas de Ceniza (II)

EM TRINTA ANOS DE LUTA ACUMULARAM-SE MIL TONELADAS DE FERRO VELHO

DE SETE PROJETOS, NENHUM FOI REALIZADO. QUARENTA ANOS DE AUDIÊNCIAS COM O GOVERNO NACIONAL. UMA CONFUSÃO ADMINISTRATIVA. SEGUEM MAIS ASSINATURAS.

Quando no terminal marítimo de Barranquilla, uma vez aberto oficialmente ao trânsito, começaram a atracar navios internacionais, os *barranquilleros* devem ter pensado, depois de trinta anos de trabalhos iniciados, interrompidos e reiniciados, que Bocas de Ceniza era um fato concreto. Da maneira como os jornais deram a notícia e se comentou o acontecimento nas reuniões das repartições e dos cafés, era possível pensar que o velho problema tinha sido definitivamente resolvido. Mas aquilo era só o princípio do princípio, porque ainda faltavam novas empresas inglesas, holandesas, colombianas e mais empresas norte-americanas neste bolo mexido por tantas mãos que tem sido Bocas de Ceniza.

Concurso de técnicos

Um governo durava quatro anos, antigamente. O mandato de um congressista era de dois. Um governador podia durar quatro anos ou quatro dias. Na Colômbia, o que um governo empreende, o seguinte interrompe, modifica ou continua a seu modo. A história de Bocas de Ceniza, com seus clímax e seus abismos, suas indecisões, interrupções e percalços é um reflexo fiel da história da administração nacional nos últimos cinqüenta anos. Têm sobrado idéias, têm sobrado mãos e, às vezes, têm faltado mãos e idéias, mas sempre faltou um plano.

Entre numerosos projetos menores, quatro projetos principais foram propostos para a obra de Bocas de Ceniza:

1. O de Haupt.
2. O de Julius Berger.
3. O primeiro projeto de Black, McKenney & Steward.
4. O segundo projeto de Black, McKenney & Steward.

Dez anos à deriva

Mas não são essas as últimas empresas que participaram do processo sem terem realizado um estudo que se possa considerar definitivo. Em 1939, um grupo de *barranquilleros* constituiu a Companhia Colombiana de Bocas de Ceniza, com um capital de seis milhões de pesos, do qual foram subscritos imediatamente oitocentos mil dólares e se assinou o primeiro contrato com o governo nacional para a execução das obras. Foram então contratados os serviços da Black, McKenney & Steward. Entretanto, foi preciso modificar as leis anteriores que autorizavam a obra, e somente nisso perderam-se três anos. A Lei n.º 6 de 1921 tornou viáveis os trabalhos, mas não pôs um ponto final nos problemas, porque a Companhia Colombiana de Bocas de Ceniza teve que eximir o governo dos compromissos contraídos com ela, de modo que, livre, pudesse contratar a obra com outra empresa: Ulen & Co. Nesses procedimentos perderam-se outros três anos. E, apesar disso, não se realizou uma única linha do projeto preliminar do sr. Haupt, nem se concluiu o projeto de Black, McKenney & Steward. Em julho de 1929 — talvez porque se operaria uma mudança de governo — abandonaram-se as obras sem que a nação levasse em conta o dinheiro ali investido. É o que sempre tem acontecido.

"Sua assinatura, por favor"

Com o dinheiro gasto no envio de comissões a Bogotá para expor as diferentes situações ao governo nacional, Barranquilla poderia ter adiantado consideravelmente a obra de Bocas de Ceniza. Tais comissões começaram há quarenta anos e há apenas quinze dias aqui chegou a última, por via terrestre, tentando demonstrar outra coisa, mas no fundo e embora em última instância pensando em Bocas de Ceniza. Foi assim que dom Roberto Parrish veio a Bogotá, em 1931, para contratar com o governo a obra interrompida em 1929. Graças a esse contrato Bocas de Ceniza pôde se converter em uma realidade menos remota, mas foi preciso que duas novas empresas aparecessem no álbum de autógrafos: a Winston Brothers, encarregada de realizar os trabalhos contratados por dom Roberto Parrish, e a empresa inglesa de engenheiros hidráulicos *Sir* Alexander Cibbs & Partners, interventores do governo. Com essas duas, já somavam seis o número de empresas em vinte anos.

"Névoas do riacho"

Um exame dos projetos elaborados para Bocas de Ceniza ao longo de sua história permite pensar em que até há pouco tempo não houve segurança quanto aos trabalhos permanentes que deviam ser feitos. Postos em ordem, esses projetos parecem uma discussão de técnicos em mesa-redonda.

O sr. Haupt propôs o emprego de um dique de resistência apoiado na língua de terra oriental chamada Punta Faro. O sr. Julius Berger propôs, sete anos depois, adotar um quebra-mar oriental apoiado em Punta Faro, e um dique de guia, que se apoiasse na margem oriental. Em seus primeiros estudos, sete anos depois, Black, McKenney & Steward propôs dois quebra-mares de diferente extensão e convergentes. Passados seis anos, aquela mesma firma, que havia modificado os projetos das duas empresas precedentes, modificou o seu próprio e estabeleceu a construção de dois quebra-mares paralelos em continuação de profundos diques convergentes. Em 1926, quando a Ulen iniciou os trabalhos, Bocas de Ceniza era ainda um montão de projetos, conversações, discursos e conferências acumuladas. Em 1951, 16 anos depois de ter-se considerado concluída a etapa de construção, Bocas de Ceniza era 1.330 toneladas de ferro velho.

Um problema de hierarquia

Durante esses 16 anos, enquanto continuavam chegando ao terminal marítimo navios que pagavam à nação uma polpuda soma de taxas portuárias, a obra de Bocas de Ceniza estava praticamente abandonada e eram muito poucos aqueles que tinham conhecimento disso. Até 1944 tinham sido inúteis as gestões dos *barranquilleros* para que a nação assumisse a conservação dos trabalhos que se consideraram concluídos em 1935. Depois do envio de cada comissão renascia a esperança. Finalmente, uma dessas gestões deu resultado e uma nova empresa apareceu no álbum de Bocas de Ceniza: o coronel Elliot J. Dent, engenheiro hidráulico dos Estados Unidos, que prestou um detalhado informe, precisamente nos momentos em que a tremenda erosão, causada pelos muitos anos de abandono, destruiu 190 metros do quebra-mar oriental. Entretanto, por recomendação do coronel Dent, o governo ordenou, em 1948, a construção de dois contrafortes permeáveis de contração na extremidade do que ainda restava do quebra-mar oriental. Com muito entusiasmo foram construídos sessenta metros e logo sessenta metros mais. Ao chegar a esta altura dos trabalhos descobriu-se que o coronel Dent incorrera em um erro: a força da corrente tornava necessário impermeabilizar com rocha os contrafortes de reforço. Em sua língua, complicada pelos termos técnicos, o coronel Dent quase desejara dizer, mas não o dissera, que o remédio para a destruição de 190 metros de quebra-mar era simplesmente reconstruir 190 metros de quebra-mar.

Seguem mais assinaturas

O coronel Dent também não seria o último. Para remendar os erros de um coronel recorreu-se aos conhecimentos de um general: o general Tyler, que a 14 de fevereiro apresentou um extenso relatório sobre o tema, recomendando reconstruir o quebra-mar destruído, mas conservando, ao mesmo tempo, os contrafortes do coronel Dent. Quando o general Tyler apresentou esse relatório, outra empresa estava escrevendo seu nome em Bocas de Ceniza: a Raymond Concrete Pile Co. E com ela já eram sete.

Por último: coordenação

Esta dispendiosa enumeração de projetos, trabalhos e interrupções permite comprovar que a nação não teve um plano para os trabalhos em Bocas de Ceniza. Com o que custaram tantos projetos, teria podido realizar um só. Com o que custou a correção das obras, teria podido concluir esse projeto há muito tempo. Os *barranquilleros* têm sabido ser influentes. Mas esta influência, embora tenha estado particularmente voltada para a realização de Bocas de Ceniza, precisou ser dirigida para outras reivindicações, porque a obra mais importante de Barranquilla é Bocas de Ceniza, mas nem só de Bocas de Ceniza tem vivido Barranquilla nos últimos cinqüenta anos.

Esporadicamente, os *barranquilleros* podiam exercer uma influência direta sobre as obras. Mas não sempre. As idéias, os projetos e os contratos vinham de Bogotá. Só em 1951 se fez uma coisa que pode ser considerada como um passo decisivo: a administração de Bocas de Ceniza foi entregue à Junta Coordenadora do Porto, uma entidade civil que está pondo ordem e razão à obra. Quando, porém, o governo nacional tomou essa decisão, já era quase, quase tarde demais.

Um passado de ferro velho

A primeira providência da Junta Coordenadora, em 1951, foi despejar as 1.330 toneladas de ferro velho acumuladas em 16 anos de abandono. Durante 11 meses não se fez nada mais que recolher ferro velho. Foram restaurados acampamentos e oficinas, depósitos e equipamento mecânico. Na via férrea, por onde se transportou o material de construção dos quebra-mares, foi preciso substituir cerca de 25 mil dormentes imprestáveis e 18 quilômetros de trilhos.

E isso era como começar outra vez: foi necessário substituir as locomotivas, o martinete flutuante e seus molhes, as lanchas e o rebocador. Vendido em leilão público, todo o longo, acidentado e controvertido passado de Bocas de Ceniza produziu 152 mil pesos. Quarenta anos de ferro velho.

Via-crúcis de Bocas de Ceniza (Conclusão)

UM NEGÓCIO QUE CRIA PROBLEMAS PARA BARRANQUILLA E DINHEIRO PARA A NAÇÃO

"A TRISTE HISTÓRIA DA TRISTE DRAGA." ASSISTÊNCIA TÉCNICA PARA A JUNTA COORDENADORA. A SITUAÇÃO ATUAL.

No contrato que, em 1951, a Junta Coordenadora do Porto de Barranquilla firmou com o Ministério de Obras Públicas, segundo o qual aquela empresa assumia a administração de Bocas de Ceniza, sob a direção do Departamento de Navegação do ministério, transferia-se outro montão de ferro velho que, qualquer dia destes, pode ser vendido em leilão sem que se perca nada senão uma considerável quantidade de dinheiro. Era a famosa, brilhante e imprestável draga *Barranquilla.* Assim começou a triste história da triste draga.

"O governo delega à Junta", dizia o contrato, "e esta aceita, a administração e a conservação de Bocas de Ceniza, o prolongamento do quebra-mar oriental e dos contrafortes números 1 e 2, e a construção do contraforte número 3 e das demais obras novas, adições e melhorias que sejam necessárias e aprovadas pelo Ministério de Obras Públicas, para manter Bocas de Ceniza em perfeitas condições." Incluída nessa solene terminologia contratual, escondida pela torrente retórica, estava a draga *Barranquilla*, um dos grandes escândalos administrativos dos últimos tempos, e também uma das causas por que, durante estes anos todos, tenha pairado flutuando uma idéia acerca da administração de Bocas de Ceniza.

"Um presidente fugitivo"

A Junta Coordenadora do Porto recebeu a draga "no lugar e no estado em que se encontrava, ficando autorizada a dispor dela: vendê-la, trocá-la, introduzir-lhe melhorias etc." Esse era o único item para o qual o contrato com o Ministério de Obras Públicas não obrigava à Junta Coordenadora a solicitar sua aprovação.

Os *barranquilleros* acreditaram, de boa-fé, que se dava assim um passo decisivo para a solução do velho problema, quando surgiram na imprensa de Bogotá, em 1946, os editais de uma licitação de preços para a construção de uma draga destinada a manter em bom estado o Canal de Bocas de Ceniza. A licitação foi adjudicada à Wagner Associated de Nova York. Em novembro de 1949, a draga foi recebida solenemente em Puerto Arturo. Em dezembro do mesmo ano, foi recebida com igual solenidade em Barranquilla. Desta data aos dias de hoje, o único serviço efetivo que ela prestou foi transportar o dr. Mariano Ospina Pérez, para que o presidente pudesse ir do aeroporto ao Country Club sem necessidade de passar pelo centro de Barranquilla.

"A amada imóvel"

O inesquecível escândalo nacional teve início poucos meses depois de haver chegado a draga de Puerto Arturo, quando se comprovou que a capacidade de suas caldeiras era insuficiente para o trabalho. Nessas condições foi recebida pela Junta Coordenadora do Porto, convencida de que bastaria ampliar a capacidade de suas caldeiras para resolver o inconveniente. Em razão disso, duas novas empresas apareceram no álbum de autógrafos de Bocas de Ceniza: a do perito em dragas marítimas Henry A. Hayward, engenheiro consultor do Corpo de Engenheiros dos Estados Unidos, e da Combustion Engeenering, que recomendaram, para ampliar a capacidade de vaporização, a instalação de um economizador e tubos de água nas paredes dos fornos.

A draga iniciou a viagem de regresso a suas origens em 1952. E permaneceu vários meses nos arsenais da Bethlehem Steel Corporation, em Hoboken, Nova Jersey, submetida a reformas que, substancialmente, equivaliam a construir uma nova draga. Em 1953 retornou a Barranquilla, quando ainda não tinham sido esquecidos os últimos comentários daquele escândalo. A draga vinha mais famosa, mais brilhante e mais veloz que da primeira vez. Mas ainda não servia para nada.

Uma história de pescadores

Do escândalo nada foi esclarecido. Os jornais de Barranquilla desencadearam uma violenta contra-ofensiva diante da campanha dos jornais de Bogotá, unicamente pelo temor de que a campanha paralisasse uma vez mais a obra de Bocas de Ceniza, pela primeira vez em muitos anos prestes a uma franca e definitiva retomada. Agora parece que nada conviria mais, tanto a Barranquilla e a Bocas de Ceniza, que o esclarecimento do negócio feito com a draga, negócio em que não esteve comprometido qualquer *barranquillero.*

O problema estava na licitação. Reservadamente, como um boato, chegou a se dizer que ela foi vencida por um cidadão norte-americano que nunca em sua vida tinha visto uma draga e se dedicava ao negócio da pesca em Buenaventura. Isso se disse, e muitas outras coisas mais, mas entre a censura de imprensa e a falta de acesso às fontes de informação silenciou-se a estrepitosa campanha de denúncias. Foi um erro, um prejuízo para Barranquilla, a quem se culpa por um negócio que não envolveu nenhum de seus filhos.

Um final feliz para a triste história

Nos dias de hoje, a draga *Barranquilla* está ancorada no cais de Las Flores, a três quilômetros da cidade. E é um belo espetáculo para os turistas. Os *barranquilleros* sabem que é um calhambeque suntuoso, mas imprestável aos fins para os quais foi comprado. Eles, porém, temem revolver o escândalo, pela mesma razão que tentaram evitá-lo e o bloquearam quando foi promovido.

Em certa época do ano a draga trabalha em Bocas de Ceniza. Seu rendimento, entretanto, não é bom. Não compensa os gastos com seu funcionamento, pois o que se precisa ali é de outro tipo de draga. A Junta Coordenadora do Porto pode estar certa de que nada acontecerá se se desfizer da draga e investir o dinheiro em alguma coisa mais útil a Bocas de Ceniza, alguma coisa que não seja esse capital morto, hoje em dia ancorado no cais de Las Flores. Seria esse um final feliz para a triste história da triste draga.

Que dizem os engenheiros?

Hoje, Bocas de Ceniza entrou em um período de recuperação, com o prolongamento do quebra-mar oriental e a respectiva contração do leito do rio. Nos últimos anos, a profundidade do leito variava consideravelmente em poucas horas. Frente às suas bocas, viam-se navios ancorados, dias inteiros, à espera de que os encarregados da sondagem indicassem o novo e imprevisto leito. Algumas empresas de navegação estrangeiras deixaram ao arbítrio dos comandantes de suas naves a chegada ao Terminal Marítimo, e a maioria deles descarregou em Cartagena a carga destinada a Barranquilla.

Nessa situação estava Bocas de Ceniza, a 30 de junho do ano passado, quando, intempestivamente, rompeu-se a linha de vinte pés na barra e os mapas de sondagem começaram a oferecer um panorama otimista. Alguns atribuíram a mudança favorável a uma nova intervenção da Divina Providência. Os engenheiros têm outra opinião.

Dizem que tudo está bem

Os engenheiros demonstram, com os mapas de sondagem sobre a mesa, que a linha de vinte pés foi rompida no dia 20 de junho porque naquele dia concluiu-se a construção da obra de madeira. E reforçam seus argumentos: a 14 de julho, quando o entrocamento chegou à curva, obteve-se um canal navegável pelo meio do rio, de 23 pés de profundidade. Durante muitos anos não se havia alcançado uma situação como essa. E esse quadro permanece. Agora os navios internacionais penetram por Bocas de Ceniza sem qualquer obstáculo, por um canal de mais de duzentos metros de largura, com uma profundidade mínima de 24 pés. O rio, que antigamente depositava uma barra de areia na desembocadura, arrasta agora a areia para o mar, graças ao prolongamento do quebra-mar oriental e à contração do leito. Esse tinha sido o eterno problema de Bocas de Ceniza.

Um bom negócio

Apesar da negligência com que os sucessivos governos procederam a respeito de Bocas de Ceniza, apesar da falta de unidade e de continuidade da obra, ela já rendeu à nação muito mais dinheiro do que custou. Toda a carga importada ou exportada que passa por Bocas de Ceniza paga taxas alfandegárias. Desde 1936, ano em que foi estabelecido esse direito de cobrança, rendeu à nação 32 milhões de pesos. Nos últimos três anos, rendeu dois milhões de pesos anuais.

Uma obra inacabada, acidentada e descontínua viu aumentar a importação em 140% nos últimos cinco anos. No mesmo prazo, a exportação aumentou em 72%. Estes números obrigam a pensar que não é possível abandonar a obra de Bocas de Ceniza, custe o que custar, e com a segurança de que, com ordem, continuidade e uma boa assistência técnica, custará muito menos do que se imagina.

O ponto final

As notícias mais recentes indicam que os representantes da Junta Coordenadora do Porto, que há 15 dias visitaram Bogotá, conseguiram uma autorização oficial para contratar, com uma empresa estrangeira, a assessoria técnica permanente. As informações dão conta ainda de que essa empresa "deve estar classificada entre as de autoridade mundial na matéria e o Ministério de Obras Públicas fornecerá a lista de tais empresas que, a seu critério, podem prestar esse serviço na forma eminentemente técnica e eficaz que se deseja".

E em tal estado encontra-se a obra de Bocas de Ceniza hoje. Virão novas empresas, mas Barranquilla e o país esperam que sejam as últimas empresas que levem a obra a seu término. Afinal de contas — ainda que outros fatores não estimulem a nação —, é preciso considerar que Bocas de Ceniza é um bom negócio.

O náufrago sobrevivente passou 11 dias em uma frágil balsa

COMO A NOIVA E OS PARENTES DO MARINHEIRO VELASCO RECEBERAM A NOTÍCIA

A família de Luis Alejandro Velasco vive em Bogotá, na casa número 24-24 sul, da *carrera* 20, no bairro de Olaya. A família é composta pelo pai, Alfredo Velasco, um construtor de 51 anos, que há 12 construiu a casa em que mora; Emilia Martínez de Velasco, sua mulher em segundas núpcias — com quem se casou há dois anos — e com quem tem uma filha de quatro meses, Luz Stella. O outro habitante da casa é Dolores de Zipa, de 24 anos, casada, que está aprendendo a costurar na casa da frente, onde fica o único telefone da quadra: 66962. Dos membros da família, não moram naquela casa: Luis Alejandro, o marinheiro que até ontem era considerado morto, e María Luisa, de 14 anos, a única pessoa que até ontem o acreditava vivo, porque ninguém levou a ela a notícia do acidente no internato do Colégio La Presentación, de Ubaté, onde faz a quarta série ginasial. Os dois são filhos do primeiro casamento.

Na casa de Alfredo Velasco há uma oficina de sapateiro. E o sapateiro foi o primeiro a saber que Luis Alejandro Velasco não tinha morrido, porque ouviu um passante dizer que alguém dissera a alguém que ouvira a notícia no rádio. Mas o sapateiro não teve tempo de dar a notícia à família, às 13h45, porque nesse mesmo instante Dolores de Zipa a recebia, pelo telefone, na casa da frente. O pai a transmitia de algum ponto da cidade, onde a tinha ouvido pelo rádio, mas não ligava com tanto interesse para dar a notícia, queria era pedir que lhe mandassem roupa ao aeroporto porque ia a Cartagena, como de fato foi.

O chocolate da felicidade

Entretanto, quando Dolores de Zipa atravessou a rua e deu a notícia à madrasta, de cama havia cinco dias, em conseqüência de um resfriado, esta já estava ciente. Todo o bairro já sabia, e metade do bairro fora dar-lhe a notícia, embora a mulher de dom Alfredo Velasco tenha um aparelho de rádio na mesa-de-cabeceira. Só que, tão logo se soube que Luis Alejandro sofrera um acidente, ela tornou a ligá-lo não para ouvir música, mas sim notícias. E quando as esperanças de encontrá-lo foram perdidas, não voltou a ligar o rádio nem para música nem para notícias. A casa estava de luto desde a terça-feira anterior. E ontem, mesmo após se saber que Luis Alejandro havia sobrevivido, ainda continuava de luto, porque, ante o violento impacto da boa notícia, ninguém pensou em manifestar estrepitosamente sua alegria, nem mesmo em mudar de roupa. A única manifestação insólita observada foi que dona Emilia Martínez Velasco, que havia 12 dias perdera o apetite, levantou-se da cama, ajustou no corpo o suéter negro e pediu uma xícara de chocolate e um pedaço de pão sem manteiga.

Tudo na mesma

Entretanto, ainda que não o tivesse manifestado estrepitosamente, a família de Luis Alejandro Velasco se achava meio aturdida de felicidade. Aquilo que estava acontecendo era como se um cadáver houvesse se levantado do caixão: rcinava na casa uma alegria misturada a susto e confusão. Dom Alfredo Velasco, do comando da Marinha, enviava à mulher sucessivas mensagens telefônicas, para que ela soubesse que estava bem, esperando o avião que o conduziria a Cartagena. A dona da casa da frente trazia as mensagens e regressava com outras, enquanto a apertada, escura e sobrecarregada alcova da sra. Velasco enchia-se de visitas, gente da vizinhança que lá ia manifestar sua satisfação. E a manifestava aos prantos, como se se tratasse de uma visita de condolências.

O segredo das meias coloridas

A notícia do salvamento foi conhecida por todo o bairro. Em compensação, a do acidente, na terça-feira da semana anterior, a madrasta de Luis Alejandro foi a primeira a saber, porque um oficial da Marinha avisou-a pessoalmente. Aí aconteceu alguma coisa semelhante à da véspera. Ante o impacto da má notícia, não houve manifestações efusivas. A família esperou por novas notícias. Acompanhou ansiosa o curso dos acontecimentos, baseada no que publicavam os jornais. Quando o oficial da Marinha deixou a casa, a sra. Velasco e a enteada vestiram-se de preto, mas sem perder as esperanças. Na quarta-feira, embora ainda estivessem esperançosas, foram à igreja de Santo Agostinho pedir que oficiassem honras fúnebres, mas não havia data disponível até o mês de abril. Dirigiram-se então ao convento das irmãs de Santa Clara, dobrando a esquina, e pagaram cinco pesos para que as irmãs rezassem a novena.

No domingo — perdidas já todas as esperanças —, a sra. Velasco e a enteada decidiram ir a Ubaté, para dar a notícia à pequena María Luisa, mas puseram meias coloridas para não assustá-la intempestivamente. No caminho decidiram não dar a notícia a María Luisa, que, ao vê-las, perguntou "se Luis não tinha escrito". Responderam-lhe que não, que ainda não havia chegado dos Estados Unidos. E, mais tarde, passeando pelo jardim do colégio La Presentación, María Luisa confessou-lhes:

— Quando vi vocês vestidas de preto me assustei, pensei que tinha acontecido alguma coisa a papai. Mas depois vi as meias coloridas.

As cartas do marinheiro

Luis Alejandro Velasco escrevia para casa todas as semanas, desde 15 de fevereiro de 1953, quando ingressou na Marinha. E não escrevia só para casa: escrevia para várias famílias do bairro que o viram nascer, e para Clarita Silva, a namorada casual, que mora um pouco mais distante, no bairro Urdaneta Arbeláez. Como todos os marinheiros, tinha o costume de enviar numerosas fotografias: fotografias fardado, junto a um automóvel comprado em sociedade com três amigos; de guarda junto a um canhão das muralhas de Cartagena, ou simplesmente encostado a uma âncora. Esta última ele enviou a Clarita Silva, em uma das cartas que lhe escrevia semanalmente, e lhe escreveu com absoluta regularidade até há três meses, quando, intempestivamente, interrompeu a correspondência.

— É muito orgulhoso — diz Clarita Silva, mas nega-se a explicar que relação tem o orgulho do namorado com a interrupção da correspondência.

Doze horas dançando

No bairro de Olaya — que é uma zona tranqüila ao sul da cidade —, a notícia do salvamento de Luis Alejandro Velasco teve um significado especial: no sábado haverá bailes. Bailes de vizinhos, como nos povoados, que de certa maneira prolongam uma tradição iniciada por Luis Alejandro, rapaz de poderosa compleição física, alegre e cordial, e capaz de dançar 12 horas seguidas. Desde que abandonou os estudos, na terceira série ginasial, ele organizou os bailes do bairro Olaya. Quando foi a Cali, trabalhar com o pai em uma construção, escrevia aos amigos do bairro Olaya sobre os bailes locais. Quando foi a Medellín, escrevia-lhes sobre os bailes daquela cidade. Desde que seguiu para Cartagena, cada amigo que recebe uma carta sua sabe que essa carta, invariavelmente, fala dos bailes de Cartagena. Até o dia 24 de fevereiro esteve em Mobile, Estados Unidos, na tripulação do destróier *Caldas*, e a única coisa de que não gostava naquele país era que lá não se dançava com tanta freqüência como em Cartagena, para onde retornava quando ocorreu o acidente.

Clarita

Ao meio-dia de ontem, a única pessoa que mantinha as esperanças de que Luis Alejandro fosse resgatado era Clarita Silva. Quando, às 18h30, um redator de *El Espectador* a esperou à porta da fábrica de confecções onde trabalha — rua 18 com *carrera* 7ª —, para mostrar-lhe a quinta edição deste jornal que publicava a notícia, Clarita Silva a desconhecia. Mas, ao tomar conhecimento, não deu mostras de alegria, e sim de perturbação. Então se soube que Luis Alejandro não lhe escrevia havia três meses, mas que, apesar disso, ela rezara à Virgem do Perpétuo Socorro todos os dias, durante os últimos dez dias, para que o marinheiro aparecesse. Com toda a simplicidade, Clarita considerou o aparecimento do marinheiro como um milagre que inexoravelmente tinha que acontecer.

— E agora, o que você fará? — foi-lhe perguntado.

— Ora, esperar que venha.

Então, como em todos os dias, como se nada houvesse acontecido, esperou, na esquina da 5ª *carrera* com a rua 18, o ônibus amarelo do bairro Olaya. Mas foi diretamente à casa de Luis Alejandro Velasco.

O cinema em Bogotá. Estréias da semana

A condessa descalça

Joseph Mankiewicz é um dos diretores de Hollywood que tem sabido manter uma decorosa linha de conduta, realizando filmes de boa qualidade, apesar das evidentes exigências comerciais. Não se sabe que inconvenientes de trabalho teve em Hollywood, mas *A condessa descalça* parece denunciar uma ruptura, um ressentimento irreprimível do bom diretor em relação a seus antigos patrões. Este não é um filme feito em Hollywood: foi realizado por Mankiewicz sobre uma idéia concebida por ele e um roteiro elaborado por ele mesmo, e é essencialmente uma descarnada radiografia dos procedimentos empregados por Hollywood para impor uma estrela, e ao mesmo tempo um estudo — evidentemente exagerado — do comportamento de seus magnatas.

Sem dúvida, *A condessa descalça* é um filme frustrante. Em parte por causa da história, em parte pela rude franqueza com que o diretor expôs seus pontos de vista sobre as intrigas em Hollywood. Se não tivesse semelhante intenção, este filme seria uma história simples e talvez bela: uma modesta bailarina espanhola é descoberta em Madri por um produtor de Hollywood e levada por este ao cume de uma fama falsa e pré-fabricada. O clímax é espantosamente melodramático, com o marido incapaz de consumar o matrimônio e, em seguida, o adultério e as complicações palacianas e a morte final da condessa, assassinada pelo marido. O título se justifica: não podendo esquecer a origem humilde, a infância cheia de castigos, a condessa sente uma irresistível tendência a se livrar dos sapatos. Esse detalhe, que teria, de qualquer maneira, um extraordinário valor poético, foi, entretanto, desvirtuado por uma interpretação pseudopsiquiátrica da aversão que a condessa sente por seus sapatos.

O que, em verdade, aconteceu é que Mankiewicz não foi feito para falar um idioma literário. A complicação desnecessária da história, as incidências melodramáticas e, sobretudo, a exuberante narração, que em muitos momentos logra o espectador, denunciam a inabilidade do diretor no manejo dos elementos literários. Os elementos cinematográficos, em compensação, o espectro formal do filme, são realmente admiráveis. Causa uma estranha satisfação ver de novo essa pura escritura de primeiros planos, esses movimentos de câmera, esse prodígio da cor aproveitado com um sentido altamente estético, e essa segura, precisa e humana direção dos atores. Humphrey Bogart, como sempre, inteligente, vivo e ajustado ao papel. Ava Gardner, que definitivamente se torna uma boa atriz, convence com sua compreensão, sua beleza e até com esse leve toque de vulgaridade — comum a todos os seus desempenhos — que muito convém a seu personagem.

Mankiewicz, um bom diretor de cinema, não pôde resistir à tentação de fazer literatura. Mas sua literatura é insuportável. Apesar disso, porém, o bom diretor de cinema está presente em *A condessa descalça*, um filme que poderia ter sido bom se seu autor se tivesse conformado com que fosse cinema.

Amor de outono

Baseado em um romance de Colette — *Amor de outono* —, Claude Autant-Lara realizou um filme que é literal e prodigiosamente uma versão cinematográfica do livro. A prosa de Colette foi traduzida fielmente para a linguagem visual, com seu mesmo estilo tranqüilo e penetrante, seu âmbito de fina poesia e sua recôndita força, que penetra, sem destroçá-las, nas fibras mais secretas do coração humano.

Amor de outono é uma mostra preciosa de bom cinema. Do cinema francês, que parece afastar-se um pouco das modernas teorias e prefere continuar uma linha de discrição e decoro, sem perseguir o espetacular, mas também sem se assustar diante de nada. Dentro dessa linha de equilíbrio, de densidade humana, está esta criação de Claude Autant-Lara, que com ela confirma, mais uma vez, seu prestígio de excelente realizador, com um produto maravilhosamente normal, maravilhosamente parecido à vida.

Magia verde

Um grupo de exploradores e cinéfilos italianos atravessou a América do Sul, pelas selvas do Mato Grosso, com uma filmadora e um gravador. Fotografaram tudo o que viram, gravaram tudo o que ouviram, e retornaram a seus laboratórios de Roma com uma preciosa carga de matéria-prima, que posteriormente foi processada segundo uma organização e uma montagem magistrais.

Algo semelhante fez Walt Disney com *O drama do deserto*. Mas é preciso ter visto estes dois filmes para avaliar as diferenças. A obra de Disney é truculenta. A dos italianos é simples, bela e ilustrativa.

É evidente que falta unidade a *Magia verde*. E isso se explica porque seus realizadores tentaram abranger uma zona geográfica extensa demais, tipos humanos diversos, múltiplos aspectos da viagem. Há pelo menos cinco filmes diferentes dentro dos noventa minutos de *Magia verde*: a reportagem do seringueiro, as danças indígenas, a crônica do casamento peruano, a vaca devorada pelos peixes *caribes*,* e uma série de documentos de extraordinário interesse e bom gosto, captados por um câmera excepcionalmente hábil e oportuno.

Comparado a *Magia verde*, ressaltam e se fazem muito maiores os defeitos e a falsidade de *O drama do deserto*.

**Caribe*, um peixe muito pequeno e voraz, dos rios da Venezuela. (*N. do T.*)

Um diretor italiano em Bogotá

"O CINEMA COLOMBIANO CONQUISTARIA OS MERCADOS DE OUTRAS NAÇÕES DO MUNDO"

O Cine Clube de Bogotá, em sua sessão de terça-feira, apresentou oito documentários sobre artes plásticas. Dois dos melhores — *El arte de la Edad Media en Italia* [A arte da Idade Média na Itália] e *Escultura precolombina de México* [Escultura pré-colombiana do México] — foram realizados pelo dr. Enrico Fulchignoni, chefe da Divisão de Cinema da UNESCO, que há uma semana está na Colômbia, trabalhando em um filme sobre a interessante experiência das escolas radiofônicas de Sutatenza. O dr. Fulchignoni — nascido em 1913, em Messina, Sicília — é formado em medicina e cirurgia pela Universidade de Roma, em cuja Faculdade de Pedagogia foi, posteriormente, professor de psicologia. Mais tarde dedicou-se à direção de teatro, em Roma e Milão, especializado em textos de Sófocles e Ésquilo. Amigo de integrantes do estado-maior do cinema italiano — De Santis, Zampa, Rossellini, Anna Magnani —, realizou, desde 1950, como chefe da Divisão de Cinema da UNESCO, sete documentários de arte, com os quais conquistou o Prêmio Bhichat (1952), o primeiro prêmio do festival de Edimburgo (1953) e o primeiro prêmio do festival de Veneza em 1954, por *Escultura precolombina de México*, apresentada em Bogotá.

Estamos como na Itália

Durante sua breve estada na Colômbia, o dr. Fulchignoni teve a oportunidade de examinar as possibilidades do país, do homem colombiano, como elementos cinematográficos. Em conversas informais com o crítico de cinema de *El Espectador*, manifestou sua perplexidade com o fato de que ainda não se tenha feito bom cinema na Colômbia, especialmente com o maravilhoso material plástico e humano que o país oferece.

— As situações humanas que se apresentam na Colômbia — disse o dr. Fulchignoni — são semelhantes às que a Itália viveu nos primeiros anos do pós-guerra e que deram origem ao movimento neo-realista.

O cinema que se deve fazer

Seu contato direto com os camponeses de Sutatenza permitiu-lhe conhecer rapidamente as qualidades morais do povo colombiano. Como uma inequívoca manifestação dessas qualidades, da saúde mental e da pureza moral do camponês colombiano, o dr. Fulchignoni assinala o fato de que um grupo de agricultores da região tivesse feito, a pé e com seus filhos, uma viagem de cinco horas para conhecer as instalações radiofônicas de Sutatenza.

— Em minhas longas viagens por três continentes, não conheci um povo com um nível de vida inferior ao desses camponeses — disse o dr. Fulchignoni —, mas nenhum outro com suas qualidades morais.

Um pouco como O salário do medo

Tentando interpretar e divulgar cinematograficamente suas observações, o dr. Fulchignoni pensa que o camponês colombiano, autêntica e cruamente levado ao cinema, sem enfeites nem mistificações físicas e morais, seria de um extraordinário interesse universal. E pensa que os temas para excelentes filmes ficcionais de longa-metragem podem ser encontrados, na Colômbia, em cada esquina, mas especialmente nas páginas policiais dos jornais colombianos, que em sua opinião estão à altura de alguns dos melhores da América.

— A melhor maneira de conhecer um povo é lendo as páginas policiais de seus jornais — disse.

E para demonstrar o que afirma, fala do povo colombiano através de duas ou três notícias que leu durante sua breve permanência no país. Como tema de incalculável valor para a realização de um filme comercial de notável qualidade artística, que permita ao mesmo tempo aproveitar o inconfundível caráter do povo colombiano, o dr. Fulchignoni lembra a recente catástrofe de um avião carregado de ouro e platina. Esse tema poderia ser aproveitado para um filme tão intenso quanto *O salário do medo*, com a apresentação e a análise de personagens tipicamente colombianos, que abririam ao nosso cinema as portas mais exigentes do mercado internacional.

Ruídos sul-americanos

Ao longo da conversa, falou-se do interesse que algumas produtoras internacionais têm manifestado, nos últimos anos, pela temática colombiana, e se chegou à conclusão de que essas produtoras só têm interesse pelo aspecto formal, pela simples paisagem colombiana, de notável valor plástico, naturalmente. Os realizadores de *Tentação verde* estiveram uma semana na Colômbia, fizeram algumas tomadas, que equivalem a 10% da metragem total do filme, mas não se preocuparam em explorar o caráter do povo colombiano. O resultado foi uma Colômbia falsa, um país reconstruído no cenário, que não expressa nada das características nacionais.

O dr. Fulchignoni tem outro ponto de vista — um ponto de vista honesto — sobre o cinema que se pode e deve fazer na Colômbia.

— Só com os ruídos das cidades colombianas se pode fazer um filme original, que interesse especialmente ao mercado europeu.

O dr. Fulchignoni, com seu extraordinário senso cinematográfico e sua larga experiência, considera que em nenhum lugar do mundo há um material sonoro mais interessante que o das cidades sul-americanas.

Cinema franco-colombiano

Seu interesse pelas possibilidades cinematográficas da Colômbia não é puramente acadêmico, nem seus pontos de vista se limitam ao terreno especulativo. O dr. Fulchignoni, que no exercício de suas funções visitou toda a América e quase toda a África, não se sentiu, em nenhum outro país, tão decidido a fazer cinema ficcional como na Colômbia.

— O sistema é a co-produção — disse, e está certo de poder interessar produtores franceses ou italianos em uma sociedade com capital colombiano para fazer cinema em nosso país.

A esse respeito, lembra a importância das co-produções franco-italianas e franco-espanholas, que revitalizaram economicamente o cinema europeu e o exemplo inesquecível de *Les orgueilleux*, de Yves Allegret, realizado no México com capital francês e mexicano, e atores dos dois países.

Isto deve ser feito!

O futuro do cinema colombiano está na associação de capitais. A Europa contribuiria, ao mesmo tempo, com sua longa experiência e, certamente, buscaria a colaboração de pessoal colombiano, de onde iria surgindo, pouco a pouco, a equipe que, no futuro, fará o cinema nacional. Estas idéias, expostas pelo dr. Fulchignoni com sua natural veemência italiana, talvez comecem a se converter em realidade no ano que vem. Na próxima semana, o chefe da Divisão de Cinema da UNESCO regressará à sua sede — 90 Rue de Vaugirard, Paris — e está certo de poder interessar, com seus argumentos, os cineastas franceses. No curso deste ano ainda teremos notícias sobre os resultados de sua gestão.

— Estou certo — disse ele — de que este projeto, levado adiante com inteligência e tenacidade, poderá competir com possibilidades com a indústria de todo o mundo.

O problema da crítica

A presença na Colômbia do dr. Fulchignoni coincidiu com a polêmica jornalística sobre a crítica de cinema.

— Este é um problema da crítica em todo o mundo — disse —, mas especialmente nos países sul-americanos.

Ao conhecer os pontos de vista dos críticos colombianos, o dr. Fulchignoni destacou sua coincidência com os de um grupo de críticos sul-americanos, e que mediante um trabalho coordenado poderiam, a curto prazo, impor suas teses ao público.

— Os programas de cinema na Colômbia, em geral, são inferiores aos da África — manifestou, com a advertência de que essa não é uma declaração para publicar.

O cinema em Bogotá. Estréias da semana

Insatisfeita

Baseado em um romance de seu compatriota Alberto Moravia, o diretor italiano Mano Soldati fez um filme correto, um desses filmes irretocáveis do ponto de vista técnico mas normal demais em seu conteúdo. Em tais circunstâncias, o julgamento está quase sempre condicionado ao gosto pessoal do espectador. No nosso caso particular, *Insatisfeita* tem a desvantagem de ser uma história muito conhecida sob diferentes ângulos, um pouco convencional, contada em uma prosa hábil mas desnecessariamente explicativa. A personagem interpretada por Gina Lollobrigida se parece curiosamente com a própria atriz em um nível que permite pensar que o diretor limitou-se a acomodar as tendências naturais de intérprete à personagem, diante da impossibilidade de que ela tomasse posse de seu papel. Isto não é estranho no caso de Gina Lollobrigida, uma atriz que fez sua carreira sobre os turbulentos trilhos dos atrativos físicos, e de quem diretores tão diferentes e notáveis como René Clair e Alessandro Blasetti só conseguiram uma interpretação puramente ornamental.

O filme é contado através da personagem de Gina Lollobrigida. Mas em última instância, e desde o primeiro momento, o personagem mais interessante e, ao mesmo tempo, o mais bem analisado e interpretado, é o professor, abnegado marido de uma mulher que está muito longe de participar dos atributos dele. Gabrielle Ferzetti, o intérprete, desempenha esse papel de uma forma admirável, e especialmente graças à compreensão de um diretor inteligente e profundamente conhecedor do que tem em mãos, deve-se a qualidade, a força dramática, a autenticidade do momento culminante do filme: a cena em que o professor penetra no quarto da filha da dona da pensão. Só essa cena teria podido salvar *Insatisfeita* da mediocridade, não fosse porque, além dela, salvam-no o estilo repousado e seguro, tão seguro como a fotografia, tranqüila e expressiva.

Entre a insuportável produção italiana dos últimos meses, *Insatisfeita* é um filme notável. Nada extraordinário, nada diferente, nada inesquecível, mas de qualquer maneira com muita coisa de bom cinema e, especialmente, com uma honestidade no roteiro e na direção que não podem passar despercebidos em nosso infinito festival de cinema puramente comercial. Se a alguém se deve atribuir o fato de que, apesar de tudo, a história de *Insatisfeita* não tem interesse, esse alguém é Alberto Moravia, que não fez outra coisa senão apresentar um aspecto diferente do caráter de seu famoso *A romana*. Se alguém tem ainda interesse nesse gênero de conflitos passionais, encontrará muitos motivos para se sentir satisfeito com *Insatisfeita*.

Filmes de arte

O Cine Clube apresentou, em sua sessão da terça-feira, um programa que se poderia classificar de desigual, mas talvez seja mais exato e justo classificá-lo de *variado*. Foi uma sessão dedicada exclusivamente a apresentar filmes de arte, aproveitando a presença em Bogotá do chefe da Divisão de Cinema da UNESCO, dr. Enrico Fulchignoni, que cedeu para o ato dois filmes de sua produção: *Escultura precolombina de México* — premiado no festival de Veneza em 1954 — e *El arte italiano de la Edad Media* [A arte italiana da Idade Média]. Especialmente o primeiro é de uma qualidade excepcional, e com o documentário sobre a obra de Toulouse-Lautrec, dirigido por Robert Hessens, e o curta sobre Bracque e seu trabalho, dirigido por André Bureau, constituiu a parte séria e magistral do programa.

A variedade esteve a cargo de três filmes norte-americanos, com indiscutíveis acertos técnicos e involuntários mas formidáveis detalhes humorísticos. Um desses detalhes é a afirmação do narrador do filme *Pintura moderna de los Estados Unidos* [Pintura moderna dos Estados Unidos], de

Hal Fruter: "A atividade pictórica nos Estados Unidos só se pode comparar com o Renascimento italiano." E outro desses detalhes é o do pintor realista que, para acentuar a realidade de seus quadros, examina com binóculos da janela de seu estúdio a multidão que se movimenta pelas ruas. *Pintura abstracta* [Pintura abstrata], com suas pretensões didáticas, é um filme desorientador: o quadro tomado como exemplo não tem nada de abstrato e a interpretação é elementar. Mas, especialmente, perigosamente elementar e falso. Parece um curso de pintura por correspondência.

O mundo é das mulheres

Esta é uma história que começou com o Cinemascope, em *Como agarrar um milionário*. Ao romeno Jean Negulesco, que em algum tempo soube para que servia seu talento, foi encomendado o lançamento do novo sistema com o filme mencionado. O esmagador êxito comercial daquele filme determinou a produção de uma nova versão, corrigida e ampliada, que se chamou *A fonte dos desejos*, e que bem poderia ser chamada de *O filho de como agarrar um milionário*. Agora veio o neto, com diferentes atores, diferentes argumentos, mas com o mesmo estilo, o mesmo conteúdo psicológico e a mesma esperta intenção comercial: *O mundo é das mulheres*, com June Allyson, Lauren Bacall e Arlene Dahl, que equivalem às três garotas de *Como agarrar um milionário* e às outras três de *A fonte dos desejos*. É como fazer variações em torno de um mesmo tema, com três garotas diferentes de cada vez.

Se se tratasse de cinema sério, se se pudesse pensar que Negulesco pensa hoje em dia mais no respeito que deve a si mesmo que na tranqüilidade de sua conta bancária, poderíamos interpretar esta reincidência como a busca de algo que não pôde dizer nos filmes anteriores. O menino de *Ladrões de bicicletas*, o de *A culpa dos pais* e o cachorrinho de *Umberto D.* obedecem talvez ao mesmo mecanismo de concepção, à necessidade de desenvolver indefinidamente uma mesma idéia transcendental. Não são uma repetição, um calculado propósito de arrecadar os mesmos dividendos de um êxito anterior. Como evidentemente acontece com estes três filmes de Jean Negulesco, que não voltou a aprender nada do que já desaprendeu de cinema quando cometeu seu primeiro erro em Cinemascope.

O Chocó irredento

NENHUMA DAS OBRAS PROMETIDAS EM SETEMBRO FOI REALIZADA

VÁRIAS ESCOLAS FORAM FECHADAS ESTE ANO. OS CAMPONESES EMIGRAM PARA O PANAMÁ. JURADÓ AINDA EXISTE?

Na quinta-feira, 23 de setembro de 1954, os membros do Comitê de Ação Chocoana em Bogotá visitaram o presidente da República, tenente-general Gustavo Rojas Pinilla, para pedir-lhe que não assinasse o decreto de desmembramento do Chocó. Enquanto transcorria esse encontro, em todo o departamento, desde a desembocadura do Atrato, ao norte, à desembocadura do San Juan, ao sul, fazia quatrocentas horas que o povo estava em manifestação permanente. O primeiro magistrado, face ao avassalador movimento popular, constituiu-se em porta-voz do Chocó no conselho de ministros e o território não foi desmembrado. Três dias depois, no Carmen de Bolívar, o presidente pronunciou um discurso no qual deu o povo *chocoano* como exemplo de patriotismo, e prometeu um determinado número de obras públicas para a região. E disse também que visitaria o território, o único do país que não visitou desde que assumiu o poder, a 13 de junho de 1953.

Hoje, passaram-se seis meses desde o discurso do Carmen de Bolívar. Seis meses depois que o presidente manifestou sua intenção de visitar o Chocó. Seis meses depois de haver prometido construir um complexo de comunicações no departamento mais isolado do país. E seis meses depois que se celebrou, solenemente, na presença do povo de Quibdó, convocado em praça pública, um pacto de trégua política entre os dirigentes dos dois partidos.

A eterna história

O clímax do movimento contra o desmembramento pôs na ordem do dia os problemas do Chocó, permitindo pensar que pelo menos os mais urgentes seriam resolvidos. Mas esses problemas não eram novos. O dr. Demetrio Valdés tinha declarado a *El Espectador*, nos dias críticos do movimento:

— Este entusiasmo de agora tem raízes que vêm de muito longe. Justamente amanhã, 23 de setembro, faz 26 anos que vários daqueles que agora lutamos para que o Chocó não seja desmembrado, e para que o seu progresso seja estimulado, subscrevemos um manifesto dirigido ao então presidente da República, dr. Miguel Abadía Méndez, sobre as necessidades do nosso departamento e suas soluções práticas.

"No referido manifesto mencionávamos, entre outras obras fundamentais para o Chocó, a construção do porto de Baía Solano, a construção da estrada Quibdó-Bahía Solano, a construção das estradas Bolombolo-Quibdó e Pueblorrico-Tadó, até o entroncamento com as estradas Quibdó-Bahía Solano e a estrada Cartago-Valle Nóvita.

"Nesta ocasião — continuava dizendo o dr. Valdés —, os porta-vozes do Chocó receberam, em resposta ao memorando, um cartão, assinado pelo secretário particular da Presidência, para dizer que se tinha levado em consideração o importante memorial.

Vinte e seis anos depois

Exatamente no dia em que se cumpriam 26 anos de assinado o primeiro manifesto dirigido ao dr. Abadía Méndez, o Comitê de Ação Chocoana de Quibdó, de acordo com o Comitê de Ação Chocoana de Bogotá, solicitava ao governo federal as mesmas obras pedidas ao ex-presidente. Nem uma só pedra se havia colocado ali durante todo aquele tempo.

A partir dessa data, começou a se contar um novo aniversário na estéril e longa história das obras públicas do Chocó. Passaram-se seis meses e ainda não se lançou a primeira pedra. O presidente da República não visitou o

Chocó, nem tomou qualquer decisão a respeito do pacto político firmado pelos dirigentes dos dois partidos políticos, a 23 de setembro.

Nem um centavo para o Chocó

O dr. Leopoldino Machado acaba de dirigir aos integrantes dos Comitês de Ação Chocoana de todo o país uma extensa e documentada carta com inquietantes revelações sobre a indiferença oficial que se sucedeu aos fatos de setembro.

— Hoje em dia — diz o dr. Machado —, não se tem conhecimento de qualquer importância destinada a satisfazer preocupação alguma de índole oficial no Chocó, ou a conservar e melhorar as poucas obras existentes. Recentemente, foi fechado o escritório encarregado de executar os programas de fomento municipal, e suas funções transferidas ao escritório de Medellín.

Fechamento de escolas

Um dado alarmante, incluído nesta carta, é o de que "no presente ano deixaram de funcionar várias escolas por falta de locais; os chamados centros de saúde desaparecem, ou não cumprem sua missão ante a carência de verbas". Afirma-se também que "a ajuda que vinha sendo prestada aos agricultores, e que consistia nos serviços de uma descaroçadora de arroz, desapareceu".

Frente ao terrível abandono oficial, a situação econômica do Chocó é extraordinariamente preocupante. A alta dos impostos ao comércio já excedeu todos os limites, pois as autoridades do departamento e do município não encontram outro recurso para atender às necessidades do serviço público. Os camponeses do Chocó estão emigrando para o Panamá.

Existe Juradó?

Há três meses o mar estava apagando Juradó do mapa, essa humilde aldeia *chocoana* na fronteira com o Panamá. Lá não existe serviço público de nenhuma espécie. A correspondência chega quando algum viajante ocasional faz o favor de levá-la. Um viajante de Juradó trouxe a Quibdó a notícia de que a aldeia estava ameaçada pelo mar, e Quibdó divulgou o alerta à nação. Não houve qualquer resposta oficial àquele justificado e desesperado alerta. Nos dias de hoje é muito provável que não haja uma pessoa na Colômbia que, em menos de 24 horas, possa dizer com certeza se Juradó ainda existe, ou se há três meses foi apagada do mapa pela invasão do mar.

O exemplo de Juradó é um sintoma do que acontece com o Chocó, um departamento de homens influentes, que têm ocupado destacadas posições no cenário nacional em todos os regimes, mas que, apesar disso, há 26 anos está precisando de um conjunto de obras que nem sequer foram iniciadas. Uma só ponte — a indispensável ponte de Certaguí — não foi construída desde os tempos do presidente Abadía Méndez.

Programa de luta

A carta que o dr. Leopoldino Machado dirigiu ao Comitê de Ação Chocoana termina apresentando como tema de discussão os seguintes pontos para reiniciar a luta:

1. Obter uma audiência com a exclusiva finalidade de reiterar ao sr. Presidente da República o veemente desejo do povo *chocoano* de tê-lo, pelo menos por umas horas, em algum ponto de seu território, em Quibdó, Istmina, Solano ou Acandí;

2. Convocar, por motivo da visita presidencial, grandes encontros de *chocoanos* ilustres em Quibdó e Istmina, se for possível, procurando a assistência de todos os nossos conterrâneos, dos mais ilustres, como os doutores Francisco José Chaux, Eliseo Arango e monsenhor Álvarez del Pino, até os modestos professores que abandonam nossa terra, sem omitir nenhum dos profissionais que, espalhados por todo o território da nação, enaltecem o nome do Chocó. Para este encontro com o torrão natal não haveria escusa possível. Aquele que não comparecesse assumiria o delito de lesa-chocoanidade;

3. Conseguir, mediante convites especiais, que os diretores de jornais do país viajem ao Chocó, por ensejo da visita presidencial e da grande assembléia regional;

4. Designar uma comissão de notáveis que, desde agora, se encarregue de elaborar um manifesto que resuma as medidas urgentes para a salvação e a transformação do Chocó;

5. Confiar a duas de nossas mais eminentes figuras, por sua respeitabilidade, ponderação e conhecimento, de ambos os partidos, a tarefa de, no próprio solo de nossos antepassados, de nossos filhos e de nós mesmos, realizar, na presença do primeiro magistrado da nação, a tranqüila e patriótica exposição de nossas reivindicações.

Valois Arce não acredita nas obras

Em relação ao que está dito pelo dr. Leopoldino Machado na carta mencionada, o dr. Valois Arce, atual diretor da Biblioteca Nacional e destacado chefe político do Chocó, prestou-nos, esta manhã, a seguinte declaração, ao ser interrogado sobre o assunto:

— Sou pessimista. Não acredito que se faça qualquer coisa agora pelo Chocó.

Marinha cria assessoria de informação exclusiva para o náufrago

"PARA QUE NÃO SE TENTE EXPLORÁ-LO." AS DECLARAÇÕES NA CHEGADA A BOGOTÁ. A BALSA EM QUE SE SALVOU ERA DE CORTIÇA

Luis Alejandro Velasco, o marinheiro do destróier *Caldas*, que esteve 13 dias à deriva no Caribe, chegou às 9h20 da manhã, a bordo do HK-171 da Avianca. Durante a viagem, que realizou em companhia de um oficial de Marinha, Velasco recusou todo tipo de atenções e se limitou a pedir um exemplar do *Dominical* em cuja capa aparece uma fotografia sua, ao ser beijado pelo pai, há dez dias, em Cartagena. O marinheiro leu, durante 15 minutos, a síntese de sua odisséia publicada pelo suplemento, e logo adormeceu profundamente até ser acordado para apertar o cinto, pois o avião preparava-se para aterrissar em Techo.

As boas-vindas

Enquanto Luis Alejandro Velasco dormia, a família o aguardava no aeroporto. O pai, dom Alfredo Velasco, a madrasta, as duas irmãs e vários amigos da família foram pegos, às oito horas, em sua casa da *carrera* 20ª, n.º 24-24 Sul, pelo automóvel cinzento da Marinha Nacional nº 8-105, e conduzidos a Techo, onde chegaram uma hora antes que o HK-171. Ali se reuniram, poucos momentos depois, com uma comissão da Marinha, presidida pelo capitão Sergio Abadía — do estado-maior naval —, e destacada para prestar as boas-vindas ao marinheiro.

Quando o avião aterrissou, a multidão precipitou-se pela pista, para esperar que Luis Alejandro descesse. A torre de controle do aeroporto de Techo deu suas boas-vindas com um longo toque de sirene.

Congestionamento de trânsito

Ao contrário do que se poderia esperar, não se preparou nenhuma aparição pública espetacular do marinheiro. Luis Alejandro Velasco foi o sétimo passageiro a descer do avião, modestamente, mancando um pouco por causa da luxação no joelho direito. Vestia uniforme azul e na mão tinha uma bolsa de couro. Não trazia presentes para a família, cujos membros se adiantaram para abraçá-lo ao pé da escada. Os demais passageiros, condescendentes a princípio, aguardaram o final dos abraços para deixarem o avião. Entretanto, as emocionadas manifestações dos parentes do marinheiro se prolongaram e foi preciso liberar aquele espaço junto à escada para que os demais passageiros pudessem continuar descendo.

Poderia vir incógnito

Se não fosse pela presença dos parentes no aeroporto, muito provavelmente Velasco teria podido chegar incógnito: o público não o teria reconhecido. Esperava-se um homem alto e forte, como o tinham descrito as informações, e o homem que desceu do avião foi um marinheiro pequeno — aproximadamente 1,63m de altura — e magro, embora de compleição sólida, e apesar de estar evidente que ainda não se recompôs completamente de seus padecimentos no mar.

Imediatamente depois dos cumprimentos dos parentes, o capitão Sergio Abadía adiantou-se para cumprimentar Luis Alejandro Velasco; felicitou-o por sua façanha e rapidamente comunicou-lhe o programa de hoje: recepção do diretor-geral da Marinha, almoço com camaradas e condecoração, decretada pelo presidente da República, com a ordem Almirante Padilla. Velasco, emocionado, sério e um pouco dramático, limitava-se a sacudir a cabeça. Do momento em que saiu do avião ao momento em que, em companhia da família, entrou no automóvel 8-105 que o levou às repartições da Armada Nacional, ele não pronunciou uma só palavra. Quando o automóvel fazia o percurso de Techo ao centro da cidade, o motorista do carro de *El Espectador*, que seguia o do marinheiro, preveniu, com sinais, seu colega do 8-105, que o pneu traseiro esquerdo estava prestes a estourar. A caravana se deteve e, por um momento, se pensou em mudar o pneu, mas aquela demora teria prejudicado o programa. Por isso, a decisão foi continuar com o pneu avariado até o edifício do comando da Armada.

Assessoria de informação ad hoc

O capitão Herazo Anexy recebeu Luis Alejandro Velasco em seu gabinete do quinto andar do edifício Casas Manrique — *carrera* 10ª, entre 18 e 19 — às 10h05. O capitão Herazo apertou a mão do marinheiro durante mais de um minuto enquanto manifestava seus parabéns pelo heroísmo de haver permanecido tão longo tempo em luta com o mar. O capitão Herazo Anexy manifestou também sua opinião de que aquela aventura era digna de ser escrita, mas o preveniu que as agências de publicidade poderiam tentar explorá-lo. Para evitar isso — continuou dizendo o capitão Herazo — seria criada uma assessoria de informação, subordinada à Armada Nacional, encarregada de fornecer todas as informações relacionadas à aventura.

"Tinta fresca"

No bairro de Olaya, especialmente na quadra onde vive a família Velasco, houve uma extraordinária expectativa durante toda a semana. A casa nº 24-24 Sul, da *carrera* 20ª, ficou cheia de curiosos desde as primeiras horas do dia. Curiosos que tiveram uma surpresa desagradável: a tinta das portas internas estava fresca, pois só ontem à tarde foi possível pintá-las, depois da reforma a que se submeteu o interior da casa, para receber o marinheiro. Ali, em uma pequena sala, onde se instalou com a família, Luis Alejandro Velasco deu declarações para a rádio Nueva Granada, que levou até lá sua equipe de gravação.

"A sensação que tenho"

— Eu me sinto muito contente com as manifestações que recebi em minha chegada a Bogotá e pelo desejo que tinham de me conhecer e felicitar por minha grande façanha — disse textualmente. E acrescentou: — A sensação que tenho é de muita felicidade, e parece que o meu coração está saindo pela boca ao ver meu pai, minhas irmãs e toda a minha família, com quem não me reunia havia dois anos.

Ao ser interrogado sobre a viagem em que houve o acidente, Velasco afirmou:

— Minha vontade, no regresso dos Estados Unidos, era de vir ver minha família, mas um mar ruim nos acompanhou e sinto muito o que houve com meus companheiros, que morreram comigo e com quem estive ano e meio.

Estas declarações, assim como as dos parentes de Velasco, que atribuem seu salvamento "a um milagre da Virgem do Carmo", foram gravadas. A família pediu uma cópia em disco, para comprá-la e guardá-la de lembrança.

O mistério da balsa

Sobre sua aventura, Velasco disse que não tinha nada que acrescentar às declarações que concedeu ao correspondente de *El Espectador* em Cartagena. Disse que está disposto a escrever um folheto com os detalhes de sua aventura e que seria distribuído certamente pela assessoria de informação que a Armada Nacional criou com esse objetivo.

Só um detalhe, porém, não estava muito claro no relato de Velasco: a balsa. Parecia bastante estranho que, ao cair na água, em meio a uma tormenta, o marinheiro tivesse podido encontrar, ao alcance da mão, uma providencial balsa. Em sua casa, Velasco explicou esta manhã o mistério: tratava-se de uma balsa de cortiça de 1m x 50cm de largura, lançada à água do destróier *Caldas*. A balsa tinha remos, mas o marinheiro compreendeu a inutilidade de remar em meio à tormenta e se desfez deles, poucos minutos depois.

O cinema em Bogotá. Estréias da semana

OS FILHOS DE HIROSHIMA, O FILME MAIS PARECIDO COM O INFERNO

Os filhos de Hiroshima

A 6 de agosto de 1945, dois meninos de Hiroshima tinham ido ao campo para caçar borboletas. Nas escolas de Hiroshima davam-se aulas rotineiras, apesar da guerra. A população civil trabalhava, a atenção voltada para as sirenes de alarme que anunciavam os bombardeios. De repente, o ouvido experimentado da população captou a vibração de um B-29, mas não soaram as sirenes. As crianças, os operários, até mesmo um cavalo que puxava uma carreta no centro comercial, permaneceram em expectativa. Ouviu-se, então, uma explosão, um incrível relâmpago iluminou o céu, e um minuto depois a cidade de Hiroshima estava convertida em um inferno. Com essa simplicidade, com essa discrição, o diretor japonês Kaneto Shindo contou o que aconteceu em Hiroshima a 6 de agosto de 1945, e o que ainda está acontecendo, dez anos depois, em conseqüência da primeira explosão de uma bomba atômica norte-americana sobre uma cidade japonesa.

Provavelmente, poucas vezes a arte tem alcançado uma nota mais alta e humana que neste filme que está sendo exibido em Bogotá com o título de *Hiroshima*, e cuja tradução mais exata seria *Os filhos de Hiroshima* [título que recebeu no Brasil]. Duzentas e quarenta mil pessoas morreram na catástrofe. É impossível saber quantas crianças.

Mas o drama contado por Kaneto Shindo não é o drama dos mortos, mas o dos sobreviventes, através do espanto, do terror, da confusão e da inocência das crianças de Hiroshima. Da última guerra existem inumeráveis testemunhos. São bem conhecidas as crônicas dos impiedosos bombardeios a Londres e do heroísmo de sua população civil. Mas nunca se havia mostrado, como em Hiroshima, os escombros fumegantes que se movem sem direção, que fogem do nada para parte nenhuma, agonizando, apodrecendo vivos em meio a uma atmosfera que não é de pânico nem de dor. É a atmosfera do inferno, onde não há resignação nem rebeldia, nem piedade nem ódio, nem sentimento algum que permita recordar aos pobres animais da terra.

Em verdade, não se conta nesta história nada diferente do que aconteceu em Hiroshima. Mas tudo é contado com tal habilidade, com tal crueza e com tão apaixonado senso da solidariedade humana, que é preciso crer que este filme não é uma reconstituição, mas documentário, o noticiário da catástrofe de Hiroshima. Com esse propósito, conseguiu-se deliberadamente essa defeituosa qualidade da fotografia geral, que não permite distinguir onde termina a reconstituição do drama e onde foram introduzidos longos fragmentos de noticiários.

É fácil entender por que este filme enfrentou tantos obstáculos no mercado ocidental. Ele é, da primeira à última linha, uma obra de arte monumental. Mas é, ao mesmo tempo, o mais convincente e definitivo argumento contra a guerra, e particularmente contra as guerras atômicas do futuro. Não se pode ter uma aspiração diferente, um sentimento diferente que o da paz após se testemunhar esta matança. O genocídio, o assassinato em massa das crianças de Hiroshima é o único argumento deste filme verdadeiro. A seu lado, a gente não se explica como *A um passo da eternidade* e *A nave da revolta* foram atrevidamente apresentados como "os filmes da Segunda Guerra Mundial". *Os filhos de Hiroshima* é o filme da última guerra mundial e também de todas as guerras passadas e futuras.

Só um poeta, como os grandes trágicos antigos, podia oferecer este espetáculo de horror com tão estremecedora beleza. Sem a sensibilidade, sem o mágico sentido plástico dos realizadores de *Os filhos de Hiroshima*, este drama teria sido uma nauseante sucessão de imagens repugnantes. Mas o horror foi outra vez embelezado pela poesia, pela sensibilidade, por um profundo e misterioso conhecimento do gênero humano. É lamentável que não possamos conhecer toda a história, pois a cópia que chegou a Bogotá foi evidentemente cortada: faltam as conseqüências da explosão atômica sobre os peixes e as plantas, os terríveis distúrbios causados à natureza por essa outra natureza de devastação fabricada pelo homem. *Os filhos de Hiroshima* é uma obra grandiosa. Um imenso poema de dor e morte, que se coloca nos mais altos níveis não só da arte cinematográfica, mas das mais nobres e maravilhosas manifestações do homem em toda a sua história.

Diz o *New York Times*

Em sua edição de 16 janeiro deste ano o *New York Times* assim se manifestou sobre *Os filhos de Hiroshima*:

Este filme pode ser considerado como uma dramatização do princípio da pavorosa idade das guerras atômicas. É uma visão neo-realista dos acontecimentos de Hiroshima, narrados por uma família japonesa desde a véspera do bombardeio até os dias de hoje.

Destaca-se o desempenho do jovem ator Yasuaki Takano e da atriz Yumeji Tsukioka. Nas cenas de multidões participaram mais de cem mil pessoas, inclusive alguns sobreviventes da catástrofe. O filme foi rodado na própria Hiroshima e financiado pelos mais humildes servidores públicos do Japão, após os grandes produtores dos Estados Unidos terem-se negado a financiá-lo.

Johnny Guitar

Este filme da Republic é um apanhado de todos os velhos e surrados clichês dos piores filmes de faroeste. Sterling Hayden interpreta um guitarrista ambulante, o melhor atirador do Oeste, recolhido a uma vida vazia, um pouco sentimental. Joan Crawford, a grande atriz de outros tempos — mas não tão remotos a ponto de ter precisado descer a tais extremos — é a eterna mulher vestida de homem dos *westerns*, revólver na cintura, palavrões na boca e uma tragédia sentimental bem dissimulada, que só aparecerá no momento oportuno.

Como em todos os maus *westerns*, há aqui uma quadrilha de bandidos que assalta a diligência. Vivem eles num vale oculto atrás de uma cascata. Há um estabelecimento com bebida e roleta, por onde algum dia passará o trem, mas enquanto isso é o cenário de todas as disputas entre bons e maus, muito bem definidos desde o primeiro momento.

Naturalmente, há um lampião em um palheiro e um tiro que quebra o lampião e incendeia o palheiro. Muitos tiros, muitos socos e nada por dentro, apenas que está gravado com um colorido excelente — o *Trucolor* —, que parece oferecer maiores possibilidades plásticas e cromáticas que o tecnicolor.

A mulher passional, como se poderia pensar, não é Joan Crawford. Ela é uma atriz de ínfima categoria, que tentando desempenhar esse papel não faz outra coisa senão desempenhar o ridículo. Por isso, a Joan Crawford cabe um papel secundário, e o bom ator que é Sterling Hayden não sabe o que fazer com seu corpanzil de gigante aborrecido.

Com um pouco de senso de humor, este filme é um bom espetáculo cômico, feito com a maior seriedade do mundo. É uma síntese de todos os seriados da Republic, involuntariamente ridicularizados por um diretor que poderia ganhar a vida escrevendo argumentos para histórias em quadrinhos.

A explicação de uma odisséia no mar

COMO E POR QUE SE SALVOU O MARINHEIRO

SE NÃO SE JOGA AO MAR PARA ALCANÇAR A COSTA, NADANDO QUATRO HORAS, TERIA SIDO DESTROÇADO PELAS CORRENTES DE PUNTA CARIBANA, EM URABÁ. AS CARACTERÍSTICAS DA BALSA E O ESTRANHO FENÔMENO DE RESISTÊNCIA FÍSICA. POR QUE NÃO FUNCIONOU O RADAR. EXPLICAÇÕES TÉCNICAS.

O capitão-de-fragata Guillermo Fonseca, diretor do interessante programa da televisão nacional *Mares e marinheiros da Colômbia*, esclareceu alguns pontos sobre as condições em que se salvou Luis Alejandro Velasco, único sobrevivente da catástrofe do destróier *Caldas* da Armada Nacional. Com profundos conhecimentos técnicos e um notável senso jornalístico, o comandante Fonseca fez uma exposição clara, simples e documentada sobre alguns aspectos da desastrada viagem que o marinheiro Luis Alejandro Velasco realizou, a bordo de uma balsa, no mar do Caribe, do momento em que foi expelido ao mar por uma onda, em meio à tempestade, até o momento em que foi recolhido, perto do casario de Mulatos, no departamento de Córdoba. Esses detalhes só hoje são publicados em razão da reserva que, desde o primeiro momento, se manteve sobre este caso, e sobre o qual — como se sabe — se realiza uma rigorosa investigação.

A balsa

Um dos aspectos que não pareciam muito claros na história de Velasco eram as características da balsa e a maneira como ele pôde abordá-la. O comandante Fonseca explicou que cada navio dispõe de um número determinado de balsas, dispostas de tal forma que, tão logo a nave entre em uma posição perigosa, são lançadas à água, automaticamente. As dimensões comuns dessas balsas são de três metros de comprimento por 1,50m de largura, e estão rigorosamente providas de víveres, água potável, instrumentos de pesca, remos, caixa de primeiros socorros e instrumentos de navegação. Até uma Bíblia integra a provisão dessas balsas, para que os náufragos possam se distrair e encontrar consolo até serem resgatados.

A capacidade de uma balsa, como a que foi utilizada por Luis Alejandro Velasco, é de dez pessoas. De acordo com essa provisão, calcula-se que dez pessoas possam viver normalmente durante oito dias em seu interior, supondo que os instrumentos de pesca não ofereçam qualquer resultado.

A salvo dos tubarões

A balsa é fabricada de cortiça, forrada em lona impermeabilizada com tinta. No seu centro há uma plataforma móvel, muito leve, suspensa dos marcos da balsa por uma rede de cabos, muito semelhante à "cesta" dos balões dirigíveis. Esta plataforma fica sempre submersa, de modo que os náufragos estão constantemente na água, mas, em compensação, têm excelentes condições de segurança. Em primeiro lugar, estão a salvo dos tubarões e qualquer outra espécie marinha. Ainda que essa rede se rompesse, os tubarões não se atreveriam a penetrar na balsa, pois é sabido que o tubarão não passa nunca perto de qualquer corpo estranho — mesmo que seja de uma simples corda — por mais tentadora que seja a presa. Esse fato é que torna tão dispendiosa e delicada a pesca do tubarão.

Outra das múltiplas seguranças oferecidas por essa plataforma é que, embora virada pela tempestade, a rede assume automaticamente uma posição segura, de modo que, por mais excepcionais que sejam as circunstâncias, os náufragos não são atirados à água uma vez que se encontrem na balsa.

Não era uma balsa abastecida

O comandante Fonseca garante que a balsa utilizada pelo marinheiro Luis Alejandro Velasco não dispunha do abastecimento adequado porque não era uma das balsas do *Caldas*, mas parte de um carregamento de balsas que o destróier trazia para equipar outro navio. Entretanto, as difíceis condições em que o *Caldas* navegou, em meio à tempestade que provocou a catástrofe, permitem pensar que não apenas as balsas do carregamento, mas também muitas de suas próprias balsas de segurança devem ter sido atiradas ao mar automaticamente, toda vez que o navio "entrou em posição perigosa".

Como em suas declarações Luis Alejandro Velasco afirmou não ter tido água nem alimentos durante o tempo em que permaneceu no mar, supõe-se que ele tenha abordado uma das balsas do carregamento. É possível, porém, que tenha abordado uma das balsas de segurança do destróier. Mas as dificuldades que encontrou no início de seus depoimentos talvez o tenham feito esquecer, involuntariamente, se sua balsa era uma balsa equipada ou simplesmente uma das balsas do carregamento.

Fortaleza excepcional

Uma pessoa normal pode permanecer no mar durante cinco dias, no máximo, sem água e alimentos. Luis Alejandro Velasco permaneceu dez dias, durante os quais não choveu. Se sua balsa não estava equipada de alimentos — especialmente bolachas e carnes preparadas — sua resistência física é duas vezes superior à de um homem normal, e sua fortaleza moral incalculável. Mas se a balsa que conseguiu alcançar era uma balsa equipada, teria podido permanecer no mar, em muito boas condições, durante cem dias, aproximadamente.

Trinta quilômetros diários

O percurso exato realizado pela balsa de Luis Alejandro Velasco foi de 152 milhas em linha reta, o que equivale a trinta quilômetros por dia. E essa foi uma velocidade excepcional, pois Velasco declarou que não usou remos, e um homem remando, em uma balsa, dia e noite, mal pode fazer trinta quilômetros diários, que é aproximadamente a distância que, no mesmo tempo, uma pessoa pode percorrer a passo normal.

Esta velocidade excepcional pode ser explicada porque Luis Alejandro Velasco caiu em uma zona dominada, nestes tempos, por uma brisa forte e constante (monções) que avança invariavelmente na direção sudeste. Na verdade, o náufrago nunca esteve à deriva, mas, desde o momento em que abordou a balsa, esta foi impelida na direção sudeste, em linha reta, até a praia de Mulatos, a uma velocidade de trinta quilômetros por dia.

Mudança de direção

Luis Alejandro Velasco declarou que, ao chegar diante da costa, a balsa mudou de direção e começou a se internar no mar. O comandante Fonseca explicou o fenômeno: ao chegar diante da costa, as correntes marinhas, mais poderosas que as monções, empurraram a balsa na direção dos bancos de areia de Punta Caribana, perto do golfo de Urabá. A rudimentar nave deve ter ganhado uma velocidade maior. Foi então que Luis Alejandro Velasco, temendo internar-se de novo no mar, lançou-se à água e nadou várias horas até alcançar a praia.

Mas é completamente inexplicável que o marinheiro, com o joelho luxado, tenha podido nadar durante várias horas depois de dez dias sem qualquer espécie de alimentos nem água potável. Não há fortaleza física, por excepcional que seja, capaz de realizar proeza semelhante. Apesar disso, sabe-se que Luis Alejandro Velasco realizou-a, a menos que suas declarações sobre a absoluta falta de alimentos e água contenham algum erro.

A viagem para a morte

Quando o marinheiro abandonou a balsa, ela deve ter seguido o rumo imposto pela corrente da costa e diante da qual teria sido inútil o uso dos remos. Impelida por essa corrente, a balsa deve ter passado diante da desembocadura do rio San Juan, diante das praias de Damaquiel, até se destroçar em Punta Caribana, contra os perigosos recifes onde se forma a barra do golfo de Urabá.

Na verdade, a balsa de Luis Alejandro Velasco não estava se afastando da costa quando o marinheiro se lançou à água porque pensava que ela se internava de novo no mar. Tinha mudado de rumo, mas navegava paralela à costa. Entretanto, se não tivesse se lançado à água, Luis Alejandro Velasco teria se destroçado, com a balsa, nos recifes de Punta Caribana, a cinqüenta quilômetros além de Mulatos.

Por que falhou o pessoal de resgate

Outro ponto muito importante esclarecido pelo comandante Fonseca refere-se ao fato de os grupos aéreos e navais não terem podido localizar o marinheiro Luis Alejandro Velasco. Há cálculos muito precisos para a localização de náufragos. Mas esses cálculos só dão resultado em condições normais.

Quando os náufragos foram procurados dentro de uma zona tecnicamente estabelecida, já sua balsa estava fora dessa zona. Os grupos de resgate não contaram, possivelmente, com as monções. Navegando a uma velocidade de trinta quilômetros por dia — uma velocidade que deve ter sido constante —, Luis Alejandro Velasco esteve sempre fora da zona onde se tentou localizá-lo.

Por que os náufragos não foram recolhidos

Quando alguns de seus tripulantes caíram na água, o destróier *Caldas* realizou a manobra que se deve realizar ao se ouvir o grito de "Homem ao mar". Essa manobra consiste no seguinte:

a) Faz-se girar o leme para o lado onde caíram os náufragos; essa manobra tem por objetivo evitar que a hélice os destroce.

b) Quando o náufrago está fora do alcance da hélice, leva-se o leme para o lado contrário; quando, depois de tomar seu rumo, chega o navio a uma posição perpendicular ao lugar em que o náufrago caiu, desligam-se as máquinas. A velocidade adquirida conduz o navio, por inércia, diretamente ao lugar em que se gritou "Homem ao mar". Essa manobra é infalível em condições normais.

Mas as condições em que o destróier *Caldas* viajava estavam muito longe da normalidade. A manobra foi posta em prática, mas em meio à violenta tempestade, o navio não podia ser conduzido satisfatoriamente. Por isso a manobra de resgate fracassou, porque o destróier *Caldas*, depois de tê-la realizado, já estava em um lugar muito distante daquele em que se supunha deviam estar os náufragos.

Por que falhou o radar

Todo destróier moderno dispõe de três radares: um antiaéreo, outro de navegação e outro de superfície. Quando os tripulantes do destróier *Caldas* caíram ao mar, o radar de superfície foi acionado. Em condições normais, a agulha que gira no quadrante do radar indica o ponto exato em que se encontra o náufrago, ou qualquer corpo estranho na superfície do mar em uma área determinada.

Mas nas circunstâncias em que o destróier *Caldas* navegava, toda onda próxima foi registrada pelo radar de superfície "como um corpo estranho". O quadrante, cheio de sinais enganadores, foi ineficaz na localização dos náufragos.

ABRIL DE 1955

O cinema em Bogotá. Estréias da semana

A viúva negra

O suspense em Cinemascope foi utilizado pela segunda vez; a primeira foi em *Um fio de esperança*, de William Wellman, e é preciso reconhecer que, nesse aspecto, os objetivos foram plenamente alcançados. Agora Nunnally Johnson repetiu a façanha em *A viúva negra*, um filme policial "tipo Hitchcock", cuja trama foi impecavelmente conduzida por um diretor que precisamente assessorou o famoso mestre do suspense.

Baseado em um conhecido romance de Patrick Quentin, *A viúva negra* é uma nova demonstração de que os norte-americanos são mestres no cinema despretensioso: comédias leves e filmes policiais. Especialmente nestes últimos eles parecem dispor de todos os segredos para manter atento o interesse do público até a cena final.

Para *A viúva negra* o Cinemascope é um exagero. Filmado em lente comum, teria tido, sem dúvida, o mesmo valor cinematográfico, mas, em compensação, seu diretor enfrentaria menos problemas de composição, direção de personagens na cena, e toda essa série de obstáculos novos criados pela tela grande. E se teria obtido um filme igual, só que menos caro e menos incômodo. E essa interessante história, emoldurada discretamente em tela tradicional, teria tido, sem dúvida, maior interesse.

Apesar disso, já não se pode mais deter a produção em Cinemascope, e se deve aproveitá-lo de qualquer maneira. O que se pode fazer?

Romance de minha vida

É impossível não recordar de *Ingênua até certo ponto*, a inesquecível comédia de Otto Preminger, vendo *Romance de minha vida*, um filme alegre, honesto e divertido, que não pretende outra coisa que proporcionar noventa minutos de saudável entretenimento, sem sacrificar a arte cinematográfica. Os norte-americanos são peritos neste tipo de comédias, feitas à base de triviais acontecimentos da vida nos Estados Unidos e contadas com um pouco de deliberado e fino estouvamento.

Dick Powell — o velho Dick Powell — está em seu papel, ao interpretar um escritor de argumentos de Hollywood, desses escritores que não sabem realmente se são escritores ou simplesmente fabricantes de tramas e diálogos, por encomenda do produtor. Quando Hollywood decide enganar a si própria, quando não tenta fazer propaganda política ou melodrama para solteironas, faz estes filmes que não vão a lugar algum, mas cumprem honestamente com seu honesto propósito de divertir.

Debbie Reynolds, a encantadora "pausa que refresca" de *Romance de minha vida*, tem um estilo muito diferente do Maggie McNamara, a quem, evidentemente, pretende imitar. Falta-lhe, porém, o espírito infalível da ingênua garota de *Ingênua até certo ponto;* em compensação, assume sua personagem com uma graça e uma encantadora simplicidade que a tornam inesquecível.

A comédia baseia-se unicamente no fato central. Os personagens são voluntariamente falsos, como na maioria das comédias que pretendem refletir o comportamento da classe média norte-americana, mas como tudo está contado com uma intenção de saudável zombaria, o filme começa bem, desenrola-se bem e termina bem, sem ter nada de extraordinário. Se Hollywood se conformasse em fazer coisas como esta — embora tenha incluído um sonho que é uma fiel e descarada cópia do sonho de *Lily* —, não haveria contra sua indústria nenhuma acusação senão a de tratar de ganhar dinheiro honestamente, sem enganar a ninguém e sem pretender espantar a quem, como nós, continua acreditando que o cinema é uma coisa importante.

Le chevalier de Maison Rouge [O cavaleiro da Casa Vermelha]

A catastrófica carreira deste filme em Bogotá é uma prova de que o público da capital sabe o que lhe interessa em matéria de cinema. Não houve uma oportuna crítica contrária, entre outros motivos porque também não houve tempo para escrevê-la. Apesar disso, *Le chevalier de Maison Rouge* durou apenas três dias nos cinemas de primeira linha, derrotado por um público que não parece disposto a continuar comprando gato por lebre.

Este filme é um tardio panfleto contra a Revolução Francesa, que o diretor dividiu em duas metades monolíticas e irreconciliáveis: alguns aristocratas nobres e conspiradores e uns revolucionários andrajosos, que fedem física e psicologicamente a couro de sapateiro. Assim estabelecidas as coisas, o filme teria tido um êxito extraordinário em um salão aristocrático, com gente nostálgica do poder e da beleza de Maria Antonieta, mas não em um país como este, onde bem ou mal aprende-se na escola pública que a independência foi possível porque seus precursores se inspiraram na Revolução Francesa. É um erro de cálculo, uma grave falha de caráter pretender que um filme assim possa ter sucesso em uma nação que está com a água pelo nariz, além de ser um filme ingênuo, malfeito, com cenários de papelão pintado e heróis de fancaria.

O silencioso fracasso de *Le chevalier de Maison Rouge* — baseado em um Alexandre Dumas lido às pressas e mal compreendido — é uma vitória do público espectador de Bogotá, que, apesar de tudo, aprendeu a distinguir o bom do mau, em quarenta anos de propaganda sem controle. Os elogios, neste caso, são todos para o público.

A verdade sobre minha aventura (I)

COMO ERAM MEUS COMPANHEIROS MORTOS NO MAR

POR MARINHEIRO LUIS ALEJANDRO VELASCO, EXCLUSIVO PARA *EL ESPECTADOR*

Em 22 de fevereiro nos disseram que regressaríamos à Colômbia. Estávamos havia oito meses em Mobile, Alabama, Estados Unidos, onde o A.R.C. *Caldas* foi submetido a reparos eletrônicos e em seus armamentos. Enquanto fazim reparos no navio, nós, os membros da tripulação, recebíamos uma instrução especial. Nos dias de folga, fazíamos o que fazem todos os marinheiros em terra: íamos ao cinema com a namorada ou nos reuníamos depois no Joe Palooka, uma taverna do porto, onde tomávamos uísque e armávamos confusão de vez em quando.

Minha namorada se chamava Mary Address. Conheci-a dois meses depois de estar em Mobile, por intermédio da namorada de outro marinheiro. Embora ela tivesse grande facilidade para aprender o castelhano, creio que Mary Address nunca soube por que meus amigos a chamavam de "Maria Endereço". Toda vez que eu tinha folga, convidava-a para ir ao cinema, embora ela preferisse que a convidasse para tomar sorvete. Nós nos entendíamos em meu meio inglês e em seu meio espanhol, mas nos entendíamos sempre, no cinema ou tomando sorvete.

Só uma vez não fui ao cinema com Mary: na noite em que vimos *A nave da revolta*. Disseram a meus companheiros que era um bom filme sobre a vida num navio caça-minas. Por isso fomos vê-lo. Mas o melhor do filme não era o caça-minas, e sim a tempestade. Estávamos todos de acordo: o recomendável, num caso como o daquela tempestade, era modificar o rumo do navio, como fizeram os amotinados. Mas nem eu nem meus companheiros jamais estivemos numa tempestade como aquela, de maneira que nada no filme nos impressionou tanto como a tempestade. Quando voltamos para dormir, o marinheiro Diego Velázquez, muito impressionado com o filme, pensando que em poucos dias estaríamos no mar, nos disse:

— Que tal se nos acontecesse uma coisa como essa?

Confesso que eu também estava impressionado. Em oito meses perdera o hábito do mar. Não sentia medo, pois o instrutor nos ensinara a nos defender num naufrágio. No entanto, não era normal a inquietude que sentia naquela noite em que vimos *A nave da revolta*.

Não quero dizer que desde aquele instante comecei a pressentir a catástrofe. Mas a verdade é que nunca senti tanto temor diante da proximidade de uma viagem. Em Bogotá, quando era criança e via as ilustrações dos livros, nunca me ocorreu que alguém pudesse morrer no mar. Pelo contrário, pensava nele com muita confiança. Desde que ingressei na Marinha, há quase 12 anos, jamais senti qualquer transtorno durante a viagem.

Mas não me envergonho de confessar que senti algo muito parecido com o medo depois que vi *A nave da revolta*. Deitado de barriga para cima no meu beliche — o mais alto de todos — pensava em minha família e na travessia que devíamos realizar antes de chegar a Cartagena. Não conseguia dormir. Com a cabeça apoiada nas mãos, ouvia o suave bater da água contra o cais, e a respiração tranqüila dos quarenta marinheiros que dormiam no mesmo salão. Debaixo do meu beliche, o primeiro-marinheiro Luis Rengifo roncava como um trombone. Não imagino o que sonhava, mas seguramente não dormiria tão tranqüilo se soubesse que oito dias depois estaria morto no fundo do mar.

Minha inquietude durou toda a semana. O dia da viagem se aproximava com alarmante rapidez, e eu tentava demonstrar segurança na conversa com meus companheiros. O A.R.C. *Caldas* estava pronto para partir. Durante aqueles dias falava-se com mais insistência de nossas famílias, da Colômbia e de nossos projetos para o regresso. Pouco a pouco o navio ia-se carregando com presentes que trazíamos para nossas casas: rádios, geladeiras, lavadoras e estufas, em especial. Eu trazia um rádio.

Ante a proximidade da data da partida, sem poder me desfazer de minhas preocupações, tomei uma resolução: logo que chegasse a Cartagena, abandonaria a Marinha. Não voltaria a me submeter aos riscos da navegação. Na noite antes da partida fui me despedir de Mary, a quem pensei em comunicar meus temores e minha decisão. Mas não falei nada, porque prometera voltar e não acreditaria se lhe dissesse que estava disposto a nunca mais navegar. A única pessoa a quem comuniquei minha decisão foi meu grande amigo, o segundo-marinheiro Ramón Herrera, que me confessou que também decidira abandonar a marinha logo que chegasse a Cartagena. Partilhando nossos temores, Ramón Herrera e eu fomos com o marinheiro Diego Velázquez tomar um uísque de despedida no Joe Palooka.

Pensávamos em tomar um uísque, mas tomamos cinco garrafas. Nossas amigas de quase todas as noites sabiam de nossa viagem e decidiram se despedir, embebedar-se e chorar como prova de gratidão. O maestro, um homem sério, com óculos que não lhe permitiam se parecer com um músico, tocou em nossa homenagem um repertório de mambos e tangos, achando que era música colombiana. Nossas amigas choraram e tomaram uísque de um dólar e meio a garrafa.

Como nessa última semana nos pagaram três vezes, resolvemos gastar desbragadamente. Eu, porque estava preocupado e queria me embebedar. Ramón Herrera porque estava alegre, como sempre, porque era de Arjona, sabia tocar tambor e tinha uma especial habilidade para imitar todos os cantores da moda.

Um pouco antes de nos retirar, um marinheiro norte-americano se aproximou da mesa e pediu permissão a Ramón Herrera para dançar com sua companheira, uma loira enorme, que era a que menos bebia e a que mais chorava — sinceramente. O norte-americano pediu permissão em inglês e Ramón Herrera lhe deu uma sacudida, dizendo em espanhol:

— Não entendo porra nenhuma!

Foi uma das melhores brigas de Mobile, com cadeiras quebradas na cabeça, radiopatrulhas e policiais. Ramón Herrera, que conseguiu acertar dois bons cachações no norte-americano, regressou ao navio à uma da madrugada, imitando Daniel Santos. Disse que era a última vez que embarcava. E, na realidade, foi a última.

Às três da madrugada de 24 de fevereiro o A.R.C. *Caldas* zarpou do porto de Mobile, rumo a Cartagena. Todos sentíamos a felicidade de voltar para casa. Todos trazíamos presentes. O primeiro-cabo Miguel Ortega, artilheiro, parecia o mais alegre de todos. Creio que nenhum marinheiro foi mais sensato do que o cabo Miguel Ortega. Durante seus oito meses em Mobile não desperdiçou um só dólar. Todo o dinheiro que recebeu investiu em presentes para a mulher, que o esperava em Cartagena. Essa madrugada, quando embarcamos, o cabo Miguel Ortega estava na ponte, justamente falando da mulher e dos filhos, não por acaso, porque nunca falava de outra coisa. Trazia uma geladeira, uma lavadora automática, um rádio e uma estufa. Doze horas depois, o cabo Miguel Ortega estaria prostrado em seu beliche, morrendo de enjôo. E 72 horas depois estaria morto no fundo do mar.

Os convidados da morte

Quando um navio zarpa, dá-se uma ordem: "Serviço pessoal em seus lugares no navio." Cada um permanece em seu posto até que o navio saia do porto. Silencioso em meu posto, diante da torre dos torpedos, eu via sumir na névoa as luzes de Mobile, mas não pensava em Mary. Pensava no mar. Sabia que no dia seguinte estaríamos no golfo do México, que nesta época do ano é uma rota perigosa. Até o amanhecer não vi o tenente Jaime Martínez Diago, segundo-oficial de operações, o único oficial morto na catástrofe. Era um homem alto, robusto e silencioso, a quem vi em poucas ocasiões. Sabia que era natural de Tolima e uma excelente pessoa.

Em compensação, essa madrugada vi o suboficial Julio Amador Carballo, segundo-contramestre, alto e de boa aparência, que passou perto de mim, contemplou por um instante as últimas luzes de Mobile e se dirigiu ao seu posto. Creio que foi a última vez que o vi no navio.

Nenhum dos tripulantes do *Caldas* manifestava a alegria pelo regresso com mais estrépito do que o suboficial Elías Sabogal, chefe dos maquinistas. Era um lobo-do-mar. Pequeno, pele curtida, robusto e conversador. Tinha cerca de quarenta anos e creio que a maioria deles passou-os conversando.

O suboficial Sabogal tinha motivos para estar mais contente do que ninguém. Em Cartagena o aguardavam sua mulher e seis filhos. Mas só conhecia cinco: o menor nascera quando nos encontrávamos em Mobile.

Até o amanhecer a viagem foi perfeitamente tranqüila. Em uma hora me acostumara de novo à navegação. As luzes de Mobile se perdiam na distância entre a névoa de um dia tranqüilo e, pelo nascente, via-se o sol, que começava a se levantar. Agora não me sentia inquieto, e sim cansado. Não dormira toda a noite. Tinha sede. E uma má lembrança do uísque.

Às seis da manhã saímos do porto. Então se deu a ordem "Serviço pessoal, retirar. Guardas-marinhas, a seus postos." Logo que ouvi a ordem fui para o dormitório. Na parte de baixo de meu beliche, sentado, estava Luis Rengifo, esfregando os olhos para acabar de despertar.

— Onde estamos? — me perguntou Luis Rengifo.

Disse-lhe que acabáramos de sair do porto. Em seguida, subi ao meu beliche e tratei de dormir.

Luis Rengifo era um marinheiro completo. Nascera no Chocó, longe do mar, mas tinha o mar no sangue. Quando o *Caldas* parou para reparos em Mobile, Luis Rengifo não fazia parte da tripulação. Encontrava-se em Washington, fazendo um curso de armamento. Era sério, estudioso e falava o inglês com tanta correção como o castelhano.

Em 15 de março se formou engenheiro civil em Washington. Ali se casou, com uma senhora americana, em 1952. Quando o destróier *Caldas* ficou pronto, Luis Rengifo viajou de Washington e foi incorporado à tripulação. Dissera-me, poucos dias antes de sair de Mobile, que a primeira providência ao chegar à Colômbia seria transferir a mulher para Cartagena.

Como ele não viajava havia muito tempo, eu estava seguro de que Luis Rengifo sofreria enjôos. Nessa primeira madrugada de nossa viagem, enquanto se vestia, perguntou-me:

— Você ainda não enjoou?

Respondi que não. Rengifo disse, então:

— Em duas ou três horas verei você com a língua de fora.

— Eu é que verei você assim — disse-lhe.

E ele respondeu:

— O dia em que eu enjoar, o mar enjoará também.

Deitado em meu beliche, tentando pegar no sono, voltei a me lembrar da tempestade. Renasceram meus temores da noite anterior. Preocupado de novo, voltei-me para onde Luis Rengifo acabara de se vestir e lhe disse:

— Tome cuidado. Não vá pagar pela língua.

A verdade sobre minha aventura (II)

MEUS ÚLTIMOS MINUTOS A BORDO DO "NAVIO LOBO"

POR MARINHEIRO LUIS ALEJANDRO VELASCO, EXCLUSIVO PARA *EL ESPECTADOR*

— Já estamos no golfo — me disse um de meus companheiros quando me levantei para almoçar, em 26 de fevereiro. No dia anterior senti um pouco de temor pelo tempo no golfo do México. Mas o destróier, apesar de jogar um pouco, deslizava com suavidade. Pensei com alegria que meus temores eram infundados e saí para a coberta. A silhueta da costa se apagara. Só o mar verde e o céu azul se estendiam ao nosso redor. No entanto, na meia-coberta, o cabo Miguel Ortega estava sentado, pálido e desfigurado, lutando contra o enjôo. Isso começara antes. Desde quando ainda não haviam desaparecido as luzes de Mobile, e durante as últimas 24 horas, o cabo Miguel Ortega não pudera se manter de pé, apesar de não ser um novato no mar.

Miguel Ortega estivera na Coréia, na fragata *Almirante Padilla*. Viajara muito e estava familiarizado com o mar. No entanto, apesar de o golfo estar tranqüilo, foi preciso ajudá-lo a se mover para que pudesse fazer a guarda. Parecia um agonizante. Não tolerava nenhuma espécie de alimento e nós, seus companheiros de guarda, o sentávamos na popa ou na meia-coberta, aguardando a ordem de transferi-lo para o dormitório. Então se deitava de bruços em seu beliche, com a cabeça para fora, esperando o vômito.

Creio que foi Ramón Herrera quem me disse, na noite de 26, que a coisa ficaria feia no Caribe. Pelos nossos cálculos, sairíamos do golfo do México depois da meia-noite. Em meu posto de guarda, diante da torre dos torpedos, pensava com otimismo em nossa chegada a Cartagena. A noite era clara, e o céu, alto e redondo, estava cheio de estrelas. Desde que entrei na marinha, peguei o costume de identificar as estrelas. A partir dessa noite tomei gosto, enquanto o A.R.C. *Caldas* avançava serenamente até o Caribe.

Creio que um velho marinheiro que viajou por todo o mundo pode saber em que mar se encontra pela maneira de o navio balançar. A experiência nesse mar, onde fiz meus primeiros aprendizados, me indicou que estávamos no Caribe. Olhei para o relógio. Era meia-noite de 27 de fevereiro. Ainda que o navio não balançasse tanto, eu sabia que estávamos no Caribe. Mas balançava. Eu, que nunca sentira enjôo, comecei a ficar intranqüilo. Tive um estranho pressentimento. E, sem saber por quê, lembrei-me do cabo Miguel Ortega, que estava ali embaixo, no beliche, botando o estômago pela boca.

Às seis da manhã, o destróier balançava como uma grande casca de fruta. Luis Rengifo estava acordado, uma cama abaixo no beliche.

— Gordo — disse. — Você ainda não enjoou?

Disse que não. Porém manifestei meu temor. Rengifo, que, como já disse, era engenheiro, estudioso e bom marinheiro, fez-me então uma exposição dos motivos pelos quais não havia o menor perigo de que o *Caldas* sofresse um acidente no Caribe.

— É um navio-lobo — me disse.

E lembrou que durante a guerra, nessas mesmas águas, o destróier colombiano afundara um submarino alemão.

— É um navio seguro — dizia Luis Rengifo.

E eu, deitado em meu beliche, sem poder dormir por causa dos movimentos do navio, sentia-me seguro com suas palavras. Mas o vento era cada vez mais forte a bombordo, e eu imaginava como estaria o *Caldas* em meio àquele tremendo marulho. Nesse momento me lembrei de *A nave da revolta*.

Apesar de o tempo não variar durante todo o dia, a navegação era normal. Quando estava de guarda fazia projetos para quando chegasse a Cartagena. Escreveria a Mary. Pensava escrever-lhe duas vezes por semana, pois nunca fui preguiçoso para escrever. Desde que ingressei na Marinha escrevi todas as semanas para minha família em Bogotá. Escrevia para meus amigos do bairro de Olaya cartas freqüentes e longas. De maneira que escreveria a Mary, pensei, e calculei as horas que faltavam para chegar a Cartagena: faltavam exatamente 24 horas. Aquela era minha penúltima guarda.

Ramón Herrera me ajudou a arrastar o cabo Miguel Ortega até o beliche. Estava cada vez pior. Desde que saímos de Mobile, três dias antes, nada comera. Quase não podia falar e tinha o rosto verde e desfigurado.

Começa o baile

O baile começou às dez da noite. Durante todo o dia, o *Caldas* balançou, mas não tanto quanto na noite de 27 de fevereiro, em que eu, insone em meu beliche, pensava com pavor na pessoa que estava de guarda na coberta. Sabia que nenhum dos marinheiros ali, nos seus beliches, conciliara o sono. Um pouco antes das 11 disse a Luis Rengifo:

— Você ainda não enjoou?

Como supunha, Luis Rengifo também não podia dormir. Mas apesar do balanço do barco, não perdeu o bom humor:

— Já disse que, no dia em que enjoar, o mar enjoará também.

Era uma frase que repetia com freqüência. Mas essa noite quase não teve tempo de terminá-la.

Disse que estava inquieto. Disse que sentia algo parecido com o medo. Mas não tenho a menor dúvida sobre o que senti à meia-noite de 27 quando, pelos alto-falantes, ouvi a ordem geral:

— Todo o pessoal passar para bombordo.

Eu sabia o que significava essa ordem. O navio estava se inclinando perigosamente para estibordo e se tratava de equilibrá-lo com nosso peso. Pela primeira vez, em dois anos de navegação, tive um verdadeiro medo do mar. O vento assobiava, lá em cima, onde o pessoal da coberta devia estar empapado e tiritando.

Tão logo ouvi a ordem, pulei do estrado. Com muita calma, Luis Rengifo ficou de pé e foi para um dos estrados de bombordo, que estavam desocupados, porque pertenciam ao pessoal da guarda. Agarrando-me aos outros beliches, tentei caminhar, mas nesse instante me lembrei de Miguel Ortega.

Ele não podia se mexer. Quando ouviu a ordem, ainda tentou se levantar, mas caiu de novo no beliche, vencido pelo enjôo e pelo esgotamento. Ajudei-o a reclinar o corpo e o coloquei em seu beliche de bombordo. Com a voz apagada, disse-me que se sentia muito mal.

— Vamos conseguir que você não faça a guarda — disse-lhe.

Pode parecer uma piada de mau gosto, mas se Miguel Ortega tivesse ficado em seu beliche agora não estaria morto.

Sem dormir um minuto, às quatro da madrugada do dia 28, nos reunimos na popa os seis da guarda disponível. Entre eles, Ramón Herrera, meu companheiro de todos os dias. O suboficial de guarda era Guillermo Rozo. Aquela foi minha última missão a bordo. Sabia que às duas da tarde estaríamos em Cartagena. Pensava em dormir logo que entregasse a guarda, para poder me divertir à noite em terra firme depois de oito meses de ausência. Às cinco e meia da madrugada fui passar em revista a parte de baixo, em companhia de um grumete. Às sete deixamos o serviço efetivo para tomar o café-da-manhã. Às oito voltaram a nos render. Exatamente a essa hora entreguei minha última guarda, sem novidade, apesar de que a brisa ficava mais forte e as ondas, cada vez mais altas, arrebentavam na ponte e banhavam a coberta.

Ramón Herrera estava na popa. Ali estava também, como salva-vidas de guarda, Luis Rengifo, com os fones nos ouvidos. Na meia-coberta, recostado, agonizando com seu eterno enjôo, estava o cabo Miguel Ortega. Ali se sentia menos o balanço. Conversei um momento com o segundo-marinheiro Eduardo Castillo, armazenista, solteiro, bogotano e muito reservado. Não me lembro do que falamos. Só sei que desde aquele instante não voltamos a nos ver, até quando afundou no mar, poucas horas depois.

Ramón Herrera estava recolhendo papelão para se cobrir e tentar dormir. Com o balanço era impossível descansar nos dormitórios. As ondas, cada vez mais fortes e altas, estalavam na coberta. Entre as geladeiras, as lavadoras e as estufas, fortemente amarradas na popa, Ramón Herrera e eu nos deitamos, bem juntos, para evitar que uma onda nos arrastasse. Deitado de barriga para cima, eu contemplava o céu. Sentia-me mais tranqüilo, deitado, com a expectativa de que dentro de poucas horas estaríamos na baía de Cartagena. Não havia tempestade; o dia se mostrava claro, a visibilidade era completa e o céu profundamente azul. Agora nem mesmo as botas me apertavam porque as trocara por uns sapatos de borracha depois que entreguei a guarda.

Um minuto de silêncio

Luis Rengifo me perguntou a hora. Eram onze e meia. Havia uma hora o navio começara a se inclinar perigosamente a estibordo. Pelos alto-falantes se repetiu a ordem da noite anterior: "Todo o pessoal passar para bombordo." Ramón Herrera e eu não nos mexemos, porque estávamos desse lado.

Pensei no cabo Miguel Ortega, a quem um momento antes vira a estibordo, mas quase no mesmo instante o vi passar cambaleando. Caiu a bombordo, agonizando com seu enjôo. Nesse instante o navio se inclinou pavorosamente; foi-se. Prendi a respiração. Uma onda enorme rebentou sobre nós e ficamos empapados, como se acabássemos de sair do mar. Com lentidão, trabalhosamente, o destróier recobrou sua posição normal. Na guarda, Luis Rengifo estava lívido. Disse, nervosamente:

— Que horror! Esse navio está indo e não quer voltar.

Era a primeira vez que eu via Luis Rengifo nervoso. Ao meu lado, Ramón Herrera, pensativo, inteiramente molhado, permanecia silencioso. Houve um instante de silêncio total. Em seguida, Herrera disse:

— Quando mandarem cortar cabos para que a carga caia na água, serei o primeiro a cortar.

Eram 11h50.

Eu também pensava que de um momento para outro mandariam cortar as amarras da carga. É o que chamam de "arrumação de desafogo". Rádios, geladeiras e estufas caíram logo na água, como se houvessem dado a ordem. Pensei que nesse caso teria de descer para o dormitório, pois na popa estávamos seguros porque conseguíramos nos segurar entre as geladeiras e as estufas. Sem elas, a onda nos teria arrastado.

O navio continuava a se defender das ondas, mas cada vez se inclinava mais. Ramón Herrera enrolou uma lona e se cobriu com ela. Uma nova onda, maior do que a anterior, voltou a rebentar sobre nós, que já estávamos protegidos pela lona. Segurei a cabeça com as mãos, enquanto a onda passava, e meio minuto depois pigarreavam os alto-falantes. "Vão dar ordem para jogar a carga fora", pensei. Mas a ordem foi outra, transmitida com uma voz segura e repousada:

— Pessoal que transita na coberta, usar salva-vidas.

Com calma, Luis Rengifo segurou com uma mão os fones e com a outra pôs o salva-vidas. Como sempre depois de cada onda enorme eu sentia primeiro um grande vazio e depois um profundo silêncio. Vi Luis Rengifo que, com o salva-vidas posto, voltou a colocar os fones. Então fechei os olhos e ouvi perfeitamente o tique-taque de meu relógio.

Escutei o relógio durante um minuto, aproximadamente. Ramón Herrera não se movia. Calculei que deviam faltar 15 minutos para o meio-dia. Duas horas para chegar a Cartagena. O navio pareceu suspenso no ar por um segundo. Tirei a mão para olhar a hora, mas nesse instante não vi o braço, nem a mão, nem o relógio. Não vi a onda. Senti que o navio perdia todo o equilíbrio e que a carga em que eu me apoiava estava rolando. Levantei-me, numa fração de segundo, com a água me chegando ao pescoço. Com os olhos arregalados, espantado e silencioso, Luis Rengifo tentava se erguer do chão, segurando os fones no alto. Então a água me cobriu por completo e comecei a nadar para cima.

Tentando flutuar, nadei para cima durante um, dois, três segundos. Continuei a nadar para cima. Asfixiava-me. Tentei me agarrar à carga, mas a carga não estava ali. Já não havia nada ao redor. Quando flutuei, não vi em torno de mim nada diferente do mar. Um segundo depois, a uns cem metros de distância, o navio como que surgiu por entre as ondas, esguichando água por todos os lados, como um submarino. Só então me dei conta de que caíra na água.

A verdade sobre minha aventura (III)

VENDO QUATRO COMPANHEIROS SE AFOGAREM

POR MARINHEIRO LUIS ALEJANDRO VELASCO, EXCLUSIVO PARA *EL ESPECTADOR*

Minha primeira impressão foi a de estar absolutamente sozinho no meio do mar. Boiando, vi que outra onda rebentava contra o destróier e como ele, a duzentos metros do lugar em que me encontrava, precipitava-se num abismo e desaparecia de minha vista. Pensei que afundara. E um momento depois, confirmando meu pensamento, surgiram em torno de mim numerosas caixas da mercadoria com que o destróier fora carregado em Mobile. Flutuei entre caixas de roupa, rádios, geladeiras e toda espécie de utensílios domésticos que saltavam confusamente, batidos pelas ondas. Não tive nesse instante qualquer idéia precisa do que estava acontecendo. Um pouco aturdido, agarrei-me a uma das caixas flutuantes e tolamente me pus a contemplar o mar. O dia era de uma claridade perfeita. Salvo as fortes ondas produzidas pelo vento e a mercadoria dispersa na superfície, nada havia naquele lugar que se parecesse com um naufrágio.

De repente, comecei a ouvir gritos próximos. Através do cortante assobio do vento reconheci perfeitamente a voz de Julio Amador Carballo, o alto e bem-apessoado segundo-contramestre, que gritava para alguém:

— Agarre-se aí, por baixo do salva-vidas.

Foi como se nesse instante eu tivesse despertado de um profundo sono de um minuto. Dei-me conta de que não estava sozinho no mar. Ali, a poucos metros de distância, meus companheiros gritavam uns para os outros, flutuando. Comecei a pensar com rapidez. Não podia nadar para nenhum lado. Sabia que estávamos a quase 320 quilômetros de Cartagena, mas tinha perdido o sentido de orientação. Mas ainda não sentia medo. Por um momento pensei que poderia ficar agarrado à caixa indefinidamente, até quando viessem em nosso auxílio. Tranqüilizava-me saber que ao redor de mim outros marinheiros se encontravam em circunstâncias iguais. Foi então que vi as balsas.

Eram duas, abastecidas, a uns sete metros de distância uma da outra. Apareceram inesperadamente na crista de uma onda, do lado de onde gritavam meus companheiros. Pareceu-me estranho que nenhum deles pudesse alcançá-las. Num segundo, uma das balsas desaparecia da minha visão. Vacilei entre correr o risco de nadar até a outra ou permanecer seguro, agarrado à caixa. Mas antes de tomar uma decisão, encontrei-me nadando até a última balsa visível, cada vez mais longínqua. Nadei durante uns três minutos. Por um instante deixei de ver a balsa, mas procurei não perder a direção. Repentinamente, um golpe da onda colocou-a ao meu lado, branca, enorme e vazia. Agarrei-me com força ao estrado e tentei saltar para dentro. Só consegui na terceira tentativa. Já dentro da balsa, arquejante, açoitado pelo vento, implacável e gelado, sentei-me com dificuldade. Então vi três de meus companheiros ao redor da balsa, tentando alcançá-la.

Reconheci-os logo. Eduardo Castillo, o armazenista, agarrava-se com força ao pescoço de Julio Amador Carballo. Este, que estava de guarda quando ocorreu o acidente, trazia o salva-vidas. Gritava:

— Segura firme, Castillo.

Boiavam entre a mercadoria dispersa, a uns dez metros de distância.

Do outro lado estava Luis Rengifo. Poucos minutos antes eu o vira no destróier, tentando ficar de pé com os fones levantados na mão direita. Com sua serenidade habitual, com aquela confiança de bom marinheiro com que dizia que o mar enjoaria antes dele, tirara a camisa para nadar melhor, mas perdera o salva-vidas. Mesmo que não o tivesse visto, eu o teria reconhecido pelo seu grito.

— Gordo, reme para este lado.

Rapidamente peguei os remos e tratei de me aproximar deles. Julio Amador, com Eduardo Castillo firmemente pendurado no pescoço, aproximava-se da balsa. Bem mais adiante, pequeno e desolado, vi o quarto de meus companheiros: Ramón Herrera, que me fazia sinais com a mão, agarrado a uma caixa.

Apenas três metros!

Se tivesse de decidir, não saberia por qual de meus companheiros começar. Mas quando vi Ramón Herrera, o da briga em Mobile, o alegre rapaz de Arjona que poucos minutos antes estivera comigo na popa, comecei a remar com desespero. Mas a balsa tinha quase dois metros de comprimento. Era pesada naquele mar agitado, e eu tinha de remar contra o vento. Creio que não consegui fazê-la avançar um metro. Desesperado, olhei outra vez ao redor e já Ramón Herrera desaparecera da superfície. Só Luis Rengifo nadava com segurança para a balsa. Eu estava seguro de que ele a alcançaria. Ouvira-o roncar como um trombone, na parte de baixo de meu beliche, e estava convencido de que sua serenidade era mais forte do que o mar.

Julio Amador, por sua vez, lutava com Eduardo Castillo para que não se soltasse de seu pescoço. Estavam a menos de três metros. Pensei que se me aproximasse um pouco mais poderia estender-lhes um remo para que se agarrassem. Mas nesse instante uma onda gigantesca suspendeu a balsa no ar e vi, do alto da crista enorme, o mastro do destróier, que se afastava. Quando voltei a descer, Julio Amador desaparecera, com Eduardo Castillo agarrado ao pescoço. Sozinho, a dois metros de distância, Luis Rengifo continuava nadando serenamente em direção à balsa.

Não sei por que fiz aquela coisa absurda: sabendo que não podia avançar, pus o remo na água, como que tentando evitar que a balsa se movesse, como que tentando cravá-la em seu lugar. Luis Rengifo, cansado, deteve-se um instante, levantou a mão como quando segurava com ela os fones, e me gritou outra vez:

— Reme para cá, Gordo!

O vento vinha na mesma direção. Gritei que não podia remar contra o vento, que fizesse um último esforço, mas tive a sensação de que não me ouvira. As caixas de mercadorias haviam desaparecido e a balsa dançava de um lado para o outro, sacudida pelas ondas. Em um instante, fiquei a mais de cinco metros de Luis Rengifo, e o perdi de vista. Mas apareceu do outro lado, ainda sem se desesperar, mergulhando contra as ondas para evitar que o levassem. Eu estava de pé, agora com o remo para cima, esperando que Luis Rengifo se aproximasse o suficiente para que pudesse alcançá-lo. Mas então notei que se cansava, desesperava-se. Voltou a gritar, já afundando:

— Gordo!... Gordo!...

Tentei remar, mas continuava sendo inútil, como na primeira vez. Fiz um último esforço para que Luis Rengifo alcançasse o remo, mas a mão levantada, que poucos momentos antes tentara evitar que os fones afundassem, desapareceu naquele momento para sempre, a menos de dois metros do remo...

Não sei quanto tempo fiquei assim, parado, me equilibrando na balsa, com o remo levantado. Examinava a água. Esperava que de um momento para o outro surgisse alguém na superfície. Mas o mar estava limpo e o vento, cada vez mais forte, fustigava minha camisa com um uivo de cão. A mercadoria desaparecera. O mastro, cada vez mais distante, indicou-me que o destróier não afundara, como acreditei no princípio. Fiquei tranqüilo: pensei que logo viriam me buscar. Pensei que algum de meus companheiros conseguira alcançar a outra balsa. Não havia razão para que não o tivessem conseguido. Não eram balsas equipadas, porque a verdade é que nenhuma das balsas do destróier estava equipada. Mas havia seis no total, fora os botes e as baleeiras. Pensava que era perfeitamente normal que alguns de meus companheiros alcançassem as outras balsas, como eu alcancei a minha, e que talvez o destróier estivesse nos procurando.

De repente me dei conta do sol. Um sol quente e metálico, de meio-dia em ponto. Aturdido, ainda sem me recobrar por completo, olhei o relógio. Eram 12 horas cravadas.

Sozinho

A última vez que Luis Rengifo me perguntou a hora, no destróier, eram onze e meia. Vi novamente a hora às 11h50, e ainda não ocorrera a catástrofe. Quando olhei o relógio, na balsa, meio-dia em ponto. Parecia-me que tudo ocorrera havia muito tempo, mas na realidade só haviam transcorrido dez minutos desde o instante em que vi pela última vez o relógio na popa do destróier, e o instante em que alcancei a balsa, e tentei salvar meus companheiros, e fiquei ali, imóvel, de pé na balsa, vendo o mar vazio, ouvindo o uivo cortante do vento e pensando que se passariam pelo menos duas ou três horas até que viessem me resgatar.

"Duas ou três horas", calculei. Pareceu-me um tempo desproporcionalmente longo para ficar sozinho no mar. Mas tentei me resignar. Não tinha alimentos nem água e pensava que antes das três da tarde a sede seria abrasadora. O sol ardia na minha cabeça e começava a me queimar a pele, seca e endurecida pelo sal. Como perdera o boné na queda, voltei a molhar a cabeça e me sentei no encosto da balsa, enquanto vinham me resgatar.

Só então senti a dor no joelho direito. Minha grossa calça de brim azul estava molhada, de maneira que me deu trabalho arregaçá-la até mais acima do joelho. Mas quando consegui fiquei sobressaltado: tinha uma ferida funda, em forma de meia-lua, na parte inferior do joelho. Não sei se tropecei na borda do navio. Não sei se me feri ao cair na água. Só sei que só me dei conta dela quando já estava sentado na balsa, e que, apesar de arder um pouco, deixara de sangrar e estava perfeitamente seca, imagino que por causa do sal marinho. Sem saber em que pensar, pus-me a fazer um inventário de minhas coisas. Queria saber com que contava na solidão do mar. Em primeiro lugar, contava com meu relógio, que funcionava com precisão e para o qual não deixava de olhar a cada dois, três minutos. Tinha, além de meu anel de ouro, comprado em Cartagena no ano passado, minha corrente com a medalha de Nossa Senhora do Carmo, também comprada em Cartagena, de outro marinheiro, por 35 pesos. Nos bolsos só tinha as chaves de meu armário no destróier, e três cartões que me deram numa loja de Mobile, num dia de janeiro em que fui às compras com Mary Address. Como não tinha nada para fazer, fiquei lendo os cartões para me distrair enquanto não me resgatavam. Não sei por que me pareceu que eram como uma mensagem cifrada que os náufragos lançam ao mar dentro de uma garrafa. Creio que se naquele instante tivesse uma garrafa, poria dentro um dos cartões, brincando de náufrago, para ter à noite algo divertido para contar aos meus amigos em Cartagena.

O cinema em Bogotá. Estréias da semana

Sabrina

Sabrina — o único filme em cartaz que estreou nesta semana — recebeu há poucos dias, na entrega de prêmios da Academia de Arte Cinematográfica, o Oscar de "melhor figurino". Foi um prêmio outorgado com seriedade, mas parece uma piada. Entretanto, vendo o filme, compreende-se que o júri nunca foi tão justo como nesta ocasião em que concedeu oito prêmios a *Sindicato de ladrões* — a genial criação de Elia Kazan — e o mais insignificante de todos a *Sabrina*, uma comédia do austríaco Billy Wilder, com Audrey Hepburn, Humphrey Bogart e William Holden.

Billy Wilder é um dos melhores diretores de Hollywood, o que não seria muita coisa afirmar se ao mesmo tempo não fosse ele um dos melhores do mundo. E bastaria citar *Farrapo humano* e *Crepúsculo dos deuses* para que o público recordasse que estranhos limites de mestria Wilder alcançou em seu ofício de eficiente, honesto e inteligente diretor. Por isso é desconcertante que seja o mesmo diretor daquelas obras-primas o criador desta comédia insignificante, boba e vulgar, que se chama *Sabrina*, e na qual a única coisa apreciável é a esmagadora graça de Audrey Hepburn e a desconcertante capacidade de Humphrey Bogart para levar a bom termo qualquer coisa que lhe ponham nas mãos. *Sabrina*, porém, não mereceria um comentário se não tivesse sido dirigido por Billy Wilder, se não estivessem comprometidos nele Humphrey Bogart e William Holden, e se não se tivesse roubado, com ele, uma nova e preciosa oportunidade a Audrey Hepburn de demonstrar seu indiscutível talento. Por ser do mesmo gênero e terem sido precedidos de uma publicidade semelhante, *Sabrina* pôde comparar-se a *A princesa e o plebeu*. E na comparação, sem que seja notável a diferença, o último sai ganhando.

É outra vez a história da Gata Borralheira, contada direito, como em *A princesa e o plebeu* era a mesma história contada ao inverso. Em *Sabrina* percebe-se segurança na direção dos atores e na maneira de contar a história. Mas o ângulo explorado desta vez é o mais insosso de todos, e a história desenrola-se em um enfadonho desencadear de lugares-comuns, diálogos baratos e situações fáceis.

Até agora tem-se admitido que Audrey Hepburn é uma atriz excelente. Mas isso se deve à graça dos poucos instantes em que sua inteligência consegue sobressair acima da mediocridade das comédias que lhe têm cabido interpretar. E essas são as únicas provas de seu talento. Mas uma verdadeira oportunidade ainda não lhe foi oferecida, porque *A princesa e o plebeu* era um filme medíocre, e *Sabrina* é um filme medíocre. Um a mais nesse milhar de comédias de Hollywood em que a gente ri porque já está dentro do cinema e não há outra coisa para fazer. Comédias que não resistem a um minuto de análise.

Se fosse de um novato, com atores novatos, haveria neste filme muitas coisas perdoáveis. Sendo de Billy Wilder, é, da primeira à última cena, uma comédia barata e imperdoável.

A verdade sobre minha aventura (IV)

MINHA PRIMEIRA NOITE SOZINHO NO CARIBE

POR MARINHEIRO LUIS ALEJANDRO VELASCO, EXCLUSIVO PARA *EL ESPECTADOR*

Às quatro da tarde o vento se acalmou. Como não via nada além de água e céu, e como não tinha pontos de referência, passaram-se mais de duas horas sem que eu percebesse que a balsa estava avançando. Na verdade, desde o momento em que me vi dentro dela, começou a se mover em linha reta, empurrada pelo vento, a uma velocidade maior do que a que eu poderia imprimir com os remos. No entanto, não tinha a menor idéia sobre minha direção nem posição. Não sabia se a balsa avançava para o interior do Caribe ou para a costa. O interior do Caribe me parecia o mais provável, pois sempre considerei impossível que o mar lançasse à terra alguma coisa que tivesse penetrado duzentas milhas, e menos ainda se essa coisa fosse algo tão pesado como um homem numa balsa.

Durante minhas primeiras duas horas segui mentalmente, minuto a minuto, a viagem do destróier. Pensei que se tivessem telegrafado para Cartagena teriam dado a posição exata do lugar em que ocorrera o acidente, e que a partir daquele momento teriam enviado aviões e helicópteros para nos resgatar. Fiz meus cálculos: antes de uma hora os aviões estariam ali, dando voltas sobre minha cabeça.

À uma da tarde me sentei na balsa para sondar o horizonte. Soltei os três remos e os coloquei no interior, pronto para remar na direção em que os aviões aparecessem. Os minutos eram longos e intensos. O sol me queimava o rosto e as costas, e os lábios ardiam, rachados pelo sal. Mas nesse momento não sentia sede nem fome. Minha única necessidade era a de que aparecessem os aviões. Já tinha meu plano: quando os visse aparecer, tentaria remar até eles, e, quando estivessem sobre mim, ficaria de pé na balsa e faria sinais com a camisa. Para estar preparado, para não perder um minuto, desabotoei a camisa e continuei sentado na borda, esquadrinhando o horizonte por todos os lados, pois não tinha a menor idéia da direção em que os aviões apareceriam.

Assim chegaram as duas horas. O vento continuava uivando, e por cima do uivo do vento eu continuava ouvindo a voz de Luis Rengifo:

— Gordo, reme para este lado.

Ouvia-o com perfeita clareza, como se estivesse ali, a dois metros de distância, tentando alcançar o remo. Mas sabia que quando o vento uiva no mar, quando as ondas se quebram contra os rochedos, continuamos a ouvir as vozes que recordamos. E continuamos a ouvi-las com enlouquecedora persistência:

— Gordo, reme para este lado.

Às três comecei a me desesperar. Sabia que a essa hora o destróier estava no cais de Cartagena. Meus companheiros, felizes pelo regresso, se dispersariam em poucos minutos pela cidade. Tive a sensação de que todos pensavam em mim, e essa idéia me deu ânimo e paciência para esperar até as quatro. Ainda que não tivessem telegrafado, nem se dado conta de que tínhamos caído na água, perceberiam no momento de atracar, quando toda a tripulação deveria estar na coberta. Isso aconteceria às três, o mais tardar; imediatamente teriam dado o aviso. Por mais que demorassem a decolar, os aviões antes de meia hora estariam voando para o lugar do acidente. Assim, às quatro — o mais tardar às quatro e meia —, estariam voando sobre minha cabeça. Continuei explorando o horizonte, até que o vento cessou e me senti envolvido num imenso e silencioso rumor. Só então deixei de ouvir o grito de Luis Rengifo.

A grande noite

No princípio me pareceu que era impossível permanecer três horas sozinho no mar. Mas às cinco, quando já haviam transcorrido cinco horas, achei que ainda podia esperar mais uma hora. O sol se pondo. Ficou vermelho e grande no poente, e então comecei a me orientar. Agora sabia de que lado apareceriam os aviões: pus o sol à minha esquerda e olhei em linha reta, sem me mexer nem desviar a vista um só instante, sem me atrever a piscar, na direção em que devia estar Cartagena, segundo minha orientação. Às seis, doíam meus olhos. Mas continuava olhando. Mesmo depois que começou a escurecer continuei olhando com uma paciência firme e rebelde. Sabia que então não veria os aviões, mas veria as luzes verdes e vermelhas, avançando em minha direção, antes de perceber o ruído dos motores. Queria ver as luzes, sem pensar que dos aviões não poderiam me ver na escuridão. De repente o céu ficou vermelho. E eu continuava sondando o horizonte. Em seguida, ficou violeta escuro, e eu continuava olhando. A um lado da balsa, como um diamante amarelo no céu cor de vinho, fixa e perfeita, apareceu a primeira estrela. Foi como um sinal. Imediatamente depois, a noite, fechada e tensa, derramou-se sobre o mar.

Minha primeira impressão, ao perceber que estava submerso na escuridão e já não podia ver a palma de minha mão, foi a de que não poderia dominar o terror. Pelo ruído da água contra a borda, sabia que a balsa continuava avançando lenta mas incansavelmente. Afundado nas trevas, vi então que não estivera tão sozinho durante o dia. Estava mais sozinho na escuridão, na balsa que não via mas sentia debaixo de mim, deslizando silenciosamente sobre um mar espesso e povoado de animais estranhos. Para me sentir menos sozinho comecei a olhar o mostrador do meu relógio. Eram 6h50. Muito tempo depois, que me pareceram duas ou três horas, eram 6h55. Quando o ponteiro dos minutos chegou ao número 12 eram sete em ponto e o céu estava coalhado de estrelas. Mas para mim me parecia que transcorrera tanto tempo que já era hora de começar a amanhecer. Desesperadamente, continuava pensando nos aviões.

Comecei a sentir frio. É impossível permanecer seco um minuto dentro de uma balsa. Mesmo quando a gente se senta na borda, meio corpo fica dentro da água, porque o fundo da balsa fica pendurado, como um cesto, mais de meio metro abaixo da superfície. Às oito da noite a água era menos fria do que o ar. Sabia que no fundo da balsa estaria a salvo dos animais, porque a rede que a protege impede-os de se aproximarem. Mas isso se aprende e se acredita na escola, quando o instrutor faz a demonstração num modelo reduzido da balsa, e se está sentado num banco, entre quarenta companheiros e às duas da tarde. Mas quando se está sozinho no mar, às oito da noite e sem esperança, pensa-se que não há nenhuma lógica nas palavras do instrutor. Sabia que tinha meio corpo metido num mundo que não pertencia aos homens e sim aos animais do mar e, apesar do vento gelado que me açoitava a camisa, não me atrevia a me afastar da borda. Apesar disso, só ali me sentia mais longe dos animais: esses animais enormes e desconhecidos que ouvia passar misteriosamente junto à balsa.

Nessa noite tive trabalho para encontrar a Ursa Menor, perdida num confuso e interminável emaranhado de estrelas. Nunca vira tantas. Em toda a extensão do céu era difícil encontrar um ponto vazio. Mas desde que localizei a Ursa Menor não me atrevi a olhar para outro lado. Não sei por que me sentia menos solitário olhando para a Ursa Menor. Em Cartagena, nos dias de folga, nós nos sentávamos de madrugada na ponte de Manga, enquanto Ramón Herrera cantava, imitando Daniel Santos, e alguém o acompanhava ao violão. Sentado na borda de pedra, eu sempre descobria a Ursa Menor, para os lados do Cerro de la Popa. Nessa noite, na borda da balsa, senti-me por um instante na ponte de Manga, como se Ramón Herrera estivesse ao meu lado, cantando acompanhado por um violão, e como se a Ursa Menor não estivesse a 3.200 quilômetros da Terra, e sim sobre o Cerro de la Popa. Imaginava que a essa hora alguém estivesse contemplando a Ursa Menor em Cartagena, como eu a contemplava no mar, e essa idéia fez com que me sentisse menos solitário.

O que tornou mais longa minha primeira noite no mar foi que nela não aconteceu absolutamente nada. É impossível descrever uma noite numa balsa, quando nada acontece e se tem terror dos animais, e se tem um relógio fosforescente para o qual é impossível deixar de olhar um só minuto. Na noite de 28 de fevereiro — que foi minha primeira noite no mar — olhei o relógio a cada minuto. Era uma tortura. Desesperadamente resolvi tirá-lo do pulso, e guardá-lo no bolso para não ficar escravizado às horas. Quando me pareceu que era impossível resistir, faltavam vinte minutos para as nove da noite. Ainda não sentia sede nem fome e estava certo de que poderia resistir até o dia seguinte, quando viessem os aviões. Mas pensava que o relógio me deixaria louco. Angustiado, tirei-o do pulso para colocar no bolso, mas quando o tive na mão me ocorreu que era melhor jogá-lo no mar. Vacilei um instante. Depois senti terror: pensei que ficaria mais sozinho sem o relógio. Voltei a colocá-lo no pulso e continuei a olhá-lo, minuto a minuto, como à tarde estivera fitando o horizonte à espera dos aviões, até que me doeram os olhos.

Depois da meia-noite senti vontade de chorar. Não havia dormido um segundo, mas nem sequer havia tentado. Com a mesma esperança com que à tarde esperei ver aviões no horizonte, estive essa madrugada procurando luzes de navios. Permaneci longas horas sondando o mar; um mar tranqüilo, imenso e silencioso, mas não vi uma só luz além das estrelas. O frio foi mais intenso durante a madrugada, e parecia que meu corpo se tornara resplandecente, com todo o sol da tarde incrustado sob minha pele. Com o frio, ardia ainda mais. O joelho direito começou a doer depois da meia-noite e eu me sentia como se a água houvesse penetrado até os ossos. Mas eram sensações remotas. Pensava menos em meu corpo e mais nas luzes dos barcos. E pensava que em meio àquela solidão infinita, em meio ao obscuro rumor do mar, só necessitava ver a luz de um navio para dar um grito que se ouviria a qualquer distância.

A luz de cada dia

Não amanheceu lentamente, como em terra. O céu ficou pálido, desapareceram as primeiras estrelas e eu continuava olhando primeiro o relógio e depois o horizonte. Surgiram os contornos do mar. Doze horas haviam se passado, mas isso me parecia extraordinário. É impossível que a noite seja tão longa quanto o dia. Basta passar uma noite no mar, sentado numa balsa, contemplando um relógio, para saber que ela é desmedidamente mais longa do que o dia. Mas logo começa a amanhecer e então a gente se sente muito cansado para saber que está amanhecendo.

Isso me ocorreu naquela primeira noite na balsa. Quando começou a amanhecer já nada me importava. Não pensei nem em água nem em comida. Não pensei em nada até que o vento começou a ficar morno e a superfície do mar se tornou lisa e dourada. Não dormira um segundo em toda a noite, mas naquele momento me senti como se houvesse despertado. Quando me espreguicei na balsa, meus ossos doíam. Doía-me a pele. Mas o dia era resplandecente e morno e, e em meio à claridade, ao rumor do vento que começava a se levantar, eu me sentia com forças renovadas para esperar. Senti-me profusamente acompanhado na balsa. Pela primeira vez nos meus vinte anos de vida me senti então completamente feliz.

A balsa continuava avançando. Não podia calcular quanto avançara à noite, mas tudo continuava igual no horizonte, como se não me houvesse movido um centímetro. Às sete da manhã pensei no destróier. Era a hora do café-da-manhã. Pensei que meus companheiros estavam sentados à mesa comendo maçã. Em seguida, nos levariam ovos. Em seguida, carne. Depois pão e café com leite. Minha boca se encheu de saliva e senti uma leve pressão no estômago. Para desviar aquela idéia, mergulhei no fundo da balsa até o pescoço. A água fresca nas costas queimadas me fez sentir mais forte e aliviado. Fiquei assim longo tempo, mergulhado, submerso, perguntando-me por que fui para a popa com Ramón Herrera, em vez de me deitar no beliche. Reconstruí minuto a minuto a tragédia e me achei um estúpido. Não havia nenhuma razão para que eu fosse uma das vítimas: não estava de guarda, não tinha obrigação de estar na coberta. Pensei que tudo era culpa da má sorte e então voltei a sentir um pouco de angústia. Mas quando olhei o relógio voltei a me tranqüilizar. O dia avançava rapidamente: eram onze e meia.

Um ponto negro no horizonte

A proximidade do meio-dia me fez pensar de novo em Cartagena. Pensei que era impossível que não se dessem conta de meu desaparecimento. Cheguei até a lamentar o fato de ter alcançado a balsa, pois imaginei por um instante que meus companheiros foram resgatados, e que o único à deriva era eu, porque a balsa fora empurrada pelo vento. Atribuí até a má sorte o fato de ter alcançado a balsa.

Nem acabara de amadurecer essa idéia quando acreditei ver um ponto no horizonte. Sentei-me, com os olhos fixos naquele ponto preto que avançava. Eram 11h50. Fitei com tanta intensidade que por um momento o céu se encheu de pontos luminosos. Mas o ponto negro continuava avançando, diretamente para a balsa. Dois minutos depois de descobrir o ponto comecei a ver perfeitamente sua forma. À medida que se aproximava pelo céu luminoso e azul, lançava metálicos clarões que ofuscavam. Pouco a pouco foi se definindo entre outros pontos luminosos. Doía-me o pescoço e já não suportava o resplendor do céu nos olhos. Mas continuava a fitá-lo: era brilhante, veloz e vinha diretamente para a balsa. Nesse instante não me senti feliz. Não senti uma grande emoção. Senti uma grande lucidez e uma serenidade extraordinária, de pé na balsa, enquanto o avião se aproximava. Calmamente tirei a camisa. Tinha a sensação de que sabia qual era o instante exato em que devia começar a fazer sinais com a camisa. Permaneci um minuto, dois minutos, com a camisa na mão, esperando que o avião se aproximasse mais. Vinha diretamente para a balsa. Quando levantei o braço e comecei a agitar a camisa, ouvia perfeitamente, por cima do ruído das ondas, o crescente e vibrante ruído de seus motores.

A verdade sobre minha aventura (V)

TIVE UM COMPANHEIRO A BORDO NA BALSA

POR MARINHEIRO LUIS ALEJANDRO VELASCO, EXCLUSIVO PARA *EL ESPECTADOR*

Agitei a camisa desesperadamente, durante cinco minutos pelo menos. Mas logo me dei conta de que me enganara: o avião não vinha na direção da balsa. Quando vi crescer o ponto negro, achei que passaria por cima de minha cabeça. Mas passou muito longe e a uma altura da qual era impossível que me vissem. Em seguida fez uma longa volta, tomou a direção de regresso e começou a se perder no mesmo lugar do céu onde aparecera. De pé na balsa, exposto ao sol ardente, fiquei olhando o ponto negro sem pensar em nada, até que se apagou por completo no horizonte. Então voltei a me sentar. Senti-me infeliz, mas, como ainda não perdera a esperança, decidi tomar precauções para me proteger do sol. Em primeiro lugar não devia expor os pulmões aos raios solares. Era meio-dia. Estava na balsa havia exatamente 24 horas. Deitei-me com a cara para o céu na borda e pus a camisa úmida sobre o rosto. Não tentei dormir porque conhecia o perigo que me ameaçava se ficasse dormindo na borda. Pensei no avião: não estava muito certo de que estivera me procurando. Não foi possível identificá-lo.

Ali, deitado na borda, senti pela primeira vez a tortura da sede. No começo foi a saliva espessa e a secura na garganta. Pensei em tomar água do mar, mas sabia que isso me prejudicaria. Poderia tomar um pouco, mais tarde. Logo esqueci a sede. Ali mesmo, sobre minha cabeça, mais forte do que o ruído das ondas, ouvi o ruído de outro avião.

Levantei-me emocionado. O avião se aproximava por onde o outro chegara, mas vinha diretamente para a balsa. No instante em que passou sobre minha cabeça voltei a agitar a camisa. Mas ia alto demais. Passou ao largo; foi-se; desapareceu. Logo deu a volta e o vi de perfil no horizonte, voando na direção em que chegara. "Agora estão me procurando", pensei. E esperei na borda, com a camisa na mão, a chegada de novos aviões.

Alguma coisa ficara fora de dúvida em relação aos aviões: apareciam e desapareciam no mesmo lugar. Isso significava que ali estava a terra. Agora sabia para onde me dirigir. Mas como? Por mais que a balsa tivesse avançado durante a noite, devia estar ainda muito longe da costa. Sabia em que direção encontrá-la, mas ignorava em absoluto quanto tempo devia remar, com aquele sol que começava a empolar minha pele e com aquela fome que me doía no estômago. E, sobretudo, a sede. Era cada vez mais difícil respirar.

Às 12h35, sem que houvesse percebido em que momento, um enorme avião negro, com pranchas de aterrissagem, passou rugindo sobre minha cabeça. Meu coração deu um salto. Eu o vi perfeitamente. O dia estava muito claro, de maneira que pude ver com nitidez a cabeça de um homem debruçado na cabine, examinando o mar com binóculos pretos. Passou tão baixo, tão perto de mim, que me pareceu sentir no rosto a forte trepidação de seus motores. Identifiquei-o perfeitamente pelas letras de suas asas: era um avião do serviço de guarda-costas da Zona do Canal.

Quando se afastou trepidando para o interior do Caribe não duvidei um só instante de que o homem do binóculo havia me visto agitar a camisa. Louco de emoção, comecei a dar saltos na balsa.

Tinham me visto!

Em menos de cinco minutos o mesmo avião negro voltou a passar na direção contrária, na mesma altura da primeira vez. Voava inclinado sobre a asa esquerda e na janelinha desse lado vi de novo, nitidamente, o homem que examinava o mar com o binóculo. Voltei a agitar a camisa. Agora não a agitava desesperadamente. Agitava-a com calma, não como se pedisse auxílio, mas lançando uma emocionada saudação de agradecimento aos meus descobridores.

À medida que avançava, tive a impressão de que ia perdendo altura. Por um momento voou em linha reta, quase ao nível da água. Pensei que estava pousando na água e me preparei para remar até o lugar onde desceria. Mas um instante depois voltou a tomar altura, deu a volta e passou, pela terceira vez, sobre minha cabeça. Então não agitei a camisa com desespero. Esperei que ficasse exatamente sobre a balsa. Fiz-lhe um breve sinal e esperei que passasse de novo, cada vez mais baixo. Mas ocorreu o contrário: ganhou altura rapidamente e se perdeu por onde aparecera. No entanto, não devia me preocupar. Tinha certeza de que me viram. Era impossível que não me houvessem visto, voando tão baixo e exatamente sobre a balsa. Tranqüilo, despreocupado e feliz, sentei-me para esperar.

Esperei uma hora. Chegara a uma conclusão importante: o ponto de onde surgiram os primeiros aviões estava, sem dúvida, sobre Cartagena. O ponto por onde desaparecera o avião negro estava sobre o Panamá. Calculei que remando em linha reta, desviando-me um pouco da direção do vento, chegaria aproximadamente ao balneário de Tolú. Esse era mais ou menos o ponto intermediário entre os dois pontos por onde desapareceram os aviões.

Calculara que em uma hora estariam me resgatando. Mas a hora passou sem que nada ocorresse no mar azul, limpo e perfeitamente tranqüilo. Passaram-se mais duas horas. E outra e mais outra, durante as quais não me mexi um segundo da borda. Fiquei tenso, sondando o horizonte sem pestanejar. O sol começou a se pôr às cinco da tarde. Ainda não perdera a esperança, mas comecei a me sentir intranqüilo. Tinha certeza de que me viram do avião negro, mas não entendia como se passara tanto tempo sem que viessem me resgatar. Sentia a garganta seca. Era cada vez mais difícil respirar. Estava distraído, fitando o horizonte, quando, sem saber por quê, dei um salto e caí no centro da balsa. Lentamente, como que caçando uma presa, a barbatana de um tubarão deslizava ao longo da borda.

Os tubarões chegam às cinco

Foi o primeiro animal que vi, quase trinta horas depois de estar na balsa. A barbatana de um tubarão infunde terror porque se conhece a voracidade da fera. Mas realmente nada parece mais inofensivo do que a barbatana de um tubarão. Não se parece com algo que faça parte de um animal, muito menos de uma fera. É verde e áspera, como a casca de uma árvore. Quando a vi se aproximando da borda, deu-me a sensação de que possuía um sabor fresco e um pouco amargo, como o de uma casca vegetal. Passava das cinco. O mar estava sereno ao entardecer. Outros tubarões se aproximaram da balsa, pacientemente, e ficaram me espreitando até anoitecer por completo. Já não havia luzes, mas eu os sentia rondar na escuridão, rasgando a superfície tranqüila com o fio de suas barbatanas.

A partir de então não voltei a me sentar na borda depois das cinco da tarde. Amanhã, depois de amanhã e mesmo dentro de quatro dias teria experiência suficiente para saber que os tubarões são animais pontuais: chegariam um pouco depois das cinco e desapareceriam com a escuridão.

Ao entardecer, a água transparente oferece um belo espetáculo. Peixes de todas as cores se aproximavam da balsa. Enormes peixes amarelos e verdes; peixes rajados de azul e vermelho, redondos, diminutos, acompanhavam a balsa até o anoitecer. Às vezes havia um relâmpago metálico, um jorro de água ensangüentada saltava pela borda e os pedaços de um peixe destroçado pelo tubarão flutuavam um segundo junto à balsa. Então uma incalculável quantidade de peixes menores se precipitava sobre os restos. Naquele momento eu teria vendido a alma ao diabo pelo menor pedaço das sobras do tubarão.

Era minha segunda noite no mar. Noite de fome, e de sede, e de desespero. Senti-me abandonado, depois de ter me agarrado obstinadamente à esperança dos aviões. Nessa noite percebi que só poderia contar com minha vontade e o restante de minhas forças para me salvar.

Uma coisa me assustara: sentia-me um pouco fraco, mas não esgotado. Suportara quase quarenta horas sem água nem alimentos e mais de duas noites e dois dias sem dormir, pois estivera de guarda toda a noite anterior ao acidente. No entanto, sentia-me capaz de remar.

Voltei a procurar a Ursa Menor. Pus os olhos nela e comecei a remar. Ventava, mas não na direção que eu devia imprimir à balsa para navegar no rumo da ursa Ursa Menor. Fixei os dois remos à borda e comecei a remar às dez da noite. Remei no começo com desespero. Depois com mais calma, os olhos fixos na Ursa Menor, que, segundo meus cálculos, brilhava exatamente sobre o Cerro de la Popa.

Pelo ruído da água, sabia que estava avançando. Quando me cansava, cruzava os remos e recostava a cabeça para descansar. Depois, agarrava os remos com mais força e mais esperança. À meia-noite continuava remando.

Um companheiro na balsa

Quase às duas me senti completamente esgotado. Cruzei os remos e tentei dormir. A sede, nesse momento, havia aumentado. A fome não me incomodava. Incomodava-me a sede. Senti-me tão cansado que apoiei a cabeça no remo e me dispus a morrer. Foi então que vi, sentado na coberta do destróier, o marinheiro Jaime Manjarrés, que me mostrava com o indicador a direção do porto. Jaime Manjarrés, bogotano, é um de meus amigos mais antigos na Marinha. Eu pensava com freqüência nos companheiros que tentaram abordar a balsa. Perguntava-me se haviam alcançado a outra balsa, se o destróier os recolhera ou se haviam sido localizado pelos aviões. Mas nunca pensei em Jaime Manjarrés. No entanto, tão logo fechava os olhos, aparecia Jaime Manjarrés, sorridente, primeiro indicando a direção do porto e depois sentado no refeitório diante de mim, com um prato de frutas e ovos mexidos na mão.

No início era um sonho. Fechava os olhos, dormia durante breves minutos e Jaime Manjarrés aparecia sempre, pontual e na mesma posição. Enfim decidi falar com ele. Não me lembro do que perguntei na primeira ocasião. Não me lembro também do que me respondeu. Mas sei que estávamos conversando na coberta e de repente veio o golpe da onda, a onda fatal das 11h55, e despertei sobressaltado, agarrando-me com todas as forças no estrado, para não cair no mar.

Mas antes do amanhecer o céu escureceu. Não pude dormir mais porque me sentia esgotado, até para dormir. Em meio às trevas deixei de ver o outro extremo da balsa. Mas continuava olhando através da escuridão, tentando penetrá-la. Foi quando vi, no extremo da borda, Jaime Manjarrés, sentado, com seu uniforme de trabalho: calça e camisa azuis, e o boné ligeiramente inclinado sobre a orelha direita, no qual se lia claramente, apesar da escuridão: A.R.C. *Caldas*.

— Alô — disse-lhe, sem me sobressaltar.

Certo de que Jaime Manjarrés estava ali. Certo de que sempre estivera ali.

Se isso tivesse sido um sonho, não teria nenhuma importância. Sei que estava desperto, lúcido, e que ouvia o assobio do vento e o ruído do mar sobre minha cabeça. Sentia fome e sede. E não havia dúvida de que Jaime Manjarrés viajava comigo na balsa.

— Por que você não bebeu bastante água no navio? — perguntou-me.

— Porque estávamos chegando a Cartagena — respondi. — Estava deitado na popa com Ramón Herrera.

Não era uma aparição. Eu não sentia medo. Parecia-me uma tolice que antes me sentisse sozinho na balsa, sem saber que outro marinheiro estava comigo.

— Por que você não comeu? — perguntou-me Jaime Manjarrés.

Recordo perfeitamente que lhe disse:

— Porque não quiseram me dar comida. Pedi que me dessem maçãs e sorvete e não quiseram me dar. Não sei onde estavam escondidos.

Jaime Manjarrés não respondeu nada. Ficou um momento em silêncio. Voltou a me mostrar onde ficava Cartagena. Segui a direção de sua mão e vi as luzes do porto, as bóias da baía dançando sobre a água. "Já chegamos", eu disse, e continuei olhando intensamente as luzes do porto, sem emoção, sem alegria, como se estivesse chegando depois de uma viagem normal. Pedi a Jaime Manjarrés que remássemos um pouco. Mas ele já não estava ali. Fora-se. Eu estava sozinho na balsa e as luzes do porto eram os primeiros raios do sol. Os primeiros raios de meu terceiro dia de solidão no mar.

A verdade sobre minha aventura (VI)

UM NAVIO DE RESGATE E UMA ILHA DE CANIBAIS

POR MARINHEIRO LUIS ALEJANDRO VELASCO, EXCLUSIVO PARA *EL ESPECTADOR*

No início, contava os dias pela recapitulação dos acontecimentos: O primeiro dia, 28 de fevereiro, foi o do acidente. O segundo, o dos aviões. O terceiro foi o mais desesperador de todos: não aconteceu nada de especial. A balsa avançou empurrada pela brisa. Não tinha forças para remar. O dia se encheu de nuvens, senti frio e, como não via o sol, perdi a orientação. Nessa manhã eu não poderia saber por onde vinham os aviões. Uma balsa não tem nem popa nem proa. É quadrada e às vezes navega de lado, gira sobre si mesma imperceptivelmente, e, como não há pontos de referência, não se sabe se avança ou retrocede. O mar é igual por todos os lados. Às vezes me deitava na parte de trás da borda, em relação ao sentido em que a balsa avançava. Cobria o rosto com a camisa. Quando me sentava, a balsa avançara até onde eu me encontrava deitado. Então não sabia se mudara de direção e nem se girara sobre si mesma. Algo semelhante me ocorreu com o tempo, depois do terceiro dia.

Ao meio-dia decidi fazer duas coisas: primeiro, cravei um remo numa das extremidades da balsa, para saber se avançava sempre no mesmo sentido. Segundo, fiz com as chaves, na borda, um risco para cada dia, e marquei a data. Tracei o primeiro risco e pus um número: 28.

Tracei o segundo risco e pus outro número: 29. No terceiro dia, ao lado do terceiro risco, pus o número 30 e na realidade era 2 de março. Só percebi no quarto dia, quando fiquei em dúvida se o mês que terminara tinha trinta ou 31 dias. Só então me lembrei de que era fevereiro e, ainda que isso agora pareça uma bobagem, aquele erro me fez perder o sentido do tempo. No quarto dia já não estava muito certo de minhas contas em relação aos dias que passara na balsa. Eram três? Eram quatro? Eram cinco? De acordo com os riscos, fevereiro ou março, eram três dias. Mas não me sentia seguro, assim como não estava seguro se a balsa avançava ou retrocedia. Preferi deixar as coisas como estavam, para evitar novas confusões, e perdi definitivamente a esperança de que me resgatassem.

Ainda não comera nem bebera. Já não queria pensar; dava-me trabalho organizar as idéias. A pele, queimada pelo sol, ardia terrivelmente, cheia de bolhas. Na Base Naval o instrutor tinha nos alertado para evitar de qualquer maneira expor os pulmões aos raios do sol. Essa era uma de minhas preocupações. Tirara a camisa, sempre molhada, e a amarrara à cintura, pois me incomodava seu contato com a pele. Como a sede já durava quatro dias, era materialmente impossível respirar e sentia uma dor profunda na garganta, no peito e sob as clavículas, no quarto dia tomei um pouco de água salgada. Essa água não sacia a sede, mas refresca. Demorei tanto tempo para tomá-la porque sabia que, na segunda vez, devia tomar uma menor quantidade e só depois de muitas horas.

Todos os dias, com assombrosa pontualidade, os tubarões chegavam às cinco. Havia então um festim em torno da balsa. Peixes enormes saltavam para fora da água e poucos momentos depois ressurgiam destroçados. Os tubarões, enlouquecidos, precipitavam-se silenciosamente contra a superfície ensangüentada. Ainda não tinham tentado atacar a balsa, mas se sentiam atraídos por ela porque era branca. Todo mundo sabe que os tubarões atacam de preferência os objetos brancos. O tubarão é míope, de maneira que só pode ver as coisas brancas ou brilhantes. Essa era outra recomendação do instrutor.

— É preciso esconder as coisas brilhantes para não chamar a atenção dos tubarões.

Eu não tinha coisas brilhantes. Até o mostrador do meu relógio é escuro. Mas ficaria tranqüilo se tivesse coisas brancas para lançar na água, longe da balsa, caso os tubarões resolvessem saltar pela borda. Não por acaso, desde o quarto dia sempre estive com o remo pronto para me defender, depois das cinco da tarde.

Navio à vista!

Durante a noite cruzava um remo na balsa e tentava dormir. Não sei se isso só acontecia quando estava dormindo ou também quando estava acordado, mas todas as noites via Jaime Manjarrés. Conversávamos alguns minutos sobre qualquer coisa, e logo ele desaparecia. Já me acostumara com suas visitas. Quando o sol saía, pensava que eram alucinações. Mas à noite não tinha dúvida de que Jaime Manjarrés estava ali, na borda, conversando comigo. Ele também tentava dormir, na madrugada do quinto dia. Cabeceava em silêncio, encostado no outro remo. De repente se pôs a sondar o mar. Disse:

— Olhe!

Levantei os olhos. A uns trinta quilômetros da balsa, avançando no mesmo sentido do vento, vi as intermitentes porém inconfundíveis luzes de um navio.

Havia horas não me sentia com forças para remar. Mas, ao ver as luzes, me sentei na balsa, segurei firmemente os remos e tentei me dirigir para o navio. Via-o avançar lentamente, e, por um instante, não só vi as luzes dos mastro, mas também sua sombra avançando contra os primeiros resplendores do amanhecer.

O vento me oferecia uma forte resistência. Mesmo tendo remado com desespero, com uma força que não tinha depois de mais de quatro dias sem comer nem dormir, creio que não consegui desviar a balsa nem um metro da direção que o vento lhe imprimia.

As luzes estavam cada vez mais distantes. Comecei a suar. Comecei a me sentir esgotado. Vinte minutos depois as luzes tinham desaparecido por completo. As estrelas começaram a se apagar e o céu se tingiu de um cinza escuro. Desolado no meio do mar, soltei os remos, fiquei de pé, açoitado pelo vento gelado da madrugada, e durante alguns minutos gritei como um louco.

Quando vi o sol de novo, estava outra vez encostado no remo. Sentia-me completamente extenuado. Agora não esperava a salvação de nenhum lado e tinha vontade de morrer. No entanto, algo estranho me acontecia quando desejava morrer: imediatamente começava a pensar num perigo. Esse pensamento me dava renovadas forças para resistir.

Na manhã de meu quinto dia, estava disposto a desviar a direção da balsa, de qualquer maneira. Ocorreu-me que, se continuasse na direção do vento, chegaria a uma ilha habitada por canibais. Em Mobile, numa revista cujo nome esqueci, li o relato de um náufrago que foi devorado por antropófagos. Mas não era nesse relato que pensava. Pensava em *O marinheiro renegado*, um livro que li em Bogotá, há dois anos. Conta a história de um marinheiro que durante a guerra, depois que seu navio se chocou contra uma mina, conseguiu nadar até uma ilha próxima. Ali ficou 24 horas, alimentando-se de frutas silvestres, até que foi descoberto pelos canibais. Jogaram-no numa panela de água fervendo e o cozinharam vivo. Imediatamente comecei a pensar nessa ilha. Só podia imaginar a costa como um território povoado de canibais. Pela primeira vez em meus cinco dias de solidão no mar, meu terror mudou de direção: agora não tinha tanto medo do mar e sim da terra.

Ao meio-dia me recostei na borda, com torpor pelo sol, pela fome e pela sede. Em nada pensava. Estava sem o senso do tempo e da direção. Tentei ficar em pé, para testar minhas forças, e tive a sensação de que não podia com meu corpo.

"Este é o momento", pensei. E, na realidade, pareceu-me que esse era o momento mais temido de todos quantos o instrutor nos explicara: o momento de me amarrar na balsa. Há um momento em que já não se sente nem sede nem fome. Um momento em que não se sentem as implacáveis ferroadas do sol na pele empolada. Não se pensa. Não se tem qualquer noção dos sentidos. Mas ainda não se perde a esperança. Ainda resta o recurso final de soltar os cabos da grade e se amarrar à balsa. Durante a guerra muitos cadáveres foram encontrados assim, desfigurados e bicados pelas aves, mas fortemente amarrados à balsa.

Pensei que ainda teria forças para esperar até à noite sem necessidade de me amarrar. Rolei até o fundo da balsa, estirei as pernas e permaneci várias horas submerso até o pescoço. Em contato com o sal, a ferida no joelho começou a doer. Foi como se eu despertasse. E como se a dor me desse uma nova noção da vida. Pouco a pouco, em contato com a água fresca, fui recobrando as forças. Então senti uma forte fisgada no estômago e o ventre se mexeu, agitado por um ruído longo e profundo. Tentei contê-lo, mas foi impossível.

Com muita dificuldade me sentei, desapertei o cinto, baixei a calça e senti um grande alívio com a descarga do ventre. Era a primeira vez em cinco dias. E pela primeira vez em cinco dias os peixes, desesperados, golpearam a borda, tentando romper os sólidos cabos da grade.

Sete gaivotas

A visão dos peixes, brilhantes e próximos, instigara minha fome. Pela primeira vez senti um verdadeiro desespero. Agora, pelo menos tinha uma isca. Esqueci o cansaço, agarrei um remo e me preparei para esgotar os últimos vestígios de minhas forças com um golpe certeiro na cabeça de um dos peixes que saltavam contra a balsa, numa disputa furiosa. Não sei quantas vezes bati com o remo. Sentia que acertava cada golpe, mas esperava em vão localizar a presa. Havia ali um terrível festim de peixes que se devoraram entre si, e um tubarão com a barriga para cima, tirando um suculento partido na água revolta.

A presença do tubarão me fez desistir de meu propósito. Decepcionado, soltei o remo e me deitei na borda. Poucos minutos depois senti uma terrível alegria: sete gaivotas sobrevoavam a balsa.

Para um marinheiro faminto solitário no mar, a presença das gaivotas é uma mensagem de esperança. Em geral, um bando de gaivotas acompanha os navios, mas só até o segundo dia de navegação. Sete gaivotas sobre a balsa significavam a proximidade da terra.

Se tivesse força, começaria a remar. Mas estava extenuado. Mal podia ficar alguns minutos de pé. Convencido de que estava havia menos de dois dias de navegação, de que me aproximava da terra, tomei mais um pouco de água no côncavo da mão e voltei a me recostar na borda, de cara para o céu, para que o sol não me batesse nos pulmões. Não cobri o rosto com a camisa porque queria continuar vendo as gaivotas que voavam lentamente, em ângulo agudo, internando-se no mar. Era uma da tarde de meu quinto dia no mar.

Não sei em que momento chegou. Eu estava deitado na balsa, mais ou menos às cinco da tarde, e me dispunha a descer para o interior antes que chegassem os tubarões. Então vi uma pequena gaivota, do tamanho da minha mão, que voava em torno da balsa e passara por breves minutos na extremidade da borda.

Minha boca se encheu com uma saliva gelada. Não tinha como capturar aquela gaivota. Nenhum instrumento, a não ser minhas mãos e minha astúcia, aguçada pela fome. As outras gaivotas tinham desaparecido. Só restava essa pequena, cor de café, de penas brilhantes, que saltitava na borda.

Permaneci absolutamente imóvel. Parecia estar sentindo pelo ombro o fio da barbatana do tubarão pontual, que desde as cinco deveria estar ali. Mas decidi correr o risco. Nem sequer me atrevi a olhar a gaivota, para que não percebesse o movimento de minha cabeça. Vi-a passar, baixinho, por cima de meu corpo. Vi-a se afastar, desaparecer no céu. Mas não perdi a esperança. Não me ocorria como ia despedaçá-la. Sabia que tinha fome e que se permanecesse imóvel a gaivota cruzaria ao alcance da minha mão.

Esperei mais de meia hora, acredito. Vi-a aparecer e desaparecer várias vezes. Houve um momento em que senti, perto de minha cabeça, a barbatana do tubarão, despedaçando um peixe. Mas em lugar de medo, senti mais fome. A gaivota saltitava na borda. Era o entardecer de meu quinto dia no mar. Cinco dias sem comer. Apesar de minha emoção, embora o coração batesse forte dentro do peito, permaneci imóvel, como um morto, enquanto sentia a gaivota se aproximar.

Eu estava estirado na borda, com as mãos nas coxas. Estou certo de que durante meia hora nem sequer me atrevi a pestanejar. O céu ficara brilhante e me machucava a vista, mas não me atrevia a fechar os olhos naquele momento de tensão. A gaivota estava bicando meus sapatos.

Transcorrera uma longa e intensa meia hora quando senti que a gaivota pousou na minha perna. Suavemente bicou a calça. Eu continuava absolutamente imóvel quando me deu uma bicada seca e forte no joelho. Estive a ponto de saltar por causa da ferida. Mas consegui suportar a dor. Depois, passou-se para minha coxa direita, a cinco ou seis centímetros de minha mão. Então contive a respiração e imperceptivelmente, com uma tensão desesperada, comecei a deslizar a mão.

A verdade sobre minha aventura (VII)

OS DESESPERADOS RECURSOS DE UM FAMINTO

POR MARINHEIRO LUIS ALEJANDRO VELASCO, EXCLUSIVO PARA *EL ESPECTADOR*

Se alguém se deita numa praça com a esperança de capturar uma gaivota, pode ficar ali toda a vida sem conseguir. Mas a 160 quilômetros da costa é diferente. As gaivotas têm um apurado instinto de conservação em terra firme. No mar, são animais confiados.

Eu estava tão imóvel que provavelmente aquela gaivota pequena e brincalhona que pousou na minha coxa acreditou que estava morto. Eu a via em minha coxa. Bicava a minha calça, mas não me feria. Continuei deslizando a mão. Bruscamente, no instante preciso em que a gaivota percebeu o perigo e tentou levantar vôo, agarrei-a por uma asa, saltei para o interior da balsa e me dispus a devorá-la.

Enquanto aguardava que pousasse em minha coxa, estava certo de que se chegasse a capturá-la a comeria viva, sem tirar as penas. Estava faminto e a própria idéia do sangue do animal me realçava a sede. Mas quando a tive nas mãos, quando senti a palpitação de seu corpo quente, quando vi seus redondos e brilhantes olhos pardos, tive um momento de vacilação.

Certa vez eu estava na coberta com uma carabina, tentando caçar uma das gaivotas que perseguiam o barco. O primeiro-oficial do destróier, um marinheiro experimentado, disse-me:

— Não seja infame. A gaivota para o marinheiro é como ver terra. Não é digno de marinheiro matar uma gaivota.

Recordei-me daquele momento, das palavras do primeiro-oficial, quando estava na balsa com a gaivota capturada, disposto a matá-la e a trinchá-la. Embora estivesse havia cinco dias sem comer, as palavras do primeiro-oficial ressoavam em meus ouvidos, como se as estivesse ouvindo. Mas naquele momento a fome era mais forte do que tudo. Agarrei com força a cabeça do animal e comecei a torcer-lhe o pescoço, como se fosse uma galinha.

Era muito frágil. Na primeira volta senti que se destroçavam os ossos do pescoço. Na segunda volta senti seu sangue, vivo e quente, esguichando por entre meus dedos. Tive compaixão. Aquilo parecia um assassinato. A cabeça, ainda palpitante, desprendeu-se do corpo e ficou latejando em minha mão.

O jorro de sangue na balsa excitou os peixes. A branca e brilhante barriga de um tubarão passou roçando pela borda. Num instante como esse, um tubarão, enlouquecido pelo cheiro de sangue, pode cortar com uma mordida uma lâmina de aço. Como suas mandíbulas ficam embaixo do corpo, tem de se virar para comer. Mas como é míope e voraz, quando vira a barriga para cima, arrasta tudo o que encontra pela frente. Tenho a impressão de que naquele momento o tubarão tentou arremeter contra a balsa. Aterrorizado, lancei a cabeça da gaivota e vi, a poucos centímetros da borda, a tremenda disputa daqueles animais enormes que se batiam por uma cabeça de gaivota, menor do que um ovo.

A primeira coisa que tratei de fazer foi depená-la. Era excessivamente leve e os ossos tão frágeis que podiam ser despedaçados com os dedos. Tentava arrancar-lhe as penas, mas estavam tão grudadas na pele, delicada e branca, de tal maneira que a carne se desprendia com as penas ensangüentadas. A substância negra e viscosa nos dedos me produziu uma sensação de repugnância.

É fácil dizer que depois de cinco dias de fome alguém é capaz de comer qualquer coisa. Porém, por mais faminto que se esteja, sente-se nojo de uma mistura de penas e sangue quente, com um intenso cheiro de peixe cru e sarna.

No início, tentei depená-la cuidadosamente, com certo método. Mas não contava com a fragilidade de sua pele. Ao tirar as plumas, começou a se desfazer entre as mãos. Lavei-a dentro da balsa. Trinchei-a de uma só vez e a presença de seus intestinos rosados, de suas vísceras azuis, revolveu-me o estômago. Levei à boca uma tira de coxa, mas não pude engoli-la. Era simples. Parecia que estava mastigando uma rã. Sem poder disfarçar a náusea, retirei o pedaço que tinha na boca e permaneci longo tempo imóvel, com aquele repugnante punhado de penas e ossos sangrentos na mão.

A primeira coisa que me ocorreu foi que aquilo que não podia comer me serviria de isca. Mas não tinha nenhum instrumento de pesca. Se ao menos tivesse um alfinete. Um pedaço de arame. Mas nada tinha além das chaves, o relógio, o anel e os três cartões da loja de Mobile.

Pensei no cinto. Pensei que poderia improvisar um anzol com a fivela. Mas meus esforços foram inúteis. Era impossível improvisar um anzol com o cinto. Anoitecia e os peixes, enlouquecidos pelo cheiro de sangue, davam saltos em torno da balsa. Quando escureceu por completo lancei à água os restos da gaivota e me deitei para dormir. Enquanto preparava o remo para me encostar ouvia a surda guerra dos animais disputando os ossos que não pude comer.

Creio que nessa noite poderia ter morrido de esgotamento e desespero. Um vento forte se levantou desde as primeiras horas. A balsa dava solavancos, enquanto eu, sem sequer pensar na precaução de me amarrar aos cabos, jazia exausto dentro da água, apenas com os pés e a cabeça fora dela.

Mas depois da meia-noite houve uma mudança: a lua saiu. Foi a primeira noite de lua desde o dia do acidente. Sob a claridade azul, a superfície do mar adquire uma aparência espectral. Jaime Manjarrés não veio essa noite. Fiquei sozinho, desesperado, abandonado à minha sorte no fundo da balsa.

No entanto, cada vez que meu ânimo caía, acontecia algo que fazia renascer minha esperança. Nessa noite foi o reflexo da lua nas ondas. O mar estava agitado e em cada onda me parecia ver a luz de um navio. Havia duas noites perdera a esperança de que um navio me resgatasse. Mas ao longo daquela noite transparente pela luz da lua — minha sexta noite no mar — esquadrinhava o horizonte com desespero, quase com tanta intensidade e tanta fé como na primeira. Se agora me encontrasse nas mesmas circunstâncias, morreria de desespero: agora sei que a rota por onde navegava a balsa não era rota de nenhum navio.

Eu era um morto

Não me lembro do amanhecer do sexto dia. Tenho uma idéia nebulosa de que, durante a manhã, fiquei prostrado no fundo da balsa, entre a vida e a morte. Nesses momentos, pensava em minha família e a via tal como me contaram agora, como ficou durante os dias de meu desaparecimento. Não fiquei surpreso com a notícia de que me prestaram honras fúnebres. Naquela minha sexta manhã de solidão no mar, imaginei que tudo isso estava acontecendo. Sabia que haviam comunicado a minha família a notícia de meu desaparecimento. Como os aviões não voltaram, sabia que tinham desistido da busca e que haviam me declarado morto.

Nada disso era equivocado, até certo ponto. Sempre tratei de me defender. Sempre encontrei um recurso para sobreviver, um ponto de apoio, por insignificante que fosse, para continuar esperando. Mas no sexto dia não esperava mais nada. Era um morto na balsa.

À tarde, pensando que logo seriam cinco horas e os tubarões voltariam, fiz um esforço desesperado para me sentar e me amarrar à borda. Em Cartagena, dois anos antes, vi na praia os restos de um homem destroçado por um tubarão. Não queria morrer assim. Não queria ser repartido em pedaços entre um monte de animais insaciáveis.

Eram quase cinco horas. Pontuais, os tubarões estavam ali, rondando a balsa. Sentei-me com esforço para desatar os cabos da grade. A tarde estava fresca. O mar, tranqüilo. Senti-me ligeiramente fortalecido. Subitamente, vi outra vez as sete gaivotas do dia anterior, e essa visão infundiu em mim um renovado desejo de viver.

Nesse instante teria comido qualquer coisa. A fome me incomodava. Mas eram piores a garganta deteriorada e a dor nos maxilares, endurecidos pela falta de exercício. Precisava mastigar alguma coisa. Tentei arrancar tiras da borracha dos meus sapatos, mas não tinha com que cortá-las. Então me lembrei dos cartões da loja de Mobile.

Estavam num dos bolsos de minha calça, quase completamente desfeitos pela umidade. Despedacei-os, levei-os à boca e comecei a mastigar. Parecia um milagre: a garganta se aliviou um pouco e a boca se encheu de saliva. Continuei mastigando lentamente, como se fosse chiclete. Na primeira mordida, doeram os maxilares. Mas depois, à medida que mastigava o cartão que guardara sem saber por que desde o dia em que fui fazer compras com Mary Address, senti-me mais forte e otimista. Pensava continuar mastigando indefinidamente para aliviar a dor dos maxilares. Mas me pareceu um desperdício lançá-los ao mar. Senti descer até o estômago a pequena papa de papelão moído e desde esse instante tive o pressentimento de que me salvaria, de que não seria destroçado pelos tubarões.

Que gosto têm os sapatos?

O alívio sentido com os cartões me aguçou a imaginação para continuar procurando coisas de comer. Se tivesse uma navalha teria cortado os sapatos e mastigado tiras de borracha. Era o mais tentador que tinha à mão. Tentei separar com as chaves a sola branca e limpa. Mas os esforços foram inúteis. Era impossível arrancar uma tira dessa borracha solidamente fundida no tecido.

Desesperadamente, mordi o cinto até me doerem os dentes. Não consegui arrancar nenhum pedaço. Nesse momento devia parecer uma fera, tentando arrancar com os dentes pedaços de sapato, cinto, camisa. Ao anoitecer, tirei a roupa, completamente empapada. Fiquei de ceroulas. Não sei se devia atribuir aos cartões, mas quase imediatamente depois estava dormindo. Em minha sétima noite, talvez porque já me acostumara ao incômodo da balsa, talvez por estar extenuado depois de sete noites de insônia, dormi profundamente durante longas horas. Às vezes uma onda me despertava; eu saltava, alarmado, sentindo que a força do golpe me arrastava para a água. Mas imediatamente depois voltara a dormir.

Por fim, amanheceu meu sétimo dia no mar. Não sei por que estava certo de que não seria o último. O mar estava tranqüilo e nublado, e quando o sol apareceu, mais ou menos, como às oito da manhã, senti-me reconfortado pelo bom sono da noite. Contra o céu plúmbeo e baixo passaram sobre a balsa as sete gaivotas.

Dois dias antes a presença das sete gaivotas me dera uma grande alegria. Mas quando as vi pela terceira vez, depois de tê-las visto durante dois dias consecutivos, senti renascer o terror. "São sete gaivotas perdidas", pensei. E pensei com desespero. Os marinheiros sabem que às vezes um bando de gaivotas se perde no mar e voa sem direção durante vários dias, até quando seguem um navio que lhes indica a direção do porto. Talvez aquelas gaivotas que vira durante três dias fossem as mesmas todos os dias, perdidas no mar. Isso significava que minha balsa se encontrava cada vez mais afastada da terra.

A verdade sobre minha aventura (VIII)

MINHA LUTA COM OS TUBARÕES POR UM PEIXE

POR MARINHEIRO LUIS ALEJANDRO VELASCO, EXCLUSIVO PARA *EL ESPECTADOR*

A idéia de que em vez de me aproximar da costa estava me internando no mar durante sete dias me tirou o ânimo de continuar lutando. Mas quando alguém se sente à beira da morte, o instinto de conservação se aguça. Por várias razões aquele dia — meu sétimo dia — era diferente dos anteriores: o mar estava calmo e escuro; o sol me queimava a pele, era morno e tranqüilizante, e uma brisa tênue empurrava a balsa com suavidade e me aliviava um pouco as queimaduras.

Os peixes também eram diferentes. Desde cedo acompanhavam a balsa. Nadavam na superfície. Eu os via com clareza: peixes azuis, pardos e vermelhos. Havia de todas as cores, de todas as formas e tamanhos. Navegando ao lado deles, a balsa parecia deslizar num aquário.

Não sei se depois de sete dias sem comer, à deriva no mar, alguém se acostuma a essa vida. Parece-me que sim. O desespero do dia anterior foi substituído por uma resignação pastosa e sem sentido. Estava certo de que tudo era diferente, de que o mar e o céu tinham deixado de ser hostis, e que os peixes que me acompanhavam na viagem eram peixes amigos. Velhos conhecidos de sete dias.

Nessa manhã não pensei em chegar a parte alguma. Tinha certeza de que estava numa região sem navios, na qual até as gaivotas se perdiam.

Imaginava que depois de sete dias à deriva me acostumaria ao mar, ao meu angustioso método de vida, sem necessidade de aguçar o instinto de sobrevivência. Afinal de contas, sobrevivera uma semana contra vento e maré. Por que não poderia continuar vivendo indefinidamente numa balsa? Os peixes nadavam na superfície, o mar estava limpo e sereno. Havia tantos animais bonitos e tentadores em torno da embarcação que me parecia que poderia agarrá-los aos punhados. Não havia tubarão à vista. Confiante, meti a mão na água e tentei agarrar um peixe redondo, de um azul brilhante, de não mais de vinte centímetros. Foi como se atirasse uma pedra. Todos os peixes mergulharam precipitadamente. Desapareceram na água, por um instante revolta. Em seguida, pouco a pouco, voltaram à superfície.

Pensei que necessitava de um pouco de astúcia para pescar com a mão. Debaixo da água a mão não tinha a mesma força nem a mesma habilidade. Escolhia um peixe no cardume. Tentava pegá-lo. E o pegava, de fato. Mas o sentia escapar por entre os dedos, com uma rapidez e uma agilidade que me desconcertavam. Fiquei assim, paciente, sem me apressar, tentando capturar um peixe. Não pensava no tubarão, que talvez estivesse ali, no fundo, aguardando que eu mergulhasse o braço até o cotovelo para levá-lo com uma mordida certeira. Até um pouco depois das dez estive ocupado na tarefa de capturar o peixe. Mas foi inútil. Mordiscavam-me os dedos, primeiro com suavidade, como quando roçam uma isca. Depois com mais força. Um peixe de meio metro, liso e prateado, de dentes pequenos e afiados, arrancou-me a pele do polegar. Então me dei conta de que as mordidas dos outros peixes não foram inofensivas. Em todos os dedos tinha pequenas dilacerações sangrentas.

Um tubarão na balsa!

Não sei se foi meu sangue, mas um instante depois havia uma revolução de tubarões ao redor da balsa. Nunca vira tantos. Nunca os vira dar mostras de semelhante voracidade. Saltavam como golfinhos, perseguindo, devorando peixes junto à borda. Atemorizado, sentei-me no interior da balsa e fiquei contemplando o massacre.

A coisa ocorreu com tanta violência que não me dei conta em que momento o tubarão saltou fora da água, deu uma forte rabanada, e a balsa, oscilando, afundou na espuma brilhante. Em meio ao resplendor da tromba-d'água que estourou contra a borda, cheguei a ver um relâmpago metálico. Instintivamente, agarrei um remo e descarreguei o golpe da morte: estava certo de que o tubarão entrara na balsa. Mas vi a barbatana enorme que sobressaía pela borda e me dei conta do que se passara. Perseguido pelo tubarão, um peixe brilhante e verde, de meio metro de comprimento, saltara para dentro da balsa. Com todas as minhas forças, desferi o primeiro golpe de remo em sua cabeça.

Não é fácil matar um peixe dentro de uma balsa. A cada golpe a embarcação oscilava e ameaçava emborcar. O momento era extremamente perigoso. Precisava de todas as minhas forças e de toda a minha lucidez. Se desferisse os golpes desvairadamente, a balsa poderia virar. Eu teria caído numa água revolta de tubarões famintos. Mas se não golpeasse com precisão, a presa escaparia. Estava entre a vida e a morte. Ou caía entre as goelas dos tubarões ou teria quase dois quilos de peixe fresco para saciar minha fome de sete dias.

Apoiei-me com firmeza na borda e desferi o segundo golpe. Senti a madeira do remo se incrustar nos ossos da cabeça do peixe. A balsa oscilou. Os tubarões se sacudiram sob o piso. Mas eu estava sentado com firmeza na borda. Quando a embarcação recuperou a estabilidade, o peixe continuava vivo, no centro da balsa. Na agonia, um peixe pode saltar mais alto e mais longe do que nunca. Sabia que o terceiro golpe teria de ser certeiro ou perderia a presa para sempre.

De um salto fiquei sentado no piso, pois assim teria melhores possibilidades de agarrá-lo. Eu o seguraria com os pés, entre os joelhos ou com os dentes, se fosse necessário. Plantei-me com segurança no piso. Tentando não errar, convencido de que minha vida dependia daquele golpe, deixei cair o remo com todas as minhas forças. Com o impacto, o animal ficou imóvel e um fio de sangue escuro tingiu a água da balsa.

Eu próprio senti o cheiro do sangue. Os tubarões também sentiram. Pela primeira vez nesse instante, com quase dois quilos de peixe à minha disposição, senti um terror incontrolável; enlouquecidos pelo cheiro do sangue, os tubarões se lançavam com toda a força contra o piso. A balsa oscilava. Sabia que de um momento para outro poderia emborcar. Seria coisa de um segundo. Mais rapidamente do que um relâmpago eu seria estraçalhado pelas três fileiras de dentes de aço que um tubarão tem em cada mandíbula.

Mas a urgência da fome estava acima de tudo. Apertei o peixe entre as pernas e me dediquei, oscilando, à difícil tarefa de equilibrar a balsa cada vez que sofria nova arremetida das feras. Aquilo durou vários minutos. Cada vez que a embarcação se estabilizava, eu atirava pela borda a água ensangüentada. Pouco a pouco a superfície ficou limpa e as feras se acalmaram. Mas devia tomar cuidado: uma pavorosa barbatana de tubarão — a maior barbatana de tubarão ou de qualquer animal que vira em minha vida — despontara mais de um metro acima da borda. Nadava aprazivelmente, mas eu sabia que se percebesse de novo o cheiro do sangue daria uma sacudida que viraria a balsa. Com grandes precauções me dispus a trinchar meu peixe.

Um animal de meio metro está protegido por uma dura crosta de escamas. Quando se tenta arrancá-las, percebe-se que estão grudadas na carne, como lâminas de aço. Não dispunha de qualquer instrumento cortante. Tentei tirar as escamas com as chaves, mas sequer consegui amolecê-las. Enquanto isso, dei-me conta de que nunca vira um peixe como aquele: era de um verde intenso, solidamente escamado. Desde criança relacionei a cor verde com os venenos. É incrível, mas apesar de o estômago palpitar dolorosamente com a simples perspectiva de um pedaço de peixe fresco, tive um momento de vacilação diante da idéia de que aquele estranho animal fosse um animal venenoso.

Meu pobre corpo

Apesar de tudo, a fome é suportável quando não se tem esperança de encontrar alimentos. Nunca fora tão implacável, porém, como naquele momento em que eu, sentado no fundo da balsa, tentava romper a carne verde e brilhante com as chaves.

Em poucos minutos compreendi que precisava agir com mais violência se de fato quisesse comer minha presa. Fiquei de pé, pisei com força a cauda e enfiei o cabo de um dos remos nas guelras. Tinha a carcaça grossa e resistente. Escarnando com o cabo do remo consegui enfim destroçar as guelras. Mas percebi que ainda não estava morto. Desferi outro golpe na sua cabeça. Em seguida, tentei arrancar as duras lâminas protetoras das guelras e nesse momento não sabia se o sangue que corria pelos meus dedos era meu ou do peixe. Tinha as mãos feridas e as extremidades dos dedos em carne viva.

O sangue voltou a despertar a fome dos tubarões. É difícil acreditar que naquele momento, sentindo em torno de mim a fúria das bestas famintas, sentindo repugnância pela carne ensangüentada, estive prestes a lançar o peixe aos tubarões, como fiz com a gaivota. Estava desesperado, impotente diante daquele corpo sólido, impenetrável.

Explorei-o minuciosamente, procurando suas partes macias. Por fim, encontrei uma fenda por baixo das guelras; com o dedo comecei a extrair as tripas. As vísceras de um peixe são macias e inconsistentes. Dizem que dando um forte puxão na cauda de um tubarão o estômago e os intestinos saem pela boca. Em Cartagena, vi tubarões pendurados pela cauda, com uma enorme, escura e viscosa massa de vísceras pendurada da mandíbula.

Por sorte as vísceras de meu peixe eram tão macias como as dos tubarões. Tirei-as com o dedo. Era uma fêmea: entre as vísceras havia uma enfiada de ovos. Quando ficou completamente destripada, dei a primeira mordida. Não pude romper a crosta de escamas. Mas na segunda tentativa, com forças renovadas, mordi desesperadamente até me doerem os maxilares. Então consegui arrancar o primeiro pedaço e comecei a mastigar a carne fria e dura.

Mastigava com nojo. Sempre me repugnou o cheiro de peixe cru. O sabor é ainda mais repugnante: tem um remoto sabor de palmito cru, porém mais insípido e viscoso. Nunca ninguém comeu um peixe vivo. Mas quando mastigava o primeiro alimento que me chegava à boca em sete dias, tive pela primeira vez em minha vida a repugnante certeza de que estava comendo um peixe vivo.

O primeiro pedaço me produziu alívio imediato. Dei uma nova mordida e voltei a mastigar. Um momento antes pensei que era capaz de comer um tubarão inteiro. Mas no segundo pedaço me senti satisfeito. Minha terrível fome de sete dias se aplacou num instante. Voltei a me sentir firme, como no primeiro dia.

Agora sei que o peixe cru aplaca a sede. Antes não o sabia, mas observei que o peixe não só me aplacara a fome, mas também a sede. Estava satisfeito e otimista. Ainda me restava alimento para muito tempo, pois só dera duas mordidas num peixe de meio metro.

Decidi envolvê-lo na camisa e deixá-lo no fundo da balsa, para que se mantivesse fresco. Mas antes tinha de lavá-lo. Distraidamente, peguei-o pela cauda e o mergulhei uma vez fora da balsa. O sangue, no entanto, estava coagulado entre as escamas. Tinha de esfregá-lo com força. Ingenuamente voltei a mergulhá-lo. Foi então que senti a investida e o violento matraquear das mandíbulas do tubarão. Apertei a cauda do peixe com todas as minhas forças. O puxão da fera me fez perder o equilíbrio. Bati na borda, mas continuei apertando meu alimento. Defendi-o como uma fera. Nessa fração de segundo, não pensei que uma nova mordida do tubarão poderia me arrancar o braço. Voltei a puxar com todas as minhas forças, mas já não havia nada em minhas mãos. O tubarão levara minha presa. Furioso, louco de desespero e de raiva agarrei então um remo e desfechei um tremendo golpe na cabeça do tubarão, quando voltou a passar junto à borda. A fera deu um salto. Virou-se furiosamente e com uma única mordida, seca e violenta, despedaçou e engoliu metade do remo.

A verdade sobre minha aventura (IX)

A ÁGUA COMEÇA A MUDAR DE COR

POR MARINHEIRO LUIS ALEJANDRO VELASCO, EXCLUSIVO PARA *EL ESPECTADOR*

Com o remo quebrado, desesperado pela fúria, continuei batendo na água. Tinha necessidade de me vingar dos tubarões que me arrebataram das mãos o único alimento de que dispunha. Eram quase 5 da tarde de meu sétimo dia no mar. Dentro de instantes chegariam os tubarões em massa. Sentia-me forte com os dois pedaços que consegui comer, e a ira provocada pela perda do resto do peixe me dava um estranho ânimo para lutar. Restavam dois remos na balsa. Pensei substituir o remo partido pela mordida do tubarão, para continuar lutando com as feras. Mas o instinto de conservação foi mais forte do que a fúria: pensei que poderia perder os outros remos e não sabia em que momento iria precisar deles.

O anoitecer foi igual ao dos outros dias. Mas a noite era mais escura. O mar estava agitado. Ameaçava chuva. Imaginando que de um momento para outro poderia dispor de água potável, tirei os sapatos e a camisa, para ter como recolhê-la. Era o que em terra firme se chama "uma noite de cão". No mar deve se chamar "uma noite de tubarão".

Antes das nove começou a soprar o vento gelado. Tentei resistir no fundo da balsa, mas não foi possível. O frio penetrava até o fundo dos meus ossos. Tive de pôr a camisa e os sapatos, e me resignar à idéia de que a chuva me pegaria de surpresa e eu não teria tempo de recolher a água. A agitação das ondas era mais forte do que na tarde de 28 de fevereiro, dia do acidente. A balsa parecia uma casca de ovo no mar agitado e sujo. Não podia dormir. Afundei na água até o pescoço, porque o ar estava cada vez mais gelado. Tremia. Houve um momento em que pensei que não poderia resistir ao frio e comecei a fazer exercícios para me esquentar. Mas era impossível. Sentia-me fraco. Devia me agarrar com força à borda para evitar que a força das ondas me jogasse na água. Tinha a cabeça apoiada no remo destroçado pelo tubarão. Os outros estavam no fundo da balsa.

Antes da meia-noite o vendaval ficou mais forte, o céu ficou denso e de um cinzento profundo, e o ar úmido, mas não caiu uma só gota. Poucos minutos depois da meia-noite, uma onda enorme — tão grande como a que varreu a coberta do destróier — levantou a balsa como se fosse uma casca de banana, projetou-a para o alto, e numa fração de segundo fez com que enborcasse.

Dei-me conta de tudo quando estava na água, nadando para cima, como na tarde do acidente. Nadei desesperadamente, subi à superfície e quase morri de terror: não vi a balsa. Vi as enormes ondas negras sobre minha cabeça e me lembrei de Luis Rengifo, um homem forte, bom nadador e bem alimentado que não pôde alcançar a balsa a dois metros de distância. Eu estava desorientado e procurava a balsa pelo lado contrário. Atrás de mim, a mais ou menos um metro de distância, a balsa apareceu na superfície, leve, batida pelas ondas. Alcancei-a em duas braçadas. Duas braçadas se dão em dois segundos, mas aqueles foram dois segundos eternos. Tão assustado estava que de um salto me encontrei ofegando, completamente molhado, no fundo da embarcação. O coração dava saltos dentro do peito e eu não podia respirar.

Minha boa estrela

Não podia reclamar da minha sorte. Se aquela reviravolta da balsa acontecesse às cinco da tarde os tubarões teriam me esquartejado. Mas à meia-noite os animais estão em paz. E mais ainda quando o mar está agitado.

De novo na balsa, vi que segurava com força o remo destruído pelo tubarão. Aquilo aconteceu com tanta rapidez que todos os meus movimentos foram instintivos. Mais tarde me lembrei que ao cair na água o remo bateu na minha cabeça e o recuperei quando começava a afundar. Foi o único remo que ficou na balsa. Os outros dois ficaram no mar.

Para não perder nem sequer esse pedaço de pau destroçado pelos tubarões, amarrei-o fortemente com um dos cabos soltos da grade. O mar continuava furioso. Desta vez tive sorte. Se a balsa voltasse a emborcar talvez não a alcançasse. Pensando nisso soltei o cinto e me amarrei com força aos cabos da grade.

As ondas continuavam a bater contra a borda. A balsa oscilava no mar bravio e turvo, mas eu estava seguro, amarrado pelo cinto à grade. O remo também estava seguro. Esforçando-me para não deixar que a embarcação virasse de novo, pensei que quase perdi a camisa e os sapatos. Se não fosse pelo frio estariam no fundo da balsa quando esta emborcara, e teriam caído no mar junto com os remos.

É perfeitamente normal que uma balsa vire num mar agitado. É uma embarcação feita de cortiça e forrada com um tecido impermeabilizado com tinta branca. Seu piso não é fixo, mas pende da moldura da cortiça, como uma cesta. A balsa pode dar voltas na água, mas o piso recupera imediatamente a posição normal. O único perigo é o de perder a balsa. Imaginei que por isso enquanto estivesse amarrado à grade a balsa poderia dar mil voltas sem perigo de que eu a perdesse.

Isso era certo. Mas havia algo que não perdera de vista: 15 minutos depois da primeira, a balsa deu uma segunda e espetacular emborcada. Primeiro me senti suspenso no ar gelado e úmido, açoitado pelo vendaval. Vi diante de meus olhos o abismo e compreendi de que lado a balsa ia virar. Tentei navegar para o outro lado, para equilibrar a embarcação, mas fui impedido pela forte correia de couro amarrada à grade. Num instante compreendi o que estava acontecendo: a balsa virara por completo. Eu estava no fundo, amarrado firmemente à borda. Estava me afogando e minhas mãos buscavam em vão a fivela do cinto, para soltá-la.

Desesperado, mas tentando não me apavorar, tentei abrir a fivela. Sabia não dispor de muito tempo: em bom estado físico posso ficar mais de oitenta segundos debaixo da dágua. Deixara de respirar desde o momento em que me senti no fundo da balsa. Escoaram-se pelo menos cinco segundos. Passei a mão ao redor da cintura e creio que em menos de um segundo encontrei o cinto. Mais um segundo e eu encontrei a fivela. Estava apertada na grade, de maneira que eu devia me suspender da balsa com a outra mão para afrouxar a pressão. Demorei muito para encontrar onde me segurar com firmeza. Depois, levantei-me com força sobre o braço esquerdo. A mão direita encontrou a fivela, orientou-se com rapidez e afrouxou a correia. Mantendo a fivela aberta deixei cair de novo o corpo até o fundo, sem me soltar da borda, e numa fração de segundo me senti livre da grade. Sentia os pulmões quase explodindo. Com um último esforço, agarrei-me à borda com as duas mãos: suspendi-me com todas as forças, ainda sem respirar. Involuntariamente, só com meu peso consegui virar de novo a balsa. E voltei a ficar debaixo dela.

Estava engolindo água. A garganta, arruinada pela sede, ardia terrivelmente. Porém eu mal me dava conta. O importante era não soltar a balsa. Consegui tirar a cabeça para fora. Tomei ar. Sentia-me extenuado. Não acreditei que tivesse força para subir pela borda, mas estava ao mesmo tempo aterrorizado, metido na água que poucas horas antes vira infestada de tubarões. Certo de que aquele seria o último esforço que devia fazer na vida, apelei para meus últimos vestígios de energia, suspendi-me na borda e caí exausto no fundo da balsa.

Não sei quanto tempo fiquei assim, deitado de cara para o céu com a garganta dolorida e as extremidades dos dedos latejando profundamente, em carne viva. Só sei que tinha duas preocupações ao mesmo tempo: que os pulmões descansassem e que a balsa não tornasse a virar.

O sol do amanhecer

Assim amanheceu meu oitavo dia no mar. Foi uma manhã tempestuosa. Tivesse chovido, eu não teria tido forças para recolher a água. Mas sentia que a chuva me fortaleceria. No entanto, não caiu uma só gota, apesar de a umidade do ar ser anúncio de chuva iminente. O mar continuava revolto ao amanhecer. Só se acalmou depois das oito da manhã, quando o sol saiu e o céu recobrou sua cor azul intensa.

Completamente esgotado me debrucei sobre a borda e tomei vários goles de água do mar. Agora sei que é útil para o organismo. Mas então ignorava, e só recorria a ela quando a dor no garganta me deixava desesperado. Depois de sete dias sem beber água, a sede é uma sensação diferente; é uma dor profunda na garganta, no esterno e especial sob as clavículas. E é o desespero da asfixia. A água do mar me aliviava a dor.

Depois da tormenta, o mar amanhece azul como nos quadros. Perto da costa, a gente vê flutuar mansamente troncos e raízes, arrancados pela tormenta. As gaivotas voam sobre o mar. Nessa manhã, quando cessou a brisa, a superfície da água se tornou metálica e a balsa deslizou suavemente em linha reta. O vento morno me reconfortou o corpo e o espírito.

Uma gaivota grande, escura e velha voou sobre a balsa. Então não duvidei de que me encontrava perto da terra. A gaivota que capturei uns dias antes era um animal jovem. Nessa idade têm um formidável alcance de vôo. Podem ser encontradas a muitos quilômetros da margem. Mas uma gaivota velha, grande e pesada como a que voava sobre a balsa no meu oitavo dia era daquelas que não se afastavam 160 quilômetros da costa. Senti-me com forças renovadas para resistir. Como nos primeiros dias, pus-me a sondar o horizonte. Grande quantidade de gaivotas se aproximava por todos os lados.

Senti-me acompanhado e alegre. Não tinha fome. Com mais freqüência do que antes tomava goles de água do mar. Sentia-me acompanhado em meio àquela quantidade de gaivotas que voavam em torno de minha cabeça. Lembrei-me de Mary Address. "Que teria sido feito dela?", perguntava-me, recordando sua voz quando me ajudava a traduzir os diálogos dos filmes. Exatamente nesse dia — o único em que me lembrei de Mary Address sem qualquer motivo, apenas porque o céu se enchera de gaivotas — Mary estava na igreja católica de Mobile participando de uma missa, por ela encomendada, pelo descanso de minha alma. Aquela missa — segundo Mary me escreveu para Cartagena — foi rezada no oitavo dia de meu desaparecimento. Foi pelo descanso de minha alma. Agora também acredito que foi também pelo descanso de meu corpo, pois naquela manhã, enquanto eu me lembrava de Mary Address e ela assistia à missa em Mobile, eu me sentia feliz no mar, vendo as gaivotas que anunciavam a proximidade da terra.

Durante quase todo o dia fiquei sentado na borda, esquadrinhando o horizonte. O dia era de uma assombrosa claridade. Tinha certeza de que veria terra a uma distância de 80 quilômetros. A balsa ganhara uma velocidade que dois homens, com quatro remos, não poderiam imprimir. Navegava em linha reta, como se fosse impulsionada por um motor, numa superfície lisa e azul.

Depois de sete dias numa balsa, a gente é capaz de perceber a mudança mais imperceptível na cor da água. Em 7 de março, às 3h30 da tarde, percebi que a balsa entrava numa zona em que a água não era azul e sim de um verde escuro. Houve um instante em que vi o limite: deste lado, a superfície azul que vira durante sete dias; do outro, a superfície esverdeada e aparentemente mais densa. O céu estava cheio de gaivotas que passavam voando bem baixo. Sentia as fortes batidas de asas sobre minha cabeça. Eram indícios indiscutíveis; a mudança de cor da água e a abundância de gaivotas indicaram-me que nessa noite deveria permanecer de vigia, pronto para descobrir as primeiras luzes da costa.

O cinema em Bogotá. Estréias da semana

Sindicato de ladrões

O Cine Clube apresentou, em sua sessão da última terça-feira, um filme de Elia Kazan: *Sindicato de ladrões*, com Marlon Brando, Eva Marie Saint e Lee J. Cobb. Trata-se da adaptação ao cinema de uma série de reportagens sobre a difícil vida nos portos de Nova York, publicada há poucos anos por Malcolm Johnson sob o título *Crime on the Waterfront*. A adaptação foi feita por Budd Schulberg, um dos melhores roteiristas do momento, e realizada pelo diretor de *Um bonde chamado desejo* e *Viva Zapata!*, com um rigor cinematográfico que faz *Sindicato de ladrões* um filme em que todos os elementos alcançam um singular grau de perfeição.

A história é contada por Terry, um jovem ex-pugilista de complexa personalidade — tímido, frustrado e sentimental —, que parece corresponder muito aproximadamente à personalidade de seu intérprete, Marlon Brando. No fundo, é um drama de gângsteres. Mas apenas no fundo, porque a força e a razão do filme baseiam-se essencialmente na transformação psicológica de Terry. Uma transformação estimulada por fatores puramente sentimentais e não religiosos, o que poderia ter parecido em uma análise superficial.

A força do drama psicológico desse estranho jovem, cujo caráter não é o de um estivador, é realmente a namorada, magnificamente interpretada pela estreante Eva Marie Saint. Terry é o único homem do porto capaz de criar pombas. É um detalhe essencial. E ainda mais importante se se leva em consideração que o pombal foi herdado de um personagem não analisado no filme — o irmão de Eddie —, assassinado nas primeiras cenas, pelos mesmos motivos pelos quais Terry seria ameaçado de morte, poucos dias depois, por ter tentado denunciar os gângsteres. É preciso crer que o irmão de Eddie era, psicologicamente, o mesmo personagem interpretado por Marlon Brando, com tanta ternura para criar pombas e se apaixonar, e também tanta coragem e tanta rebeldia a ponto de denunciar as maquinações de uma organização dedicada a explorar miseravelmente o sindicato de estivadores.

Assim definido, o drama de *Sindicato de ladrões* é mais um drama psicológico que um drama social, embora esse mestre do cinema que é Elia Kazan tenha sabido dar um jeito para não menosprezar, em uma linha, a crua moldura social em que se desenrola e o faz mais poético no contraste. Nenhum dos colaboradores do diretor equivocou-se quanto à intenção do filme. A música de Bernstein — a bela e inesquecível música de Bernstein, um dos mais notáveis méritos do filme — não permite qualquer confusão quanto aos propósitos do drama. É música de intensa força interior, um pouco romântica, especialmente no contraponto das cenas dos namorados e das pombas. A fotografia de Boris Kauffman, sábia, fortemente contrastada, de uma crua expressividade, é o equivalente visual do drama psicológico de Terry, muito mais que o do violento ambiente dos gângsteres. Um fio de recôndita e legítima poesia percorre todo o drama e não está ausente nem mesmo nos ruídos, esses penetrantes ruídos do porto de Nova York, que em *Sindicato de ladrões* adquiriram uma admirável função dramática. Ninguém se equivocou também quanto à intenção de relatar em imagens um drama interior, ao mesmo tempo delicado e violento. E esse propósito foi alcançado com rara perfeição, o que define *Sindicato de ladrões* como uma obra-prima da arte cinematográfica.

Outro ponto a destacar é o fato de que os adaptadores da obra de Malcolm Johnson tenham querido ser fiéis ao fato social e por isso tornado um pouco confusa a moral da história. A presença do padre Barry, um sacerdote que parece feito sob medida para uma paróquia de gângsteres e estivadores, tem um valor episódico. O personagem é convincente, autêntico, graças à assombrosa habilidade de Elia Kazan, que soube ambientá-lo perfeitamente, e deu prova de uma desconcertante mestria desde o momento em que escolheu para interpretá-lo um ator que tem mais cara e mais temperamento de gângster que os próprios gângsteres: Karl Malden. Acreditar, porém, que o padre Barry é a força do drama é enganar-se sobre os rumos da interpretação. Do ponto de vista estritamente dramático, o personagem sobra. O espantoso é que Kazan tenha conseguido ajustá-lo ao corpo narrativo com tanto vigor e autenticidade que fez dele uma de suas peças. Mas não uma das essenciais.

A chave da transformação psicológica de Terry é a namorada. Uma namorada intimamente vinculada, quase confundida, com o problema de consciência de Terry, o motivo para o assassinato do irmão de Eddie. Uma namorada ao mesmo tempo vinculada a seu afã de libertação de uma quadrilha de gângsteres integrada pelo próprio irmão de Terry e que foi a responsável pelo fracasso dele como pugilista. Quando chega ao clímax o drama íntimo do ex-pugilista, seu único freio é o irmão. Esse sentimento é coerente com seu caráter. Quando o irmão é vítima dos gângsteres, o freio para denunciar a organização, que matou seu cunhado e depois o irmão, desaparece por completo e surge, com toda a sua força, o comportamento liberado. O natural teria sido Terry trocar tiros com seus adversários. A intervenção do padre Barry impede-o e o apogeu natural do drama desvirtua-se momentaneamente.

Momentaneamente, porque o desenlace real de *Sindicato de ladrões* foi encomendado aos personagens da paisagem social, que só no último instante intervêm. De maneira incidental, mas perfeitamente incrustado no drama de Terry, está o problema social dos estivadores de Nova York, dominados pelos gângsteres que controlam o sindicato. Nenhum dos estivadores atreve-se a depor, e enquanto isso não ocorrer é impossível livrar o sindicato daquele domínio. Demonstrava-se que a justiça é inútil enquanto os estivadores não tomam a iniciativa de levar as provas aos tribunais. Só a atividade solidária e valente dos trabalhadores resolverá o problema. O exemplo de Terry libera os operários do terror e, por um momento, parece que o acordo e a força dos trabalhadores vai fazer explodir a defeituosa organização social, e os estivadores farão respeitar seus direitos. Mas Elia Kazan encontrou um desenlace real: a solução é momentânea, porque o sistema geral mantém-se em pé. O chefe da quadrilha disse-o claramente nos tribunais, quando Terry apresentou sua valente denúncia: "Você não encontrará trabalho de Nova Orleans até Nova York." Fica claramente estabelecido que a organização domina todos os portos dos Estados Unidos.

Na cena final, ganha corpo um personagem que, já se antevê, será o sucessor do gângster derrotado. Não há solução definitiva. Porque Kazan deve saber que um problema social como esse não encontraria, em uma simples rebelião, uma solução definitiva. O desenlace é dolorosamente autêntico.

Seria demais — e inútil neste caso — deter-se nos aspectos técnicos de *Sindicato de ladrões*. Desse ponto de vista, um conceito sintetiza o filme: trata-se de um trabalho realizado com espantosa perfeição.

Die Spur führt nach Berlin [As pistas levam a Berlim]

Depois de um breve recesso, os distribuidores de filmes da Alemanha Ocidental apresentam um filme de aventuras honestamente realizado e com notáveis méritos técnicos. *Die Spur führt nach Berlin* é um filme como *O terceiro homem* no sentido de que o interesse da trama já está garantido pela divisão da cidade em várias zonas internacionais. A intenção de propaganda política não é direta neste caso. A atenção do espectador é reclamada exclusivamente para presenciar as atividades de uma quadrilha de falsificadores e a trama está extraordinariamente bem elaborada, bem conduzida e bem resolvida. A fotografia é excelente, com essa inconfundível qualidade da fotografia do cinema alemão, fortemente expressiva, cuidadosa e audaciosa nos enquadramentos, e insistente e eficaz no aproveitamento dos primeiros planos. O diretor, Franz Cap, conhece o seu ofício e o exerce honestamente. O desempenho, e especialmente o desempenho dos personagens secundários, é notável, apesar do entusiasmo teatral de que não se libertaram ainda os atores alemães.

Die Spur führt nach Berlin, como filme de aventuras, está bem acima da vulgar produção do gênero que nos chega de toda parte. A história foi contada como devia ser contada: como um enredo puramente exterior, sem complicações psicológicas ou sociais. É um drama enxuto, que mantém vivo o interesse. Isso é honesto, e também na arte a honestidade tem um valor que não se pode menosprezar.

A verdade sobre minha aventura (X)

PERDIDAS AS ESPERANÇAS... ATÉ A MORTE

POR MARINHEIRO LUIS ALEJANDRO VELASCO, EXCLUSIVO PARA *EL ESPECTADOR*

Não tive necessidade de me forçar a dormir durante minha oitava noite no mar. A velha gaivota pousou na borda desde as nove, e não se separou da balsa toda a noite. Eu estava encostado no único remo que me restava: o pedaço destroçado pelo tubarão. A noite era tranqüila e a balsa avançava em linha reta até um ponto determinado. "Onde chegaria?", eu me perguntava, convencido pelos indícios — a cor da água e a velha gaivota — de que no dia seguinte estaria em terra firme. Não tinha idéia do lugar para onde se dirigia a balsa empurrada pela brisa.

Não estava certo de que o bote tivesse conservado a direção inicial. Se houvesse seguido o rumo dos aviões era provável que chegasse à Colômbia. Mas sem uma bússola era impossível saber. Se estivesse viajando para o sul, em linha reta, chegaria sem dúvida à costa colombiana do Caribe. Mas também era possível que estivesse viajando para o norte. Nesse caso não tinha a mínima idéia de minha posição.

Antes da meia-noite, quando caía vencido pelo sono, a velha gaivota se aproximou para bicar a minha cabeça. Não me incomodava. Bicava-me suavemente, sem machucar o couro cabeludo. Parecia que estava me acariciando. Lembrei-me do primeiro-oficial do destróier, aquele que me disse que era uma indignidade de um marinheiro matar uma gaivota, e senti remorso pela pequena gaivota que matara inutilmente.

Sondei o horizonte até a madrugada. Nessa noite não fez frio. Mas não descobri qualquer luz. Não havia sinais da costa. A balsa deslizava por um mar claro e tranqüilo, mas não havia em torno de mim uma só luz diferente das estrelas. Quando fiquei perfeitamente quieto, a gaivota parecia dormir. Eu baixava a cabeça, parado na borda, e ela também permanecia imóvel durante longo tempo. Mas quando eu me mexia, ela dava um salto e se punha a bicar minha cabeça.

De madrugada mudei de posição. Deixei a gaivota do lado dos pés. Sentia-a bicar meus sapatos. Logo a senti se aproximar pela borda. Fiquei imóvel. A gaivota ficou completamente imóvel. Depois pousou perto de minha cabeça, também imóvel. Mas logo que mexi a cabeça começou a bicar o cabelo, quase com ternura. Aquilo já virara uma brincadeira. Mudei várias vezes de posição. E várias vezes a gaivota se mexeu ao lado de minha cabeça. Ao amanhecer, sem necessidade de agir com cautela, estendi a mão e a agarrei pelo pescoço.

Não pensei em matá-la. A experiência da outra gaivota me indicava que seria um sacrifício inútil. Tinha fome, mas não pensava em saciá-la com aquele animal amigo, que me acompanhara durante toda a noite sem me incomodar. Quando a agarrei, ela abriu as asas, sacudiu-se bruscamente e tentou se libertar. Num instante trancei suas asas por cima do pescoço, para imobilizá-la. Então levantou a cabeça e às primeiras luzes do dia vi seus olhos, transparentes e assustados. Mesmo que em algum momento tivesse pensado em esquartejá-la, ao ver seus enormes olhos tristes teria desistido.

O sol saiu cedo, com uma força que fez o ar ferver desde as sete. Eu continuara deitado na balsa, com a gaivota firmemente presa. O mar era ainda verde e denso, como no dia anterior, mas não havia de nenhum lado sinais da costa. O ar era sufocante. Então soltei minha prisioneira, que sacudiu a cabeça e saiu em disparada rumo ao céu. Um momento depois já havia se incorporado ao bando.

O sol estava, nessa manhã — minha nona manhã no mar — muito mais abrasador do que em todos os dias anteriores. Embora houvesse me preocupado para que não me batesse nos pulmões, tinha as costas empoladas. Tive de deixar o remo em que me apoiava e me afundar na água, porque já não podia resistir ao contato da madeira nas costas. Tinha os ombros e os braços queimados. Sequer podia tocar a pele com os dedos, porque sentia como se fosse brasa viva. Os olhos estavam irritados. Não podia fixá-los em nenhum ponto, porque o ar se enchia de círculos luminosos e enceguecidos. Até esse dia não me dera conta do lamentável estado em que me encontrava. Estava desfigurado, ferido pela água e pelo sol. Sem nenhum esforço, arrancava dos braços longas tiras de pele. Restava uma superfície vermelha e lisa. Um instante depois, sentia palpitar dolorosamente o espaço pelado e o sangue brotava pelos poros.

Não me dera conta da barba. Estava havia 11 dias sem me barbear. A barba cerrada me chegava até o pescoço, mas não podia tocá-la, pois a pele me doía terrivelmente, irritada pelo sol. A idéia de meu rosto emaciado, de meu corpo empolado, fez-me recordar o muito que sofrera naqueles dias de solidão e desespero. E voltei a me sentir desesperado. Não havia sinais da costa. Era meio-dia e voltei a perder a esperança de chegar à terra. Por mais que a balsa avançasse era impossível que chegasse à praia antes do anoitecer, já que não haviam aparecido, de nenhum lado, os perfis da costa.

"Quero morrer"

Uma alegria construída em 12 horas desapareceu num minuto, sem deixar rastros. Minhas forças desabaram. Desisti de todas as minhas preocupações.

Pela primeira vez em nove dias me deitei com a barriga para baixo, com as costas abrasadas expostas ao sol. E o fiz sem piedade do meu corpo. Sabia que se ficasse assim antes do anoitecer teria me afixiado.

Há um momento em que já não se sente dor. A sensibilidade desaparece e a razão começa a se embotar até perder a noção de tempo e de espaço. De bruços na balsa, com os braços apoiados na borda e a barba apoiada nos braços, senti no início as impiedosas picadas do sol. Vi o ar povoado de pontos luminosos, durante várias horas. Por fim fechei os olhos, extenuado, mas então o sol já não me ardia no corpo. Não sentia nem sede nem fome. Não sentia nada, a não ser uma indiferença total pela vida e pela morte. Pensei que estava morrendo. E essa idéia me saciou com uma estranha e obscura esperança.

Quando abri os olhos estava outra vez em Mobile. O calor era asfixiante e fora a uma festa ao ar livre, com outros companheiros do destróier e com o judeu Massey Nasser, o empregado da loja de Mobile onde os marinheiros compravam roupas. Foi ele quem me dera os cartões. Durante os oito meses em que o navio esteve em reparos, Massey Nasser se dedicou a atender os marinheiros colombianos, e nós, numa prova de gratidão, só comprávamos em sua loja. Ele falava espanhol corretamente, embora, segundo nos disse, nunca tivesse estado num país de língua castelhana.

Naquele dia, como em quase todos os sábados, estávamos nesse café ao ar livre onde só havia judeus e marinheiros colombianos. A mulher de todos os sábados dançava num estrado de madeira. Tinha o ventre nu e o rosto coberto por um véu, como as dançarinas árabes dos filmes. Aplaudíamos e tomávamos cerveja em lata. O mais alegre de todos era Massey Nasser, o empregado judeu da loja de Mobile, que vendeu roupa fina e barata a todos os marinheiros colombianos.

Não sei por quanto tempo fiquei assim, embotado, com a alucinação da festa de Mobile. Só sei que de repente dei um salto na balsa e estava entardecendo. Então vi, a uns cinco metros da balsa, uma enorme tartaruga amarela com uma cabeça rajada e uns olhos fixos e inexpressivos como duas gigantescas bolas de cristal, que me fitavam com espanto. No início acreditei que era outra alucinação e me sentei na balsa, aterrorizado. O monstruoso animal, que media uns quatro metros da cabeça ao rabo, mergulhou quando viu que eu me mexera, deixando um rastro de espuma. Não sabia se era realidade ou fantasia. E no entanto não me atrevo a dizer se era realidade ou fantasia, embora, durante breves minutos, eu tenha visto nadar aquela gigantesca tartaruga amarela diante da balsa, com a espantosa e pintada cabeça de pesadelo fora da água. Só sei que — realidade ou fantasia — bastaria que tocasse na balsa para fazê-la girar várias vezes sobre si mesma.

A espantosa visão me fez sentir medo de novo, mas nesse instante o medo me reconfortou. Agarrei o pedaço de remo, sentei-me na balsa e me preparei para a luta, com esse monstro ou qualquer outro que tentasse virar a balsa. Eram cinco horas. Pontuais, como sempre, os tubarões subiam do fundo do mar para a superfície.

Olhei para o lado da balsa onde anotava os dias e contei oito riscos. Mas me lembrei de que não fizera o daquele dia. Marquei com as chaves, convencido de que seria o último, e senti desespero e raiva diante da certeza de que era mais difícil morrer do que continuar vivendo. De manhã decidira entre a vida e a morte. Escolhera a morte e, no entanto, continuava vivo, com o pedaço de remo na mão, disposto a seguir lutando pela vida. A seguir lutando pela única coisa que já não me importava mais.

A raiz misteriosa

Sob aquele sol metálico, naquele desespero, com aquela sede que pela primeira vez começava a ser insuportável, aconteceu uma coisa incrível: no centro da balsa, enredada entre os cabos da grade, havia uma raiz vermelha, como aquelas raízes que moíam em Boyacá para fazer corante, cujo nome não recordo. Não sei desde quando estava ali. Nos meus nove dias no mar não vira uma fibra de erva na superfície. E, no entanto, sem que soubesse como, aquela raiz estava ali, enredada nos cabos da grade, como outro anúncio inequívoco da terra que não via em nenhum dos lados.

Tinha uns trinta centímetros de comprimento. Faminto, mas já sem força para pensar em minha fome, mordi despreocupadamente a raiz. Tinha gosto de sangue. Soltava um óleo grosso e doce que me refrescou a garganta.

Pensei que tinha sabor de veneno. Mas continuei comendo, devorando o pedaço de pau retorcido, até não sobrar nenhuma lasca.

Quando terminei de comer, não me senti mais aliviado. Ocorreu-me que era um ramo de oliveira, porque me lembrei da história sagrada: quando Noé soltou a pomba, o animal regressou à arca com um ramo de oliveira, sinal de que a água voltara a desocupar a Terra. Eu pensava que o ramo de oliveira da pomba era como aquele que acabara de distrair minha fome de nove dias.

Pode-se esperar um ano no mar, mas há um dia em que é impossível suportar uma hora mais. No dia anterior, eu pensava amanhecer em terra firme. Passaram-se 24 horas e continuava vendo apenas água e céu. Não esperava mais nada. Era minha nona noite no mar. "Nove noites de morto", pensei com terror, na certeza de que a essa hora minha casa do bairro de Olaya, em Bogotá, estava cheia de amigos da família. Era a última noite de meu velório. Amanhã desarmariam o altar e pouco a pouco se acostumariam com minha morte.

Nunca, até essa noite, perdera uma remota esperança de que alguém se lembrasse de mim e tentasse me resgatar. Mas quando me lembrei de que aquela deveria ser para minha família a nona noite da morte, a última de meu velório, senti-me completamente esquecido no mar. Imaginei que nada melhor poderia me acontecer do que morrer. Deitei-me no fundo da balsa. Quis dizer em voz alta: "Não me levanto mais." A voz, porém, morreu na garganta. Lembrei-me da escola. Levei à boca a medalha da Nossa Senhora do Carmo e me pus a rezar mentalmente, como supunha que a essa hora minha família estava fazendo em casa. Então me senti bem, porque sabia que estava morrendo.

A verdade sobre minha aventura (XI)

NO DÉCIMO DIA, OUTRA ALUCINAÇÃO: A TERRA

POR MARINHEIRO LUIS ALEJANDRO VELASCO, EXCLUSIVO PARA *EL ESPECTADOR*

Minha nona noite foi a mais longa de todas. Deitara-me na balsa e as ondas quebraram suavemente contra a borda. Já não era dono de meus sentidos. E em cada onda que estourava perto de minha cabeça eu sentia se repetir a catástrofe. Dizem que os moribundos refazem seus passos. Algo disso aconteceu comigo naquela noite de recapitulação. Eu estava de novo no destróier, deitado entre as geladeiras e as estufas, na popa, com Ramón Herrera, e vendo Luis Rengifo na guarda, numa febril recordação do meio-dia de 28 de fevereiro. Cada vez que a onda arrebentava contra a borda eu sentia que a carga rolava, que eu ia para o fundo do mar e nadava para cima, tentando alcançar a superfície.

Minuto a minuto, meus nove dias de solidão, angústia, fome e sede no mar se repetiam então, com nitidez, como numa tela de cinema. Primeiro a queda. Depois meus companheiros, gritando ao redor da balsa; depois a fome, a sede, os tubarões e as lembranças de Mobile passando numa sucessão de imagens. Tomava precauções para não cair. Via-me outra vez na popa do destróier, tentando me amarrar para que a onda não me arrastasse. Amarrava-me com tanta força que me doíam os pulsos, os tornozelos e sobretudo o joelho direito. Mas apesar dos cabos solidamente atados, a onda vinha sempre e me arrastava para o fundo do mar. Quando recuperava a lucidez, estava nadando para cima. Asfixiando-me.

Dias antes pensara em me amarrar à balsa. Devia fazê-lo naquela noite, mas não tinha força para me levantar e buscar os cabos da grade. Não podia pensar. Pela primeira vez em nove dias, não entendia minha situação. No estado em que me encontrava, era um verdadeiro milagre que naquela noite as ondas não me arrastassem para o fundo do mar. Nem teria percebido. A realidade se confundia com as alucinações. Se uma onda tivesse virado a balsa talvez eu pensasse que era outra alucinação, sentisse que caía outra vez do destróier — como senti tantas vezes naquela noite — e num segundo cairia no fundo para alimentar os tubarões que durante nove dias esperaram pacientemente junto à borda.

Porém minha boa sorte me protegeu de novo naquela noite. Fiquei sem a faculdade de sentir, recapitulando minuto a minuto meus nove dias de solidão e agora vejo que ia tão seguro como se estivesse amarrado à borda.

Ao amanhecer o vento se tornou gelado. Eu tinha febre. Meu corpo ardente estremeceu, penetrado até os ossos pelo calafrio. O joelho direito começou a doer. O sal do mar tinha mantido seca a ferida, mas ela continuara viva, como no primeiro dia. Cuidei sempre para não bater nela. Mas nessa noite, deitado de bruços, apoiava o joelho no fundo da balsa, e a ferida latejava dolorosamente. Agora tenho motivo para pensar que a ferida me salvou a vida. Como entre a bruma, comecei a perceber a dor. Estava sentindo meu corpo. Senti o vento gelado contra meu rosto febril. Agora sei que durante várias horas murmurei uma série de coisas confusas, falando com meus companheiros, tomando sorvete com Mary Address num local em que havia uma música estridente.

Depois de horas incontáveis senti a cabeça doendo. As fontes latejavam e os ossos doíam. Meu joelho estava em carne viva, paralisado pelo inchaço. Era como se o joelho fosse maior, muito maior do que meu corpo.

Só me dei conta de que estava na balsa quando começou a amanhecer. Mas então não sabia quanto tempo ficara nessa situação. Lembrei-me, fazendo um esforço supremo, que fizera novos riscos na borda da balsa. Mas não me recordava quando fizera o último risco. Parecia-me que transcorrera muito tempo desde aquela tarde em que comi uma raiz que encontrei enredada nos cabos da grade. Fora um sonho? Ainda conservava na boca um sabor doce e espesso, mas quando fiz uma recapitulação de meus alimentos não me lembrava dela. Não me saciara. Comi-a inteira, mas sentia o estômago vazio. Estava sem forças.

Quantos dias se passaram desde então? Sabia que estava amanhecendo, mas não saberia quantas noites ficara exausto no fundo da balsa, esperando uma morte que parecia mais esquiva do que a terra. O céu ficou vermelho, como ao entardecer. E esse foi outro fator de confusão: então não soube se era um novo dia ou um novo entardecer.

Terra!

Desesperado com a dor no joelho, tentei mudar de posição. Quis me virar, mas foi impossível. Sentia-me tão esgotado que me parecia impossível ficar de pé. Então movimentei a perna, suspendi-me com as mãos apoiadas no fundo da balsa e me deixei cair de costas, barriga para cima, com a cabeça apoiada na borda. Evidentemente estava amanhecendo. Olhei o relógio. Eram quatro da madrugada. Todos os dias a essa hora escrutava o horizonte. Mas já perdera a esperança de encontrar terra. Continuei fitando o céu, vendo-o passar do vermelho-vivo ao azul-pálido. O ar continuava gelado, sentia-me com febre, e o joelho palpitava com uma dor penetrante. Sentia-me mal porque não conseguira morrer. Estava sem forças, mas completamente vivo. E aquela certeza produziu em mim uma sensação de desamparo. Acreditara que não passaria daquela noite. No entanto, continuava como sempre, sofrendo na balsa e entrando num novo dia, que seria mais um dia, um dia vazio, com um sol insuportável e um cardume de tubarões em torno da balsa, desde as cinco da tarde.

Quando o céu começou a ficar azul fitei o horizonte. Por todos os lados, a água estava verde e tranqüila. Mas diante da balsa, na penumbra do amanhecer, encontrei uma longa sombra espessa. Contra o céu diáfano, estavam os perfis dos coqueiros.

Senti raiva. No dia anterior me vira numa festa em Mobile. Depois vi uma gigantesca tartaruga amarela, e durante a noite estive em minha casa de Bogotá, no colégio La Salle de Villavicencio e com meus companheiros do destróier. Agora estava vendo a terra. Se quatro ou cinco dias antes tivesse sofrido aquela alucinação ficaria louco de alegria. Mandaria a balsa ao diabo e me jogaria na água para alcançar rapidamente a margem.

Mas no estado em que me encontrava, a gente sempre se previne contra as alucinações. Os coqueiros eram demasiado nítidos para serem verdadeiro. Além disso, não os via a uma distância constante. Às vezes me parecia estarem ao lado da balsa. Depois parecia vê-los a dois, três quilômetros de distância. Por isso não me alegrava. Reafirmei meu desejo de morrer antes que as alucinações me enlouquecessem. Voltei a olhar para o céu. Agora era um céu alto e sem nuvens, de um azul intenso.

Às 4h45 se viam no horizonte os resplendores do sol. Antes sentira medo da noite, agora o sol de novo me parecia um inimigo. Um gigantesco e implacável inimigo que vinha me morder a pele ulcerada, enlouquecer-me de sede e de fome. Amaldiçoei o sol. Amaldiçoei o dia. Amaldiçoei minha sorte que me permitira suportar nove dias à deriva em vez de permitir que morresse de fome ou esquartejado pelos tubarões.

Como voltei a me sentir incômodo, procurei o pedaço de remo no fundo da balsa para me encostar. Nunca pude dormir com travesseiro muito duro. No entanto, buscava com ansiedade um pedaço de pau destruído pelos tubarões para apoiar a cabeça.

O remo estava no fundo, ainda amarrado aos cabos da grade. Soltei-o. Ajustei-o em minhas costas doloridas, e a cabeça ficou apoiada por cima da borda. Então vi claramente, contra o sol vermelho que começava a se levantar, o longo e verde perfil da costa.

Eram quase cinco horas. A manhã estava perfeitamente clara. Não havia dúvida de que a terra era uma realidade. Todas as alegrias frustradas dos dias anteriores — a alegria dos aviões, das luzes dos barcos, das gaivotas e da cor da água — renasceram então atropeladamente, à vista da terra.

Se a essa hora tivesse comido dois ovos fritos, um pedaço de carne, café com leite e pão — um desjejum completo do destróier —, talvez não me sentisse com tantas forças como depois de ver aquilo que acreditei realmente ser a terra. Levantei-me de um salto. Vi, distintamente, diante de mim, a sombra da costa e o perfil dos coqueiros. Não via luzes. Mas à minha direita, a uns dez quilômetros de distância, os primeiros raios do sol brilhavam com um resplendor metálico nas escarpas. Louco de alegria, agarrei meu único pedaço de remo e tratei de impulsionar a balsa até a costa, em linha reta.

Calculei que havia dois quilômetros da balsa até a margem. Tinha as mãos arrebentadas e o exercício me castigava as costas. Mas não resistira nove dias — dez com o que estava começando — para renunciar agora, que estava diante da terra. Suava. O vento frio do amanhecer secava o suor e me causava uma dor lancinante nos ossos, mas continuava remando.

Mas, onde está a terra?

Não era um remo para uma balsa como aquela. Era um pedaço de pau. Sequer me servia de sonda para ver a profundidade da água. Durante os primeiros minutos, com a estranha força que a emoção me transmitia, consegui avançar um pouco. Mas logo me senti esgotado, levantei o remo um instante, contemplando a exuberante vegetação que crescia diante de meus olhos, e vi que uma corrente paralela à costa empurrava a balsa na direção das rochas.

Lamentei ter perdido meus remos. Sabia que com um deles, inteiro e não destroçado pelos tubarões como o que tinha na mão, teria podido dominar a correnteza. Por instantes pensei que teria paciência para esperar que a balsa chegasse às rochas. O primeiro sol da manhã brilhava baixo, como uma montanha de agulhas metálicas. Felizmente estava tão desesperado para sentir a terra firme sob meus pés que senti longínqua a esperança. Mais tarde soube que eram os baixos de Punta Caribana, e que se tivesse permitido que a corrente me arrastasse, teria me arrebentado contra os rochedos.

Tentei avaliar minhas forças. Precisava nadar dois quilômetros para alcançar a costa. Em boas condições posso nadar dois quilômetros em menos de uma hora. Mas não sabia quanto poderia nadar depois de dez dias sem comer nada além de um pedaço de peixe e uma raiz, com o corpo empolado pelo sol e o joelho ferido. Era, no entanto, minha última oportunidade. Não tive tempo de pensar. Não tive tempo de me lembrar dos tubarões. Soltei o remo, fechei os olhos e me lancei à água.

O contato com a água gelada me reconfortou. No nível do mar perdi a visão da costa. Logo que caí na água me dei conta de que cometera dois erros: não tirara a camisa nem amarrara os sapatos. Tentei não afundar. Foi essa a primeira coisa que tive de fazer, antes de começar a nadar. Tirei a camisa e a amarrei com força na cintura. Depois, amarrei os cordões dos sapatos. Aí, sim, comecei a nadar. Primeiro desesperadamente. Logo com mais calma, sentindo que a cada braçada se esgotavam as minhas forças, e agora sem ver a terra.

Não avançara cinco metros quando senti que a corrente com a medalha de Nossa Senhora do Carmo se partira. Parei. Consegui pegá-la quando começava a afundar na água verde e revolta. Como não tinha tempo de guardá-la no bolso, apertei-a com força entre os dentes e continuei nadando.

Estava sem força e, no entanto, ainda não via terra. O terror voltou a tomar conta de mim: a terra talvez fosse outra alucinação. A água fresca me reconfortou e eu estava outra vez na posse dos meus sentidos, nadando desesperadamente em direção à praia de uma alucinação. Nadara muito. Era impossível retornar à procura da balsa.

A verdade sobre minha aventura (XII)

UMA RESSURREIÇÃO EM TERRA ESTRANHA

POR MARINHEIRO LUIS ALEJANDRO VELASCO, EXCLUSIVO PARA *EL ESPECTADOR*

Só depois de nadar desesperadamente durante 15 minutos comecei a ver a terra. Ainda estava a mais de um quilômetro. Mas não tinha mais dúvida de que era a realidade e não uma miragem. O sol dourava a copa dos coqueiros. Não havia luzes na costa. Não havia nenhum povoado, nenhuma casa visível a partir do mar. Mas era terra firme.

Em menos de vinte minutos estava esgotado, mas seguro de que chegaria. Nadava com fé, tentando evitar que a emoção me fizesse perder o controle. Passara meia vida na água, mas nunca como nessa manhã de 9 de março compreendera e apreciara a importância de ser bom nadador. Sentindo-me cada vez com menos força, continuei nadando até a costa. À medida que avançava via com mais clareza o perfil dos coqueiros.

O sol aparecia quando acreditei que podia tocar o fundo. Tentei, mas ainda havia bastante profundidade. Evidentemente não me encontrava diante de uma praia. A água era funda até bem perto da margem, de maneira que teria de continuar nadando. Não sei exatamente quanto tempo nadei. Sei que à medida que me aproximava da costa o sol ia esquentando sobre minha cabeça, mas agora não me torturava a pele e sim me estimulava os músculos. Nos primeiros metros a água gelada me fez pensar em câibras. Mas o corpo esquentou com rapidez. Depois, a água se tornou menos fria e eu nadava extenuado, como entre nuvens, mas com um ânimo e uma fé que sobrepujavam minha sede e minha fome.

Via perfeitamente a espessa vegetação à luz do morno sol matinal, quando procurei o fundo pela segunda vez. Ali estava a terra sob meus sapatos. É uma sensação estranha pisar na terra depois de dez dias à deriva no mar.

Logo me dei conta de que ainda faltava o pior. Estava totalmente esgotado. Não podia me manter de pé. A onda de ressaca me empurrava com violência para dentro do mar. Estava com a medalha de Nossa Senhora do Carmo apertada entre os dentes. A roupa e os sapatos de borracha pesavam terrivelmente. Mesmo nessas terríveis circunstâncias, a gente tem pudor. Pensava que logo poderia encontrar alguém. Por isso, continuei lutando contra as ondas da ressaca sem tirar a roupa, que me impedia de avançar, apesar de sentir que estava desmaiando por causa do esgotamento.

A água estava um pouco acima da cintura. Com um esforço desesperado, consegui caminhar até que estivesse na altura das coxas. Então decidi me arrastar. Cravei na terra os joelhos e as palmas das mãos e me empurrei para a frente. Mas foi inútil. As ondas me faziam recuar. A areia fina e cortante agravou a ferida do joelho. Sabia que sangrava, mas não sentia dor. Meus dedos estavam em carne viva. Mesmo sentindo a dolorosa penetração da areia entre as unhas, cravei os dedos na terra e tentei me arrastar. De repente, o terror voltou a se apoderar de mim: a terra, os coqueiros dourados sob o sol começaram a se mexer diante de meus olhos. Acreditei que estava sobre areia movediça, sendo tragado pela terra.

Aquela impressão, no entanto, deve ter sido uma ilusão provocada pelo meu esgotamento. A idéia de que estava sobre areia movediça me infundiu um ânimo desmedido — o ânimo do terror — e dolorosamente, sem piedade pelas minhas mãos descarnadas, continuei me arrastando contra as ondas. Dez minutos depois, todos os padecimentos, a fome e a sede de dez dias, haviam se reunido precipitadamente em meu corpo. Estendi-me, moribundo, sobre a terra dura e morna, e fiquei ali sem pensar em nada, sem agradecer a ninguém, sem me alegrar sequer por ter alcançado, à força de vontade, de esperança e de implacável desejo de viver, um pedaço de praia silenciosa e desconhecida.

As marcas do homem

Em terra, a primeira impressão que se experimenta é a do silêncio. Antes de perceber alguma coisa, mergulha-se em um grande silêncio. Um momento depois, percebe-se, remoto e triste, o golpe das ondas contra a costa. Em seguida, o murmúrio da brisa entre as folhas dos coqueiros transmite a sensação de que se está em terra firme. E a sensação de salvamento, ainda que não se saiba em que lugar do mundo se encontra.

Outra vez de posse de meus sentidos, deitado na praia, pus-me a examinar o ambiente. Era uma natureza selvagem. Instintivamente procurei as marcas do homem. Havia uma cerca de arame farpado a uns vinte metros do local em que me encontrava. Havia um caminho estreito e curvo com pegadas de animais. E ao lado do caminho havia cascas de cocos despedaçados. O mais insignificante rastro da presença humana teve para mim, naquele instante, o significado de uma revelação. Desmedidamente alegre, apoiei a face na areia morna e me pus a esperar.

Esperei durante dez minutos, aproximadamente. Pouco a pouco ia recobrando as forças. Passava das seis e o sol saíra por completo. Junto ao caminho, entre as cascas destroçadas, havia alguns cocos inteiros. Arrastei-me até eles, encostei-me num tronco e pressionei o fruto liso e impenetrável entre os joelhos. À semelhança do que fizera cinco dias antes com o peixe, procurei ansiosamente as partes macias. A cada volta que dava ao coco sentia bater a água em seu interior. Aquele som gutural e profundo aumentava a minha sede. O estômago me doía. A ferida do joelho sangrava, e meus dedos, em carne viva, latejavam com uma dor lenta e profunda. Durante meus dez dias no mar não tive em qualquer momento a sensação de que enlouqueceria. Tive-a pela primeira vez nessa manhã, quando dava voltas ao coco procurando um ponto por onde penetrá-lo, sentindo bater entre minhas mãos a água fresca, limpa e inalcançável.

Um coco tem três olhos, na parte de cima, ordenados em triângulo. Mas é preciso descascá-lo com um facão para encontrá-los. Eu só tinha minhas chaves. Em vão insisti várias vezes, tentando penetrar sua áspera e sólida casca com as chaves. Por fim, dei-me por vencido. Joguei o coco com raiva, ouvindo ricochetear a água em seu interior.

Minha última esperança era o caminho. Ali, ao meu lado, as cascas esmigalhadas indicavam que alguém devia vir derrubar cocos. Os restos demonstravam que alguém vinha todos os dias, subia nos coqueiros e depois descascava os cocos. Aquilo demonstrava, além disso, que eu estava perto de um lugar habitado, pois ninguém percorre uma distância considerável só para levar uma carga de cocos.

Pensava estas coisas, encostado num tronco, quando ouvi — bem distante — o latido de um cão. Fiquei atento. Alertei os sentidos. Um instante depois ouvi com clareza, o tilintar de algo metálico que se aproximava pelo caminho.

Era uma mulher negra, incrivelmente magra, jovem e vestida de branco. Levava pela mão uma panelinha de alumínio cuja tampa, mal ajustada, soava a cada passo. "Em que país estou?", me perguntei, vendo se aproximar pelo caminho aquela negra com tipo de jamaicana. Lembrei-me de Santo André e Providência. Lembrei-me de todas as ilhas do caribe. Aquela mulher era minha primeira oportunidade, mas também podia ser a última. "Entenderá castelhano?", pensei, tentando decifrar o rosto da mulher que, distraidamente, ainda sem me ver, arrastava pelo caminho seus empoeirados chinelos de couro. Estava tão desesperado por não perder a oportunidade que tive a absurda idéia de que se falasse espanhol ela não me entenderia; que me deixaria ali, jogado à beira do caminho.

— *Hello, hello!* — disse, angustiado.

A mulher me olhou com uns olhos enormes, brancos e espantados.

— *Help me!* — exclamei, convencido de que me escutava.

Ela vacilou um momento, olhou ao redor e se lançou correndo, espantada, pelo caminho.

O homem, o burro e o cão

Acreditei que morreria de angústia. Num momento me vi naquele lugar, morto, despedaçado pelos urubus. Depois voltei a ouvir o cão, cada vez mais perto. O coração começou a bater forte à medida que os latidos se aproximavam. Apoiei-me nas palmas das mãos. Levantei a cabeça. Esperei. Um minuto. Dois. De repente só restou o silêncio. Depois o bater das ondas e o rumor do vento entre os coqueiros. Depois, no minuto mais longo de minha vida, apareceu um cão esquálido, seguido por um burro com duas cestas. Atrás deles vinha um homem branco, pálido, com um chapéu de palha e as calças enroladas até o joelho. Tinha uma carabina atravessada nas costas.

Logo que apareceu na curva do caminho me olhou com surpresa. Deteve-se. O cão, com a cauda levantada e reta, aproximou-se para me cheirar. O homem continuou imóvel, em silêncio. Baixou a carabina, apoiou a culatra no chão e ficou me olhando.

Pensava que estava em qualquer parte do Caribe, menos na Colômbia. Sem estar seguro de que me entenderia, decidi falar em espanhol.

— Senhor, ajude-me — disse-lhe.

Não respondeu logo. Continuou me examinando enigmaticamente, sem pestanejar, com a carabina apoiada no solo. "O que me falta agora é que me dê um tiro", pensei friamente. O cão me lambia a cara, mas eu não tinha forças para me esquivar.

— Ajude-me! — repeti, ansioso, desesperado, pensando que o homem não me entendia.

— Que foi que lhe aconteceu? — me perguntou num tom amável.

Quando ouvi sua voz, percebi que mais do que a sede, a fome e o desespero, atormentava-me o desejo de contar o que se passara comigo. Quase me afogando com as palavras, disse-lhe sem respirar:

— Sou Luis Alejandro Velasco, um dos marinheiros que caíram dia 28 de fevereiro do destróier *Caldas*, da Armada Nacional.

Pensava que todo o mundo tinha obrigação de conhecer a notícia. Acreditava que tão logo dissesse meu nome o homem se apressaria a me ajudar. No entanto, não se moveu. Continuou no mesmo lugar, fitando-me, sem se preocupar sequer com o cão, que me lambia o joelho ferido.

— É marinheiro de galinhas? — me perguntou, pensando talvez nas embarcações de cabotagem que trafegam com porcos e aves de corte.

— Não. Sou marinheiro de guerra.

Só então o homem se mexeu. Cruzou de novo a carabina nas costas, tirou o chapéu para trás, e me disse:

— Vou levar um engradado até o porto e volto.

Senti que aquela era outra oportunidade que me escapava.

— Promete que voltará? — perguntei, com voz suplicante.

O homem respondeu que sim. Que seguramente voltaria. Sorriu amavelmente e retomou a marcha atrás do burro. O cão continuou ao meu lado, cheirando-me. Só quando o homem se afastava me ocorreu lhe perguntar, quase com um grito:

— Que país é este?

E ele, com extraordinária naturalidade, deu-me a única resposta que eu não esperava naquele instante:

— Colômbia.

A verdade sobre minha aventura (XIII)

SEISCENTOS HOMENS ME LEVAM A SAN JUAN

POR MARINHEIRO LUIS ALEJANDRO VELASCO, EXCLUSIVO PARA *EL ESPECTADOR*

Voltou, como prometera. Antes que começasse a esperá-lo — não mais do que 15 minutos depois — retornou com o burro e as cestas vazias e com a mulher negra da panelinha de alumínio, que era sua mulher, segundo soube mais tarde. O cão não saíra do meu lado. Deixou de me lamber a cara e as feridas. Deixou de me cheirar. Deitou-se ao meu lado, imóvel, meio adormecido, até que viu o burro se aproximar. Então deu um salto e começou a balançar o rabo.

— Não pode caminhar? — perguntou o homem.

— Vou tentar — e lhe disse.

Tentei ficar de pé, mas caí de bruços.

— Não pode — disse o homem, impedindo-me de cair.

Ele e a mulher me subiram no burro. E, sustentando-me por sob os braços, fizeram o animal andar. O cão ia na frente pulando.

Por todo o caminho havia cocos. No mar, suportara a sede. Mas ali, em cima do burro, avançando pelo caminho estreito e sinuoso, ladeado por coqueiros, senti que não podia resistir um minuto mais. Pedi que me dessem água de coco.

— Não tenho facão — disse o homem.

Mas não era verdade. Levava um facão no cinto. Se naquele momento eu estivesse em condições de me defender, teria tirado o facão dele à força, descascado um coco e o comido inteiro.

Mais tarde entendi por que o homem se recusara a me dar água de coco. Fora a uma casa situada a dois quilômetros dali, falara com as pessoas que lhe advertiram para não me dar nada de comer até que viesse um médico. E o médico mais próximo estava a dois dias de viagem, em San Juan de Urabá.

Chegamos à casa antes de meia hora. Uma construção rudimentar de madeira e teto de zinco num lado do caminho. Ali estavam três homens e duas mulheres. Todos me ajudaram a descer do burro, conduziram-me ao quarto de dormir e me deitaram numa cama. Uma das mulheres foi à cozinha, trouxe uma panelinha com chá de canela fervida e se sentou à beira da cama, dando-me colheradas. Com as primeiras gotas, fiquei desesperado. Com as seguintes senti que recobrava o ânimo. Então já não queria beber mais e sim contar o que se passara comigo.

Ninguém sabia do acidente. Tentei explicar-lhes, desfiar a história completa para que soubessem como me salvara. Imaginara que em qualquer lugar do mundo aonde chegasse teriam notícia da catástrofe. Fiquei decepcionado por saber que me equivocara, enquanto a mulher me dava colheradas de chá de canela, como se eu fosse um menino doente.

Várias vezes insisti em contar o que se passara comigo. Impassíveis, os quatro homens e as outras duas mulheres permaneciam ao pé da cama, olhando-me. Aquilo parecia uma cerimônia. Se não fosse pela alegria de estar a salvo dos tubarões, dos numerosos perigos do mar que me ameaçaram durante dez dias, teria pensado que aqueles homens e aquelas mulheres não pertenciam a este planeta.

Engolindo a história

A amabilidade da mulher que me dava de beber não permitia confusões de espécie alguma. Sempre que eu tentava narrar minha história, ela dizia:

— Fique calado agora. Depois nos conta.

Eu teria comido o que estivesse ao meu alcance. Da cozinha chegava ao quarto a fumaça cheirosa do almoço. Mas foram inúteis minhas súplicas.

— Depois de ser visto pelo médico, nós lhe damos de comer — respondiam.

Mas o médico não chegou. A cada dez minutos me davam colheradas de água com açúcar. A mais moça das mulheres, uma menina, enxugou-me as feridas com panos de água morna. O dia transcorria lentamente. E lentamente ia me sentindo aliviado. Estava certo de que me encontrava entre gente amiga. Se em vez de me dar colheradas de água com açúcar tivessem saciado minha fome, meu organismo não teria resistido ao impacto.

O homem que me encontrou no caminho se chama Dámaso Imitela. Às dez da manhã de 9 de março, no mesmo dia em que cheguei à praia, ele viajou para o povoado próximo de Mulatos e voltou à casa do caminho em que eu me encontrava com vários policiais. Eles também ignoravam a tragédia. Em Mulatos ninguém conhecia a notícia. Ali não chegam os jornais. Numa loja, onde instalaram um motor elétrico, há um rádio e uma geladeira. Mas não ouvem os noticiários. Segundo soube depois, quando Dámaso Imitela comunicou ao inspetor de polícia que me encontrara numa praia e que dizia pertencer ao destróier *Caldas*, ele ligou o motor e durante todo o dia ficou ouvindo os noticiários de Cartagena. Mas já não se falava do acidente. Só nas primeiras horas da noite se fez uma breve menção do caso. Então, o inspetor de polícia, todos os agentes e sessenta homens de Mulatos se puseram em marcha para me prestar auxílio. Um pouco depois da meia-noite invadiram a casa e me despertaram com suas vozes. Despertaram-me do único sono tranqüilo que conseguira nos últimos doze dias.

Antes do amanhecer a casa estava cheia de gente. Mulatos inteiro — homens, mulheres e crianças — se mobilizara para me ver. Aquele foi meu primeiro contato com uma multidão de curiosos que nos dias seguintes me seguiria por toda parte. A multidão trazia lampiões e lanternas de pilha. Quando o inspetor de Mulatos e quase todos os seus acompanhantes me tiraram da cama, senti que me arrancaram a pele queimada pelo sol. Era uma confusão dos diabos.

Fazia calor. Sentia falta de ar no meio daquela multidão de rostos protetores. Quando saí pelo caminho, uma porção de lampiões e lanternas focalizou o meu rosto. Fiquei cego em meio aos murmúrios e às ordens do inspetor de polícia, transmitidas em voz alta. Já não via a hora de chegar a algum lugar, qualquer que fosse. Desde o dia em que caí do destróier não fizera outra coisa senão viajar com rumo desconhecido. Nessa madrugada, continuava viajando, sem saber por onde, sem imaginar sequer o que pensava fazer comigo aquela multidão diligente e cordial.

A história do faquir

Foi longo e difícil o caminho até Mulatos. Deitaram-me numa rede pendurada em dois paus. Dois homens em cada extremidade dos paus me conduziram por um comprido, estreito e sinuoso caminho iluminado pelos lampiões. Íamos ao ar livre, mas fazia tanto calor como num quarto fechado, por causa dos lampiões.

Os oito homens se revezavam a cada meia hora. Então me davam um pouco de água e pedacinhos de biscoito molhados em soda. Gostaria de saber para onde me levavam e o que pensavam fazer comigo. Mas ali se falava muito. Todo mundo falava, menos eu. O inspetor que controlava a multidão não permitia que ninguém se aproximasse para falar comigo. Ouviam-se gritos, ordens, comentários a longa distância. Quando chegamos à comprida ruazinha de Mulatos, a polícia não foi capaz de conter a multidão. Eram oito da manhã.

Mulatos é um povoado de pescadores, onde não há telégrafo. O vilarejo mais próximo é San Juan de Urabá, onde duas vezes por semana chega um monomotor procedente de Montería. Quando chegamos ao povoado, pensei que estávamos em algum lugar. Pensei que teria notícia de minha família. Mas em Mulatos estava apenas na metade do caminho.

Instalaram-me numa casa e o povoado inteiro fez fila para me ver. Lembrava-me de um faquir que vi dois anos antes em Bogotá, por cinqüenta centavos. Era preciso fazer uma longa fila de várias horas para ver o faquir. Avançava-se apenas meio metro a cada 15 minutos. Quando se chegava ao local onde o faquir estava metido numa urna de vidro, a gente não queria mais ver ninguém. Só queria era sair daquilo o quanto antes para mexer as pernas, para respirar ar puro.

A única diferença entre o faquir e eu era que o faquir estava dentro de uma urna de vidro. O faquir estava havia nove dias sem comer. Eu tinha dez no mar e um deitado numa cama, num quarto de Mulatos. Eu via passar rostos diante de mim. Rostos brancos e pretos, numa fila interminável. O calor era terrível. E eu me sentia então suficientemente refeito para ter um pouco de senso de humor e pensar que alguém poderia estar na porta vendendo entradas para ver o náufrago.

Na mesma rede em que me levaram para Mulatos me levaram para San Juan de Urabá. Mas a multidão que me acompanhava se multiplicara. Não eram menos de seiscentos homens. Iam, também, mulheres, crianças e animais. Alguns fizeram a viagem de burro. Mas a maioria seguiu a pé. Foi uma jornada de quase um dia inteiro. Levado por aquela multidão, pelos seiscentos homens que se revezaram ao longo do caminho, eu sentia que ia recuperando minhas forças paulatinamente. Acredito que Mulatos ficou vazio. Desde as primeiras horas da manhã o motor ficou funcionando e o receptor de rádio invadindo o casario com sua música. Aquilo parecia uma feira. E eu, o centro e a razão da feira, continuava estirado na cama, enquanto o povoado inteiro desfilava para me conhecer. Essa mesma multidão não se resignou a me deixar partir sozinho e se dirigiu a San Juan de Urabá, numa longa caravana que ocupava toda a largura daquele caminho sinuoso.

Durante a viagem eu sentia fome e sede. Os pedacinhos de biscoito, os insignificantes goles de água tinham me restabelecido, mas ao mesmo tempo aumentaram a minha sede e a fome. A entrada em San Juan me fez lembrar das festas dos povoados. Todos os habitantes da pequena e pitoresca povoação, varrida pelos ventos do mar, saíram ao meu encontro. Já haviam tomado medidas para evitar os curiosos. A polícia conseguiu deter a multidão que se aglomerava nas ruas para me ver.

Esse foi o final da minha viagem. O doutor Humberto Gómez, primeiro médico a me fazer um exame demorado, deu-me a grande notícia. Não a deu antes de terminar o exame, pois queria estar seguro de que eu estava em condições de resistir. Com uma palmadinha no rosto, sorrindo amavelmente, disse-me:

— O monomotor está pronto para levá-lo a Cartagena. Sua família o está esperando.

A verdade sobre minha aventura (XIV)

MEU HEROÍSMO CONSISTIU EM NÃO ACEITAR A MORTE

POR MARINHEIRO LUIS ALEJANDRO VELASCO, EXCLUSIVO PARA *EL ESPECTADOR*

Nunca pensei que um homem se convertesse em herói por ficar dez dias numa balsa, suportando a fome e a sede. Eu não podia fazer outra coisa. Se a balsa fosse abastecida com água, biscoitos empacotados a vácuo, bússola e instrumentos de pesca, certamente estaria tão vivo como agora. Mas haveria uma diferença: não seria tratado como um herói. De maneira que o heroísmo, no meu caso, consiste exclusivamente em não ter me deixado morrer de fome e de sede durante dez dias.

Não fiz nenhum esforço para ser herói. Todos os meus esforços foram para me salvar. Mas como a salvação veio envolta numa auréola, premiada com o título de herói como um bombom com surpresa, só me resta o recurso de suportar a salvação, como veio, com heroísmo e tudo.

As pessoas me perguntam como se sente um herói. Nunca sei o que responder. Sinto-me a mesma pessoa de antes. Não mudei nem por dentro nem por fora. As queimaduras do sol deixaram de doer. A ferida no joelho cicatrizou. Sou outra vez Luis Alejandro Velasco. E isso me basta.

As outras pessoas mudaram. Meus amigos são mais amigos do que antes. E imagino também que meus inimigos são mais inimigos, ainda que não acredite tê-los. Quando alguém me reconhece na rua, fica olhando-me como a um animal estranho. Por isso ando mais à paisana, até que as pessoas se esqueçam que passei dez dias sem comer nem beber, numa balsa.

A primeira sensação que se tem, quando se começa a ser uma pessoa importante, é a sensação de que durante todo o dia e toda a noite, em qualquer circunstância, as pessoas gostam de que lhes fale de si mesmo. Entendi isso no Hospital Naval de Cartagena, onde puseram um guarda para que ninguém falasse comigo. No terceiro dia me sentia completamente restabelecido, mas não podia sair do hospital. Sabia que quando me dessem alta teria de contar a história a todo o mundo, porque, segundo me diziam os guardas, chegaram à cidade jornalistas de todo o país para fazer reportagens e tirar fotos. Um deles, com um impressionante bigode de vinte centímetros de comprimento, tirou-me mais de cinqüenta fotos, mas não lhe permitiram fazer qualquer pergunta relacionada com minha aventura.

Outro, mais audaz, disfarçou-se de médico, enganou a guarda e entrou no meu quarto. Obteve uma ressonante e merecida vitória, mas passou um mau bocado.

História de uma reportagem

No meu quarto só podiam entrar meu pai, os guardas, os médicos e os enfermeiros do Hospital Naval. Um dia entrou um médico que eu nunca vira. Bem jovem, com sua bata branca, óculos e estetoscópio pendurado no pescoço. Entrou intempestivamente, sem dizer nada.

O suboficial da guarda olhou-o perplexo. Pediu-lhe que se identificasse. O jovem médico revistou todos os bolsos, perturbou-se um pouco e disse que se esquecera dos documentos. Então o suboficial advertiu-o de que não podia conversar comigo sem uma permissão especial do diretor do estabelecimento. Por isso, foram ambos procurar o diretor. Dez minutos depois regressaram ao meu quarto.

O suboficial da guarda entrou na frente e me advertiu que ele tinha permissão para me examinar durante 15 minutos. Disse que era um psiquiatra de Bogotá mas que lhe parecia ser um repórter disfarçado.

— Por que parece? — perguntei.

— Porque está assustado. Além disso, os psiquiatras não usam estetoscópio.

No entanto, conversara 15 minutos com o diretor do hospital. Falara de medicina, de psiquiatria. Falaram em termos médicos, bem complicados, e rapidamente entraram em acordo. Por isso lhe deram permissão para falar comigo durante 15 minutos.

Não sei se foi por causa da advertência do suboficial, mas, quando o jovem médico entrou de novo em meu quarto, já não me parecia um médico. Tampouco me pareceu um repórter, embora até aquele momento eu nunca tivesse visto um repórter. Pareceu-me um padre disfarçado de médico. Acho que ele não sabia como começar. Mas o que realmente acontecia era que pensava na maneira de afastar o suboficial.

— Quer me fazer o favor de me conseguir um papel — disse-lhe.

Devia pensar que o oficial da guarda iria buscar o papel no escritório. Mas tinha ordem de não me deixar sozinho. Por isso, não foi buscar o papel, saiu para o corredor e gritou:

— Ouça, traga logo um papel de escrever.

Um momento depois chegava o papel. Transcorreram mais de cinco minutos e o médico não fizera nenhuma pergunta. Só quando o papel chegou é que começou o exame. Entregou-me o papel e me pediu que desenhasse um navio. Desenhei o navio. Em seguida, pediu que assinasse o desenho, e eu assinei. Depois me pediu que desenhasse uma casa de campo. Desenhei uma casa o melhor que pude, com um coqueiro ao lado. Pediu-me que assinasse. Então me convenci de que era um repórter disfarçado. Mas ele insistiu em que era médico.

Quando acabei de desenhar, examinou os papéis, disse algumas palavras confusas e começou a me fazer perguntas sobre minha aventura. O suboficial interveio para lembrar que aquele tipo de perguntas não era permitido. Então me examinou o corpo, como fazem os médicos. Tinha as mãos geladas. Se o suboficial tivesse tocado nelas, ele o expulsaria do quarto. Mas eu não disse nada, pois seu nervosismo e a possibilidade de que fosse um repórter me despertavam uma grande simpatia. Antes que se cumprissem os 15 minutos da permissão, ele saiu correndo com os desenhos.

A confusão que se armou no dia seguinte! Os desenhos apareceram na primeira página de *El Tiempo*, com flechas e indicações: "Aqui ia eu", dizia uma indicação, com uma flecha assinalando a ponte do navio. Era um erro, porque eu não ia na ponte, mas na popa. Mas os desenhos eram meus.

Disseram-me para desmenti-lo e que podia processá-lo. Pareceu-me um absurdo. Sentia admiração por um repórter que se disfarçara de médico para entrar num hospital militar. Se ele encontrasse a maneira de me fazer saber que era um repórter, eu saberia como enganar o suboficial. Porque a verdade é que nesse dia eu já tinha permissão de contar a história.

O negócio da história

A aventura do repórter disfarçado de médico me deu uma idéia clara do interesse que os jornais tinham na história de meus dez dias no mar. Era um interesse de todo mundo. Meus próprios companheiros me pediam muitas vezes que lhes contasse. Quando cheguei a Bogotá, já quase completamente restabelecido, dei-me conta de que minha vida mudara. Receberam-me com todas as honras no aeroporto. O presidente da república me concedeu uma condecoração. Felicitou-me pela façanha. Desde esse dia soube que continuaria na Marinha, mas agora com a patente de cadete.

Além disso, havia algo com que não contava: as propostas das agências de publicidade. Eu estava satisfeito com meu relógio, que funcionou com precisão durante minha odisséia. Mas não acreditei que aquilo servisse para os fabricantes de relógios. No entanto, deram-me quinhentos pesos e um relógio novo. Por ter mastigado certa marca de chiclete e dizê-lo num anúncio, deram-me mil pesos. Quis a sorte que os fabricantes de meus sapatos, para que confirmasse isso em outro anúncio que os usara, me dessem dois mil pesos. Para que permitisse transmitir minha história no rádio, deram-me cinco mil. Nunca pensei que fosse bom negócio viver dez dias de fome e de sede no mar. Mas é: até agora recebi quase dez mil pesos. No entanto, não repetiria a aventura nem por um milhão.

Minha vida de herói não tem nada de especial. Levanto-me às dez da manhã. Vou a um café para conversar com meus amigos, ou a alguma agência de publicidade que esteja criando anúncios com base em minha aventura. Quase todos os dias vou ao cinema. E sempre acompanhado. Mas a única coisa que não posso revelar é o nome da acompanhante, porque pertence à reserva particular.

Todos os dias recebo cartas de todas as partes. Cartas de gente desconhecida. De Pereira, assinado com as iniciais J.V.C., recebi um extenso poema, com balsas e gaivotas. Mary Address, que encomendou uma missa pelo descanso de minha alma quando eu me encontrava à deriva no Caribe, escreve-me com freqüência. Mandou-me um retrato com dedicatória, que os leitores já conhecem.

Contei minha história na televisão e num programa de rádio. Além disso, contei-a aos meus amigos. Contei-a a uma velha viúva que tem um volumoso álbum de fotografia e me convidou à sua casa. Algumas pessoas me dizem que esta história é uma invenção fantástica. Pergunto-lhes: então, o que fiz durante dez dias no mar?

O cinema em Bogotá. Estréias da semana

Cidade da perdição

O absurdo título espanhol deste filme [Traición] não diz absolutamente nada. Nem em relação ao argumento ou a sua qualidade. Há tantos filmes que poderiam se chamar de *Traición* que já se desconfia daquele que tenha esse nome e cujo título original é *Processo alla città*. Trata-se de um filme de Luigi Zampa, com Amedeo Nazzari, uma Silvana Pampanini decorativa e pura atração de bilheteria, e um grupo de atores secundários que compreendem o diretor com uma eficácia admirável.

É um filme policial. Diferente, muito bem-feito, e onde se eliminou o principal inconveniente dos filmes e romances policiais, que é o de levar a solução até suas últimas conseqüências.

Se *Cidade da perdição* fosse um filme simples, um simples enredo formal, o público teria motivos para não ficar satisfeito com o seu final um pouco desconcertante — que parece chegar um pouco antes do esperado — e a idéia de que a verdadeira estrutura do bando não fica bem esclarecida. Mas o filme é outra coisa; o filme é uma análise da justiça através de um episódio mais ou menos fictício, no qual se revelam cúmplices numa cadeia de crimes elementos de todas as classes sociais de Nápoles, de vagabundos fichados aos mais influentes cidadãos da alta sociedade.

Este filme foi feito antes do famoso "escândalo do século". Sua ação ocorre em um tempo sem automóveis nem telefones, mas oferece interessantes e extraordinárias coincidências com o ruidoso processo que abalou a Itália há poucos meses, e no qual se comprometeram elementos intimamente vinculados ao governo. Tal circunstância permite pensar que há alguma coisa de corajosa radiografia social neste filme, em que o extraordinário diretor que é Luigi Zampa não frustra, de modo algum, seus admiradores. Por esse aspecto, a trama policial, tão bem urdida, tão bem conduzida, tão eficazmente interpretada — com o inconfundível humor e a humanidade de Zampa — é apenas um aspecto superficial do filme. *Cidade da perdição* é um bom filme, com certo ar de revelação posteriormente confirmada pelo "escândalo do século".

O segredo dos incas

Ainda não refeitos de *O vale dos reis*, os cinéfilos tiveram que enfrentar *O segredo dos incas*, outro folhetim arqueológico de baixa qualidade, com o cenário das ruínas de Machu-Pichu lamentavelmente desperdiçado. Dois elementos de publicidade foram incluídos e arruinados neste filme: as ruínas da cidade sagrada dos incas e a cantora Yma Sumac. Em *O vale dos reis* criaram um Egito turístico, com mistérios de exportação. Em *O segredo dos incas* fizeram a mesma coisa com o Peru. A bela tradição daquela república amiga não foi tratada com o respeito que merece, saiu misturada com elementos de folhetim da pior qualidade, e se reconstruiu um Peru de quinquilharias que não pode corresponder à realidade.

Não se tem notícia da carreira deste filme no Peru. Mas é difícil admitir que uma nação contemple, de braços cruzados, a adulteração, com fins comerciais, de seus mais preciosos valores. Elia Kazan realizou *Viva Zapata!*. Considerou-se que a apresentação e a interpretação dos fatos não foram fiéis à realidade histórica. Aquele, porém, foi um erro respeitoso, cometido com uma grande admiração pelos valores nacionais do México. Uma interpretação que merecia ser debatida.

O segredo dos incas é outra coisa. É um filme para turistas de excursão, com a inexplicável cumplicidade de Yma Sumac, uma peruana autêntica, que tem a obrigação de saber que sua terra é algo mais, muito mais belo e válido que este medíocre folhetim colorido.

MAIO DE 1955

O drama de três mil crianças colombianas desabrigadas

COMO AS FORÇAS ARMADAS DISTRIBUEM AS PEQUENAS VÍTIMAS NAS INSTITUIÇÕES DE BENEFICÊNCIA. O "PAVILHÃO TOLIMA" EM BOGOTÁ. CRIANÇAS QUE IGNORAM O DESTINO DE SEUS PAIS. DEZ CRIANÇAS DE VILLARRICA, DE OITO A DEZ ANOS, FUGIRAM DO ABRIGO.

Aviões militares espalharam, a 4 de abril, a leste do Tolima, uma circular do comando do destacamento de Sumapaz: "A partir de hoje", dizia a circular, "e até nova ordem, todo o leste do Tolima está compreendido na zona de operações militares." A medida foi tomada em razão da grave situação de ordem pública que afetava aquela região. No centro nevrálgico do problema estava Villarrica, uma das regiões cafeeiras mais privilegiadas do país, e o próprio centro de Villarrica, com sua enorme e encurvada praça de pedra escura, seus escuros armazéns arruinados e suas três mil crianças. Quando se declarou o estado de emergência, Villarrica já era, havia muito tempo, um povoado agonizante. Todos os seus habitantes sofriam as conseqüências da situação. O comércio estava liquidado. O toque de recolher vigorava havia vários meses e um considerável número de famílias havia tomado o caminho do exílio voluntário. De modo especial, desde o primeiro momento, as crianças de Villarrica começaram a ser vítimas da situação: a escola pública, um edifício de tijolos pintado com uma cor de gema muito forte e construído em uma ladeira, a três quadras da praça principal, foi transformado em quartel. A população escolar dispersou-se pelas casas particulares, onde se improvisaram as escolas.

A primeira notícia

Desde 4 de abril, dia em que se estabeleceu a zona de operações militares, até 15 do mesmo mês, não se teve em Villarrica qualquer notícia que não fosse oficial. No dia 15, rompeu-se o duro cerco do controle militar na zona afetada pela violência, e se soube que 1.200 exilados de Villarrica tinham chegado a Ibagué, em 35 caminhões do Exército. Segundo o plano de operações, a população de Villarrica havia sido evacuada e seus habitantes transferidos para Buenos Aires, Ibagué e Ambalema, principalmente. "Como é natural", escrevia um correspondente na capital do Tolima, "as cenas são impressionantes, porque os milhares de evacuados chegam sem sequer ter tido tempo de trazer seus pertences. Malvestidos, levam nos rostos a marca da surpresa." Ali, na torrente da população transferida, estavam também as crianças de Villarrica. Quatro dias depois o correspondente de *El Espectador* em Ibagué viajou para Ambalema, a trezentos quilômetros de Villarrica, e escreveu uma impressionante reportagem sobre os desabrigados. Essa foi a primeira notícia que se teve das crianças de Villarrica depois da mobilização: só em Ambalema havia mais de quatrocentas.

O drama do exílio

Entre as crianças que o correspondente de *El Espectador* teve a oportunidade de contar em Ambalema, trinta eram órfãs. Os outros estavam com os pais, que se recusavam a se separar de seus filhos. Alguns chegaram afetados pela enterite e foram atendidos, em tempo, pelos médicos das Forças Armadas. Nos pátios do colonial casarão da exatoria, mães davam de mamar a seus filhos. Outras buscavam farrapos para cobrir os filhos seminus. E entre elas, Rosa María Avilán, de 24 anos, segurava em seus braços as duas crianças mais jovens de Villarrica: um menino e uma menina, gêmeos, nascidos havia 13 dias.

O corcundinha

É impossível seguir a pista de cada uma das crianças desabrigadas da zona afetada. Segundo informações autorizadas, há três mil órfãos em conseqüência da violência. Outros, cujos pais estão vivos, foram transferidos para diversas instituições de caridade, pela impossibilidade em que estão de suprirem sua subsistência. Atualmente, veículos das Forças Armadas dedicam-se a distribuir crianças exiladas entre os estabelecimentos de beneficência especialmente dedicados à proteção infantil. Muitos dos pequenos desabrigados se encontram em Ibagué. Outros estão ainda em Ambalema e Fusagasugá, à espera de que sua situação atual seja resolvida. Trezentos se acham no Amparo de Niños, a instituição fundada em Bogotá por dona María Michelsen de López. Algumas dessas trezentas crianças não têm pais conhecidos e muitas ainda não sabem falar. Desconhecem sua origem, o nome e o destino dos pais. Um deles, um corcundinha de 12 anos, chegou ao Amparo de Niños tuberculoso.

O "*Pavilhão do Tolima*"

A instituição fundada por dona María Michelsen de López não tem capacidade para mais de setecentas crianças. Ali estão crianças de todo o país. Mas há dois meses, a colônia mais numerosa do Amparo é a do Tolima. Ali estão, confusas, perplexas, ainda não recuperadas do violento impacto, as crianças Rodríguez, as crianças Castellanos, as crianças Melendros, as crianças Caicedos, as crianças Iriartes e as incontáveis crianças Lopez — estes são os sobrenomes com que se inscreveram ao entrar — procedentes da região de Sumapaz. A qualquer hora do dia ou da noite essas crianças têm chegado àquele estabelecimento, conduzidas por soldados das Forças Armadas, com uma ordem do governador do Tolima para que sejam admitidas na instituição. Há excesso de lotação: hoje em dia há ali 950 crianças. E trezentas delas, os últimos chegados ao Amparo de Niños, foram alojadas em um Pavilhão especial, o pavilhão Tolima.

Para contar com nome próprio

Cada caso é um caso especial, diferente. Mas o conjunto tem uma denominação geral: "Vítimas da violência." A menor dessas vítimas, Helí Rodríguez, tem dois anos de idade. Mal sabe dizer seu nome. Não sabe nada de nada. Não tem a menor idéia de onde se encontra. Não sabe por que o trouxeram nem como, nem quando. Ignora por completo o paradeiro de seus pais e não manifesta emoção alguma quando lhe perguntam se o pai ou a mãe virão buscá-lo.

Um dos maiores, em compensação, que morava com os pais na região do Roble, perto de Villarrica, sabe que o pai não voltou para casa há mais de dois meses. Continuou vivendo, só com a mãe, no sítio onde plantaram legumes e café. Certo dia do mês passado, que o menino não lembra, também a mãe não voltou mais para casa. Quando se operou a evacuação, ele foi transferido para Ambalema, e dali para Bogotá. Como tem 13 anos, conhece a razão de sua vinda para o Amparo de Niños, mas também sabe que nunca mais voltará a ver a mãe. E sabe ainda que no próximo ano terá que deixar o asilo e se manter por si mesmo: o regulamento da instituição proíbe a permanência de crianças maiores de 14 anos.

Oitenta centavos per capita

Em sua desgraça, a menor de todas é a das crianças que conseguiram lugar no Amparo. Ali, em meio a outras setecentas crianças de todo o país, encontraram uma cama com boas cobertas, no Pavilhão Tolima, que o dinâmico padre Castillo, diretor do estabelecimento, pôde improvisar. Mas essas trezentas crianças são minoria. Há ainda duas mil crianças que as Forças Armadas estão distribuindo por diferentes lugares do país e que talvez não encontrem, todos os dias, a *mazamorra* e o feijão que lhes é servido em Amparo, embora a cozinha não tenha capacidade para atender mil comensais. Ontem, às quatro da tarde, um dos fogões a lenha deixou de funcionar, avariado pela intempestiva sobrecarga. Para consertá-lo, o padre Castillo precisa recorrer ao exíguo orçamento de que dispõe: oitenta centavos diários *per capita*, da dotação governamental.

Onde estão estas crianças?

Em uma visita ao Amparo de Ninos percebe-se que a situaçao da ordem pública influiu sensivelmente no comportamento dos mais velhos. Muitos deles aguardam, esperançosos, que os pais venham buscá-los. Vestem roupas de crianças camponesas de terra quente — calças de linho e camisa de algodão — e se protegem do frio com um abrigo natural: correndo pelos pátios, subindo e descendo as escadas dos três andares da fundação.

Mas o Amparo não tem recursos para custear uma severa vigilância. Uma coisa é pensar em um número: mil crianças; e outra é ver mil crianças soltas em um pátio, correndo ao encontro dos visitantes para perguntar se os pais virão buscá-los. Misturam-se uns aos outros. Mas geralmente os maiores, em grupos isolados, não participam da desordem geral. O padre Castillo sabe que é a esses que é preciso vigiar. Na semana passada um grupo de dez exilados de Villarrica, de oito a dez anos, fugiu do estabelecimento com o propósito de retornar para a casa de seus pais. Ontem fugiu outro. Ao interrogar uma das crianças de Villarrica sobre os projetos dos companheiros foragidos, ela disse:

— Eles não tinham dinheiro. Pensavam em ir escondidos no trem, para voltar para o Tolima.

Até o dia de hoje não se tem qualquer notícia das crianças que fugiram do Amparo para voltar para a casa dos pais.

Um futuro sombrio

Examinando o caso das trezentas crianças evacuadas de Villarrica e que estão hoje no Amparo de Niños compreende-se que ali poderão morar, comer e dormir durante vários anos. Alguns — não todos, porque as oficinas não têm capacidade — aprenderão noções rudimentares de mecânica, fundição e curtume. Mas, ao completar 14 anos, serão postos na rua, em parte porque assim determina o regulamento da instituição e em parte porque então se precisará de espaço para outras crianças menores. De todas as crianças exiladas de Villarrica, a que permanecerá maior tempo no Amparo será Helí Rodríguez, que ainda tem 12 anos para desfrutar da proteção do asilo. Ele aprenderá a ler, a rezar e a cantar. Aprenderá as regras fundamentais de educação e os rudimentos da profissão de fundidor. Mas dentro de 12 anos, quando tiver 14, Helí Rodríguez terá que deixar o Amparo para ganhar a vida. Em tais circunstâncias, o mais provável e também o menos dramático que lhe poderá acontecer é que morra de fome ou que um juiz de menores o mande para uma casa de correção.

O cinema em Bogotá. Estréias da semana

Carmen Jones

Com este título [*Carmen de fuego*] está passando a versão cinematográfica da ópera *Carmen Jones*, que é, por sua vez, uma versão, para o ambiente negro, da conhecida ópera de Bizet. Um diretor norte-americano, Otto Preminger, foi encarregado de levar ao cinema esta extraordinária experiência, e desincumbiu-se da tarefa com uma eficiência realmente admirável.

A *Carmen Jones* se poderiam fazer todas as objeções que o público moderno costuma fazer à ópera como gênero. É difícil para um público habituado ao espetáculo cinematográfico, ao drama realista, captar o encanto de um diálogo entre um tenor e uma soprano no instante mais patético da história. Mas o importante em *Carmen Jones* para os cinéfilos é que muito mais do que ópera é cinema o que ali se pode apreciar. Cinema apesar dos forçados enquadramentos e todas as dificuldades técnicas que, para um verdadeiro diretor de cinema, os novidadeiros sistemas da tela grande apresentam.

Carmen Jones é, do princípio ao fim, uma paródia da obra de Bizet. A famosa cigana é uma leviana mulata que perturba a solidão de um quartel onde dom José é um garboso cabo do Exército. Dom Juan não é toureiro: é boxeador. E como que para acentuar a fantasia desse mundo de negros, não se vê um branco em parte alguma, nem nas ruas do Harlem — o que não é totalmente inverossímil — nem entre os cinco mil assistentes de uma luta de boxe, o que já é uma maravilhosa nota fantástica.

Além de ser, como espetáculo, como experiência, um caso à parte, *Carmen Jones* oferece outro destaque ainda mais notável: Dorothy Dandridge, a inquietante intérprete de Carmen Jones, é um asfixiante e esgotador fenômeno de *sex-appeal*. E é muito mais: é uma excelente atriz, uma excelente cantora e uma das poucas verdadeiras mulheres de carne e osso que o cinema norte-americano pode oferecer.

Otto Preminger — que os leitores lembram pela direção de *Ingênua até certo ponto* e *Laura*, e por sua interpretação do general alemão de *Inferno 17* — não se limitou a fotografar a ópera. Pôs a serviço da causa todos os seus conhecimentos de cinema. Inclusive, deve-se creditar a ele o mérito de ter sido um dos poucos diretores que soube, com habilidade e profundo conhecimento de seus materiais e sua linguagem, defender-se do Cinemascope. Preminger contou sua história singelamente, transformou-a em um drama vivo e sem convencionalismos, sem se afastar nem mesmo diante de um clímax operístico, um diálogo cantado no momento mais dramático do filme. Isto foi, naturalmente, uma inoportuna mostra de respeito pela ópera, e ao mesmo tempo um impulso ousado e que, apesar disso, parece ser um dos poucos pontos fracos deste bom filme, que vale como obra cinematográfica e experiência.

Entre parênteses

Não se pode permitir que passe sem um comentário especial a sexta semana de presença em cartaz de *Amor de outono*, o belo poema de Claude Autant-Lara, um filme de qualidade excepcional e que bateu um espantoso recorde de permanência em nossos cinemas. Este acontecimento deve ser registrado como um novo sucesso de público, um sucesso sensacional.

E esse caso é mais interessante quando se sabe que *Amor de outono* é desses filmes que, segundo certo critério, foi feito sob medida para ser considerado, *a priori*, um fracasso comercial. A publicidade desse filme foi discreta e incrivelmente incoerente, uma fotografia do jovem Pierre Michel Beck e outra de Nimie Bergère, duas novas caras do cinema e que, de modo algum, podem ser considerados atrações de bilheteria. Edwige Feuillère, a veterana atriz, o único intérprete deste filme que teria podido despertar a atenção do público orientado pelo prestígio dos atores, não figurou na propaganda.

Contra os vertiginosos decotes e os beijos de alta voltagem, impôs-se este milagroso filme, aliás, o único — nos últimos dois anos, pelo menos — que o público manteve com sua freqüência, sem nenhum esforço, sem qualquer truque, durante o tempo recorde de seis semanas.

O fenômeno de *Amor de outono* poderia servir de base para uma revisão dos atuais sistemas de programação e publicidade. Enquanto este filme original tem permanecido intacto em cartaz, pelo menos trinta filmes medíocres — daqueles que comumente são considerados bons de bilheteria — passaram melancolicamente por outros cinemas de primeira categoria. Isto é, no mínimo, uma comprovação estatística, espantosamente significativa, de que agora os bons filmes são também filmes de bilheteria. E de maior sucesso que os melodramas.

A publicidade extremamente sóbria e séria de *Amor de outono*, e sua longa permanência em cartaz, são uma prova irrefutável de que o público o favoreceu com sua assiduidade, única e exclusivamente por ser "o mais belo filme que Bogotá já viu em muitos anos".

Fala uma testemunha da primeira explosão atômica

EM HIROSHIMA, A UM MILHÃO DE GRAUS CENTÍGRADOS

A DESCRIÇÃO DO ESPETÁCULO APOCALÍPTICO DA DESTRUIÇÃO DE HIROSHIMA FEITA PELO JESUÍTA PEDRO ARRUPE. OS ÚLTIMOS INSTANTES DA PRÓSPERA CIDADE. UM TERREMOTO DE LABORATÓRIO. OS SOBREVIVENTES BUSCAM O RIO. A RUA MAIS LARGA DO MUNDO.

Uma testemunha ocular da devastação de Hiroshima pela bomba atômica está, desde ontem, em Bogotá: o jesuíta Pedro Arrupe, que, a 6 de agosto de 1945 — primeiro dia da era atômica — desempenhava o cargo de reitor do noviciado da Companhia de Jesus em Hiroshima. Por ser espanhol e a Espanha um país neutro, padre Arrupe continuava em território japonês depois que o governo do micado expulsou todos os estrangeiros originários de países beligerantes. Não havia guerra em Hiroshima. Curiosamente, em uma das principais cidades japonesas, com quatrocentos mil habitantes, dos quais trinta mil eram militares, não se conheciam os estragos de uma guerra mundial de seis anos: uma única bomba havia sido lançada sobre a cidade e seus habitantes tinham motivos para pensar que se tratava de um bombardeio acidental, sem nenhuma conseqüência.

Escolas de duas mil crianças

Entretanto — conta o padre Arrupe — a população civil estava preparada para qualquer emergência. A polícia de Hiroshima tinha uma organização perfeita, através da qual controlava uma cidade maior e mais populosa que qualquer uma das cidades colombianas: uma cidade composta, em geral, pela classe média japonesa, dedicada ao comércio em pequena escala e à pesca fluvial. Dos quatrocentos mil habitantes, cinqüenta mil eram crianças em idade escolar. E é possível afirmar que a 6 de agosto de 1945, essas cinqüenta mil crianças estavam na escola, enquanto seus pais se dirigiam ao trabalho. No Japão a educação era obrigatória durante os oito primeiros anos, e cada escola de Hiroshima era um enorme prédio, com capacidade para duas mil crianças.

O último minuto

Enquanto Tóquio, a capital, tinha sido devastada em grande parte por constantes bombardeios, Hiroshima era uma gigantesca cidade intacta, com casas construídas de madeira leve, para diminuir o constante risco dos terremotos. Todos os habitantes, exceto os padres católicos e quinhentos japoneses, professavam o budismo: havia 750 templos budistas e apenas uma pequena igreja católica no centro exato da explosão, e uma capela no noviciado, a oito quilômetros de distância.

Embora nunca tivesse sofrido um bombardeio, a população de Hiroshima, rigidamente disciplinada, precipitava-se para os abrigos cada vez que soavam as sirenes de alarme. Havia numerosas sirenes espalhadas por toda a cidade. A 6 de agosto de 1945, um pouco antes das oito da manhã, os cidadãos que se dirigiam ao trabalho, e as crianças nas escolas (as aulas começavam às sete), ouviram soar as sirenes e correram para os abrigos antiaéreos. Pouco depois, anunciaram que o perigo passara e a cidade retomou seu ritmo normal.

O *flash*!

O padre Pedro Arrupe conta que, naquele instante, depois da missa e do café da manhã, encontrava-se em seu quarto quando soaram as sirenes de alarme. Em seguida, ouviu o sinal de que tinha cessado o perigo. O dia começava como sempre. No noviciado, apesar da distância, percebia-se nitidamente o movimento da cidade.

— De repente vi um clarão como o de um *flash* fotográfico — disse o padre Arrupe. Não recorda ter ouvido a explosão. Houve uma tremenda vibração: os objetos saltaram de sua escrivaninha e o quarto foi invadido por uma violenta tempestade de vidros quebrados, pedaços de madeira e tijolos. Um padre que caminhava pelo corredor foi arrastado por um terrível furacão. Um segundo depois, fez-se um silêncio impenetrável, e o padre Arrupe, levantando-se a muito custo, pensou que uma bomba tinha caído no jardim.

O que aconteceu?

O antigo reitor do noviciado de Hiroshima, que aparenta ser um homem sereno, recorda aquele instante particularmente pelo silêncio. Passaram-se mais de dez minutos depois do relâmpago sem que tivesse notado que a cidade estava em chamas. Os moradores do noviciado tiveram tempo de inspecionar o jardim antes que a fumaça, branca e densa, se dissipasse por completo e se visse, a seis quilômetros de distância, o gigantesco e incontrolável incêndio que devorava a cidade.

— Agora qualquer um entende aquilo — explica o padre Arrupe. Mas naquele dia ninguém tinha ouvido falar de uma bomba atômica nem da possibilidade de que alguém a fabricasse e a lançasse sobre uma cidade de quatrocentos mil habitantes. Todos pensaram que se tratava de um acidente local, e o pessoal do noviciado dirigiu-se à cidade para prestar os primeiros socorros. Foram de bicicleta.

Lembrança do Apocalipse

— Não há maneira de descrever o que encontramos — conta o sacerdote. E diz simplesmente que se deve imaginar o caos; onde antes havia casas, só se encontravam ruínas, e na terrível crepitação do incêndio e a fumaça e o pó, era impossível ver ou ouvir alguma coisa que lembrasse a presença humana.

Gente humilde das aldeias vizinhas tentava chegar ao centro da catástrofe. Mas era impossível. As enormes labaredas, de mais de cem metros de altura, impediam o acesso à cidade. Antes do meio-dia começaram a se desenrolar fantásticos fenômenos atmosféricos.

Um terremoto de laboratório

Primeiro foi a chuva. Um violento aguaceiro desabou sobre a cidade e extinguiu as chamas em menos de uma hora. Depois foi um tremendo furacão, que levou pelos ares enormes troncos de árvores calcinados, rodas de veículos, animais mortos, e todo tipo de escombros. Por cima das cabeças dos sobreviventes passaram, a considerável altura, voando, impelidos pelo furacão, os destroços da catástrofe.

Foram instantes aterradores, mas hoje em dia aqueles fenômenos estão perfeitamente explicados: a condensação de vapor provocada pela inconcebível elevação da temperatura — calculada em um milhão de graus centígrados — causou a chuva torrencial. O vazio, a descompensação produzida pela violenta absorção, deu origem ao furacão apocalíptico que contribuiu para agravar a confusão e o temor.

As primeiras vítimas

O primeiro contato que o padre Arrupe teve com as vítimas da catástrofe foi a visão de três mulheres jovens abraçadas, que surgiram dos escombros com o corpo em carne viva. Então compreendeu que não se tratava de um incêndio comum: o cabelo das vítimas desprendia-se com extrema facilidade e em poucas horas a cidade tinha sido destruída por completo e seus habitantes reduzidos a uma confusa multidão de cadáveres e moribundos.

Não se sabia quais deviam ser os primeiros socorros naquela situação. Não eram queimaduras comuns. De um grupo de crianças socorrido pelo padre Arrupe desprendia-se o couro cabeludo. Entre a pele e os ossos havia vidro incrustado.

Hiroshima é uma cidade construída sobre as cinco ilhas formadas pelo delta do rio Otagawa. Quatro braços fluviais a atravessam de lado a lado. Quando estourou o caos, quando as chamas gigantescas levantaram-se em toda a cidade, os sobreviventes só pensaram em correr para a água. Às cinco da tarde o padre Arrupe conseguiu penetrar na cidade. Acompanhado de uma multidão vinda das aldeias vizinhas, caminhou sobre os escombros e viu corpos destroçados, rostos de agonizantes desfigurados e os rios densamente ocupados por uma multidão caótica e delirante.

Os filhos de Hiroshima

Em *Os filhos de Hiroshima* — filme que o padre Arrupe não viu — a catástrofe é reconstituída minuto a minuto. Pela descrição da única testemunha ocular que veio à Colômbia, percebe-se que a reconstituição do filme é de uma assombrosa fidelidade, de um milagroso realismo. A multidão se transferiu, como uma grande massa flutuante, para os braços dos rios. Então houve uma razão para que fossem maiores as perdas na população infantil: às 8h10 da manhã, hora em que a bomba explodiu, pode-se dizer que não havia uma criança em idade escolar perto de seus pais. Todas estavam na escola. Quando, ao entardecer, começaram a ser prestados os primeiros socorros, os chefes de família estavam debaixo dos escombros de suas casas ou de estabelecimentos comerciais. E as crianças, todas as crianças de Hiroshima, misturadas, desfiguradas e sem identificação. Cinqüenta mil crianças estudantes estavam mortas, feridas ou agonizando em massa, sob os escombros das escolas.

Vinte quilos de ácido bórico

Em Hiroshima havia 260 médicos, e duzentos morreram instantaneamente por causa da explosão. A maioria dos que sobreviveram ficou ferida. Os pouquíssimos sobreviventes — entre eles o padre Arrupe, formado em medicina — não dispunham de qualquer elemento para socorrer as vítimas. As farmácias e os depósitos de medicamentos haviam desaparecido sob os escombros. E mesmo no caso de que tivessem tido recursos, desconhecia-se completamente o tipo de tratamento a se aplicar às vítimas daquela monstruosa explosão.

Os primeiros feridos socorridos pelo padre Arrupe, entretanto, foram favorecidos por um acontecimento ainda não explicado: em meio à confusão, um aldeão pôs à disposição do padre um saco com vinte quilos de ácido bórico. Foi este o primeiro tratamento que administrou a eles: cobrir as feridas com ácido bórico. Hoje todos estão em bom estado de saúde, afirma o padre Arrupe, que ainda não consegue entender o que fazia um camponês de Hiroshima com vinte quilos de ácido bórico em sua casa.

Três causas de morte

O antigo reitor do noviciado de Hiroshima diz que não houve pânico na cidade no dia 6 de agosto de 1945. A população recebeu a catástrofe com seu indolente fatalismo oriental. Os sobreviventes transferiram-se para a água, não em busca de alívio — que é uma crença generalizada — mas de um lugar onde estivessem a salvo das chamas.

É impossível estabelecer, pela experiência de Hiroshima, os verdadeiros efeitos da bomba atômica. O lugar onde ela explodiu — a seiscentos metros de altura, uma vez que foi lançada de pára-quedas — era o centro geográfico e, ao mesmo tempo, o centro comercial da cidade. Ao redor deste centro, em uma área de dois quilômetros e meio, os habitantes foram vítimas imediatas da radioatividade, do calor e da explosão. Na área de dois quilômetros e meio à volta do centro de radioatividade encontraram-se as vítimas das reações térmicas e da explosão. Dali em diante, em uma área de seis quilômetros, na qual se localizava o noviciado da Companhia de Jesus, as vítimas se devem exclusivamente à explosão.

A marca de um homem

O padre Arrupe acha que nenhuma das pessoas a penetrar na área de radioatividade depois da explosão sofreu problemas físicos ou mentais posteriores. Ele mesmo esteve naquela área, seis horas depois da catástrofe, sem ter sofrido qualquer perturbação, pois o cabelo que lhe falta agora — esclarece sorridente — caiu de sua cabeça por outras causas que não a radioatividade.

Na área da explosão houve uma considerável quantidade de vítimas causada pelos escombros e pelos estilhaços de vidro. Em compensação, no centro mesmo da explosão, na área radioativa, padres que estavam na sede da igreja — um edifício de concreto — saíram ilesos. Apenas um deles, mais tarde, apresentou problemas físicos provocados pela radioatividade. No edifício do banco de Osaka ficou gravada, na parede, a silhueta de um operário que, no instante da explosão, subia uma escada.

Hoje

A recuperação moral de Hiroshima foi quase imediata. No dia seguinte, sua população começou a receber socorro de cidades vizinhas. Durante seis dias cada sobrevivente recebeu uma tigela com 150 gramas de arroz. A força moral do seu povo foi superior à bárbara e impiedosa experiência atômica. Em menos de uma semana, os cadáveres foram cremados, os sobreviventes se organizaram, improvisaram-se hospitais e milhares de crianças que andavam sem rumo foram identificadas.

No final daquele ano a cidade continuava em estado rudimentar, mas totalmente reconstruída. Os escombros tinham sido removidos e as casas reconstruídas com latas de conserva, papel de jornal e os escombros da catástrofe.

Do trágico 6 de agosto de 1945 aos dias de hoje, Hiroshima foi reconstruída três vezes. A segunda vez foi com madeira. Agora, e em virtude de uma lei japonesa que ordena que seja construída em concreto toda casa com mais de dois andares, a cidade está completamente modernizada, e tem a rua mais larga do mundo: mais de cem metros. Mas para atravessar essa rua estão fazendo falta as 240 mil pessoas que morreram na explosão.

O cinema em Bogotá. Estréias da semana

Crimes d'alma

Com este título, que não diz muito e poderia servir a qualquer filme comercial, foi relançada a magnífica criação de Michelangelo Antonioni, cujo título original é *Crónica di un amore.* Trata-se da velha história do triângulo amoroso, desta vez realizada com mestria e a eficiente colaboração da melhor atriz do cinema italiano depois de Anna Magnani, a terna e inteligente Lucía Bosé.

Acima dos múltiplos méritos deste filme, destacam-se os comentários musicais, um longo e belo monólogo de saxofone magistralmente executado. A fotografia, a direção dos atores, a discreta condução da história, tudo colabora para fazer de *Crimes d'alma* um filme notável, um dos bons filmes realizados na fase de esplendor do cinema italiano do pós-guerra.

A grande paixão

A grande paixão, uma realização de Robert Siodmack — o grande diretor de *Os assassinos* —, é o mesmo filme feito em 1930 por Jacques Feyder, com um roteiro de Charles Spaak. Baseado naquele mesmo roteiro, Siodmack voltou a filmá-lo, agora em cores, com Gina Lollobrigida e Jean Claude Pascal. Não conhecemos a versão original de Feyder, mas o grande diretor escreveu, sobre seus propósitos com *A grande paixão*, uma página que merece ser transcrita para melhor compreensão de suas idéias. Disse Feyder em *Le cinéma, notre metier*, um interessante livro escrito em colaboração com a mulher, Françoise Rosey, que na primeira versão de *A grande paixão* interpretou o papel que tocou a Arley na segunda:

— O filme *A grande paixão* teve sua origem na América. Antes de voltar para a França, tinha pensado na possibilidade de realizar *Como me queres*, de Pirandello, com Greta Garbo. Os americanos desconfiaram do tema. Parecia-lhes impossível satisfazer o espectador ao fim do filme sem lhe ter explicado claramente a verdadeira identidade da heroína, sem lhe ter esclarecido se ela era na verdade ela mesma ou outra mulher completamente diferente.

"Todo o interesse dessa obra baseia-se nesta dúvida, no confronto das peripécias de um enigma que não se resolve jamais... Eu tinha pensado em proporcionar uma voz diferente a Greta Garbo em cada um de seus papéis, dublá-la mediante um processo técnico sumamente odioso.

"Entretanto, ante a obstinada negativa de Hollywood, tive que renunciar a meus projetos. Mas as discussões, os prolongados argumentos me proporcionaram a oportunidade de aprofundar o difícil problema. Destas meditações nasceu *A grande paixão*, onde o mesmo personagem, que possivelmente são dois personagens diferentes, conserva sempre a mesma aparência física, mas dois tons de voz diferentes. Eu lembrava de minhas experiências técnicas no cinema mudo, das deformações psicológicas de *Crainquebille*, que tinham me dado alguns prazeres mais trabalhosos, os mais apaixonantes de minha carreira."

Em verdade, como se deduz do trecho transcrito, *A grande paixão* de Feyder foi quase essencialmente uma experiência técnica. Não figura entre seus melhores filmes nem é mencionado com muito entusiasmo nos textos históricos. Daí que não pareça estranho que a nova versão de Siodmack — exibida nestes dias — seja um filme bem realizado, mas sem nada de particular, e com uma certa hesitação não muito convincente no momento culminante. A direção é fria, a fotografia aborrecida, embora com notáveis acertos na utilização da cor, e Gina Lollobrigida melhor atriz que de costume. Tão bela e excitante como de costume.

Caixa postal

Recebeu-se, nesta seção, escrito em um cartão, o seguinte bilhete, anônimo e cordial: "Com que então, *excelente cantora* a sra. Dorothy Dandridge? O senhor tem certeza de que é *ela* quem canta em *Carmen Jones?*"

O cinema em Bogotá. Estréias da semana

Caminhos sem volta

O veterano diretor de Hollywood Henry Hathaway lançou-se à vertiginosa carreira do Cinemascope com um filme sobrecarregado de estrelas: Kirk Douglas, Bella Darvi, César Romero, Lee J. Cobb, Katy Jurado e Gilbert Roland. *Caminhos sem volta* propõe-se apresentar, através de um argumento simples, as emoções e os sobressaltos dos pilotos de carros europeus. É um filme para muitos públicos, mas especialmente para os entusiastas do automobilismo, que agonizam de prazer ante o mais completo e contínuo desfile de carros de corrida que já se tenha visto na tela, em toda a largura do Cinemascope e em um colorido muito esportivo.

Do ponto de vista técnico, *Caminhos sem volta* é irrepreensível. O diretor soube comunicar, minuto a minuto, as alucinantes emoções das corridas, e a intercalação das cenas documentais com as cenas de estúdio foi feita com tanta habilidade que, por este aspecto, o filme é convincente e interessante.

O tédio tem início quando Kirk Douglas começa a se converter em Kirk Douglas — no personagem endemoninhado que todos conhecemos — e o diretor desvia sua atenção das competições esportivas para concentrá-la na análise psicológica. Então o filme sofre uma fratura, e o espetáculo não faz outra coisa senão esperar pelo fim da análise e o reinício das corridas.

Amar é sofrer

O título de folhetim dado, em espanhol, a *The Country Girl* [*La que volvió por su amor* — A que voltou por seu amor —; no Brasil, *Amar é sofrer*] é muito apropriado, bem de acordo com a forma em que um diretor — que além do mais é autor do roteiro — tratou este drama psicológico que, nas mãos de um diretor mais hábil, poderia ter sido notável. Tudo concorreu para que fosse um bom filme: William Holden e Grace Kelly, dois atores excelentes, e um ator discreto, Bing Crosby, que, particularmente neste papel, bem dirigido, teria podido construir um bom personagem. A fotografia está muito acima da média. Os protagonistas trabalham com entusiasmo em um argumento mais denso do que parece ter pretendido o diretor, embora tudo pareça indicar que o tema tenha se mostrado grande demais para ele, razão da grande confusão que, afinal de contas, não soube consertar. Este inconveniente já estava agravado pela infeliz circunstância de que o próprio diretor era o autor do roteiro, baseado em uma popular peça de teatro.

O único personagem que não perde a linha é o interpretado por Grace Kelly, que neste filme confirma suas qualidades de atriz, embora não tenha ainda encontrado seu diretor. O caráter da esposa do ator alcoólatra, atormentado por um complexo de culpa, está bem planejado, bem desenvolvido e interpretado por Grace Kelly com muita compreensão e admirável força dramática. Mas não há nada à volta, nem mesmo o perfil do personagem interpretado por William Holden, perdido por falta de acuidade de um diretor que não foi suficientemente hábil para dirigir um ator da personalidade de Holden.

A sensação de aborrecimento que *Amar é sofrer* produz deve-se ao fato de que nele não acontece nada. O espectador fica esperando que o cantor triunfe, mas o triunfo é apresentado com tal tédio, com tão escasso poder de convicção, que o momento culminante do drama é tão frágil como quase todo o resto. E ao resolver tudo isso com certa intenção psiquiátrica — ao que parece de muito boa acolhida junto ao grande público norte-americano — o filme se converte em um melodrama psicanalítico, no qual só se salva a têmpera de Grace Kelly, enquanto naufraga o filme.

Paisagens colombianas

O colombiano Luis Lalinde Botero realizou um curto álbum de estampas do país que é uma apreciável experiência de cinema nacional. O título diz tudo: não se trata de um documentário, mas de uma sucessão de fotografias coloridas das diferentes cidades e regiões da Colômbia, captadas por uma correta câmera.

Nos cinemas onde foi exibido, na semana passada, em Bogotá, este filme ganhou o entusiasmo do público e mereceu comentários favoráveis na imprensa. Em meio aos repetidos esforços que se fazem, na Colômbia, por fazer cinema — cinema nacional —, este filme de Lalinde Botero é uma realização que não deve passar despercebida.

O cinema em Bogotá. Estréias da semana

Quando as mulheres esperam

Aplicando à narrativa um recurso semelhante ao de *Tre storie proibite*, o diretor sueco Ingmar Bergman fez um filme endiabradamente sábio: *Quando as mulheres esperam*, com Anita Björk em um dos papéis principais. Três mulheres decidem contar seus segredos. O resultado são três contos curtos, filmados com uma incrível habilidade, com algo do movimento neo-realista em sua concepção e desenvolvimento, mas com mais graça e sobretudo com uma habilidade técnica realmente desconcertante.

O conto final — um casal com 13 anos de vida em comum, prisioneiro em um elevador — é simplesmente maravilhoso. E especialmente no trabalho fotográfico, de uma habilidade quase inverossímil, que nos permite afirmar que, do ponto de vista técnico, pelo menos, é este um dos melhores filmes exibidos em Bogotá nos últimos tempos.

A apresentação de *Quando as mulheres esperam* — depois de *Senhorita Júlia* — é uma exceção nos programas da capital, nos quais o cinema sueco não figura com a freqüência que sua qualidade recomenda. É preciso ter a certeza de que o público acolherá com notável entusiasmo esta produção da mais alta qualidade: *Quando as mulheres esperam*, um filme inesquecível.

Louisiana Story

Hernando Salcedo — nosso crítico de cinema de férias — abriu a sessão do Cine Clube da última terça-feira, quando se exibiu *Louisiana Story* [História da Louisiana], com as seguintes palavras: "Se o sociólogo do futuro deseja conhecer os homens e a paisagem de povos primitivos, necessariamente terá de assistir aos filmes de Robert J. Flaherty, a quem se chama de o 'pai do documentário cinematográfico'." Homens e paisagem — a partir daí, o dualismo que formulam seus filmes e que esta noite os sócios do Cine Clube da Colômbia vão ter a oportunidade de distinguir.

Como é possível que este explorador, nascido em 1884 no Michigan, fizesse do cinema a razão de sua vida? Por volta de 1913 participava da expedição que, sob o comando de *Sir* William Mackenzie, percorre o norte do Canadá, a baía do Hudson e a Terra de Baffin. Feaherty recebe a incumbência de fazer tomadas das regiões exploradas com uma câmera cinematográfica. Não se tratava de fazer um filme, simplesmente de realizar um registro fotográfico para testemunhar as incidências da missão. E lá, em constante luta contra a natureza glacial que obstaculiza ao máximo seu trabalho de fotógrafo, Flaherty encontra sua vocação cinematográfica, a vocação que daria ao mundo a mais admirável das geografias humanas.

Observador genial, ele encomenda de sua câmera o exato registro daquilo que vê. *Nanook, o esquimó* (1920-1921) é o primeiro de seus filmes e de suas obras-primas, e dele diria Sergei Einsenstein, o grande mestre russo: "Para nós, a lição de *Nanook* foi a mais proveitosa que um filme estrangeiro nos deu. Nós o gastamos à força de estudá-lo. Ele representa, de certa forma, nosso início cinematográfico." O êxito comercial de *Nanook* impõe Flaherty à indústria de Hollywood, que já não duvida de sua habilidade no documentário. Ajudado por Jesse Lasky, produz *Moana*, em uma latitude muito diferente da que focalizou no primeiro filme: os Mares do Sul. Em contraste com *Nanook*, a natureza ali entrega-se com facilidade e Flaherty, como sempre, apaixona-se pela paisagem e pelos habitantes, que, além de *Moana*, lhe inspiram *White Shadows of the South Sea* [Sombras brancas do mar do Sul] (realizada parcialmente por ele) e *Tabu*, com a colaboração de Murnau. E assim como o Norte ocupou vários dos seus anos juvenis, ao Sul ele dedicou cinco anos, entre 1923 e 1929.

Seu primeiro contato com a indústria data de 1931, quando, em companhia do grande documentarista inglês John Grierson, produz *Industrial Britain* [Bretanha industrial], onde demonstra que a máquina pode ser um tema cinematográfico tão bom quanto a natureza das regiões polares ou das ilhas do Sul. Sempre em busca de material humano não contaminado pela civilização ocidental, na própria Irlanda, nas ilhas Aran, encontra os elementos para seu próximo filme, *O homem de Aran*, que em 1934 é aclamado em Veneza, recebendo o primeiro prêmio do festival daquele ano. Então, só um ponto cardeal faltava a Flaherty em sua trajetória cinematográfica: o Oriente. E do Oriente vem *O menino e o elefante*, após três anos de permanência ou identificação, na Índia. E como uma coroação de sua carreira, é sua pátria, os Estados Unidos, o tema de seus documentários. Mas é ali precisamente onde encontra dificuldades para seus muito pessoais pontos de vista. *The Land* [A terra], realizado entre 1939 e 1942, é proibido pelo governo, considerando que a visão de Flaherty sobre grande parte do território norte-americano era pessimista demais. Em seguida, vêm quatro longos anos de inatividade, até que em 1946 a Standard Oil Company encarrega-o de fazer um filme sobre a prospecção do petróleo. Ele produz então este *Louisiana Story*, o filme que o Cine Clube tem a honra de apresentar esta noite.

O território escolhido por Flaherty para a filmagem de *Louisiana Story* não se deve a um simples capricho. "A história é o ambiente que faz", era um de seus princípios sagrados, e na região dos *bayous*, na desembocadura do Mississippi, ele encontrou o ambiente adequado para seu filme, e também os personagens: gente acadiana tão pura e preservada do progresso como seus esquimós e insulares. Com a paisagem e os homens, já o grande contista que é Flaherty pode nos contar, através de belíssimas imagens, a história da profanação da natureza pela máquina. Mas não nos façamos de sentimentais. *Louisiana Story* devia necessariamente ser um filme industrial. O admirável é a maneira como Flaherty conduz o difícil tema.

Recordamos que em *Industrial Britain* Flaherty já havia tratado a máquina como tema artístico, extraindo o máximo valor fotográfico de suas formas e movimentos. Esta qualidade pode ser observada em duas das melhores seqüências de *Louisiana Story*: a perfuração do poço petrolífero e o escapamento do gás, grande momento, quando a máquina adquire um poder dramático desconhecido. Graças a estas seqüências, a exploração da natureza não choca o espectador, e principalmente levando-se em consideração que o verdadeiro valor de *Louisiana Story* repousa mais nos fatores humanos que técnicos. Tomemos para exemplo o principal intérprete, o jovem acadiano tão identificado com seus pântanos como com as árvores e os animais que, embora as máquinas e os operários venham quebrar a paz de sua região, não apenas os recebe com interesse mas também com amizade, misturando suas ingênuas superstições com o novo mundo tão estranho ao seu. Por isso derrama sal sobre a tubulação para que saia petróleo e cospe, para que seu desejo se realize. Mas — e não sei se vocês estarão de acordo comigo — continuo acreditando que as grandes torres, e as máquinas, e os petroleiros, não são mais que um simples episódio na vida de José Boudreaux, o jovem acadiano. Sua verdadeira vida está em seus *bayous*; na caça, na pesca, em zombar do jacaré que, com sua solene ferocidade, não consegue comer seu animalzinho preferido, no barco que desliza entre a mágica paisagem dos pântanos, em seu viver primitivo e simples, e que Flaherty nos descreve de maneira tão poética, porque se a poesia, para lhe dar a definição mais simples, é a beleza da palavra submetida a uma cadência interior, na linguagem cinematográfica, imagens, seqüências, montagem, também pode se expressar a poesia do mundo e dos seres que a lente cinematográfica capta quando é manejada por um poeta do cinema, como Flaherty.

Robert Flaherty morreu em julho de 1951. Que a apresentação do último dos seus filmes, *Louisiana Story*, e a gratidão dos que amamos o cinema, sejam uma homenagem à sua memória.

Grande batida para controlar a "febre do ciclismo" em Bogotá

11.043 BICICLETAS PARA APENAS 515 CICLISTAS LICENCIADOS. TREZENTAS BICICLETAS CONFISCADAS HOJE. O ALUGUEL DE BICICLETAS E AS CRIANÇAS EM FÉRIAS.

A toda hora ocorrem acidentes de trânsito provocados por ciclistas. Em Bogotá, e na Colômbia em geral, uma pessoa que anda de bicicleta não é necessariamente um ciclista. É um "condutor" improvisado, que comumente não respeita as leis do trânsito e se lança pelas vias principais da cidade a fazer ziguezagues. Um motorista de táxi acha que os ciclistas urbanos são ousados porque sabem — ou esperam — que os que dirigem carros têm cuidados para não atropelá-los. Um redator de *El Espectador* percorreu diversos setores da cidade na manhã de hoje e pôde anotar um grande número de irregularidades no uso da bicicleta. Em primeiro plano estão as crianças. Nos arredores dos parques, menores de idade atravessam a via pública de bicicleta. E alguns, com não mais de cinco anos e sem acompanhantes à vista, lançam-se por entre os automóveis pedalando triciclos. Algumas dessas bicicletas não têm matrícula. A maioria dos que as conduzem — inclusive as crianças de triciclos — não tem licença para conduzir. No parque Oskar do bairro Santa Fé, um menino sem licença conduzia um triciclo sem licença, no meio da rua. O veículo não era de sua propriedade, tinha sido alugado em uma agência ao preço de trinta centavos por 15 minutos.

A outra Volta da Colômbia

A desenfreada febre do ciclismo, e especialmente do ciclismo imprudente, que aflige a cidade e nos últimos dias tem causado lamentáveis e numerosos acidentes, deve-se especialmente à Volta da Colômbia. Em diferentes pontos da cidade — e especialmente em Chapinero — dúzias de bicicletas podem ser vistas sobre as calçadas, enquanto seus condutores ouvem os detalhes da Volta da Colômbia na loja da esquina. Concluída a etapa, esses ciclistas urbanos, entusiasmados com as emocionantes narrações radiofônicas da competição, lançam-se às ruas convencidos de que são uma segunda edição corrigida e ampliada de Ramón Hoyos. Em tais circunstâncias — que é quase como dirigir em estado de embriaguez —, o menos improvável que lhes pode acontecer é um acidente fatal.

Trezentas bicicletas em 24 horas

A Secretaria de Circulação e Trânsito de Bogotá, preocupada com a crescente onda de acidentes com bicicletas, deu início a uma ampla batida para reduzir as irregularidades no ciclismo. O alferes Alejandro Cerón e o primeiro-motociclista Roberto Acosta não fizeram, nas últimas 24 horas, outra coisa senão constatar irregularidades cometidas por ciclistas. E confiscaram cerca de trezentas bicicletas pelas seguintes causas:

a) bicicleta sem placa;
b) ciclista sem licença; e
c) direção em zona proibida, sem licença.

Na maioria dos casos, as duas primeiras infrações coincidiam. Mas houve casos de ciclistas detidos por conduzir imprudentemente, com excessiva velocidade em zona proibida — a zona central de Bogotá, onde só se permite o trânsito de bicicletas com licença especial para profissionais — e se descobriu que, além das infrações anotadas, o ciclista não tem licença nem a bicicleta foi emplacada.

Amanhã será outro dia

Os encarregados da batida contra os ciclistas irregulares estão convencidos de que a partir de amanhã seu trabalho se multiplicará: hoje acabam as aulas. Amanhã cedo os meninos de férias, estimulados eles também pela Volta da Colômbia, vão se dedicar ao perigoso esporte do ciclismo, especialmente nos bairros residenciais, onde é menor a vigilância mas não são consideravelmente menores os riscos.

Os alunos das escolas primárias e do ginásio, em grande número, dirigem-se às escolas de ciclismo. Normalmente, não são um perigo alarmante. Nas férias, porém — garantem os guardas de trânsito —, parecem enlouquecer com a liberdade, e durante todo o dia dedicam-se a organizar provas ciclísticas nos bairros residenciais. E neste ano o problema será bem maior porque as férias coincidiram com a realização da Volta da Colômbia.

A bicicleta alugada

A maioria das crianças que, a partir de amanhã, estará andando de bicicleta é proprietária do veículo. Os outros acompanharão essa maioria em veículos alugados em numerosos estabelecimentos de Bogotá que se dedicam ao negócio. E são esses os que se constituem no principal perigo. As crianças que têm bicicletas próprias costumam ser bons ciclistas. Em compensação, aquelas que dispõem de uma bicicleta alugada não precisam necessariamente saber guiar. Na via pública é possível ver grupos de crianças aprendendo a pedalar em bicicletas alugadas de todos os tipos e marcas. E para alugá-las não se exige outra garantia além da inscrição postal ou da carteira de estudante; qualquer documento pessoal é válido para que um menor possa retirar uma bicicleta em aluguel.

Aqui começa o perigo

Não resta dúvida de que a fonte mais importante do ciclismo imprudente são as agências de aluguel de bicicletas. Um redator de *El Espectador* visitou ontem quatro delas, em diferentes setores da cidade, e em nenhuma havia um adulto encarregado do negócio. É uma administração fácil, rotineira, ordinariamente a cargo de um menor. Trata-se simplesmente de receber o dinheiro e a garantia e controlar o tempo. Só nos domingos costuma-se duplicar o pessoal administrativo, porque nos domingos é maior a demanda e, por conseguinte, maior a renda e os perigos de roubo ou acidente.

Alugam-se bicicletas de passeio pelo mesmo preço de um triciclo: trinta centavos por 15 minutos, ou um peso a hora. Em muito poucos casos, e em muito poucos estabelecimentos, exige-se do cliente a licença de ciclista.

Mortes sem licença

As bicicletas de corrida são um caso à parte: a maioria dos estabelecimentos dedicados a esse ramo aluga bicicletas de corrida. Mas as exigências são especiais: uma bicicleta de corrida vale mais, é mais fina e cobiçada e, por essa razão, sua tarifa é maior e deve ser mais valiosa a garantia. Para alugar uma bicicleta de corrida é preciso deixar uma caução de vinte pesos e pagar dois pesos por hora de uso.

Geralmente as bicicletas de corrida não têm muita procura. Mas desde que teve início a Volta da Colômbia, a clientela vem crescendo consideravelmente. Aquele que aluga uma bicicleta de corrida não deseja outra coisa senão desenvolver altas velocidades. Apesar disso, também para alugar uma bicicleta de corrida não se leva em consideração a idade do cliente nem se exige dele a necessária licença.

Há mais bicicletas que ciclistas?

Na Secretaria de Circulação e Trânsito de Bogotá estão matriculadas 11.043 bicicletas. Os funcionários dessa repartição consideram que esse número corresponde a apenas 15% do número de bicicletas em uso na cidade de Bogotá. Mas há ainda algo de mais assustador: só há, expedidas e em vigor, 515 licenças.

A razão desse desequilíbrio é muito simples: para matricular uma bicicleta não se exige que o dono tenha licença. E a irregularidade é ainda mais inquietante quando se pensa que cada bicicleta é utilizada geralmente por mais de uma pessoa. De maneira que embora houvesse o mesmo número de licenças expedidas e em vigor e de matrículas, assim mesmo haveria a possibilidade de se flagrar muitos ciclistas irregulares. A não ser que em Bogotá haja bicicletas sem ciclistas.

Um lindo argumento

Finalmente, acaba sendo muito difícil — e quase inútil —, de acordo com a atual organização, controlar a matrícula de uma bicicleta. Para a transferência de um desses veículos também não se exige a licença de ciclista do vendedor nem do comprador. Um ciclista sem licença pode vender uma bicicleta a outro em iguais circunstâncias, e nenhum dos dois está legalmente obrigado a ter sua licença.

— É inútil — argumentava um ex-diretor do trânsito —, pois, de qualquer maneira, um pai pode comprar uma bicicleta para emprestá-la a todos os seus filhos. Seria injusto exigir desse pai a licença para andar de bicicleta e assim lhe conceder a matrícula se, afinal de contas, não é ele que vai utilizar a bicicleta.

Mudança de velocidade

Na Secretaria de Circulação e Trânsito de Bogotá admite-se que a regulamentação do setor é extraordinariamente deficiente para os dias de hoje. O trânsito é tão problemático em Bogotá que seus encarregados não têm conseguido dedicar tempo algum para controlar os ciclistas. Agora, porém, trata-se de corrigir essa situação. E o começo correspondeu exatamente a essa batida, que será seguida de vários decretos, nos próximos dias. Um desses decretos terá por objetivo controlar o setor de aluguel de bicicletas.

JUNHO DE 1955

O cinema em Bogotá. Estréias da semana

O coração da matéria

O *coração da matéria* é um massacre, o esquartejamento e a desfiguração essencial e formal do famoso romance homônimo de Graham Greene. O conceituado romancista britânico vinha tendo até hoje uma sorte que não coubera a qualquer outro romancista no cinema. Com Carol Reed na direção e ele próprio na elaboração do roteiro, a obra daquele que é um dos mais discutidos e famosos escritores católicos dos nossos dias estava enriquecendo a história do cinema. Mais ainda: em muitos de seus romances, percebe-se em Graham Greene a influência do método narrativo cinematográfico, e alguns deles — *O terceiro homem*, *O ídolo caído* — foram roteiros antes de se tornarem romances.

O coração da matéria — ao que parece o mais extenso e o mais complexo dos romances de Greene — é, apesar de tudo, o que menos se prestava a uma adaptação cinematográfica fiel, pois, apesar do grande partido que se poderia tirar do ambiente e do caráter dos personagens, há nele — mais que em qualquer outro de seus romances — uma secreta e muito sutil trama doutrinária, que é precisamente a recôndita essência da obra. Ao transferi-la para a linguagem visual sem a participação do autor, o roteirista inglês

Lesley Storin parece não haver entendido o romance, e o diretor George More O'Ferral parece não haver entendido nada, exceto o ambiente, que, entretanto, não tem a força que podiam esperar os leitores do romance.

Apesar disso, não se deve incorrer outra vez na velha, prolixa e acirrada discussão entre cinema e literatura. Mas neste caso as referências são inevitáveis, porque o autor de *O coração da matéria* pretendeu evidentemente ser fiel ao modelo literário, e a tentativa se frustrou catastroficamente, tendo por resultado uma paródia cinematográfica de *O coração da matéria*, apresentada em fragmentos, com os personagens, os episódios e o argumento, em geral, terrivelmente despedaçados. E o que é mais grave, com a essência destruída, o que faz de *O coração da matéria* uma coisa inteiramente diferente, uma versão falsa e, finalmente, um medíocre filme de aventuras.

O drama da comunhão sacrílega do sr. Scobee — interpretado com sonolento tédio pelo excelente Trevor Howard — é apenas um episódio insignificante e mal contado — depois de uma confissão catastrófica — e não a essência mesma do drama. Sendo assim, todo o filme fica sem justificação, uma vez que ninguém entende a que se deve o suicídio de Scobee: a razão econômica não convence. Desse modo, o suicídio só teria explicação por uma razão moral, mas aquela é uma razão moral que também não convence, porque o personagem está mal construído. Se houve o cuidado de respeitar o modelo, o sr. Scobee está desfigurado: não é o personagem sensual, repousado e torturado por uma tremenda inquietação religiosa, em um meio asfixiante. Se, pelo contrário, não teve o propósito de ser fiel ao modelo, o diretor não soube construir um personagem diferente, e o que resultou foi um salpicão do Scobee de Greene com o seu Scobee, e com o qual nem mesmo o inteligente Trevor Howard soube o que fazer. O mesmo argumento vale para Joyer — o personagem mais bem construído do romance — e que no filme é um comerciante sírio puramente decorativo, destripando um personagem que teria sido de ouro para Carol Reed, interpretado por Sidney Greenstreet.

Diante de tais fatos — e face à fotografia convencional e um sr. Scobee assassinado a pauladas —, a apreciável reconstituição do ambiente e a maravilhosa trilha sonora foram lamentavelmente desperdiçadas.

Uma vítima relata o acidente aéreo do Chocó

TRÊS DIAS PERDIDOS NA SELVA

A ODISSÉIA DE UM COLOMBIANO QUE NÃO SABIA INGLÊS E UM NORTE-AMERICANO QUE NÃO SABIA ESPANHOL. FALA O ENGENHEIRO MADIEDO.

Às 10h10 da manhã de hoje chegou ao aeroporto de Techo, procedente de Cali, em avião do Instituto Geográfico Agustín Codazzi, o engenheiro Álvaro Madiedo, chefe do grupo de levantamentos daquele organismo e que, desde o sábado da semana passado estava perdido na selva *chocoana*, depois que seu teco-teco — pilotado pelo aviador norte-americano Jack Joiner — sofreu um acidente a 35 quilômetros do acampamento de Cajon, da empresa Chocó Pacífico. Aviões e helicópteros do serviço de guarda-costas dos Estados Unidos tentaram inutilmente localizar o aparelho perdido durante todo o fim de semana. Quando, afinal, foram resgatados — ontem, às sete horas da manhã —, os sobreviventes já estavam a caminho de Cali, após uma odisséia de três dias pela emaranhada selva *chocoana*.

Missão bilíngüe

No sábado passado, às 7h15, o engenheiro Álvaro Madiedo, chefe do grupo de levantamentos do Instituto Agustín Codazzi, solteiro, 25 anos, formado há três anos pela Universidade Nacional, e o piloto norte-americano Jack Joiner, de 27 anos, viajavam no teco-teco L-192442, de propriedade do Instituto, para realizar um trabalho topográfico na região *chocoana*, do rio Sipí, a 35 quilômetros do acampamento de Cajón. O tempo era perfeito no momento da decolagem, coisa muito rara naquela área, onde costuma chover o ano inteiro. Os dois tripulantes do teco-teco conheciam sua missão: ao piloto ela havia sido explicada em inglês, já que não sabia uma palavra em espanhol e nem o engenheiro Álvaro Madiedo conhece suficientes palavras inglesas a ponto de se fazer entender.

Tempo perfeito

O teco-teco L-192442 dirigiu-se diretamente ao lugar onde deviam ser levantadas as referências geodésicas, que posteriormente serviriam de pontos de referência às comissões de terra, encarregadas de retificar e aperfeiçoar os mapas. Durante a primeira hora de vôo o tempo manteve-se bom. O engenheiro Madiedo, que conhece a região perfeitamente, sabia que o trabalho devia ser realizado o quanto antes, pois não demoraria muito e as condições atmosféricas se alterariam. Por sinais, o engenheiro Madiedo dava instruções ao piloto, que, também conhecedor da região, obedecia em silêncio, pilotando com segurança e perícia um aparelho que funcionava com precisão.

O acidente

Às oito da manhã, uma hora depois de haver decolado de Buenaventura, a missão estava terminada e o tempo continuava bom. Três morros em triângulo, cujos vértices estão separados, aproximadamente, por vinte quilômetros, tinham sido localizados pelo engenheiro Madiedo. E o teco-teco continuava voando sem problemas. Mais tarde, uma comissão de terra devia chegar àquele lugar, segundo os dados fornecidos pela missão aérea.

Antes de retornarem a Buenaventura, deveriam atirar ao solo uma faixa de prata, brilhante e perfeitamente visível, para orientar os agrimensores e cientistas encarregados do mapa topográfico. O engenheiro Madiedo preparou então a faixa de prata, fez o sinal correspondente ao piloto e o aparelho começou a voar ao rés das árvores, pelo vale de La Chamba, uma quebrada que poderia ser utilizada pela comissão de terra como acesso àquela região. A manobra foi correta. A faixa de prata foi atirada no lugar exato. Mas quando Jack Joiner se dispôs a ganhar altura para retornar a Buenaventura, alguma coisa falhou no delicado mecanismo do teco-teco.

Um segundo depois

O engenheiro Álvaro Madiedo não lembra de nada especial naquele momento. Lembra-se de que, durante breves segundos, o teco-teco passou a uma grande velocidade, rasgando com suas asas e seu trem de aterrissagem a espessa e emaranhada cobertura da selva *chocoana*. Em seguida, percebeu que o piloto tentava pousar sobre as árvores com um extraordinário sangue-frio. Em um segundo o aparelho precipitou-se, dando cambalhotas, por entre as árvores. Nesse instante já não se ouvia o ruído dos motores. O engenheiro agarrou-se firmemente ao assento, fechou os olhos, sentiu uma incrível sacudida e se deu conta de que o teco-teco tinha sido freado e caía ao fundo da selva, em meio a um terrível ruído de galhos arrancados e metais despedaçados.

Passaram-se um, dois segundos, sem que o engenheiro Madiedo soubesse exatamente o que havia acontecido. Sentia-se bem. Não tinha um só arranhão. O motor não pegara fogo. Tudo acontecera com tal rapidez, com tão pouca violência, que ele não podia compreender por que o avião estava completamente destroçado, e tanto ele como o piloto encontravam-se sãos e salvos, sentados em seus respectivos assentos.

Sãos e salvos

Eram exatamente 8h15 da manhã de sábado quando o engenheiro Madiedo e o piloto Joiner abandonaram os escombros do teco-teco L-192442. O piloto sofrera feridas superficiais na sobrancelha esquerda e nada mais. Estavam a poucos metros da quebrada de La Chamba, e, à volta deles, espalhados, os objetos usados em uma emergência e dois desses casacos do exército norte-americano que parecem mais uma vitrine ambulante, cheios de bolsos. E nesses bolsos há instrumentos de pesca, utensílios para primeiros socorros e alimentos enlatados. Os dois sobreviventes do acidente tinham, ainda, os pára-quedas presos às costas. Através de sinais, começaram a se entender. Em poucos minutos estavam de acordo sobre o que deviam fazer.

A selva e a chuva

A primeira providência, naturalmente, foi subir a uma árvore e abrir um dos pára-quedas para facilitar o trabalho dos aviões de resgate, que — estavam certos — não demorariam em chegar, pois em Buenaventura esperava-se o regresso da comissão antes das nove da manhã. No princípio, pensaram em permanecer no local do acidente, pacientemente, esperando a chegada do resgate. Cinco minutos depois, entretanto, desabou sobre aquela região um desses implacáveis aguaceiros *chocoanos.* E o engenheiro Madiedo, conhecedor das características atmosféricas da região, sabia que aquela chuva não pararia em menos de uma ou duas horas. Sabia também que podia continuar chovendo com a mesma intensidade durante uma semana. Foi por isso que, depois de fazer alguns sinais ao companheiro, começaram a andar em direção oeste, seguindo o curso de La Chamba. Como ainda não tinham tomado o café-da-manhã, comeram barras de chocolate e penetraram na selva, aumentando com facões o caminho aberto pelo avião em sua queda.

A primeira noite

Durante todo o sábado andaram sem dificuldade, sob a chuva constante e igual. A selva *chocoana* é densa e povoada de feras, de maneira que o engenheiro Madiedo preveniu seu companheiro e eles continuaram abrindo caminho em direção oeste, prontos para se defenderem de qualquer ameaça. Apesar disso, nem no sábado nem nos dois dias seguintes os dois sobreviventes do teco-teco L-192442 encontraram qualquer obstáculo.

O engenheiro Madiedo, um jovem simpático, calmo e cordial — natural de Bogotá —, lembra-se com grande admiração da paciência, da moderação e da simpatia do piloto Joiner. E porque só podiam se entender por sinais, caminharam incansavelmente, silenciosos, em fila indiana. Apenas na noite do sábado, sob a chuva, cuja intensidade não havia diminuído, o norte-americano perguntou, em inglês espanholizado, onde iam dormir. O engenheiro Madiedo viu uma árvore enorme e apontou com o dedo, dizendo:

— *Here.*

Joiner sacudiu a cabeça, e disse:

— *Very bad.*

Em seguida tirou o casaco, estendeu-o no chão e se pôs a roncar.

A notícia em Bogotá

No amanhecer de domingo, continuava chovendo. Apesar disso, desde muito cedo, por cima da tormenta, ouviram o ruído dos aviões de resgate, tentando localizá-los. Mas nada podiam fazer. A selva era tão densa que não se via o céu. E do céu continuava caindo água, água persistente e monótona, enquanto os sobreviventes avançavam, abrindo clareiras com seus facões.

Naquela tarde — contou o engenheiro Madiedo —, o silêncio começou a ficar insuportável. Estavam fartos de fazer brincadeiras através de sinais; sentiam-se cansados, e o norte-americano parecia de mau humor. Então o engenheiro sentiu vontade de cantar boleros, para distrair seu acompanhante. Logo, porém, pensou em alguma coisa melhor, lembrou-se da única canção norte-americana que sabia de memória: *Begin the begine.* Durante várias horas ele a esteve cantando, até as dez da noite, quando se deitaram junto a uma pedra gigantesca.

Àquela hora, a família do engenheiro Madiedo em Bogotá (telefone número 67609) recebeu uma chamada do Instituto Agustín Codazzi, para comunicar a notícia do acidente.

Luto e esperança

A casa da família Madiedo — *calle* 16-Sul, nº 21-47 — tem um frondoso jardim à frente e uma sala pequena, cuidadosamente arrumada, as paredes cheias de retratos antigos e o quadro de formatura da faculdade de engenharia da Universidade Nacional, ano de 1953: ali está, com seu bigodinho louro e o cabelo cortado rente, a fotografia de Álvaro Madiedo.

Desde o momento em que recebeu o telefonema do Instituto Agustín Codazzi, houve naquela casa um ambiente de luto. Mas, ao contrário do que acontece comumente, ali não se instalou nem o altar nem o engenheiro foi considerado morto. A família preparou-se para esperar. E durante toda a noite do domingo esteve em vigília e esperando, enquanto Álvaro dormia junto a uma pedra, na selva *chocoana*, a poucos quilômetros do rancho de um negro, Ángel Longa, que extrai ouro e planta bananeiras nas encostas da quebrada de La Chamba.

Outra vez em casa

O engenheiro explica que em nenhum momento duvidou de sua orientação. Sabia que a quebrada de La Chamba (que não tem a ver com a fazenda do dr. Carlos Villaveces) o levaria a algum lugar povoado, ao acampamento de Cajón, da Chocó Pacífico. Tal suposição confirmou-se na manhã da segunda-feira, quando o caminho que eles vinham abrindo confundiu-se com outro, muito antigo, e os dois sobreviventes saíram em uma área onde as árvores tinham sido cortadas. Um pouco antes das dez da manhã, encontraram-se de repente com o negro Ángel Longa, que, ao vê-los em tão lamentável estado — a roupa completamente molhada e suja e armados de facão —, tratou de fugir. Deu muito trabalho convencê-lo da verdade. Mas, uma vez convencido, Ángel Longa prestou-lhes sua generosa e diligente ajuda, colocando-os em uma canoa, rumo ao acampamento de Cajón. Às três da tarde a notícia tinha chegado, por telefone, a Andagoya. E daí a Buenaventura e a Cali. Por último, ao telefone 67609, de Bogotá, onde a família do engenheiro Madiedo a recebeu com indescritível alvoroço. O piloto Jack Joiner — depois que um helicóptero os conduziu do rio San Juan a Cali — voou diretamente ao Panamá. O acidente servira-lhe para aprender a dizer duas coisas em espanhol: "*Gracias*" e "*Buenos días*".

O cinema em Bogotá. Estréias da semana

Nasce uma estrela

A formidável publicidade e a ansiosa expectativa de que vem precedido o filme *Nasce uma estrela*, de George Cukor, não corresponde à realidade. É esta uma nova tentativa de fazer o que se poderia chamar de "um relato confidencial" sobre a maneira como funciona a complexa fábrica de estrelas de Hollywood. O espectador tem, a todo momento, a sensação de que lhe permitiram penetrar em um mundo secreto, cheio de reveladoras surpresas; de que, por uma graciosa concessão, lhe foi dada permissão para conhecer a vida íntima dessa máquina publicitária onde se fazem os grandes cartazes do cinema. Mas neste caso — ao contrário do exemplo de *A condessa descalça* e outros filmes no estilo —, a confidência foi feita por Hollywood, pelo pessoal a serviço de Hollywood e que está perfeitamente integrado em sua posição, de maneira que a sorte da jovem que conta com a boa estrela de uma rendosa bilheteria não decai em momento algum e tudo vai acontecendo como sobre trilhos bem lubrificados, porque ela se comporta bem.

Curiosamente, *Nasce uma estrela* não tem um final feliz. Em compensação, porém, tem uma moral que é uma espécie de alerta, feita por Hollywood, aos atores que não se submetem à férrea disciplina do chefe de publicidade.

Um ator famoso, magnificamente interpretado por James Mason, decide jogar uma cartada decisiva, desrespeita as normas de seus empresários e essa atitude custa-lhe, primeiro, o descrédito público e, depois, o alcoolismo, o sanatório e a morte. Sua mulher, em compensação, interpretada por uma Judy Garland cuja idade se revela apesar da maquilagem, percorre uma longa e luminosa trajetória de triunfos sucessivos e ininterruptos, ajustada às regras impostas por seus empresários. Ela não tem por que se suicidar, não tem por que ser infeliz, uma vez que conta com o favor de seus anjos protetores, a quem obedece cegamente.

George Cukor criou uma dupla de personagens convincente e fez deles — mas especialmente do masculino, em que o bom ator James Mason colabora apreciavelmente — uma análise psicológica correta e, em alguns instantes, interessante. Mas para fazê-lo precisou de muito mais metros de celulóide do que a história merecia, e o resultado foi um drama lento e aborrecido, sem outra cor que a do inflamado tecnicolor, e muitas canções longas, sentimentalismo e outras ervas aromáticas. Algo que talvez caia muito bem para o público norte-americano, mas por estímulos distintos da arte cinematográfica.

Três dias de amor

Em sua sessão de terça-feira, o Cine Clube de Bogotá apresentou uma obra-prima: *Três dias de amor*, do francês René Clement, com o francês Jean Gabin e a italiana Isa Miranda. O drama se desenrola em Gênova, que é uma Gênova autêntica, cheia de genoveses verdadeiros e de um ambiente do mais puro realismo italiano, que não se poderia explicar completamente pela presença de Cesare Zavattini no roteiro, mas pela assombrosa compreensão de Clement, que fez um filme mais italiano que muitos italianos.

Três dias de amor é uma densa história de amor, cujo narrador se preocupou mais com a profundidade, pela autêntica recriação do ambiente e das características, que pelo interesse formal das coisas que nela ocorrem. E o que está por fora foi feito com tal rigor, com tal habilidade, que a obra é um equilibrado conjunto da melhor qualidade, em que a direção, o desempenho, a fotografia, cada um dos elementos integrantes do filme desempenha o papel de uma peça essencial.

Embora tenha tido outros colaboradores, o gênio de Cesare Zavattini impôs-se nesta história. O problema dos menores — que os estudiosos do cinema têm atribuído a De Sica — parece ser uma das constantes de seu roteirista Zavattini, que em *Três dias de amor* volta a expô-lo, nos mesmos e inquietantes termos com que o fez em *A culpa dos pais*. E quanto a este aspecto, Clement correspondeu tão bem quanto De Sica — tão bem quanto De Sica! — e nos permitiu assistir a uma extraordinária experiência: o autor daquele que se poderia considerar como o filme nacional francês — *A batalha dos trilhos* — fez um filme profundo, essencialmente italiano.

Cinema nacional

Na mesma sessão do Cine Clube, o colombiano Jorge Valdivieso apresentou sua última produção: um documentário sobre o departamento de Boyacá, colorido, patrocinado por Bavaria. É preciso destacar a qualidade deste trabalho, fora de dúvida o melhor que, até este momento, se fez e apresentou na Colômbia, não apenas por seu puro valor cinematográfico, por seu interesse jornalístico e a discrição da propaganda, mas especialmente pela maneira como foi utilizada a cor, em um país onde ainda não se fez nada realmente valioso em preto-e-branco.

Este documentário demonstra que, na estrada dos grandes tropeços, o cinema nacional está chegando a algum lugar, e esta seção tem o prazer de haver dado um tom de ansiosa expectativa em relação aos trabalhos de Jorge Valdivieso há dois anos, quando esse diretor colombiano fazia seus primeiros ensaios. O trabalho de agora já é um fato, uma realidade, que, oxalá, seja ao mesmo tempo um exemplo e um estímulo a outros empresários no esforçado e progressista cinema nacional.

O tricampeão revela seus segredos

Capítulo I

MINHA PRIMEIRA RODA

O IMPULSO DE BATER O PRIMEIRO RECORDE AOS SETE ANOS. O "PAPAI HOYOS". OS GOLPES ENSINAM. ADEUS, MARINILLA! NO PRINCÍPIO ERA A VELOCIDADE. AQUELE ESTRANHO VEÍCULO DE DUAS RODAS

Em 9 de fevereiro de 1939, chegou à escola rural de Chorro Hondo — a dez quilômetros de Marinilla, Antióquia — um menino de sete anos, tímido, vindo das montanhas, coberto de barro e esguichando lama por todos os lados. Esse menino era eu, Ramón Hoyos Vallejo, e esta é minha recordação mais antiga: meu primeiro dia na escola pintada de branco entre laranjeiras, para onde me levaram meus dois irmãos mais velhos, Juan de Dios — que agora é dono de um café — e José, que agora é motorista de táxi. Levaram-me porque eu insisti na idéia de que já estava em idade de aprender a ler e escrever, quando a duras penas aprendi a caminhar. E foi precisamente essa manhã que senti o incontrolável impulso de bater meu primeiro recorde:

quando me levavam à escola tentei saltar um desbarrancado — podendo passar pela pontezinha — e caí escarrapachado dentro d'água.

Meus primeiros pecados

Aquela queda — que considero meu primeiro acidente — foi provocada pela minha natural, irreprimível e venturosa vocação de andar sempre depressa demais. Desde meu nascimento andei tão depressa que não me explico como não sou o mais velho em minha família. Pois o dia em que fui pela primeira vez à escola sem ter idade e tentei saltar o desbarrancado sem ter força nem estatura, tinha apenas sete anos e já era um cristão com três sacramentos: o batismo, que recebi aos dois dias de nascido; a confissão e a comunhão. Não me lembro agora, mas sei que fui ao robusto e benevolente padre Toro, de Marinilla, a quem confessei meus primeiros pecados, aos quatro anos e meio. Naturalmente, não me recordo quais foram esses pecados, nem posso imaginá-los.

"O papai Hoyos"

Chamo-me Ramón porque assim se chamava o pai de meu pai. Nasci em 26 de maio de 1932, no arisco distrito de La Cuchilla, município de Marinilla, na fazenda de minha avó paterna. Ali viveram meus pais, Antonio e María Jesús, até pouco depois de meu nascimento. Em seguida compraram uma fazenda, com uma horta e um cercado para os porcos e outro para as galinhas, no distrito de Chorro Hondo, e se dedicaram a plantar banana e milho e a criar animais. Não me lembro do que fazia antes de ir à escola pela primeira vez. Mas recordo perfeitamente do que aconteceu depois: a professora, dona Ana Arbeláez, que morava na escola com os pais e cuidava ao mesmo tempo das crianças e das laranjas, deu-me de presente uma caixa de lápis de cor "para aprender a ser pintor". Mas eu já estava mais longe: queria ser vigário, como o padre Toro.

A importância de saber aritmética

Fiquei dois anos na escola rural. Dois anos que são um, pois os meninos só tinham aulas pela manhã. Foi um custo para a escrita entrar na minha cabeça, especialmente a ortografia, que continua sendo minha maior preocupação. Em compensação — porque queria ser vigário — tinha uma extraordinária facilidade de aprender o catecismo. E, modéstia à parte, era o melhor aluno de aritmética. Agora perdi a primeira aptidão. Mas a segunda se desenvolveu com a prática e posso fazer cálculos mentais com notável facilidade, especialmente cálculos de tempo e velocidade e operações de tantos por cento. Em poucos minutos, em minha bicicleta, posso me dar conta de minha posição exata numa competição esportiva.

Sem sapatos

Percorro distâncias desde os nove anos. Nessa idade me matricularam na escola de Marinilla, porque já estava bem adiantado para a escola rural. Esse foi o primeiro período de treinamento, muito antes de conhecer uma bicicleta e até muito antes de saber que um ser humano podia andar sobre duas rodas. Tinha de percorrer três quilômetros a pé, às seis da manhã, por um caminho gelado, pedregoso e solitário. No início demorava mais de uma hora para ir de minha casa até a enorme escola de Marinilla, que ocupava um quarteirão inteiro. Nas circunstâncias atuais, e com o caminho em condições iguais, poderia percorrer essa distância em 31 minutos numa bicicleta, se não sofrer quatro quedas e quebrar a cabeça nas pedras.

Minha primeira roda

Com a mudança, não variaram minhas afeições: segui entendendo o catecismo e a aritmética e tendo problemas com a escrita e a ortografia. Mas agora tinha outro problema: história. Tinha dificuldade de distinguir Bolívar de Santander, cujos retratos pendiam das paredes, ao lado de uma fotografia monumental de dona Simona Duque, a famosa educadora de Marinilla. O professor, dom Miguel Rivera, um homem magro, paciente e cordial, evocou aquela época há poucos anos, quando conquistei meus primeiros triunfos esportivos, em discurso num banquete em Marinilla.

Os seis quilômetros de ida e volta não duraram muito. Meus pais trocaram a fazenda de Chorro Hondo por uma casa em Marinilla. Mas quando isso ocorreu já podia percorrer três quilômetros em quase meia hora, não sobre rodas, como poderia fazer agora, e sim atrás de uma única: comprara um aro e o levava rodando todos os dias à escola. Esse foi meu primeiro contato com as rodas.

No princípio foi a velocidade

Foi o primeiro. Mas o segundo não demorou. No caminho de minha casa de Marinilla para a escola havia uma rua estreita, pedregosa e bem inclinada. Ali não podia dominar o aro. Então pensei que aquela rua era ideal para descer num desses carrinhos de madeira, com quatro rodas, em que os mensageiros de Marinilla transportavam mercadoria. Essa idéia entrou na minha cabeça, sacrifiquei os centavos que me davam para a merenda na escola; economizei metodicamente e, por último, consegui de minha mãe ajuda para completar dois pesos. Um carpinteiro, cujo nome não me lembro, fabricou o meu carro.

Os jornais dizem que sou bom na subida. Dá-se como certo que perco tempo e terreno nas descidas. No entanto, meus primeiros contatos com a velocidade começaram de cima para baixo, quando descia para a escola naquele destrambelhado e rudimentar rolimã. Hoje, numa bicicleta, não sou capaz de desenvolver a velocidade com que descia todas as manhãs, até a escola de Marinilla, onde o professor Rivera me dizia:

— Ramón, lembre-se que corrida demais provoca cansaço.

Os golpes ensinam

Nos anos em que estive correndo, dependurado naquele veículo que pela primeira vez me proporcionou o prazer da velocidade, não sofri nenhum acidente. Em compensação, minha profissão de ciclista teve bem mais acidentes do que vitórias. O triciclo é o único veículo em que não sofri acidente: nunca tive um na infância. E quando pude adquiri-lo, já não tinha idade para andar sobre três rodas.

Dois dias antes de me concentrar para viajar a Paris, onde ia participar da Volta da França, quase morri na estrada de Envigado, quando minha caminhonete ficou destruída ao se chocar contra um caminhão. Dois dias antes de viajar a Cali, no ano passado, para participar dos Jogos Atléticos Nacionais, na equipe das Forças Armadas, quebrei a cabeça e fraturei as duas mãos, numa motocicleta. Quando viajávamos de avião, de Pasto a Popayán, na última Volta da Colômbia, um dos motores deixou de funcionar no ar e tivemos de fazer um pouso de emergência. Destes acidentes falarei em detalhes no decurso desse relato. Por enquanto me interessa mostrar que minha vida foi uma longa seqüência de acidentes. Agora mesmo tenho um carro conversível, verde, com placa 2993, de Medellín, e o dirijo com prudência, em velocidade normal, porque sei que tenho sangue ruim para acidentes. No entanto, meus amigos garantem que dirijo o carro como se estivesse numa bicicleta: acelerado.

A culpa não era minha

Não há nada nesse mundo que ame mais do que minhas bicicletas. Quando estava em Marinilla, aos oito anos, não havia nada que amasse tanto como meu carro de madeira. Pintava-o. Punha nele toda espécie de enfeites e o mantinha em perfeitas condições, como se fosse um carro de corrida. E começou a sê-lo em poucos meses: vários colegas de escola compraram veículos semelhantes, de maneira que todas as manhãs, ao meio-dia e às tardes descíamos pelas ruas de Marinilla em meio ao tremendo sacolejo das rodas cortadas à faca. Nunca fui campeão nessas competições, pela mesma razão que passou muito tempo antes que pudesse ser nas competições ciclísticas: porque o veículo não me ajudava. Na realidade, só tive uma bicicleta boa e bem preparada quando participei da III Volta da Colômbia.

Adeus, Marinilla

Minha pressa de chegar a algum lugar me fazia pensar, em 1942, em abandonar a escola e me mudar para Medellín. Ali estavam meus dois irmãos mais velhos, trabalhando na sorveteria San Ignacio — que ainda existe, na esquina de Abejorral com Bomboná — e que nessa época era de propriedade de dom Pedro Nel Restrepo. Parecia-me que meus irmãos tinham uma notável vantagem e que eu só devia deixar a escola, subir em qualquer coisa que pudesse se movimentar sobre duas rodas e me juntar aos meus irmãos na sorveteria de Medellín. Se a estrada de Marinilla fosse uma grande ladeira, seguramente teria partido em meu carro. Era a única coisa que eu então queria, mas infelizmente nesse época não dispunha de nenhum veículo que servisse para subir.

Em menos de dois anos — e agora não sei por quê — esquecera que quando estava na escola de Chorro Hondo queria ser mais velho rapidamente, para me tornar vigário.

Assim começaram as coisas

Marinilla é uma cidade grande e próspera, com 16 mil habitantes e muitas bicicletas. Mas em 1942, quando eu tinha dez anos, já morava ali havia dois anos e não me lembro de jamais ter visto uma bicicleta. Mas nesse ano chegou à cidade um estrangeiro gordo e loiro, que a gente chamava de Juan de la Cruz, sem sobrenomes. Esse homem montou um negócio insólito: aluguel de bicicletas, a dez centavos por 15 minutos. Tinha quatro bicicletas de turismo, velhas, remendadas com arame. Lembro-me de passar várias vezes por sua oficina e ver os misteriosos veículos de duas rodas, mas também me lembro de acreditar que eram peças de outros veículos: carros desmontados. Nunca me ocorreu que se pudesse avançar sobre duas rodas.

Que é isso tão extraordinário?

Às cinco e meia da tarde, um dia em que, como sempre, voltava da escola em meu carro de quatro rodas, fiquei perplexo, sem acreditar nos meus olhos: um rapaz descia a rua, bem contente, sem fazer o menor esforço, avançando comodamente sentado num daqueles veículos de duas rodas. Aquilo me parecia impossível.

Estupefacto, parei meu carrinho, e fiquei contemplando o veículo que dava voltas, que girava em torno de um centro várias vezes sem perder o equilíbrio. Depois de um certo tempo, ousei perguntar ao condutor:

— Como faz para não cair?

E ele me respondeu:

— É um segredo.

Essa noite, quando ainda não me refizera de minha perplexidade, explicaram-me que aquele estranho veículo era uma bicicleta.

Nota do redator

CINCO DIAS DE REPORTAGEM CONTÍNUA

Por Gabriel García Márquez

A primeira impressão produzida por Ramón Hoyos é a de ser um rapaz de corpo frágil e espírito generoso. Mas, com poucas horas de conversa com ele, quando se quebra o gelo e se ganha sua confiança, descobre-se que é exatamente o contrário: tem um corpo magro, porém sólido, com estranhas e pedregosas protuberâncias nos bíceps, e a índole suave, cordial e hospitaleira dos camponeses antioquenhos. "Em certas ocasiões se mostra tão seco que é quase agressivo", alguém escreveu recentemente sobre Ramón Hoyos. E acrescentou: "Nem ao menos é um homem simpático." Esse foi um dos poucos comentários de imprensa que o desagradaram.

— Fizeram essa reportagem no meu primeiro dia de descanso em Medellín, na V Volta da Colômbia. Estava cansado e perdi todo o meu dia de repouso com essa entrevista.

Razões para o mau humor

Na realidade, Hoyos é um homem dócil com os jornalistas e extraordinariamente cordial com os amigos e os fãs.

— Sou agora mais amável com eles — diz — para que não incomodem dizendo que o sucesso subiu à minha cabeça.

E, no entanto, durante os cinco dias consecutivos da entrevista que hoje começa a se publicar, foi necessário trancá-lo no gabinete da maternal e simpática assistente social de Coltejer, dona Gabriela Arboleda, para poder afastá-lo da atenção dos fãs. Em sua casa é impossível: ali não há vida particular. Durante todo o dia pequenos aprendizes de ciclismo circulam em torno dela, para que Ramón Hoyos lhes faça algum gesto. Há uma permanente romaria de admiradores, que querem ver os troféus. Ao menor descuido, em meio àquela gente desconhecida que circula pela casa, perde-se uma medalha ou uma taça. É uma situação que dura 12 horas todos os dias, que Ramón Hoyos só pode controlar fechando à chave todos os quartos de sua casa e carregando as chaves no bolso. Por isso, quando ele não está em casa, todos os quartos ficam trancados, e a saleta, com uma parede coberta pela bandeira colombiana, fica totalmente cheia de admiradores, à espera de que Ramón chegue e lhes mostre os troféus. No decurso desta entrevista, uma anciã que chegou a Medellín vinda de Sonsón, esperou durante oito horas para conhecer o campeão.

Quem pode viver assim?

Nas ruas de Medellín, onde todo mundo o conhece, mas em especial as crianças e as mulheres, ele não pode estacionar o carro nas ruas centrais, porque os admiradores impedem que vá em frente. Quando pára em algum sinal de trânsito, rapazes de bicicleta o cercam e tentam conversar com ele.

Em qualquer lugar onde se encontre acontece a mesma coisa. No entanto, Ramón Hoyos não perde a paciência e tem de atender inúmeras solicitações, abrindo caminho por entre os admiradores. Para que possa comer é preciso esvaziar a casa. À noite, interrompem seu sono com serenatas. Desde que começou a se converter em primeira figura do ciclismo nacional, Ramón Hoyos não se lembra de ter um momento de verdadeiro descanso e solidão, salvo quando se encontra concentrado para as provas. Tem motivos para estar de mau humor, mas não se recorda de qualquer bate-boca com os admiradores, apesar de o importunarem terrivelmente. Isto pode ser considerado como prova de seu caráter bem controlado e de sua boa educação natural.

Uma memória extraordinária

Expressa-se com fluência, ainda que de maneira elementar. Mas tem uma memória assombrosa, desconcertante, em especial para os acontecimentos estreitamente relacionados à sua carreira esportiva. Não há favor ou dano que não recorde com exatidão. Agradece os favores e insiste em que sejam destacados neste relato. Para os danos, não parece rancoroso, mas é implacável na maneira de recordá-los.

Nas primeiras horas destas entrevistas, Hoyos se mostrou reservado e difícil. Mais tarde ficou entusiasmado e manifestou interesse em que não se perdesse um único detalhe. Foi franco, direto e sincero. Tem-se a impressão de que não ocultou nenhum dado. Quando tropeçou num detalhe essencial de sua vida particular, que, no entanto, não queria ver publicado, pediu que se guardasse discrição, mas explicou qual era o detalhe. Essa circunstância facilitou notavelmente esse trabalho e permite afirmar que a biografia de Ramón Hoyos — tal como ele a contou e agora é reconstituída jornalisticamente — é a mais completa que nesse sentido podia ser feita.

Para contar com nome próprio

Ramón Hoyos não pediu reserva em relação a nomes próprios e bem conhecidos. A maioria desses nomes favoreceu sua carreira. Outros, especialmente colegas seus, tentaram atrapalhá-la e frustrá-la. Para o tricampeão, esses nomes e suas atuações devem figurar em sua biografia, para torná-la mais completa e válida. E assim se fará no decurso destes relatos.

A biografia do campeão aparece na primeira pessoa, e nela se conservou, até onde é possível numa reconstituição desta índole, o sabor e os termos em que a relatou ao redator. As conversas se prolongaram por cinco dias, em etapas de cinco horas diárias, interrompidas. O campeão falava. O redator orientava seu monólogo, pedindo-lhe para ser mais explícito ou mais sintético, de acordo com o interesse do fato narrado. Tomaram-se 52 folhas de anotações no total, e 29 copos de tinto, dos quais o redator não tomou nenhum. Perdeu-se a conta dos cigarros, porque o redator acendia um cigarro com a guimba do outro, e neste período de descanso Ramón Hoyos está fumando uma média de 18 cigarros a cada dois dias.

Explicação para todos os dias

Nos momentos de descanso, Ramón Hoyos se dedicou a cuidar de seu automóvel conversível. O redator o acompanhou nessas diligências, que aproximadamente se prolongaram por três horas diárias, nos cinco dias. Nesses momentos se conversou exclusivamente sobre a vida de Ramón Hoyos, mas não se tomaram notas, pois essas conversas não eram parte da biografia e sim das impressões pessoais do redator, que se publicarão em crônicas à parte. Esta é a primeira dessas crônicas.

Também nestas crônicas marginais se confrontarão os conceitos de alguns outros ciclistas, com os que Hoyos expôs em sua biografia. Serão publicados também conceitos do público e, em especial, do simpático e loquaz treinador argentino, Julio Arrastía, que levou Hoyos ao campeonato. Por exemplo: Hoyos garantiu ao redator — e assim figura na biografia — que dirige seu carro com prudência e em velocidade normal. O redator tem outra opinião: Hoyos não consegue controlar em nenhum caso sua ânsia de velocidade e dirige perigosamente. Na quinta-feira da semana passada, às 3 da tarde, seu carro quase foi destruído por um caminhão. Serão respeitados, em todo o caso, os detalhes da vida particular de Hoyos cuja reserva ele exigiu.

O redator se permite assegurar, simplesmente, que esses detalhes não são essenciais para o interesse e a eficácia da biografia.

Ao concluir as entrevistas, Ramón Hoyos continuou a se mostrar cordial, mas visivelmente cansado. Quando se despediu do redator esfregou os olhos, estirou as pernas e disse:

— Isto cansa mais do que a Volta da Colômbia.

O tricampeão revela seus segredos

Capítulo II

TUDO POR VINTE CENTAVOS

A BICICLETA NUNCA ME INTERESSOU. EMPACOTANDO SORVETES. IDA E VOLTA A BUENOS AIRES. "O POBRE MENSAGEIRO DA FRENTE." PARA GANHAR 36 PESOS APRENDI A ANDAR DE BICICLETA. ATÉ AGORA, 120 TROFÉUS. NINGUÉM CONHECE MEDELLÍN MELHOR

Transcorreram alguns meses antes de pensar em subir numa das bicicletas alugadas por Juan de la Cruz. Lembro-me de ver várias vezes, com muita curiosidade, homens que passavam de bicicleta pelas ruas de Marinilla. Mas já não me chamavam a atenção. Parecia-me impossível que se pudesse conservar o equilíbrio e ao mesmo tempo girar os pedais e controlar a direção com as mãos. Por isso, nunca fiz projetos relacionados com as bicicletas, e continuei indo à escola, entendendo a aritmética e aprendendo cada vez menos a ortografia, e procurando a maneira de viajar a Medellín, para trabalhar na sorveteria. Eram simples desejos de estar com meus irmãos, de ganhar tanto dinheiro e ser tão independente como eles, e não pela tentação dos sorvetes, porque não me agradavam e agora tampouco me agradam os sorvetes.

Pela primeira vez

Para mim, foi tão insignificante a primeira tentativa de subir numa bicicleta que esta não é uma de minhas recordações mais nítidas. Por pura curiosidade — quando já quase todos os meus companheiros de grupo eram ciclistas hábeis — decidi fazer a prova, porque me sobraram dez centavos para investir em 15 minutos de experiência. Não tinha nada a perder, pensava. E de fato nada perdi. Nem ganhei. Juan de la Cruz me alugou uma bicicleta de mulher — com a barra baixa — pintada de preto e bem pequena. Um de meus companheiros a segurava pelo selim, empurrava e eu saía em ziguezague, até encontrar alguma coisa em que me apoiar. Várias vezes repeti a tentativa com resultados iguais. Hoje me dou conta de que só posso fazer bem uma coisa quando tenho verdadeiro interesse, e não tinha muito interesse em andar de bicicleta, nem a idéia de fazê-lo bem me causava nenhum frisson. Queria era ir para Medellín, trabalhar na sorveteria San Ignacio. Fui com 11 anos, num ônibus, quando ainda não sabia me sustentar sobre duas rodas. Não fugi de casa. Fui com permissão, roupa limpa e dinheiro para a passagem. Isso aconteceu nas férias de 1943.

"O pobre entregador"

Desde que participo de competições ciclísticas — há quatro anos — percorri aproximadamente nove mil quilômetros oficiais em 450 horas. É como fazer uma viagem de ida e volta a Buenos Aires. Perdi a conta das vezes em que cruzei a linha de chegada. Mas posso dizer que nenhuma meta me proporcionou a emoção que senti em 2 de dezembro de 1943, quando cheguei com minha sacola de papel e minhas alpargatas novas em Medellín, onde meus irmãos trabalhavam.

O proprietário, dom Pedro Nel Restrepo, contratou-me como empacotador, pagando menos de um peso por dia. Aquilo não dava para nada. Mas eu estava satisfeito, porque nada me faltava. Era completamente feliz, empacotando sorvetes durante todo o dia, e alegrando-me de não ser o entregador do armazém Más por Menos — na calçada em frente. O entregador era um rapaz que desde as oito da manhã até as seis da tarde saía disparado em sua bicicleta com a cesta cheia de víveres para entregar em domicílio. Pela vitrine da sorveteria, eu via o mensageiro do armazém, entrando e saindo com sua bicicleta. Sentia compaixão por sua sorte.

Quinze quilos de glória

Há três anos vivo na casa número 8-58, do bairro de Alejandro Echavarría, em Medellín. É uma casa pequena com três quartos, sala de jantar e cozinha. Moro sozinho num desses quartos, e tenho ali um toca-discos quase do tamanho de um guarda-roupa, no qual gosto de ouvir tangos, em especial. É impossível pendurar mais coisas nas paredes, porque já estão materialmente ocupadas com menções honrosas, galhardetes, fotografias, lembranças dos países que visitei. Entre eles, um grande e precioso chapéu mexicano, bordado à mão, lembrança de minha participação no Circuito Ciudad Universitaria de México. Tenho, além disso, uma Nossa Senhora do Carmo de setenta centímetros de altura, dado como prêmio por minha atuação na última Volta da Colômbia.

Noutro dos quartos — também completamente ocupado — tenho 15 bicicletas desmontadas, de diferentes tipos, e uma vitrine de dois metros de altura, onde guardo os 120 troféus, as medalhas e as coroas de laurel que conquistei em três anos de triunfos esportivos. Um desses troféus — que me foi entregue pelo presidente da república há 15 dias — pesa 15 quilos.

Eu era assim!

Apesar de ocupar dois dos três quartos de minha casa, não cabem nela todas as minhas coisas. Eu próprio não entendo como podem viver 13 pessoas no resto do prédio. Isto me dá uma idéia da forma como minha vida se complicou. Há 12 anos vivia comodamente num canto da sorveteria. Ali dormia, comia e guardava todas as minhas coisas. E ali continuei vivendo até que uma furunculose me fez retornar, um ano e meio depois, à minha casa de Marinilla e à escola. Estava tão acabado que o professor Miguel Rivera me repreendeu "pela vida levada em Medellín". E meu companheiro José Vitricio Gómez, num incidente sem importância, deu-me uns pescoções que me deixaram verde. Era fraco assim há 11 anos.

Bloqueado

Durante muito tempo meu desejo de andar sempre depressa não encontrou oportunidade. Estava bloqueado. Regressara outra vez a Medellín, em 1945, e continuava empacotando sorvetes, com o mesmo salário de antes, apesar de ter 13 anos e de gostar de ir ao cinema e fumar. Há pouco fiz uma declaração a um jornalista:

— Todos os ciclistas são burros.

É um exagero, mas há algo de verdade: agora penso que minha vida seria bem diferente se em vez de me empregar numa sorveteria continuasse estudando. Seria fácil, porque minha família se mudou esse ano para Medellín, numa casa do humilde e tortuoso bairro Nacional, onde vivi até depois de ganhar a III Volta da Colômbia. Mas o caso é que se continuasse estudando não seria agora o que sou, e não interessaria a ninguém a história de minha vida.

Minha primeira corrida

Na realidade, meu primeiro triunfo contra um ciclista foi obtido sem necessidade de persegui-lo numa bicicleta. O ciclista era o entregador do armazém Más por Menos, do qual durante muitos anos tive pena do meu posto de empacotador de sorvetes, e que mais tarde comecei a admirar, não porque fosse tão hábil na bicicleta, e sim porque soube que ganhava um peso e vinte centavos todos os dias. Assim como agora me empenho em ganhar um torneio e ponho todas as forças no empreendimento, aos 14 anos me impus a tarefa de conseguir o posto de entregador do armazém.

Era uma competição e necessitava de treinamento: reduzi minhas despesas e todas as tardes, quando terminava meu trabalho na sorveteria, ia praticar ciclismo numa bicicleta alugada. Pagava quarenta centavos por uma hora, a uma firma sem nome que nessa época funcionava na rua Juan del Corral. Progredi rapidamente. Eu próprio me assombrava de poder soltar o guidom e fazer, com poucos meses de treinamento, toda espécie de floreios. Necessitava ganhar 36 pesos mensais. E estava disposto a ganhá-los ainda que fosse sobre uma bicicleta.

Meu primeiro triunfo

Conheço todas, absolutamente todas as ruas de Medellín, embora os endereços sejam arbitrários e complicados. E não os conheço porque fui mensageiro, e sim porque antes de me sentir preparado para o novo emprego treinei também a aprendizagem dos endereços. Isso também fazia parte do treinamento.

Quando me senti capacitado a levar uma cesta de víveres em poucos minutos para qualquer lugar da cidade, pedi demissão da sorveteria e ofereci meus serviços ao proprietário do armazém Más por Menos. Disseram-me que voltasse à tarde. Fui à tarde e então me disseram que estava empregado. Começaria a trabalhar no dia seguinte, às oito da manhã, com 36 pesos mensais. Não dormi bem essa noite por causa da emoção, pensando que poderia ir ao cinema com mais freqüência e fumar um maço de cigarros a cada três dias.

Meu primeiro prêmio

Às oito em ponto estava no armazém. Entregaram-me a bicicleta: um traste, velho e pesado, com uma cesta para os víveres. Deram-me algumas instruções precisas e logo um endereço, que localizei mentalmente num instante. Por último me soltaram em minha bicicleta, com a cesta cheia de bananas, massas e toda espécie de víveres. Não havia problema: era tão fácil manter o equilíbrio numa bicicleta carregada de víveres como numa bicicleta vazia. A rua onde se encontra o armazém — que ainda existe — é uma rua sem saída: só tem duas esquinas. Uma é o armazém. A outra é a sorveteria.

Para fazer minha primeira entrega devia me dirigir ao sul, pelas ruas de maior trânsito. Orientei meu rumo nesse sentido, pela estreita rua de paralelepípedos, e me lancei satisfeito e otimista, à conquista de meus 36 pesos mensais.

E meu primeiro acidente

No entanto, em meu treinamento, esquecera um detalhe: as normas de trânsito. Nessa época havia sinais em Medellín. Na primeira esquina, em que desemboquei pela contramão, o sinal estava vermelho. Continuei reto, ainda na contramão: começava a ganhar velocidade.

A única coisa de que me dei conta foi do tremendo golpe na fronte e no joelho esquerdo. Quando recobrei os sentidos, ainda entorpecido pelo choque, a bicicleta estava estatelada e os víveres dispersos, no pavimento. Só mais tarde soube o que acontecera: um caminhão me fizera voar com as pernas para cima, com bicicleta e tudo. Quando voltei ao armazém, meu novo chefe, muito condescendente, muito paternal, disse-me:

— Meu filho, se você quiser ser um bom entregador, aprenda a montar na bicicleta.

Nota do redator

PERFUME PARA LIMPAR TROFÉUS

Ramón Hoyos não fez mais estudos do que os relatados nas primeiras crônicas: dois anos (que foram um na realidade) em Chorro Hondo, e dois anos em Marinilla.

— Minha maior preocupação agora é a ortografia — disse na primeira entrevista.

E na segunda — porque alguém lhe disse que o redator escrevera um romance — perguntou intrigado:

— Como você fez para aprender a ortografia?

Honestamente o redator respondeu:

— Isso nunca se aprende. O linotipista corrige meus erros.

O campeão, no entanto, não ficou satisfeito com essa resposta. Quer ter boa ortografia — e não a tem tão má como ele mesmo acredita —, mas não se decide a estudá-la, em parte porque agora não tem tempo e, também, em parte porque está um pouco desconcertado e não sabe por onde começar. É como se Hoyos pensasse: "Um campeão de ciclismo deve ter boa ortografia"; e isso o inquieta. Mas não se decide a começar. A carta autografada que enviou ao italiano Fausto Coppi, publicada no *El Espectador*, tinha uma ortografia irrepreensível: controlou-a seu treinador argentino, Julio Arrastía.

História de papagaio

Apesar de sua tardia preocupação pelo estudo, é evidente que Ramón Hoyos não o concluiu porque não teve interesse. Desde a infância se manifestaram nele duas características dominantes: independência e férreo sentido da propriedade. Essas características são o núcleo de sua vida. A casa onde agora vive com outras 13 pessoas que protege tem dentro poucas coisas que não sejam de sua propriedade. Ramón é o dono de tudo, até da autoridade na casa, apesar de viver nela um de seus irmãos mais velhos, e viveu também seu pai, até quando se casou pela segunda vez. Sua presença está em todos, absolutamente em todos os cantos da casa. Até no papagaio que trouxe do Brasil, que canta canções em português e que, de seu poleiro no pátio, só sabe dizer uma palavra em espanhol:

— Ramón!

O único

Os desejos de Hoyos se satisfazem em sua casa como se fossem ordens. E ele os expressa com severidade, mas nunca com violência. Um membro da família explica sua resignação:

— É o único campeão que temos em casa.

E obedecem a seu propósito de que ninguém toque nas coisas que lhe pertencem. Em relação ao enorme toca-discos de seu quarto, Hoyos tem razão de não permitir que ninguém o faça funcionar: por descuido seu, quando voltou para casa no dia de descanso da I Volta da Colômbia, a valiosa peça estava danificada.

Ele próprio é excessivamente, quase doentiamente cuidadoso com suas propriedades. Uma Nossa Senhora do Carmo, de sessenta centímetros, que recebeu entre os numerosos presentes pelo seu último triunfo, está exposta num canto de seu quarto de dormir, mas ainda embrulhada em papel celofane.

O cúmulo de seus cuidados se manifesta em seus 120 troféus, metodicamente dispostos numa enorme vitrine de complicada fechadura, ou sobre os móveis de seu quarto de dormir, onde estão os prediletos e, por conseguinte, os que ganhou em Porto Rico, que, segundo diz, "são os melhores de todos". Na sexta-feira da semana passada, o redator entrou no quarto de Hoyos e sentiu um intenso cheiro de perfume. Sem camisa, o campeão limpava seus troféus, o que faz uma vez por semana.

— Com que os limpa? — perguntou o redator, intrigado pelo perfume.

Hoyos mostrou o algodão embebido que tinha entre os dedos. Disse:

— Com água de colônia.

E é verdade: gasta aproximadamente um frasco a cada 15 dias.

"Quanto você vale?"

Essa é a única manifestação de desperdício que se conhece dele. É um homem excessivamente metódico em seus gastos, com um extraordinário sentido de poupança, mas sem nunca chegar ao ridículo. É cortês, hospitaleiro, e gosta de atender razoavelmente aos amigos. Só que nunca perde a lucidez aritmética, e sabe com exatidão para que necessita o dinheiro:

— Qualquer dia me queimo, e então morro de fome.

O capital de Ramón Hoyos — que não é visto em nenhuma parte — está se convertendo numa lenda em Medellín. Ele insiste que não tem um centavo. Mas é acionista da empresa para a qual trabalha, por uma doação feita a ele depois da III Volta da Colômbia, e que naquele momento valia vinte mil pesos. Recebe presentes constantemente. Até um novilho, em certa ocasião. Em Medellín se garante que seu capital invisível passa de cinqüenta mil pesos.

Defesa da pobreza

A extensão de suas economias é uma das poucas zonas impenetráveis da biografia do campeão. Na aparência, vive e sustenta sua família com os quatrocentos pesos mensais que ganha por seu trabalho como impressor numa fábrica de tecidos. Mas a curiosidade pública — que trata de averiguar tudo relacionado com o campeão — se pergunta o que fez com seus direitos de publicidade. Hoyos insiste, e é certo, que não são receitas apreciáveis. E lembra:

— Por meia dúzia de camisas que me presenteou, uma conhecida fábrica publicou um anúncio de quarto de página.

O campeão não nega sua formidável capacidade de poupança.

— Quando não servir para mais nada — diz — só me restarão troféus e medalhas que não valem cinco centavos.

Mas quando nos aprofundamos um pouco mais em sua biografia, descobrimos que Ramón Hoyos desenvolveu bem o sentido da segurança econômica desde a infância. Confessa que aprendeu a andar de bicicleta não por pendor ciclístico, e sim para ganhar mais vinte centavos todos os dias. Seus amigos fazem brincadeiras nesse sentido. Mas ele, simpático, cordial, não se sente incomodado. Parece que outra de suas características — uma característica bem antioquenha — é saber sempre para onde vai, sem se importar muito com o que dizem. No seu caso, em maior velocidade do que qualquer pessoa.

O tricampeão revela seus segredos

Capítulo III

"MATARAM RAMÓN HOYOS!"

MINHAS EXPERIÊNCIAS COMO APRENDIZ DE AÇOUGUEIRO, PEDREIRO E ASCENSORISTA. VÍCTOR ME ABRIU OS OLHOS. APRENDI A CORRER NO SELIM DE FERRO! TREINAMENTOS COM BAILE E CIGARROS NO CLUBE SAETA. E, POR FIM, MINHA PRIMEIRA CORRIDA!

Para ganhar mais troquei a sorveteria pelo armazém. E, por ser possível ganhar mais, troquei aos seis meses o armazém por um varejo de carne. Em La Bandera Blanca, um açougue moderno, com um frigorífico do tamanho de meu quarto atual e entrega em domicílio, contrataram-me como entregador de bicicleta, com sessenta pesos mensais. Comecei a aprender os inúmeros segredos da bicicleta não porque tivesse a aspiração de ser ciclista — numa época em que não se falava de ciclismo esportivo — e sim porque a destreza no manejo de minha bicicleta podia ser considerada um progresso em minha profissão de entregador. Depois do acidente do meu primeiro dia no armazém, do qual me safei com três ou quatro escoriações leves, não voltei a sofrer outro percalço ciclístico, pois em pouco tempo aprendi as normas do trânsito e me tornei perito no manejo do veículo. Mas não sentia prazer sobre a bicicleta. Pelo contrário, teria preferido andar a pé, se a pé pudesse entregar a carne com tanta rapidez como fazia sobre duas rodas. Por isso, com pouco tempo de trabalho em La Bandera Blanca, dei-me conta de que era melhor negócio ser açougueiro do que entregador. E me dispus a ser açougueiro.

O aprendiz de açougueiro

Então aprendi a voar na bicicleta. Quanto mais rapidamente fizesse minhas entregas, mais tempo sobrava para aprender a distinguir e separar os diferentes tipos de carne de uma rês. Por isso o proprietário do açougue diz agora que fui um magnífico empregado: em poucos minutos era capaz de levar meio quilo de carne solicitada pelo telefone para qualquer lugar da cidade e retornar à expedição para receber minha diária, longa e complicada lição de açougue. Ainda hoje poderia exercer a profissão de açougueiro, pois não esqueci que um novilho tem 15 espécies de carne diferentes, e sei como separá-las com a faca e calcular seu peso exato antes de colocá-las na balança. O caso é que quanto mais progredia na aprendizagem da carniçaria, mais me entusiasmava com a perspectiva de meu novo ofício, e mais rapidamente andava na bicicleta que pensava abandonar para sempre em poucos meses. Foi assim que aprendi a desenvolver grandes velocidades. E foi assim que progredi na profissão de ciclista, acreditando progredir na de açougueiro.

O aprendiz de pedreiro

Definitivamente instalada em Medellín, minha família também progredia. Sempre fomos muito unidos em casa. Com as limitadas economias de todos — e em especial as de meu pai, que negociava com produtos agrícolas — nós mesmos construímos uma casa de adobe e telhas, no bairro Nacional. Aos sábados à tarde, meus irmãos e eu aprendemos a manejar a pá e a grudar com argamassa blocos de adobe. De maneira que também passei pelo ofício de pedreiro, até que a casa ficou pronta e fomos morar nela.

Mas nenhum de meus irmãos persistiu nesse ofício: cansados de empacotar sorvetes, eles também vieram trabalhar em La Bandera Blanca. Eu chegara aos 15 anos. Comprei minha primeira calça comprida. Todos os sábados ia ao cinema, em especial — como agora para assistir aos filmes falados em espanhol. Tinha amigos em quase toda a cidade. Alguns deles, que me acompanhavam aos sábados à tarde, sabiam que em inúmeras ocasiões ficava para dormir no açougue. Por isso acreditaram, num dia de 1946, que eu fora assassinado a pauladas.

O dia em que me consideraram morto

A coisa aconteceu assim: uma noite o açougue foi assaltado e golpeado a punhaladas outro aprendiz que dormia no estabelecimento. Mas o corpo não foi achado na primeira manhã. Meteram-no no frigorífico e por acaso ninguém entrou nesse lugar durante 12 horas. Dois dias depois do assalto, um dos empregados abriu o frigorífico e encontrou o rapaz deitado de bruços no chão, com a roupa manchada de sangue escuro e endurecido pelo gelo. Eu estava fazendo uma entrega no momento do achado. Em meio à confusão, tratando de abrir caminho por entre a multidão que se acotovelava na porta do açougue, cheguei em minha bicicleta no exato instante em que o corpo era transportado numa maca para a ambulância. Perguntei a um desconhecido o que acontecera. Respondeu-me sem pestanejar:

— Mataram um tal de Ramón Hoyos.

Víctor me abriu os olhos

Na mesma calçada e na mesma quadra do açougue havia uma oficina de conserto de bicicletas. Era uma casa de madeira, com inúmeras peças penduradas nas paredes, entre fotos emolduradas de artistas de cinema. Ali se reuniam para conversar todas as tardes os rapazes do bairro. Ali se consertavam as bicicletas do açougue. E ali ouvi falar, pela primeira vez na vida, do ciclismo esportivo. Então — aos 16 anos — soube que uma bicicleta pode servir para muitas coisas diferentes de entrega da carne. Foi como se me abrissem os olhos: dei-me conta de que na bicicleta podia se chegar mais longe do que eu acreditava. Quase todo esse entusiasmo me foi insuflado pelo mecânico Víctor Betancourt, a quem devo e agradeço meu primeiro estímulo de me tornar campeão.

"Essa bicicleta é minha"

Entusiasmado com o ciclismo esportivo, comprei meu uniforme e comecei meu treinamento informal, em 1948. Milagrosamente me saiu da cabeça a idéia de ser açougueiro. Necessitava progredir pelo outro lado, num ofício que não me ocupasse todo o tempo, não me esgotasse fisicamente e me permitisse continuar progredindo no ciclismo. Com uma recomendação do proprietário de La Bandera Blanca, fui à fábrica de tecidos Coltejer. Admitiram-me como operário no salão número cinco, de ofícios variados. Ali progredi rapidamente. Em três semanas me aumentaram um centavo semanal. Em três meses me aumentaram dois pesos. Aos seis meses, mais dois pesos. Passava de um trabalho para outro, dentro da fábrica, numa velocidade sempre notada, menos quando fui o ascensorista do lento e pesado elevador de carga que demorava sete minutos para subir dois andares. Depois de um ano de trabalho na fábrica estava economizando cinco pesos semanais. Três meses depois economizava sete. Antes de completar 15 meses economizara 170 pesos. Em abril de 1949 — enfim! — comprei minha primeira bicicleta: uma preta e quase nova bicicleta de passeio.

Treinamento com baile e cigarros

Na oficina de Víctor Betancourt, que ainda existe, o entusiasmo crescia cada vez mais. Ali chegavam revistas esportivas de outros países. Nelas líamos as peripécias das grandes competições internacionais. Sonhávamos participar delas algum dia, e, para estar preparados, saíamos para treinar nas tardes de sábado. Agora me dou conta do muito que nos faltava para chegarmos a ser campeões, com aquele sistema de treinamentos. Nos sábados à tarde saíamos em pelotão para a fazenda Santa Cruz, de Víctor Betancourt, a 17 quilômetros de Medellín. Não cronometrávamos a viagem. Fumávamos na bicicleta, até oito cigarros em todo o trajeto. Se em alguma das casas do caminho encontrávamos um baile, estacionávamos os veículos no pátio, dançávamos um bocado e refrescávamos a garganta com um trago de aguardente. À meia-noite, cansados e um pouco tocados, continuávamos nosso treino.

O clube Saeta

De qualquer maneira, mesmo que não seguíssemos nenhum regime especial, daqueles treinos disparatados resultou algo importante: o clube Saeta, onde se formaram muitos dos bons ciclistas antioquenhos. Sou um dos fundadores desse clube, cujo presidente é Víctor Betancourt e com cuja camisa participei da II Volta da Colômbia.

Em 1951, troquei minha bicicleta de passeio por uma semiprofissional, com placa número 1755. Essa é para mim uma bicicleta inesquecível. Nela adquiri os primeiros conhecimentos técnicos, percorri muitos quilômetros e me afeiçoei definitivamente ao ciclismo. Agora ponho nome em todas as minhas bicicletas. No entanto, aquela não teve nenhum nome e ainda não entendo por quê.

Sobre um selim de ferro

Tão orgulhoso estava com minha bicicleta semiprofissional, com meu uniforme e minha credencial do clube Saeta, que sobrecarreguei-a de enfeites, de pesados acessórios esportivos, como fiz na infância com o carro de madeira, em Marinilla. Instalei no guidom diferentes tipos de faróis, inúteis porque não tinha bateria. Instalei uma comprida e brilhante antena, inútil porque não tinha aparelho de rádio. Na realidade, nunca usei rádio na bicicleta, e só há 15 dias tenho um, magnífico, que me foi presenteado por minha vitória na V Volta da Colômbia.

Minha bicicleta 1755 parecia um altar, de tantas coisas que tinha em cima. Mas com essas coisas fiz meus primeiros treinos a sério. Incluía-se aí uma barbaridade: um selim de ferro, forrado apenas com um velo de lã. Só muito depois vim a saber que correr num selim de ferro é um disparate. Nesse selim aprendi a ser corredor. E com esse selim participei da primeira competição oficial, em 24 de maio de 1951.

Que susto!

Não era necessário estar inscrito na Liga de Ciclismo de Antióquia para participar daquela corrida: 110 quilômetros, de Medellín até o pitoresco e deserto parquezinho de Laureles. Quando cheguei ao ponto de partida, às nove da manhã, com minha bicicleta cuidadosamente revisada por Víctor Betancourt e meu uniforme do clube Saeta, estive a ponto de me colocar atrás. Ali estavam, prontos para participar da competição, os grandes de Antióquia: Pedro Nel Gil, Roberto Cano Ramírez, Tito Gallo e Antonio Zapata. Disseram-me que era uma corrida informal, mas a presença daqueles veteranos do ciclismo antioquenho me fez compreender que me metera numa camisa de 11 varas. No entanto, tremendo e com a boca seca, incorporei-me ao pelotão, firmei-me em meu sólido selim de ferro, ouvi o sinal de partida e saí disparado. Cinco minutos depois, só me dava conta de duas coisas: pedalava como um louco e o ar começava a me faltar nos pulmões.

Nota do redator

"PEGO VOCÊ, RAMÓN"

Em Antióquia não se duvida de que Ramón Hoyos continuará sendo campeão durante muitos anos. Mas outra coisa também não se duvida: quando Hoyos se aposentar, seu título ficará em poder de outro antioquenho.

— É uma questão de raça — assegura o treinador Julio Arrastía, um argentino que participou como ciclista da I Volta da Colômbia, como treinador de seus compatriotas no segundo e como treinador dos antioquenhos desde então. Arrastía não duvida de que — se as coisas continuarem como estão — sempre haverá um antioquenho na ponta das competições ciclísticas. E os antioquenhos, que tampouco duvidam, atribuem sua segurança a outra coisa: *mazamorra*.

O maior perigo

Enquanto se venera o campeão, já se estão embaralhando nomes para a sucessão. "Honorio Rúa é o homem", dizem. Hoyos concorda, mas à sua maneira.

— Se você tivesse de deixar o campeonato para alguém, quem escolheria? — alguém perguntou.

— Se eu não quisesse continuar sendo campeão? — perguntou ele, por sua vez, com uma astúcia que demonstra a certeza de que se sente seguro de suas possibilidades. — Se não quisesse continuar nisto — continuou —, deixaria o campeonato para Rúa.

Mas nem todos os antioquenhos concordam com Hoyos.

— Isso é o que ele diz — explica-se — porque Rúa é da mesma equipe. Mas há outros melhores.

Julio Arrastía diz:

— O maior perigo para Hoyos é Reinaldo Medina.

Todos contra um

Os motivos do treinador argentino para acreditar que Reinaldo Medina será o sucessor de Hoyos, "muito antes do que se pensa", são interessantes: Medina tem 17 anos e suas condições são assombrosamente semelhantes às de Hoyos quando tinha essa idade.

— Não deviam deixar esse garoto correr — comentaram os ciclistas argentinos, quando o viram na V Volta da Colômbia.

E, no entanto, Medina fez um excelente papel.

— Tem o mesmo peso, a mesma arrancada e a mesma vontade de Hoyos quando tinha 17 anos — diz Arrastía.

Não diz, mas de seu entusiasmo se depreende que espera para breve o primeiro triunfo estrondoso de Medina. Por uma razão:

— Hoyos não teve de lutar contra um Hoyos. Medina, sim.

Segredo profissional

Estas especulações têm uma sede: a oficina de consertos de bicicletas de Víctor Betancourt, que é ao mesmo tempo uma oficina de ciclistas. Ali não se vê nada que não tenha a ver com ciclismo. É ao mesmo tempo um centro de rivalidade. A meio metro de distância, conversando com diferentes grupos, estiveram sexta-feira Ramón Hoyos e Héctor Mesa, sem se dirigir a palavra. Não se falam há vários anos. Mas o campeão é um homem discreto. Quando lhe perguntaram por que não fala com Héctor Mesa, respondeu secamente:

— Não sei.

A ameaça numa vassoura

Mas assim como há rivalidades, há também no clube Saeta um formidável ambiente de camaradagem. Ali está o corpulento e estouvado rapaz que na V Volta da Colômbia entrou em Medellín atrás de Ramón Hoyos, como independente, depois de ter batido na roda do campeão no Alto de la Mina. Um repórter-fotográfico do *El Espectador*, Guillermo Sánchez, tirou uma foto, publicada pelo jornal no dia seguinte, com o título: "Pego você, Ramón". Não teria nada de extraordinário se fosse um título profético. Ramón Hoyos disse:

— Com este louco tem de se abrir o olho.

E esse louco, que está ganhando todas as competições locais, que corre com poncho e chapéu de camponês antioquenho e uma vassoura amarrada em sua bicicleta — como uma bruxa em duas rodas — não só está absolutamente seguro de que Hoyos tem razão, mas que espera conquistar o campeonato do próximo ano.

Será possível?

Esse gigante de 15 anos, com quem "tem de se abrir o olho", passa o dia montado na bicicleta.

— É meu protegido — dizia Ramón Hoyos, sorridente, já um pouco paternal, num dia da semana passada. — Dentro de dois anos vão ver.

— Dentro de dois anos! — protestou o rapaz. — Vão me ver no próximo ano.

No entanto, ainda que todos os rapazes antioquenhos que aspiram a participar dos circuitos da Colômbia treinem exclusivamente para destronar Ramón Hoyos, o treinador Arrastía garante:

— Hoyos não parou de progredir. Cada dia está melhor e me parece que ainda tem uma boa margem de progresso, durante dois ou três anos.

O único que se atreve a duvidar em Medellín de que o sucessor de Hoyos não será um antioquenho é o próprio Hoyos. O campeão manifesta, com toda a franqueza, seu temor de Jaime Villegas, o formidável ciclista de Cali.

— Também nesse caso — diz — o campeonato ficaria em boas mãos.

O tricampeão revela seus segredos

Capítulo IV

TRIUNFO POR FALTA DE FREIOS

O PRIMEIRO TROFÉU. "BRILHA A ESTRELA DE RAMÓN HOYOS" PELA PRIMEIRA VEZ EM LETRAS DE IMPRENSA. POR QUE SUBIU BEM E POR QUE DESCEU MAL. "QUE ME DEMITAM, SE QUISEREM." EMBALADO ATÉ O CAMPEONATO

Apesar de minha desesperada maneira de pedalar naquela inesquecível prova de Laureles, vi se adiantarem sem esforço Conrado Tito Gallo, Roberto Cano Ramírez, Pedro Nel Gil e Antonio Zapata. Acreditava nessa época que para ganhar uma corrida a única coisa de que se necessitava era pedalar com força, correndo de olhos fechados até a linha de chegada. Pedalava escarranchado, sem estilo, sem técnica. Ainda hoje criticam minha maneira de correr: gosto de pôr o pé no encaixe do pedal e deixar a perna bem esticada, com o corpo completamente apoiado no selim. Este estilo funciona comigo.

Há quatro anos, em compensação, quando participei da primeira corrida, não tinha idéia de nada. Tinha coragem e desejo de ganhar. Mas era um rapaz de 19 anos, magro e fraco. Pesava 55 quilos. Hoje peso 66, mas não engordei: são puro músculo, e os médicos dizem que tenho um tórax privilegiado.

O último entre 25

Aquela corrida de Laureles foi uma catástrofe. Ao longo de 110 quilômetros, em minha velha bicicleta semiprofissional, sem marchas, não fiz mais do que pedalar inutilmente. Em poucos momentos perdi de vista os outros participantes. A estrada não era ruim, não tínhamos carros de apoio, nem treinador, nada. A presença dos acompanhantes dá ânimo e confiança. Quando se corre como corri naquela primeira vez e se percebe que o pelotão vai se afastando e a gente vai ficando para trás, cansado e sem ar, acredita-se que o ciclismo esportivo é algo misterioso, sem explicação.

Com freqüência tenho um pesadelo: tento correr, movo as pernas incessantemente, com desespero, mas não avanço um milímetro. Assim me sentia na corrida de Laureles. Estava estourado e, no entanto, os outros ciclistas, frescos e sem dificuldade, abriram uma tremenda vantagem em poucos minutos. Quando cheguei ao parquezinho de Laureles, que para a ocasião do evento fora enfeitado com papéis coloridos, estranhei: não via o comitê de recepção em parte alguma. Nem sequer sabia onde estava a linha de chegada.

A alguém que caminhava pelo parque perguntei:

— Onde estão as pessoas?

— Ufa — me respondeu. — Todos se foram há um bocado.

Minha má saúde

Sempre fui muito doente. Cada vez que vou participar de uma competição minha saúde me faz duvidar de minhas possibilidades. Naquele ano de 1951 — que foi o ano decisivo de minha carreira — um problema no estômago não me deu trégua. Em Porto Rico, tive uma infecção no olho esquerdo e tive de correr depois de tomar uma injeção com 2 milhões de unidades de penicilina. Na última Volta da Colômbia estava gripado quando saímos de Bogotá, e quase me asfixiei na primeira etapa. Quando não é uma coisa é outra.

No início, quando não era o problema do estômago ou a furunculose, eram os cubos de minha maltratada bicicleta. Por isso não conto, entre meus primeiros triunfos, a Doble a La Estrella, que ganhei correndo contra Antonio Zapata Arboleda. Conto a Doble a San Cristóbal, em 12 de junho de 1951, na qual ganhei minha primeira taça. E me deram de presente meu primeiro calção.

Tudo emprestado

Para participar da Doble a San Cristóbal não tinha praticamente nada. Um sobrinho de dona Gabriela Arboleda, a incomparável assistente social da empresa em que trabalho, emprestou-me um aro. Chama-se Jorge Zapata e na atualidade é o proprietário da bicicleta em que corri naquela prova. Pedindo emprestado aqui, remendando ali, fiquei enfim pronto para participar da prova. Eram dez quilômetros de subida e dez de descida, e minha bicicleta não tinha marchas. Mas não me importava muito; estava disposto a me classificar de qualquer maneira, mesmo que quebrasse a cabeça numa curva do caminho.

"Que me demitam, se quiserem"

Nessa época, minha jornada de trabalho era das duas da tarde às dez da noite. Pensei no risco que corria faltando ao trabalho, sem desculpa. No entanto, pensei: "Que me demitam, se quiserem." E, pensando, pus meu uniforme, a camisa do clube Saeta, e minhas chuteiras de futebol. Porque esse é outro dos inesquecíveis disparates de minha vida: corria com sapatos de futebol, numa bicicleta sem marchas e sem peças sobressalentes. E — como já disse — em selim de ferro. Cada vez que me recordo destas coisas não entendo como pude chegar a ser campeão. Recordo perfeitamente a largada, a serenidade dos ciclistas veteranos e o meu nervosismo. Quase não podia apoiar os pés nos pedais, de tanto que me tremiam os joelhos.

Subindo bem

No início tudo foi bem. Subi como um veterano, com essa maneira de subir, segura e descansada, que sempre tive, mesmo quando a bicicleta não me ajudava. Rapidamente, sem forçar muito, tirei um minuto de vantagem do pelotão. Nessa ocasião, pela primeira vez na vida, tive a emoção dos fãs me animando em todo o decurso da corrida. Eu ia na ponta, subindo num ritmo seguro. E por todo o caminho, homens, mulheres e crianças, com seus instrumentos de lavoura na mão, animavam-me, com seus gritos, a seguir em frente. Não conheciam meu nome. Saíram para saudar os veteranos, e ao ver aquele rapaz magro e nervoso que subia como um veterano, instavam-no a seguir adiante, sem conhecer o nome. Só porque o viam subir melhor do que os outros.

"Esta é a taça, Ramón"

A chegada a San Cristóbal é inesquecível. Havia música e madrinhas com flores quando cheguei ao final. Ainda faltava a metade da prova, em descida, e eu temia pelo comportamento de minha velha bicicleta sem marchas. Mas na hora de descanso que tivemos em San Cristóbal adquiri a firme determinação de ganhar, acima de qualquer obstáculo, e só por uma razão: porque me mostraram a taça. Era um troféu brilhante, pelo qual me mataria em meu desespero de novato que queria chegar a algum lugar.

A música tocou durante uma hora. Lembro-me das peças alegres, os casais dançando e o chão cheio de flores pisadas e murchas. Mas eu não pensava nessa festa. Pensava que chegara com um minuto de vantagem, e que devia me agarrar a esse minuto para ganhar o troféu, ainda que me custasse a vida.

Descendo forte, mas sem culpa

Não me lembro de jamais ter descido com tanta velocidade e tanto entusiasmo como naquela vez. Mas havia uma explicação adicional: como minha bicicleta não tinhas marchas, o único remédio era me lançar pela ladeira, mesmo que quebrasse a cabeça. Sempre fico terrivelmente nervoso na descida. Por isso procuro tirar a maior vantagem quando subo, porque a experiência me ensinou que descendo não desenvolvo tudo o que posso, pelo puro temor de morrer nas curvas, como quase aconteceu várias vezes. Naquela

Doble a San Cristóbal, desci como um demônio, como nunca, e apesar de tudo descontaram vinte metros até o final. Mas eu tinha um minuto de vantagem. Em meio a uma gritaria confusa, tremendo de emoção e de medo e um pouco atordoado, pensei que me ocorrera um acidente e não me dera conta. Mas o que acontecia era outra coisa: ganhara. E nesse mesmo dia, na chegada, quando a multidão se preparava para me levar nos ombros, entregaram-me a primeira taça que conquistei em minha vida.

Meu calção

Foi um triunfo estrondoso. Mas não tanto como eu imaginava, arquejante, com minha camisa suada. Em Antióquia, essas competições locais, que não têm ressonância nacional, provocam o delírio das multidões, porque é delas que saem os campeões. Eu estava completamente atordoado. Via meus amigos, os rapazes do clube Saeta, que me felicitavam com entusiasmo transbordante. Mas não via os fotógrafos da imprensa. Imaginava o triunfo como uma ofuscante tempestade de flashes fotográficos, como é agora, e como eram os triunfos de Conrado Tito Gallo e Pedro Nel Gil. Mas ao concluir a Doble de San Cristóbal só havia ruídos, gritos e felicitações. E um único presente: um calção, que me levou à chegada a mulher de Víctor Betancourt, porque estava certa de que eu ganharia a competição. Ainda uso esse calção, como lembrança de meu primeiro triunfo sensacional.

"Ramón Hoyos", em letras de imprensa

Naturalmente não fui trabalhar nesse dia. A corrida terminou às 11h30 da manhã. E depois houve festas e muitos comentários e muito entusiasmo. Fitava o relógio e sabia que devia começar a trabalhar às duas da tarde, mas continuava pensando: "Que me demitam, se quiserem." Agora tinha uma taça, e a única coisa que me interessava era comemorar meu triunfo, subir, continuar correndo, conquistar o campeonato; e ter muitas taças como a que ganhara naquele dia. No entanto, agora me dou conta de que nunca pensei em chegar até onde cheguei, nem ter 120 troféus conquistados em quatro anos.

Agora me preocupo muito que os jornais me ataquem, quando são ataques injustos. Mas não busco publicidade, ain- (...)*
e as críticas razoáveis. Mas naquela vez, sendo minha primeira vitória, com 19 anos, numa cidade onde os ciclistas já tinham fama nacional, esperei com ansiedade os jornais e não consegui dormir. Vejo agora meu nome em oito colunas, nas primeiras páginas e com enormes fotografias. Mas não experimento a emoção que senti naquela manhã de 13 de junho de 1951, em que vi meu nome pela primeira vez em letras de imprensa. Foi na página esportiva do *El Colombiano*, num canto, e com um título que dizia: "Brilha a estrela de Ramón Hoyos."

"Ter dito antes"

Cansado por causa do esforço da corrida e da prolongada comemoração da vitória, ainda não tinha vontade de trabalhar. No entanto, a solidão em que me encontrei naquele dia, quando todo mundo voltou para a rotina do trabalho, deu-me a entender que estava enganado. Assustado, às duas da tarde entrei pelo enorme portão da fábrica e fui diretamente para o escritório do secretário, o grande Javier Jiménez, que é também o encarregado dos esportes.

Javier Jiménez me esperava furioso.

— Por que não veio trabalhar ontem — perguntou-me, indignado.

Resolvi ser franco. Disse:

— Porque estava muito cansado da Doble a San Cristóbal.

Aquilo não serviu para nada. Javier Jiménez continuava indignado.

— E por correr de bicicleta não veio trabalhar? — disse ele. — Que espécie de desculpa é essa?

Timidamente, pondo sobre sua mesa o exemplar do jornal com meu nome, disse-lhe:

— Mas eu ganhei.

Javier Jiménez fitou o jornal, estupefacto. O rosto mudou subitamente de expressão, deu um soco na mesa, sobre o jornal aberto, e voltou a gritar:

— Idiota. E por que não disse logo?

*Texto incompleto no original (*N. da E.*)

Nota do redator

"O MILAGRE ESTÁ EM SEU TÓRAX"

Os fãs de Hoyos enlouquecem quando o campeão começa a subir. Dá-se por certo de que é melhor subindo do que descendo. Ao que parece é uma idéia sem fundamento.

— Sempre fico extremamente nervoso na descida — disse Hoyos.

E aponta a origem desse nervosismo: nunca se acidentou subindo. Em compensação, descendo, esteve a ponto de morrer nas curvas, desde que começou a correr em bicicletas remendadas, preocupado com os pneus e as peças sobressalentes, até colidir contra uma pedra, como qualquer principiante, quando representava pela primeira vez a Antióquia na II Volta da Colômbia. Julio Arrastía, seu treinador, explica:

— Hoyos desce tão bem como sobe, mas prefere ganhar tempo subindo, quando não há perigo, para não correr riscos nas descidas. Se Forero e Beyaert subissem tão bem como Hoyos, não se arriscariam a descer como já se os viu descer, matando-se para conseguir vantagem.

O estilo não é o ciclista

Outra crítica trivial entre as muitas que se fazem a Ramón Hoyos é à sua maneira de pedalar. O tricampeão considera que seu estilo dá resultado e continua correndo assim, sem se importar com o que se diz. Em compensação, mudou o estilo nos quatro anos em que está correndo nas competições oficiais.

— O estilo não serve para ganhar — diz. — Serve apenas para que alguém se veja bem na bicicleta.

E diz que não gosta do estilo dos mexicanos, "porque vão sentados muito embaixo e a posição na bicicleta parece incômoda". No entanto, diz que essa posição proporciona vantagens aos mexicanos, e isso é o importante.

Assim corria Bartali

— O importante em Hoyos — diz Julio Arrastía — não é que suba sentado e abra as pernas, pois isso não é um defeito, como as pessoas acreditam.

E acrescenta que o importante é sua extraordinária capacidade de assimilação. Quando começaram seus treinos, na Doble a Bolívar, depois da II Volta, Arrastía disse a Hoyos:

— Você, do jeito como anda, deve se cuidar muito, porque acredito que ganhará a próxima Volta.

Então o atual campeão tinha muitos defeitos e lhe faltava experiência, mas tinha as condições essenciais, que ainda conserva, mas agora mais bem desenvolvidas: tinha a visão e a ânsia do triunfo e uma extraordinária agilidade mental para definir situações. Aos que dizem que Hoyos sobe escarranchado, pedalando de igual maneira sentado ou parado, Arrastía responde:

— Assim corria Bartali.

Um homem da rua

Normalmente Ramón Hoyos não observa uma dieta especial.

— Um bom ciclista deve comer carne sem gordura, verduras e muitas frutas — diz Arrastía.

Mas Hoyos, quando não está correndo, come qualquer coisa, fuma normalmente, e leva a vida que pode levar qualquer homem organizado. Não tem hora certa para se levantar nem para se deitar. Participa das festas que deseja, e faz ali o que todos fazem. Mas em compensação é inflexivelmente disciplinado nos treinos e se adapta com precisão às indicações de seu treinador, apesar de ter idéias próprias com respeito ao ciclismo.

— O milagre está em seu tórax — diz Arrastía. — Desenvolveu-se tanto que não há temor de que lhe falte ar quando sobe. Acrescente-se a isso a assombrosa elasticidade de seu coração.

O obscuro mundo dos ciclistas

Tudo indica que as falsas idéias sobre a técnica de Hoyos têm uma origem: os outros ciclistas. Esse é um mundo complexo, cheio de rivalidade, à margem do qual está Ramón Hoyos, como uma figura que se destacou do pelotão e se mantém na ponta da popularidade. Muitos não o perdoam. Nas tertúlias de ciclistas, de especialistas ou de simples fãs, dizem que Hoyos só tem coragem. Consideram-no uma espécie de pequeno bárbaro, capaz de se matar para chegar em primeiro lugar, mas sem nenhuma técnica. "É puro coração", dizem. E Hoyos, por sua vez, tem muito a dizer sobre os outros ciclistas. A história de suas rivalidades, dos obstáculos postos pelos outros ciclistas em sua trajetória, é uma história que nunca acaba.

"Por que Samuelzinho corre"

No entanto, existe algo indiscutível: ninguém teve mais sorte para encontrar ajuda do que Ramón Hoyos. Se entrou na II Volta da Colômbia, quando era um novato sem muitas esperanças, foi em virtude da obstinação de dom Ramiro Mejía, um fanático que gastou dinheiro do próprio bolso para fazer ciclistas e que agora vive no México. E também muito do que é hoje deve ao pequeno e conversador secretário de Coltejer, Javier Jiménez, encarregado dos esportes, que se dedicou a levá-lo para a frente desde que ganhou seu primeiro troféu. Numa oficina que arde como um forno às duas da tarde, Javier Jiménez é capaz de falar durante 24 horas consecutivas sobre Ramón Hoyos, fazendo gestos hiperbólicos e puxando com entusiasmo seus suspensórios elásticos, como se fosse uma ginástica da memória.

— Era um magro que não oferecia nenhuma esperança — diz, lembrando-se do dia em que aquele tímido operário entrou em sua oficina, para pedir-lhe dinheiro emprestado para comprar uma bicicleta.

Hoyos, no entanto, não se esquece de quem o ajudou. Ainda há um setor neutro, que não gosta dos ciclistas, em particular, porque considera que todos vivem pensando que os outros tentam prejudicá-los, obstaculizar sua carreira, impedindo-os de chegar a algum lugar. Esse setor neutro fez um péssimo trocadilho:

— Todos os ciclistas têm delírio de perseguição.

JULHO DE 1955

O tricampeão revela seus segredos

Capítulo V

"A MAIOR TOLICE DE MINHA VIDA"

RECORDE EM SANTA ELENA: TIRADO DE TITO GALLO. "O QUE ANTONIO ZAPATA ARBOLEDA FEZ COMIGO." UM CICLISTA QUE APRENDIA A CORRER NOS LIVROS. "ESTE NÃO SERÁ PARADO POR NINGUÉM." O QUE ACONTECE A QUEM OLHA PARA TRÁS

Na realidade, o triunfo que me tornou popular em Antióquia não foi o da Doble a San Cristóbal — embora com ela tenha ganho meu primeiro troféu. Meu triunfo decisivo foi o da Doble a Rionegro — quinta corrida oficial de que participei — na qual corri contra Héctor Mesa, Saúl Palacios e León Arango. Vários deles eram da primeira categoria. Eu era da terceira. Quando me preparava para participar dessa prova, ressurgiu meu velho problema: precisava de uma bicicleta emprestada, pois a minha estava em más condições. Não confiava nos meus pneus.

Um amigo a quem expus minha inquietação me emprestou uns pneus, com a condição de que os usasse na roda dianteira. No entanto, eu sabia que me faziam falta na roda traseira, e os coloquei ali, disposto a ganhar a prova. Mas quando meu amigo se deu conta da mudança, gritou:

— Não permito que ponha os pneus atrás. Valem 15 pesos.

Cansado de tantos empréstimos, de tanta humilhação, atirei com raiva os pneus emprestados e preparei minha velha bicicleta com meus velhos pneus. Preferia correr mal e perder, e não continuar ganhando com o favor alheio.

Um recorde indiscutível

Apesar das condições em que corri, sem carro de apoio, numa bicicleta avariada e com os pneus sem utilidade naquela prova, bati meu primeiro recorde: a subida a Santa Elena, que é a prova definitiva em Antióquia. O recorde pertencia a Pedro Nel Gil, que fizera aquele percurso em 55 minutos. Saí de Miraflores — na Doble a Rionegro — e cheguei a Santa Elena com 49 minutos e 35 segundos. Foi um escândalo: disseram que a corrida fora mal cronometrada, que era impossível fazê-la em 49 e 35, quando Pedro Nel Gil, o maioral da época, precisava de 55 minutos e ninguém poderia superá-lo. Minha corrida, no entanto, foi bem cronometrada, e bati o recorde apesar de minha bicicleta, e apesar de meus pneus. E apesar de tudo.

Dois minutos e quarenta segundos

Meu primeiro recorde me deixou animado. Héctor Mesa e León Arango conseguiram descontar alguns minutos na descida e nos terrenos planos. Ali aconteceu o de sempre: desci com temor de furar o pneus, desconfiando das condições de meu veículo. Mas me sentia seguro de que no retorno poderia recuperar o tempo perdido. E assim o fiz. Desde que dei a volta na praça de Rionegro, ouvindo a aclamação que me estimulava a seguir adiante, comecei a ganhar minutos de meus adversários. Estava tão entusiasmado que desci com força no retorno, sem me lembrar de que um furo no pneu poderia acabar com meu ímpeto. Mas apesar de minhas condições desfavoráveis, consegui descontar um minuto na descida de Santa Elena. Quando entrei em Medellín — no bairro de Miraflores, onde vivo agora — descontara mais um minuto. Passei a linha de chegada com dois minutos e quarenta segundos de vantagem.

Obrigado a "El Grillo"

Aquele triunfo me fez pensar na urgência de me equipar o melhor possível. Confiava em meus conhecimentos e em minha resistência. Mas não podia confiar em minha bicicleta. Estava nesse ponto, quando fui selecionado para participar da prova de subida que se realiza em Medellín, todos os anos, no dia da raça. Foi em 12 de outubro de 1951. Admitiam-se participantes de primeira e segunda categorias. Aceitaram-me, apesar de ser de terceira, e me dispus a não desperdiçar a oportunidade. Nessa ocasião, tive de agradecer a Aurelio Toro — "El Grillo", que então era ciclista e agora corre de motocicleta — que me emprestou seu bom veículo, bem cuidado e bem provido.

Uma entrevista importante

Na fábrica de tecidos Coltejer, onde trabalho, circulava o rumor de que eu tinha boa perspectiva como corredor. Javier Jiménez se interessava por minha trajetória, e influía diante dos superiores para que me dessem um tratamento excepcional, com base em sua esperança de que chegasse a ser um bom ciclista. Alegro-me de não tê-lo decepcionado. De ter chegado até onde Javier Jiménez esperava que eu chegasse, naquele dia de 1951 em que me apresentei na fábrica, mostrando a bicicleta que Aurelio Toro me emprestara, com o objetivo de convencer os diretores da empresa a me emprestarem dinheiro para poder correr com minha própria bicicleta. Diante do doutor Obdulio Betancourt, administrador da empresa, e de Dom Emilio Olarte, chefe do pessoal, apresentei-me com a bicicleta leve e amarela que foi na realidade a que decidiu minha sorte. Aquela entrevista teve importância porque, apesar de começar a surgir com força em Antióquia o ciclismo esportivo, não havia mais de dez bicicletas boas para participar de competições tão sérias como as que ali se organizavam. Cada aficionado devia convencer alguém a patrociná-lo. E eu convencera tanto Javier Jiménez que nesse dia, quando saía do escritório, ouvi-o dizer:

— Esse ninguém mais segura.

Vamos ver o que aconetece

Bem equipado, cheguei ao parque de Berrio em 12 de outubro de 1951 para participar de uma corrida que não me daria nenhum troféu, mas que serviria, mais do que qualquer outra, de experiência. Até esse momento eu era um ciclista intuitivo. Em qualquer momento de uma prova, acreditava que as indicações de um adversário eram de boa-fé. Não sabia então que só se deve confiar nos próprios conhecimentos, definir as situações de acordo com sua própria maneira de saber e entender, e não confiar em ninguém. Sabendo disso, pareceu-me assombroso, sem antecedente, a nobre e inesquecível atitude de Reinaldo Medina, que, num gesto de companheirismo esportivo, cedeu-me sua bicicleta, depois de um acidente que sofri na última Volta da Colômbia.

Bem equipado

Tentarei contar, cruamente, o que me aconteceu naquela dura prova de subida. Estava terrivelmente nervoso, porque tinha de competir com ciclistas de primeira categoria, gente de recursos, experiência e disposição. Era a primeira vez que corria bem equipado, mas não tinha muita esperança, por causa dos terríveis adversários que iria enfrentar. No entanto, arranquei com entusiasmo, e senti pela primeira vez a satisfação de que meu equipamento respondia, e de que só uma rajada de má sorte poderia me deter. Sabia que a subida tinha 18 quilômetros e tratava de me cuidar, mas — não sei por quê — cada volta do pedal rendia de maneira inesperada. Em poucos minutos consegui me destacar do pelotão, junto com o bom corredor de primeira categoria Antonio Zapata Arboleda. Foi então que me aconteceu uma das coisas de que jamais esquecerei.

O conselho da raposa

Quando Antonio Zapata se deu conta de que eu estava pedalando forte, de que estava deixando-o para trás, me disse:

— Não seja bobo, não se desgaste, que a corrida é comprida.

Aquele conselho pareceu confirmar minha suspeita de que os outros corredores não rendiam o que podiam, e sim que se cuidavam para a parte dura da competição. "Estão nos caçando", pensei. E quando Antonio Zapata me deu o conselho de não me apressar, decidi me colocar em suas mãos, porque sabia que era um veterano. Porque sabia que era o único ciclista antioquenho que estudava nos livros os segredos de seu esporte. Antonio Zapata continuou a me falar. Disse:

— Siga atrás de mim e nos defenderemos juntos.

Eu, disposto a lhe obedecer cegamente, fiquei atrás dele e continuei pedalando com calma.

"Siga atrás de mim"

Eu era tão ingênuo então que me sentia feliz e emocionado por contar, naquela dura prova, com a ajuda de um veterano, um corredor de primeira categoria testado em muitas praças. Seguimos assim durante todo o trajeto: ele na frente, e eu logo atrás, convencido de que fazia parte de uma equipe contra a qual seria impossível qualquer tentativa de vitória.

Quando passamos por Media Luna, notei que Antonio Zapata tratava de acelerar. Mas não pensei que tencionava deixar-me, e sim que queria ganhar terreno, porque perto de nós vinham outros dois grandes: Roberto Cano Ramírez e Tito Gallo. No entanto, estava disposto a não decepcionar Antonio Zapata: cada vez que ele acelerava, eu acelerava também, e encostava em sua roda. Não fazia outra coisa que seguir seu conselho: "Siga atrás de mim, e nos defenderemos juntos."

Deve-se confiar nos livros

A única coisa que considerei injusta, nesse momento de ingenuidade, era que Antonio Zapata, que me emprestava sua experiência, não me emprestasse também seus amigos. Ao longo de todo o percurso, passada a Media Luna, homens e mulheres que ele conhecia, saíam para refrescá-lo e dar-lhe alimentos. Eu daria qualquer coisa por um jorro de água fresca, mas pensava que se Antonio Zapata não ordenava que me auxiliassem era porque não convinha ao nosso pacto. Docilmente, continuei pedalando logo atrás dele, apesar de me sentir com força para render mais. De acordo com meus cálculos, fazia um tempo menor do que precisara na Doble a Rionegro. Se continuasse assim — pensava — ia empregar pelo menos mais quatro minutos do que naquela vez. No entanto, confiava em Antonio Zapata, em suas boas leituras e em seu desejo de me ajudar. E continuava pedalando, atrás de sua roda.

Que conspiração!

Não sei por que não me chamou a atenção um detalhe: quando nos aproximávamos de Santa Elena, muitos amigos vieram saudar Antonio Zapata. Esperavam-no na curva do caminho, corriam um pouco ao seu lado, e lhe falavam em segredo. Havia um ar de conspiração em tudo isso, mas eu tinha tão pouca experiência que me parecia que aquelas conversas sigilosas contribuíam para nosso triunfo. Havia, pelo menos, algo que eu não podia negar: sentia-me descansado, e, embora não desenvolvesse tudo o que podia, Tito Gallo e Roberto Cano não nos alcançaram. Portando, não me importavam os segredos, se os conselhos de Antonio Zapata davam tão bons resultados.

A maior tolice de minha vida

Meu companheiro ia bem. Fora alimentado ao longo de todo o caminho enquanto ninguém me dera nada. Mas me acostumara a fazer a prova de

Santa Elena, a mais dura de Antióquia, e aquela maneira de pedalar, logo atrás de um veterano, era para mim uma brincadeira de criança. Estava satisfeito, sabendo que ia ganhando descansado, em cumplicidade com um ciclista experimentado, com quem tinha muito a aprender.

Não pude conter uma expressão de felicidade quando vi, a três quadras de distância, a torre de Santa Elena. "Não tivemos de nos apressar e, no entanto, não nos caçaram", pensei. E pensei na tolice que teria feito se seguisse correndo forte, como no princípio, antes que Antonio Zapata me desse seus generosos conselhos. Perto de atingir a linha de chegada me ocorreu tentar saber a que distância de nós vinham Tito Gallo e Roberto Cano. Foi quando cometi a maior tolice de minha vida: por um segundo, creio que apenas por meio segundo, olhei para trás para ver onde estavam Tito Gallo e Roberto Cano.

Nota do redator

"O INTELECTUAL DO CICLISMO"

No capítulo que hoje se publica, Ramón Hoyos começou a recordar seus primeiros encontros com os grandes do ciclismo antioquenho: Pedro Nel Gil, que os especialistas antioquenhos consideram o criador desse esporte no estado; Roberto Cano Ramírez, que surgiu na mesma época, como a segunda figura, e Tito Gallo, o terceiro em importância. No entanto, antes que estas três inesquecíveis figuras começassem a provocar o delírio das multidões, um ciclista modesto progredia no conhecimento de seu esporte, não pedalando incansavelmente todas as manhãs e submetendo o organismo a exaustivas experiências físicas, e sim de uma maneira insólita: lendo. Chamava-se Antonio Zapata Arboleda, e nasceu em Abejorral, há 25 anos.

Seja dita a verdade

Quando Ramón Hoyos falou de Antonio Zapata Arboleda, manifestou respeito e admiração por aquele que é considerado o criador do ciclismo técnico em Antióquia. Mas achou conveniente dizer a verdade sobre seu primeiro duelo com ele: a prova de subida de 12 de outubro de 1951.

— Tinha muita fé nele — disse Ramón Hoyos — porque aprendeu a correr lendo livros.

E explicou ao redator minuciosamente — e assim se publica no capítulo de hoje — a maneira como seguiu os conselhos de Antonio Zapata Arboleda, e o que aconteceu por seguir esses conselhos: Hoyos perdeu uma prova que estava certo de ganhar, se seguisse suas próprias iniciativas. Essas revelações, pela primeira vez feitas à imprensa, têm uma importância transcendental, pois a vitória na prova de subida de 12 de outubro de 1951 é considerada uma das grandes vitórias de Antonio Zapata Arboleda, "o intelectual do ciclismo", como era conhecido em Antióquia.

Outras coincidências

Há outra estranha coincidência nas vidas de Hoyos e Zapata. Na II Volta da Colômbia, quando o atual tricampeão participava pela primeira vez dessa competição anual, corria também nela Antonio Zapata Arboleda. Hoyos esteve mal desde o primeiro momento, por motivos que seriam detalhados no capítulo correspondente. Em compensação, Antonio Zapata, que corria patrocinado pela fábrica de tecidos Tejicóndor, tinha uma boa pontuação até a etapa Cali-Sevilla. Nesse trajeto, um cão atravessou seu caminho e o "intelectual do ciclismo" sofreu um espetacular acidente que o levou à sua atual situação de esquecimento e miséria. E essa foi precisamente a primeira etapa ganha por Ramón Hoyos nos circuitos da Colômbia.

O último ato

Antonio Zapata não se retirou da competição por causa desse acidente. Sequer teve algumas horas de descanso: seus acompanhantes lhe pediram que seguisse adiante, e ele obedeceu, apesar das difíceis circunstâncias em que se encontrava. Hospitalizado em Sevilla, os médicos recomendaram sua desistência. Mas Zapata fugiu da clínica — como fizera Ramón Hoyos na primeira etapa da mesma competição — e insistiu em continuar até Armenia, e cumprir em seguida as etapas finais. Antes do fim do ano foi preciso interná-lo no manicômio de Medellín. Ali ficou vários meses, até que ludibriou a vigilância dos guardas e se apresentou — uma noite de 1953 — na casa de sua mãe. Mora com ela na atualidade, em circunstâncias penosas. A amarga experiência de Antonio Zapata Arboleda teve uma conseqüência para o ciclismo antioquenho: a fábrica de tecidos Tejicóndor não voltou a patrocinar corredores.

O tricampeão revela seus segredos

Capítulo VI

A CATÁSTROFE DE LA PINTADA

MEU PRIMEIRO SONHO DOURADO. COMO FUI ELIMINADO DA II VOLTA DA COLÔMBIA. EM MANIZALES POR MINHA CONTA E RISCO. MEU PERSONAGEM INESQUECÍVEL: DOM RAMIRO MEJÍA. UMA PERGUNTA DECISIVA: "RAMÓN, COMO VOCÊ SE SENTE?"

Foi uma tolice de uma fração de segundo. Olhei para trás e vi Tito Gallo e Roberto Cano a poucos metros de distância. Não é difícil definir uma situação como essa: estava a duzentos metros da linha de chegada, com Antonio Zapata uma bicicleta adiante. Era o momento preciso de acelerar. Fiz essas reflexões na fração de segundo que precisei para olhar para trás e ver Tito Gallo e Roberto Cano, dispondo-se a fazer o último esforço. "Mas não podem fazer mais nada", pensei. E me dispus a usar a força, para conquistar o triunfo naquela decisiva prova de subida. Mas foi como um relâmpago: quando olhei para a frente, Antonio Zapata, acelerado como um demônio, cruzava triunfante a linha de chegada. Esse é considerado o mais notável triunfo de sua carreira. Por causa de um simples descuido meu, chegou cinco segundos antes de mim.

Meu sonho dourado

O que veio depois foi minha longa e acidentada preparação para participar da II Volta da Colômbia. Em primeiro lugar, precisava de uma bicicleta própria: estava cansado de andar correndo com coisas emprestadas. Graças às entusiásticas gestões de Javier Jiménez, a empresa me emprestou trezentos pesos. Com essa quantia, comprei uma bicicleta nova: a bicicleta que mais amei em minha vida. Permitiram-me guardá-la na oficina, para vigiá-la enquanto trabalhava. Eu a mantinha em perfeitas condições, e nela ia progredindo em minha técnica, à medida que se aproximava a prova para selecionar a delegação antioquenha da Volta da Colômbia. Era o meu sonho dourado.

Outro disparate: leite maltado

O primeiro teste foi numa corrida de 140 quilômetros planos: duas vezes a Hatillo, sob a vigilância do treinador tcheco Sedex Matuseck. Fui bem naquela prova: cheguei em quarto lugar, e o médico da Liga de Ciclismo de Antióquia, doutor Morales, mostrou-se satisfeito com minhas condições. Dessa vez cometi outro disparate: alimentei-me com leite maltado durante a prova.

Nestas circunstâncias me dispus a participar da Doble a la Pintada, uma prova de 170 quilômetros, assistido pela primeira vez por um carro de apoio conduzido por Javier Jiménez. Como nunca, levava duas bicicletas e peças sobressalentes. Participavam dez corredores, dos quais oito seriam selecionados para a Volta da Colômbia.

A catástrofe de La Pintada

Dessa vez, sofri um problema que desconhecia: cãibras. A coisa aconteceu quando Tito Gallo ia na ponta, e meu resplandecente carro de apoio, com a equipe de auxílio e as peças de reposição, quebrou. Sentia-me terrivelmente mal, mas lutava para não abandonar a prova, porque era condição indispensável para participar da Volta da Colômbia. Aquilo foi uma verdadeira catástrofe: ninguém sabia fazer massagens, e eram inúteis todos os esforços para consertar o carro de apoio. Um a um, todos os corredores foram passando por mim, enquanto eu, deitado na margem da estrada, só faltava morrer por causa das câibras.

Por fim conseguiram um carro para me levar para Medellín. Mas aquele não era meu dia: estouraram os pneus do carro. Quando cheguei na casa de Javier Jiménez, para avisar sua mulher de que não chegaria porque o carro de apoio tinha quebrado, eram onze da noite. Então não pude me conter: apertei a cabeça com as mãos e comecei a chorar como uma criança.

"Por me meter no que não devia"

Quando chegaram as férias de dezembro, não tinha a menor possibilidade de participar da Volta da Colômbia. Poucos dias antes, em meu desespero por demonstrar meus conhecimentos, fora a Riogrande, para ver passar os participantes da Doble a Santa Rosa de Osos. Só faltei morrer quando vi, um atrás do outro, Tito Gallo e Pedro Nel Gil disputando o primeiro lugar.

No retorno, esperei-os em Hatillo. Sem poder me conter, mantendo a ilusão de que participava da competição, coloquei-me entre os competidores, dando tudo o que podia. Perto da linha de chegada, o carro de apoio de um deles freou violentamente e eu caí de bruços dentro da carroceria traseira. Fiquei ridiculamente estropiado, metendo-me no que não era de minha conta. E com a bicicleta quase completamente arruinada.

Se tivesse cinqüenta pesos

Sozinho e desamparado, ouvi falar nesses dias da competição que seria disputada Manizales, por ocasião do IV centenário da cidade. Anunciou-se que poderiam participar todos os ciclistas antioquenhos que desejassem, menos os selecionados para a Volta da Colômbia. Mas eu estava com outro problema: não tinha dinheiro, a fábrica estava fechada e a passagem custava 16 pesos ida e volta. Como poderia pagar meus gastos em Manizales? Comecei a fazer cálculos e em poucos dias encontrei uma solução: me hospedaria na casa de um tio, que vivia a 25 quilômetros de Manizales: dez quilômetros de estrada e 15 por um estreito e tortuoso caminho de ferradura. Disposto a não ficar para trás, fui a dom Ramiro Mejía — meu personagem inesquecível, proprietário da Lavanderia Tropical e fã do ciclismo esportivo — e lhe expus meus projetos: necessitava de cinqüenta pesos para ir a Manizales. Dom Ramiro aceitou encantado: deu-me os cinqüenta pesos e eu — com aquela quantia decisiva para minha carreira — dispus-me a conquistar Manizales.

"Vai sozinho"

Viajei em companhia de meu pai, depois de convencer o motorista de um ônibus a transportar a bicicleta no teto sem me cobrar nada. Foi uma viagem longa e extenuante. Mas não era a pior parte, porque ainda faltavam os 25 quilômetros de Manizales a La Quiebra, onde meu tio morava. Agora acredito que a pedalagem pelo intransitável caminho de ferradura me serviu de treinamento.

No dia da corrida — 28 de dezembro, dia dos Inocentes — meu pai não quis descer para Manizales. Disse-me:

— Vai sozinho, porque sempre que vejo você correr, você perde.

E fui sozinho, pedalando no início e, depois, de carro, pois tinha medo de ficar esgotado para a prova.

Uma vitória com tosse

Era um circuito de 43 quilômetros, que engoli inteiros, tossindo sobre a bicicleta, por causa de um resfriado. O intenso frio da planície do Ruiz piorou minha situação, e quando cruzei a linha de chegada pensei que estava morrendo. Mas ganhei a competição: a taça do IV Centenário de Manizales, a segunda que conquistei em minha vida.

Algo ocorreu além disso naquela prova, que contribuiu para decidir minha carreira: Miguel Zapata Restrepo, da redação de *El Colombiano*, e presidente da Liga de Ciclismo de Antióquia, e Bernardo Mejía Toro, comissário da entidade, viram-me correr e manifestaram satisfação com meu desempenho.

"Esta taça é sua"

Meu triunfo em Manizales foi o único que me subiu à cabeça. Havia razões para isso: custara-me grandes sacrifícios, conseguira-o contra vento e maré e precisamente depois que me eliminaram da Volta da Colômbia. Foi um triunfo festejado com champanha, música e flores.

Quando cheguei a Medellín, em 30 de dezembro, antes de ir para minha casa fui me encontrar com dom Ramiro Mejía, o inesquecível protetor que me emprestara os cinqüenta pesos, e entreguei-lhe a taça do IV Centenário.

— Dom Ramiro, esta taça é sua. O senhor a ganhou ao me ajudar a viajar para Manizales.

As esperanças perdidas

Em 4 de janeiro, a seleção de Antióquia viajaria a Bogotá para a II Volta da Colômbia. Participavam dessa seleção Galo Chirihoga e Amador Andrade Sierra que, na noite de 30 de dezembro, quando comemorávamos meu triunfo na casa de dom Ramiro Mejía, encontravam-se presentes. Eu tinha a secreta esperança de que, entusiasmado com meu triunfo, dom Ramiro Mejía patrocinasse a minha ida para a Volta, apesar de ter sido oficialmente eliminado. Porém o mais consolador que me disse foi:

— Ramón, treine muito para o próximo ano, que estou disposto a patrocinar você.

No fim da festa, triste e sem qualquer esperança, fui para casa e dormi profundamente. Mas não me recordo de ter sonhado.

"Como você se sente, Ramón?"

Não comemorei o Ano-Novo de 1952. Era um acontecimento que não significava nada para mim. Fiquei em casa com minha família, e não falei com ninguém de ciclismo, nem de nada que tivesse a ver com rodas, peças e corridas. Não voltei a sair à rua até 10 de janeiro à noite, quando fui ao cinema Junín, para ver *A história de um grande amor*, um filme com Jorge Negrete que, durante muitos anos, foi meu ator favorito. Lembro-me de que fui de bicicleta, porque sabia que no cinema Junín me deixavam entrar com ela, e encostá-la numa das cadeiras da platéia, enquanto transcorria a projeção. Gostei do filme. Jorge Negrete, como sempre, foi um bom ator, inesquecível nos momentos sentimentais. Por algum tempo me esqueci da Volta da Colômbia; esqueci-me de meus triunfos e minhas aspirações. Esqueci-me de tudo.

Mas ao sair da sala, encontrei-me com o jornalista Óscar Salazar Montoya. Evidentemente estava me esperando. Avançou para mim quando eu saía com minha bicicleta e me fez uma das mais intrigantes e fundamentais perguntas que me fizeram em minha vida:

— Ramón, como você se sente?

— Bem — respondi, intrigado. — Por quê?

— Por nada — ele disse. E se foi sem se despedir.

Não preguei o olho naquela noite, pensando na pergunta de Óscar Salazar Montoya.

Nota do redator

O CAMPEÃO NÃO QUER SE CASAR

Provavelmente nenhum colombiano apareceu nos jornais, em tão pouco tempo, ao lado de tantas mulheres como Ramón Hoyos em seus três anos de vitórias. Ao finalizar cada etapa, os fotógrafos da imprensa encontram sempre um prato bem servido: o campeão beijado por uma admiradora anônima; o campeão suado, coroado de lauréis, junto a uma amiga sem nome; o campeão numa festa, rodeado de bonitas e alegres mulheres. Hoyos tem três grossos álbuns de fotos. Em quase todas as páginas aparece sua figura de saudável camponês, sorrindo para a câmera com seus poderosos maxilares, acompanhado por uma dama. A mesma coisa acontece nas fotos tiradas na Colômbia, nos confusos momentos da vitória ou na amena pausa de uma festa. Igualmente nas fotos do México, Porto Rico ou do Brasil. Só não conserva fotos de sua viagem à França, "porque não havia quem as tirasse". No entanto, em nenhum dos três álbuns o campeão aparece duas vezes com uma mesma dama.

— Quem é esta? — pergunta-se a ele a cada folha.

E o campeão sempre teve uma resposta:

— Uma amiga.

Foi impossível obter o nome de qualquer das mulheres que aparecem com ele nas fotos. Hoyos se empenha em manter reserva, como faz sistematicamente com todas as perguntas que pretendem penetrar na sólida cortiça de sua vida sentimental.

Não é indiferente

As fotos dos jornais e de seus álbuns mostram uma coisa indiscutível: as mulheres não são indiferentes ao campeão. O importante seria saber se Hoyos é indiferente às suas admiradoras. E isso parece ser outro dos aspectos impenetráveis de sua personalidade.

Quando circula em seu automóvel pelas ruas de Medellín, o campeão é informal, alegre e um pouco desavergonhado com suas admiradoras. Um dia da semana passada o redator o viu se dando o luxo de escolher, em meio a um grupo de mulheres, em plena rua de Medellín, aquela de quem estava disposto a receber um beijo. Curiosamente, a escolhida era a única que não estava disposta a dá-lo.

O galanteio que não houve

Ao que parece, é tímido e extraordinariamente discreto com suas admiradoras. Na quinta-feira da semana passada, acreditando-se sozinho com ela, Ramón Hoyos mostrava seus troféus a uma mulher que tinha o nome bordado no bolsinho da roupa. O campeão se mostrava cordial, extraordinariamente amável, e procurava conduzir o diálogo com um pouco de malícia elementar. Num impulso, quando a admiradora se despedia, Hoyos lhe disse, vendo o nome dela bordado no bolsinho:

— Gosto desse nome.

— Por quê? — perguntou a admiradora.

— Porque com esse nome é fácil fazer um galanteio — respondeu o campeão.

O nome que a admiradora tinha bordado no bolsinho era "Lila". No entanto, Hoyos se negou redondamente a dizer qual é o fácil galanteio que aquele nome lhe inspirava.

A lenda secreta

É incontável o número de pessoas — mulheres em especial — que dariam qualquer coisa para conhecer uma notícia verdadeira sobre a vida sentimental de Ramón Hoyos. Algumas damas que souberam do objetivo do redator na cidade não se interessaram por nenhum aspecto do campeão além de sua intrigante vida amorosa.

— Não disse se vai casar-se? — foi uma pergunta freqüente.

— Não disse se tem noiva?

No entanto, apesar de lhe perguntarem concretamente várias vezes, o campeão sempre evitou a pergunta ou se negou claramente a respondê-la. Só numa ocasião sugeriu que tem uma noiva; uma mulher que conhece desde que chegou a Medellín, aos 12 anos. Mas insiste que não é nenhuma das jovens que aparecem com ele nas fotos dos álbuns, ou nas publicadas nos jornais. Há uma versão generalizada: Ramón Hoyos tem um amor secreto, contra a férrea e atuante oposição da família da noiva.

Mudança de velocidade

Quando terminamos as entrevistas, o campeão conduzia o redator ao seu hotel. Fez-se — no longo trajeto de Miraflores ao centro da cidade — um exame cuidadoso de todos os temas analisados nas conversas.

— Só falta uma coisa essencial — disse o redator. — A pergunta sobre seu casamento.

Hoyos ficou um instante em silêncio.

— Diga que não penso em me casar — disse em seguida — porque quero continuar correndo por um tempo.

E o casamento seria um obstáculo?

— Não — respondeu. — Mas não seria a mesma coisa.

O tricampeão revela seus segredos

Capítulo VII

...À VOLTA DA COLÔMBIA!

EM BOGOTÁ, COM ROUPA DE BRIM E RESFRIADO. MINHA PRIMEIRA FOTOGRAFIA NOS JORNAIS. UM NOVATO ENTRE OS CAMPEÕES. A PIOR ETAPA QUE CORRI EM MINHA VIDA. "QUEM É ESSE CHAMBÃO?"

Às sete da manhã pulei da cama, disposto a descobrir os intrigantes propósitos de Óscar Salazar Montoya. Não pude localizá-lo até o meio-dia: os jornalistas trabalham de noite e eu ignorava o endereço de sua casa. Dei voltas pela cidade, sem poder imaginar por que me perguntara Óscar Salazar Montoya:

— Ramón, como você se sente?

A verdade é que, depois de uma noite maldormida e de uma manhã inteira tentando localizar o jornalista, começara a não me sentir bem. Em geral não tenho curiosidade pelas coisas. Mas aquilo era diferente. Disposto a não permitir que aquele dia — 2 de janeiro de 1952* — passasse sem decifrar o mistério da mais inquietadora pergunta que me fizeram em minha

*Erro no original. No final do capítulo anterior, o ciclista menciona uma saída ao cinema no dia 10 de janeiro, na qual teria se encontrado com o jornalista em questão. (*N. da E.*)

vida, plantei na porta do *El Colombiano* até que Óscar Salazar Montoya chegou, já ao entardecer. Desesperado, lancei-me sobre ele:

— Por que me perguntou como eu me sentia?

E ele, bem-disposto, tendo acabado de se levantar, respondeu-me calmamente:

— É que dom Ramiro Mejía quer patrocinar mais um corredor na Volta da Colômbia.

À força

A partir desse instante as coisas começaram a correr com incrível rapidez. Fui a dom Ramiro Mejía, que patrocinava Galo Chiriboga e Amador Andrade. De fato — me contou dom Ramiro — estava trabalhando para que me aceitassem como patrocinado seu, embora fosse de terceira categoria e houvesse corredores de primeira que não podiam participar da Volta da Colômbia por falta de patrocínio. Havia, além disso, outros inconvenientes; nos círculos esportivos se insistia em que eu era um novato, e que não representaria dignamente o ciclismo antioquenho. Os protestos começaram a aparecer nos jornais, enquanto dom Ramiro Mejía, surdo às vozes contrárias, continuava negociando a minha participação. Foi uma batalha de 24 horas, ao longo das quais me parece que não perdeu um minuto. Por fim, no dia seguinte, quando os outros participantes estavam prontos para viajar a Bogotá, decidiu-se que eu — um novato de 19 anos — participaria da II Volta da Colômbia.

"Por que não me davam colher de chá"

Às 4 da tarde cheguei a Bogotá. Fui o inscrito número cinqüenta, numa prova de que participavam exatamente cinqüenta corredores. Cheguei com uma roupa de brim e um tênue suéter de lã. Não me lembro da impressão que Bogotá me causou, porque estava concentrado na Volta da Colômbia. Como me acontecia sempre que ia participar de alguma competição importante, adoeci: um resfriado que em qualquer outra circunstância me teria deixado de cama, mas que dissimulei como pude. Já era bastante que a imprensa antioquenha estivesse protestando por minha participação na Volta, para que à última hora resultasse que devia me retirar por um simples resfriado.

Estava disposto a chegar até o final, principalmente pela atitude de meus companheiros de equipe, Amador Andrade e Galo Chiriboga. A primeira coisa que eles fizeram, ao saber que eu ia competir, foi marcar as reservas de provisões. Dom Ramiro me conseguira duas bicicletas em bom estado, mas teoricamente não havia reposições para mim, porque estavam marcadas. Além disso, o carro de apoio tinha uma ordem terminante: viajar sempre ao lado do que estivesse na ponta. Amador Andrade e Galo Chiriboga, como se diz, não me davam "colher de chá". Estavam dispostos a me passar uma rasteira ao menor descuido.

Minha primeira foto de jornal

Nos dias anteriores já haviam acontecido muitas coisas estimulantes. Em Medellín, antes de viajar para Bogotá, tiraram-me a primeira foto de imprensa: bateu-a Carlos Rodríguez, repórter fotográfico de *El Correo*, e nela apareci com sapatos de futebol, uma camisa improvisada e o calção que me foi presenteado pela mulher de Víctor Betancourt. Conheci, dois dias depois, o velódromo de Bogotá, e senti uma forte emoção ao pedalar na pista lisa e dura, como um verdadeiro ciclista. Nesse lugar, Jorge Obando tirou minha segunda fotografia para a imprensa. Tinha de lutar contra a hostilidade geral, contra minha inexperiência e contra todo um conjunto de inconvenientes. Mas tomei uma resolução: "Se me desclassificarem por tempo e chegar de noite, muito bem. Mas, haja o que houver, não me retiro."

A largada

Dia 8 de janeiro, bem cedo, começou a corrida. Resfriado, tremendo por causa dos nervos e da emoção, comecei a pedalar como um louco. Primeira etapa: Bogotá-Honda. Teria preferido subir, porque subindo me sentia seguro. Mas ao mesmo tempo desejava descer o quanto antes, chegar à terra quente, porque a altitude e o resfriado estavam me deixando sem ar. Invadia-me o terror, só de pensar num acidente, naquela estrada sinuosa e pedregosa. Desde os primeiros minutos me dei conta de que me metera numa camisa de 11 varas, de que não tinha experiência para esse tipo de prova e de que talvez — por me apressar a entrar numa competição como aquela — fosse perder todas as possibilidades futuras.

Contudo, estava ali, e só podia seguir em frente. Minha maior preocupação era alcançar o carro de apoio. Não me importava muito minha posição, mas saber que, em caso de batida, tinha o socorro à mão.

O que aconteceu?

Desde que o pelotão começou a se desintegrar me dei conta de que não tinha nada a fazer. Um a um, todos os ciclistas iam me deixando para trás. Sentia-me doente, ofuscado, e com uma irreprimível vontade de chorar. Mas uma coisa me impelia para a frente: não decepcionar dom Ramiro Mejía, que vencera todos os obstáculos para que eu pudesse participar da II Volta da Colômbia.

Lembro-me de que por uma hora, pelo menos, fiquei completamente sozinho na estrada. As pessoas que saíram de casa para saudar os ciclistas tinham desaparecido. Eu era o último. Estavam me ultrapassando até os últimos ciclistas que se desprenderam do pelotão, e no entanto eu continuava pedalando atordoadamente, rumo a Villeta.

Não percebi quando aconteceu: senti que perdia o controle da bicicleta e que ia de cabeça contra uma pedra. Foi uma fração de segundo. Mais não posso dizer: só me lembro do golpe terrível na testa. Em seguida perdi os sentidos.

"Não subo"

Quando voltei a mim, ouvi vozes ao redor. E concretamente uma voz que dizia:

— Subam-no no carro. Está muito ferido e não tem mais condições de correr.

Em meu estado de semi-inconsciência me lembrei de meu propósito: "Que me desclassifiquem por tempo." Sentia-me sem força e a cabeça me doía, com uma dor penetrante. Apesar de tudo tentei me sentar: não subiria no carro, pensei. "Que chegue por último, não importa", continuei pensando, ainda zonzo com a pancada: "Que chegue por último, mas que não me coloquem no carro."

Quando pude abrir os olhos vi dois homens tentando me levantar. A primeira coisa que fiz foi ver se a bicicleta estava ali. E ali estava, em bom estado, junto a um carro de apoio que não era o nosso. Essa era a única coisa que me importava. A cabeça doía, latejava por dentro, mas não importava. O importante era que a bicicleta estava intacta. Enquanto estivesse assim, podia continuar correndo.

"Aí vou, como seja"

Estava tão zonzo que não me dei conta de que estava com a boca cheia de areia, enquanto meus auxiliares ocasionais não começaram a tirá-la com os dedos. O contato com a água fresca me reanimou. Limparam a ferida: era um corte de cerca de cinco centímetros, acima do olho esquerdo.

Em minha inconsciência, calculei que perdia tempo, ali, estirado na beira do caminho. Tentei me sentar, mas não consegui. No entanto, quando os homens do carro (mais tarde soube que se chamavam Rafael Piñeros Corpas e Gregorio Maldonado) me ajudaram a me levantar, senti que tinha força suficiente para subir na bicicleta.

— Vem. Para o carro — ouvi dizer.

Acabei de me sentar por minha conta. Sacudi a cabeça que doía sensivelmente, e respirei o ar, que já começava a ficar morno. Sem dizer uma palavra, subi na bicicleta e comecei a descer. Os homens voltaram para o carro e me seguiram lentamente.

"Não seja teimoso"

Pouco a pouco fui recuperando a consciência. Quase sem querer, comecei a descer com cuidado. Pensei que o carro de apoio estava muito depois de

Villeta. Então comecei a descer com a bicicleta freada, evitando as pedras do caminho, e sentindo como se tivesse dentro da cabeça um animal palpitando dolorosamente.

Era quase meio-dia. Minha primeira participação numa competição realmente importante fora uma catástrofe, mas continuava descendo, com muito cuidado, com a bicicleta freada. Houve um instante em que voltei a olhar para trás. Ali vinha, seguindo-me, o carro que me prestara socorro. Um dos homens pôs a mão para fora e me disse:

— Sobe?

Não respondi nada. Segui descendo, enquanto um dos homens me dizia.

— Não seja teimoso. Os outros já estão chegando em Honda.

Nota do redator

CEM CARTAS DIÁRIAS PARA ESCOLHER

Ramón Hoyos só tem uma preocupação com a família: sua irmã Marina, de sete anos, internada num colégio de Envigado. Enquanto se desenrolava a última Volta da Colômbia, naquele enorme casarão antigo e construído entre árvores alta e silenciosas, a menina era uma espécie de ídolo para suas companheiras. Ali, como em quase todos os lares operários de Antióquia, perdeu-se a conta, durante os 23 dias que durou a competição, da quantidade de velas consumidas e do número de orações rezadas para que Ramón Hoyos ganhasse. Cada vez que o atual tricampeão ganhava uma etapa, uma gigantesca ovação ressoava por todos os cantos da província. Só uma voz não se ouvia: a de Marina, a mais moça das irmãs do campeão, que, aos sete anos, ainda está aprendendo a falar.

A grande esperança

Não há um santo determinado a quem rogar para que os ciclistas ganhem. Cada um se dirige ao santo de sua devoção. Muitos vão além. Não expõem nem iluminam nenhum santo, mas o próprio retrato de Ramón Hoyos: ao lado de uma imagem abençoada, nos humildes lares de Antióquia, pendura-se uma foto do tricampeão, recortada dos jornais. Não só agora, mas desde o terceiro circuito, quando sua glória não tinha as proporções de hoje. Porém o caso é que Ramón Hoyos é agora um campeão, uma espécie de estátua ambulante, mas há dois anos era algo ainda mais importante para o povo antioquenho: era a grande esperança provincial, contra um simpático e disciplinado francês que rapidamente lançara raízes no coração dos fãs colombianos. E em especial contra um ciclista do interior. Hoyos era — para alguns antioquenhos — o triunfo da Colômbia. Mas para a maioria era algo que significa muito nas províncias e especialmente em Antióquia: era a descentralização do campeonato.

"É uma coisa fofa"

Por isso, antes de ser tricampeão e antes de ser campeão pela primeira vez, o retrato de Ramón Hoyos estava pendurado nas paredes de Antióquia, embora poucas pessoas o conhecessem pessoalmente. Agora é conhecido e admirado como uma realidade. Possivelmente se Hoyos perdesse o campeonato, essa avassaladora admiração se deslocaria para outro lado, se fosse destronado por um antioquenho. Mas também provavelmente o retrato de Hoyos continuaria pendurado ao lado do de seu sucessor. E talvez se dê o caso de que seu retrato seja cultuado no futuro, para que outro antioquenho ganhe. Porque falando com as pessoas humildes da província, com as crianças aprendizes de ciclistas e com os fãs populares de Hoyos, tem-se a impressão de que o tricampeão é, mais do que tudo, um símbolo, "um símbolo nacional", como se diz.

"Mãe"

Esse símbolo, desenraizado da vida familial por uma catástrofe em que morreram sua mãe e a irmã mais velha, e pelo segundo casamento do pai, encontrou um novo abrigo sentimental: a assistente social de Contejer, dona

Gabriela Arboleda, que conhece pessoalmente toda a família dos operários da fábrica, e conhece suas necessidades e problemas. Todos a chamam de "mãe". Pelo menos para Ramón Hoyos ela é uma verdadeira mãe, que o ajuda a resolver os problemas, que é sua confidente e conhece a vida íntima do tricampeão melhor do que ele mesmo. No decorrer destas entrevistas, dona Gabriela Arboleda — num escritório em que se ouve o longo e interminável ruído das máquinas de tecelagem — fez observações a Ramón Hoyos, ajudou-o a recordar muitos pontos de sua biografia e contribuiu de maneira inestimável para facilitar este trabalho.

Cem cartas por dia

— Nunca me esqueço — diz dona Gabriela Arboleda — do dia em que este rapaz chegou em meu escritório com uma estranha bicicleta.

Lembra-se de que perguntou a ele "que espécie de bicicleta é essa", e Hoyos respondeu:

— Uma bicicleta de corrida. Veja o peso.

— Era levezinha — diz dona Gabriela Arboleda, recordando aquele dia em que tomou sob sua proteção o ciclista.

Desde então Hoyos fez poucas coisas sem consultar previamente a extraordinariamente amável assistente social. Ela guarda e seleciona as cem cartas que, aproximadamente, o campeão recebe todos os dias.

Não era nada

Enquanto Hoyos estava na Volta da Colômbia, dona Gabriela Arboleda visitou, todos os fins de semana, Marina, a irmã do campeão. Mas durante os dias da semana não fez outra coisa que seguir minuto a minuto os detalhes da corrida, num rádio instalado em seu escritório. Atualmente, a assistente social — que três anos atrás jamais vira uma bicicleta de corrida — pode falar de ciclismo durante muitas horas, em termos técnicos, como um técnico.

Talvez Ramón Hoyos não tenha um fã mais irredutível do que ela. Quando, na V Volta da Colômbia, o tricampeão perdeu uma etapa pela primeira vez na competição, a assistente social não compareceu ao escritório no dia seguinte. Alegou doença.

No dia seguinte, o alegre e esperto Javier Jiménez, que conhece bem dona Gabriela Arboleda, mandou um recado para sua casa:

— Diga a dona Gabriela Arboleda que já pode vir. Ramón Hoyos já voltou a ganhar.

A encantadora assistente social insiste em que estava doente. Mas a verdade é que voltou ao seu escritório, saudável e alegre, quando recebeu o recado de Javier Jiménez.

O tricampeão revela seus segredos

Capítulo VIII

UM CABO DECIDIU MINHA CARREIRA

FERIDO E HOSPITALIZADO. "ARRUMA UM POUQUINHO DE ÁGUA?" PASSAGEM DE VOLTA PARA MEDELLÍN. DESCLASSIFICADO. "POSSO VER O QUE PRECISO SÓ COM UM OLHO"

Apesar de estar com um olho incapacitado, de perder a esperança de me classificar e não descer com suficiente entusiasmo com medo de levar uma nova queda, segui em minha bicicleta até Honda. Ao longo do caminho, esquecido de que participava de uma competição, desci várias vezes do veículo e refresquei minhas feridas nos arroios. O relógio andava com pressa.

— Que horas são? — perguntei aos meus companheiros voluntários.

— Cinco — disseram.

E segui adiante, zonzo com a pancada, mas disposto a não abandonar a corrida.

Às cinco e meia, exatamente, cheguei ao parque de Honda. Esperei encontrar uma manifestação entusiástica. Mas não havia ninguém. Apenas, ao longo da arena de cimento, alguns ciclistas conhecidos passeavam de um extremo ao outro.

— Onde é a linha de chegada? — perguntei.

— Era por aqui — disseram. — Mas já se foram todos.

Era verdade. Todos já se haviam ido. No parquezinho, outros ciclistas passeavam, inteiramente refrescados e repousados. Da II Volta da Colômbia participavam cinqüenta corredores. Dois tinham abandonado. Eu cheguei a Honda na 48ª posição.

No hospital

Não soube o que fazer quando cheguei em Honda. A primeira coisa que me ocorreu foi perguntar por dom Ramiro Mejía, meu patrocinador. Mas não tive tempo. Algumas pessoas que passeavam no parque, ao me ver com a testa sangrando, aproximaram-se de mim e me levaram ao hospital, apesar dos meus protestos. Estavam acostumados aos ciclistas que, embora se sentissem totalmente esgotados, manifestavam energicamente seu desejo de seguir em frente: por isso, não fizeram caso de meus protestos. Obrigaram-me a cuidar de mim com tanta diligência como se eu fosse um campeão. Meu olho esquerdo estava fechado. Perdera a visão. Sentia-me completamente extenuado, mas me lembrava perfeitamente de meu objetivo. "Se me desclassificaram por tempo, muito bem."

Na realidade, nessa noite soube que me desclassificaram por tempo. Na primeira etapa perdera o direito de continuar participando da II Volta da Colômbia.

Passagem de volta

Naturalmente não dormi bem. No profundo silêncio do hospital me sentia um desgraçado, sem direito a continuar correndo e com o olho esquerdo fechado. À noite, recebi várias visitas: a de dom Ramiro Mejía, a da dona Quina, a senhora mãe de Pedro Nel Gil, e a do redator esportivo de *El Tiempo*, Jorge Enrique Buitrago. Os dois últimos vieram me consolar. Em compensação, dom Ramiro, meu patrocinador, que participara de uma batalha para conseguir que me admitissem na prova, veio dizer-me:

— Sinto muito o que aconteceu com você, Ramón. Mas não desanime para o próximo ano. Darei a você a passagem para que volte para Medellín.

Com sua conhecida generosidade, dom Ramiro me deu cinqüenta pesos. E me deixou ali, na cama do hospital de Honda, ferido e sem esperanças.

"No próximo ano"

Mas apesar da falta de comunicação em que me encontrava, chegaram rumores até o hospital: os ciclistas sairiam às nove da manhã. Despertei cedo. Estive pensando, desde o primeiro instante, na possibilidade de sair do hospital e conversar com alguém que tivesse algo a ver com a corrida, para saber se havia possibilidade de me admitirem de novo. Mas não me ocorria nada. O olho esquerdo continuava doendo, e eu nada via por ele.

De manhã, voltou a me visitar dona Quina, a mãe de Pedro Nel. Tentou me consolar.

— Não se preocupe — disse. — No próximo ano, você irá muito melhor.

Mas eu não queria pensar no ano seguinte. Queria continuar essa corrida de qualquer maneira. E estava disposto a seguir adiante.

"Água, por favor"

Eram aproximadamente oito e meia quando duas freiras vieram ver como eu amanhecera.

— Muito bem — disse a elas. — Estou disposto a continuar a corrida.

Falei, mesmo sabendo que tinha sido desclassificado. Sabia também que ocupara o 48º lugar entre cinqüenta participantes. As freiras expressaram pesar pelo meu acidente, e disseram que, embora me sentisse bem, não poderia continuar tomando parte da Volta da Colômbia.

Aparentei me resignar, e disse:

— Estou com fome. Façam-me o favor de trazer o meu café-da-manhã.

Elas disseram que com muito gosto, e logo. Mas eu não podia perder tempo.

— Também estou com sede — eu disse. — Podem me fazer o favor de me trazer um pouco de água?

A fuga

As freiras não responderam nada. Saíram imediatamente. Então pulei da cama, pus a roupa com pressa, antes que alguém voltasse para o quarto, e procurei a saída.

Fugi. Era a última esperança que me restava e eu não estava disposto a desistir de meu propósito de continuar a corrida. Quando cheguei ao parquezinho, os outros participantes estavam prontos para dar a largada. Olhei-os com inveja, e pensei que ao menor descuido dos dirigentes poderia voltar para a competição.

Mas não foi possível.

— Você foi desclassificado — foi tudo o que me disseram.

E me desiludiram ainda mais: oito ciclistas que chegaram antes de mim também foram desclassificados. Portanto, não havia a menor esperança.

Na expectativa

Pelo menos não ficaria ali em Honda, abandonado como um cão. Tinha os cinqüenta pesos de dom Ramiro Mejía, com os quais poderia voltar para Medellín. Morrendo de inveja, vi os outros ciclistas se prepararem para a nova etapa.

Estava num lado do parque, com minha pequena maleta de roupa e minha bicicleta, quando me dei conta de que algo acontecia: um grupo de militares discutia acaloradamente com um dos dirigentes da corrida. A razão era simples: um dos ciclistas da primeira etapa, o primeiro-sargento Manuel Ramírez, também fora desclassificado. Um grupo de oficiais do Exército queria que continuasse na competição. Era o motivo da discussão. E eu, disposto a continuar adiante, fiquei na expectativa.

Que casualidade!

A discussão continuou por quase meia hora. Os oficiais do Exército afirmavam que o sargento Ramírez devia continuar correndo, e os dirigentes afirmavam em que "o regulamento é o regulamento". Mas eu sabia quem ia ganhar aquela discussão. E porque sabia, aproximei-me do grupo com minha maletinha e minha bicicleta, à espera do desenrolar dos acontecimentos.

Não me enganei: o sargento Ramírez foi admitido. E então os oito desclassificados se puseram na ofensiva.

— Se o sargento Ramírez correr, nós também correremos.

E todos corremos.

Dom Ramírez se apressou a me perguntar:

— Você está disposto a correr com esse olho?

Respondi, sem pensar:

— Posso ver o que preciso só com um olho.

"Levem essa maleta"

Rapidamente procurei um lugar para me trocar. No corredor de um café, abri a maleta, tirei o uniforme e o vesti, sem pensar que estavam me vendo. Nesse momento, os microfones anunciavam a saída do pelotão.

Quando saí de Honda, levavam um minuto de vantagem. Mas não importava. Lancei-me para a frente, como um louco, disposto a não desperdiçar aquela oportunidade com que o acaso me brindara.

Em poucos minutos me dei conta de que levava a maleta na mão. Pensei que seria um peso morto e que não poderia progredir com a maleta, mas não tinha onde deixá-la. Continuei correndo, procurando evitar que o pelotão abrisse vantagem maior ainda, até que um carro passou junto de mim. Então joguei a maleta dentro do veículo, e gritei:

— Levem-me essa maleta para Medellín!

Corri essa etapa com tanto entusiasmo, apesar de meu olho inchado, que me classifiquei a vinte minutos do ponteiro. Durante todo o trajeto estive junto do carro de apoio. Em compensação, meus companheiros de equipe ficaram para trás: Chiriboga entrou a 27 minutos e Andrade a 25 minutos do ponteiro.

Minha posição emocionou dom Ramiro Mejía, que viajava no carro de apoio, com duas garrafas de aguardente. Ia ligeiramente embriagado e feliz com minha reação. A meta mais importante, nesse momento, era a planície. Empenhei-me em caçar "El Sastre"; e o cacei. Quando me faltavam três quilômetros, o francês Beyaert, que se sentia perseguido de perto, forçou o ritmo e ampliou a vantagem sobre mim. Entrei na planície em segundo lugar. Dom Ramiro Mejía, segurando uma garrafa de aguardente, animava-me atabalhoadamente da caminhonete.

"Não vou abandonar"

Aquele segundo lugar foi um erro. Continuei correndo sem disciplina, e na curva seguinte bati de cabeça numa pedra. Machuquei meu joelho. Mas isso não importava. Outra coisa me amargurava; na queda, perdera três minutos. Como o carro só levava provisões, mas nenhum *kit* de primeiros socorros, dom Ramiro desceu e me perguntou:

— Você vai abandonar?

Respondi que não. Queria seguir adiante, de qualquer maneira. Então meu patrocinador, entusiasmado com minha teimosia, jogou meia garrafa de aguardente no meu joelho e me ajudou a subir na bicicleta. Poucos minutos depois comecei a caçar "El Sastre". O francês cruzou a linha de chegada três minutos antes de mim — exatamente o tempo que perdi no acidente.

Nota do redator

"O ESCARAVELHO", NOME EQUIVOCADO

A primeira etapa da II Volta da Colômbia, da qual Ramón Hoyos participou contrariando o parecer dos técnicos e apenas por causa da teimosia do seu patrocinador, dom Ramiro Mejía, é talvez a mais acidentada das etapas corridas pelo tricampeão. Como ele mesmo contou, antes de chegar a Villeta bateu com a fronte numa pedra, como qualquer novato.

— Era um novato de verdade — diz Ramón Hoyos, recordando aqueles tempos que, medidos por seus triunfos, parecem remotos, mas são recentes: apenas três anos.

Quando Hoyos participou da II Volta da Colômbia — ele mesmo reconhece — não tinha experiência.

— Um ciclista deve conhecer sua bicicleta — diz.

E Hoyos montava em sua própria bicicleta havia apenas dois meses. Além disso, sustentou o moral milagrosamente, pois seus próprios companheiros de equipe criavam obstáculos à sua carreira, e o próprio dom Ramiro Mejía — que Ramón Hoyos recorda com extraordinária gratidão — manifestou pessimismo pela sorte de seu patrocinado.

"Parecia um Cristo"

O redator esportivo de *El Tiempo*, Jorge Enrique Buitrago, "Mirón", visitou Ramón Hoyos no hospital de Honda. Ouvira falar de um ciclista acidentado e, por pura curiosidade jornalística, acompanhou a mãe de Pedro Nel Gil, que conhecia o atual tricampeão, e estava preocupada com sua sorte.

— Parecia um Cristo — disse Mirón, recordando aquela manhã de 9 de janeiro de 1952 em que chegou ao hospital e encontrou Ramón Hoyos, deitado com os braços abertos em cruz com o corpo descascado, escalavrado e sem esperanças.

— Ninguém acreditava que jamais pudesse subir numa bicicleta — continua recordando Jorge Enrique Buitrago, quando alguém pergunta que impressão lhe causou o ciclista antioquenho, recolhido a uma sala do hospital de Honda. No entanto, como ele mesmo conta, Ramón Hoyos continuou correndo. Quando acabou a II Volta da Colômbia, os jornais colombianos publicaram sua foto com a legenda: "A revelação de 1952".

Um equívoco

Quando o pelotão saiu de Honda, Jorge Enrique Buitrago estava atrasado. Por isso presenciou o momento em que Ramón Hoyos se lançou em perseguição aos seus adversários, com um minuto de atraso. Foi testemunha do acidente sofrido pelo atual tricampeão, e da maneira como chegou ao final da terceira etapa, com poucos minutos atrás do ponteiro, o francês Beyaert, que nesse ano corria pela primeira vez na Colômbia.

Mirón se lembra de que, quando cruzava um terreno deserto, Ramón Hoyos tinha "uma estranha aparência de animal". Na pressa, o cronista não pôde precisar o nome do animal. Mas decidiu batizá-lo, pela maneira de correr, encurvado sobre sua bicicleta: "O Escaravelho".

Atualmente, Ramón Hoyos é conhecido em todos os meios esportivos e na imprensa com o nome que lhe pôs Mirón naquele dia: "O Escaravelho". Mas, pensando com mais calma, Mirón admite que se equivocou:

— Na realidade — disse — estava pensando no gafanhoto.

O tricampeão revela seus segredos

Capítulo IX

A PRIMEIRA ETAPA GANHA

COM A CABEÇA ENFAIXADA, A VINTE MINUTOS DO "ZIPA" FORERO. OUTRO INCONVENIENTE PARA DESCER: A DOR DE CABEÇA. PEDRAS E GARRAFAS NA CANDELÁRIA. FELICITAÇÕES DE VARISCO. MINHA OPINIÃO SOBRE O "ZIPA"

A quarta etapa da II Volta da Colômbia tinha para mim um significado especial. Em primeiro lugar, a meta era Medellín. Ali me esperavam minha mãe e meus amigos. Em segundo lugar, era uma etapa dura, e eu — apesar dos golpes sofridos — estava louco para vencê-la. Cada hora que passava sentia o moral subir, estimulado por dom Ramiro Mejía.

Arranquei bem. Mas em poucos minutos me dei conta de duas coisas: a primeira era que ao subir não me doía muito a cabeça, que estava enfaixada; e em compensação me doía terrivelmente ao descer. A segunda coisa de que me dei conta era de que meu duelo teria de ser com ninguém menos do que o vencedor da primeira etapa, o zipaquirenho Efraín Forero. Não o temia. Pelo contrário, alegrava-me a idéia de me destacar diante de um corredor de sua categoria. Mas ao mesmo tempo me dava conta de minha responsabilidade e das dificuldades que me esperavam nessa etapa.

Subindo ou descendo

Aproveitando a circunstância de que nas subidas me doía menos a cabeça, corri forte até La Pintada, por terreno mais ou menos conhecido. Cheguei no quarto lugar, e a apenas vinte minutos de Forero. Minha posição não era notável, mas oferecia esperanças. Além disso, dos cinqüenta corredores que saíram de Bogotá, só restavam 22, e isso me dava ânimo para resistir. Continuei correndo forte, e nos vinte quilômetros seguintes consegui descontar os vinte minutos de vantagem de Forero. Nesse momento me dispus a ultrapassá-lo na primeira oportunidade, e me precipitei emocionado até outro dos instantes decisivos de minha carreira.

O duelo

Meu primeiro encontro com Efraín Forero teve características dramáticas: foi um duelo na lama, sob um aguaceiro implacável, açoitados por uma bátega de granizo. Dois quilômetros acima de Santa Bárbara tentei passá-lo definitivamente. Mas Forero colou na minha roda. Continuamos assim, abrindo caminho através da chuva, da lama e do granizo; eu tratando de me distanciar na primeira oportunidade, e ele colado em minha roda, forte, insistente, correndo com prudência. Nesse momento eu estava disputando com o campeão, o ídolo das multidões, um importante triunfo: o prêmio da montanha.

Durante o duelo esqueci a dor de cabeça. Sentia, remotamente, que algo latejava por dentro, contra a testa. Mas sabia também que devia ganhar a maior quantidade possível de tempo enquanto ia subindo, pois na descida a dor se tornaria insuportável. Forero continuava colado na minha roda. No instante decisivo, fazendo um esforço supremo, tomei impulso. Forero tomou impulso ao mesmo tempo, e entramos juntos, como se as rodas das duas bicicletas pertencessem a uma mesma engrenagem: juntos no prêmio da montanha.

No entanto...

Não obtive a vitória desejada, mas me sentia com força e, sobretudo, com um grande entusiasmo. No topo me esperava meu irmão José, com um tarro de geléia mandado por minha mãe. Aquilo redobrou minhas forças e meu entusiasmo. Mas então começara a descida e minha cabeça me doía terrivelmente. Forero e eu avançávamos, vigiando-nos, esperando a oportunidade de abrir distância. Ambos estávamos correndo forte e já não cabia dúvida de que aquela etapa seria decidida entre nós dois. Até aquele momento eu ocupava o 12º lugar na classificação geral. Mas havia uma coisa importante: o ponteiro no cômputo geral, Beyaert, o francês, estava atrasado nessa etapa em pelo menos vinte minutos. Mais à frente, num duelo implacável, Efraín Forero e eu disputávamos a vitoriosa entrada em Medellín.

Foi na superfície plana que comecei a perder terreno. O esforço me esgotara. A emoção me entorpecia, e um pouco antes de entrar em Medellín eu próprio compreendi que Forero se adiantava. E passou na frente. Ganhou quatro minutos até a linha de chegada.

A garrafada

No entanto, foi emocionante entrar em segundo lugar em Medellín. Minha mãe, meus amigos, a grande multidão antioquenha me receberam com uma aclamação. Nesse instante meu nome começou a circular com insistência, como o novato que poderia chegar a ser campeão. Aquela recepção estimulante me deu ânimo para a próxima etapa, embora meu olho continuasse inchando e a cabeça me doesse cada vez mais.

Mas a próxima etapa importante — Cartago a Cali — foi uma etapa desastrosa. Eram 234 quilômetros, que corri na rabeira, com medo, sem auxílio e desmoralizado. Quando passei por Candelária, ocupava a 15ª posição da etapa. Mas os ponteiros haviam passado havia tanto tempo que em Candelária não havia ordem na multidão. Receberam-me com escárnio, talvez por causa de minha triste figura: a camisa cheia de sangue e a cabeça enfaixada. Só me dei conta do que ocorreu mais tarde, quando recuperei a consciência: do meio da multidão saiu uma garrafa, lançada com força, e estourou na minha cabeça.

Por sorte

A garrafada voltou a abrir a ferida do olho, que já começara a cicatrizar. Nesse momento, pela primeira vez em toda a competição, senti-me completamente sem forças, disposto a me render. Aquilo era superior ao que eu previra: um choque contra uma pedra, na primeira etapa; depois, a garrafada. E, como conseqüência das duas coisas, essa dor de cabeça implacável.

Sem poder me sustentar na bicicleta, sentei-me num lado da estrada e esperei que passasse alguém. Mas os carros de socorro iam bem adiante. Só via passar ciclistas. Ciclistas atrasados que me viam sentado na beira da estrada mas não estavam dispostos a perder valiosos minutos me ajudando. Vi passar, espacejados, os últimos cinco. Por fim, como uma aparição milagrosa, apareceu um jovem camponês que fora às compras em Candelária. Perguntou-me o que eu queria:

— Uma laranjada e algo para a dor de cabeça — disse a ele.

O rapaz se foi e depois de um certo tempo retornou com um analgésico e uma laranjada. Cinco minutos depois eu estava outra vez em minha bicicleta. Entrei em Cali na vigésima posição.

Triunfo contra Varisco

Como ali houve descanso, ao se iniciar a etapa Cali-Sevilla eu estava repousado. Sem muito esforço consegui me manter no pelotão até a subida. Ali me distanciei, fui adiante, com muita vantagem, e comecei a correr forte e com entusiasmo.

Corria tão bem na ponta que mal me dei conta de que Humberto Varisco, o formidável ciclista argentino, estava me caçando. Alcançou-me em poucos minutos e continuamos correndo juntos ao longo de toda a etapa Cali-Sevilla. Foi um duelo silencioso, sem dramaticidade, ao contrário do que travara poucos dias antes com Efraín Forero.

Duas quadras antes da arrancada final decidi acelerar, já nem sei por quê. Mas aquela vez o fiz porque estava desesperado por ganhar uma etapa, e havia gente muito experiente atrás de mim. Arranquei com tanta força que Varisco não teve tempo de reagir quando eu — tremendo de emoção — cruzava a linha de chegada da primeira etapa de importância que ganhava em minha vida.

Depois?

O que veio depois já se sabe pelos jornais. Entrei em 16º em Bogotá, mas fiquei em sétimo lugar na classificação geral. Os jornais concordaram num título: "Ramón Hoyos, a revelação de 1952."

A partir de então começou a expectativa por minha carreira, e não há competição de que participe que não seja registrada nos jornais. O argentino Julio Arrastía, que me viu correndo na II Volta, foi contratado como treinador dos ciclistas antioquenhos pela Liga de Ciclismo, e a partir daí começou minha verdadeira vida de esportista. Começaram os treinos metódicos, a esperança entre o pessoal de minha província, e a curiosidade dos jornalistas que, pouco a pouco, ia tornando pública minha vida particular.

Nota do redator

"O 'ZIPA' NÃO ESTÁ QUEIMADO"

Ramón só fala de Efraín Forero quando é absolutamente indispensável, e se referindo sempre às suas relações como esportistas, mas a todo momento o antioquenho manifesta sua admiração pelo representante da Cundinamarca, e não o responsabiliza pelas dramáticas recepções de que foi objeto em Bogotá, cada vez que entrou como vencedor. Há alguém, em compensação, contra quem Hoyos se pronuncia em termos alarmantes: o público.

— As pessoas são exigentes demais — diz.

E insiste em que todo ciclista faz o que pode, sem se importar com o que se diga, mas lamenta que seus fãs pretendem sempre que se façam milagres.

"Quando posso ganhar, ganho"

— Durante uma etapa — diz Hoyos — a gente não pensa na corrida geral, nem em nada. A gente pensa exclusivamente na etapa que está correndo.

O público está sempre disposto a cobrar do ciclista, quando ganha ou perde. Na III Volta da Colômbia, por exemplo, Hoyos ia ganhando todas as etapas. "Está acabando com o interesse pela corrida" — disseram. E quando começou a perder, disseram que o antioquenho forçara demais no começo, e não resistiria até o final da corrida.

— É verdade que você perdeu de propósito as etapas perdidas? — alguém perguntou a Hoyos.

— Não é verdade — respondeu. — A etapa que não ganho é porque não posso ganhá-la. Ainda que o público queira acreditar outra coisa.

"Forero é bom corredor"

Falando das excessivas exigências do público, Ramón Hoyos voltou a falar de Efraín Forero.

— É um bom corredor — disse. — Mas o público não quer entender que um bom corredor também perde, mesmo que corra bem.

— Então o "Zipa" não está queimado? — alguém perguntou.

— Claro que não — explicou Hoyos. — O que se passa é que quando Forero ganhava os outros ciclistas não eram tão bons como agora.

Ramón Hoyos afirma que o ciclismo colombiano é um dos melhores do mundo.

"O que diz Arrastía?"

O treinador Julio Arrastía concorda com Hoyos: Forero não está queimado. E, mais ainda, está correndo melhor do que nunca, mas contra ciclistas que não podem se comparar com os que participaram da I Volta da Colômbia. E Arrastía explica qual foi a falha principal de Forero no último circuito:

— Forero usou a tática errada — disse o treinador argentino. — Sempre esteve atacando e tentando queimar Hoyos, sem levar em conta que Ramón estava correndo melhor, é melhor ciclista e estava em melhores condições.

— Qual teria sido a tática mais eficaz de Forero?

— Correr mais de acordo com suas possibilidades, procurando a oportunidade de triunfar, e buscando, em todo o caso, a melhor posição possível. Mas correu errado: em lugar de se dar conta de que havia outros corredores com que se preocupar, dedicou-se exclusivamente a correr contra Ramón.

O tricampeão revela seus segredos

Capítulo X

CONSELHOS A UM JOVEM CICLISTA

RECORDAÇÕES DE MINHA VIDA NO EXÉRCITO. BOGOTÁ ME RECEBEU ASSIM DESDE A III VOLTA. O QUE MAIS ME AGRADOU EM PARIS, PORTO RICO, MÉXICO E BRASIL. POR QUE OS COLOMBIANOS NÃO SE DERAM MELHOR NO EXTERIOR. UMA CATÁSTROFE EM MINHA FAMÍLIA

Em 1953, depois que ganhei a III Volta da Colômbia, Héctor Mesa, Fabio León e eu resolvemos viajar para Bogotá, a fim de nos concentrarmos para a competição da França. No aeroporto de Medellín, um sargento do Exército me pediu o atestado militar. Eu não havia definido minha situação, e o sargento prometeu me ajudar se adiasse a viagem para Bogotá e o acompanhasse à IV Brigada. Garantiu-me que se arranjaria tudo em 15 minutos, e, na realidade, aqueles 15 minutos viraram 18 meses. Levaram-me para Cúcuta, onde o comandante da brigada me disse:

— Esqueça-se da bicicleta.

Mas insisti, e foi assim que viajei para a França de qualquer maneira, representando as Forças Armadas. E foi assim que participei — e ganhei — da IV Volta da Colômbia, como segundo-cabo.

O que nunca se soube

Não é muito o que tenho a contar de minha vida no Exército, salvo uma coisa que é muito importante em minha carreira e não se publicou nos jornais: a fratura de minhas mãos. Eu fazia parte do batalhão Caldas, em Bogotá, e comprara uma motocicleta. Num dia de folga fui às Mesitas del Colegio, rolando por uma boa estrada asfaltada. Seguia-me um amigo, em outra motocicleta. Na viagem de volta, quando passávamos por Salto, meu companheiro tentou me ultrapassar pela esquerda. Eu me encostei para que ele cortasse a curva pela direita, mas fui contra o chão de areia. A moto passou por cima de minha cabeça, deixando-me com uma ferida no crânio e as duas mãos fraturadas. Por isso não pude participar do campeonato nacional de ciclismo, em Cali, em julho de 1953.

Sempre foi assim

Por essa época já era um ciclista cujas fotos saíam nos jornais com freqüência. E a quem os fãs reconheciam e seguiam na rua. Durante minha permanência em Bogotá, como membro das forças armadas, não tive qualquer problema com o público. Mas em compensação me surpreendeu a atitude de protesto da imprensa ao modo como fui recebido em Bogotá, no final da V Volta da Colômbia. Na realidade, Bogotá sempre me recebeu a pau e pedra, e não foi surpresa para mim que na última vez tentassem me amarrar, derrubar-me da bicicleta, e que me golpeassem sucessivamente, desde que entrei na cidade até quando cheguei ao velódromo.

Revólver na mão

Desde que se viu claramente que eu seria o vencedor da III Volta da Colômbia, meus amigos ficaram certos de que Bogotá não me receberia bem, porque o público de Bogotá queria que Efraín Forero ganhasse. Então viajaram de Antióquia quatro motociclistas, que me escoltaram, armados, até o fim da III Volta. Mas essa precaução não me serviu muito: quando saía do velódromo, fui recebido a pedras, cascas e paus. Sob uma tremenda chuva de golpes, tentei me defender com a bicicleta. Consegui chegar até o veículo que me levaria ao hotel Casa Marina. No trajeto me arrebataram das mãos a bicicleta — a primeira bicicleta de corrida de minha propriedade — e nunca mais voltei a saber dela.

Por isso não me surpreendeu a recepção que me deram em Bogotá na V Volta. Surpreendeu-me, em compensação, que depois da III Volta fosse mais numerosa e entusiasmada a recepção deste ano em Medellín.

No exterior

Quando estudei no colégio de Marinilla, há quase vinte anos, não me passou pela cabeça a idéia de que alguma vez viajaria ao exterior. Agora já estive no México — que me agradou por suas mulheres e sua música —, em Porto Rico, no Brasil e na França.

Não tenho lembranças importantes dessas viagens. De minha permanência na França, recordo a beleza da torre Eiffel e o jardim zoológico. Do zoológico recordo apenas a impressão que me causaram os leões.

Na França não pudemos ganhar. Desde o primeiro instante me dei conta de que não estávamos preparados para participar dessa prova, e de que teríamos de enfrentar os melhores corredores do mundo, em estradas muito diferentes das nossas. Por isso, para mim não foi uma surpresa a sorte que nós, colombianos, tivemos na França.

No México

No México, em compensação, o motivo era diferente. Fui ali numa equipe composta por Héctor Mesa, Efraín Forero e Justo Pintado Londoño, para participar do circuito Cidade Universitária. Éramos quatro, mas tive de disputar sozinho a batalha contra os formidáveis corredores mexicanos. E com esse esforço, apesar de minha situação desvantajosa, consegui ganhar de Zapopan Romero, o magnífico esportista que agora veio como treinador dos mexicanos que participaram da V Volta.

Aqui se falou muito dos mexicanos. Não fiquei surpreso. Apesar de as circunstâncias serem diferentes, vi-os desempenhar no México um papel bem melhor do que aqui, do ponto de vista técnico. Quando soube — antes da V Volta — que aqui estariam Vaca, Cano e Liñán, francamente temi pelo meu campeonato. E esse temor se agravou com a circunstância de que me resfriei ao chegar em Bogotá — como sempre ocorre — e corri todas as etapas, até Ibagué, com dor no dente molar. Não podia pensar em extração, pois não poderia continuar correndo. Por fim, em Ibagué, decidiu-se que um dentista mataria o nervo do dente doente. Isso me salvou do fracasso no último circuito.

Porto Rico

O circuito Cidade Universitária foi ganho pelo representante da Venezuela, Arsenio Chirinos. Fiquei espicaçado. Gostaria de ter a oportunidade de enfrentá-lo de novo. E essa oportunidade se apresentou bem antes do que esperava: em Porto Rico, em 18 de setembro de 1954. Era uma corrida de 801 quilômetros, em cinco dias, com um de descanso. Acompanhavam-me, na equipe da Colômbia, Benjamín Jiménez, pelas Forças Armadas, e Óscar Salinas, do Valle. Como treinador: Julio Arrastía.

Comecei essa corrida desmoralizado, pois estava convencido de que só participariam, além da Colômbia, Venezuela, República Dominicana e México. Mas ao chegar a Porto Rico nos esperava uma surpresa: aceitaram uma equipe da Bélgica. Lembrei-me da competição na França. Pensei que as estradas de Porto Rico eram como as da Europa, e que essa era uma circunstância favorável aos belgas. Além disso, ainda não estava bem seguro de minhas mãos, que poucos meses antes sofreram a fratura de que já falamos. Mas me livrei do espinho do México: cheguei na frente de Arsenio Chirinos.

A lição do exterior

Das viagens ao exterior extraí uma boa lição: em todo o mundo há gente que sabe correr melhor do que nós. Não devemos alimentar ilusões, mas ficar seguros de que com método e vontade poderemos correr com êxito em qualquer lugar.

Um esportista que deseja ser campeão tem de enfrentar todas as adversidades, sem desanimar. Até hoje, meu período de desânimo mais alarmante foi o que começou em 11 de julho do ano passado, quando os desmoronamentos da colina Santa Elena — onde bati meu primeiro recorde — sepultaram minha mãe e minha irmã mais velha, María Angélica. Recebi a notícia no quartel, em Bogotá, quando ainda estava com as mãos engessadas. Naquela manhã, recebera uma carta de minha mãe, onde me recomendava que me cuidasse. Aproximadamente na mesma hora em que eu lia a carta, minha mãe e minha irmã caíam sepultadas por uma colina que estava estreitamente vinculada à minha carreira.

Passou-se muito tempo antes que pudesse esquecer essa espantosa coincidência. Quando cheguei em minha casa, no dia seguinte, os corpos estavam expostos na sala, e, num dos quartos, meus irmãos Juan de Dios e Francisco Alberto, o mais moço, encontravam-se feridos. Naquela tarde imaginei que minha carreira chegara ao fim. Meu moral foi ao chão. Passei por um longo período de desordem, de dissipação. Em poucos meses perdi tudo o que ganhara em anos de aprendizagem e vida metódica.

Graças ao treinador Julio Arrastía, que me insuflou novo ânimo, consegui reagir àquela crise. Agora posso mostrá-la como exemplo aos jovens ciclistas que pensam em ser campeões. Não se necessita de muito: basta levar uma vida regrada e, sobretudo, com uma firme e irrevogável vontade de chegar a ser campeão, custe o que custar.

O tricampeão revela seus segredos

Capítulo XI

A ACLAMAÇÃO EM ANTIÓQUIA

INTIMIDADES DA III VOLTA DA COLÔMBIA. MINHA BATALHA CONTRA DOIS CAMPEÕES. A ALEGRIA DO TRIUNFO E A DOR PELO TRANSTORNO OCORRIDO COM TITO GALLO. PONTEIRO ABSOLUTO

Conquistei o campeonato nacional de ciclismo na III Volta da Colômbia. No segundo fiquei em sexto lugar na classificação geral. O vencedor dessa competição foi o francês José Beyaert, que todos os ciclistas chamam simplesmente de "o francês". A primeira Volta fora ganha pelo zipaquirenho Efraín Forero. Ambos participaram da III Volta e tive de disputar o título contra ambos, pois em algumas ocasiões tive a impressão de que se aliaram e correram em equipe. Em várias etapas corremos juntos, um preocupado com o outro. Essa circunstância tornou meu triunfo nessa ocasião o mais difícil que conquistei em minha vida.

Esta má saúde

Minha posição na III Volta foi conquistada minuto a minuto, contra um grupo de ciclistas extraordinariamente bem preparados, e, entre eles, meus conterrâneos, em especial. Não me lembro de um pelotão que tenha saído com tantos brios como o que largou às oito e meia da manhã de 19 de fevereiro de 1953 da praça de Bolívar, de Bogotá, composto por 56 corredores. Iam correr 1.923 quilômetros, mas todos começaram como se não esperassem longas jornadas, e sim como se se tratasse de correr uma etapa. Deu muito trabalho para que o pelotão se dissipasse. Só na altura de Facatativá, na primeira etapa, as coisas começaram a se decidir: começou a se desgarrar um pelotão inicial formado por Jorge e José Belyaert, Efraín Forero, Óscar Salinas e Óscar Oyola; e eu entre eles. Mas como acontece sempre, minha saúde pifou neste trajeto. A cãibra e os vômitos me fizeram perder um tempo precioso. Quando soube que Efraín Forero entrara triunfante em Honda, eu ainda estava pedalando na estrada, lutando com meu estômago. Quando cruzei a linha de chegada, Forero fora recebido em triunfo 21 minutos antes.

Quase, quase

No dia seguinte me sentia melhor, mas me sentia um pouco desmoralizado devido aos contratempos da primeira etapa. Todos os participantes continuavam correndo forte, até o extremo de que os dois campeões, o francês e Forero, não puderam se destacar do pelotão nos primeiros trinta minutos. Era um grupo compacto até nossa passagem por Mariquita, quando se iniciou um fantástico duelo entre os vencedores dos dois circuitos anteriores. Começaram a se vigiar, e um grupo de ciclistas tirou proveito dessa circunstância para forçar o ritmo. Entre eles ia eu, que, fazendo um supremo esforço, quase correndo como um louco, consegui me colocar na ponta pela primeira vez na III Volta. O huilense Carlos Orjuela me seguia de perto. Mas ia com tanta determinação que, antes de chegar a Fresno, comecei a me distanciar, e ganhei mais de um quilômetro de vantagem.

No entanto, meu entusiasmo terminou me prejudicando. Não contava que na entrada de Fresno houvesse uma subida íngrime, difícil de vencer. Quando cheguei nela, estava exausto. Então Orjuela veio para cima de mim com tanta força que bateu em quase vinte minutos o recorde dessa mesma etapa — que estava em poder do francês — e ganhou espetacularmente a etapa.

Na cola do francês

Creio que a primeira etapa que conquistei — a terceira — surpreendeu os jornalistas, pois, apesar dos inúmeros fotógrafos que iam conosco na Volta, a maioria dos jornais teve de recorrer à minha foto na carteira da Liga de Ciclismo de Antióquia. Mas apareceu na primeira página, ao lado da do francês.

Não foi uma etapa dura. Efraín Forero sofrera um pequeno acidente, de maneira que minha batalha foi somente contra o francês. Entramos juntos em Manizales, empatados, mas aquela formidável posição me deu a entender que me encontraria em boas condições para atingir meu sonho dourado: entrar na frente em Medellín. Um ciclista deve dormir bem. Mas na noite anterior ao dia em que se correria a etapa Aguadas-Medellín tive dificuldade de conciliar o sono.

Voando até Medellín

Eram 127 quilômetros, por uma estrada diabolicamente estreita e tortuosa. Eu estava um pouco desalentado essa manhã, pois desconfiava das condições lamentáveis da estrada. Tive de fazer de tudo nesta etapa: saltar sobre buracos, carregar bicicleta no ombro e perder nisso tudo uma quantidade preciosa de tempo e de força. Além disso, foi preciso neutralizar os corredores em La Pintada, e eu — lembrando meu fracasso nesse lugar, três anos antes — repeti a marcha, pessimista e cansado. Mas sabia que a entrada de um antioquenho triunfante em Medellín ia ser algo realmente sensacional, e resolvi ganhar aquela etapa a qualquer preço.

Naquele momento tinha uma vantagem: corria em terreno conhecido, na terra antioquenha onde realizei minhas primeiras proezas. Estimulado por aquela emoção, comecei a correr forte antes de chegar a Santa Bárbara, e passei por ali com um quilômetro de vantagem sobre Justo Pintado Londoño, outro antioquenho que também tentava, como eu, não tanto ganhar a etapa pelo triunfo em si, mas para mostrar a Medellín que um antioquenho ia na frente.

Que emoção

Jamais poderei esquecer minha emoção quando de Versalles em diante uma densa multidão de camponeses me saudava com estrondosas aclamações. Então não soube se tinha forças para correr ou se um milagre me fazia voar até Medellín. Sabia que os antioquenhos queriam ver um antioquenho no primeiro lugar, e voava até Medellín em meio aos formidáveis aplausos que ecoavam ao longo da estrada. Não entendo como não caí e quebrei a cabeça contra uma pedra. Corria sem pensar em outra coisa que não fosse o triunfo, embriagado pela possibilidade, cada vez mais garantida, de entrar na ponta em Medellín.

Uma interminável caravana de automóveis, amigos e companheiros em bicicleta se ia juntando à minha roda à medida que me aproximava da cidade. Sentia-me correndo em minha casa, entre minha gente, e a emoção me fazia esquecer todos os perigos que enfrentara correndo daquela maneira.

"Aqui estou"

Com quatro minutos de vantagem sobre meu perseguidor, Londoño, passei por Caldas em meio à mais estrondosa aclamação que recordo em minha vida. Mas ali eu mal percebia isso. Dei-me conta mesmo quando passei por Itagüí, e cruzei acelerado pela linha de chegada, e fui carregado nos ombros por uma delirante multidão de setenta mil pessoas. Naquela tarde tive pela primeira vez a noção do campeonato. Dali em diante não havia a menor dúvida de que ganharia a Volta da Colômbia.

Má notícia

No entanto, minha alegria pelo triunfo se toldou por uma má notícia: Tito Gallo, meu grande amigo, precursor do ciclismo na província, sofrera um espetacular acidente precisamente no momento em que eu recebia a formidável aclamação em Caldas. Tito Gallo também tentava ganhar em Medellín, e forçou o ritmo como todos nós, antioquenhos, fizemos naquela etapa. Com o crânio fraturado, Tito Gallo era levado ao hospital, enquanto eu entrava triunfante em Medellín. Algo me incomodava a consciência. E algo continuava incomodando quando vi minha foto em destaque nas primeiras páginas dos jornais, não só por causa de meu triunfo na etapa de Medellín, mas porque nesse momento era ponteiro absoluto na III Volta da Colômbia.

Ganhando destaque

Ao chegar em Medellín, minha posição começava a se tornar importante, pois se supunha que podia bater um novo recorde, ao ganhar 40% das etapas.

O recorde era de Efraín Forero, com 70% no primeiro circuito. Eu, que correra como um novato sem esperanças na II Volta, que correra a primeira etapa da III Volta como apenas mais um do pelotão, comecei a me dar conta, depois de meus primeiros triunfos, de como se vai ganhando destaque, pouco a pouco, nas páginas dos jornais. "Valente como ninguém", dizia um jornal num recorte que conservo, "corajoso até a temeridade e que se sobressai em todos os sentidos, o ciclista antioquenho a quem se apelidou de "Escaravelho da Montanha", está se convertendo numa figura de proa de nosso esporte. Quase não fala, nas corridas agradece por todos os serviços que lhe prestam, olha sempre para a frente, alcança sempre os adversários e depois de lhes dar uma palmadinha nas costas, retoma a velocidade."

Lendo aquela nota, amável e exagerada, lembrava-me da primeira vez que meu nome apareceu num título, três anos antes: "Brilha a estrela de Ramón Hoyos."

Em minha casa de Medellín, com minha família, amigos e uma incontável quantidade de admiradores, sentia que outra vez me metera numa camisa de onze varas: ainda tinha de lutar muito e sofrer muito, antes de ganhar a III Volta da Colômbia.

O tricampeão revela seus segredos

Capítulo XII

COMEÇA O DUELO COM FORERO

UMA QUEDA MINHA BEM APROVEITADA PELO "ZIPA". HOYOS CONTINUA BATENDO RECORDES. NINGUÉM TEVE MAIS APELIDOS DO QUE EU. FORERO E BEYAERT PREOCUPADOS COMIGO. O DUELO COMEÇA A SE DEFINIR

Creio que desde que comecei a correr de bicicleta não tive um duelo mais sensacional do que aquele que protagonizei com Efraín Forero na etapa Riosucio-Medellín, na III Volta da Colômbia. Largamos na capital antioquenha às 6h45 e às 7h15. Forero e eu já nos distanciávamos do pelotão e corríamos adiante, por uma estrada pedregosa e retorcida, na qual o menos grave que poderia ocorrer ao menor descuido era uma batida. Não corríamos em linha reta: tratávamos de evitar as pedras, mas em tal velocidade que em poucos instantes deixamos para trás os carros de apoio. Se então sofrêssemos um acidente teríamos de esperar quem sabe quantos minutos até que os carros chegassem.

Forero na ponta

A vantagem de Forero começou na grande descida depois de Itagüí. Evidentemente eu não pensava nos acidentes, e sabia que é nas descidas que se desenvolve mais velocidade, porque se voa literalmente, correndo como um louco, e quando eu tentava não perdê-lo de vista já levava oitocentos metros de vantagem sobre o pelotão. Engolia-se o percurso. Eu pressionava, rendendo tudo o que podia, mas Forero parecia impulsionado por um motor. Estávamos cobertos de poeira misturada com suor, empenhados numa corrida que pelo menos naquela etapa se convertera numa competição entre nós dois. Quando passamos por La Pintada, no entanto, eu conseguira reduzir a um minuto minha desvantagem. E em menos de três quilômetros, numa curva do caminho, passei como um torpedo, no instante em que Forero trocava de bicicleta porque sofrera um acidente. Na operação empregou exatamente o minuto de vantagem.

Voando

A coisa se tornou então mais disputada. Seguimos juntos ao longo de vários quilômetros, até que chegamos a uma subida. Eu estava otimista, porque sabia que Forero não era melhor para subir. Mas subiu como um diabo. Foi-se, distanciando-se, e antes que eu tivesse tempo de reagir já havia botado um quilômetro de vantagem.

Nosso treinador, Roberto Guerrero, emocionado com o duelo, montou numa motocicleta e perseguiu Forero, com o cronômetro na mão, para medir exatamente sua vantagem. Regressou em minha direção, voando ele também em sua moto e me deu algumas instruções. Forero continuava engolindo o caminho. Ainda estávamos longe de Valparaíso e ele já tinha quase dois quilômetros de vantagem, embora eu não tivesse perdido o ritmo.

Minha boa estrela

Mas ali a sorte voltou a me favorecer: dez minutos antes de chegar a Valparaíso, Forero voltou a bater. Quando isso ocorreu eu já diminuíra alguns segundos do seu minuto e meio de vantagem. Corríamos de tal maneira que o terceiro na etapa, Orjuela, vinha vários quilômetros atrás de mim.

Naquele momento, eu me lembrei de Valparaíso. Pensei na multidão que sem dúvida esperava ver um antioquenho na ponta. Tratei de acelerar, aproveitando o acidente de Forero e a circunstância de que ali a subida era mais acentuada, mas inicialmente meu esforço foi inútil. Forero trocou de bicicleta com assombrosa rapidez e continuou subindo como um verdadeiro alpinista.

Talvez aquele esforço o tenha extenuado. Segui perto dele, esperando o momento oportuno de caçá-lo, e a menos de dois quilômetros de Valparaíso consegui uma vantagem insignificante. Passei como um bólido pelas ruas tomadas por uma multidão delirante, seguido por Forero a menos de três metros.

Enfim: Riosucio

Mas foi um triunfo momentâneo. Não sei se estava entusiasmado demais por minha vantagem, mas o certo é que sofri uma queda espetacular e só não arrebentei a cabeça por milagre. Tentava me recuperar quando Forero passou à frente como um foguete. Perdi terreno, mas não me senti desanimado, de maneira que continuei correndo, agora tratando de não me forçar, mas esperando nova oportunidade de caçá-lo. E a oportunidade chegou logo: Forero sofreu uma queda espetacular. Caiu de cabeça no caminho pedregoso. Quando passei por ele, voando, cheguei a ver que tinha o rosto cheio de sangue. Foi a última vez que o vi nessa etapa. Extenuado pelo tremendo esforço, entrei nas ruas de Riosucio, onde uma multidão enlouquecida me recebeu com estrondosa aclamação.

Três contra três

Minha outra etapa dura — depois de perder sucessivamente desde Riosucio — foi a de Cali-Popayán. Ali não se deu apenas um duelo contra Forero. Foi contra ele e contra o francês, que se vigiavam mutuamente, e ao que parece preferiam correr em equipe para me vencer. Nos primeiros quilômetros dessa etapa nenhum dos três ia na ponta. Iam na frente, segundo acredito, Salinas, Chiriboga, Echeverri e Isaza. Mais atrás ia outro pelotão, com Forero na frente, seguido por Beyaert. Rapidamente consegui alcançá-los, mas quando tentei ultrapassá-los travou-se entre nós três um duelo, muito duro de definir. Ali se mostrou a eficácia da equipe antioquenha, que colaborou com notável acerto para minha escapada. Pude assim passar Forero e tentei me conservar na ponta. Mas o francês seguia me vigiando implacavelmente. E eu, considerando que ele também tentava escapar, vigiei-o por meu turno, e juntos fomos em frente.

Vai se definindo

Já sozinhos na ponta do segundo pelotão, não me foi difícil deixar o francês para trás. Mas ainda faltava o mais duro: caçar Petróleo Echeverri, que estava na ponta havia um pedaço. Passara três quilômetros do francês quando começou a caçada a Petróleo, num declive que me encheu de entusiasmo. Ao passar por Piendamó consegui chegar à ponta. E 15 quilômetros antes de chegar a Popayán todos haviam ficado para trás. E eu, correndo forte, sabia que a etapa estava vencida.

Amanhã será outro dia

A seguir ganhei a etapa Popayán-La Plata, em duelo com o francês. E em seguida perdi terreno nas próximas etapas, que foram ganhas por Petróleo

Echeverri e Héctor Mesa. Mas eu continuava na ponta na classificação geral, e cheguei a Girardot — penúltima etapa — em 11º lugar, mas com todas as minhas esperanças postas na última etapa.

Naquela noite, em Girardot, começaram a me tratar como o vencedor da III Volta da Colômbia. Nesses momentos eu ganhava mais apelidos do que qualquer ciclista em todos os tempos. Tinha o primeiro, posto no ano anterior pelo jornalista Jorge Enrique Buitrago: "O Escaravelho". E os que me pespegaram na III Volta, nos diferentes jornais: "O Constellation", "O Ascensorista", "Ramón de Fogo". Com aquela quantidade de apelidos por cima, e a expectativa de Antióquia por meu triunfo garantido, resolvi dar tudo de mim na última etapa. Advertiram-me que deveria deixar a ponta para Efraín Forero, para evitar uma má recepção em Bogotá, mas eu tinha somente um minuto de vantagem sobre o francês, na contagem geral, e não quis correr o risco. Além disso, garantiram-me que havia um grupo de motociclistas antioquenhos em Bogotá, reunidos expressamente para proteger minha vida.

Campeão!

Como esperava, foi terrivelmente difícil destacar-me do pelotão, pois os primeiros quilômetros eram planos e bem pavimentados. Além disso, não contávamos com um obstáculo de última hora: numerosos carros e caminhonetes na estrada, que em certos momentos impediam a passagem, literalmente.

Só para serem vistos pelos juízes, corriam ao nosso lado trinta carros. Jaguar Díaz e Bonifácio Arango foram acossados por carros particulares absolutamente alheios à corrida, e por muito pouco não a abandonaram.

Até El Triunfo, sob um forte aguaceiro, não consegui me libertar do francês, que corria melhor do que nunca, mas em compensação Efraín Forero ia perdendo terreno, com quatro minutos de desvantagem, pelo menos. Somente ao passar pelas Mesitas del Colegio me senti definitivamente na ponta, e comecei a pressionar, escoltado já pelos motociclistas antioquenhos, que corriam de revólver na mão. Aquilo me produziu uma emoção irrefreável.

Corri tão forte que, sem esperar, bati o recorde Bogotá-Girardot, ao fazer o percurso em quatro horas, 55 minutos e 21 segundos.

O outro lado da fama

Nunca me esquecerei da minha entrada em Bogotá, como vencedor absoluto da III Volta da Colômbia. Foi uma vitória emocionante. Mas um momento depois, quando se concluiu a aclamação e deixei o velódromo para me dirigir ao hotel Casa Marina, onde pensava em descansar, tive minha primeira decepção. Pedras e paus me saudaram à saída do velódromo. Eu sabia, enquanto abria caminho por entre a multidão, que o carro de apoio não estava longe. Podia vê-lo por cima da multidão vociferante que me golpeava, enquanto tentava abrir caminho e me defender com a bicicleta.

Quase cego, por causa dos golpes, consegui chegar ao meu veículo. Ia dizer ao motorista que arrancasse imediatamente, abrindo caminho por entre a multidão, mas o motorista fora retirado à força de seu banco. As chaves, no entanto, estavam ali. Rapidamente me introduzi no carro e arranquei, entre um cerrado bombardeio de pedras e paus, que despedaçavam as vidraças. Fechei os olhos, pus o motor em marcha e arranquei com violência. Só quando me livrara da chuva de pedras, com as vidraças completamente destroçadas, dei-me conta de que tinham roubado a bicicleta com que ganhara a III Volta.

O cinema em Bogotá. Estréias da semana

Última classe

Chega à terceira semana de exibição *Última classe*, outra obra notável de Luciano Emmer, o prodigioso diretor italiano de *Paris é sempre Paris*, *As garotas da praça de Espanha* e *Domingo de agosto*. O filme que se exibe agora — e que merece continuar em cartaz, seguindo a linha de *Amor de outono* e *Segredos de mulheres* — parece ser uma continuação do discurso iniciado pelo mesmo diretor em *As garotas da praça de Espanha*, onde expõe e analisa os belos e inquietantes problemas da vida estudantil, com uma discrição, uma inteligência e, sobretudo, com uma graça que parece ser sua característica mais notável.

Luciano Emmer é um dos grandes realizadores de documentários de arte. É um homem culto, cujas experiências como catedrático de história da arte lhe serviram para se aprofundar na psicologia e no mundo juvenis com uma compreensão e uma sensibilidade humanas verdadeiramente assombrosas. Os estudantes de Luciano Emmer são seres de carne e osso. Não são protagonistas de conhecidas anedotas estudantis, e sim de um mundo denso e vital, nem sempre visto por dentro com tanta autenticidade como fez Emmer em *As garotas da praça de Espanha* e *Última classe*.

Como catedrático, com essa prodigiosa maneira de compreender a juventude, este excelente diretor de cinema deve ter sido o melhor amigo de seus discípulos. Porque é isso que se nota em seus filmes: um profundo conhecimento do coração juvenil e até certa cumplicidade com suas travessuras, explicável somente num professor que está mais do lado dos alunos do que de seus colegas. Dito isto, o professor de filosofia de *Última classe* — o professor amigo e humano — é uma criação autobiográfica, ou pelo menos o professor ideal do ponto de vista de seu criador.

Ao mesmo tempo, neste filme está presente o especialista em história da arte. Está presente nas lições, nos diálogos e até no tratamento plástico das cenas, captadas pela câmera notável e conhecida de Aldo Tonti. Quem conhece bem a psicologia juvenil não estranha que os atores juvenis resultem tão dóceis e vivos, e os atores adultos tão reais em seus papéis de professores difíceis e explicavelmente conflitantes. *Última classe* é o filme de um homem que conhece a fundo as coisas em que se meteu, e que conhece também a técnica, a ponto de que suas criações são — até onde se conhecem na Colômbia — pequenas, e deliciosas e prudentes obras-primas do cinema moderno.

Robinson Crusoé

Do livro de Daniel Defoe, Luis Buñuel extraiu uma versão cinematográfica em cores — apresentada terça-feira pelo Cine Clube — que é desigual e pouco notável, mas com inúmeros instantes magistrais. O *Robinson Crusoé* de Buñuel — como era de se supor numa versão do conhecido romance — é essencialmente uma ostentação ao contar ao longo de seis bobinas — quase 60% do filme — a história de um homem sozinho numa ilha. Diante de uma ostentação desse tipo, o espectador espera encontrar um tratamento excepcional da história, mas na realidade se encontra diante de uma reconstituição formal, literal e pouco profunda do romance. Buñuel dá conta do recado no sentido de que sustenta o interesse no longo monólogo, mas não tira dele um partido extraordinário. É normal demais, com muitos convencionalismos na escrita, e especialmente estropiada a tentativa de um narrador que se mete no que não lhe diz respeito, como quando explica o que se está narrando em imagens. Uma coisa que em princípio é um despropósito como o *Robinson Crusoé* perde sua força de virtuosismo e quase todos os seus méritos de audácia quando se inclui um narrador afetado pela intemperança verbal, disposto a todo momento a suplantar o espectador.

No entanto, as primeiras seis bobinas de Robinson Crusoé não são aborrecidas porque o grande diretor que é Luis Buñuel se manifesta quando pode, ou quando tem vontade, e o formidável diretor de fotografia que é Alex Philips se manifesta quase em todas as tomadas, aproveitando sem descanso as possibilidades expressivas da cor e organizando discretamente, sem retórica nem caligrafia inútil, os elementos da composição. A cor do mar, por exemplo, é um triunfo inesquecível, depois de tantos mares de azul de metileno a que o tecnicolor nos acostumou.

Deve-se destacar também a aterradora concepção plástica de Sexta-feira, o criado de Robinson, que parece uma criatura do outro mundo, maravilhosamente interpretado pelo irmão mais moço do Índio Fernández, e a tremenda força interior das sóbrias cenas de canibalismo. O primeiro Luis Buñuel, o surrealista, tem também suas oportunidades, no pesadelo protagonizado pelo pai de Robinson, e em mais dois ou três momentos. Mas, desafortunadamente, todos estes acertos são pouco freqüentes, parciais em alguns casos, de maneira que o filme é em geral comum e banal, com inexplicáveis descuidos.

O tricampeão revela seus segredos

Capítulo XIII

SEGREDOS DA IV VOLTA

O CASO DOS 13. OS CICLISTAS APRENDERAM A CORRER. A CAMISA DAS FORÇAS ARMADAS. TRISTEZA DE ANTIÓQUIA. "É PRECISO CAÇAR HOYOS." OUTRA VEZ EM QUATRO RODAS

Corri a IV Volta da Colômbia representando as Forças Armadas. Como disse, no aeroporto de Medellín fui recrutado e em seguida mandado para Cúcuta, onde, no início, me fizeram perder todas as esperanças de ver uma bicicleta enquanto permanecesse no Exército. No entanto, posteriormente me transferiram para Bogotá e me disseram que participaria da IV Volta representando as Forças Armadas. Sei que houve muita tristeza em Antióquia porque esse ano já não participaria da seleção do meu departamento, das equipes de minha província, e que essa tristeza foi mais intensa quando comecei a ganhar etapas, e meu novo triunfo começou a se definir.

Sentia-me bem quando foi dada a largada, nas primeiras horas de 12 de janeiro de 1954. No entanto, sabia que todos os participantes estavam tão bem treinados que fiz uma declaração à imprensa:

— Ganhará o circuito um de meus companheiros de equipe, ou seja, os que estão representando o Exército nacional. Ou, em caso contrário, Efraín Forero terá este ano um sonhado triunfo.

A passo de tartaruga

Com essa idéia corri a primeira etapa, em que não representei nenhum papel notável. Mas ganhou-a um de meus companheiros de equipe, Benjamín Jiménez. Em Tunja — meta da primeira etapa — cheguei em terceiro lugar. Em compensação, na segunda etapa — de Duitama a Málaga — consegui correr bem, apesar de ainda não me sentir em forma e das enormes nuvens de poeira que nublavam a visão da estrada. Pela primeira vez, a Volta da Colômbia era corrida pelo leste do país e eram cada vez piores as notícias sobre as condições dos caminhos onde teríamos de passar. Eu me sentia pessimista, adentrando terrenos que não conhecia, e numa competição dura, que era como para pôr à prova os melhores ciclistas. Naquela noite, no restaurante do hotel Capitolio de Málaga, disse ao redator esportivo de *El Espectador*, cuja caminhonete me acompanhara ao longo de toda a etapa:

— Obrigado pela companhia nesta etapa tão dura.

E, respondendo a uma pergunta sua, disse:

— Ainda não estou em forma. Não é arrogância, e sim porque estou seguro de que estarei cada vez melhor, porque as primeiras etapas são um bom treinamento.

"Os que vão para o México"

E era verdade. Até aquele momento, depois de ganhar a fantástica etapa Duitama-Málaga, não me sentia em forma. Por outro lado, devo confessar que não estava disposto a me desgastar nesse circuito, pois preferia fazer um melhor papel no México, para onde viajaria em breve.

— Considero este circuito um grande treinamento para quem vai ao México — disse ao redator esportivo de *El Espectador*, no hotel Capitolio de Málaga, tentando me precaver, em matéria de saúde, do que pudesse acontecer nos dias seguintes. No entanto, a coisa no dia seguinte não foi muito dura, pois os organizadores do circuito começaram a se dar conta de que pelo leste a coisa era mais brava e não queriam forçar os corredores que viajariam para o México. Abreviaram-se, portanto, muitos quilômetros na etapa, viajando em caminhonete de Málaga e Chitagá. Desde que corria de bicicleta aquela era a primeira etapa que corria em quatro rodas, e confesso que nada me pareceu mais ridículo do que ver a mim mesmo e aos meus companheiros viajando em caminhonetes.

"É preciso caçar Hoyos"

Entrei vitorioso em Cúcuta, embora tenha se formado uma equipe complexa, de gente de todas as partes, para me caçar quando ia na ponta, pedalando sob um terrível aguaceiro e dentro da lama. Caçando-me iam Héctor Mesa, Efraín Forero, Justo Londoño, Óscar Salinas e Roberto Cano Ramírez. Perseguido de perto, creio que, ao passar por Pamplona, desenvolvia uma velocidade de cinqüenta quilômetros por hora. Mais tarde soube que os componentes desse pelotão bateram várias vezes, caíram e se machucaram, mas se recuperaram rapidamente, dispostos a me caçar. E conseguiram antes de chegar a Cúcuta, mas eu continuei puxando forte, enquanto eles decidiram se preocupar um com outro. Quando entrei em Cúcuta, em meio a formidáveis aplausos, sentia-me completamente extenuado por causa do esforço.

De novo em quatro rodas

No dia seguinte, voltou a ocorrer aquela coisa ridícula: tivemos de fazer a maior parte do trajeto — Cúcuta a Pamplona — em caminhonete, "para não cansar os que vão para o México", segundo se dizia. E ali ficamos nós, cada um em sua caminhonete, com a impressão de que fomos obrigados a nos retirar. Por fim se iniciou a etapa. Senti-me satisfeito de que nos deixassem de tratar como senhoritas e nos soltassem em nossas bicicletas, para disputar a etapa com os pedais. Na subida da planície de Santurbán, a poeira entrou outra vez pelos nossos olhos e narizes: foi trágico correr dessa maneira, quase às cegas e levando quedas pelo caminho. E a esse inconveniente se somou, na altura da planície, uma densa neblina, que eliminou quase por completo a visibilidade. Pedalando com muita precaução, para não cair no abismo, foi preciso diminuir o ritmo e continuar correndo às apalpadelas, na etapa mais enfadonha que corri em minha vida. Ali esteve a ponto de perder a vida Yezid Calderón, o bom ciclista de Palmira, que perdeu o controle e se viu lançado num abismo de quarenta metros. Apesar de meu aborrecimento, entrei em Bucaramanga com uma vantagem de cinco quilômetros, mas quase completamente desanimado.

Outras razões

Em Bucaramanga surgiu outra razão para perder o entusiasmo: o francês estava doente, segundo se dizia. Não desempenhara um papel notável em todo o circuito, e se garantia que ia correr a próxima etapa — Bucaramanga-Socorro — apesar da febre. Dessa maneira, e outra vez comendo poeira, não corri com muito entusiasmo na etapa em que meus companheiros Justo Londoño e Héctor Mesa resolveram engolir o caminho, com poeira e tudo. Na arremetida final, numa reta de vinte quilômetros, impôs-se Londoño por uma roda de vantagem. Eu continuava na ponta no cômputo geral, mas ainda sem entusiasmo.

Tal como pensei, sentia-me mais bem preparado à medida que a competição progredia. Mas de nada me servia, pois a próxima etapa não era para ciclistas. Era para jovens estudantes, em caminhonetes e de trem. De fato, a preocupação com os corredores do México continuava aumentando. Por isso, nós, os antioquenhos e os do Exército, viajamos de avião, de Socorro a Medellín, e dali de trem para Santiago, Antióquia. Até Puerto Olaya, atravessando toda a selva do Carare, viajaram os outros, comodamente e aborrecidamente sentados nos veículos de apoio. Tivemos assim a oportunidade de contemplar uma paisagem extraordinária, a selva bravia e densa, como uma excursão colegial, com comida e descanso, nem mais nem menos. Posteriormente, atravessando o rio em lanchas, tomando o trem de Antióquia, até a povoação de Santiago.

O caso dos 13

Então se apresentou um turbulento conflito liderado pelo francês: 13 ciclistas que viajaram pelo Carare se negaram a continuar em frente, pelas más condições em que se encontravam suas bicicletas, por causa dos péssimos caminhos percorridos.

— Os que resolveram se retirar são os que não tinham chance de se classificar — disse o coronel Arámbula, presidente da Associação Colombiana de Ciclismo.

E considerou necessário impor sanções.

— O que acontece — declarou o francês nessa ocasião, explicando sua atitude — é que todos os ciclistas estão unidos para defender nossos direitos...

Del Socorro foi o primeiro a se retirar em Barbosa. Ali ninguém deixara instruções para nos receber e nos alojar. O secretário do prefeito se mostrou surpreso com nossa visita... Tivemos de contratar, eu e outros corredores, um carro para viajar, por nossa conta, a Puerto Olaya: custou-nos 140 pesos... Viajamos sem almoçar.

Chegamos às quatro da tarde e às oito da noite ainda não tinhámos comido nada... Por fim conseguimos passar, de balsa, para Puerto Berrío... No dia seguinte se apresentou o senhor Zuleta Bernal, da Associação de Ciclismo, e nos disse aos gritos:

— Vão ou não vão?

Respondemos que íamos tomar café-da-manhã. Respondeu que o trem saía em cinco minutos. Quando chegamos a Santiago, faltavam vinte minutos para a largada dos ciclistas, e estávamos sem almoçar... Mas o senhor Zuleta Bernal disse que só importava a saúde dos que viajariam para o México.

Depois de semelhante discussão, a IV Volta seguiu em frente. Mas creio que ninguém mais tinha vontade de correr.

O tricampeão revela seus segredos

Capítulo XIV

CONHECENDO A TRAGÉDIA

AS ESTRANHAS COINCIDÊNCIAS DA CATÁSTROFE DA MEDIA LUNA, ONDE BATI MEU PRIMEIRO RECORDE. O MORAL QUE ME INSUFLOU JULIO ARRASTÍA. O QUE PENSAM DE MIM E O QUE EU PENSO

O restante foi a disputa pela ponta, com um grupo de ciclistas dispostos a ganhar: Efraín Forero, Héctor Mesa e Justo Pintado Londoño, principalmente. De maneira especial na última etapa, este grupo formou um pelotão compacto difícil de romper. Na reta final dos cem metros Efraín Forero disparou de forma sensacional e ganhou a etapa e a gigantesca aclamação de cinqüenta mil espectadores, que gritavam — como fizera outra multidão delirante em Girardot, cinco horas antes:

— Forero, sim. Forero, sim.

Fiquei em segundo lugar na etapa, mas fui o primeiro na IV Volta da Colômbia.

A catástrofe

Eu ainda estava no Exército, em 11 de julho do ano passado, quando ocorreu a catástrofe da colina de Santa Elena, em que perderam a vida minha mãe e minha irmã mais velha, María Angélica, de 19 anos, e ficaram gravemente feridos meus irmãos Juan de Dios e Francisco Alberto, o mais moço. Nessa época eu me encontrava hospitalizado, em conseqüência do acidente de motocicleta de que falei antes, em que fraturei as duas mãos. Mas eu me restabelecia. Como não poderia correr no campeonato nacional de Cali, nomearam-me treinador da equipe das Forças Armadas. Encontrava-me no quartel de Usaquén, em 11 de julho, quando se soube da notícia de que a colina de Santa Elena — tão estreitamente vinculada à minha carreira, pois nela aprendi a subir e bati meu primeiro recorde — desmoronara e ocasionara a morte de muita gente. Sabia que a casa de minha família estava a menos de três quilômetros do lugar da catástrofe, mas não me ocorreu que meus parentes tivessem sido vítimas. Qualquer impressão que pudesse ter neste sentido se desvaneceu naquela mesma tarde, quando recebi uma carta de minha mãe. Dizia que estavam bem. Naturalmente a carta fora postada no dia anterior.

"Meu cabo, levante-se"

No dia seguinte, viajaríamos para Cali. De maneira que nos deitamos cedo, para madrugar em forma, e rapidamente peguei no sono, sem tornar a me recordar da catástrofe de Medellín. Mas exatamente à 1h45 da madrugada alguém tocou em minha porta:

— Meu cabo, meu cabo, levante-se.

Não respondi. Continuei fingindo-me de adormecido, porque imaginei que me chamavam para algo relacionado com as bicicletas e as peças que levaríamos a Cali. Dois minutos depois voltaram a insistir, com batidas na porta. De mau humor, pulei da cama, envolvi-me no cobertor e fui à guarda.

A cara do comandante e a de todos os que o acompanhavam me assustou. Estavam lívidos. O comandante me perguntou:

— Você é nervoso, cabo?

Algo muito vago

Depois me contaram uma história bem vaga. Disseram que alguém informou no rádio que "a família do ciclista Ramón Hoyos" morrera na catástrofe. Mas ninguém estava seguro. Envolto no cobertor, ainda sem despertar por completo, tentei sintonizar as emissoras de Medellín, que transmitiam notícias sem interrupção. No entanto, nada se dizia da "família do ciclista Ramón Hoyos".

Imaginei que se tratava de um alarme falso. Ainda envolto no cobertor, deixei dito no comando que se tivessem alguma confirmação me avisassem, e voltei para a minha cama. Adormeci imediatamente.

O sonho

Foi quando tive o sonho: sonhei que minha mãe estava na Clínica Leão XIII — onde nos internaram para o segundo circuito — com uma perna fraturada. Conversamos um longo momento, sobre muitas coisas que não recordo bem. Mas me disseram que não havia perigo e em poucos dias estaria completamente restabelecida. Além disso, minha mãe se mostrou satisfeita por me terem dado licença para visitá-la.

Continuei dormindo muito tempo depois que o sonho acabou. Mas quando despertei me pareceu que aquele sonho fora uma realidade, e me senti tranqüilo. Às cinco da manhã me levantei. Quando ia buscar a bicicleta para Bogotá, as coisas voltaram a se complicar. O oficial de serviço me disse:

— Sinto muito, cabo.

Como entre névoa

Disposto a saber o que tinha acontecido, apresentei-me ao coronel Arámbula. Ele me confirmou a notícia, mas a persistente sensação de meu sonho não me permitiu me dar conta da realidade. Sei que falou pelo telefone com o coronel Nayas Pardo, que lhe deu uma ordem: devia pedir cem pesos da caixa, para a passagem para Medellín. Caso não conseguisse vaga, devia avisar, para colocar um avião das Forças Armadas à minha disposição.

A verdade!

Fui de carro para Bogotá. Não pensava na catástrofe, pois ainda não entendera a idéia de que era verdadeira. Só quando cheguei à avenida Jiménez toda a verdade me entrou com turbulência pelos ouvidos. Um jornaleiro passou perto de meu carro, gritando que "a família de Ramón Hoyos morreu na catástrofe".

Comprei o jornal, sem acreditar em meus olhos. Foi tão difícil me convencer que antes de perguntar no escritório da empresa aérea se havia vaga para Medellín fui à redação dos jornais para que me confirmassem a notícia.

Não havia vaga nos aviões. Nem nos aviões de carga. Desesperado, voltei a Usaquén e pedi o prometido avião das Forças Armadas. Um pouco antes das cinco da tarde, sob uma chuva tênue e cinzenta e com as duas mãos engessadas, vi, do avião, a tremenda ruptura provocada pelos desmoronamentos, na colina onde bati meu primeiro recorde.

Estranhas coincidências

Recordo confusamente minha entrada na casa, com meu uniforme de cabo do exército. Os corpos de minha mãe e de minha irmã estavam sendo velados na sala. Vi-os ao passar, mas estava tão aturdido que fui diretamente para o pátio, e depois ao quarto onde se encontravam gravemente feridos meus dois irmãos. Confusamente, muitas vozes me foram relatando a catástrofe. Foram ver o desmoronamento de manhã e foram surpreendidos por um novo desmoronamento, às seis da tarde. Mais ou menos a essa hora, no dia anterior, eu estava lendo a carta de minha mãe.

Quando continuaram me contando me dei conta de como aquela catástrofe estava cheia de coincidências. Durante toda a noite tentaram resgatar os corpos de minha mãe e de minha irmã. Resgataram-nos de madrugada, aproximadamente na mesma hora em que eu me consolava com o sonho de que minha mãe só estava com uma perna fraturada, na Clínica Leão XIII.

Crise

Nunca gostei do álcool. Mas naquela noite, enquanto se velavam os cadáveres, tomei aguardente antioquenha. Não sei por que bebia, mas sei que me sentia melhor, ainda embotado, sem um claro sentido da realidade.

Foi quando chegou a época de que falei. Desanimei por completo. Fumava sem controle. Bebia sempre que tinha oportunidade, e abandonei por completo meu regime esportivo. Não queria saber mais de bicicleta.

Graças ao treinador Julio Arrastía consegui me recuperar da crise. Meu bom amigo argentino, em longos e pacientes sermões, convenceu-me a voltar aos treinos. Não sei por que obedeci, mas agora me alegro de lhe ter obedecido: poucos meses depois, graças ao moral que Julio Arrastía me insuflou, obtive uma de minhas vitórias notáveis e satisfatórias: a de Porto Rico.

Conclusão

Hoje me sinto em forma. Fala-se muito de meus projetos. Dizem que pretendo me casar. Que pretendo aposentar-me do ciclismo e mil coisas mais. Mas só duas coisas são certas: não penso em me casar por enquanto e desejo continuar correndo. Creio que ainda posso vencer por vários anos.

Mas quando penso que terei de participar de outra Volta da Colômbia me dá um tédio terrível. Alarma-me meu compromisso com o público. Com este público colombiano que a cada dia exige mais e mais, quando a gente já vive para dar a esse público tudo o que pode.

APÊNDICE I

A crise do transporte urbano

ANÁLISE DO PROBLEMA DO DIA EM BOGOTÁ

A POSIÇÃO DE EMPRESÁRIOS E MOTORISTAS, OPERÁRIOS E CLASSE MÉDIA DIANTE DO PROBLEMA. O EMARANHADO DOS INTERESSES EM JOGO. "A SOLUÇÃO NÃO ESTÁ NA ELEVAÇÃO DAS TARIFAS." O QUE A PREFEITURA NÃO ESTUDOU. O SEGREDO DE ALGUNS MILHÕES

"Isso ninguém desenlaça", pensa o cidadão imparcial, que nunca utiliza o ônibus porque vive a duas quadras de seu escritório, e que nas últimas semanas acompanhou pelos jornais o debate sobre a alta das tarifas do transporte urbano. Os empresários, que fizeram o pedido de aumento à prefeitura e mostraram, com suas planilhas, que o negócio de levar cidadãos de um lugar para outro é um mau negócio, exclamam: "Vamos nos arruinar". Os trabalhadores, que já não acreditam em muitas coisas c só utilizam os ônibus do serviço urbano duas vezes por dia, pensam que se o aumento for autorizado o seu orçamento doméstico será sobrecarregado em noventa centavos por mês, mas até agora não disseram nada.

Quem mais tem falado do problema na última semana são os sofridos membros da classe média: o empregado que utiliza o ônibus quatro vezes por dia, de vez em quando toma um táxi, lê os jornais e sabe, portanto, que cinco centavos a mais na passagem do transporte urbano significa um passo a mais rumo ao ideal da vida cara. As donas-de-casa, administradoras por profissão, fizeram suas contas e concluíram que cinco centavos a mais nas tarifas são dez centavos a mais em cada viagem da empregada ao mercado, e vinte a mais por cada criança que vai à escola, e talvez uma sobrecarga proporcional na conta da lavanderia. "A terra nos engoliu", dizem as donas-de-casa, enquanto os motoristas de ônibus, que fazem milagres com seus salários atuais, pensam: "Isto poderia ser a salvação."

O problema transformou a cidade numa nova torre de Babel. Tudo se limitaria a uma simples operação de aritmética, se a questão se reduzisse a que os transportadores dissessem que querem o aumento e o público dissesse que não quer. Mas nem todos os transportadores querem o aumento.

— Não lhes parece — pergunta um proprietário de ônibus — que em vez de elevar as tarifas seria mais útil acabar com os privilégios e organizar oficialmente os proprietários para servir os itinerários, sem necessidade de pertencer a empresas que jamais fizeram qualquer coisa para melhorar o serviço?

A coisa não é por aí

Essa pergunta complicou as coisas, pois o público não consegue entender por que há proprietários de ônibus que se opõem não só à alta mas também à permanência das próprias empresas de que fazem parte. A prefeitura, que, ao que parece, tampouco viu o problema simplesmente porque não o estudou, acreditou encontrar nas divergências entre proprietários e empresários a chave do problema. Um de seus porta-vozes disse:

— Não se autoriza a alta porque tudo se deve à má administração do transporte.

O grande público aplaudiu. Aqueles que vêem as coisas por outro ângulo, e sabem que a prefeitura se opõe à alta das tarifas sem analisar a fundo os argumentos, comentam entre si: "Pura demagogia." Enquanto isto, o problema permanece, o público está disposto a se opor à alta até onde for possível, e os empresários se dizem dispostos a mudar de negócio se não obtiverem a autorização. Os dois mil motoristas de ônibus, no meio da polêmica, seguramente não deixaram de pensar que se as tarifas subirem é possível que suba o leite, e, se não subirem, é possível que as empresas fechem e na próxima semana não tenham com que comprar o pão. Como desenredar esta confusão de interesses opostos?

Um nome em moda

Como ocorre com todo problema, o da alta das tarifas colocou em moda um nome: Silvino Sánchez, o robusto e dinâmico presidente do conselho da Cooperativa de Ônibus Ltda., que há vinte anos era um modesto comerciante de refrigerantes e hoje poderia se sentar num dos pratos da balança, e equilibrá-la pondo no outro sua conta bancária. Na liderança dos empresários, Silvino Sánchez está comandando a batalha das tarifas, com um brilho e uma segurança de argumentação que convenceriam qualquer um, se sua prosperidade pessoal não provocasse entre o público um gesto desconfiado, no mais grave dos casos, quando dom Silvino Sánchez diz que o negócio está à beira da falência. O público protesta pelos cálculos de dom Silvino. Alguns proprietários de ônibus, filiados às cooperativas, mandam-lhe indiretas como esta:

— Aqui em Bogotá só é necessário constituir aparentemente uma sociedade comercial, sem aporte de capital, e em seguida esperar que as pessoas modestas se filiem a essa entidade com um veículo, cuja propriedade é particular.

As indiretas se devem ao fato de os proprietários de ônibus filiados às cooperativas não terem entendido por que eles sofrem perdas enquanto, nos domingos à tarde, dom Silvino sai a passeio em seus custosos cavalos, para que o Cadillac que utiliza nos dias normais descanse.

Motim a bordo

Os proprietários de ônibus argumentam que estão sendo explorados pelas cooperativas enquanto os magnatas enriquecem. "Os filiados que não têm espaço nos círculos oficiais", disse um proprietário, em carta a este jornal, "para poder trabalhar com um ônibus num itinerário devem pagar o seguinte:

1. Mil pesos para se filiar à empresa.

2. Um seguro de quinhentos pesos para possíveis danos a terceiros.

3. Duzentos pesos para obter da empresa uma licença para dirigir, pois de nada vale a carteira de motorista oficial.

4. Uma diária de dez pesos pelo direito de circular. "Isto é, uma espécie de privilégio pelo uso das ruas autorizadas."

O comentário do proprietário de um ônibus filiado é o seguinte:

— O caso é que os empresários têm cada um mais de um milhão de pesos, enquanto os proprietários de veículos, que suamos para financiá-los, que madrugamos, passamos as noites em claro, compramos peças de reposição caras e combustíveis, travamos uma batalha extenuante com os caprichos do público e, no entanto, ainda não nos queixamos e não nos ocorreu pedir a elevação das tarifas.

O segredo do milhão de pesos

O fato de que o negócio do transporte ocasione perdas e no entanto haja empresários que na atualidade têm mais de um milhão de pesos, tendo partido do zero, poderia ser explicado de muitas maneiras. Os proprietários de ônibus filiados que se perguntam, perplexos ou indignados, como é possível esta contradição, talvez não tenham pensado e nem perguntado o que fazem as cooperativas com os 1.700 dólares que recebem como direito de admissão de cada unidade e os outros encargos. Sem necessidade de que os empresários estejam sonegando as contas, é possível que durante anos as cooperativas tenham investido esse dinheiro na importação ou aquisição de maquinaria, peças de reposição e acessórios que em seguida revendem aos donos de ônibus. "Mas quem é a cooperativa?", perguntam-se os proprietários. E seguramente alguns pensam maliciosamente que os magnatas das cooperativas poderiam dizer, parodiando o rei: "A cooperativa sou eu."

Esse poderia ser o segredo do milhão de pesos que os proprietários de ônibus tentam entender, e que por certo não tem nada a ver com os quarenta centavos que um modesto empregado paga para que o transportem quarenta quilômetros todos os dias.

O terceiro homem

Mas se a riqueza dos empresários não depende das tarifas, tampouco depende delas a pobreza dos motoristas — os personagens menos lembrados na análise deste drama. Um motorista é um operário que percorre em seu veículo, diariamente, uma média de trezentos quilômetros. Com uma idade média de 38 anos, faz de 12 a 14 viagens por dia, e tem de lidar, na execução de um dos trabalhos mais extenuantes que existem, com oitocentas pessoas de diferente educação, diferente temperamento e diferente volume, coisa que na indústria do transporte é muito importante.

Desde que se eliminou o cobrador, personagem típico do antigo bonde municipal, o motorista sofreu uma sobrecarga em seu trabalho e no custo de sua vida, sem que seu salário aumentasse na mesma proporção. Na atualidade, o motorista de um pesado veículo de serviço urbano não só tem de prestar atenção no volante, nas paradas, nos engarrafamentos do trânsito e nos mil problemas minúsculos e imprevisíveis que se apresentam em cada quadra numa das cidades mais desorganizadas do mundo, mas também deve se preocupar com a cobrança. Setenta por cento dos cidadãos que todos os dias utilizam os ônibus não levam os dez centavos trocados. O motorista tem, portanto, de realizar diariamente 560 operações para receber o pagamento e dar o troco, enquanto controla o acesso dos outros passageiros, enquanto vigia o horário e respeita as leis do trânsito e observa seu próprio veículo. Almoça às pressas, não faz a sesta, e se, por descuido ou qualquer outra circunstância, permite o excesso de lotação do ônibus, deve pagar de seu bolso um peso por cada passageiro irregular. E, no entanto, um motorista de ônibus está ganhando na atualidade 12,71 dólares por uma jornada capaz de destroçar o sistema nervoso mais equilibrado.

Dos 11 motoristas a quem interrogamos se conclui que seu sustento digno, e o de sua família, exige, sem maiores confortos, um mínimo de vinte dólares diários.

Contas tristes

No entanto, ao examinar, como vamos fazer, os argumentos dos empresários, se deveria concluir que os empresários têm razão — e tudo parece indicar que a têm — ao dizer que na atualidade o transporte urbano é um mau negócio. Um ônibus trabalha em média 25 dias do mês, segundo informações fornecidas oficialmente pela Cooperativa de Buses, Ltda. Arrecada oitenta dólares e seu custo de manutenção diária, segundo os mesmos informantes, é de 122,73 dólares, distribuídos da seguinte forma:

Salário do motorista	12,71
Rodagem, encargo social, bônus semestrais, indenizações e custos administrativos	2,50
Gasolina, pneus, lavagem, lubrificação	43,00
Reposições, mão-de-obra, manutenção da carroceria e garagem	17,50
Óleos e lubrificantes, limpeza e desinfecção, impostos e gastos imprevistos	6,96
Amortização do ônibus: 48.000 em quatro anos	40,06

De acordo com estes dados, um ônibus ocasiona perdas diárias de 48,66 dólares, que os próprios empresários atribuem à desmedida elevação dos custos.

A vôo de pássaro

Uma análise dos custos permitiria igualmente dar razão aos empresários quando dizem que o transporte urbano é um mau negócio. Um ônibus que em 1948 custava, posto na linha, 10.800 dólares custa atualmente 45.000 dólares. Um pneu que custava 196 dólares, custa agora 378,45 dólares, e sua montagem, que custava meio dólar, custa 2 dólares na atualidade.

O valor das peças de reposição — de acordo com os dados oferecidos pelos empresários — subiu nos últimos seis anos em 500 e até em 700%.

O imposto alfandegário era de 3% *ad valorem* quando o modelo de câmbio era de 175, e hoje é de 25%, com o modelo de câmbio de 251.

Por outro lado, alegam os empresários que em 1948 não pagavam bônus, nem havia livros de registro, nem as cooperativas tinham de pagar, como fazem agora, 50.000 dólares anuais com adicionais salariais e 9.000 dólares mensais de seguro social. E finalmente argumentam que em 1948 o percurso mais longo de um ônibus era de dez quilômetros de viagem completa, e que na atualidade é de 41. E concluem: "Esta é a única indústria do país que mantém os mesmos preços há seis anos, e ela vai quebrar se as coisas não mudarem."

A solução não está nas tarifas

Mas a verdade é que, se o governo estudar o problema, nem os empresários irão à falência nem as tarifas serão aumentadas. A prefeitura deve analisar os argumentos a fundo, com a certeza de que chegará a uma conclusão tão elementar que parece de escola primária.

Se um ônibus que arrecada oitenta dólares diários produz um déficit de 48,68 dólares ao mesmo tempo, um aumento de cinco centavos nas tarifas não solucionará o problema e em compensação sobrecarregará em 50% o orçamento de transporte do público. A 15 centavos por pessoa, um ônibus arrecadaria 120 dólares diários, de maneira que continuaria ocasionando um déficit de 8,66 dólares. O aumento das tarifas seria por isso uma medida inútil, além dos prejuízos que ocasionariam no público com a nova carga. Portanto, deve-se convir que o problema é grave, mas sua solução não está na elevação das tarifas.

A crise do transporte urbano (II)

A REALIDADE DO GRAVE PROBLEMA DOS TÁXIS

UMA DAS CAUSAS: DIARIAMENTE TODA A BOGOTÁ SE TRANSFERE PARA CHAPINERO E TODO O CHAPINERO SE TRANSFERE PARA BOGOTÁ. O QUE GANHA UM MOTORISTA E O QUE PERDEM AS EMPRESAS. A ALTA DE TARIFAS TAMPOUCO É A SOLUÇÃO

A urgência e repercussão do problema dos ônibus nublou um dos aspectos do problema geral do transporte urbano: o dos táxis. O passageiro que pega um táxi no centro da cidade indica um itinerário mais ou menos complicado e percebe um momento depois que o taxista está manobrando habilmente para prolongar a corrida, comenta indignado: "Estes motoristas são um bando de ladrões!" No entanto, ao meio-dia, às seis da tarde, à saída dos cinemas ou quando chove torrencialmente, esse mesmo cidadão estaria disposto a pagar, pela metade do percurso, o dobro da tarifa que paga em circunstâncias normais. Mas aí os táxis passam lotados, e depois de meia hora de espera o impaciente transeunte exclama, igualmente indignado: "São poucos os táxis para uma cidade de um milhão de habitantes."

A opinião se divide em duas partes no horário normal: os transeuntes acham que o serviço de táxi em Bogotá é um dos piores do mundo e os motoristas são desonestos e os motoristas por sua vez opinam que os outros cidadãos lhes faltam com respeito, são pretensiosos, e a vida do motorista de táxi é "uma vida de cão, maldita seja!". Nas horas extraordinárias, em compensação, a divisão é diferente. Os cidadãos acham que os motoristas são indelicados e lhes faltam com o respeito, porque não se compadecem do pobre homem que precisa de um carro com urgência, congelando numa esquina com sua mulher e seus filhos, que na semana passada estavam resfriados e tinham recebido uma recomendação do médico para que não saíssem para a rua se estivesse chovendo. Mesmo que cobrassem dois pesos por três quadras, esse homem pagaria, mas nem sequer nessas condições é possível conseguir um táxi. Os motoristas, em compensação, felizes porque chove, estão se lixando para o problema do homem que faz sinais desesperados na esquina, que discutiria por cinco centavos de diferença na tarifa e em circunstâncias normais preferiria caminhar dez quilômetros antes de permitir que o motorista ganhasse dele um centavo.

O caos urbano

Os pontos de vista são inconciliáveis, porque se na hora de maior afluência o cidadão está convencido de que há poucos táxis em Bogotá, deve-se lhe dar razão. Mas nas horas normais os motoristas pensam que o problema é exatamente o contrário: há táxis demais numa cidade em que ninguém os utiliza a não ser nos momentos prementes, e também neste caso os motoristas têm razão.

É difícil estabelecer a quantidade ideal de táxis numa cidade como Bogotá, cuja organização urbanística é improvisada e arbitrária. Há operários que vivem em bairros residenciais no outro extremo do local onde trabalham.

— Às sete da manhã todo o Chapinero se desloca para o centro e todo o centro vai para Chapinero — disse alguém, exagerando o problema, mas explicando-o em parte com este exagero. Nem todos os habitantes de um bairro podem freqüentar, por diversos motivos, o cinema mais perto, e em compensação há cinemas cujos clientes vivem nos bairros mais afastados. Essa circunstância determinou que em certas horas ônibus e táxis não dêem conta do movimento, e que entre elas há um período morto, no qual poucas pessoas utilizam o transporte urbano. No entanto, essa mesma circunstância permitiu que ainda haja em Bogotá ônibus a dez centavos, segundo explicou um conselheiro nacional de planejamento em recente relatório: "Uma das razões pelas quais é possível operar com tarifas tão baixas é o hábito de almoçar em casa, o que representa maior mobilização de passageiros de ônibus por dia." Isto é: a mesma desordem urbanística contribuiu para beneficiar a indústria do transporte urbano.

"Eu queria que fossem 180"

O cidadão que utiliza um táxi tem razão de se indignar se o motorista manobra habilmente para aumentar o preço. Mas essa astúcia do motorista não parece ser tanto um fenômeno isolado, como resultante da situação em que se encontra o transporte urbano, e da qual é o motorista um dos mais diretamente afetados.

— Como pode viver um taxista com 180 pesos mensais? — perguntou-se a muitos deles, com o objetivo de estabelecer a verdade.

Em 70% dos casos a resposta do taxista tem sido a mesma:

— Eu bem queria que fossem 180!

Esta investigação permitiu estabelecer que o taxista com a melhor sorte ganha 228,75 pesos mensalmente. Na realidade não tem salário fixo, e sim que trabalha por 25% da féria total, e essa féria, numa empresa bem organizada, com bons veículos e uma média de 12 horas de trabalho por dia, 915 pesos por unidade.

Para obter um ganho de dez pesos diários, um taxista, trabalhando forte, deve se movimentar sem descanso das oito da manhã até as duas da madrugada. Isso é o que pode suportar um organismo normal duas vezes por semana, quando muito, mas não todos os dias, sem deduzir domingos e feriados. Isto é: para que um taxista com boa sorte e um carro em perfeitas condições possa ganhar trezentos pesos, tem de trabalhar trinta dias desde as oito da manhã até as duas da madrugada do dia seguinte.

No entanto, um grupo de motoristas interrogado ao acaso chegou à conclusão de que gasta mensalmente, só de aluguel da casa em que vive, 150 pesos. O resto das necessidades elementares, suas e de sua família, resolvem como podem, depois de passar as noites em claro suportando bêbados ou aguardando uma senhora que decidiu detê-lo duas horas na porta da cabeleireira, na hora de melhor movimento e suportando empresários desesperados pela situação dos negócios. Não é bom que um taxista dê voltas para aumentar o preço, mas é explicável que o faça, como é compreensível que, depois de cinco e dez anos nas mesmas circunstâncias, tenha virado um neurótico.

Um bom serviço

O problema das empresas de táxis é tão grave como o das empresas de ônibus, embora tampouco a solução dos táxis esteja nas tarifas. A origem das dificuldades de ônibus e táxis são as mesmas: a recente sobrecarga dos custos de exploração.

— Os táxis de Bogotá são uma sucata imunda — é o que se costuma dizer, e em geral não se tem razão.

A competição no negócio determinou a criação de empresas modernas e eficientes, dispostas a prestar um serviço excelente, que, no entanto, estão destinadas à ruína, por causa de sua própria eficiência. Na atualidade se pode conseguir um táxi com um simples telefonema para um radiotáxi contratado pelas empresas, ou ligando diretamente para o escritório, onde um funcionário se mantém em permanente contato com os veículos, por intermédio de um sistema de comunicação radiofônico. Isso é um bom serviço. Mas, do jeito que estão as coisas, é possível que em breve os cidadãos não possam seguir desfrutando dele, dada a penosa situação em que se encontram.

Mais contas tristes

Há algum tempo se criou uma empresa de táxis impossível de conceber melhor. Os carros estão em perfeito estado, podem ser requisitados em qualquer lugar da cidade com uma ligação telefônica, e os motoristas, limpos e uniformizados, são em geral pessoas de comportamento adequado. A criação dessa empresa foi possível graças a um empréstimo do Banco Popular, a ser pago em 24 meses. Mas o problema é que um carro de serviço público não se amortiza em 24 meses, e sim em quatro anos, ao cabo dos quais não serve nem para vender a um comerciante de ferro-velho.

O resultado dessa aventura foi catastrófico, e a empresa está à beira da ruína, pois cada veículo, que arrecada em seis meses uma média de 915 pesos mensais, tem os seguintes gastos:

	Pesos
Letra da Casa Toro	199,28
Banco Popular	236,00
Taxa do radiotáxi	35,00
10% sobre o produto bruto para administração	91,50
Média mensal de pneus	56,00
Gasolina	240,00
Lubrificantes	30,00
Salário do motorista	228,75
Desgaste da máquina	183,33
Peças	50,00
Renovação das placas	4,50
Seguro do veículo	15,08
TOTAL	1.369,44

Os melhores táxis da cidade estão dando um prejuízo de 454,44 pesos mensais, asfixiados pelos encargos bancários de curto prazo e pela elevação dos custos de exploração.

Exigências do público

Pode-se pensar — como alguns comentam — que as perdas das empresas de táxis poderiam ser corrigidas com a redução dos gastos, mediante a supressão de alguns serviços. "O serviço de radiotáxi é um luxo a que uma cidade como esta não se pode dar", comenta-se, sem pensar que sua supressão comprometeria a qualidade de um serviço público. Se os melhores táxis da cidade estão dando prejuízo, a situação dos outros é ainda mais alarmante. Um táxi velho e mal-apresentado não fatura quinhentos pesos mensais. O cidadão que às três da tarde necessita fazer uma viagem de táxi prefere esperar que passe um veículo novo, porque não tem pressa e sabe que a essa hora há muitos carros desocupados. Igualmente procede quem vai em companhia de senhoras, ou as próprias senhoras, que têm um exigente critério de seleção quando se trata de utilizar um táxi. Os carros velhos e deteriorados podem continuar em serviço porque estão pagos há muito tempo e seus motoristas se defendem a partir da meia-noite, no submundo, com uma clientela que é a mesma que freqüenta as páginas policiais. É esse o aspecto mais tenebroso da indústria de transporte urbano.

O problema tampouco está nas tarifas

Também as empresas de táxis pediram autorização para elevar suas tarifas. A bandeirada, que custa 25 centavos há muitos anos, seria elevada para trinta. Na atualidade, um taxímetro pula cinco centavos a cada trezentos metros percorridos. Seriam regulados para pular a cada duzentos metros, o que significaria um aumento substancial.

No entanto, do jeito que estão as coisas, não parece conveniente elevar as tarifas dos táxis, porque essa medida poderia resultar prejudicial até para as empresas. Nas atuais circunstâncias, não se vacila em tomar um táxi, porque o serviço não é caro. Isso permite a manutenção de uma clientela que diminuiria na mesma medida que a alta das tarifas, de maneira que provavelmente a modificação dos preços não modificaria a atual situação das empresas.

Assim como nas empresas de ônibus, as medidas que mais convêm às de táxi seriam determinações oficiais que reduzissem sensivelmente os custos operacionais. Dessa forma se obteria um serviço eficiente, confortável e a um preço acessível, como devem ser os serviços públicos.

A crise do transporte urbano (III)

EM BUSCA DE UMA SOLUÇÃO PARA OS ÔNIBUS

ACONSELHA-SE A MUNICIPALIZAÇÃO DO SERVIÇO. E TAMBÉM O CONTRÁRIO. ENCURTAR OS ITINERÁRIOS É AUMENTAR O PREÇO DA PASSAGEM. "AS TARIFAS MAIS ALTAS DO MUNDO" E AS TARIFAS DIFERENCIAIS. "COOPERATIVAS, PARA QUÊ?" QUAL É A SOLUÇÃO SENSATA

Entre as soluções propostas para o problema do transporte urbano se mencionou uma que à primeira vista parece tentadora: a municipalização. Na atualidade circulam 1.170 ônibus, dos quais só 108 pertencem ao município, de acordo com dados do boletim mensal de estatística. Porta-vozes da prefeitura manifestaram que o problema do transporte se deve à má administração das empresas particulares. Mas, segundo um recente relatório do Conselho Nacional de planejamento, há algum tempo, não se pode dizer que a empresa municipal de ônibus esteja em melhores condições do que as empresas particulares.

A propósito da administração dos ônibus municipais, dizia-se no relatório: "O sistema contábil é tão antiquado que é praticamente impossível determinar suas condições financeiras ao fazer o exame de suas contas." Apesar dessa circunstância, o Conselho Nacional de Planejamento conseguiu estabelecer: "A empresa municipal não está em boas condições financeiras, tanto em matéria de liquidez como na relação do capital passivo... Os pagamentos de amortização das dívidas são tratados como gastos correntes, e o fundo de depreciação, de 1.543.000 pesos, não está representado pelos ativos líquidos e sim pelos fixos. Portanto, quando se terminar de pagar os atuais veículos, terão deixado de prestar serviço muito antes, e no entanto não se terão acumulado fundos para substituí-los."

Até o dia em que foi emitido esse parecer, as empresas municipais de ônibus estavam sendo afetadas pelos mesmos inconvenientes que afetam as empresas particulares. As próprias frases transcritas indicam que suas administração não fora tão recomendável para ser prudente pensar na municipalização de todo o transporte urbano.

Recomenda-se o contrário

Por outro lado, o próprio Conselho de Planejamento, no relatório de que estamos nos ocupando, manifestou-se contrário à municipalização do transporte nos seguintes termos, bem respeitáveis, que merecem uma cuidadosa atenção agora que está na moda procurar soluções para os problemas do transporte: "Como regra geral, o Conselho não aprova a intervenção do governo no campo em que a iniciativa privada se sai melhor... Por conseguinte, a reorganização técnica e contábil da empresa deve se orientar no sentido de entregar a empresa à iniciativa privada."

Chama pelo menos a atenção que pouco tempo depois que um grupo de técnicos emitiu um parecer, como resultado de cuidadoso e autorizado estudo, pense-se precisamente numa medida contrária, como solução para o problema do transporte.

A outra fórmula

Outra fórmula, entre as muitas transitórias que foram propostas, consistiria no encurtamento dos itinerários. Esta fórmula é favorável ao interesse dos empresários, já que é menor o desgaste do ônibus que só tem de percorrer dez quilômetros por viagem completa, em vez de 42 quilômetros. O maior fator de desgaste de um ônibus não é tanto a distância a ser percorrida, mas a contínua aplicação do freio e do acelerador, determinada pelas múltiplas paradas.

Os empresários não contam com a rotatividade dos passageiros em cada viagem. Consideram que em nossa cidade esse é um fenômeno insignificante, pois a pessoa que pega um veículo no centro vai direto para um bairro afastado, e vice-versa. Nas primeiras horas da manhã, cada cidadão pega o ônibus que o conduz diretamente à sua fábrica ou escritório, e, à tarde, pega o mesmo ônibus de volta, diretamente para sua casa. A fórmula do encurtamento dos itinerários não solucionaria, portanto, o problema dos empresários, e em compensação sobrecarregaria em 100% o gasto com transporte dos cidadãos.

Um ônibus que agora faz o percurso da rua primeira à rua 75, por exemplo, só teria de ir até a rua 45, também por exemplo. Nesse caso, o cidadão que agora percorre todo o trajeto por dez centavos, teria de fazer a baldeação na rua 45 e pagar dez centavos a mais até a 75. A solução não é por isso recomendável. Mais ainda: para o público seria a mais grave de todas, sem pensar no incômodo da baldeação.

Em 1948 se tentou esta solução do encurtamento dos itinerários, mediante o sistema radial, e se desistiu por resultar inútil e complicado.

Comparando

Os partidários da alta das tarifas acrescentam que o transporte urbano em Bogotá é o mais barato do mundo. Para ilustrar a afirmação citam alguns exemplos: o metrô de Nova York custará em breve vinte centavos de dólar. Na Filadélfia, o ônibus custa 17 centavos de dólar. Em todo o estado da Flórida custa 15, e em algumas cidades dos Estados Unidos circula uma moeda especial, cujo valor nominal é de 15 centavos, utilizável exclusivamente para o pagamento do transporte urbano.

Outro argumento a favor da alta das tarifas: a desvalorização da moeda colombiana. Há dez anos, um peso valia um peso; hoje vale trinta centavos. E, apesar disso, os empresários, que tiveram de enfrentar todas as contingências da alta progressiva dos custos operacionais continuam recebendo hoje, por pessoa, os mesmos dez centavos que recebiam há dez anos.

Até os sinais!...

Em relação às tarifas dos táxis, o público considera que há dois meses foram elevadas involuntariamente, com a instalação dos sinais de trânsito. Os taxistas têm nos lábios um permanente protesto contra os sinais. Batizaram-nos com nomes esdrúxulos impublicáveis; consideram-nos uma perda de tempo e de dinheiro, porque nas atuais circunstâncias é preferível para o taxista uma grande quantidade de corridas curtas do que uma única viagem longa. Consiste a explicação em que na maior quantidade de corridas há uma maior quantidade de bandeiradas, a 25 centavos cada uma, sem gasto de gasolina nem desgaste do motor. Os sinais retardam o trabalho do taxista, que deseja despachar um cliente para pegar outro.

Mas o cliente tem outra idéia: um serviço no centro da cidade, que antes custava cinqüenta centavos, custa pelo menos oitenta desde que colocaram os sinais. Um táxi aguardando o sinal abrir é um táxi que está sobrecarregando o custo durante sessenta segundos, sem avançar um metro em seu percurso. O cidadão que está com pressa diz ao motorista:

— Leve-me pelo caminho que tem menos sinais.

E o taxista, que conhece seu ofício, busca o caminho mais desimpedido, que é sempre o mais longo no centro da cidade, e o preço aumenta consideravelmente.

Tarifas diferenciadas

Outra solução proposta: as tarifas diferenciadas. Trata-se de estabelecer duas categorias de ônibus: uns a dez centavos e outros, mais confortáveis, mais luxuosos, mais bem acondicionados, a 15 centavos. O ônibus das seis às oito da manhã, do meio-dia às duas e meia da tarde e das seis da tarde às sete da noite, que normalmente custaria 15 centavos, cobraria apenas dez centavos.

A última das soluções, pelo menos na aparência, complicaria o problema: todo mundo escolheria as horas da tarifa especial, nas quais o congestionamento de passageiros se converteria num problema urbano tão grave talvez como a atual crise dos transportes. Os empresários, por sua vez, não teriam um benefício considerávelmente, pois uma elevação da tarifa só seria favorável a eles nas horas em que precisamente custaria dez centavos. Uma categoria especial de ônibus custaria 15 centavos. Mas essa categoria exigiria dos empresários uma sensível melhoria dos veículos, o que não pode ser feito nas atuais circunstâncias e seguramente não será compensada pela modificação das tarifas.

Cooperativas, por quê?

O ponto de vista do público é claro: que o serviço seja melhor e continue custando dez centavos. O ponto de vista dos empresários também é claro: "Trataremos de melhorar os serviços se for autorizada a alta das tarifas e o governo tomar medidas para diminuir os custos operacionais." Do tipo de organização que melhor convém às empresas de transporte nada se disse. Há por exemplo uma pergunta: "Por que não o sistema de cooperativas em lugar de sociedades anônimas?" Os empresários que se encontram à beira da falência, e a prefeitura que se opõe à alta das tarifas, poderiam estudar essa pergunta e tratar de analisar se parte do atual problema dos transportes não está implícito nessa pergunta que os técnicos deveriam estudar e responder.

A solução sensata

O transporte urbano, como todo mundo sabe, é um serviço público. A crise atual provém exclusivamente dos elevados custos opepracionais. A fórmula mais simples, que não prejudique a cidadania, é a criação de benefícios fiscais para os empresários do transporte urbano, o que seria inteiramente normal e aceitável por se tratar de um serviço público.

A crise atual não deve se resolver no sentido de evitar que os empresários continuem contabilizando perdas, mas também no sentido de que no futuro haja um serviço melhor e os motoristas recebam um salário decente, sem que o público seja prejudicado.

Se as peças de reposição subiram 700%, o governo poderia tomar medidas para diminuir o custo das peças destinadas ao transporte urbano. Por que não voltar ao imposto de 3% *ad valorem* para a mercadoria destinada à prestação desse mesmo serviço?

O indicado não é elevar as tarifas sem ampla discussão para favorecer os empresários, nem negar o pedido de alta para agradar o público. O indicado é resolver o problema em suas raízes, estudando as medidas que possam ser tomadas em relação ao imposto e outros encargos, para reduzir os custos operacionais. Ou se terá de insistir que o transporte urbano é um serviço público?

El Espectador visita as cidades

FONTIBÓN, UM POVOADO VÍTIMA DE BOGOTÁ

PROBLEMAS E ESPERANÇAS DE UM MUNICÍPIO COM O MELHOR HIPÓDROMO DO PAÍS, MAS SEM REPRESA NEM SISTEMA DE ESGOTOS. UM BAIRRO DE BOGOTÁ QUE BOGOTÁ NÃO PODE AJUDAR. A CHAVE DO PROBLEMA PARA CONSTRUIR O AQUEDUTO

Bogotá não tem hipódromo nem aeroporto. Em compensação, o município de Bosa tem o melhor aeroporto do país, congestionado por linhas nacionais e estrangeiras, onde chegam diariamente viajantes de todo o mundo. São viajantes que sorriem e saúdam com entusiasmo, convencidos de que chegaram ao término da travessia. Igual engano sofrem os esperançosos apostadores que nas tardes de domingo assistem às corridas de cavalos, convencidos de que estão no hipódromo de Bogotá, quando na realidade se encontram no hipódromo de Fontibón, um município que não tem represa, nem ruas pavimentadas, nem esgoto, nem parque, e no entanto tem o melhor hipódromo do país.

Perto e longe

Há cidades cuja maior vantagem é estar perto da capital da república. Mas o problema de Fontibón é que está perto demais. E cada dia está mais perto, até o extremo de que há poucos anos viajar para Fontibón era um bom programa para o fim de semana, e hoje não se sabe exatamente onde termina o perímetro urbano da capital e onde começa esse importante município, do qual se diz que "é o bairro mais abandonado de Bogotá".

Não se perdem de vista as casas da capital quando se chega a esse povoado, com boas casas de tijolo e concreto, mas cujas ruas são longos e intransitáveis lamaçais. "Velocidade máxima, 15 quilômetros", dizem os letreiros postos pelas autoridades nos postes de iluminação. São letreiros desnecessários: em Fontibón, pelo estado das ruas, é materialmente impossível transitar a mais de 15 quilômetros por hora.

Tudo em teoria

Ainda que ali haja um prefeito, um procurador e um sem-número de funcionários municipais, o município de Fontibón não existe na prática. Mas também não existe na prática o que parece ser um bairro de Bogotá. Poucos habitantes de Fontibón são nascidos lá. As pequenas e cuidadas casas de tijolo, que surgiram lado a lado dos lamaçais num povoado que já existia quando chegou dom Gonzalo Jiménez de Quesada, são habitadas por famílias procedentes de todo o país. Há anos, os representantes e senadores da costa atlântica, a quem seus antepassados com experiências da capital ditavam conselhos para evitar a pneumonia, passaram uma temporada de 72 horas em Fontibón, "para se aclimatar". Fontibón, no entanto, tem o mesmo clima da capital.

Nem mais nem menos

Como o mito da aclimatação, nasceu em Fontibón o mito do baixo custo de vida. "Viver em Fontibón é o mesmo que viver em Bogotá, porém mais barato", dizia-se. Famílias de todo o país, cujos chefes trabalhavam na capital mas não se atreviam a morar nela devido ao seu pequeno salário, iam viver em Fontibón. Só os habitantes nascidos e criados nesse lugar começaram a se dar conta de que a cada dia se encurtavam as distâncias entre a capital e o município vizinho, de que um ovo custava a mesma coisa na praça das Nieves e no mercado de Fontibón, e que portanto era bem mais barato se mudar definitivamente para Bogotá do que continuar vivendo num povoado tão caro como a cidade mas sem as suas comodidades.

O resultado foi que a maioria das pessoas de Fontibón veio viver em Bogotá, e Fontibón se converteu numa cidade superpovoada por forasteiros, como é na atualidade. Uma cidade em que 80% dos chefes de família viajam todas as manhãs para Bogotá, pagando pelo ônibus dez centavos, como se fosse um serviço urbano, mas sem retornar na hora do almoço, porque não se libertaram da idéia bastante discutível de que teriam de fazer uma viagem intermunicipal.

A aldeia perdida

Andando pelas ruas de Fontibón se percebe que seu caráter rural se perdeu. O parque, em pleno centro do município, parece mais um quarteirão demolido. Na orla da linha da ferrovia há uma pequena casa de um só andar com quatro portas. Na primeira porta há um açougue; na segunda, uma casa funerária; na terceira uma barbearia e na última um restaurante, com *cancha de tejo*. É como se todo o antigo e pitoresco Fontibón rural se reduzisse a essa casa, cujas quatro portas condensam todo o seu belo e extinto provincianismo.

Meridiano de Bogotá

Como todas as cidades americanas que desaparecem, arrasadas pelo progresso, da Fontibón rural só resta a igreja. Um templo colonial, de sólida alvenaria, com um relógio que funciona à perfeição, ao compasso do relógio da torre de San Francisco, em Bogotá. A hora de Fontibón não interessa à maioria de seus habitantes. Nem interessaria mesmo que a hora daquele município fosse diferente da hora do centro de Bogotá. Quem vive em Fontibón sabe que para não se atrasar no trabalho deve se guiar pelo relógio de San Francisco, mesmo que o relógio da igreja do município em que vive se empenhasse em marcar uma hora diferente.

"Aqui viveu são Pedro Claver"

Ao lado da igreja, com um jardim circular em torno de uma fonte de pedra, localiza-se a bela casa rural, branca, baixa, escura, com janelas verdes e um silencioso pátio lajeado. Ali se refugiou o passado. Há uma enorme distância temporal entre essa casa e a calçada defronte, cujos habitantes, empurrados pela rotina, parecem se esquecer que a história de Fontibón não é a mesma de Bogotá. No entanto, deve-se ler o que está escrito na pedra da casa rural: "Aqui viveu são Pedro Claver." De fato, ele ali viveu, em 1610, quando a casa era um convento de jesuítas e quando o escravo dos escravos fazia o noviciado.

A chave do problema

Alguém disse que todos os pequenos municípios da Colômbia têm oficialmente 16 mil habitantes. Mas é bem provável que se estivesse mais longe de Bogotá teria uma represa, como quase todos os municípios de sua categoria. No entanto, Fontibón está tão perto da capital da república que seus ônibus têm placa de Bogotá. Aquele município não recebe um só centavo de imposto dos veículos que todos os dias transportam 80% de sua população trabalhadora.

Há algum tempo se contratou a construção do aqueduto com o Instituto de Desenvolvimento Municipal. Fontibón teria de entrar com seiscentos mil pesos para que a obra fosse em frente. Mas o orçamento municipal é de 370 mil pesos. Se Fontibón se decidisse a ser um bairro de Bogotá, talvez não tivesse uma represa. Mas sem dúvida seria mais provável.

Cinco e seis problemas

Quando o professor Bejarano, como ministro da Higiene, acabou com os alambiques com uma única e benéfica penada, os bairros de Bogotá não tiveram problemas. Em Fontibón, em compensação, o orçamento desmoronou, quando se suprimiram os três alambiques de destilação de aguardente que ali funcionavam havia muito tempo.

Em compensação, quando começou a funcionar na jurisdição de Fontibón o hipódromo de Bogotá, porque eram mais baixos os encargos, o município de Fontibón não resolveu seus problemas, como se acreditou. Durante os primeiros dez anos, o município receberá 5% da receita dos ingressos. Das apostas, receberá 0,5% do total durante os primeiros dez anos. O município está arrecadando uma média de 2.100 pesos por reunião. A mesma coisa que se tivesse retomado a atividade das três destilarias fechadas.

A represa

Como não há represa, apenas foi pavimentada uma rua de cinqüenta metros.

— É preciso começar pelo princípio — diz o procurador municipal.

A primeira coisa é a represa. O governo de Cundinamarca não aprovaria a pavimentação das ruas, porque seria uma obra supérflua, um desperdício, num município que ainda não pôde construir uma represa. Mas como a última coisa que se perde é a esperança, Fontibón não perdeu a esperança de ter esgoto. E se se aceita, só para discutir, que se podem pavimentar as ruas, mais tarde a pavimentação teria de ser rompida para colocar o esgoto.

A obsessão pela represa está de tal maneira arraigada nos habitantes de Fontibón que até muitos daqueles que ali nasceram e cresceram, dos que a amam profundamente como sua pátria pequena, dizem, quando são perguntados se aceitariam ser anexados a Bogotá:

— Não nos importaria, se fizessem a represa.

APÊNDICE II

"DÍA A DÍA"

Cleópatra

Uma Cleópatra de mármore que certo impertinente arqueólogo francês descobriu na semana passada no Norte da África parece ser completamente diferente da Cleópatra de vertigem e de sonho que os homens de vários séculos conheceram no coração. Falta demonstrar qual das duas é igual à Cleópatra autêntica. Não se descarta a possibilidade de que mesmo depois de comprovada a semelhança da Cleópatra de mármore com a Cleópatra real, nossa íntima, imaginária e apócrifa Cleópatra continue sendo a verdadeira.

Uma mulher bonita não tem necessariamente a obrigação de se parecer com sua estátua. E menos ainda quando essa estátua demorou tanto tempo para suscitar uma controvérsia, tão inaceitável quando o mármore foi neste caso negligente no cumprimento de sua missão e portanto indigno dela. É uma ação prescrita.

"Para uma mulher tão complexa, tinha uma boca pequena demais, muito nariz, olhos saltados e orelhas perfuradas", diz a National Geographic Society em sua condição de porta-voz oficioso da estátua, sem admitir sequer a possibilidade de que existissem duas Cleópatras, uma para proporcionar material de especulação aos arqueólogos e outra para que a História fosse menos ingrata e desagradável. O mármore sempre serviu para perpetuar o mito, não para destruí-lo. E a humanidade atual não está precisamente em condições de mudar a imagem de uma mulher bonita por uma estátua que, afinal de contas, não merece mais crédito do que vinte séculos de grata e fervorosa imaginação.

Descoberta de Marilyn

É provável que entre Joe Di Maggio e Marilyn Monroe muitos jornalistas americanos preferissem Joe Di Maggio. Mas os jornalistas japoneses não vacilaram quando se apresentou a eles a oportunidade de escolher entre a asfixiante beleza da atriz e a sorridente cara de cavalo do jogador de beisebol. Cinqüenta implacáveis repórteres tentaram decifrar em trinta minutos esse inquietante enigma que é o mais privado da vida privada de Marilyn. O próprio Di Maggio não poderia responder a muitas das perguntas que os japoneses formularam à sua mulher em recente entrevista em Pequim, na qual Marilyn revelou diplomaticamente que estava fazendo planos para comprar um quimono quando lhe perguntaram se é verdade que não usa nada sob o vestido.

Joe, por uma parte seguro de si mesmo e seguro por outra de que a ninguém neste mundo e muito menos um jornalista japonês interessa a qualidade, a cor ou a marca de sua roupa íntima, assistiu à entrevista com a paciente tolerância de quem viu passar ao lado bolas mais importantes do que as que em Pequim circulam sobre os hábitos de sua mulher.

Na próxima semana o panorama será diferente: Joe e Marilyn provavelmente viajarão para a Coréia, onde ela visitará os hospitais e cantará algumas canções se encontrar um piano, segundo revelou. Ali se estabelecerá então a controvérsia entre aqueles que preferem viver um saudável instante de prazer assistindo a uma demonstração gratuita de Di Maggio e aqueles que preferem o martírio chinês de contemplar Marilyn.

Coqueteria política

O fervor com que um grupo de honrados constituintes se empenhou em propor o voto feminino é uma indicação inequívoca de que ainda não acabou na Colômbia o romântico senso da galanteria. Não só nos homens, que se propõem neste caso a substituir o tradicional e efêmero ramo de rosas por uma decisiva disposição constitucional, mas também nas mulheres, que acompanharam o debate com uma discreta e aparente indiferença, sem ignorar a eficácia desse comportamento na estratégia do amor. Nossas mulheres receberão o reconhecimento de seu direito de eleger e ser eleitas, com a mesma emoção e acaso também com muito do sobressalto sentimental com que receberiam a prevista homenagem de uma serenata.

Ninguém se inquiete diante da revelação feita por uma senhora no sentido de que a mulher colombiana não se interessa pelo reconhecimento de seu direito ao sufrágio, nem perca tempo em investigar a razão sociológica desse fenômeno. Esta revelação é apenas uma evidência, bem satisfatória por certo, de que a mulher colombiana tem maturidade suficiente até para utilizar na política as milenares artes do galanteio.

A rainha solitária

No Buckingham Palace surgiu um grave problema doméstico que é um grave problema de Estado: entreter a dona da casa, uma viúva digna, discreta e agradável que colaborou com seu marido no governo do maior e mais complicado império do mundo, e agora não sabe como governar sua solidão.

As coisas mudaram tanto nos últimos anos que Elizabeth, a rainha-mãe, mãe da rainha Elizabeth II, sente-se convertida num estranho habitante de seu próprio lar. Há apenas dois anos sua solidão era cordialmente partilhada com a solidão do rei, numa íntima e harmoniosa solidão total dos dois, em companhia. Agora repousa sobre seus ombros todo o peso daquela intimidade doméstica longamente partilhada. O marido morreu, as crianças cresceram e a mais velha delas, rainha, casada e com dois filhos, viajou para conhecer seu império numa longa viagem que por diversos motivos é uma nova lua-de-mel.

A rainha-mãe, que já é avó, está realmente sozinha pela primeira vez na vida. E enquanto percorre, acompanhada apenas por sua solidão, os imensos corredores do Buckingham Palace, deve se recordar com saudade daquela época feliz em que não sonhou nem quis sonhar nunca em ser rainha, e vivia com o marido e as duas crianças numa casa transbordante de intimidade, onde a tradição britânica se resolvia agradavelmente num silencioso e pensativo serão junto ao fogo. Um rito simples e cordial, que proporcionava a ela e ao marido a mesma felicidade de que desfrutaram junto ao fogo seus remotos antepassados, um homem e uma mulher que talvez não foram reis na idade da pedra.

Naqueles serões ela desejara que a vida não fosse mais do que isso: duas horas intermináveis junto da lareira. Era rei, então, Eduardo, o irmão mais velho de seu marido. Para ela, no entanto, Eduardo devia ser algo menos solene e incômodo que um rei: era um bom cunhado, um tio que adorava as crianças e às vezes telefonava para casa para convidá-los para o almoço.

Longe estava ela de pensar que um misterioso golpe do destino converteria em reis seus dois filhos e os filhos de seus filhos; e a ela própria numa rainha solitária. Uma desolada e inconsolável dona-de-casa, cujo lar se dissolveu nesse imenso labirinto de Buckingham Palace, em seus longos e intermináveis corredores e nesse pátio desmedido que se prolonga até os confins da África.

A importância de se chamar Maruja

As pessoas solteiras de ambos os sexos, quando chegam a essa idade que as senhoras chamam um pouco criptograficamente “idade de merecer”, tropeçam quatro vezes ao dia numa pergunta:

— Quando você vai se casar?

É uma fórmula social, uma dessas perguntas convencionais que não requerem necessariamente uma resposta, mas que em certa idade do interpelado pode se converter em sério motivo de preocupação.

A escritora Maruja Vieira, primeiro por ser mulher, depois por ser excepcionalmente atraente e depois por ser escritora — mas antes de tudo por ser solteira — deve ter ouvido essa pergunta em numerosas ocasiões, e ouviu com tanta graça e habilidade que depois de ler seu artigo no último número de *Dominical* seria pelo menos uma tolice perguntar a Maruja Vieira quando vai se casar. Nesse artigo estão todas as suas respostas. Respostas de mulher solteira e atraente. Mas nem todas as da escritora — excelente poetisa —, pois para dá-las seria preciso que Maruja Vieira levasse em conta o ponto de vista dos homens que ainda não se casaram com escritoras de prestígio.

Qualquer homem solteiro, desses que ainda acreditam ingenuamente na fórmula convencional de que é o homem quem manda em sua casa porque assim ouviram dizer aos galos, sentiria pelo menos uma incômoda inquietação espiritual diante da comprometedora possibilidade de se casar com uma escritora. É a ameaça de perder para sempre a importância de se chamar Ernesto, por exemplo, para se converter pela via do matrimônio em algo tão honrado mas ao mesmo tempo tão impessoal e abstrato como "o marido de Gabriela Mistral", também por exemplo.

Casar-se com uma escritora de prestígio — pensam tolamente os homens solteiros — é sem dúvida uma honra, mas uma honra demasiado estrepitosa e esmagadora para os que consideram que já é suficientemente perigoso para seus complexos o fato de se casar com alguém que saiba melhor do que eles como se remendam as meias.

O cinema pelo cinema

O temor de que o cinema se converta definitivamente numa arte tributária da literatura se agravou no atual mês por sucessivas e às vezes simultâneas apresentações de filmes baseados em peças literárias. Vários exemplos: *A um passo da eternidade*, *México de meus amores*, *O disfarce da solidão*, versões cinematográficas dos romances; *Ingênua até certo ponto*, *Leito nupcial*, *Júlio César*, baseados em peças teatrais. Isto sem mencionar a reestréia de *Electra*, de Eugene O'Neill, e as projeções privadas de *Senhorita Júlia*, com base na conhecida peça teatral em um ato de Strindberg, e *Las tres perfectas casadas*, que é uma adaptação da peça de Alejandro Casona, feita sem muito esforço nem originalidade por Mauricio Magdaleno e José Revueltas.

A conclusão parece evidente: dia a dia se restringe a originalidade temática do cinema e se fortalece ampla e lamentavelmente sua dependência de outros gêneros com os quais o verdadeiro cinema, o cinema puro e autêntico, pode ter elementos e até interesses comuns, mas aos quais não deve sacrificar seus elementos próprios.

A crise de roteiros originais — que é realmente uma crise de roteiristas de cinema — só deve ser considerada como uma crise do cinema. Uma crise diante da qual não se conformam os verdadeiros cineastas, mesmo que seja resolvida com algo tão respeitável e tão semelhante ao cinema como o teatro fotografado ou o romance relatado em imagens falantes.

Os heróis também comem

Um condecorado ex-combatente da Coréia, radicado em Armenia, teve de empenhar suas condecorações. Está desempregado há tanto tempo que já não restava outra coisa para empenhar. A informação foi publicada por um jornal desta capital e ainda que não se possa descartar a probabilidade de que seja desmentida, deu à opinião pública mais um motivo para pensar na sorte dos rapazes colombianos que lutaram na Coréia.

Mesmo que seja desmentida — pior ainda se não for — a notícia de que um veterano empenhou suas condecorações, é absolutamente certo que a maioria dos jovens ex-combatentes atravessa uma situação econômica em que o menos original que poderia acontecer é empenhar suas condecorações, num ato que além de inevitável e providencial é sombriamente simbólico.

A existência de tão deplorável e vergonhoso fenômeno requer pelo menos uma adequada e oportuna intervenção oficial, não levada ao extremo de aposentar em massa os veteranos, pois essa medida não só seria desmedida mas nos privaria dessa nobre instituição nacional que são os heróis vestidos de trabalhadores normais.

Se os veteranos não têm outros meios de subsistência que a penhora de suas condecorações — que é, por certo, a única maneira razoável de comer as condecorações —, convém que o Estado complemente a homenagem simbólica das medalhas com a homenagem prática de oferecer uma ocupação digna aos veteranos.

Estamos certos de que as forças armadas encontrarão uma adequada solução para o problema dos ex-combatentes desocupados. Acabaria dessa forma uma situação herdada do regime anterior, que, em matéria de espetáculos desumanos e extravagantes, chegou ao extremado e um tanto surrealista refinamento de permitir que nossos heróis tenham de comer suas condecorações.

O escravo do vício

A seção cinematográfica da Exposição Industrial Francesa foi inaugurada com a apresentação — nas salas Mogador e San Carlos — de um drama moralista de Yves Ciampi: *O escravo do vício*, com o francês Daniel Gélin e a italiana Eleonora Rossi Drago.

Com um ritmo bem sustentado, perturbado apenas por incidentais descargas de música espetacular, conta-se neste filme o processo de degradação do jovem compositor Michael Landa, iniciado por uma antiga amante nos "paraísos artificiais" da morfina. O interesse da narrativa se concentra na pureza e na abnegação da esposa, disposta a sacrificar tudo pela salvação do marido, e nas peripécias deste último para adquirir e injetar a droga. Não tão ocasionalmente como conviria a um bom filme europeu se oferece em *O escravo do vício* alguns aspectos de organizações de toxicômanos e do comércio clandestino de morfina. Aspectos bem interessantes, bem realizados, mas que, no frigir dos ovos, passam de derivações desnecessárias do drama central, explicáveis apenas pela preponderante intenção didática e moralista do filme.

Eleonora Rossi Drago — a mulher do compositor — realiza um trabalho impecável e revela um aspecto de sua personalidade que sem dúvida desconcertará aqueles que por outros fatores aprenderam a admirá-la em *Janelas fechadas*. Daniel Gélin, num papel particularmente difícil, consegue lidar de maneira admirável com os riscos da dupla personalidade, incluindo o aparatoso e supérfluo final no manicômio.

É lamentável que o moralismo ordinário não pudesse ser dissimulado pela intensidade da narrativa, nem superado pela constante e hábil mobilidade da câmera, nem suavizado pelo profundo conhecimento, que evidentemente Yves Ciampi tem, do formidável problema humano proposto em *O escravo do vício*. No entanto, esses fatores contribuíram para que este filme tenha excelente qualidade, com tudo de bom e quase nada do convencional do cinema francês e que seguramente sem eles teria sido um drama vulgar.

A hérnia é inocente

Henry Green, um criminoso de Atlanta, devia estar morto há 48 horas, de acordo com a sentença. Mas ao chegar a data marcada para a execução, o condenado estava com uma crise de hérnia, e não é próprio de uma nação civilizada mandar para a cadeira elétrica um homem que corre risco de morrer por uma causa diferente da que foi determinada pelos juízes. Por essa razão, o governador do estado da Geórgia, com um sentido bem humano de suas atribuições, adiou por 22 dias o ensejo da cadeira elétrica, enquanto os médicos oficiais eliminam o ensejo da hérnia.

Em Tojo fizeram a mesma graça. Uma graça cruel, um extremado refinamento dos sentimentos humanitários, que de tão refinados estão se tornando sombrios. Vale a pena analisar se é mais cruel sentar na cadeira elétrica um Henry Green com crise de hérnia do que conceder a ele a oportunidade de curar a hérnia em 22 dias e deixá-lo morrer na cadeira elétrica.

Os longos esforços da humanidade para civilizar os verdugos poderiam ser perigosos se, por causa da velocidade adquirida, os verdugos acabassem por ser demasiado civilizados. Daqueles bárbaros lenhadores que cortavam uma centena de cabeças humanas antes de se sentar para o desjejum a estes escrupulosos funcionários de irrepreensível conduta cívica e administrativa há uma enorme diferença. Porém, mas valeria que fosse um pouco menos desmedida para que desaparecesse, por exemplo, o costume de servir ao condenado uma ceia pantagruélica, mas sem permitir, caridosamente, que morresse de uma piedosa indigestão.

Um grau de primitivismo talvez não fosse ruim para a pena de morte. Pelo menos se evitariam episódios extremamente civilizados, como o do pobre Henry Green, que, para conservar sua vida indefinidamente, deve estar rogando a Deus que lhe permitam continuar morrendo indefinidamente de hérnia.

"Que a prendam"

Um cidadão de Buenaventura se apoderou de uma lancha sem autorização do dono. Puseram-no na cadeia, como era natural, porque se justifica juridicamente que um homem tenha perdido o emprego, mas não se justifica que juntamente com o emprego tenha perdido a honra. Naturalmente, colocaram-no na cadeia.

Também em Buenaventura outro homem perdeu seu emprego, mas em vez de se apoderar de uma lancha se dedicou ao progressista e honrado ofício de vendedor de bilhetes de loteria. Há dois dias o honrado bilheteiro foi à cadeia — como o que roubou a lancha — mas não na qualidade de detido e sim na qualidade de ambulante, disposto a vender as últimas frações ainda que para o conseguir seja preciso perturbar a paz dos cárceres, que sem dúvida tem alguma coisa a ver com a paz dos sepulcros. O honrado bilheteiro se encontrou com o expropriador de lanchas alheias, que adquiriu com o dinheiro proveniente do aluguel ilícito do veículo a última fração do bilheteiro.

Se a fração não fosse premiada, seria uma edificante história moral. Mas ocorreu exatamente o contrário. Em resumo, o bilheteiro ganhou cinqüenta centavos e o presidiário dez mil pesos. Parece que este enigmático episódio tem algo que não é inteiramente correto. Algo diante do qual nada se pode fazer, a não ser colocar a sorte no cárcere. Por abuso de confiança, talvez.

Soluções ao ar livre

Os governadores de Antióquia, Condinamarca, Caldas e Boyacá — os Quatro Grandes do interior da república — estão reunidos em La Dorada, a 35 graus à sombra, procurando soluções com o suor de sua testa.

Alegres, cordiais e às vezes sem camisa, os quatro mandatários assistiram domingo à missa, antes de iniciar as deliberações. Todo o povoado saiu para vê-los. Sobretudo as crianças, que nunca viram um governador e tinham agora a oportunidade de ver quatro governadores juntos: *four*!

As crianças — convencidas até então de que um governador era um homem com um bastão na mão — ficaram perplexas quando os viram sair da igreja: um, dois, três, quatro governadores que vistos por fora não se diferenciavam em nada de quatro respeitáveis cavalheiros da terra quente, vistos também por fora. A responsabilidade ia por dentro.

Os problemas dos quatro estados estão agora ao ar livre, abertos ao ardente e bravo sol de La Dorada, como se quatro famílias resolvessem lavar a roupa numa única casa. À luz do dia as soluções ficam mais à vista. Serão encontradas sem dificuldades pelos quatro cavalheiros que tiraram a gravata e desabotoaram a camisa, e se sentaram para deliberar sob uma árvore, como os patriarcas antigos.

Cinema oficial

Oito mil e quinhentos pesos mensais é o que gastará a Repartição de Informação e Propaganda do Estado em salários dos técnicos da seção cinematográfica desse organismo. Dispõe-se, segundo dados divulgados por aquela repartição, "de um completo e moderno equipamento para fazer filmes".

O objetivo daqueles que conceberam e levaram à prática — esperamos que com bons resultados — esta interessante iniciativa, é aproveitar o cinema como veículo de informação e propaganda — de acordo com o nome do organismo patrocinador — e também como meio de divulgação cultural.

Estamos, pois, diante de um fenômeno considerável: cinema oficial na Colômbia. Um feito cuja importância não seria razoável menosprezar, pois constitui a primeira empresa cinematográfica realmente sólida do país, e que poderia se converter numa boa escola para a formação de técnicos nacionais, sob o patrocínio do Estado. Uma universidade oficial de técnica cinematográfica.

A iniciativa da Repartição de Informação e Propaganda coincide com a formação de algumas empresas particulares de produção cinematográfica, cujo trabalho — além de um curta da Grancolombiana Films, de indiscutíveis méritos — não foi possível apreciar até o momento. Estes fatos indicam que já há motivos para esperar um verdadeiro interesse dos capitais privados pela indústria do cinema, considerada indústria explorável e produtiva e não simples e dispendioso passatempo de aficionados.

A experiência de outros países demonstra que a indústria do cinema não deve — para sua própria conveniência — esperar privilégios oficiais para seu desenvolvimento e prosperidade. No caso da Colômbia, a contribuição estatal poderia se limitar à formação de técnicos — com os técnicos e os equipamentos oficiais — que em seguida contribuiriam com seus conhecimentos e sua experiência para os produtores particulares. O importante é que o cinema nacional não se burocratize, muito menos antes de aprender a caminhar com as próprias pernas.

Herriot fala de Picasso

Edouard Herriot teve de estudar e resolver muitos problemas em sua condição de maduro e experimentado político francês, mas nenhum foi tão estranho como o que teve de enfrentar há dois dias — em sua condição de prefeito de Lyon — quando um vereador, escolhido por sorteio pelos seus colegas, penetrou em seu gabinete com uma modesta coruja esculpida por Pablo Picasso e uma formidável fatura de 480 mil francos, artisticamente elaborada pela secretária do pintor.

A câmara municipal, em seu desejo de enriquecer o Museu de Arte Moderna de Lyon, solicitara a Picasso uma obra sua, e ele mandou pelo correio uma coruja e a fatura, como timidamente o vereador explicou a Herriot.

A entrevista durou apenas 15 minutos, mas infelizmente para os biógrafos do grande pintor nenhuma testemunha estava presente. Só se sabe que houve gritos, vindos da torrente oratória de Herriot, e não se soube se os gritos foram provocados pela estátua da coruja ou pela fatura. Esse é o mistério.

O sombrio final desta história, em que pela primeira vez figuram juntos como protagonistas o famoso estadista e o famoso pintor, foi uma silenciosa retirada do vereador, "com a coruja debaixo do braço", de acordo com a rigorosa minúcia histórica do telegrama. "Envolveu-a cuidadosamente e a devolveu a Picasso", conclui o telegrama, deixando no ar a dúvida se foi na fatura de 480 mil francos com que o deprimido vereador envolveu a controvertida coruja.

O interesse despertado pelo incidente parece orientado unicamente no sentido de investigar quais foram os conceitos emitidos por Herriot nesta sua primeira e inesperada experiência como crítico de arte. E mais precisamente como crítico de Picasso, que deve ter recebido de volta a coruja com a mesma perplexidade com que seus admiradores de todo o mundo começaram a se perguntar se a negativa de Herriot se deveu aos méritos artísticos da coruja ou pela meia dezena de algarismos da fatura.

Quase uma história de horror

Um soldado norte-americano foi o promotor da desordem; esta desordem científica dos alegres rapazes que estão trocando de sexo sem se ruborizar e até com certo orgulho que talvez seja uma manifestação embrionária de sua futura vaidade feminina. O primeiro e mais famoso se chama agora Cristina e é uma loira elegante e bem vestida a quem os antigos companheiros de caserna seguramente convidam de vez em quando para o cinema, também sem se ruborizar. Agora é um oficial da RAF, filho de um que foi médico do rei Jorge VI, que seguiu o exemplo de Cristina e se fez registrar com o nome de Elizabeth, em homenagem à rainha, segundo se entendeu.

Elizabeth Cowell é o nome completo da nova loira inglesa, a quem os jornalistas de Londres, antecipando-se a seus possíveis pretendentes, começaram a qualificar de "sofisticada".

Mas agora o caso é mais grave, pois Elizabeth, antes de começar a se chamar assim e antes de merecê-lo, chamava-se Robert, e era um belo aviador, casado e com duas filhas. O lar está agora dissolvido. O divórcio foi concedido. As duas filhas, perplexas, desconcertadas, encontrarão sem dúvida muitas dificuldades para entender essa curiosa e insólita situação em que se encontram, com um pai que seguramente dentro de poucos anos será mãe de vários filhos. Mãe dos novos filhos e pai das antigas filhas. Isto é quase uma história de horror.

Um esporte como qualquer outro

Porfirio Rubirosa se separou de Barbara Hutton utilizando um método bem prático e moderno: seu avião particular pôs à disposição de ambos uma progressiva ausência de quatrocentos quilômetros por hora. Acaba assim uma confortável história de amor cujos protagonistas se comprometeram a ficar juntos para sempre mas não permaneceram mais de noventa dias.

O divórcio que se avizinha não será notícia importante, como foi a notícia do casamento de um dos antilhanos mais bem casados do mundo — quatro vezes — com uma das mulheres mais endinheiradas, que também foi uma das mais atraentes quando teve idade para sê-lo. Agora tudo acabou, bem cordialmente, com um civilizado sentido da mútua conveniência, que no caso de Barbara Hutton é apenas um recurso para gozar um outono mais ameno e menos dispendioso, e no caso de Porfirio Rubirosa uma oportunidade de se casar outra vez.

Rubirosa não nasceu para ser homem casado, mas para se casar. Sua quarta aventura matrimonial, a mais ruidosa mas não a mais brilhante, foi também a menos duradoura. Mas foi também uma nova demonstração de sua extraordinária habilidade para permanecer ileso numa atividade proverbialmente perigosa e arriscada, que por mais de dois motivos foi muitas vezes comparada à guerra.

Enganam-se aqueles que acreditam que Rubirosa ficará solteiro por mais tempo do que seu último casamento. Este dominicano de estatura mediana, moreno e de traços indígenas, dono de um singular poder de sedução que lhe serviu para sobreviver incólume a meia dezena de escândalos, não se resignará a viver muitos meses na última página dos jornais. Seu lugar favorito é a primeira página, ao lado de uma mulher bela que sucessivamente se chamou Flor de Oro, Danielle, Doris e Barbara, e cujo quinto nome — podem ter certeza — não permanecerá muito tempo em mistério.

Sofre-se, mas se vota

Doria Shafik está disposta a não comer nada enquanto o presidente do Egito, Mohammed Naguib, não se comprometer, com um documento assinado, a instituir o voto feminino. Centenas de mulheres estão dispostas a seguir o exemplo de Doris Shafik, numa greve de fome que se se prolongar provocará, pelo menos, graves distúrbios no Egito.

Há 15 dias, a drástica determinação das senhoras egípcias teria sérias repercussões na Colômbia, onde um grupo de distintas damas puseram em prática numerosos recursos para conseguir a aprovação de seu direito de voto, mas sem que ocorresse uma iniciativa de tão dramáticas proporções como esta de Doria Shafik.

As senhoras colombianas, acostumadas à discussão acadêmica de problemas como seu direito de voto, ofereceram um interessante espetáculo de inteligência e maturidade democrática, até o extremo de que a negação do direito desejado não constituiu para elas sequer motivo de aflição, e sim simplesmente uma batalha perdida. Mais uma das muitas batalhas que as senhoras colombianas perderam fora de casa, em troca das muitas que diariamente ganham dentro dela.

Seguramente a mulher egípcia conquistará seu direito de eleger e ser eleita, à custa de um sacrifício tão contrário às leis da natureza como é deixar de se alimentar durante vários dias, para poder sufragar pelo menos uma vez. Seu direito de voto será um triunfo da obstinação de amedrontar os pobres maridos egípcios, que seguramente não perderam de vista o perigo que para eles próprios significa uma mulher que começou por não comer e que talvez amanhã, para agravar a situação, resolva unilateral e diligentemente que tampouco seu marido coma.

A maneira como a mulher colombiana não obteve seu direito de voto foi uma derrota de sua habilidade política, mas foi em compensação um triunfo de sua feminilidade.

O hábito da moderação

O sermão do monsenhor Tulio Botero Salazar, bispo de Zipaquirá, em que condena "o vício da embriaguez", foi objeto de uma entusiástica acolhida não só na diocese do ilustre prelado, mas também fora dos limites dela, como era de se esperar.

Como apoio a essa iniciativa, instala-se hoje em Bogotá a União Patriótica da Moderação, numa sessão solene na qual — ao contrário de quase todas as reuniões realizadas no país — não se oferecerá aos participantes uma taça de champanha. É um passo significativo na tarefa de convencer os colombianos de que só há um sábado nos sete dias da semana e de que qualquer crença diferente é pelo menos um sintoma de intemperança mental.

A Colômbia é um dos poucos países civilizados em que os abstencionistas não representam uma força positiva e organizada. Constituem apenas uma sociedade virtual, cujos membros só podem ser identificados pela cara com que se apresentam segunda-feira em seu trabalho.

Nos Estados Unidos, em compensação, os respeitáveis cidadãos que não consomem álcool constituem uma agremiação tão numerosa e respeitável que até se apresenta com candidato próprio na eleição presidencial. Que nunca tenham vencido não é argumento contra a bondade de suas doutrinas, mas apenas uma demonstração de que a moderação serve para prolongar a vida, para conservar a saúde e para que a segunda-feira seja menos segunda-feira, mas não para ganhar a eleição.

Por enquanto, a União Patriótica da Moderação Colombiana não tem aspirações políticas. Democraticamente, suas saudáveis atividades não poderiam ser interpretadas como uma ameaça à esplêndida prosperidade dos rendimentos departamentais. É uma organização respeitável que os partidários do álcool seguramente observam com receio em condições normais, mas também com um pouco de inveja no "dia seguinte da noite anterior".

Em qualquer circunstância

Nos últimos tempos se puseram em prática engenhosas cerimônias matrimoniais, que talvez sejam um progresso na eterna imaginação humana para dourar suas próprias pílulas. Há menos de um mês se publicou a notícia do casal que contraiu matrimônio debaixo da água, não sabemos se com alguma misteriosa intenção simbólica. A curiosa ocorrência implicou, como era natural, a utilização de tubos de oxigênio para os noivos, o ministro e as testemunhas, que, nessa ocasião, melhor do que em qualquer outra, puderam comprovar que nem só de pão mas também de oxigênio vivem os homens, mesmo que sejam os mais originais enamorados sobre a terra e sob a água.

Houve agora uma ligeira mudança no programa: dois esquiadores de Squaw Valley, Califórnia, contraíram matrimônio sob uma implacável e bem cinematográfica tempestade de neve, a três mil metros acima do nível do mar. Foi necessário que a noiva besuntasse o dedo com cera de esqui, para que o original acontecimento, de se casar mais alto do que alguém jamais se casou, pudesse ser levado a termo.

É pelo menos misteriosa esta tendência moderna de procurar circunstâncias difíceis para colocar no pescoço a corda conjugal, quando a simples circunstância de que um homem e uma mulher se decidam a ver as respectivas caras por toda a vida sempre oferece dificuldade o bastante, independentemente da necessidade de submergir num reservatório de água nem subir a três mil metros acima do nível do mar. A não ser que o propósito nestes dois casos extremos fosse demonstrar a quem ainda conserva esperança de se livrar do transe matrimonial que em nenhuma parte do mundo se está completamente a salvo.

Os Oscar de 1953

Marilyn Monroe, Ava Gardner, Jane Russell e todas as suas companheiras sofisticadas e ondulantes na exploração comercial das medidas anatômicas devem estar hoje um tanto aflitas. Porque Hollywood, que teve desacertos em outras ocasiões, desta vez retomou o caminho do bom gosto. A concessão dos prêmios em 1953 representa, sem dúvida, um feliz movimento em direção à justiça na entrega dos mais cobiçados troféus da indústria cinematográfica. Em primeiro lugar foi escolhida como a melhor atriz do ano passado Audrey Hepburn, uma jovem atriz belga, educada na Inglaterra, e que fez recentemente seu primeiro filme nos Estados Unidos. *A princesa e o plebeu*, que coincidentemente poderá ser apreciado nestes dias pelo público de Bogotá, pode não ser um filme grandioso — leia-se "superprodução" —, nem espetacular, nem complicado, mas é uma comédia cheia de graça e de fineza, que sai em muitos aspectos dos moldes hollywoodianos e permite adivinhar algo da vida de uma princesinha contemporânea. Nela, ao lado de Gregory Peck, Audrey Hepburn, sutil e quase alada, uma imagem de encanto sem afetações artísticas, atua com maneiras naturais e suaves, como uma atriz real. A linda intérprete de *Gigi*, de Colette, nos palcos nova-iorquinos, impôs-se vitoriosamente sobre suas rivais veteranas de Hollywood. E a meca do cinema se inclinou favoravelmente diante desta adorável figura européia, mostrando, antes de tudo, imparcialidade, e, portanto, que a arte é e continuará sendo o elemento mais valioso da tela.

O melhor ator do ano foi William Holden, a quem Bogotá acaba de apreciar — ou talvez não tenha apreciado o suficiente — em *Inferno 17*. Não figura tampouco entre a legião de astros consagrados, mas é todo um ator. E, como filme do ano, o Oscar foi para *A um passo da eternidade*, da Columbia Pictures. O bom gosto, como dissemos antes, esteve presente e o prêmio foi para uma fita sem truques, que não representa qualquer das "revoluções" dos últimos tempos, a não ser a que trata de orientar o cinema pelos caminhos da boa qualidade.

A Paramount Pictures, produtora dos filmes em que atuam Audrey e William Holden, e a Columbia, realizadora do melhor filme do ano, devem estar plenamente satisfeitas. Enquanto outras se dedicavam a experimentos óticos e a inovações das telas, estas duas empresas compreenderam que o que afasta o público dos cinemas não é a falta de óculos polaróide ou lentes ultramodernas, e sim a decadência da qualidade do cinema. A arte e o bom gosto triunfaram, e este é o significado do Oscar de 1953.

O pequeno mundo de dom Gregorio

Sevilla, na província de Magdalena, é um povoado de quatro ruas e 35 graus de temperatura à sombra de antigas e desoladas amendoeiras. É o único povoado da região não cortado pela linha de trem. Essa circunstância fez de Sevilla um povoado diferente, com pequenas e obscuras casas de tábuas e telhado de zinco, enfileiradas no centro de uma interminável e ordenada plantação de bananeiras.

Em Sevilha há uma sala de cinema a céu aberto, com uma árvore na porta, uma casa municipal com outra árvore e cinco ou seis cantinas — nas cinco ou seis esquinas do povoado —, cada uma com sua árvore providencial na porta. No centro de todas as árvores está a praça, e a um lado da praça, a igreja; um enorme prédio que do ponto de vista arquitetônico é uma das coisas mais interessantes do país, porque é feito inteiramente, por dentro e por fora, de chapas de madeira. A igreja é a única casa de Sevilha que não tem uma árvore na porta.

Este povoado ardente e seco — habitado por homens que conhecem mais do que ninguém os segredos da terra, abatido pelas recordações de uma época em que os trabalhadores das plantações faziam fogueiras de dólares nos sábados à noite — é pequeno e sufocante, tão parecido com o de dom Camillo, onde o padre Gregorio de Jesús Dávila reza a missa todos os dias, e faz sermões rotineiros aos domingos e feriados.

No dia 19 deste mês, dia de são José, os pacíficos e piedosos paroquianos de dom Gregorio se concentraram na praça para acompanhar a tradicional procissão e foram recebidos com a notícia de que pela primeira vez na história do povoado o Patriarca não sairia da igreja. Assim dispusera o pároco, em vista de que alguém coletara 120 pesos dizendo que eram para a igreja e que a igreja não os recebera. Era uma arbitrariedade, um abuso de confiança pública que dom Gregorio estava disposto a castigar simplesmente não permitindo que são José saísse da igreja.

Mas o fato é que, como em todos os anos, são José saiu, nos ombros de uma multidão silenciosa e emocionada. Foi uma procissão com povo e sem pároco, assim como a inesquecível procissão de dom Camillo foi com pároco e sem povo. Bastou que alguém arrancasse devotadamente uma tábua, para que todos os fiéis de Sevilla se aplicassem, inspirados pela piedade e pelo exemplo, na misericordiosa tarefa de arrancar tábuas da igreja, até que se fizesse uma abertura suficientemente grande para que saíssem por ela são José com seu Filho e sua vara de nardo.

Sendo assim, houve procissão em Sevilla no dia 19 de março. Ainda que desde o dia 20 houvesse cinco cidadãos no cárcere, acusados de realizar uma procissão contra a vontade do pároco. Altas autoridades eclesiásticas intervieram para que a vida de Sevilla recuperasse sua antiga normalidade. Mas, apesar de tudo, dom Gregorio não manifesta fraqueza ou embaraço. Iluminado pelo arcanjo da justiça, faz todos os dias um sermão e parece disposto a seguir fazendo-o até aparecerem os 120 pesos; e escreve cartas aos jornais. Cartas e sermões com peso igual para sentenças evangélicas e artigos do código penal.

Mas tampouco os cinco cidadãos detidos deram mostras de fraqueza ou embaraço.

— Quem violou as disposições do pároco? — perguntou-se a eles.

E eles, hoje, como há quatro séculos, responderam:

— *Fuenteovejuna*, senhor.

O leitor e o gourmet

Já apareceu o leitor mais veloz do mundo. Apareceu, como é natural, nos Estados Unidos, onde os cidadãos mais se preocupam em fazer as coisas com mais rapidez, ainda que em muitos casos não saibam o que fazer depois com o tempo que lhes sobra.

O leitor mais veloz do mundo se chama George Murch e demonstrou publicamente sua capacidade de ler oito mil palavras por minuto, e há quem garanta que ele entendeu o que leu. Teoricamente, poderia ler a Bíblia em cinco dias, e a Enciclopédia Britânica durante as férias, só pelo prazer de bater um recorde.

Todos os dias aparece o campeão de alguma coisa, ainda que seja um campeonato inútil numa atividade sem importância. O importante é a quantidade no menor tempo possível, em oposição ao lendário encanto dos prazeres prolongados, às delícias da temperança. O *gourmet*, por exemplo...

Junto com a notícia do leitor mais rápido do mundo veio a do *gourmet* de Paris, horrorizado pela invasão dos restaurantes automáticos. É de se assombrar diante da fabulosa distância temperamental existente entre um homem que lê esportivamente oito mil palavras por minuto e o que pendura um ganso morto pelo pescoço e se senta para ler a obra de Roger Martin du Gard, à espera de que o ganso, amolecido pela decomposição, caia naturalmente na frigideira. Não há a menor esperança de que estes dois homens cheguem a se entender, a não ser na esquina discutível mas honradamente aceita em que os extremos se tocam.

Enquanto os norte-americanos celebram a possibilidade de servir em Paris um almoço completo para duzentas pessoas em vinte minutos, os *gourmets* se escandalizam diante da notícia, como se escandalizariam até diante da possibilidade de que sejam servidos almoços, ainda que incompletos, a vinte pessoas em duzentos minutos.

Os amantes da boa leitura, aqueles para quem ler um bom livro é um prazer demorado, tanto maior quanto mais demorado seja, devem sentir diante do leitor de oito mil palavras por minuto a mesma sensação indefinível, mas bem semelhante ao horror, que estão sentindo os *gourmets* de Paris diante da invasão dos restaurantes automáticos.

"Pode beijá-la na mão"

Como em todos os lugares do mundo e em todos os tempos, os namorados se beijam no Rio de Janeiro. Nas praias e nos jardins, quando não há um lugar mais íntimo para fazê-lo ou quando entre os noivos não existe o grau de intimidade suficiente para fazê-lo em outra parte, casais de todas as idades e de todas as cores se beijam com tanto fervor que a polícia se viu forçada a intervir.

Com um sentido bem claro de sua responsabilidade, o chefe de polícia do Rio de Janeiro, Carlos Santos, definiu "metodicamente o beijo e a reação por ele provocada", com o objetivo de que seus comandados saibam com exatidão quem são os apaixonados que devem ser levados para a cadeia por se beijar em público na forma considerada oficialmente perturbadora da moral social.

Há duas espécies de beijo, segundo o escrupuloso chefe de polícia da capital brasileira: "o beijo puro, no rosto ou na mão, será permitido" e o outro, "o chamado beijo de Hollywood — que desperta outra intenção e é chocante quando praticado em público — e que será reprimido pela polícia". A primeira e inocente maneira de beijar foi classificada pelo delegado Santos como "o beijo oficial".

Tinha de ser no Brasil, o mais pitoresco dos países da América, que o beijo esteja regulamentado legalmente, e não de qualquer maneira, e sim com a enumeração taxativa das diferentes maneiras de beijar, em que se poderia descobrir certa influência da famosa canção espanhola que parece ter servido de inspiração à curiosa disposição do chefe de polícia do Rio de Janeiro: "Você pode beijá-la na mão ou dar-lhe um beijo de irmão."

Esses e apenas esses enumerados como puros pela canção são os beijos que podem praticar os apaixonados do Rio de Janeiro, pelo menos enquanto haja um agente da polícia a distância imprudente.

Um grande acontecimento

Wilhelm e Melitta talvez não tenham nome de anões, mas são. E além de anões são marido e mulher, há 25 anos. Ontem, para celebrar suas bodas de prata, Wilhelm se vestiu de fraque e cartola e Melitta de vestido longo e véu. Pareciam exatamente o que eram: dois anões vestidos de noivos para celebrar seus 25 anos de vida conjugal.

Quando entraram na imensa catedral de St. Stephen, em Viena, havia uma enorme multidão de dois mil colossos, congregada para ver os anões. Dois mil monstros gigantescos num dos maiores retábulos do mundo. Era um mundo de monstros: policiais desproporcionais montando guarda na porta, enormes corcéis brancos, do lado de fora, emparelhados em meia dúzia de carruagens imensas e uma fila dupla de dois mil gigantes, vendo passar Wilhelm e Melitta, as duas únicas pessoas normais naquele vertiginoso pesadelo.

Audrey

Audrey Hepburn, a inesquecível intérprete de *A princesa e o plebeu* que obteve por sua atuação o Oscar de melhor atriz de 1953, obteve do mesmo modo o primeiro prêmio para melhor atriz de teatro, por sua interpretação de *Ondine*, o conhecido drama de Jean Giraudoux.

A princesa e o plebeu é o primeiro filme de Audrey Hepburn. *Ondine* é sua segunda interpretação teatral, depois de se iniciar com *Gigi*, um musical com libreto de Colette, a famosa escritora francesa, que descobriu Audrey Hepburn em Londres num espetáculo de variedades.

São poucos os casos de tão imediata e ao que parece definitiva consagração que se pode recordar, como o desta inteligente, jovem e bela atriz, filha de uma nobre holandesa e de um fino diletante inglês.

Na atualidade, Audrey Hepburn trabalha em seu segundo filme, *Sabrina*, em que interpreta a filha de um motorista de uma família rica de Long Island, cujos dois filhos se apaixonam por ela sucessivamente. Este roteiro foi considerado por alguns críticos como o avesso de *A princesa e o plebeu*, ao menos pela situação exposta e pelo papel que cabe a Audrey Hepburn.

Seu diretor em *Sabrina*, Billy Wilder, a quem, por coincidência, alguns cinéfilos confundem com o diretor de *A princesa e o plebeu*, William Wyler, diz de Audrey:

— Tem uma excepcional habilidade de examinar por dentro cada frase do papel que está interpretando. É de esperar que o redemoinho das inovações técnicas não acabe com esta maravilha. Seria ruim, porque é simplesmente a melhor de todas.

Por sua vez, o crítico da *New Yorker* disse sobre o talento teatral de Audrey Hepburn: "Em cada uma de suas entradas, *Miss* Hepburn cria um estranho milagre pessoal. O gracejo mais fraco penetra numa ultradimensão de personalidade que o torna gracioso. O detalhe mais óbvio da ação parece graças a ela uma brilhante inspiração teatral."

Erro de cálculo

Passou a histeria dos discos voadores. Incuba-se agora, em seu lugar, a histeria das radiações atômicas, que poderiam dar a volta ao mundo e modificar a cor dos peixes. Pescadores das costas da Colômbia dizem ter visto uma fantástica nuvem de poeira brilhante que cintila sobre o mar, como a lua dos poetas românticos; uma nuvem luminosa que passa sobre os mares do mundo como um fantasma de açúcar refinado, cujo contato produz ardência na pele dos navegantes e estranhas transformações na cor dos peixes.

Na época dos discos voadores, os cientistas não chegaram a um acordo para explicar o fenômeno. Alguns pensaram em veículos interplanetários, outros em misteriosas armas soviéticas, outros em inexplicáveis espectros celestiais e outros simplesmente em alucinações coletivas. Porém, nunca existiu a probabilidade de se demonstrar cientificamente que os discos voadores constituíssem um grave perigo para a humanidade, o que ocorre agora com a presença dessas fantásticas nuvens luminosas que perseguem os pescadores.

— Os cientistas se perguntam se isto teria alguma conexão com a bomba de hidrogênio — diz uma fonte de informação.

Que a ciência progrida, que se construam e se experimentem armas capazes de destruir instantaneamente um país não são por certo coisas boas, mas é preferível aceitá-las se contribuírem para preservar a paz. O que resulta pelo menos alarmante é que os cientistas não conheçam com exatidão os resultados de suas experiências e sejam eles os primeiros a se surpreender com os extraordinários e imprevistos resultados de sua diabólica e incontrolável pirotecnia. Agora esses mesmos cientistas admitem a possibilidade de que nas costas da Colômbia se registrem perturbações semelhantes, mesmo que essa possibilidade exceda todos os cálculos. Qualquer dia o planeta vai pelos ares e não ficará um cientista sequer para explicar que a catástrofe se deveu simplesmente a um erro de cálculo.

Ao fim de tanta maravilha progressista, de tão descontrolado entusiasmo científico, nada de estranho haveria no fato de que um dia destes progredíssemos tanto que um invento supremo nos levasse diretamente para a idade da pedra, para começar outra vez pelo princípio.

Bulimia

Só um incontrolável amor pelos animais pôde inspirar Irma Shaps a ter 15 cães em sua casa, apesar da difícil situação na Alemanha. O fato de ter um só já seria um grande luxo para uma pobre mulher de quarenta anos, cuja solidão não partilhada com marido fora, no entanto, partilhada com esses 15 animais que na hora de contribuir para o sustento do lar não valiam por meio marido, mas que em compensação valiam por trinta na hora de comer.

Com essa literal fome de cão dos cães de qualquer parte do mundo deve-se pensar longamente na fome que sentirão 15 cães metidos numa mesma casa, em Wiesbaden, Alemanha, onde dez famílias pelo menos não têm um cão por não ter com que alimentá-lo, e porque já sem tê-lo elas próprias levam muitas vezes uma vida de cão. No entanto, contrariando uma dura realidade social, Irma Shaps tinha 15 cães, que é a maior quantidade de fome dentro de uma única casa que se pode conceber num país devastado por uma guerra da qual só por milagre um cão pôde sobreviver.

Só por isso, Irma Shaps devia ser, para seus vizinhos, entre os quais é de se esperar que não haja um escritor sensacionalista, uma estranha personagem de lenda. Uma mulher de quarenta anos, morrendo ela própria de fome rodeada pelas 15 fomes irracionais de seus 15 cães, não é certamente um espetáculo tranqüilizador. Ali se estava elaborando um drama sombrio, um destes episódios patéticos que seguramente o profeta Ezequiel não esqueceu.

Na última sexta-feira — Sexta-feira Santa! — seus 15 cães famintos devoraram Irma Shaps em sua humilde residência de Wiesbaden, Alemanha. Não poderia ocorrer outra coisa a quem contra vento e maré desfrutava do sombrio prazer de cultivar tanta fome dentro de casa.

Malaparte ao fundo

Aqueles que acreditaram na Itália que o escândalo do século era o das "orgias e cenas de prazer" que uma jovem e bela atriz denunciou há algum tempo, com certeza não esperavam que o escritor Giovanni Guareschi pudesse desviar a atenção pública aparentemente suspensa por aquele processo espetacular, e originar uma comoção mais importante sob qualquer ponto de vista, como escândalo, que o que apressadamente se considerou o maior do século XX. Pouco espaço restava aos jornais italianos para se ocupar de um escândalo estritamente moral, quando surgiu inesperadamente outro que poderia ser — esse sim — um dos grandes escândalos políticos dos últimos tempos.

Guareschi, o conhecido autor de *O pequeno mundo de dom Camillo*, foi quem acendeu o rastilho de pólvora, embora tudo parcça indicar que Curzio Malaparte, o conhecido autor de *A pele*, estava a par das intimidades políticas postas agora na rua por Guareschi. Toda essa agitação de documentos confidenciais e revelações sensacionalistas parece na realidade uma invenção de Malaparte, embora não o seja, e não propriamente de Giovanni Guareschi, embora e o seja na verdade.

O fato é que um escândalo como o que explodiu na Itália não chegaria ao ponto de ebulição sem que algo tivesse a ver com o corpulento e dinâmico autor de *A pele*, que, nesse asfixiante ambiente de intrigas e papéis secretos, deve se sentir como uma gigantesca e vociferante lula em sua tinta.

No momento é Guareschi quem está à frente do debate e com uma condenação a 12 meses de cárcere por difamação. Malaparte se movimenta em segundo plano, seguindo o curso dos acontecimentos com essa aparente indiferença pelo resto da humanidade característica de um bom *gourmet* sentado diante de um prato de lagosta com maionese. Mas deve-se conhecer as coisas que Malaparte escreveu, para se assegurar de que ele será o encarregado de servir a sobremesa deste escândalo. Se não fizer, os fatos se tornarão indigestos.

Fenômenos desnudados

O espetáculo da moda em cem cabarés da Alemanha Oriental é o das "dançarinas artísticas", assim chamadas porque a nota forte de seus programas consiste em tirar a roupa, como se fazer tal coisa fosse realmente uma arte. A Associação dos Artistas Alemães de Teatro, cujos membros têm um sentido estético menos primitivo, protestou ante as autoridades de Bonn pela competição desleal feita às dançarinas recatadas incapazes de se despir em público por aquelas que o fazem todas as noites diante de uma emocionada multidão de generosos burgueses.

O problema anda solto por todo o mundo: quanto menor for a quantidade de roupa das dançarinas maior será o seu êxito, ainda que as outras dancem melhor dentro de seus luxuosos vestidos. Mas até agora nenhum juiz respondera às contínuas querelas das ligas da decência com tanta clareza como o ministro do Interior da Alemanha Oriental.

— É um fenômeno de nosso tempo; essas danças não têm a menor importância.

Essa sentença desnudou a realidade, para sobressalto de uma moral que parece se asfixiar dentro de seus sete espartilhos e sua espessa e recatada saia-balão.

O tranqüilo veredicto do ministro alemão é ao mesmo tempo uma das muitas maneiras que podem ocorrer a um membro do gabinete de chamar de antiquadas as dançarinas não catalogadas na categoria de artísticas, simplesmente porque não têm a audácia comercial de tirar a roupa em público. As outras, as que não passam de "um fenômeno de nosso tempo", serão confrontadas, no entanto, com o problema da necessidade de progredir e não ter para onde. Não há motivo para alarme; talvez dentro de alguns anos tenham progredido tanto que voltarão descaradamente para a saia-balão.

Regresso ao Gênesis

É bem provável que a esta hora esteja chovendo em Dien Bien Phu. Ontem, aviões franceses bombardearam com gelo seco as nuvens que cobriam as rotas de abastecimento dos comunistas, numa nova e civilizada manobra de guerra. Tratava-se de produzir a chuva artificial, de desencadear uma tormenta científica que convertesse num intransitável pântano geográfico o lugar onde se trava uma peleja que há alguns dias é um pântano histórico.

A chuva artificial, provocada mediante o bombardeio das nuvens com gelo seco, foi considerada uma redenção para a agricultura e até uma esperança de fertilidade para o deserto. Embora a chuva tenha decidido mais de três situações históricas — desde que o dilúvio universal recomeçou tudo do zero — e apesar de nenhum militar desprezar seu eventual porém importante valor estratégico, algum preconceito literário nos ensinou a pensar na chuva como um emissário da abundância e da paz e em poucos casos como mensageiro da destruição, apesar dos estragos e do desgosto que em determinadas circunstâncias costuma provocar.

A chuva — pelo menos isso poetas e agricultores nos convenceram — é a fertilidade da terra, a alegria das crianças e o sossego do coração. Algo inteiramente diferente do inverno, porque uma coisa cinzenta e desolada é chover todos os dias e outra coisa é a chuva providencial. Esta última espécie de chuva, a benéfica, oportuna e eternamente aguardada, é a que conseguiram provocar artificialmente os cientistas, convencidos de que com ela resolveriam para sempre o problema da sede e da aridez, mas sem jamais pensar que ao mesmo tempo tinham descoberto o segredo da guerra final.

Talvez nem Nostradamus tenha supeitado que, depois da dinamite e da bomba termonuclear, ia se considerar a água como uma arma eficaz. No entanto, é o caso de Dien Bien Phu: água de todos, do céu sem cor política porque "não é céu nem é azul", lançada pelos franceses sobre os comunistas da Indochina. Que a guerra perverte os homens é coisa sabida, mas estava longe de ser uma coisa esperada que também pervertesse a natureza. No entanto, é provável que neste momento esteja chovendo em Dien Bien Phu, precipitando-se uma tormenta que não foi prevista nem pelos meteorologistas nem pelos profetas. Uma chuva inventada, cuja eficácia poderia originar uma simplificação da guerra, a provocação de um novo dilúvio universal.

A conclusão é consoladora: depois de tantos séculos, de tantas aventuras e experiências, existe ainda a possibilidade de se salvar na Arca.

Que a música continue

Com razão ou sem ela, todos os dias alguém se queixa. Ontem, por exemplo, queixou-se um músico, e seguramente com razão. Num programa radiofônico — disse o músico queixoso — alguém disse que os "músicos são uns mendigos". A injusta generalização se deve sem dúvida ao fato de que há mendigos que cantam e tocam violão na rua, chamando em todos os tons a atenção da caridade cidadã. Esse respeitável ofício é inteiramente diferente da profissão de músico, ainda que os instrumentos de trabalho sejam iguais. Dessa forma, queixou-se com razão o cidadão, profissional da música, ontem neste jornal, naturalmente ofendido porque todos os músicos, sem exceção, foram chamados de mendigos.

Dentro da corporação há um tipo especial de músico que parece ser o que de maneira direta se quis fazer objeto e vítima do qualificativo: o que se dedica ao honrado e espiritual ofício de vender serenatas. Eles, os especialistas na delicada terapia sentimental, os encarregados de manter e prolongar uma nobre tradição romântica, são os que menos merecem o título de mendigos. A humanidade se acostumou a viver sem muitas coisas, mas há uma parte dela que não se acostumaria a viver sem a serenata. E é bom que assim seja.

Os conquistadores

"Onde você estiver, faça aquilo que vir" é um refrão esquecido pelos norte-americanos, que na prática o inverteram: "Onde você estiver, faça com que vejam você." No Rio de Janeiro, no Cairo, em Tóquio ou em Londres, os membros das Forças Armadas norte-americanas aproveitam os dias de folga para passear por todos os lugares vestidos com jeans e camisas com papagaios impressos, como se Piccadilly Circus fosse Times Square.

Os japoneses e o egípcios não disseram nada. Mas a cidade de Londres, que é algo assim como uma imensa alfaiataria às margens do Tâmisa, não poderia assistir sem sobressalto ao espetáculo de centenas de norte-americanos em tecnicolor, pisando na mesma terra que o senhor Anthony Eden santificou com sua elegância de fino e discreto prestidigitador. Uma invasão de camisas fabricadas no Havaí e de mocassins que os norte-americanos aprenderam a usar porque copiaram dos peles-vermelhas, é uma grave ameaça para a tradição e também para a segurança do Império, porque nada pode parecer menos inglês, incluindo os que não são ingleses, do que uma Londres disfarçada de Nova York.

O coronel McGuire, subcomandante da terceira força aérea norte-americana, cuja origem irlandesa lhe permite uma visão bem clara do problema, determinou que todo aviador norte-americano "deve levar casaco e gravata quando caminha pelas ruas principais de Londres". É a indumentária adequada, numa cidade em que os homens parecem sempre expostos numa vitrina.

Os aviadores afetados pela deliberação se sentirão um pouco incomodados a princípio. É natural, pois, ao chegar a Londres vestidos como o senhor Truman, jamais pensariam que seriam obrigados a se vestir como esses aborígenes de chapéu-coco e calça listrada.

Salvación del recuerdo

Para o bem ou para o mal — acreditamos que para o mal — na Colômbia se dissolveram os jovens poetas, aqueles que há cinco anos protagonizaram uma revolução doméstica contra os velhos consagrados, a quem sentaram no banco dos réus e sentenciaram — no melhor dos casos — "a vinte anos de esquecimento". Ainda não se extinguira o cheiro de pólvora daquele festival de pirotecnia crítica, quando os aguerridos adolescentes começaram a desaparecer, uns por trás dos escritórios burocráticos, outros à sombra de atividades sem qualquer compromisso com o coração, e os outros entre a multidão de poetas de todas as partes que transbordam das cidades da Europa.

Entre os exilados voluntários, está Eduardo Cote Lamus, talvez o mais jovem de todos, um alto e eloqüente rapaz de Cúcuta que parecia mais próspero para a política do que para a poesia. Ao chegar à Espanha, Cote Lamus inscreveu seu livro no concurso de poesia do editor José Janés. O prêmio de poesia aos jovens talentos foi concedido a ele, e seu livro, *Salvación del recuerdo*, com ilustrações de Carlos Augusto Canas, foi editado por Janés e começa a circular hoje em todo o país.

Ainda que a vitória deste colombiano na Espanha seja objeto de uma oportuna e notável publicidade neste país, só agora, ao contato direto com seu livro, poderão ser apreciados os méritos que o tornaram merecedor da importante premiação. *Salvación del recuerdo*, o livro de abril, será o tema central dos comentários, conversas e polêmicas literárias dos próximos dias.

A hora do príncipe

A pequena diferença consiste em que o príncipe Ali Khan — quando ia se casar com Rita Hayworth, depois de casado e nos dias que precederam seu divórcio — era um homem sorridente e despreocupado, entregue por inteiro a levar sua literal e afortunada vida de príncipe sem responsabilidades de Estado.

Agora Ali Khan vai se casar com outra atriz de cinema, menos espetacular do que a anterior, mas sem dúvida mais humana.

Gene Tierney, que não se constrangeu de dizer para a imprensa que se casará com Ali, mesmo que tenha feito da maneira discreta que corresponde ao seu decoro, parece disposta a fazer com o coração o que fez Rita com a cabeça, e por isso é possível que a nova aventura matrimonial do milionário oriental seja mais duradoura do que a imediatamente anterior.

As últimas fotos de Ali Khan o mostram transformado, angustiado quem sabe por que secretas e sombrias preocupações. Sua habitual cordialidade fotográfica desapareceu — aparentemente por completo —, o que poderia ser considerado um sintoma de que a bela e inteligente Gene Tierney soube tocar a corda mais sensível e até ontem ignorada do inquieto herdeiro do Aga Khan.

Apaixonar-se até a morte é defeito tradicional dos príncipes orientais, se se der algum crédito às histórias antigas, nas quais sempre havia um monarca e uma mulher sem uma única gota de sangue azul que se casavam depois de angustiantes peripécias "e viviam felizes para sempre". É possível que tenha chegado a hora de Ali Khan render tributo à tradição, enredado no amor por esta formosa mulher, cujos olhos têm um verde e enigmático resplendor felino.

Ingrid, outra vez

Ingrid Bergman voltou a ser Joana d'Arc. Há poucos anos, quando era a atriz mais valorizada do cinema, a discreta mulher do doutor Peter Lindstrom, a antítese da vedete de Hollywood que se casa e descasa esportivamente, Ingrid Bergman era um símbolo da pureza incorruptível na desregrada fábrica de divórcio e escândalos pré-fabricados da Califórnia.

Mais por isso do que por ter sido a última grande Joana d'Arc do cinema, herdeira da glória terrena da Falconetti (atriz do filme de Theodor Dreyer, de 1928), Ingrid Bergman desfrutou o privilégio de ser exemplo da mulher doméstica, limpo espelho de virtudes. Foi divinizada de tal maneira que aqueles que a exaltavam a desvinculavam de toda condição humana e não perdoaram sua primeira fraqueza que seguramente será a última. Enquanto

Rita Hayworth — para que o exemplo tenha *sex appeal* — se divorciava de um homem da indústria petrolífera para se casar com um gênio e se divorciava do gênio para se casar com um príncipe e se divorciava do príncipe para se casar com um cantor e, no entanto, continuava pintada numa bomba atômica e exposta ao sol e ao sereno nos grandes cartazes teatrais, Ingrid Bergman foi desqualificada artisticamente por se ter divorciado de um dentista para se casar com um diretor de cinema.

Era o puritanismo que se vingava contra quem manchou a memória de Joana d'Arc. E agora, quando a tormenta se acalmou, o retorno de Ingrid Bergman ao papel da donzela de Orleans é um acontecimento que o puritanismo não pôde impedir e que de certa maneira está presenciando e admirando com os códigos escondidos sob a mesa, apenas quatro anos depois de esses mesmos códigos terem sido brandidos para esmagá-la.

Mas não é ruim e, pelo contrário, é bom que assim seja. Ingrid Bergman, inteligente, maternal e um pouco boba, como sempre, faz-se perdoar com a interpretação da peça de Paul Claudel, um autor católico que seguramente não está disposto a se escandalizar porque Ingrid Bergman se divorciou uma vez, se apesar disso continua a manifestar a mesma capacidade interpretativa que a fez famosa antes de se divorciar.

Depois da tormenta

Sucessivamente, com uma freqüência que supera todos os cálculos, estão aparecendo livros inspirados nos tenebrosos acontecimentos que antecederam o 13 de junho e que contribuíram para torná-lo necessário e providencial. De distantes cantos da república vem o documento da violência, a crônica dos horrorosos episódios que ensangüentaram o país, a maioria dos quais é desconhecida em detalhe porque o mesmo ambiente de terror criado por eles impediu sua divulgação, ou porque a censura à imprensa se encarregou de asfixiar sua publicidade.

Em conseqüência desse duplo fenômeno de violência e restrição, a torrente de amargas notícias originadas pela barbárie, acumuladas pela censura, está brotando com sua força impetuosa longamente reprimida. Novos nomes se incorporam à literatura nacional, vozes que se sentem obrigadas a testemunhar um momento histórico que necessariamente havia de originar este fenômeno cultural que começa a se manifestar no país.

A província arruinada pela violência, ferida em sua profunda e simples humanidade, ingressa na literatura colombiana para substituir a outra província, conhecida até ontem, que era apenas uma paisagem no crepúsculo com bois acadêmicos e camponeses que "morrem quase sempre de morte natural". Esta província arrasada que invadiu a literatura agora que o testemunho é possível, é amarga e dolorosa, com suas feridas ainda não cicatrizadas, mas é sem dúvida mais autêntica e humana.

Os críticos já se encarregarão de julgar o valor estético das obras originadas pela barbárie, e que em menos de um ano de paz e liberdade enriqueceram, pelo menos numericamente, o volume bibliográfico da nação. É um fenômeno que reclama maior interesse, como fenômeno, ainda que a maioria dos livros sobre violência política só tenha um valor documental transitório.

Nada mais que pedras

Burwell Thompson, eminente geólogo que é algo assim como o médico de cabeceira do canal do Panamá, voou com urgência a Washington para submeter às autoridades centrais um relatório detalhado sobre a saúde desse pedaço dos Estados Unidos que está morrendo para o mundo.

Contractors Hill, uma montanha que não parecia representar alto grau de periculosidade, poderia custar ao país mais rico do mundo quase tantos dólares como uma guerra, se os desesperados esforços e os engenhosos recursos de engenharia postos em prática resultarem ineficazes para conter seu desmoronamento. Tantas precauções, tanto emprego de força e tantas medidas de segurança como se utilizaram para garantir a sobrevivência do canal do Panamá na última guerra, para que agora — quando se tem a bomba termonuclear para defendê-lo — venha um simples deslizamento de pedras destruí-lo! É quase uma ironia. Leis de física elementar, como as da gravidade e o plano inclinado, desafiam o poderio e o complexo engenho do país mais poderoso e engenhoso do mundo. Não foi preciso o dilúvio, nem o simum — sequer uma tempestade — para converter em inúteis artefatos de brincadeira os maiores instrumentos de defesa e ataque criados pela inteligência humana. Pedra, nada mais, como no tempo do jovem Davi.

O canal do Panamá sobreviveu milagrosamente à grande guerra e agora, como qualquer animal de carne e osso, está morrendo de morte natural.

Salvador salvo

Não tem limite a autopromoção de Salvador Dalí, o contemporâneo que mais a sério tomou seu próprio nome. Salvador do cinema, da pintura e agora da humanidade. Dalí demonstrou ter uma inteligência tão flexível que pode, da mesma forma, pintar um quatro genial, escrever um livro interessante ou protagonizar uma ridícula sessão de circo.

Dalí sempre dá um jeito para que suas exposições, que são indiscutíveis acontecimentos artísticos, tenham de alguma maneira o mesmo interesse que uma barraca de feira.

O primeiro resultado dessa frustrada vocação de saltimbanco é esse afiado e ameaçador bigode de mosqueteiro que viajou por todos os jornais e revistas do mundo, cada vez que Salvador se empenhou na salvação de algo, que bem pode ser o êxito comercial de uma exposição, ou sua própria alma. Nesse plano, proclamou-se em certa ocasião herdeiro direto da glória de Rafael, e em outra pediu uma audiência à Sua Santidade Pio XII, para que sequer a Igreja Católica tivesse dúvida de que nunca houve um homem mais bem posto do que Salvador Dalí.

Agora, em Roma, o grande pintor espanhol protagonizou o fim de tudo. Meteu-se numa caixa mágica, que se diferencia apenas pelo tamanho das caixas de surpresa fabricadas no Japão, e surgiu dela, tranqüilo e renascido, com o mefistofélico e engomado bigode umedecido numa diabólica sopa latina:

— Vejam-me nascer de novo — disse Salvador, surgindo de seu incômodo baú cabalístico. — Como a arte que deve renascer, assim renasço eu.

E efetivamente assim renasce Salvador Dalí, inteiramente possuído por seu novo papel de prestidigitador intra-uterino.

Sob o signo de Touro

Depois de muitos anos observando-os da tribuna, Ava Gardner não resistiu à tentação de enfrentar um touro. Guiada pelas sábias indicações de Luis Miguel Dominguín, que observou a faina de uma distância prudente para proteger o touro no momento oportuno, a bela e convalescente atriz experimentou pela primeira vez a febril emoção da festa brava na prática, com um valor e uma decisão que sem dúvida não interessam tanto à tauromaquia como à psicanálise.

Enfrentando um par de cornos físicos não talvez tão perigosos como os que ela seria capaz de colocar na cabeça alheia, a alucinante Ava ofereceu ao escritor Ernest Hemingway um espetáculo de beleza e ferocidade, de poder, de glória e de sangue como os que o grande romancista soube pintar com mestria em algumas de suas páginas inesquecíveis. Aparentemente foi Luis Miguel quem deu a lição a Ava. Mas vistas as coisas do ângulo que interessa ao galanteio feminino, foi em verdade a atriz quem deu ao toureiro uma estranha lição, ao se evadir por um instante de seus galanteios, para desafiar a morte com um elemento neutro, um belo e ameaçador novilho de dois anos que não figurava no programa.

Corpulento e peludo, Hemingway deve ter entendido perfeitamente o profundo valor simbólico do inusitado espetáculo, contemplando Ava no preciso instante em que sobreviveu à investida do touro, deliciosa c triunfal, mas sobretudo contemplando o touro que se voltou "como um gato ao cruzar uma esquina", com o mesmo furor e a mesma ansiedade de animal enganado com que poderia fazer um homem. Foi um instante apenas, mas um instante significativo e inesquecível, com o qual se poderia ilustrar a capa de um tratado de interpretação dos sonhos.

O asno de ouro

Não se alarme, porque o fato ocorreu na Venezuela: um burro comeu sete notas de quinhentos bolívares, naquele que foi provavelmente o almoço mais caro que alguém se serviu na história do mundo. Três mil e quinhentos, em dinheiro vivo, dariam muito bem para alimentar durante dois anos pelo menos uma família proletária, mesmo nas atuais condições, e talvez a isso se deva que o ambicioso burro que almoçou com eles de uma só bocada se encontre à beira da morte, vítima de uma tremenda e dolorosa indigestão financeira.

Não havia outro remédio senão submeter o valioso animal a uma cirurgia, que neste caso teve toda a solenidade de uma científica violação de uma caixa de crédito. Como não cabia a menor dúvida da sorte dos três mil e quinhentos bolívares e a inocente expressão do quadrúpede era apenas uma equívoca manifestação de sua rica vida interior, não se admitiu o hábil recurso da fêmea do papagaio que exigiu uma exploração radiográfica como prova de haver engolido o diamante. A intervenção foi praticada e aquilo deve ter parecido o momento culminante de uma aventura stevensoniana, o extravagante conto de um explorador levado pelas pistas de seu mapa até o tesouro escondido por um pirata no estômago de um burro.

O cúmulo do equilíbrio

Como se o casamento já não fosse suficientemente ameaçado, dois noivos franceses resolveram ontem se casar sobre o fio. Eram equilibristas, mas isso não os autorizava a chegar a semelhantes extremos de simbolismo. A força da gravidade serve para alguma coisa, e não é indispensável balançar a 15 metros de altura para que uma multidão de duzentas pessoas se inteire perfeitamente de que aqueles que estão se casando correm um grande perigo.

O bom abade Simon, dono de uma extraordinária sensibilidade social, pelo visto não tem a menor dúvida de que o bicho é tão feio como o pintam, e aceitou subir por uma escada de incêndio até o fio onde os noivos resolveram se casar, não talvez tão temeroso de que se ferissem na cabeça antes de receber a bênção sacramental, mas convencido de que à menor vacilação no equilíbrio físico poderiam se arrepender. Por isso, o bom abade Simon subiu humildemente pela escada de incêndio e distribuiu sua bênção aos equilibristas, enquanto a multidão, embaixo, devia pensar que não há necessidade de complicar e agravar de tal modo o mais grave e complicado dos disparates.

Um escritor no cárcere

O escritor Giovanni Guareschi ingressou ontem na prisão de Parma, onde cumprirá um ano de reclusão em conseqüência do processo de difamação movido contra ele pelo ex-ministro Alcide de Gasperi. Aparentemente, a Itália se livrará por um tempo das travessuras jornalísticas de Guareschi, que seguramente continuará orientando seu semanário satírico do cárcere, mas sem condições de aprofundar as investigações e promover debates como os que o levaram à prisão.

No entanto, há algo que talvez se tenha perdido de vista: Guareschi não será mais perigoso dentro do cárcere do que fora dele? Se os cárceres da Itália forem como os da Colômbia — e não parece haver motivo de peso para acreditar o contrário — o famoso escritor encontrará terríveis argumentos contra as autoridades e em particular contra a justiça e o regime penal penitenciário italianos.

Tratando de isolar por um tempo Guareschi da sociedade, puseram-no em contato provavelmente com uma realidade mais tenebrosa e real do que aquela que o escritor tentou combater na rua. Se estivesse na Colômbia, seria o caso.

Dentro de quatro paredes de uma cela se pode conhecer, melhor do que em qualquer dependência pública, a verdadeira decomposição do lado de fora, por trás da luta social de Roma, da severidade do Piemonte ou da grandiloqüência de Nápoles. Guareschi se deparará — ou se depararia se estivesse na Colômbia — com uma justiça cuja engrenagem é incapaz de compreender qual é o problema físico e moral de um homem cuja situação não foi resolvida pela negligência ou venalidade dos funcionários. Vai se dar conta de que os cárceres não são sequer remotamente instituições de regeneração, e sim fábricas de perversão. Terá oportunidade de estudar o problema da higiene, dos serviços sanitários que ameaçam a saúde dos presos e de celas onde convivem, amontoados, mais homens do que o número de animais que de maneira cristã poderiam habitar na mesma quantidade de metros cúbicos. Analisará o tremendo problema sexual e as perturbações psicológicas a que a tenebrosa promiscuidade dos cárceres pode dar origem.

Se lá as coisas forem como aqui, é possível que Guareschi escreva um livro sobre o cárcere. E terá tantas coisas a dizer que não seria nada extraordinário se voltassem a condená-lo.

Mostra-me teu bigode e eu te direi quem és

Sem dúvida o bigode tem algo a ver com a personalidade. A coisa não era fácil de notar até que se tornasse universalmente famoso o bigode de Salvador Dalí, um homem diferente que, como era natural, precisava de um bigode diferente, e decidiu inventá-lo. A rigor, é preciso reconhecer que Dalí é todo inventado por ele mesmo. Inventou-se o melhor pintor depois de Rafael. Inventou sua própria lenda (cada vez que pode inventa um novo parágrafo) e inventou certas recordações que ele mesmo qualificou de "recordações intra-uterinas". Sendo assim, o normal era que inventasse também seu próprio bigode. E inventou: um bigode filiforme, curvo e ameaçador, que em sua época primária foi um pouco mefistofélico, mas já deixou de ser para se converter exclusivamente nisso: o bigode de Dalí.

Essa invenção logo necessitou de uma invenção complementar: a substância para manter o bigode erguido. Dalí a inventou, à base de água, cola e outros misteriosos ingredientes que talvez tenham muito de química diabólica, e que demonstraram a grande virtude de resistir à força da gravidade.

Se a orientação do bigode define a personalidade, Dalí é psicologicamente todo o contrário de um mandarim chinês. O bigode do mandarim foi sempre tão comprido e filiforme como o de Dalí, mas condescendente com a força da gravidade. Talvez aí esteja a diferença: o mandarim era um filósofo naturalista. Dalí vive em permanente batalha contra a natureza, em seu inflexível propósito de inventar a sua própria natureza. Seu bigode é o do surrealista integral. O mandarim era a negação de Dalí; e ali estão os respectivos bigodes para demonstrar.

Cinema nacional

Como antecessor da televisão, o Departamento de Informação e Propaganda da Presidência vem apresentando, em diferentes salas do país, uma série de curtas-metragens que não se sabe se merecem a aprovação ou a reprovação do público. A única coisa evidente é que o departamento conta com equipamentos e laboratórios à altura dos melhores do mundo, e que essa circunstância seria fator suficiente, até agora, para que os colombianos que têm alguma idéia de cinema esperassem que os experimentos oficiais tivessem algum mérito.

Assistimos à projeção de um curta sobre a visita dos diplomatas estrangeiros aos Llanos Orientales; assistimos a uma reportagem — jornalisticamente interessante — sobre a arte religiosa em Bogotá; assistimos a uma crônica cinematográfica sobre as ilhas de San Andrés y Providencia. Em todas essas experiências se pôde observar um completo desperdício dos elementos postos ao serviço dos realizadores dos mencionados curtas-metragens.

Em primeiro lugar, não houve em qualquer momento um conhecimento autêntico do que se pretendia fazer. Tomemos, por exemplo, o curta sobre o arquipélago de San Andrés y Providencia: ninguém que viu esses trezentos metros de filme formou uma idéia inequívoca do que é aquela interessante região do país. O que é a família da intendência? Quem sabe, não poderia dizer, sem temor de ser contestado, que aprendeu nos curtas-metragens do Departamento de Informação e Propaganda. Há paisagens. Há algumas gravações de música folclórica. Há alguns aspectos turísticos do arquipélago.

Mas não há qualquer indagação a fundo sobre aquele importante setor nacional, e esse é um argumento suficiente para acreditar que de um ponto de vista autenticamente cinematográfico, a experiência é um absoluto e lamentável fracasso. E o que dizer da última e desastrosa reportagem sobre o instituto de antropologia?

Do ângulo puramente técnico, deve-se dizer que até agora o que o Departamento de Informacão e Propaganda fez em matéria de cinema foi desperdiçar todos os recursos postos à sua disposição. É uma lástima. Mas ao mesmo tempo é uma comprovação de que nestes casos o importante — logo indispensável — não é um equipamento mecânico ideal, e sim um conjunto humano que saiba que o cinema não é uma coisa sem transcendência e fácil de improvisar, e sim uma atividade complexa que requer, se não um conhecimento técnico, uma sensibilidade adequada.

Um grande filme

Vencendo uma série de obstáculos explicáveis, apresenta-se por fim em Bogotá o formidável filme de Jean Delannoy, *Dieu a besoin des hommes*, que nos últimos anos despertou a expectativa dos cinéfilos bem informados e teve uma carreira acidentada. Premiado e recomendado por organismos católicos europeus, originou no entanto certa resistência em alguns países católicos, devido ao temor de que um público desavisado pudesse interpretar erroneamente a interessante lição moral, social e religiosa que o filme apresenta.

A apresentação deste filme magistral na Colômbia não está isenta de vacilações. O perigo de que seu maravilhoso ensinamento seja desvirtuado pelos episódios aparentemente heréticos parece ter preocupado os empresários que demoraram tanto tempo para nos oferecer a oportunidade de admirar esta jóia do cinema, esta fábula violenta e audaz. No entanto, estamos seguros de que nosso público, que ultimamente vem dando mostras de maturidade em sua apreciação da arte cinematográfica, acolherá com seu aplauso uma produção que é um maravilhoso parêntese na invasão de mediocridades cinematográficas que padecemos.

Devemos cuidar dos fantasmas

O fantasma, uma instituição que se acreditava perdida para sempre, reapareceu em Sincelejo munido de todos os elementos recomendados pela melhor tradição. Dois jovens, vizinhos do bairro de Las Peñitas, um dos mais pitorescos e por certo não o mais sombrio da localidade, fizeram ontem esta sensacional descoberta que inaugura uma nova era fantasmal nas cidades de Bolívar, onde em épocas passadas foram os fantasmas objeto de formosas e surpreendentes especulações.

O fantasma de Sincelejo é convincente: menino esquálido, decapitado, como cabe a um descendente direto do lendário cavaleiro sem cabeça, e ao que parece bem desnutrido. Quando não for osso puro, a obrigação de um bom fantasma é manifestar à primeira vista uma desnutrição sobrenatural, que impeça confundi-lo com um transeunte noturno da cidade. Se além dessa condição o fantasma cumpre a outra, não essencial mas muito espetacular, de deixar a cabeça esquecida em qualquer parte, e se além disso tem a evidente aparência de um menino morto de fome como ocorre com o extemporâneo fantasma de Sincelejo, nesse caso não há motivo para duvidar de sua ortodoxia, e celebrar sua aparição como uma prova de que a humanidade ainda não está completamente perdida porque continua a ser protegida por seus fantasmas.

Em compensação, os habitantes de Sincelejo, neste caso concreto, e todas as cidades onde novos e renovados fantasmas façam sua providencial aparição, devem por sua vez proteger os espectros noturnos. Trata-se de uma instituição municipal tão respeitável como o barbeiro, o burro carregador de água ou o bebedouro de cimento por onde passam as mulheres ao entardecer. Deve-se zelar para que essas instituições não desapareçam, porque delas depende que os povoados, ainda que já estejam a ponto de se converter em cidades, conservem seu antigo e misterioso encanto.

Digestão de diamantes

Talvez seja por causa da situação difícil que um homem corre o risco de morrer com dez mil dólares em diamantes escondidos no estômago. Há três semanas aconteceu a um asno a mesma graça, com a diferença de que o asno foi mais prático e armazenou a quantia em dinheiro vivo.

Os homens, ao contrário dos asnos, costumam aprender a cortar diamantes. Essa é uma vantagem dos animais racionais sobre os outros — os que comem dinheiro vivo —, ainda que em certas ocasiões se demonstre que às vezes os asnos sabem fazer as coisas melhor do que os humanos.

O caso é, simplesmente, que Samuel Leiser, cortador de diamantes, apresentou-se há dois dias na alfândega de Boston, com pouca bagagem e uma cara de inocente que não era outra coisa que uma indigestão de duzentos quilates. O senhor Leiser almoçou diamantes nesse dia, no almoço mais caro que alguém se recorda de se ter servido.

O autor desta fraude original, lamentavelmente frustrada, cometeu o pequeno erro de estudar mais as disposições aduaneiras do que as propriedades nutritivas dos diamantes. Agora está no hospital, reluzindo por dentro como o cofre de um pirata, vítima de imprevisão dietética que é ao mesmo tempo um excesso de previsão comercial.

O sr. Truman ao piano

O cidadão Harry Truman, ex-presidente dos Estados Unidos, reapareceu ontem nos jornais, depois de um prolongado período de vida absolutamente privada. Assim como em anos anteriores, viu-se diante de um piano, instrumento que o antigo mandatário freqüenta, especialmente para interpretar sua peça favorita: a valsa *Missouri*, originária de seu estado natal.

A Federação Americana de Músicos, sem segundas intenções, presenteou Truman com esse piano especial, segundo dizem os telegramas internacionais, mas sem especificar em que consiste a especialidade. Mas é um piano, com especialidade ou não, diante do qual Truman se sentará para tocar, como antes fez diante desse piano de complexo e perigoso teclado que é o gabinete presidencial dos Estados Unidos.

Tocando sozinho, em volume íntimo, sua velha e nostálgica valsa, talvez Truman não se esqueça do mundo, como poderia pensar um romancista, mas pelo contrário se lembre dele mais do que nunca, e desfrute na penumbra o prazer de estar batendo num teclado mais melodioso e dócil do que o da política internacional. Não é um prazer?

Dentro de poucos dias chegarão a Washington Churchill e Eden, deve pensar Truman, teclando suavemente na morna penumbra de sua vida particular. "Churchill e Eden", deve pensar, e talvez sinta, enquanto pensa, que nunca como agora foi mais formosa e íntima a velha e romântica valsa do Missouri.

O mais ousado dos pretextos

Talvez seja um excesso de desconfiança supor que um homem se arrisque a atravessar o oceano Pacífico numa balsa apenas para ficar sozinho durante quatro meses. Mas se quem o faz tem 61 anos de idade e quarenta de casado, e se embarca em sua ousada aventura — que é quase uma aventura senil — deixando a soluçante mulher no cais e levando em troca um gato e um papagaio como acompanhantes na travessia, é provável que não o faça tanto por curiosidade e devoção científicas como pelo inconfessável desejo de se sentir solteiro durante quatro meses, ainda que seja em meio aos borrascosos perigos do mar.

Esse parece ser o caso de William Willis, dramaturgo nova-iorquino que há dois dias se lançou ao mar, nas circunstâncias mencionadas, tentando repetir sozinho a façanha dos tripulantes do *Kon-Tiki*, ainda que sem dizer com que objetivo. É lógico pensar que não diria à mulher que comete esta loucura com o propósito de acumular experiência para uma peça de teatro, pois um homem com semelhante imaginação para escapar heroicamente da vida doméstica deve ser um mestre na invenção de desculpas para chegar tarde em casa. Quem sabe que diabólicos recursos dramáticos utilizou este flutuante Robinson

Crusoé para que sua mulher, Tess, permitisse que saísse de casa por quatro meses sem supor — com essa tremenda imaginação que devem ter as mulheres dos dramaturgos — que a 19 quilômetros da costa peruana o esperasse uma amiga com supostos pendores para a navegação solitária, disposta a tirar o maior partido sentimental da corrente de Humboldt.

A capacidade de persuasão de William Willis é tão admirável que sua mulher engoliu por inteiro a história da inquietação científica, e o deixou zarpar com essa ingenuidade de que dispõem as mulheres perspicazes quando dizem tudo a elas, absolutamente tudo, menos a verdade. Nem sequer se lembrou a ingênua mulher de que o maior perigo que ameaça um homem em alto-mar, mesmo aos 61 anos e desde o tempo de Ulisses, é o canto das sereias.

Tudo saiu às maravilhas para William Willis. E a estas horas deve navegar feliz — e mais ainda se soprarem ventos contrários — desfrutando à vontade o complacente pretexto da corrente de Humboldt, com seu gato e seu papagaio, símbolos tradicionais do celibato, além das pantufas. Das imperdoáveis pantufas que sem dúvida tampouco se esqueceu este fingido, heróico e navegante gideão.

Literaturismo

Há ainda quem se queixe da truculência desses dramas folhetinescos em que há mais sangue do que protagonistas por quilômetro quadrado, cujos leitores ou espectadores devem tomar precauções para não serem eles também vítimas da tragédia. No entanto, a vida real é às vezes mais truculenta.

Aí está o caso ocorrido no município de San Rafael, Antióquia, que qualquer crítico literário condenaria por seu exagero e por não se parecer com a vida. Em primeiro lugar se trata de um caso de rivalidade entre duas famílias, recurso que parece desqualificado literariamente porque poucas pessoas estão dispostas a atribuir validez a uma situação que já existia havia dois séculos. No entanto, o sangrento folhetim de San Rafael se originou de uma rivalidade entre famílias, e para quem esta situação pareça falsa não haverá remédio senão condenar a vida por sua pobre imaginação e sua excessiva afeição aos convencionalismos.

Como era de se esperar, houve um crime. Mas não um crime simples, e sim um homicídio espetacular, em que o matador, para começar, disparou sua escopeta contra a vítima. Até ali era Tróia para a literatura: descarregada a arma no corpo da vítima, o matador investiu a machadadas contra o cadáver, e, finalmente, num excesso de impiedade que permite pensar de alguma maneira na ascendência tártara de alguns colombianos, cortou-lhe a língua sem pensar de antemão o que ia fazer com ela, como de fato nada fez.

A notícia não mereceu — ao câmbio atual da moeda jornalística — mais de duas colunas na página das notícias locais. É um fato sangrento, como qualquer outro. Com a diferença de que neste tempo não é nada de extraordinário, pois como notícia é demasiado corrente e como romance é demasiado truculento.

Conviria recomendar um pouco de discrição à vida real.

Grande lástima!

Aos 72 anos, Noah Mason, deputado federal norte-americano por Illinois, demonstrou ter sólida experiência nas coisas da política internacional. Agora que Churchill vai a Washington, o deputado Mason se antecipou — ainda que não muito antecipadamente — a prevenir o presidente Eisenhower contra a avassaladora simpatia do primeiro-ministro inglês.

"Resistir aos salamaleques do senhor Churchill" é o conselho que o veterano parlamentar julgou oportuno dar ao presidente de seu país, pois os britânicos, segundo ele, "tentarão nos utilizar de novo, talvez para se salvar a si próprios da destruição".

O deputado Noah deve ter poderosas razões para se antecipar aos propósitos do primeiro-ministro inglês e garantir que ele irá a Washington armado com o poderoso arsenal de "seus salamaleques". Se diz é porque sabe. Mas é uma lástima que saiba, porque, por saber e dizer, pode ter posto a perder o humor de Churchill, estragando assim o belo espetáculo de engenho e fina estratégia diplomática representado pelo primeiro-ministro numa conferência internacional.

Cada estadista se defende como pode e, sem dúvida, o presidente Eisenhower não será neste caso uma exceção. Mas se o deputado Noah espera que a defesa de Churchill será o uso de salamaleques, devia conservar o segredo, pois de qualquer maneira é mais agradável o espetáculo de um primeiro-ministro se comportando como bom vizinho, ainda que tente depenar a casa e todos saibam, do que dois estadistas quebrando os móveis nas respectivas cabeças, para que todos saibam do que são capazes. Nunca será demais pedir um pouco de cortesia nestes tempos, mesmo que se saiba, como se sabe, que tanta graça não pode ser verdade.

O medo é melhor

É uma medida que não parece inglesa: submeter os membros da RAF à influência de uma droga, antes de mandá-los para o combate. Esse projeto foi revelado pelo *Daily Express*, e estaria sendo estudado pela Aeronáutica, cuja aceitação imporia um grave matiz às guerras futuras.

Com todos os males que o medo causou à humanidade, não parece razoável pensar que seriam menos graves os estragos causados pela absoluta e artificial eliminação do medo nos combatentes. Pode-se pensar que isso seria como converter o combate num sonho dourado, impor quimicamente à matança uma atmosfera de beatitude que faria dela um simples brinquedo de crianças e não essa coisa espetacular, escoltada pelos anjos do horror, como tem sido até agora, embora a história pareça demonstrar o contrário.

É bem provável que se a droga que se pensa administrar nos aviadores ingleses resultar eficaz a prática se generalize a todos os países e a todas as armas, e tenhamos então batalhas entre seres inconscientes do desastre, simples autômatos movidos por um combustível cuja função primordial seria amordaçar o coração. A guerra bacteriológica, o uso de armas termonucleares seriam notavelmente contrariados pelos sentimentos dos combatentes, que em algum momento da luta podem escutar o chamado de sua sensibilidade humana, atender a voz do coração no instante em que se dispusessem a arrasar uma cidade. Mas não aconteceria sob os efeitos do mentilo pentano que seguramente será mais útil para os atacados, já que será maior o medo de morrer ante o ataque de seres anestesiados do que pela ação de homens de carne e osso, na posse plena de suas faculdades, mesmo da natural e em certas ocasiões salvadora faculdade de sentir medo.

O êxito da droga será mais inquietante se, além dos soldados, fosse ministrada aos políticos em dose apropriada para participar das conferências internacionais "com o coração no pé", em virtude dos efeitos da arma psicológica mais espetacular que se poderia utilizar: a eliminação do medo.

Não é mera coincidência

Desencadeou-se em Cali, de novo, com rejuvenescidos ímpetos documentais, a imemorial polêmica sobre a existência de María, heroína de Jorge Isaacs e mãe espiritual dos adolescentes colombianos há um século. Com duzentos anos de história nacional, num país cujos habitantes só agora começam a ignorar a vida particular de seus vizinhos, este tipo de problema proporciona ao momento atual um ambiente de densidade e antigüidade históricas, de confusão racial, de intrincado cosmopolitismo que, na realidade, não tem uma polegada de profundidade. Ali mesmo, como se diz, na curva da esquina, ainda se sente o cheiro de pólvora da guerra de independência, e no entanto é motivo de controvérsia a identidade de uma personagem literária que se existiu seria apenas uma distinta e longeva matrona de uma centena de anos, ou uma bela recordação de vinte anos, com oitenta jazendo em sua sepultura.

É um vício colombiano: pesquisar se existiu María — a romântica protagonista de *María* — ou se existiram Arturo Cova e Clemente Silva — de *La vorágine* —, ou precisar, por meio de laboriosas buscas genealógicas, quem foi a co-participante daquela "sombra comprida" do *Nocturno*, de Silva. Nessas pesquisas se vai a história.

E, no entanto, há um ano, o problema é diferente: os romancistas da "violência" — que precisam ser chamados de alguma maneira — se esmeram em demonstrar que seus personagens são absolutamente reais, e há poucos leitores que dão crédito aos seus testemunhos. Enquanto um respeitável setor do país se empenha em demonstrar se existiu ou não María; que Arturo Cova, ou Clemente Silva, ou Zoraida não existiram — ou se existiram realmente — outro setor se empenha em demonstrar que seus personagens são de carne e osso, ainda que poucos leitores se disponham a aceitar.

A solução mais conveniente parece estar ao alcance da mão: que não se polemize mais sobre a existência de María, Arturo Cova e Clemente Silva. Que se criem novos personagens na literatura colombiana, que é o que importa, mesmo que não sejam cópias textuais da vida real, e melhor ainda se forem puras e maravilhosas criaturas fantásticas. Ainda que os escritores colombianos, para evitar confusões, tenham de advertir no futuro: "Qualquer semelhança entre personagens deste romance ou personagens da vida real, não é mera coincidência, e sim o resultado de um laborioso esforço do autor."

Mister *América*

No país dos concursos, Richard Du Bois foi eleito *Mister* América. Entre cinqüenta concorrentes. *Miss* América, supõe-se, é a mulher mais bela dos Estados Unidos, ainda que não no sentido em que nós, latinos, entendemos e apreciamos, mas de acordo com certas virtudes anatômicas aritmeticamente valorizadas. Um centímetro a mais na cintura foi o motivo por que uma bonita jovem de Michigan perdeu o título.

Outro deveria ser o critério em relação à escolha de *Mister* América. A beleza masculina, a perfeição anatômica não deveriam valer tanto para o homem moderno como sua psicologia. O homem típico dos Estados Unidos estaria nesse caso menos perto de Charles Atlas do que do personagem que durante vários anos James Stewart encarnou na tela, um desajeitado rapaz de 19 anos e 1,80m de altura que, sentado no balcão de uma drogaria, era o norte-americano típico sem necessidade de dizer.

Richard Du Bois, que para começar não tem sobrenome inglês, poderia ter merecido o título não por ter 21 anos e 103 quilos, mas por ser o norte-americano mentalmente mais bem-dotado, por exemplo, para preparar seus próprios desjejuns com dois ovos, um pedaço de presunto e quatro torradas. Poderia ser menor de idade, esquálido e com pouco peso, e no entanto ter direito ao cetro de *Mister* América, só por acreditar com mais convicção do que ninguém nas coisas que os Estados Unidos acreditam como nação, e acreditar usando sapatos amarelos e roupa azulada, e mastigando uma goma de mascar enquanto conversa com os amigos.

Mister América — cujo reinado não é deste mundo mas que se estende do Rio Grande até o norte — não tem por que preencher certos requisitos anatômicos, mesmo que não sejam de todo desprezíveis, e sim estar ajustado a certas normas psicológicas. Isso proporcionaria maior validez ao seu título de norte-americano quintessencial, melancolicamente sentado num bar, diante da televisão e à direita de uma Coca-Cola gelada.

Temos que inventar inventores

Um concurso de inventos — como o que se realiza em Bogotá —, do qual participam apenas cinco inventores, poderia servir de base para afirmar que o engenho dos colombianos é notavelmente escasso. Mas talvez seja outra a causa desta esterilidade manifesta.

É bem provável, em primeiro lugar, que nós, colombianos, não inventemos muitas coisas porque ninguém nos ensinou a inventá-las, isto é, ninguém nos disse oficialmente que a criação de uma coisa útil pode ser tão bom negócio como vender as coisas já inventadas. Em segundo lugar, é provável que muitos colombianos capacitados a inventar algo não o façam por falta de tempo: a ociosidade é o melhor caldo de cultivo dos inventos e, do jeito que as coisas estão, os colombianos apenas têm tempo de buscar os artigos de primeira necessidade, que desgraçadamente não podem ser inventados em casa.

Pode haver outros motivos: o ofício de inventor é, na Colômbia, uma atividade sem esperança. Além do concurso que se realiza atualmente, a invenção de algo não é entre nós um acontecimento que possa significar fator de progresso para seu autor, pois se viram casos de colombianos que inventaram alguma coisa sem que qualquer entidade ou pessoa se interessasse por ela, salvo em desconhecidos casos excepcionais.

Talvez não seja arriscado pensar que muitos compatriotas não inventam coisas porque não sabem que é necessário inventá-las, ou porque nunca lhes ocorreu que podiam fazê-lo. Faz falta à humanidade, por exemplo, um pára-quedas para os aviões. Todo mundo diz: "Deviam inventar um pára-quedas para os aviões." E a nenhum dos milhares de colombianos que o disseram ocorreu se dedicar a inventar esse utilíssimo artefato, e sim que deseja, cada vez que se lembra, de que alguém invente essa obra de misericórdia que talvez não seja tão difícil como parece.

Há uma razão final: nós, colombianos, não acreditamos nos inventores. Nem sequer os possíveis inventores em potencial acreditam nos inventores, de maneira que fariam mal em se dedicar a fazer algo em que eles próprios não acreditam. O problema é que todo inventor, antes de inventar algo, devia inventar a si mesmo como inventor. É a única maneira de começar, como começou Edison quando, cansado de ser um simples telegrafista, dedicou-se a se inventar a si mesmo como inventor, e inventou um aparato automático para repetir mensagens telegráficas. Inventado o inventor, o resto vem como conseqüência lógica.

Contra vento e maré

Há um fato: o canal de Bocas de Ceniza está em boas condições. A controvérsia é em torno das origens dessa privilegiada situação, que alguns atribuem a uma milagrosa decisão do rio Magdalena cansado enfim de obstaculizar os esforços do homem e que outros atribuem exclusivamente aos esforços do homem, incansável em seu empenho de não se amedrontar diante dos obstáculos da natureza. Acima de todas as controvérsias, os navios estão atracando no terminal de Barranquilla e isso é o que interessa.

A barra de Bocas de Ceniza é o inimigo mais encarniçado e perseverante da dinâmica e hospitaleira capital do Atlântico. A junta coordenadora do porto, organização tutelar dos trabalhos por meio dos quais se tenta converter diariamente Barranquilla num porto de mar, não economizou esforços para tirar terra da barra, tenaz na sua decisão de impedir que a engenharia prevaleça sobre a natureza.

Os dois contendores têm suficientes títulos, suficientes armas, suficiente espírito de beligerância construtiva para que a luta se torne imemorial. Até é provável que haja nela um pouco de sensualidade. E há também quem suspeite que esta colossal batalha do homem contra a natureza não tem outro fundamento do que a sensualidade da luta em si, pois nada se oporia a que Barranquilla, em vez de embarcar na gigantesca e extenuante empresa de levar o mar até seu porto, pudesse levar simplesmente seu porto até o mar. Um mar tranqüilo e natural, mais perto da cidade do que Bocas de Ceniza, que estava ali servindo exatamente para o que a cidade necessitava e também para algo mais e sem incomodar ninguém.

Menos, e bem menos, do que Bocas de Ceniza custaria uma auto-estrada para Puerto Colombia — esta, sim, justificada. Seria uma maneira generosa de ir ao encontro do mar, de orientar o crescimento da cidade até uma enseada natural que, se não estava ali na esquina, devia-se simplesmente a que as cidades não podem desde o primeiro dia de sua fundação ter duzentos anos de idade.

Barranquilla, com a impaciência natural das cidades progressistas, desprezou essa fácil solução e preferiu a luta imemorial com a barra de Bocas de Ceniza, que é uma concreta e obstinada linha de maior resistência. Contra vento e maré, os navios estão entrando na cidade, empurrados pelo vento próprio da junta coordenadora do porto, que, apesar da natureza e dos comentários desconfiados, está nobremente disposta a que não seja ela e sim o rio quem cedo ou tarde dê o braço a torcer.

A taurofilia do touro

Em Piedrahíta, pequena localidade castelhana, um touro morreu de medo. É de se morrer de medo ante a evidência de que um touro morreu de medo, não diante de um homem armado — coisa que seria explicável —

mas frente a um indefeso e paralisado cidadão espanhol que repetia a velha sorte de "Tancredo" (por sua vez paralisado de medo), aproveitando-se da juventude e da inexperiência de um touro demasiado impressionável.

Este estranho acontecimento pode servir de base para pensar se o touro de lide é tão nobre como o pintam. Provavelmente, e apesar das tradicionais conseqüências, ninguém será mais aficionado à festa brava do que o próprio touro. Por isso continua investindo nobremente, fiel a regras que tornaram possível a permanência da lide. Na maioria dos casos ganha o homem, mas há ocasiões em que ganha o touro, de maneira que há motivos de sobra para pensar o pensado: que também o touro é aficionado pelos touros.

O que originou o medo desse notável touro de Piedrahíta deve ter sido a evidência de que nessa tarde o homem não estava jogando limpo. As regras e a experiência ensinam que o adversário sempre há de estar armado de um estoque, um par de bandarilhas, ou de uma capinha de toureiro no pior dos casos. Mas nem o mais nobre dos touros há de esperar que o adversário se plante no meio da arena, indefeso, sereno e feito uma estátua; se ocorrer, a fera tem razões para pensar que ali tem gato na tuba. Razões de sobra para que um nobre gladiador morra de medo diante da evidência de que o adversário não está jogando limpo.

Filosofia ao pé da letra

Alguém disse: "Suicida é uma pessoa que se mata porque tem medo da morte." Recordamos essa definição ao conhecer a notícia, vinda de Cali, de uma mulher que tentou se suicidar, segundo disse, "porque estava muito contente".

Estar alegre, extremamente alegre, até o extremo de ingerir meio litro de carrapaticida, é uma situação espiritual que talvez ofereça amplo campo de experimentação aos psiquiatras, mas que humanamente não parece conter nenhum mistério. O homem é triste não se sabe se por natureza ou porque aprendeu no caminho. Mas de qualquer maneira seus momentos de extrema alegria são tão escassos que não há nada de estranho que resolva aproveitar esse momento para provocar em si próprio uma radical embriaguez de carrapaticida, como a lúcida mulher de Cali, por temor de que sua alegria seja transitória e tenha de voltar a ficar triste dentro de poucos instantes, com o agravante de que sua nova tristeza seja mais triste com a recordação da felicidade desfrutada um instante e depois perdida.

O ruim é que não se sabe com certeza o que vem depois do carrapaticida. As conseqüências desse tóxico fulminante devem ser mais amargas do que as do álcool, ao fim e ao cabo suportáveis na vida prática, na névoa anterior à segunda-feira, e não dentro do estreito e interminável túnel de quatro tábuas de cedro. Ingerir carrapaticida porque se está alegre é uma iniciativa que poderia resultar filosoficamente explicável, mas a verdade é que há maneiras menos dramáticas de levar a sério a filosofia.

Tragiquadrinhos

Com 15 anos, Raymond Kuchenmeister era um gigante de 1,90m e 180 quilos, abatido à bala na cabina de um avião em que penetrara para ameaçar os pilotos com um revólver de brinquedo. Esta história sintética permitiria pensar que Raymond foi, provavelmente, uma vítima dos quadrinhos, cuja leitura deve ter insuflado nele esse sentido exagerado, espetacular e funesto do moderno herói norte-americano.

Pura desconfiança? Recorde-se a história contada por seu irmão mais moço, a quem a polícia surpreendeu no aeroporto de Cleveland, enquanto Raymond era levado ao hospital.

— Resolvi ir com ele — manifestou Donald Kuchenmeister, de 12 anos —, mas depois me assustei. Iríamos escondidos no compartimento de bagagem, mas mudei de idéia. Disse-lhe que fosse sozinho, se quisesse, mas que eu iria de outra maneira. Foi uma dessas coisas que ocorrem de repente.

Raymond e Donald caminharam oito quilômetros, de casa até o aeroporto de Cleveland, para pôr em prática essa intrépida aventura que na idade deles, nestes tempos, não tem outra fonte de inspiração senão a perniciosa leitura dessas historietas ilustradas, com heróis invulneráveis e fantásticos episódios besuntados com um absurdo e vicioso verniz de realidade.

Raymond não era, nem podia ser, um delinqüente precoce, pois teria dado um jeito de conseguir um revólver de verdade, com o qual abateria quem se interpusesse em seu caminho. Era, simplesmente, um alucinado pelos quadrinhos, cujos heróis são capazes de conquistar o universo com uma pistola de água, em aventuras que fazem as crianças delirar e as levariam a converter seus sonhos em realidade se, como o desta história, sentem-se apoiados numa corpulência comparável somente à do Super-Homem.

Bogotá, cidade tropical

Ocorre-nos, lendo o anúncio publicado ontem num jornal local, que a progressiva tropicalização de Bogotá não corresponde inteiramente ao seu crescente cosmopolitismo e sim a uma evolução psicológica de seus habitantes, determinada pelo progresso das janelas. Este ano, por exemplo, um inventário meteorológico permitiria comprovar que a chuva não foi menos hostil do que nos anteriores — aqueles anos da velha cidade de cinza, todos os dias disfarçada de Londres, com habitantes obscuros e parcimoniosos que se perdiam na névoa rumo às herméticas alcovas que cheiravam ainda a história pátria e a fantasmas coloniais.

Um dia as janelas começaram a crescer. Esse foi o princípio do trópico, pois para apreciar as coisas de um ponto de vista estritamente prático, limpas de filtros retóricos, é preciso admitir que o trópico não é outra coisa que uma imensa janela, "redonda como uma laranja". As casas começaram a crescer para cima e as ruas para dentro das casas, até os pátios lajeados, onde o século anterior continuava todas as manhãs se equivocando de século nas fontes de pedra. Aquilo foi a invasão da intempérie, a substituição do canário pelo receptor de rádio, um aparato que, analisado cruamente, outra vez sem filtros literários, não passa de uma gaiola de boleros.

Veio, enfim, a televisão, que, à força de ser uma invenção moderna, é um retorno às origens, um novo grau da janela em seu processo evolutivo em direção à bola de cristal dos adivinhos.

Portanto, a responsabilidade da tropicalização de Bogotá convém exclusivamente ao crescimento de suas janelas. Quando elas eram apenas estreitos mirantes sobre a chuva, os habitantes da capital da república deviam acreditar que chovia mais implacavelmente do que na realidade. Afinal, o clima de uma cidade não depende tanto das diligências da natureza como da situação espiritual de quem o contempla de sua janela.

Cinema do Brasil

O cinema brasileiro conquistou o mercado internacional com *O cangaceiro*, o filme de Lima Barreto exibido atualmente em Bogotá, como o cinema mexicano o conquistou há vinte anos com *Allá en el rancho grande* [Lá no grande rancho]. A enorme distância estética que separa os dois filmes oferece uma base para pensar que o cinema brasileiro está destinado a manter um prestígio fundamentado na qualidade, assim como o do México se sustentou na linha de menor resistência por onde o orientou fatalmente sua primeira produção de ressonância internacional.

Não é sério aceitar sem um segundo debate a idéia generalizada de que todo o cinema mexicano é barato e de grosso calibre. Para destruir esse julgamento apressado bastaria recordar a obra de Emilio Fernández — com exceções —, a do aragonês Luis Buñuel e alguns filmes de Julio Bracho e Rafael Gavaldón. E há mais: analisando certos elementos característicos do mau cinema mexicano, alguns estudiosos acreditam ter encontrado o germe de um cinema diferente e audaz, a grande reserva do cinema do futuro.

No entanto, situado o fenômeno no presente, sobre fatos consumados, é evidente que a generalidade do cinema mexicano tem todo o coração posto na bilheteria, e só quando vier uma nova geração, menos pragmática do que a presente, prevalecerá a qualidade sobre a quantidade. O cinema brasileiro, em compensação, começou com meio século de atraso, mas com uma obra de tanta qualidade estética que talvez tenha criado com os cineastas de todo o mundo um compromisso que deverá manter a todo custo, para não perder o mercado conquistado, seguramente não muito numeroso, porém mais seleto.

Está na hora de algum país encontrar a maneira de ligar seu cinema à qualidade, precisamente o único espaço vago na indústria cinematográfica. O cinema de Hollywood tem um mercado seguro com base em suas estrelas, seus finais felizes e sua perfeição técnica: o cinema francês também tem um mercado com base em sua franqueza sem preconceitos, e também o italiano em seu realismo e sua singeleza. Falta o cinema sustentado exclusivamente na qualidade. E o Brasil, país novo e dinâmico, com gente nova, inteligente e progressista, poderia aproveitar a orientação traçada por *O cangaceiro* para assumir essa posição vaga, cuja ocupação assinalaria um momento decisivo na história da arte cinematográfica.

Problema privado entre homens públicos

Os homens públicos são propensos a que se torne pública sua vida privada. Um problema particular de um homem público tende inevitavelmente a se converter num problema público. A opinião pública manifesta uma quase doentia curiosidade pela vida privada dos homens, mas a única vida privada a que se permite ocasionalmente acesso à opinião pública é a vida privada dos homens públicos. Essas reflexões, que não passam de variações em torno de um mesmo tema, podem se sintetizar numa única: os homens públicos não têm muita vida privada.

As atrizes de cinema têm as mesmas dificuldades que os homens públicos, e até a dificuldade do adjetivo, pois a única maneira de diferenciar uma atriz de cinema de uma mulher normal é dizer que "uma atriz de cinema é um homem público", para evitar confusão. Nesse sentido, Ava Gardner é um homem público, da mesma maneira que o toureiro Luis Miguel Dominguín, cuja chegada a Nova York está determinando que se torne pública sua vida privada, assim como a de Ava Gardner.

— É impossível que alguém se case com todas as suas amigas — manifestou Luis Miguel, tentando distrair com uma verônica o insaciável touro da curiosidade popular. Ava, como todos sabem, é a mulher de Frank Sinatra, de maneira que qualquer declaração de Luis Miguel diferente da que fez com relação ao seu possível casamento com Ava, comprometeria também a vida privada do cantor, um terceiro de quem se pode dizer que é com segurança o pomo da discórdia.

O ruim é que Sinatra também é um homem público, por sua conta e risco, independentemente da circunstância de que esteja casado com Ava. Sendo assim, para ele também conta a quase impossibilidade de que não se torne pública sua vida privada. O problema, assim, é de três vidas privadas que lutam palmo a palmo para não se tornarem públicas, e que por serem vidas privadas de homens públicos têm menos possibilidade de conseguir.

Eis um caso em que a união não faz a força, antes pelo contrário.

O homem que inventou o celofane

Em Zurique, aos 82 anos, acaba de morrer um dos grandes benfeitores da humanidade: Jacques Brandenberg, químico suíço, inventor do papel celofane. Em homenagem a ele, eliminamos com emoção as aspas e escrevemos: celofane, sem as muletas utilizadas para essa palavra transitar pelo idioma castelhano, cujos acadêmicos envoltos em celofane não se dignaram a entregar as credenciais à sua própria envoltura.

Jacques Edwin Brandenberg morreu talvez sem pensar que a humanidade deve a ele algo mais poético do que uma substância impermeável. Sua bela imaginação de sábio interessado em encontrar uma matéria luminosa que servisse para envolver os bombons descobriu o maravilhoso segredo de civilizar o vidro. Talvez os acadêmicos da língua castelhana tivessem razão ao vacilar na legitimação do papel celofane, porque talvez o celofane não seja papel e sim simplesmente vidro: vidro dócil, manso, domesticado, posto ao alcance das mãos e da imaginação das crianças.

Não se concebe que alguém tenha inventado o celofane sem relacionar automaticamente esse invento com uma mentalidade infantil. Só a curiosidade de ver o interior das coisas, de conhecer o conteúdo dos presentes sem necessidade de estragar o embrulho pôde sugerir a um sábio suíço a idéia de que os objetos fossem envoltos em vidro, que era a única maneira de conservar neles o belo atrativo que tinham nas vitrinas, antes de ser comprados. Não é possível pensar na utilidade e ao mesmo tempo no celofane. O celofane é a fantasia, uma necessidade de brinquedo que permite levar para casa os objetos com vitrina e tudo, como sonhavam as crianças de todo o mundo antes da invenção do celofane.

Por isso Jacques Edwin Brandenberg é uma glória da humanidade. Por ter criado uma útil e bem higiênica realidade de mentirinha, ao lado da realidade verdadeira que serve para muitas coisas menos para que sejam mais bonitos os bombons. O autor de semelhante prodígio, morto ontem, merece que seu cadáver seja conservado à vista das gerações futuras, não em um suntuoso ataúde de cedro e sim num transparente, impermeável e glorioso embrulho de celofane.

Perigo em roupa de banho

Delicado exemplo do grau de ridicularia a que pode conduzir o fanatismo político são as coisas que acontecem no concurso para selecionar a rainha da beleza universal. Algumas das candidatas tropeçaram em sérios inconvenientes para entrar nos Estados Unidos. Trata-se de demonstrar que num país civilizado a lei não é apenas para a classe baixa, mas até para as belas moças de todo o mundo que vão aos Estados Unidos com o único propósito de colocar uma roupa de banho e desfilar numa passarela, para que o jurado decida se são ou não as mais belas do mundo.

Aparentemente, o macarthismo se deixou convencer pelas histórias em quadrinhos e seus seguidores levaram a sério essas aventuras nas quais misteriosas potências interplanetárias aproveitam um concurso de beleza para introduzir no país inimigo uma bela vampira que, na bolsa, misturada com os cosméticos, leva uma metralhadora disfarçada de batom para os lábios. A *Miss* Coréia, uma pequena e sossegada beldade de porcelana, provavelmente foi confundida pelas autoridades da imigração com uma segunda versão, corrigida e atomizada, da inquietante Mata Hari. Como a bonita embaixadora da beleza coreana viveu durante algum tempo ao norte do paralelo 38, foi obrigada a responder a uma série de perguntas relacionadas com suas idéias políticas, talvez para evitar que entre de contrabando um soldado soviético, capaz de se insinuar dentro das dobras floreadas de um biquíni só para se informar e depois informar seus superiores sobre as armas secretas utilizadas pelos norte-americanos para verificar qual é a mulher mais bela do mundo.

"A lei é dura, mas é a lei", responderá sem dúvida um erudito funcionário do escritório da imigração, inabalável diante dos atrativos das candidatas. É bom que a lei seja lei, mas não é completamente bom que seja tão dura, ao ponto de que nela tropecem as antigas leis não escritas mas sempre benéficas da cortesia.

De tudo isto, resta aos Estados Unidos pelo menos o consolo de que nunca como neste caso o perigo foi tão bonito e sedutor.

Duelo apócrifo

Os jornalistas estrangeiros coincidem na avaliação de que o professor Roberto Agramonte não parece um duelista. Seus hábitos moderados de homem mais hábil no ofício das letras do que no das armas, especialista nas pacíficas e construtivas disciplinas da mente, não permitem descobrir que sob sua roupagem científica se esconde um guerreiro.

A primeira condição para participar de um duelo, e para que o público o leve a sério, é ter suficiente aspecto de duelista para que os demais também se sintam no século XIX. Não basta levar no bolso um estojo com duas pistolas e estar disposto a fazer uso delas no momento oportuno. Deve-se carregar consigo o ambiente, a faculdade de convencer os espectadores de que se tem capacidade de enfrentar a sangue frio não tanto o adversário como o anacronismo. No entanto, o professor Roberto Agramonte, como seu nome indica ("campo de batalha", "confusão"), é um aprendiz de duelista que atravessou o golfo do México, a partir de Havana, com o único propósito de se bater com Aureliano Sánchez Arango, um exilado cujo aspecto não foi descrito pelos correspondentes. Mas é possível que tampouco ele tenha seu indispensável aspecto fim-de-século, de maneira que chegada a hora se realizará o duelo e um dos adversários ficará estendido no chão, sem que ninguém esteja disposto a dar crédito à dramática ação.

Outra vez as quíntuplas são cinco

As quíntuplas Dionne têm a sina da unidade. A razão resiste aceitá-las isoladas, uma por uma, porque as quíntuplas não são cinco moças que nasceram simultaneamente e de uma mesma mãe, e sim uma única moça repetida cinco vezes, ou algo mais complicado de dizer e que portanto, de modo afortunado, pertence ao terreno da metafísica.

O caso é que as quíntuplas têm um nome para cada uma. Mas isso não importa ao mundo. Ninguém sabe qual é Dionne e qual é Yvonne, e se alguém sabe não devia saber, para ser leal ao resto da humanidade. O nome é um só para as cinco: as quíntuplas; e por isso o paciente e paternal doutor Daniel Dafoe sacrificou por elas a tranqüilidade de sua vida e admitiu que seu benévolo rosto fosse estampado durante muitos anos em alguns artigos de toucador.

Dionne tentou combater a sina. Diante da incredulidade universal vestiu há alguns meses o hábito de religiosa. Foi um acontecimento que provocou a natural agitação jornalística, não porque Dionne tivesse ingressado num convento — porque isso seria uma ocorrência banal — e sim porque rompeu a unidade com sua determinação e deixou com ela a fantástica possibilidade de que cinco menos um fossem quatro, quando todo mundo acreditava que, neste caso, cinco menos um era nada. E na realidade não era.

Agora Dionne abandonou o convento e as quíntuplas voltaram a ser cinco, como desde o dia do nascimento. Só por uns meses a humanidade teve de aceitar a absurda evidência de que as quíntuplas não fossem mais do que quatro.

Flores eternas

Até há pouco a poesia era o único método conhecido de imortalizar as flores. Precisamente ao proclamar a brevidade de sua existência, Calderón de la Barca imortalizou as rosas: "Estas que foram pompa e alegria."

No entanto, a ciência, que desde seu início parece ter uma questão pessoal com a poesia, algo que pode ser uma mortal rivalidade, descobriu um método diferente do poema para que uma rosa pelo menos não morra todos os dias. É o primeiro passo para a descoberta do segredo da vida eterna, que agora é aplicável às flores e que com o tempo pode chegar a ser aplicável aos homens, numa culminação que não será tanto um triunfo da ciência sobre a morte como sobre a mais rica e maravilhosa fonte de poesia que jamais existiu, sem descontar o amor.

Agora temos a rosa eterna, a orquídea eterna, o eterno crisântemo e a tulipa imortal. Há uma extraordinária beleza nessa eternidade, ainda que seja uma eternidade de laboratório conseguida à base de secretos processos químicos, dos quais a terra do jardim não tem notícia, infatigável em seu imemorial e muito humano hábito de retomar o trabalho de ontem todos os dias. A terra não pôde aprender a elaborar a rosa eterna. Os homens aprenderam, no entanto, a eternizar o trabalho da terra — que é uma maneira de frustrar seus propósitos — e é de certa forma uma vingança, a represália humana diante do temor de que a terra necessite de homens só para continuar produzindo flores.

Hoje se inaugura em Bogotá uma exposição de flores imortais. Vamos conhecê-las, para saber que aspecto têm essa criaturas sem tempo que hoje gozam sua primeira juventude e que, graças a estranhas diligências científicas são talvez destinadas a viver mais do que nós.

Sempre pareceu fantástico que as flores pudessem ser alguma vez mais velhas do que os homens.

Alma no lodo

Quando Edward G. Robinson protagonizou há 24 anos o frio e implacável gângster de *Alma no lodo,* era um rapaz de extraordinário futuro no cinema, embora na vida real a barba apenas lhe despontasse no rosto. Mesmo que seu temperamento não aconselhasse destiná-lo de maneira exclusiva e permanente a essa espécie de papéis, os produtores de Hollywood sempre fizeram todo o possível por encomendar a Robinson a interpretação de personagens que deveriam exibir um rosto endurecido pelo rancor e um sorriso sarcástico, e que pudesse manejar sem piedade e no momento oportuno uma metralhadora portátil. A tal extremo de refinamento chegou aquela inclinação que, numa manobra de excessivo virtuosismo, Robinson — em *Irmão Orquídea* — vestiu o hábito monacal, serenamente, entre duas cerradas rajadas de metralhadora.

A idéia de Edward G. Robinson se tornou logo e por muito tempo inseparável da idéia do gângster impiedoso, frio, elegante dentro de seu fino terno riscado, que varria à bala a multidão na rua sem que a alta temperatura do chumbo fizesse murchar a impassível gardênia de sua lapela.

Como acontece quase sempre com os atores, com poucas conhecidas exceções, o Robinson da vida real era radicalmente diferente do Robinson do cinema. O da vida real era um fino intelectual, um amigo alegre e cumpridor de seus deveres, um bom pai de família que todos os domingos levava ao cinema seu filho, Edward G. Robinson Jr., que, além de se parecer fisicamente com o pai, converteu-se com alarmante rapidez no maior admirador de suas atuações cinematográficas.

Há poucos dias, o rapaz que 15 anos atrás deve ter visto *Alma no lodo,* ao lado do pai, foi levado a uma delegacia por tentar assaltar dois agentes da polícia, segundo depoimento deles. O rapaz tem agora aproximadamente a mesma idade e, de maneira impressionante, a mesma cara que em *Alma no lodo.*

A mais bela

As 32 mulheres mais belas do mundo presenciaram a coroação de Myriam Stevenson, candidata dos Estados Unidos, como *Miss* Universo de 1954. Sua antecessora, a bela Christine Martel, com sua delicada pele ainda ligeiramente bronzeada pelo recente toque de sol do Caribe, era nesse instante uma espécie de volta ao passado, ao entregar um cetro cuja posse efêmera tem algo de símbolo. Christine foi a mais bela, mas somente durante um ano. Lindas jovens de todo o mundo foram aos Estados Unidos com uma única esperança: convencer que cada uma delas era, pelo menos, tão bela como Christine Martel.

Miss Universo se chama agora Myriam Stevenson. Duas propostas imediatas a aguardam, sem dúvida: a dos empresários de Hollywood e a de um fabuloso pretendente, caçador de belezas. Christine Martel é um exemplo recente. Aceitou ambas as propostas, e a segunda, a matrimonial, de um milionário adolescente, durou menos que seu reinado. Por isso é provável que a nova *Miss* Universo só aceite a primeira, se é que a proposta matrimonial já não foi aceita de um anônimo hóspede de seu coração, que soube, comovido, da notícia que sua noiva de súbito fora declarada oficialmente a mulher mais bela do mundo, tal como ele sempre acreditou sem conseguir convencer os outros.

As 32 jovens que a partir de amanhã iniciam a viagem de regresso aos seus países chegarão a eles tão belas como quando o abandonaram, mas convencidas de que para ser coroada a mais formosa do mundo é preciso algo mais do que ser formosa. Em primeiro lugar, é preciso não encontrar nenhum obstáculo na alfândega. Necessita-se de uma extraordinária resistência física para que a beleza sobreviva às numerosas e extenuantes provas a que são submetidas as candidatas, antes da rodada final. Necessita-se suportar com otimismo a alta temperatura deste ardente verão da América do Norte, implacável mesmo diante de uma mulher bela que para suportá-lo melhor — e talvez para tratar de aplacá-lo — preferiria que a roupa de banho fosse declarada oficialmente roupa de etiqueta.

Tão dura foi a jornada que o esporte de ser bela é tão extenuante como qualquer outro.

A magia do contrabando

Pena que o contrabando seja um delito. Se não fosse não teria talvez esse ambiente de aventura, de assombrosa fantasia que o faz tão parecido com a lenda. As cidades da província do Magdalena teriam um extraordinário valor turístico — se não tivessem também outros bem apreciáveis — no mínimo por isso: para assistir a festas humildes cujos organizadores não têm direito a um pedaço de terra onde cair mortos e, no entanto, oferecem aos convidados o melhor gim do mundo, que não se encontra nos armazéns do país e que, se por casualidade for encontrado, custa o salário de um mês. Ainda que seja para ver as jovens do serviço doméstico usando as mesmas meias oferecidas como a última palavra nas vitrinas da Quinta Avenida, decoradas com uma orquídea, vale a pena visitar as cidades do Magdalena. E para ver como um operário das salinas de Manaure, de 120 pesos mensais, presenteia sua noiva, um dia qualquer que não seja o de seu aniversário, com um frasco do mesmo perfume que Marilyn Monroe usa nas grandes ocasiões: e tão-somente nas grandes ocasiões.

Em qualquer parte se acerca de você um homem com cara de agricultor e tira do bolso um pacote de cigarros egípcios, sem pensar que você pode pensar, como pensaria qualquer pessoa sensata, que é um prestidigitador vestido de civil e não um vendedor de artigos de contrabando. Você pensa que se esse ilusionista de férias não tira também uma lebre é porque não tem cartola, ainda que não seja nada fantástico pensar que se você desejar pode conseguir a cartola depois da esquina, e tirar depois meia dúzia de coelhinhos que, sem artes de magia, estavam dois meses antes comendo cenoura numa horta italiana. Graças ao contrabando, a vida quotidiana se parece com uma barraca de feira.

Os autores desse mundo mágico são capazes de tudo: um grupo deles, num barco pirata que desgraçadamente não tinha — estamos seguros — a bandeira com a caveira e as duas tíbias, que era o símbolo dos piratas, gloriosos precursores do disco voador, seqüestraram no Caribe sete guardas da alfândega. Foi uma aventura lendária, dessas que já nem os atores de cinema conseguem personificar, e que, no entanto, ocorreu aqui mesmo, na

Colômbia, mais concretamente na Guajira, que é ela própria uma terra, com ou sem contrabando, mas melhor com ele, que parece em muitos aspectos um capítulo de literatura fantástica.

Picasso na arena

Picasso, pintor de touros abstratos, enfrentou recentemente em Vallauris um touro tremendamente concreto, que, no entanto, o grande artista soube evitar com meia dúzia de verônicas — de cuja beleza plástica ninguém se atreveria a duvidar — com a mesma habilidade com que, armado de pincéis feito bandarilhas, e de paletas como capa de toureiro, soube lidar com seus touros abstratos. Se o touro soubesse quem era aquele toureiro improvisado — e devia suspeitar, ao perceber que os estrondosos aplausos não correspondiam à perícia do lidador — seguramente não cometeria a ousadia de investir, ou teria duvidado de sua própria existência real, acreditando nesse instante que ele mesmo não era mais do que um touro pintado, com uma estampa tão bonita, com tanta força simbólica como tivera em suas pastagens.

Picasso é espanhol e de alguma maneira todo espanhol tem a obrigação de enfrentar um touro — da mesma maneira que o formidável e sangrento touro da guerra civil — porque precisamente a festa brava não vive tanto dos touros como da possibilidade de que sempre haja um espanhol disposto a prolongá-la. Pensando as coisas com cuidado, um toureiro é um espanhol que só sabe lidar com um touro. Se soubesse fazer algo mais, seria o primeiro a se consagrar à sua profissão e deixar a lida para as férias, como faz Picasso e como fazem outros tantos espanhóis universais. Dessa forma se tem a oportunidade momentânea mas intensa de se embriagar com a glória da arena, sem necessidade de ser um bom toureiro e sim simplesmente para enfrentar um touro sem o ser oficialmente.

Picasso toureou como só podia fazer Picasso: com uma camisa de flores e calças curtas. Um de seus gloriosos patriotas, Goya, ficaria desconcertado ao ver revolucionada por um pintor revolucionário a visão da festa brava que ele eternizou em seus quadros. Além disso, como de costume, e ainda que o telegrama não dissesse, Picasso devia estar de sandálias. Por um momento, por diversos motivos, o circo de Vallauris devia se parecer com o circo romano.

Dança bárbara

Cada vez que Manuel Zapata Olivella vai à costa atlântica traz algo representativo dela. Mas desta vez, com um pouco mais de esforço, pôde trazê-la inteira, com o conjunto de danças folclóricas de Delia Zapata, que é uma síntese, mas uma síntese completa, das diversas, variadas e até contraditórias manifestações artísticas populares do litoral. Ainda que se acredite de maneira diferente, a música caribenha é um elemento que ainda está por se conhecer no resto do país. O que se sabe dela passou pelo filtro das interpretações falsificadas que atendem mais ao que ela tem de comercial do que de interessante.

O mérito principal do conjunto folclórico de Delia Zapata é que se constitui de pessoas que sabem cantar e dançar porque está no sangue e aprenderam na própria fonte e não por profissionais que trataram de tirar o caroço dessas atividades e ficaram com a pitoresca casca turística. O que vem deste conjunto é legítimo, por ser formado pelos herdeiros diretos dos inventores, únicos depositários de seu ardente e misterioso segredo. Aqui dançam a *cumbia* aqueles que há anos a estão dançando em Chambacú, simplesmente porque necessitam dançá-la, como uma necessidade orgânica e sem saber qual é o verdadeiro valor do que fazem. E aqui a dançarão outra vez, repetirão o rito um milhão de vezes repetido desde que foi inventada pelos escravos, não para entreter o público e sim para dançar a *cumbia* pela própria *cumbia*. Esta é a medida de sua legitimidade.

Mas como a América, segundo disse alguém talvez com menos intenção de enaltecê-la e com menos orgulho com que agora a enaltecemos, "é feita com os restos do mundo", o conjunto de danças folclóricas de Delia Zapata recolhe em sua sintética e representativa composição todas as tendências cujas origens se perderam, para dizer de maneira que seja entendida por todo mundo, "na noite dos séculos". Dali vêm os *bullerengues*, as gaitas das savanas de Bolívar, os acordeões de Valledupar, o formidável e arrepiante *miserere* de Palenque, com seu gigantesco tambor sagrado, a *chicha-maya* cubana e o *porro* e a *cumbiamba*. Vêm diretamente dos mais remotos pequenos povoados do litoral, crus, quase como matéria-prima. Em carne viva, não porque tenham sido desprovidos de sua pele original, mas porque ainda não foram fervidos nas panelas de pressão da Academia.

Os precursores

Sem dúvida a primeira notícia sensacional que se produziu — depois da criação — foi a expulsão de Adão e Eva do Paraíso. Teria sido uma primeira página inesquecível: *Adão e Eva expulsos do Paraíso* (em oito colunas). "Ganharás o pão com o suor de teu rosto", disse Deus. — "Um anjo com espada de fogo executou ontem a sentença e monta guarda no Éden. Uma maçã, a causa da tragédia."

Quantos anos se passaram desde que aconteceu a notícia? Tão difícil é responder a essa pergunta como prever quando chegará o momento de escrever a última grande reportagem sensacional: o dia do Juízo Final, que será uma espécie de balanço definitivo da humanidade. Mas antes que chegue essa hora, quem sabe quantas modificações sofrerá o jornalismo, essa esmagadora atividade que começou quando um vizinho contou ao outro o que fez um terceiro na noite anterior, e que tem uma curiosa variedade em nossas cidades, onde um homem que lê os jornais todos os dias comenta por escrito a notícia, num artigo com inequívoco tom editorial ou num leve e despretensioso estilo de uma crônica, segundo sua importância, e o lê essa tarde na farmácia, onde a opinião pública se considera no dever de se sentir orientada.

O comentarista do fato quotidiano, que pode ser encontrado em pelo menos 40% de nossas cidades, é o jornalista sem jornal, um homem que exerce sua profissão contra a dura e imutável circunstância de não ter sequer uma prensa de mão para expressar suas idéias e as expressa na via pública, com tão evidentes resultados que talvez seja essa uma demonstração indiscutível de que o jornalismo é uma necessidade biológica do homem, que tem mesmo a capacidade de sobreviver aos jornais. Sempre haverá um homem que leia um artigo no canto de uma farmácia, e sempre — porque aí está a graça — haverá um grupo de cidadãos disposto a escutá-lo, ainda que seja para sentir o democrático prazer de discordar.

Canibais à napolitana

Devemos nos preparar para receber uma expedição italiana que vem à Colômbia, segundo se anuncia, para "explorar regiões nunca pisadas por brancos". A notícia coincide com a viagem de uma expedição colombiana à África, onde se caçarão leões turísticos e rinocerontes não amestrados, mas para os quais seguramente o rito da caça é algo indispensável, acostumados como devem estar, geração após geração, à presença desses bravos jogadores da morte que são e foram os expedicionários.

Não será surpresa para as feras africanas a presença de caçadores colombianos. Será apenas uma variação no programa. Para os habitantes de nossas regiões inexploradas, jamais pisadas por brancos, será em compensação uma novidade a presença de exploradores italianos, a maioria dos quais, ao que parece, está convencida de que entre nossas tribos selvagens "figuram algumas de canibais que bebem sangue nos crânios dos inimigos vencidos". Ainda que as enciclopédias não falem dessas tribos, terão os italianos suas razões para saber que existem, e já é uma manifestação de valor, heroísmo e espírito aventureiro decidir correr um risco que lhes permitirá recordar — e talvez ser vítimas — de cerimônias semelhantes aos sagrados bacanais dos *vikings*.

Não fiquem surpresos estes sérios romanos, estes alegres napolitanos, estes severos piemonteses, se encontrarem em plena selva colombiana alguns canibais, enfastiados de serem canibais, e desejosos de que alguém lhes ensine as misteriosas fórmulas dos deliciosos pratos italianos. Os expedicionários sofrerão uma decepção, mas uma decepção compensada pelo interesse a ser demonstrado pelas nossas tribos selvagens pelos pratos estranhos, convencidos como devem estar de que a antropofagia, nos tempos atuais, é mais uma manifestação de refinamento do que de primitivismo.

A visita do gelo

A melhor prova de que Bogotá é uma cidade tropical é a maneira como foi afetada pela intensa onda de frio dos últimos dias. Converteu-se numa cidade diferente, varrida por um vento gelado que parece vir de outro planeta, de um tempo antigo e desabitado. As vitrinas das lojas, que cada vez se adaptam mais ao temperamento equatorial de nossa gente, parecem agora misteriosas janelas abertas para um mundo desconhecido em que as mulheres usam trajes simples e há veleiros empurrados por um vento discreto e serviçal.

Ontem se acenderam fogueiras nas ruas. Parecia um rito, uma cerimônia primitiva inventada por um povo que, intempestivamente, encontrou-se diante de uma natureza diferente daquela a que começara a se acostumar. Ali, no clima das fogueiras, as crianças se sentiam à vontade, como sempre estiveram, menos nos últimos dias, numa cidade que alguma vez se acreditou gelada porque não passou uma verdadeira corrente polar, encarregada de demonstrar o contrário. Isso ocorreu agora e Bogotá, que teve de fechar suas imensas e luminosas janelas de vidro, reconcilia-se com o trópico na nostalgia e se dá conta de que no fim das contas, em todos estes anos, não passou de uma praia verde e desmedida, a 2.600 metros acima do nível do mar.

O burro no circo

José Sebastián Garavito, de 74 anos, saiu há dois dias em busca de seu burro perdido, e descobriu que ele estava na fila para ser comido pelos leões. Isto aconteceu aqui mesmo, em Bogotá, ainda que pareça mentira porque já se vêem em Bogotá pouquíssimos burros e menos leões ainda. Porém as mais singelas histórias humanas costumam ser construídas com elementos insólitos e talvez a isso se deva que seja tão bonita esta história do ancião de 74 anos cujo burro desapareceu de casa e apareceu enquanto esperava mansamente que os leões o devorassem.

O burro, como não poderiam imaginar aqueles que se esqueceram que na cidade há um circo, foi roubado de seu dono e vendido aos empresários do espetáculo por dez tristes pesos, para servir de alimento por um dia a um leão que vale quinhentas vezes mais. É a eterna lei da sobrevivência dos mais fortes, que determinou que os leões comam os burros, e talvez essa injusta circunstância se deva ao fato de que os burros valham quinhentas vezes menos do que os leões.

Quando José Sebastián Garavito era criança, há setenta anos, talvez tenha se sentido feliz ao ser levado ao circo e acaso sonhou, embriagado pela intrepidez do domador, em ter, quando fosse grande, um leão para uso particular. Mas o tempo e a razão se encarregaram de demonstrar a impossibilidade de seus sonhos, de maneira que, à falta de um leão, conformou-se com um burro. E nem sequer um burro rechonchudo, irmão mais moço de Platero, a quem por certo alguma ocasião os ciganos tentaram roubar, e sim um burro pelado e macilento, quase da mesma idade de seu dono, que de pura mansidão, serviçal e feio, parecia menos um burro do que um leão sofrido e domesticado. Talvez fosse isso o que acreditava José Sebastián Garavito quando amava tanto seu burro e quando quase morre de pesar ao saber que o haviam roubado.

Tê-lo encontrado foi para ele uma das grandes alegrias de sua vida. Mas tê-lo salvo dos leões talvez seja muito mais do que sonhara, porque aquilo foi como salvar, aos 74 anos, uma realidade que estava a ponto de ser devorada pelos mais belos e inúteis sonhos da infância.

O navio fantasma

O resto final da nobreza européia está se metendo num navio, para viajar para a Grécia, numa alegre travessia pelo Mediterrâneo que por algum motivo parecerá a muitos um brilhante funeral coletivo. É como se os últimos vestígios do século XIX fossem postos a navegar, quem sabe com que propósito, ainda que o menos importante não fosse o de demonstrar que o mundo de há duzentos anos agora cabe comodamente numa casca de noz.

Talvez, ao conhecer a notícia, os governantes da União Soviética, por associação de idéias, lembrem-se da arca de Noé, enquanto os duzentos nobres que viajam para a Grécia conversam em família, dançam a valsa como a dançaram seus bisavós, e pensam que a terra que foi deles, que repartiram entre si em torno de uma mesa como uma gigantesca alegoria de Natal e que essa paisagem de sangue azul devia herdar, será agora herdada pelos insetos. "Melhor assim", deve pensar Humberto de Luxemburgo, desterrado em Corfu, enquanto vê atracar o luxuoso navio que deve abordar e dentro do qual algo se extingue; algo que fez a guerra e a paz, que jogou dados com o mundo quando os dados podiam ser jogados, e agora pode ser dobrado quatro vezes e guardado no bolso, como um catálogo de antigüidades.

Em meia página do catálogo telefônico universal poderiam ser incluídos todos os passageiros deste navio que, cruzando em alto mar com um iate de turistas americanos, eles poderiam pensar e até com razão que se encontraram com um navio fantasma. Um navio que felizmente não irá a pique, mas, caso ocorresse por desgraça, o acidente, mais do que qualquer outro, poderia ser assinalado como o minuto exato em que começou o mundo moderno de que tanto se fala, sem se lembrar que ainda há duzentas pessoas que podem entrar num navio com o exclusivo objetivo de caçoar da paciência da história.

A rosa azul

Depois de dez anos de perseverante investigação e de gastar um milhão e meio de francos, Samuel McGrady produziu em Dublin uma rosa azul, e desconcertou com ela os floristas como sem dúvida os poetas ficaram desconcertados. A rosa azul cria um grave problema idiomático, pois a cor-de-rosa, que leva esse nome por ser da cor da rosa, começa agora a não servir para nada; é uma palavra inexpressiva, que bem poderia significar "azul", "branco" ou "vermelho". É tal a confusão criada pelo novo e assombroso achado que já não será pleonasmo, e sim uma necessidade idiomática, dizer: "A rosa cor-de-rosa".

Talvez seja muito bonita, mas a rosa azul é um monstro, uma criatura da rosa do chá, nascida num hibernáculo de Dublin, a cidade irlandesa onde é apenas natural que ocorram coisas como esta: que se produzam flores joyceanas. Na exposição floral de Southport todos os visitantes se aproximaram para contemplar a rosa azul, para tentar decifrar esse misterioso encanto que a faz diferente das outras rosas não só pela cor mas também pelo cheiro, já que seria igualmente monstruoso que a rosa azul cheirasse como a rosa vermelha.

É fácil imaginá-la. Alta, esbelta, na haste verde que não brilha porque deveria ser uma haste branca para que o espetáculo fosse completo. E em meio ao esplendor e à formosura das outras flores, este primeiro exemplar de uma família destinada a prosperar e a invadir os jardins de todo o mundo, deve ser uma rosa triste. Porque uma rosa azul só pode ser uma rosa triste.

As baleias são ilhas

O Peru está disposto a defender suas baleias. E como nessa determinação há algo de poesia, era natural que também houvesse poesia nos protestos que daí se originaram.

— O Peru lançou uma ameaça contra a liberdade em alto-mar — disse o porta-voz de uma empresa pesqueira, suscitando com seu protesto a enorme dúvida de saber se em alto-mar alguma vez existiu liberdade.

A Europa, disposta a perseguir as últimas baleias do mundo, onde quer que elas se encontrem, está protestando diplomaticamente contra as medidas tomadas pelo Peru para evitar que levem suas baleias. Ainda que de acordo com as leis internacionais os pescadores europeus tenham razão, o Peru não parece estar completamente equivocado se considerar suas baleias parte do território nacional, ilhas flutuantes, mais apreciadas e íntimas por serem ilhas de carne e osso.

Agora que os países estão ficando reduzidos às suas quatro paredes é explicável que alguns deles — nos quais ainda restam baleias — considerem os gigantescos cetáceos como suas últimas colônias marinhas. Dentro desse conceito se deverá defendê-las e considerar a caça de uma baleia como a ocupação de um pedaço do território nacional. Algo que foi animal em outro tempo, mas que agora é um enorme manancial de azeite e ossos, posto a navegar pelos mares territoriais como um pedaço da soberania nacional à deriva.

Sexta-feira

Os horóscopos têm um problema pessoal com a sexta-feira. Muito mais grave do que o que têm com a terça-feira, em que recomendam não se casar nem viajar, mas sem muita convicção e procurando fazer com que aquelas recomendações não sejam tomadas em demasia ao pé da letra. Com a sexta-feira, em compensação, os horóscopos têm sido tradicionalmente impiedosos e talvez se explique essa aversão no fato de que na sexta-feira até os autores de horóscopos estão cansados de trabalhar, e jogam a culpa nos astros.

É preciso reivindicar a sexta-feira. Acabar com seu signo agourento e não considerá-la, como se faz agora, um opressivo prolongamento da quinta-feira, e sim uma angustiada mas esperançosa antecipação do sábado. Saltar diretamente da quinta-feira para os ócios do fim de semana significaria uma abreviação da vida que tornaria os anos mais compridos, mas que em compensação evitaria este melancólico problema de acabar a semana esperando que deixe de ser sexta-feira.

Porque a questão é essa: quem não é supersticioso não se importa nem um pouco que a sexta-feira seja sexta-feira. O que os aborrece é que a sexta-feira não seja sábado, que seja uma cunha temporal entre um dia em que nada se pode fazer a não ser trabalhar e outro dia em que as preocupações trabalhistas ficam adiadas indefinidamente, ainda que no íntimo do coração se saiba, sem que muito se acredite, que cedo ou tarde a vida voltará a começar na segunda-feira.

É uma crença explicável, mas injusta. Porque depois de tudo, se não existisse a sexta-feira, sequer teria nascido o prestígio do sábado e a esta altura não passaria de uma fila temporal inútil, convidada a se retirar.

Bud Fisher

Bud Fisher, criador de Mutt e Jeff, morreu ontem em Nova York, vítima de um câncer. Aqueles que durante anos se deleitaram com as aventuras desse par de personagens que, como tantos outros, fazem parte da vida quotidiana, não pensariam sem dúvida que o autor de uma tira tão saudável e otimista morresse de uma causa tão amarga e desagradável. Ainda que seja provável que nos últimos anos não fosse o próprio Fisher quem desenhasse e orientasse sua tira, é pelo menos inapropriado que tenha morrido desta maneira quem como prêmio por sua obra mereceria morrer de algo simples e infantil, depois de conseguir que seus leitores esquecessem cada dia seus enormes problemas de adultos.

Mutt e Jeff, como é natural, sobreviverão muitos anos aos seu criador. Outras inteligências, outras mãos orientarão seus passos pelo complexo labirinto da pilhéria quotidiana. E é bom que assim seja, porque as simpáticas criaturas de Fisher são um remanso no funesto mundo dos quadrinhos, cuja função inicial se enredou numa frondosa selva de aventuras absurdas e socialmente prejudiciais.

No início, Jeff era um personagem solitário. Mais tarde esbarrou em Mutt num manicômio. Coincidiu que o original lunático recuperasse o equilíbrio mental e não se permitisse outro grau de loucura que é normalmente admissível nas pessoas normais. Com o tempo esquecemos que Mutt era louco. E hoje, morto Bud Fisher, parece-nos que Mutt e Jeff são duas das poucas pessoas cordatas que merecem continuar fazendo das suas todos os dias e tentando resistir com elas às endiabradas loucuras dos quadrinhos.

Diabéticos, S.A.

Já se disse que falta aos colombianos espírito de associação. Talvez sobre em alguns países, quando se organizam em sociedades de ajuda mútua até as pessoas que usam os mesmos números de sapato. Nos Estados Unidos, onde o espírito de associação tem caráter de histeria coletiva em certos casos, não se necessita mais de três pessoas que prefiram a menta ao *brandy*, para que se estabeleça imediatamente a "associação dos amigos da menta", com pessoa jurídica, papel timbrado e uma senhora de mais de cinqüenta anos que se deixe fotografar pela imprensa pronunciando um discurso de elevado poder de proselitismo.

Na Colômbia, em compensação, não foi possível organizar sequer os partidos políticos. Dois colombianos de acordo é uma das fórmulas mais efetivas para começar a controvérsia. No entanto, é possível que os diabéticos — que acabam de fundar uma associação — iniciem um período de bom exemplo e o êxito de sua coesão estimule o espírito associativo dos colombianos, até o extremo de que na próxima eleição os diabéticos se apresentem com candidato próprio.

No futuro, ser diabético pode constituir uma profissão. A julgar pelas primeiras informações conhecidas, o lema da nova associação é todo um tratado de otimismo: "Ninguém morre de diabete." E ao que parece assim é, se se tem a prudência de não ser um diabético clandestino, e sim um fervoroso e entusiástico praticante da diabete, com muita honra e com o orgulho de ser diferente daqueles que quiseram que a vida fosse um mar de açúcar.

Os diabéticos começaram a ser mais saudáveis a partir do momento em que decidiram fazer uma profissão de sua doença. Não é um simples entretenimento, porque seu mal é a essência de sua vida. Uma vida que bem tratada, bem orientada e, sobretudo, vivida com ordem e otimismo, vale mais e sem dúvida durará muitos anos mais do que essas vidas desgovernadas, cuja doença mais perigosa é sua estouvada e transbordante saúde.

Bem-vindo, sr. Marshall?

Exibe-se na cidade um filme — norte-americano — em que duas datilógrafas norte-americanas vivem em Roma como milionárias.

— Como podem viver desta forma sendo datilógrafas? — pergunta uma compatriota recém-chegada.

E uma delas responde, com encantadora simplicidade:

— É que trabalhamos para uma companhia norte-americana, e nos pagam em dólares.

O automóvel das duas moças contrasta com o calhambeque de seus amigos romanos, embora um deles seja tradutor na mesma empresa em que as moças trabalham. Mas se as moças vivem num palácio e o tradutor numa pocilga, a única moral que se pode extrair dessa situação é que o tradutor não é pago em dólares. Coisa que bem provavelmente ocorre.

Esta é a situação na Itália, segundo se confessou num filme norte-americano, do qual se poderia dizer qualquer coisa, menos que está carregado de desconfianças antipatrióticas. Na Espanha, segundo uma agência de notícias norte-americana de cujo patriotismo tampouco é possível duvidar, ganha corpo um problema trabalhista semelhante. O caso se reduz — na Itália, na Espanha e em todo o chamado mundo livre — a que os norte-americanos parecem ter esquecido que eles também são estrangeiros em qualquer país que não seja os Estados Unidos.

Há algum tempo houve protestos em Londres porque os aviadores norte-americanos pretendiam entrar com camisas de palmeiras e papagaios nos mesmos lugares onde Eden não se atrevia a entrar sem antes retocar o nó da gravata. Na Espanha, agora, os empresários norte-americanos estão jogando pela janela as leis trabalhistas do país e submetendo os operários espanhóis a um tratamento de humilhante exceção. Até o momento — e isto parece explicável — o generalíssimo não disse nada. Mas o povo espanhol está dizendo, nas ruas, nos cafés, nas festas populares, nas touradas; e quando o povo diz é porque o povo sabe. Aí está, construindo aeroportos, esse simbólico sr. Marshall que uma pobre mas digna cidadezinha espanhola esperava como redenção no filme que há poucos meses tivemos oportunidade de ver.

Palavras e não fatos

Na Colômbia, a praça pública, no sentido oratório, está acabando. E está acabando precisamente porque acabaram as melhores oportunidades para a oratória. É um círculo vicioso: a oratória inventou a praça pública e a praça pública inventou a oratória. Se uma acaba, automaticamente acaba a outra, porque são grandezas conjugadas, como tempo e espaço.

Uma mesa no meio de uma praça era, sozinha, um discurso político. O orador era algo acessório, a parte aborrecida do espetáculo, porque o melhor de toda manifestação política era a expectativa da concentração humana. O resto era literatura, ainda que literatura do ponto de vista oratório, naturalmente.

A tradição da oratória colombiana, pelo interior, estava democraticamente suspensa nas quatro pernas de uma mesa. Qualquer colombiano era capaz de fazer um grande discurso se o subissem em qualquer coisa que pudesse servir de mesa improvisada. Mas se as coisas acontecessem no meio de uma praça pública, então o discurso adquiria caráter de impetuosa grandiosidade. "Flutue nas mãos em que flutuar", como dizia o poeta.

Assim nasceu e prosperou o prestígio da capacidade oratória dos colombianos. E assim se sustentou, aos gritos, até que a circunstância de subir a uma mesa na praça pública constituiu um perigo de morte. Até as sacadas deixaram de servir para algo uma vez que ninguém podia subir nelas para dizer as mais bonitas e as mais atrozes verdades, ou as mais bonitas e as mais atrozes mentiras, com a clássica entoação da convenção oratória. O fechamento do parlamento foi o golpe final nessa soberba tradição sem a qual é provável que não existisse metade de nossas estátuas.

No entanto, nem tudo se perdeu: nós, colombianos, continuamos ganhando concursos de oratória. Até agora não se proibiu um concurso internacional dessa espécie, na qual os colombianos não tiveram algo a dizer e não o dissessem bem, como faziam na praça pública. Isto permite pensar que os concursos internacionais são os museus onde se exibem os fósseis de uma extinta espécie literária.

Álvaro Mutis

A esta hora, Álvaro Mutis deve estar entrando no Museu de Arte Moderna de Nova York para assistir à projeção de um filme de 1907, depois de participar de uma conferência do ramo petrolífero em que se falaram sete idiomas, dos quais Álvaro Mutis só entendia três. Amanhã passará metade do dia metido nos fundos de uma loja de antigüidades, e surgirá dali coberto de escombros, como depois de ter disputado uma batalha com o tempo que envelhece os livros — que não é o mesmo que envelhece os homens — e carregando um incunábulo sob o braço. Em Nova York — como fez em Bruxelas, em Paris, em Havana, em Santiago, em Buenos Aires — Álvaro Mutis está colecionando curiosas histórias. Essas histórias assombrosas e atravessadas que depois, em seu regresso a Bogotá, contará aos seus amigos entre uma cintilação de comentários inteligentes e uma artilharia de palavrões.

Qualquer pessoa vai a Nova York, e essa viagem, do ponto de vista jornalístico, cabe comodamente numa nota social. Mas qualquer viagem de Álvaro Mutis, mesmo que seja a Girardot, tem importância maior, porque ele sempre encontrará a maneira de utilizá-la para escandalizar o país, e isso tem um valor jornalístico que não pode passar despercebido. Quem declarou — como Álvaro Mutis, em recente ocasião — que seu *hobby* é o assassinato; quem definiu um de nossos maiores prestígios literários como "o abastado vaqueiro de Popayán"; quem colocou o título *Los elementos del desastre* em um livro de poemas e não teve o menor problema, e quem se comporta como um estivador sem nunca deixar de ser um grande senhor e de se vestir como um ministro britânico, é um compatriota que não pode ir a qualquer parte sem que sua viagem seja registrada como um fato notável na vida do país. Mesmo que seja porque durante um mês não haverá ninguém capaz de conceber e soltar nos lugares mais respeitáveis uma surpreendente atrocidade.

Cinema japonês

Akira Kurosawa, o inesquecível diretor de *Rashomon*, apresentou no dia 24 de agosto, na XV Exposição de Arte Cinematográfica de Veneza, um novo filme, premiado com um Leão de Prata. O mesmo prêmio coube, naquele certame, a outro filme japonês, *O intendente Sansho*, de Kenji Mizoguchi.

Há algum tempo, a crítica de Londres saudou com insólito entusiasmo *Portal do inferno*, também japonês, em que os especialistas assinalaram a assombrosa utilização da cor. E os cronistas europeus se referiram com freqüência a *Os filhos de Hiroshima*, em que se relata uma tragédia originada pela explosão da primeira bomba atômica.

Na realidade, há quatro anos, quando *Rashomon* revelou ao mundo ocidental a existência de um cinema japonês da mais depurada qualidade, esse cinema veio triunfando sistematicamente nos festivais internacionais, sem que os colombianos tivessem oportunidade de conhecê-lo, certamente porque suas produções não garantiriam a afluência do grande público. No entanto, o público mais ou menos exigente, cada dia mais numeroso em Bogotá e seguramente no resto do país, vai às salas cada vez com menos freqüência, cada vez com mais fastio, diante da avassaladora invasão dos filmes puramente comerciais.

Embora não disponhamos de dados precisos, cremos que *Rashomon* não foi um fracasso comercial na Colômbia. Mesmo que fosse, não seria motivo para que os empresários desistissem definitivamente do cinema japonês, pois em troca dos fabulosos ganhos que obtêm com o mau cinema, poderiam correr de vez em quando o risco de oferecer filmes de qualidade, para assegurar uma clientela seleta que paulatinamente está perdendo.

É provável que *Os filhos de Hiroshima* não seja exibido na Colômbia, por sua forte crítica contra a política de guerra norte-americana, que determinou a criação de uma barreira de interesses oposta à exibição desse filme na América. Mas não acreditamos que a censura política tenha algo a objetar aos outros filmes japoneses que estão triunfando na Europa e que as desventuradas colônias da América índia não têm o privilégio de admirar.

Fama pelo avesso

Os Estados Unidos inventaram para o cinema uma censura moral que não permite às atrizes certas liberdades no vestir e na maneira de se sentar e não admite a apresentação de um drama cujo desenlace não esteja de acordo com os termos da felicidade burguesa. O criminoso deve ser castigado, ou crivado de balas, para que o mal não prevaleça sobre o bem. "Aqui se faz, aqui se paga" é a inflexível tese desse código moral adotado pela indústria cinematográfica dos Estados Unidos, para evitar que o crime se converta numa tribuna de propaganda da criminalidade.

Admite-se o amor, mas se proíbe o erotismo. E no entanto — como algo que parece uma contradição, embora na verdade seja um fenômeno natural em toda a propaganda do cinema norte-americano — o *star system* se baseia na exploração de um erotismo de encomenda, fabricado pelas agências de publicidade.

A retidão moral é um dos requisitos essenciais dos personagens do cinema norte-americano, que devem ser arquétipos de boa conduta se não se quiser que o diretor se veja compelido a mandá-los para o cárcere, ou dar um jeito para que alguém os elimine a tiros. O mais insignificante dos dramas norte-americanos é um drama de punição.

No entanto, Ava Gardner cresceu na atenção do mundo por obra e graça de um calculado sistema de escândalos internacionais. Informou-se recentemente que a bela atriz protagonizou num hotel do Rio de Janeiro uma altercação dessas a que o código de moral se opõe a que fique sem castigo nos filmes norte-americanos. Mas tudo indica que Ava Gardner não fez outra coisa que garantir uma grande divulgação jornalística, com um escândalo pré-fabricado que seu agente se encarregou de insuflar, até fazê-lo rebentar como um gigantesco balão de publicidade. É uma instituição que vive e prospera pelo avesso do código.

Marilyn no banco

A tentativa de pôr sob um mesmo teto dois grandes ídolos das multidões norte-americanas e fazer de ambos um só espetáculo resultou em fracasso: Joe Di Maggio e Marilyn Monroe se divorciam, depois de dez meses de experiência conjugal, e sem deixar nenhum rastro. "Incompatibilidade por exigências contrapostas" é o engenhoso motivo exposto pela atriz no pedido de divórcio, estabelecendo dessa forma a tese de que a felicidade só é possível entre gente de uma mesma profissão, e não entre jogadores de beisebol e artistas, como neste caso.

A experiência era demasiado ousada para perdurar. Eram duas vidas privadas, cada uma por seu lado com tão acentuada tendência a se tornar pública, que praticamente não conseguiram em nenhum momento aperfeiçoar as intimidades do lar, que é o que buscam um homem e uma mulher quando se casam, se não estamos equivocados.

Como ocorre cada vez que há um divórcio notável, o público começou a se perguntar, neste caso, se não haverá já um terceiro, esperando a decisão judicial, pronto para entrar em campo. "Quem está pronto para rebater a bola?", pergunta-se quem segue com curiosidade o processo, interessado em conhecer o nome de quem aguarda nos bastidores que Marilyn esteja disponível, o nome da bela loira "que está esquentando o braço", enquanto Di Maggio dispõe de liberdade para esperar seus *strikes*, sem temor de ficar "com o bastão no ombro".

É difícil saber, tratando-se de dois personagens tão solicitados, qual dos dois é que vai para o banco. Talvez os dois, mesmo que seguramente as admiradoras de Di Maggio pensem, com maliciosa satisfação, que é Marilyn quem foi posta para fora do jogo, assim como os admiradores dela têm o direito de pensar que é Di Maggio o expulso da grama íntima em que esteve batendo quadrangulares de fundo durante dez meses. Neste caso, o casamento não foi outra coisa que uma partida confidencial de beisebol, cujos resultados começam a se conhecer, ainda que se ignorem todas, absolutamente todas as jogadas.

A paz esteja convosco

Quando em Barranquilla chove torrencialmente — e esta é uma maneira de dizer as coisas, pois em Barranquilla sempre chove torrencialmente — não se sabe onde termina o rio Magdalena e onde começa a cidade. Como antes da Criação, ali se pode dizer que no inverno a terra não se separou das águas. É um problema secular sem solução, porque a única seria construir o esgoto pluvial, e em Barranquilla, onde tantos governos fizeram tantas coisas, nenhum governo pôde encontrar a maneira de construir o esgoto pluvial.

As grandes torrentes urbanas de Barranquilla são um dos encantos da cidade. Se já se tivesse encontrado uma solução, há muitos anos não haveria nada para falar da capital do Atlântico quando acaba de chover. Nas atuais circunstâncias, que são as mesmas de há um século, todos os anos se fala dos arroios torrenciais das ruas de Barranquilla como se fossem uma novidade. Uma novidade antiga, sempre repetida e sempre nova. De certa forma, os arroios são uma das estações de Barranquilla: vêm todos os anos e todos os anos se fala deles com o mesmo interesse, com o mesmo entusiasmo do primeiro dia, como desde o princípio dos séculos se fala na Europa da primavera.

O arroio de La Paz, por exemplo, que é o mais pontual e o mais impetuoso, faz parte essencial do folclore *barranquillero*. Diz-se familiarmente "o arroio de La Paz", com a mesma patriótica emoção com que em Nápoles se fala do Vesúvio. Desse arroio nasceu a próspera indústria infantil das pranchas colocadas de rua em rua para que depois da chuva possam passar pela avenida de La Paz, a cinco centavos cada um, os transeuntes que saem do escritório ao entardecer. Porque em Barranquilla sempre chove à tarde, talvez porque a natureza que fez os arroios dispôs que assim seja, para que tudo isso continue sendo tão bonito como a primavera.

Nos últimos anos senhores sérios pensaram seriamente na construção do esgoto pluvial a qualquer custo. Mas agora se resolveu outra coisa: construir pontes, salomônicas pontes urbanas para que se possa transitar sem ser necessário eliminar o problema. Devia-se pensar que esta é a força do Estado contra a iniciativa particular, contra a indústria das crianças que instalavam pranchas para que passassem, por cinco centavos, todos os *barranquilleros*, incluindo o governador. Porque não houve governador no Atlântico que pudesse abandonar o escritório e chegar à sua casa sem passar pelo arroio de La Paz. Agora o problema está resolvido, sem necessidade de resolvê-lo. A paz esteja convosco.

Exposição de Ramírez Villamizar

Eduardo Ramírez Villamizar saiu de seu prolongado isolamento para pendurar nas paredes de El Callejón uma coleção de quadros que dará muito o que pensar à crítica séria e será motivo de respeitosa perplexidade para o público não iniciado nos segredos da pintura moderna. Ambas as coisas são importantes. Talvez o ângulo mais apreciável da exposição que hoje se inaugura seja sua poderosa e fecunda possibilidade de suscitar o desconcerto.

Outra coisa interessa, no entanto, àqueles que conhecem o extraordinário caso humano de Ramírez Villamizar: sua avassaladora vocação, seu extenuante afinco, sua fantástica e intransigente dedicação a um trabalho que ele mesmo sabe completamente diferente de seu meio. Como ilustrador de revistas, Ramírez seria um quebra-galho amigo de seus amigos. Como o pintor que ele mesmo quis ser, sobrevive porque Deus é grande e Ramírez Villamizar o ajuda com seu método e sua dignidade e seu hábito de continuar pintando como ele sabe e sente que deve pintar, mesmo que não possa sair à rua sem esbarrar em alguém que o detenha para pedir, por caridade, que explique seus quadros.

Com sua inteligência, sua seriedade e sua implacável capacidade criativa, Ramírez Villamizar poderia ser um próspero charlatão. Não se pode dizer que não seja porque não tenha sentido prático, porque isso é o mais alarmante de tudo: Ramírez Villamizar tem um desconcertante sentido prático. Mas o tem voltado para a pintura, como tem sua inteligência, seu sentido do dever e até sua maneira de se vestir. Quando se diz que Ramírez Villamizar "é um bicho peludo", seguramente se pensa que se está fazendo uma piada de mau gosto, porque o pintor usa barba desde que voltou de Paris. O assombroso e verdadeiro é que Ramírez Villamizar seria um dos poucos pintores *peludos* que acabasse de cortá-la.

Dessa furiosa dedicação à sua profissão — uma dedicação que tem algo a ver com a barbárie — resultaram estes quadros que provavelmente enlouquecerão os que ainda pretendem que a pintura tenha explicação. Trinta e dois quadros que os colecionadores de cartões-postais consideram uma galeria de mulheres-machos e os especialistas consideram a mais inquietante manifestação estética registrada na Colômbia nos últimos tempos. Ainda que não fosse mais do que por essa irreconciliável discrepância, a exposição que hoje se inaugura seria um acontecimento digno do respeito, admiração e entusiasmo dos colombianos.

Hemingway, Prêmio Nobel

Talvez o fato menos emocionante da vida de Ernest Hemingway tenha sido ganhar o Prêmio Nobel. Em parte porque depois de outorgado a José Echegaray e a Pearl Buck a apreciada honra internacional ficou um pouco acanhada para o favorecido de ontem, como ficou para seu compatriota William Faulkner, e em parte porque a vida de Hemingway tem sido tão cheia de momentos emocionantes que o Prêmio Nobel já não deve ter nenhum sabor extraordinário para ele.

Apesar de seu alto valor simbólico, é preciso admitir que neste caso a escolha foi acertada, com méritos de sobra do eleito. Ainda que não seja um dos maiores escritores de seu tempo, a humanidade devia a Hemingway um reconhecimento de qualquer espécie sempre que estivesse à altura de seus méritos, não exatamente pela qualidade de seus livros mas pela maneira de vivê-los. O Prêmio Nobel deveria ter sido outorgado a este formidável escritor pela forma com que fez de si mesmo uma coisa que se parece muito com a literatura. Hemingway ainda não escreveu a autobiografia, mas tudo parece indicar que viveu sua vida real como quis, tão bela, intensa e arriscada, que seguramente muitos romancistas — incluindo melhores romancistas que ele — gostariam que seus romances fossem como a vida de Hemingway.

O melhor romance do novo Prêmio Nobel é o romance de sua vida. Um romance tão complexo que talvez para escrevê-lo seja preciso um romancista superior ao próprio Hemingway. Não há prêmio justo para a obra de sua vida. Para a obra literária, o Prêmio Nobel está bom por enquanto.

Não é demais?

Os publicitários de Hollywood descobriram o segredo dos temas inesgotáveis. O casamento de Marilyn Monroe e Joe Di Maggio que, desde os comentários iniciais, parecia produzido por uma empresa de publicidade, mostrou-se mais lucrativo do que se podia esperar. Uma prova disso é que ainda há maneira de tirar partido de um assunto que segundo todas as aparências é um assunto fora da moda.

É curioso, mas a verdade é que há algo estranho no fato de que a vida ofereceu aos agentes de publicidade da atriz tantas circunstâncias coincidentes com seu trabalho que nos parece que a vida se tornou cúmplice desta incontrolável agência de propaganda.

Em primeiro lugar, vamos aos fatos: o ídolo dos homens se casou com o ídolo das mulheres, que, para cúmulo das vantagens, é também ídolo de muitos homens. Posteriormente, veio a exploração publicitária, intensa e um tanto indecorosa, da lua-de-mel. Depois, quando parecia já não haver mais substância publicitária num casamento que começava a se converter em algo rotineiro, veio o divórcio. Um divórcio cujos motivos pareciam concebidos pelo agente de publicidade: "Joe Di Maggio é frio e indiferente", explicou-se. E a explicação caiu como uma bomba desconcertante na opinião pública, que ainda não entendeu como um homem pode ser com Marilyn como Marilyn diz que Joe Di Maggio era com ela.

Qualquer ser humano pode ser objeto de uma intervenção cirúrgica. Mas é terrivelmente estranho que Marilyn Monroe vá ser submetida a uma operação "de ordem estritamente ginecológica". É uma casualidade que torna seu agente de publicidade feliz, pois a atriz poderia ter sido submetida a uma extração das amígdalas, mas isso não interessaria a ninguém.

Para concluir esta interminável cadeia de coincidências favoráveis, diz-se agora que Joe Di Maggio e Marilyn tentam se reconciliar. Nada se sabe de concreto, a não ser uma coisa que publicitariamente é mais importante do que parece à primeira vista: Di Maggio, depois do divórcio, visitou várias vezes Marilyn em seu apartamento. É uma situação tão insólita como interessante: não haveria nada de estranho no fato de que Joe acabasse amante da própria mulher.

Natureza à solta

Tudo indica que a natureza, criada com tanto esmero, com tanta precisão, com tanto sentido poético, entrou num período de desorganização. Na Espanha, as terríveis e prolongadas estiagens estão criando uma situação de extrema gravidade. Na Colômbia, em compensação, estamos com a água pelo pescoço, com inundações e desmoronamentos e toda espécie de catástrofes devidas às chuvas impiedosas.

Para nós, que não temos a alta honra de conhecer pessoalmente a primavera, esses miseráveis instantes de sol que às vezes conseguimos surpreender nas ruas já têm algo da magia poética daquela estação. Chegamos a esses extremos até quando encontramos repetida nas ruas de Bogotá aquela patética cena de *Milagre em Milão*, em que um grupo de vagabundos friorentos disputa um raio de Sol como se fosse um tesouro. Há dois dias houve meia hora de sol. Mas esse foi um bom dia. Talvez se essa meia hora de morna luz urbana fosse anunciada com antecedência veríamos os parques lotados de improvisados e momentâneos veranistas, fazendo fila para tomar sol. Porque não parece longínquo o dia em que se faça fila para tomar sol, como agora se faz para tomar o ônibus, e talvez pelo mesmo preço.

Isso é tudo: a natureza se desorganizou. Talvez em conseqüência de uma dessas experiências termonucleares cujo verdadeiro alcance os cientistas não podiam prever e por culpa das quais não há trigo na Espanha, por não chover há muito tempo, e na Colômbia — e mais precisamente em Bogotá —

gostaríamos que alguém inventasse uma loja fantástica onde fosse possível comprar cinco centavos de sol.

Poligamia teórica

O marajá Tribhuna Bir Bikran Bahadur, monarca do pequeno e remoto reino asiático do Nepal, vai aos Estados Unidos, em companhia de suas duas esposas. Ao que parece, é um problema de protocolo diferente dos vários que sem dúvida se apresentaram ao governo norte-americano em toda a sua história, pois provocou desconcerto no Departamento de Estado. As regras do protocolo não prevêem a existência de mais de uma esposa, de maneira que não se sabe o que se pode passar se um monarca como o do Nepal se apresenta com duas numa recepção, em que os convivas não só são fervorosos praticantes da monogamia mas que além disso estabeleceram a precaução legal do divórcio.

Antes dos Estados Unidos, apresentou-se na Colômbia um problema semelhante, quando um distinto cidadão de Beirute solicitou visto para entrar em nosso país, não com duas, como no caso do rei do Nepal, mas com sete esposas. O visto foi negado, coisa que sem dúvida não ocorrerá com o marajá Tribhuma Bir Bikran Bahadur, pois poderia originar uma situação tensa nas relações entre os Estados Unidos e o Nepal, só porque o monarca tem uma esposa de mais, no conceito dos Estados Unidos, ou porque os norte-americanos têm carência de uma, pelo menos, no conceito do Nepal.

Podem ter certeza de que o rei irá a Washington com suas duas esposas, ainda que para isto se mude o protocolo. E se mostrará dessa forma que a democracia serve para muito mais coisas do que imaginam os políticos. Entre elas para aceitar como fato natural que um monarca, vizinho do teto do mundo, atravesse o oceano Atlântico com duas esposas que na sua idade não são sequer acessórios decorativos. Nessa idade, a poligamia é um fenômeno puramente teórico, que não constitui nenhum problema moral.

O último ato, com varíola

A dignidade do parlamento inglês foi profanada pela varíola. Onde não pode entrar a rainha, entrou o bacilo, na pessoa do honrado parlamentar Lawrence Turner, que, por ter varíola, não é menos honrado, porém mais perigoso para a segurança do regime. Winston Churchill, que em plena velhice pode acabar com varíola por ter apertado há dois dias a mão de seu contagioso colega, deve se sentir ofendido em sua dignidade de primeiro-ministro e de estátua ambulante, diante da perspectiva de que os trabalhistas ganhem a próxima eleição, contra um partido conservador derrotado pela varíola. Porque esse será o caso se os 250 partidários do governo no parlamento estiverem contaminados pela varíola, como parece que estão, para desgraça do partido conservador e para dor de Churchill, que ganhou a guerra e agora está prestes a perdê-la para os bacilos.

É o caso de pensar que a natureza declarou a guerra bacteriológica contra Churchill. E isso não é jogar limpo, não só porque Churchill está impossibilitado de se defender com as mesmas armas, mas também porque a natureza, abusando de seus poderes, escolheu para derrotar os parlamentares conservadores a arma da varíola, que é precisamente a arma que a natureza tem de reserva para sossegar as crianças. Traduzindo para uma linguagem de comparação, isto é exatamente a mesma coisa que se os alemães tivessem ganhado a guerra com pistolas de água e canhões de brinquedo.

Em seu venerável gabinete de Downing Street, 10, Churchill deve pensar nestas coisas com uma irreprimível amargura. Há muitas maneiras de entrar para a História. O primeiro-ministro inglês já tem muitos títulos para entrar nela e talvez mais do que qualquer outra pessoa no século XX. Mas se as coisas acontecerem como se teme, terá razões suficientes para se ressentir com a vida. Essa longa e generosa vida que lhe proporcionou tantos triunfos e no fim quis que Churchill entrasse na História com varíola, como se não fosse um homem de carne e osso e sim um personagem de Bernard Shaw.

O enigma de Bocas de Ceniza

Pergunta-se com freqüência: "O que se passa em Bocas de Ceniza?" Ao que tudo indica é uma das inumeráveis perguntas sem respostas existentes no país. Não se sabe com certeza por que há tantos anos se trabalha numa obra que no princípio pareceu de realização simples, e que na atualidade ainda é o maior problema primordial de Barranquilla, como há trinta anos.

É conveniente afastar de vez em quando estas perguntas sem respostas com a esperança de que intempestivamente se encontre o caminho de sua solução. Alguns círculos de Barranquilla se empenham em afirmar que Bocas de Ceniza é um disparate. Exibem-se despesas e se decide que nessas obras e nas do terminal marítimo se gastou muitas vezes mais do que custaria o alargamento e a modernização em conjunto de Puerto Colombia. Diz-se simplesmente que se desperdiçou um porto natural de excelentes condições, para tentar aproveitar um porto artificial que custou um olho da cara ao país e que ainda tem suficientes problemas para custar o outro.

No entanto, os *barranquilleros* empenhados em tocar para a frente Bocas de Ceniza não deram o braço a torcer e parecem dispostos a persistir nessa atitude até a consumação dos séculos. E o evidente é que até agora se levou o empreendimento de Bocas de Ceniza a tal ponto que a única coisa razoável é terminar o que se começou, pois o abandono em que deixou Puerto Colombia acabou com a bela história da baía natural. Na extremidade do cais que foi considerado um dos maiores do mundo e em cuja história figura a honra de hospedar o *Normandie*, as crianças descem para apanhar caracóis com a água pelo joelho.

Por isso tudo, Barranquilla toca para diante a obra de Bocas de Ceniza ou a nação perderá para sempre um grande porto no Atlântico. Essa é a alternativa.

A pergunta sobre o que se passa em Bocas de Ceniza parece ter uma resposta satisfatória na declaração de um proeminente *barranquillero*, publicada ontem por este jornal:

— Precisamos de uma comissão de técnicos.

Essa é a resposta. A verdade é que a iniciativa da obra de Bocas de Ceniza está com os comerciantes, industriais e advogados, mas não engenheiros hidráulicos, que é o que se precisa ali. Falta uma firma especializada que diga o que fazer em Bocas de Ceniza e que outra firma especializada o faça.

A triste história da triste draga de Barranquilla é talvez uma das histórias mais tristes do país. Ainda não se sabe quanto custou a draga, nem quanto ainda falta pagar por ela. Oportunamente se discutiu a negociação e foi uma discussão nacional sem pormenores, porque esses pormenores nunca se conheceram. A única coisa que ficou clara foi a inutilidade da draga, pois ao que parece não era o tipo de draga que se necessitava em Bocas de Ceniza, e sim pelo menos meia dúzia de dragas diferentes daquela.

Tudo isto, dito desta maneira, não passa de conjeturas. Porque os encarregados de dizer com autoridade a primeira, a última e as palavras intermediárias são os técnicos holandeses que no início do ano inspecionaram Bocas de Ceniza e ainda esperam em seu país que se assine o contrato. A nação, que tanto dinheiro gastou em seu porto do Atlântico, tem direito de saber o que o governo pensa fazer com Bocas de Ceniza. E tem o direito de pensar que fará o que for mais razoável, que é simplesmente terminar a obra, ainda que seja para que a triste história da draga tenha um desfecho feliz.

Consideração com o que paga

É um velho e mau costume de alguns cinemas da capital da república anunciar sessões simultâneas quando só dispõem de uma cópia do filme a ser projetado. Não só se submete o espectador a uma espera enervante e sem motivo, mas devido seguramente ao complicado trânsito bogotano às vezes a lata fica engarrafada num dos nós de circulação que ocorrem nas ruas centrais e a projeção da fita sofre interrupções mais desagradáveis ainda do que a demora de começar o espetáculo.

Se o filme *Le boulanger de Valorgue* não fosse uma dessas obras excepcionais do cinema, que fazem o espectador esquecer os aborrecimentos a que os empresários das salas o submetem, seguramente se provocaria mais de um incidente desagradável. No dia da pré-estréia do grande filme de Fernandel a sessão vespertina anunciada para as 18h15 começou às 19h15. Quando por fim se apagaram as luzes, a maioria dos espectadores se levantara das poltronas e se propunha a abandonar em massa a sala, exigindo a devolução do dinheiro. E a coisa não era para menos, se se imagina que muitas pessoas tinham compromissos inadiáveis em determinada hora da noite e que esse imperdoável contratempo na sessão vespertina estragou seus planos. Soubemos que nos dias seguintes a exibição começou com enorme atraso e ainda por cima a projeção foi suspensa duas ou três vezes. O público bogotano é o mais paciente do mundo. Mas até onde vai sua paciência? É bom que os exibidores se façam a pergunta. Vale mais que, se não dispõem de duas cópias de um mesmo filme, suprimam as sessões simultâneas em salas situadas uma no centro de Bogotá e outra em pleno coração de Chapinero.

A má sorte dos pobres espectadores submetidos a demoras no início dos espetáculos cinematográficos e a interrupções tem sido tal que para encher os minutos levados para enviar uma lata de filme de Chapinero a Bogotá se projeta uma série interminável de curtas-metragens de péssima qualidade, o que constitui uma nova tortura. Se ao menos esses curtas fossem desenhos animados ou documentários de algum valor, não seria tão odioso o tormento a que nos referimos. Resistir dez, 15 minutos de cenas mal filmadas e pior copiadas, como acontece com os curtas exibidos antes do filme *Le boulanger de Valorgue* já é sevícia, refinamento no tormento...

Tomara que as autoridades municipais exijam dos exibidores um pouco mais de consideração com o público pagante. Entre outras coisas porque nessa longa espera só resta acender um cigarro. E isso é proibido nos cinemas de Bogotá, sob pena de multa...

Quarenta mil dólares de amor

Quando acabava de guardar sua locomotiva, Joe Kogut recebeu a notícia de que herdara uma fortuna e com certeza pensou com secreto otimismo que jamais voltaria a conduzir a locomotiva em sua vida. Nem sequer recordava o nome de sua benfeitora, uma dama um tanto alegre com quem esbarrou em Chicago num dia de eleição, e com quem passou a tarde, fazendo o possível para manejá-la tão bem como durante 12 anos manejara sua locomotiva. Na realidade, para um maquinista da estrada-de-ferro, não deve ser difícil entreter essas senhoras tristes, inscritas nos clubes de corações solitários que, nas tardes eleitorais, saem em busca de um partido melhor do que os partidos políticos.

Para a senhora, as coisas resultaram às mil maravilhas. Para Joe Kogut, aquilo não passou de uma tarde eleitoral como qualquer outra, pois voltou tranqüilamente aos seus passeios de locomotiva, em lugar de se dedicar a passear esplendidamente na conta bancária da senhora. Ela escreveu versos para ele. Uns versos nostálgicos e bem medidos, nos quais aparecia de vez em quando uma metáfora ferroviária destinada a enternecer o coração do amado e indiferente maquinista.

Mas foi tudo inútil. Joe Kogut continuou com sua máquina e suas enormes e ásperas luvas de couro, levando seres humanos a uma viagem com passagens de ida e volta, bem diferente daquela viagem sem retorno de que falava nos versos sua incidental amiga da tarde eleitoral.

Foi ela — "em memória daquela tarde inesquecível" — quem lhe legou no testamento um último e desesperado poema de quarenta mil dólares, precisamente no momento em que o favorecido recolhia sua locomotiva. Foi ali que começou sua saudade. A amarga saudade de outras muitas tardes eleitorais como aquela em que esbarrou ao acaso com uma desconhecida, que foi para ele um bilhete premiado da loteria.

Inventado o primitivismo

Recentemente se conheceu uma notícia bem curiosa: os irmãos Tushinki, dois inventores a serviço da indústria cinematográfica, foram considerados gênios porque tornaram possível uma nova manobra técnica: a redução das telas panorâmicas ao seu antigo tamanho normal, entre outras coisas.

Esse é apenas um aspecto do estado caótico introduzido pela televisão na indústria cinematográfica norte-americana que teve de desenvolver toda uma batalha, armada com elementos puramente técnicos, contra a nova forma de distração doméstica. O público das salas de cinema encolheu em mais de 40% quando Hollywood se lançou à aventura das telas gigantes e das superproduções. Os novos sistemas, alguns de nomes impronunciáveis à primeira vista, invadiram os mercados e "o grande Frankenstein técnico" permitiu que a indústria cinematográfica sobrevivesse ao intempestivo assalto da televisão.

Ao que tudo indica o perigo passou. Os norte-americanos, cansados da telinha de casa, estão retornando ao cinema, convencidos de que a novidade não era como a pintavam, porque é uma diversão completamente diferente. Anunciam-se novos filmes baseados na qualidade estética e não em arriscadas aventuras técnicas. Aqui mesmo, em Bogotá, exibiu-se há pouco o *trailer* de um filme cujo mérito principal, proclamado por uma voz entusiasta, era que "podia ser visto sem necessidade de óculos especiais". Não havia muito tempo que se lançaram no mercado os filmes tridimensionais para serem visto com óculos polaróide, e já a mesma indústria que tratara de impor o sistema, proclamava como novidade, como revolução, o retorno aos sistemas antigos. Não será estranho se quando se acalmar o furacão das invenções espetaculares tenhamos de agradecer a alguém o regresso ao cinema mudo, como agora teremos de agradecer aos irmãos Tushinki a invenção da volta à tela normal.

Os dois filósofos

Nas águas territoriais da filosofia grega foram pescados esses nomes: Aristóteles Sócrates. E quem os ostenta, pescador de baleias nas águas territoriais do Peru, é, a partir de alguns dias atrás, mais famoso que seus dois homônimos, que, no fim das contas, nada fizeram além de pensar. O nome se ganha com o suor do rosto e posto que Aristóteles Sócrates ganhou o seu suando azeite de baleias proibidas, não se pode negar que fez o possível para que a humanidade o conheça o suficiente para evitar que seja confundido com seus ilustres homônimos antigos.

Outro homem com nome de filósofo é tão famoso como Aristóteles Sócrates. Refiro-me a Porfírio, o inquieto homônimo do pensador de Alexandria, que pesca esposas como o outro pesca baleias, e por casualidade também em águas territoriais.

Esses dois cidadãos do mundo, que parecem ter assumido o título demasiado ao pé da letra, poderiam criar uma associação — que alguma coisa teria de associação filosófica — para dividir de tempo em tempo as crônicas dos grandes escândalos internacionais por eles protagonizados e ao que parece em ambos os casos com bons resultados econômicos.

Não se duvide que o nome de Aristóteles Sócrates continue soando no futuro com mais freqüência do que até agora, ainda que o incidente de seus navios com o governo do Peru seja resolvido satisfatoriamente. De certo modo, essas capturas espetaculares podem ser a melhor propaganda para seu negócio de azeite, e um comerciante dessa espécie não poderia menosprezar os benefícios dos escandalosos golpes publicitários. A mesma coisa faz Porfírio. Talvez estejam contribuindo dessa forma para demonstrar que têm seus nomes bem postos.

Talvez sejam eles dois filósofos dos tempos modernos.

A Itália em Hollywood

No mundo de Hollywood Ana Maria Pier Angeli deve ser uma criatura estranha. De certo modo, ela sozinha é um mundo à parte, um delicado e gracioso pedacinho da Itália católica, que muitas atrizes devem considerar como um resíduo dos tempos medievais. Deve ter dado trabalho entender por que Pier Angeli demorou tanto para se casar, já que é tão fácil se apresentar diante de um juiz com o belo rapaz conhecido na noite anterior e, se a coisa não funcionar, volta-se ao mesmo juiz — ou outro, porque isso sequer importa — para desenredar o enredado.

Desde que foi vista em *Teresa*, o primeiro filme de Pier Angeli feito em Hollywood, houve motivo para pensar que a pequena e inteligente italiana parecia uma estranha gazela, assustada diante desse mundo de clubes noturnos e de negócios extraordinários que é a capital do cinema norte-americano. Seu primeiro namorado fora aquele "Hamlet" do quarto ano primário que lhe cortou uma mecha em seu primeiro filme. Parecia um amor à vera, com laços de tragédia e tudo o mais, como os amores da infância.

Ao chegar a Hollywood, Pier Angeli deixou de ser a menininha com um galã de calças curtas, mas para sua mãe — que nunca a deixou viajar sozinha — e para as atrizes de Hollywood — que não entendiam por que sua mãe não a deixava viajar sozinha — continuava sendo a mesma, como se o tempo não tivesse transcorrido. Na capital do cinema norte-americano, a mãe não a deixou sozinha um instante. Não há fotos dela nos clubes noturnos. Não há nada que permita dizer que Pier Angeli é realmente uma atriz de Hollywood. Até há dois dias não passou de uma filha italiana, com uma mãe italiana, dessas que não aceitam a história da vida civilizada e a educação moderna. Pier Angeli se casou, na Igreja Católica, "até que a morte os separe", e seguramente depois que a mãe soube que o noivo é um bom filho, cumpridor de seu dever e capaz de ter 12 filhos e de criá-los como Deus manda. Por alguma coisa os filmes italianos são os únicos em que os pais ainda tiram o cinto para dar uma surra nas crianças.

O rapaz da bicicleta

Em nome dos pagantes insistimos no protesto pelo serviço de alguns cinemas que oferecem programas simultâneos. Um desses cinemas — o mesmo a que nos referimos em notas anteriores — anunciou sexta-feira o começo da matinê às 3h15. A essa hora começaram os *slides* de propaganda. Logo depois — enquanto não chegava o rapaz da bicicleta com as duas primeiras latas — projetou-se um longo filme de publicidade. Depois o noticiário — e o rapaz da bicicleta não chegava; e, por fim, um ingênuo humorístico, para entreter os impacientes espectadores, enquanto chegava o rapaz da bicicleta.

Às 4h10, quase uma hora depois do anúncio do começo do espetáculo, o rapaz da bicicleta não chegara. A cultura do público que paga um dos preços mais altos do mundo se manifestou nessa ocasião, pois não houve manifestação de protesto, embora muitos — e supomos que a maioria — dos espectadores tinham algo a fazer antes das seis da tarde. Poucos minutos antes dessa hora se concluiu um espetáculo que normalmente nunca se prolonga até as cinco.

A esses desconfortos, devem-se acrescentar duas interrupções da projeção, porque o rapaz de bicicleta voltara a se atrasar. Nesse dia se exibiu um filme excelente, digno dos melhores elogios, que não pôde ser comentado em nossa edição de sábado devido aos inconvenientes anotados. Esta é uma explicação aos leitores, e um novo protesto em nome de quem paga para ver um filme a tempo e espera mais de uma hora, já se sabe o motivo: porque não chegou o rapaz da bicicleta.

O tigre de Juan Mina

Juan Mina é uma cidadezinha do Atlântico onde não há nenhuma mina, mas em compensação há um tigre que está fazendo estragos na região. O tigre tem um nome simples, que no entanto lhe dá uma certa categoria de animal lendário: "O tigre de Juan Mina."

Do ponto de vista turístico, nada poderia ser mais importante para o próspero município do Atlântico do que ter um tigre bravo à disposição da Sociedade de Melhorias Públicas, para mostrar algo diferente e estranho aos visitantes. Mas na prática o tigre de Juan Mina não funciona, e só serve à população para dizimar os rebanhos e pôr em perigo a vida dos habitantes, coisa que por certo não é um serviço.

O problema do tigre de Juan Mina é que não tem espírito cívico, como os tigres de Bengala nos maus filmes, que servem em muitos casos para salvar crianças com um bom coração de tigre bom que enterneceria o mais duro dos caçadores. O tigre de Juan Mina é tão voraz como famoso, de maneira que os vizinhos resolveram sacrificar a fama do implacável felino e abatê-lo a tiro na primeira oportunidade, que para o tigre será a última.

Um dia destes nos virá a notícia de que mataram o tigre de Juan Mina, e aquela notícia será o fim de uma bonita lenda. A cidade continuará sendo atraente por múltiplos aspectos, mas não mais pelo seu tigre. E nestes tempos uma cidade com tigre é algo tão insólito, tão importante, que é uma lástima — uma verdadeira lástima — que para proteger as vacas, que são tão abundantes e comuns, Juan Minaz tenha de matar seu tigre.

Um livro de Arturo Laguado

De Paris, onde vive há quatro anos, Arturo Laguado enviou os originais de um romance que acaba de ser publicado na Colômbia: *Danza para ratas*. Depois de permanecer tanto tempo na Europa, o jovem escritor, que foi descrito como "um inglês nascido em Santander", pelo ambiente e pela temática de seus trabalhos anteriores, escreveu um romance de ambiente colombiano sobre a política colombiana e a violência na Colômbia. É como se em Paris Arturo Laguado tivesse visto muitas coisas que não viu estando entre nós, apesar de acontecerem ao seu lado.

Para aqueles que acompanham de perto a trajetória deste escritor que começou publicando contos policiais e continuou com uma peça de teatro, para ser representada em 15 minutos, *Danza para ratas* é uma produção verdadeiramente insólita: Arturo Laguado escrevendo sobre a violência, sobre o nove de abril, sobre a vida colombiana, com personagens que nada têm a ver com aqueles "ingleses de água doce" de seus primeiros contos.

É interessante constatar que os chamados "romancistas da violência" viram engrossar suas fileiras com um escritor com que seguramente não contavam, com alguém que passeava pelas ruas de Bogotá como nas nebulosas; e ao que parece sem se dar conta nem atribuir a menor importância às coisas tremendas que ocorriam ao redor. No entanto, *Danza para ratas* não só demonstra que Arturo Laguado tinha os olhos bem abertos e sim que viu muitas coisas melhor e mais desapaixonadamente do que a maioria de seus companheiros de geração literária.

A crítica colombiana tem muito a dizer sobre este romance e sobre a obra de um jovem escritor cujo defeito principal parecia ser não admitir que para ser bom escritor é importante saber escrever. Paris parece tê-lo convencido. Talvez neste romance Laguado seja menos brilhante, menos audaz com sua pirotecnia mental. Mas talvez seja mais escritor.

Uma moeda de dois centavos e meio

Os habitantes de Cartagena continuam sofrendo o incômodo de um original regime monetário, inventado pela prefeitura para uso exclusivo dos passageiros dos ônibus, e que pouco a pouco se converte em moeda corrente em toda a cidade. A história é conhecida, mas tão original que não é demais repeti-la em traços gerais: a prefeitura de Cartagena onerou cada ocupante do serviço de ônibus urbanos com um imposto de dois centavos e meio. As empresas de transporte cobram dez por cada passagem, que, com os dois e meio do imposto, fazem 12 centavos e meio. A engenhosa maneira concebida pela prefeitura para garantir o pagamento dos dois centavos e meio foi a criação de um tíquete de dois centavos e meio que o passageiro recebe do motorista do ônibus como troco para os 15 centavos em dinheiro vivo. Com a apresentação desse tíquete, a tesouraria paga ao passageiro os dois centavos e meio em dinheiro vivo. Mas como também isso é teórico, o passageiro deve encontrar a maneira de juntar dois tíquetes para trocá-los na tesouraria por cinco centavos. Deve ter dois tíquetes, e nada mais do que dois. Ou quatro, ou qualquer outro número par, pois felizmente não ocorreu à tesouraria emitir um tíquete de meio centavo para poder completar a fração aos que se apresentam para trocar um número ímpar de tíquetes. Confusão geral.

Como era natural, os famosos tíquetes de dois centavos e meio estão se convertendo em moeda corrente. Quem tiver de fazer uma compra de cinco centavos pode pagar com três tíquetes, e o lojista aceita, simplesmente porque na transação se ganha dois centavos e meio pelo simples trabalho de entrar na fila da tesouraria. E enquanto dessa maneira se complica o regime monetário de Cartagena, os pacientes habitantes da capital de Bolívar que não se dão o trabalho de esperar duas ou três horas na tesouraria para reclamar cinco centavos pensam que a verdade é uma única: que em Cartagena, mesmo que a passagem do ônibus custe 12 centavos e meio, para poder usar o serviço é preciso ter 15 centavos. Ou viajar na sola dos sapatos, que é mais incômodo, mas ao menos evita tantas complicações aritméticas.

Leite para as crianças da França

Como complemento da campanha antialcoólica, Mendes-France propôs habituar as crianças da França a tomar leite. Não é possível saber se um francês maduro toma licor clandestinamente. Mas é possível em compensação saber se a criança bebeu seu leite, de maneira que não cabe dúvida sobre qual das duas campanhas resultará mais efetiva. Nas escolas de Châtelet-en-Brie, os habitantes assistiram há dois dias a um espetáculo insólito: o ato solene de crianças bebendo leite obrigatoriamente, por determinação oficial. Felizmente o humano regime francês dispôs que o leite não seja tomado sozinho pelo menos, e sim acompanhado por deliciosos e gratuitos biscoitos.

Agora as crianças da França não terão apenas de passar em aritmética e história, mas também em bebida de leite. Seguramente a melhor colocação será recompensada, e é razoável pensar que o menino mais bem classificado seja premiado com uma garrafa de bom vinho, pois seria injusto premiá-lo com outra garrafa de leite. Seria tão absurdo como aceitar que o melhor matemático da classe seja premiado com um problema de aritmética.

Mesmo que no futuro as crianças da França sejam mais robustas e saudáveis, é difícil acreditar que a fórmula de Mendes-France garanta uma futura geração abstêmia. É mais fácil acreditar que as crianças de hoje se acostumarão a tomar seu litro de leite no recreio, e até é possível que muitas delas troquem seu biscoitinho por um litro adicional. E que quando cheguem à maioridade, fartos do leite obrigatório — o indiscutível leite escolar com biscoito — decidam proscrever o leite definitivamente, e se dedicar de corpo inteiro ao consumo de licores menos ingênuos. Razoável será que quando saírem da escola considerem aprovado o curso de leite junto com o de geometria, e se dediquem ao vinho, que ao fim e ao cabo não é outra coisa que a prática profissional do costume humano de beber alguma coisa em todas as épocas da vida.

Los elegidos no cinema

Los elegidos, do doutor Alfonso López Michelsen, parece ser o romance escolhido por uma empresa cinematográfica do México para levar à tela. Desta forma, os industriais mexicanos, como já estão fazendo com *Fogo verde* os de Hollywood, homenageiam a Colômbia, merecidamente porque o nosso é um bom mercado para o cinema comercial mexicano.

No caso do México, não é a primeira vez que se rende essa homenagem. O primeiro caso foi o de *María*, o romance de Jorge Isaacs, de que pouco restou depois da aventura cinematográfica, numa época em que o cinema do México era tecnicamente rudimentar. Mais tarde foi a vida de Bolívar, que parecia extraída de um texto de escola pública. E, por último, *El cuarto sello* [O quarto selo], com base no romance do colombiano Gómez Dávila, convertido num folhetim psicanalítico pelo inveterado Chano Urueta.

É natural que depois dessas tentativas, os industriais mexicanos desejem cometer uma nova, com algo que já não seria praticamente uma homenagem e sim a reivindicação de uma homenagem anterior. O romance do doutor López Michelsen, de indiscutíveis e reconhecidos méritos literários, é excelente matéria-prima para um bom adaptador e um melhor diretor, em colaboração com atores aceitáveis. Em *Los elegidos* não há folclore. É uma análise inteligente e um tanto amarga de uma sociedade, e não nos ocorre nem se disse qual diretor mexicano seria o indicado para realizá-lo, sem ferir a já muito ferida suscetibilidade dos colombianos.

Até o momento se anunciou que serão feitas tomadas do Salto de Tequendama, Monserrate, o Santuário de Chinquinquirá, o castelo de San Felipe, e, mesmo não sendo anunciado, talvez por esquecimento na enumeração, supomos que também se levará em conta a Catedral de Sal.

Serão cantados *pasillos* e *bambucos*, naturalmente. E em meio a tudo se contará a história de *Los elegidos*, sem que o doutor López Michelsen nada tenha do que se arrepender.

O empreendimento é difícil. Mas por ser difícil é mais digno da gratidão colombiana. Vamos esperar com impaciência.

A tortura visual no cinema

Não recordamos exatamente em que época uma disposição municipal obrigava os cinemas da capital da república a exibir, no fim do filme, os noticiários estrangeiros. A medida foi recebida com o beneplácito unânime da cidadania, e de maneira especial da parte dos cineastas, porque assim se evitava o tormento de ver durante uma semana o mesmo curta-metragem em diferentes salas.

Durante algum tempo teve efeito a disposição da prefeitura de Bogotá e o espectador que já vira o noticiário da semana saía tranqüilamente da sala uma vez acabado o filme.

Infelizmente agora não ocorre a mesma coisa. E com um agravante. Não se trata mais do noticiário estrangeiro, variado, ameno, bem filmado, mas de uma série de curtas oficiais de propaganda exibidos em todas as salas, em todas as sessões, antes de começar o filme anunciado. Não mentiríamos ao afirmar que vimos sete vezes, nos sete dias da semana, o noticiário das Escolas Radiofônicas de Sutatenza, longo e monótono. Alguns cinemas — nem todos certamente — que se preocupam em oferecer ao espectador que paga um peso e cinqüenta por ingresso as melhores comodidades, optaram nos últimos meses por exibir o curta do Departamento de Informação e Propaganda no final da sessão, oferecendo assim a oportunidade ao público de ficar para vê-lo ou sair se já o vira. No entanto, parece que ordens superiores obrigaram todos os exibidores a "passar" o noticiário oficial de propaganda na primeira parte do espetáculo. Há que ouvir os protestos do público quando pela quarta, quinta ou sexta vez é submetido à tortura de ver as cenas camponesas do noticiário sobre

Sutatenza, ou aquele menos bonito porém muito pior sobre os serviços do seguro social.

Um dos segredos da propaganda moderna é a sobriedade, é fazer com que a propaganda não se pareça com a propaganda. Nada menos indicado — se o que se quer com os noticiários é fazer propaganda — do que mortificar o presumível cliente de tal propaganda impondo-lhe à força o martírio de ver repetidas até o cansaço as mesmas cenas cinematográficas. A força não é boa aliada da propaganda, como também não é boa aliada de qualquer obra destinada a obter simpatias. Da mesma maneira que não se pode obrigar uma pessoa a tomar uma colherada de óleo de rícino, mesmo que a propaganda diga que o óleo de rícino é o mais delicioso do mundo, tampouco é justo impor como condição para se divertir numa sala de cinema ver uma mesma bobina de filme várias vezes.

Além de desagradável, a técnica imposta é equivocada. Porque não há dúvida de que aquilo que na primeira vez se olha com interesse, com admiração e agrado, na terceira ou quarta se encontra toda espécie de defeitos.

Que nos permitam a nós, cinéfilos, ir tranqüilamente ao cinema. Primeiro o filme... depois o recheio... E os promotores da propaganda oficial cinematográfica podem ter a segurança de que veremos seus noticiários uma vez — e uma vez já é o suficiente!

O dia do solteiro

No próximo sábado, 18 de dezembro, celebra-se em Cali o dia do solteiro. Ao que tudo indica, são muitos os membros dessa curiosa associação que anualmente concede "a ordem do couro" ao homem que pareça mais irredutível no propósito de não deixar amarrar no pescoço o cordão conjugal.

Não há convites para participar da festa. Mas tampouco — conclui-se em sadia interpretação — podem ir a ela simplesmente homens e mulheres não casados, e sim os que sejam solteiros, que parece a mesma coisa mas não é. "Solteiro de nascimento" não é na verdade o homem que nunca se casou, mas o que não tem temperamento para se casar. Diz-se que todo homem é viúvo a partir dos 16 anos, mas em compensação nem todo homem é solteiro ainda que não seja casado, porque o celibato não é um estado civil e sim uma maneira de pensar.

O solteiro solene pensa no futuro como em um quarto tranqüilo, forrado com quadros suspeitos, com um papagaio e um par de pantufas. Em seu estágio ideal dormirá com essas folgadas camisolas e esse boné com um pompom na ponta com o que o pintam os caricaturistas no momento e à meia-noite irá até a janela para jogar um sapato no gato do vizinho. É todo um senhor, com uma extraordinária capacidade de mimetismo progressivo, que começa com o azul-celeste da adolescência e termina com o verde da maturidade.

Aqueles que no sábado comemoração sua data em Cali estão numa fase feliz, na rósea idade em que não são mais do que solteiros. Com os anos, como a sombra quando o sol declina, passarão de solteiros a solteirões, e é possível que seja então quando saibam se realmente foram homens que nunca se casaram ou se na realidade são os solteiros de nascimento que querem ser agora. Aí está o perigo.

Um palácio de retorno

A casa de Francisco I, situada provisoriamente na margem direita do Sena, em Paris, retornará ao seu lugar original, Moret-sur-Loing, dentro de poucos dias. Será uma viagem de 65 quilômetros, concebida porque o local ocupado atualmente pelo palácio vale mais do que o próprio palácio, apesar de seus quatrocentos anos. Paris se civilizou de tal forma que a casa de Francisco I — na qual o imperador nunca morou — é um entrave para o progresso. Estão precisando do terreno para construir um moderno edifício residencial, de maneira que se resolveu deixar de lado uma parte da história do passado para que se possa passar para a história do futuro. O argumento não é uma novidade, como não é tampouco a transferência de um edifício para um local a 65 quilômetros de distância. Mas no caso do palácio de Francisco I o interessante é o fato de que há mais de um século o coronel Brack, que o adquirira por uma soma equivalente a seis dólares, levou-o pedra por pedra a Paris, ao local que hoje ocupa, só para agradar sua amante. Pense-se que se a fé remove montanhas, o amor — que nunca foi mais modesto do que a fé — era há um século capaz de mover palácios.

O coronel Brack está agora valorizando três metros cúbicos de terra em algum cemitério da França. Sua amante, a atriz Ana Boutet, alimenta com seus ossos um pedaço de terra que com todo o seu conteúdo não vale tanto como o que é ocupado pela casa de Francisco I. O amor que determinou a viagem de ida está hoje tão esquecido que a viagem de regresso foi motivada por um sentimento contrário: o cálculo, que é o irmão mais velho da cobiça.

Pedra por pedra, a casa de Francisco I inicia agora a longa viagem de regresso até Moret-sur-Loing, onde um pedaço de terra não vale agora mais do que em 1823 só porque alguma vez aquele palácio esteve ali. Nada disso. A terra continua valendo a mesma coisa. E é provável que amanhã, não havendo um coronel galante com uma amante pretensiosa, a casa de Francisco I, em seu local original, não valha sequer os mesmos seis dólares que valia quando os preços não eram determinados pela bolsa de valores, e sim pelo coração de uma mulher.

A tortura do cinema

Há algum tempo estamos insistindo nestas colunas sobre a já insuportável organização de alguns cinemas locais que não se submetem aos horários fixados por eles próprios; que organizam sessões simultâneas com outras salas quando só dispõem de uma única cópia do filme, e que para entreter o público enquanto espera o famoso rapaz da bicicleta, projetam mais de meia hora de filmes de publicidade e curtas-metragens bobos. Tudo isso, somado aos anúncios em *slides*, que são uma praga nos cinemas bogotanos, está convertendo em tortura a ida aos cinemas.

Hoje vamos nos referir concretamente ao cinema Eldorado — para não prejudicar com generalizações muitos cinemas bem organizados — que há algum tempo está se especializando nestes longos e repetidos entretenimentos de publicidade, "enquanto não chega o rapaz da bicicleta". Deve-se acreditar que os administradores dessa sala, que se destaca por sua programação normalmente boa, ignoram, por exemplo, que na sexta-feira, na matinê, houve problemas na bilheteria porque a vendedora de ingressos não dispunha de moedas para o troco, e que há vários dias se projeta um curta sobre as festas de novembro em Cartagena, de cuja qualidade preferimos não falar, com o qual o público está pelas tampas.

A sessão vespertina começou sábado nesse cinema às 6h30. Só meia hora depois chegava "o rapaz da bicicleta", com as primeiras latas de um filme aceitável, exibido simultaneamente no cinema Americano. Um dos espectadores dessa sessão teve de assistir pela quarta vez o curta sobre as festas de Cartagena, que fora utilizado na mesma sala como material de recheio do filme exibido na semana anterior.

É incalculável o número de vezes em que se afirmou que esta espécie de filmes deve ser projetada depois do programa de fundo, para ser vista por quem desejar. Nas atuais circunstâncias resultam impositivas, e o público pagante acredita ter direito a que as autoridades municipais o aliviem dessa tortura, já que foram inúteis as reclamações feitas aos empresários por intermédio da imprensa.

O pobre Huseyin

Em Istambul há um homem amarrado à perna de uma cama. Chama-se Huseyin Tchinar, tem 75 anos e uma cor bem definida. Encontra-se nessa difícil situação porque sua corpulenta e paciente mulher esgotou todos os recursos — da persuasão à violência — para evitar que Huseyin continuasse perseguindo adolescentes pelas ruas de Istambul.

A polícia, que não previra o caso, não sabe se tem autoridade para obrigar a mulher de Huseyin a soltá-lo da perna da cama, porque na realidade se desconhece meio mais eficaz e menos ofensivo do que esse, para que o alegre septuagenário não persiga pelas ruas as mocinhas de Istambul.

Mesmo que Huseyin não tenha dito, talvez esteja pensando que a fórmula não seria tão ruim se sua mulher tivesse a idéia de amarrá-lo à perna de uma cama que não fosse a de sua própria casa. Mas a mulher de Huseyin, que sabe o que faz, poderia dizer, em defesa de sua fórmula, que o mais importante não é a eficácia e sim o simbolismo.

Nove senhoras vão à selva

As senhoras que hoje viajaram para a selva, para distribuir uma tonelada de presentes entre as 24 tribos de Mitú, têm, entre seus múltiplos encantos femininos, o encanto maior de não haver pensado que sua aventura é realmente uma aventura. Para elas, viajar para a selva sem proteção masculina é algo que não valerá a pena se no final da viagem encontrarem oito mil índios esperando o catecismo.

No entanto, e ainda que as distintas senhoras que viajam para a Amazônia se empenhem em não reconhecer, seu espírito aventureiro, bem amparado no espírito catequisador, manifesta-se claramente no interesse secundário de localizar uma lenda: o tio Barbas, um personagem que a partir de agora começa a fazer parte da próspera mitologia amazônica.

Catequisando índios, nove senhoras de Manizales vão, em última instância que secretamente pode ser a primeira, em busca de uma lenda. O tio Barbas, como Clemente Silva, como Zoraida Hayram, está em algum lugar da selva, dono e senhor da solidão inexplorada, mas, ao contrário dos conhecidos personagens literários, este novo personagem teve o privilégio de nove senhoras terem renunciado à tranqüilidade do lar para tentar localizá-lo. Esse fato já é suficiente para que o estranho personagem tenha direito de entrar pela porta de honra da literatura fantástica.

Não é Churchill

Começaram as previsões. Os astrólogos alemães tomaram a iniciativa e, se as coisas acontecerem de acordo com suas previsões, o próximo ano — que ainda não é o bissexto — talvez não seja tão grave como vinham pintando aqueles que fazem previsões, mas sem o concurso dos astros.

Sua Santidade Pio XII e nenhum outro pontífice figuram entre os personagens apontados pelos prognósticos alemães. Figura um político inglês, seguramente já identificado pela perspicácia dos leitores, como candidato da morte para sua colheita do próximo ano. No entanto, a estratégia das previsões permite pensar que nunca como nos próximos 12 meses Churchill permanecerá mais vivo, precisamente porque é nele em quem pensamos ao conhecer os prognósticos.

Os vaticínios astrológicos se alimentam da circunstância de serem indecifráveis. É como se não existissem antes dos acontecimentos, mas com o privilégio de que se considerem acertados quando os acontecimentos os confirmem. Se o político apontado pelos astrólogos fosse na realidade Churchill, seria uma adivinhação de tão fácil e conhecida solução que quase não poderia ser considerada uma previsão, e sim um diagnóstico.

O pecador Pedro Guzmán

A inviolabilidade do segredo da confissão não permitirá que jamais se saiba o que o astuto Pedro Guzmán disse ao incauto cura de Pasmo, há dois dias, quando o paroquiano confessado fugiu com o santo e a esmola, protegido pela aura beatífica da absolvição. Talvez Pedro Guzmán soubesse que seu próximo pecado seria tão grande que decidiu se aliviar do peso de todos os anteriores para que aquele lhe coubesse na alma. E na realidade coube inteiro, como nos bolsos couberam quatro cálices de ouro, 175 pérolas, 12 esmeraldas, duas pátenas de ouro e outras jóias.

Com sua preciosa carga de objetos sacros, Pedro Guzmán fugiu, levando nas costas, além disso, o pecado maior e mais pesado que até então se cometera em toda a província de Oruro. Na sacristia, o bom, o ingênuo do senhor cura jazia amordaçado, rolando pelo chão com a lista dos sete pecados capitais no pensamento; não podia se pôr de acordo consigo mesmo sobre a magnitude do último pecado de Pedro Guzmán, que talvez seja, sem saber, o inventor do oitavo pecado. Ou pelo menos o criador de uma confusa mistura pecaminosa formada com os piores ingredientes de pelo menos quatro dos sete pecados capitais.

"O velho que tinha lido todos os livros"

O próximo cinqüentenário do Centro Artístico de Barranquilla oferece uma magnífica oportunidade de propor um exame a fundo da atividade cultural da capital do Atlântico. Nestes dias entrou na moda a tese de que Barranquilla está chegando agora à cultura nacional. Essa tese poderia ser certa. Mas também poderia ser o contrário: só agora a cultura nacional se interessa pelas manifestações culturais de Barranquilla.

Há muitos anos se editou na capital do Atlântico uma revista que rapidamente adquiriu prestígio continental: *Voces*, dirigida por Ramón Vinyes, um sábio catalão que se tornou *barranquillero* de tanto conhecer Barranquilla, de tanto amá-la e compreendê-la, mas especialmente de tanto transmitir sua sabedoria a ela. Lá se sabe que nessa revista se publicaram as primeiras traduções de Chesterton para o castelhano. Talvez se ignore no resto do país.

Aqueles que se mostram tão interessados pela atividade cultural *barranquillera* devem começar suas pesquisas pelo princípio. E o princípio — deve-se repetir — é dom Ramón Vinyes, o dramaturgo catalão morto em Barcelona há quatro anos, e de quem alguém disse que era "o velho que tinha lido todos os livros".

A última crônica

Esta é a última crônica que se escreve para esta seção no presente ano. Perogrullo diria que dentro de poucas horas não será a última crônica deste ano e sim a última do ano passado. E tratando de escrevê-la, pensamos que os anos acabam 24 horas depois do último assunto.

Na realidade, o assunto desta crônica acabou no último parágrafo da crônica imediatamente anterior, que foi a penúltima crônica do ano, mas a última com assunto. A urgência de escrever todos os dias, durante 365 dias, obriga os cronistas a esquecer que de tanto resolver diariamente o problema de amanhã, chegará um último dia em que o problema de amanhã já será problema do outro ano. Um problema que não há por que começar a resolver com desnecessária e arriscada antecedência.

Cada ano vem com suas crônicas medidas. Às vezes, no momento de escrever a última crônica, recorre-se ao batido e pouco sério sistema de fazer um último e desesperado resumo de todas as crônicas escritas durante o ano. Mas se o caso é outro, como evidentemente é outro o nosso caso, a última crônica deve ser escrita aproveitando o assunto de si mesma, como tentamos fazer, lembrando um pouco o cão que dá voltas sobre seu próprio centro de gravidade, tentando morder o rabo.

Necessariamente a última crônica acaba por se converter numa crônica metafísica. Porque é uma crônica que precisa de mais espaço do que aquele que seu assunto permite, mas com menos tempo para existir do que exige o trabalho de escrevê-la. É uma crônica perdida, amarrada à cauda de um ano que sequer teve a gentileza, a cortesia, de se deter um instante para esperá-la.

A psicologia do dentifrício

Não parece razoável que um homem se divorcie porque sua mulher aperta pelo meio o tubo da pasta de dentes. Mas é razoável. Exatamente por ser, em Copenhague acaba de ser concedido o divórcio a um cavalheiro cuja mulher apertava pelo meio o tubo da pasta de dentes. A única coisa pouco razoável neste caso é que tenham sido mantidos em reserva os nomes dos divorciados, permitindo assim que a mulher se converta num perigo ambulante. Qualquer dia se casa de novo, e outro incauto terá também de se divorciar, pelos mesmos motivos do primeiro.

À primeira vista, uma mulher que insiste em apertar pelo meio o tubo da pasta de dentes é simplesmente uma mulher que não sabe fazer de outra maneira. Mas se lhe for indicada a maneira adequada de apertar e apesar disso ela insiste em seus métodos bárbaros, então é bastante provável que a distinta e respeitável senhora seja todo um problema psiquiátrico. Um casal que não se entende sobre a maneira de apertar o tubo da pasta de dentes é um casal perdido, que jamais se entenderá na maneira de fazer qualquer coisa.

Se no país onde isso ocorre existe o divórcio, é razoável que se dissolva o casamento. Se não existe o divórcio, talvez o mais razoável seja que se assine um tratado de paz, com base em deixar para sempre de usar pasta de dentes.

Juradó, uma cidade fantasma

A última cidade da Colômbia, na fronteira com o Panamá, chama-se Juradó. Ao menos se chamava assim há oito dias quando os últimos viajantes a abandonaram açoitada pelo mar. Não seria extraordinário que agora não existisse, que o mar a tivesse tragado definitivamente do mapa da Colômbia, onde figura há muitos anos com duvidosa propriedade, mais cartográfica do que real.

Juradó faz parte da província do Chocó. Mas quando se perguntou em Quibdó se era certo que o mar apagou Juradó do mapa, as autoridades provinciais não puderam fazer qualquer comentário, simplesmente porque não tiveram como saber da notícia. Em toda a costa do Pacífico, da desembocadura do San Juan até os limites com o Panamá, não há um só posto telegráfico. Juradó poderia se fundir com o mar, naufragar como um navio, mas, ao contrário dos mais humilde dos navios, não teria como transmitir o derradeiro e desesperado telegrama. Se a notícia vem pelo correio é possível que transcorra todo o presente ano sem que se saiba que no ano passado

Juradó naufragou, porque a correspondência de Juradó vem para a Colômbia quando alguém faz o favor de trazê-la. No ano passado a correspondência de Juradó ficou seis meses em Bahía Solano, à espera de que alguém fizesse o favor de levá-la.

Até o dia em que foi vista pela última vez, Juradó tentara viver da caridade pública. Mas é materialmente impossível que a caridade pública chegue tão longe, a um lugar a que sequer os telegramas podem chegar.

Senhora presidenta

"Não interfiro em nada na administração pública", afirmou recentemente dona Cecilia de Remón. No entanto — sem contradizer de modo algum sua declaração — os panamenhos a consideram a gentil e distinta presidenta da república, que representou seu país na comissão de assuntos sociais da Conferência de Caracas.

É difícil saber até onde a primeira-dama de uma nação é a presidenta da república. Eva Perón fez todo o possível para ser, tratando de parecer, e, à força de empenho, de inteligência e também de um pouco de maternal demagogia, acabou por ser a formosa presidenta da Argentina, se não eleita pelo voto ao menos pelo aplauso popular.

O caso contrário poderia ser o da senhora Roosevelt, que, apesar de se empenhar discretamente em não ser, apesar de lutar contra a involuntária tendência de seu próprio prestígio, esteve a ponto de, sem ser tanto como Evita Perón e sendo um pouco de maneira diferente, fosse considerada como a respeitável presidenta dos Estados Unidos. O terceiro caso poderia ser o da senhora Chiang, que ao que parece foi tantas vezes presidenta de sua pátria como de sua casa.

Ainda que não se proponha, e até acreditando não ser, de alguma maneira a primeira-dama é sempre presidenta. Na simples, íntima manobra de abotoar o colarinho da camisa do marido, há um pouco de influência cordial, uma íntima e involuntária pressão sobre os mais recônditos propósitos presidenciais. Quem sabe quantas vezes mudou o rumo de uma nação, só pelo acerto com que a primeira-dama escolheu a roupa que uma manhã o presidente devia vestir.

E agora para onde?

Os agentes de publicidade de Marilyn Monroe nos ameaçam com uma nova Marilyn, que não é de maneira alguma uma pessoa diferente da conhecida, mas a mesma, reformada. O mistério é maior, porque não se trata de uma mulher qualquer, mas de uma que parecia tocar o fundo da eficiência biológica.

Que alguém possa superar Marilyn, no mesmo terreno em que se assenta sua superioridade, é algo inteiramente provável, sabendo como é forte e recorrente a imaginação da natureza em seus evidentes propósitos de iludir a paciência dos homens. Mas que um diretor de publicidade consiga fazer da Marilyn conhecida uma nova Marilyn é algo que materialmente não cabe nos 16 dedos de testa do mais calvo de seus admiradores.

Deve-se acreditar na fabulosa eficácia dessa máquina de fazer propaganda que são os estúdios de Hollywood. E também se deve acreditar que até o fabuloso tem um limite. Acreditamos que esse limite era Marilyn Monroe, ainda que a própria ansiedade com que se espera que se supere a si mesma seja de fato uma demonstração do contrário.

Como em 1905

Um banco e uma organização cultural fizeram um acordo em Barranquilla para comemorar cinqüenta anos ao mesmo tempo. Apolo e Mercúrio — seja dito numa arriscada metáfora vanguardista — entram de braços dados na história da cidade. Foi meio século de trabalhos simultâneos, embora não se possa chamar de paralelos, embora não seja estranho e sim, pelo contrário, bem provável que em mais de uma ocasião se tenham tocado. Em 4 de janeiro de 1905, um grupo de cidadãos práticos, de visão progressista, reuniu-se para criar o Banco Comercial de Barranquilla. Por esses mesmos dias, a poucas quadras de distância, pois nessa época era materialmente impossível não ser vizinho de todos os habitantes da cidade, um grupo de senhoras sem qualquer sentido prático, com a astúcia comercial completamente virada às avessas, reunia-se para fundar o Centro Artístico.

Numa rua se distribuíam capas de talões de cheques. Na outra, ingressos para concertos. Provavelmente o gerente do Banco Comercial ia a esses concertos, nas românticas carruagens vitorianas que chafurdavam no lamaçal. E para que não falhasse a eterna lei da compensação, provavelmente as gentis administradoras do Centro Artístico iam por sua vez ao banco, nas mesmas românticas carruagens vitorianas que também chafurdavam no lamaçal, para solicitar um empréstimo para financiar o concerto.

Porque desde o instante mesmo de sua fundação, o Banco Comercial de Barranquilla enveredou pelo caminho de uma progressiva e merecida prosperidade, e o Centro Artístico, naturalmente, enveredou pelo caminho contrário. Nos extremos opostos, os dois organismos se tocaram ao completar cinqüenta anos.

Rendendo tributo à tradição, é provável que o doutor Alberto Pumarejo, gerente do banco, dirija-se aos atos do Centro Artístico em seu carro, que não tem mais nada de romântico nem chafurda no lamaçal. Mas também é provável que para financiar os atos da comemoração o doutor Ernesto Brando, organizador dos festejos do Centro Artístico, tivesse de ir ao Banco Comercial. Talvez a pé e chafurdando no lamaçal, porque o doutor Ernesto Brando e todos os patrocinadores do Centro Artístico ainda têm algo de romântico. Por isso o Centro pôde chegar aos cinqüenta anos.

Uma pequena história romana

A opinião pública não se dedica a capturar ladrões. Por isso pareceu desconcertante que uma multidão de transeuntes romanos se precipitasse atrás de um ladrão, quando alguém deu o alarme para avisar que o ladrão levava trezentas mil liras no bolso.

Mas o fato é que os ladrões sabem também que a opinião pública não se dedica a capturar ladrões pelo simples dever de capturá-los, e sabem também que trezentas mil liras são uma soma bem maior do que a opinião pública costuma ver. Por isso, quando se viu perseguido, o ladrão desta história romana, que por ser romana parece uma lenda, começou a soltar liras em sua desesperada corrida, tentando se salvar da mesma forma que os barcos perseguidos, que deixam uma nuvem de fumaça atrás de si.

O cálculo não falhou. A multidão perseguidora, diante do dilema de escolher entre o ladrão e as liras, decidiu-se pelas liras, como era natural, enquanto o ladrão fugia.

De alguma maneira isto parece um suborno. Mas também se parece com um suborno a recompensa que se oferece à opinião pública pela captura de um ladrão. O ladrão da história romana pagou trezentas mil liras pela sua liberdade. Talvez pensando bem a multidão não o perseguia por ser ladrão, mas por carregar trezentas mil liras expropriáveis no bolso.

Proibido beijar no cinema

Os irmãos Lumière não inventaram o amor, mas inventaram um de seus cúmplices mais eficazes: o cinema. Entre a escuridão clássica e a escuridão do cinema não há diferença física, mas há em compensação uma extraordinária diferença moral que os namorados souberam aproveitar, seguramente desde o momento em que se apagaram as luzes da cave do Gran Café, de Paris, onde se projetou o primeiro filme com fins comerciais. Aquilo ocorreu em 28 de dezembro de 1895 e talvez a circunstância de ser precisamente um dia de Inocentes contribuiu de maneira notável a que se admitisse como um tolo engano, sem malícia de qualquer espécie, que as salas de cinema servissem mais para o amor do que para cinema.

Há 58 anos os namorados vão ao cinema para se beijar. Aqueles que não estão apaixonados por ninguém e vão ao cinema sozinhos ou com as respectivas mulheres, são encarregados de ver o filme e pagar com o cérebro, aos irmãos Lumière, o tributo que a grande maioria paga com o coração.

No entanto, a polícia da Itália acha que a inocência original dos beijos no cinema está perdendo sua qualidade primitiva, seguramente no mesmo ritmo em que o cinema a perde. Ao que parece, os namorados italianos abusaram de tal maneira da escuridão permitida que a polícia está disposta a reduzir até onde for possível a diferença moral entre qualquer escuridão pública e a escuridão do cinema. O código penal italiano tem um artigo que, visto de perfil, serve para impedir legalmente que os namorados se beijem nas salas de forma tão apaixonada que a paixão torne o amor visível, apesar da escuridão.

O tempo parou

Na Inglaterra, onde falham os homens mas não as instituições, o Big Ben — o relógio mais famoso do mundo — é uma instituição que não falhou uma só vez durante a guerra, sob os impiedosos bombardeios, e parece ter falhado na paz, vítima da neve. Esse transitório contratempo deve ter sido um golpe rude para a proverbial pontualidade dos ingleses, cujas vidas parecem sincronizadas com o complexo, delicado e infalível mecanismo do Big Ben.

De certa maneira, cada vez que se dá corda ao grande relógio é como se estivesse dando corda à cidade de Londres, e em particular a todos e a cada um dos cidadãos ingleses que, desde a infância, à semelhança de seus pais e os pais de seus pais, começam a tomar o chá com a quinta e líquida badalada do Big Ben.

Durante cinco horas foram 2h35 em Londres, enquanto a neve bloqueou o enorme ponteiro dos minutos. Não se pode pensar — seria um atentado! — que o mau tempo transtornou a marcha do único relógio do mundo que funciona realmente "como se fosse um relógio", e sim que na verdade em Londres o tempo parou durante cinco horas.

O Big Ben não fez outra coisa que cumprir seu dever, ao deter sua marcha simultaneamente com essa pausa do tempo, que também tem direito a se transtornar, a se avariar de vez em quando, como fazem os relógios. Se qualquer mecanismo pára, deve-se pensar que o mecanismo é que funciona mal. Mas se o Big Ben pára deve-se pensar com justiça que o que parou foi o tempo. Assim devem ter entendido os ingleses, e sobretudo as inglesas, que desde ontem de manhã devem ter começado a descontar cinco horas em sua idade, agradecendo a Aldous Huxley, o escritor inglês que viu cumprida sua aspiração de parar o tempo.

"Ao pó voltarás..."

Provavelmente o inventor do aspirador de pó — morto ontem em Londres — é o último inventor que morre. O penúltimo — morto há cinco meses — foi o inventor do celofane. Isto não quer dizer que o próximo inventor famoso seja o que invente o elixir da vida eterna e que seja ele próprio o favorecido por seu invento, e sim que os inventores do tipo dos do século XIX e dos anteriores que tantas coisas úteis e inúteis inventaram estão sendo substituídos por equipes de sábios anônimos, coletivizados, que inventam por partes, peça por peça, um grande invento total. Eles inventaram a bomba atômica, depois que Einstein inventou no papel quatro garatujas que desenvolvidas mecanicamente, montadas e colocadas em funcionamento, apagaram do mapa do mundo um milhão de habitantes, com sua própria cidade.

O inventor do aspirador de pó — Huber Cecil Booth — construiu sozinho, peça por peça, essa milagrosa escova mecânica que, por varrer sempre bem, pode ser considerada uma escova eternamente jovem. Pensando bem, pode-se dizer que o inventor do aspirador de pó descobriu o segredo da vida eterna para as escovas.

Os varredores de todo o mundo devem se reunir hoje e render uma comovida homenagem a este benfeitor da humanidade, e em particular daqueles que carregam o peso dessa dura responsabilidade que é manter limpo o universo. Hoje será conduzido ao cemitério. E amanhã, por uma ironia do destino que seguramente o próprio Huber Cecil Booth não pôde prever, será apenas um monte de pó. Miúdo e amarelo pó do inventor do aspirador de pó, que talvez então possa ser uma nova e inocente vítima de seu próprio invento.

Juanito Trucupei

Um disco entrou na moda e pôs na moda um personagem na Costa Atlântica: *Juanito Trucupei*. Aqueles que não concebem a música popular como algo que deve repisar durante todo o dia e toda a noite, lançaram seus protestos contra esse mandrião antilhano que já se apossou do litoral e está nas agências de turismo, reservando passagem para sua invasão ao interior.

Na Costa Atlântica, onde não se fala sistematicamente de nenhum personagem político, Juanito Trucupei — que numa manifestação eleitoral arrebentaria as urnas — anda por toda parte, e de tanto escutar o disco, de tanto conhecer sua música intensa e insidiosa, tem-se a impressão de tê-lo conhecido, de ter visto seu enorme retrato colorido colado nas esquinas em cartazes gigantescos que recordam as grandes jornadas eleitorais.

Juanito Trucupei não faz nada. É um mulato de guaiabeira que todas as tardes discute com a mulher, de maneira que os milhares de mulatos com guaiabeiras da costa atlântica começaram a ser chamados de Juanito Trucupei, com essa força expressiva com que os nomes das canções populares aderem à realidade e conseguem fôlego e volume para subir nos ônibus, entrar nos cinemas e ver filmes mexicanos fumando cigarros estrangeiros e com os pés postos na poltrona da frente. Nos bairros populares, Juanito Trucupei deu uma surra na mulher porque a camisa que ela passou não ficou bem passada.

Talvez em Cuba, onde nasceu, Juanito Trucupei não se pareça tanto com as pessoas como na costa atlântica, esse grande receptor do folclore antilhano, onde há uma poderosa classe social que parece viver num disco da moda. Assim foi "Bigote de gato" e "Juan Puntilla". Hoje, vivo e sem aspas, é Juanito Trucupei o personagem que está deixando loucos todos os setores da costa atlântica mais bem definidos: os que gostam da música popular e os que a detestam. Não há meio-termo. Porque a alternativa é simplesmente ser ou não ser Juanito Trucupei.

Já não cantam os barbeiros

São imprevisíveis as últimas conseqüências de uma greve de barbeiros. É possível, no entanto, que falte pouco para que as conseqüências sejam conhecidas em Buenos Aires, onde as barbearias estão fechadas há vários dias, por determinação sindical. Os argentinos se viram obrigados a não cortar o cabelo, a se barbear em casa, a se resignar a um progressivo retorno a uma idade da pedra sem barbeiros.

A barbearia é um produto da civilização. No decorrer dos tempos, à força de a humanidade se civilizar, o barbeiro ficou reduzido ao ofício elementar de cortar o cabelo de seus semelhantes. O progresso o despojou de quase todos os seus privilégios. Deixou-o de navalha na mão, exclusivamente destinada ao polimento do queixo alheio, já sem o outro fio, o fio científico com que abria a veia do doente para extrair o sangue ruim. Houve um tempo em que o barbeiro era médico, além de cortador de cabelo. Quando deixou de sê-lo, continuou sendo filósofo.

Um barbeiro conversando era uma enciclopédia com avental branco. Não havia nada no mundo suscetível de ser pensado que não fosse ao mesmo tempo suscetível de ser analisado pelo barbeiro, esmiuçado finamente, como se a navalha capaz de cortar um fio no ar também fosse capaz de converter o pensamento humano em puro, nítido e sutil picadinho verbal. Mas o tempo — que tudo esmiúça — foi esmiuçando o barbeiro, e o reduziu à sua mínima expressão, até o extremo de que nos momentos atuais um barbeiro já não é nada mais do que um barbeiro, com muita honra.

Talvez a isso se deva que em Buenos Aires se fecharam as barbearias e nada se passou. A cidade continua seu caminho, no mesmo ritmo do cabelo desses impecáveis e cerimoniosos argentinos que se detêm diante do letreiro serpenteado de branco e vermelho e descobrem que a porta está fechada, sabe Deus até quando. Há anos, uma greve de barbeiros era ao mesmo tempo uma greve de médicos, uma greve de filósofos, de poetas e de políticos. Hoje é, simplesmente, uma greve de barbeiros.

Algo mais do que uma coincidência

Em seu propósito, reconhecido e inflexível, de não perder de vista em seus discursos nenhum dos problemas nacionais, o presidente da república repassou de um extremo ao outro o teclado da interminável problemática colombiana, com a insistência e a habilidade de um virtuose da tribuna pública. Só uma tecla continuava intacta, e foi tocada no discurso presidencial de Medellín: a situação dos artistas nacionais.

> Na Colômbia — disse o presidente — apesar da disposição natural das pessoas e da valiosa herança da raça aborígene, existe um inexplicável descuido pelo desenvolvimento das veias da arte e pela abertura à juventude de novos horizontes nas disciplinas do bom gosto. Esta apatia e descuido não podem continuar, para evitar que nossos poucos e abandonados artistas tenham de deixar o solo pátrio, como vêm fazendo, para buscar asilo acolhedor em outros países, onde podem expandir sua vocação verdadeira.

Por terem sido pronunciadas em Medellín e por serem tão exatas, estas palavras do general-presidente parecem ter nome próprio. Parece que o primeiro-magistrado, ao escrever seu discurso e tocar um dos poucos pontos que não tocou em quase dois anos de governo, estava pensando em Rodrigo Arenas Betancourt, um colombiano de Antióquia, considerado um dos melhores escultores do México, e que desde ontem se encontra em Bogotá. O general-presidente não fez outra coisa que generalizar o caso de Arenas Betancourt, que aqui na Colômbia fez das tripas coração para convencer alguém de que era capaz de fazer algo com uma pedra e um cinzel, e só no México encontrou quem o ouvisse e apoiasse. Na atualidade — e esse propósito é evidente e deliberado nesta crônica — a Colômbia tenta reconquistar Arenas Betancourt, para que não se esqueça de que é colombiano, apesar de ser considerado o grande escultor do México. E ao tentar reconquistá-lo, sente-se pouca autoridade no pulso, pouco direito a aspirar que Arenas Betancourt seja nosso escultor — como ele mesmo sente e diz — depois de permitir, no México, que nós o disséssemos.

Esta é em primeiro lugar uma cordial saudação a Rodrigo Arenas Betancourt. E é também o reconhecimento de que seu caso exemplar e a situação dos artistas nacionais merecem algo mais do que um parágrafo generalizado num discurso.

Epílogo de um cinqüentenário

Concluídos os atos organizados para celebrar o cinqüentenário do Centro Artístico de Barranquilla, ficou a impressão geral de que se cumpriu uma etapa extraordinária no progresso cultural da costa atlântica. Tratou-se de conquistar ambiente nacional para o certame, e se conseguiu em parte, apesar do pouco crédito que o resto do país poderia conceder às atividades culturais de uma cidade como Barranquilla, onde se supõe que nada prospera a não ser que tenha a ver com o comércio.

No entanto — curiosamente —, o grande motor do Centro Artístico, o homem que sustentou com sua cânfora financeira as festas que acabam de chegar ao auge, foi precisamente um comerciante que tão logo começou a ter dinheiro de sobra começou a patrocinar eventos culturais, a revitalizar um Centro Artístico que aos 49 anos de idade não caiu morto porque não tinha onde cair morto, e que aos cinqüenta deu mostras de uma vitalidade que desconcertou até os próprios sócios. O homem se chama Carlos Dieppa, que os fiscais do imposto de renda sabem muito bem que é um homem importante, como sabem todos os *barranquilleros* que o viram subir economicamente, e que viram que uma vez no cimo sua posição foi o melhor suporte do Centro Artístico. Se não fosse por dom Carlos Dieppa, provavelmente esse Centro teria chegado aos quarenta anos, mas não chegaria aos cinqüenta.

Por isso, uma vez concluídas as festividades — conferências, concertos, exposição de pintura, festival cinematográfico — todos sabem em Barranquilla que dom Carlos Dieppa ficou com uma mancha no orçamento. E por isso pensam que a cidade deve retribuir de alguma forma sua generosidade, solicitando para ele a medalha do civismo — concedida anualmente — ou a Cruz de Boyacá, que se concede com mais freqüência, e que em Barranquilla acham que dom Carlos Dieppa a terá ganho com louvor. Como indiscutivelmente terá.

O tigre de Aracataca

Aracataca, na zona bananeira de Santa Marta, não tem muitas oportunidades de sair em letra de fôrma, e não porque faltem os *as* nos linotipos, e sim porque é uma povoação rotineira e pacífica, desde que passou a verde tempestade da banana. Nestes dias, seu nome voltou a aparecer nos jornais, relacionando suas cinco repetidas e trepidantes vogais com as duas sílabas de um tigre que talvez seja um dos três tristes tigres do conhecido trava-língua, metido agora no mesmo trava-língua de Aracataca.

Mesmo que seja certa, como indiscutivelmente é, a notícia do tigre de Aracataca não parece ser. Em Aracataca não há tigres, e quem disse tem motivos de sobra para saber. Os tigres da região caíram há muitos anos, foram vendidos para fabricar tapetes em diferentes lugares da Terra, quando Aracataca era um povoado cosmopolita onde ninguém descia do cavalo para recolher uma nota de cinco pesos. Depois, quando acabou a febre da banana e os chineses, os russos, os ingleses e os emigrantes de todo o mundo foram para outra parte, não deixaram nem rastro do antigo esplendor, e tampouco deixaram tigres. Em Aracataca não deixaram nada.

No entanto, valeria a pena que fosse certa a história do tigre para que os linotipos voltassem a insistir cinco vezes sobre uma mesma letra e alguém se recordasse outra vez de Aracataca — a terra de Radragaz, como disse um autor profissional de pilhérias — e alguém pensasse nela como cedo ou tarde se pensa em todos os municípios da Colômbia, incluindo os que não têm nomes tão difíceis de esquecer.

Temos que lembrar de Aracataca antes que ela seja comida pelo tigre.

Amor na linha "H"

O mundo ainda tem a esperança de que as mulheres acreditem no amor. É evidente que enquanto os homens confiam mais nas armas termonucleares do que nos sentimentos, as mulheres — pelo menos aquelas que são capazes de afetar as estatísticas — confiam na força do amor, se é assim que devemos chamar o sentimento em que as mulheres confiam, e que pelo menos é o que mais se parece com o amor dos românticos.

Gina Lollobrigida acreditou ser capaz de conseguir com sua beleza o que não puderam os políticos ocidentais com suas ameaças: enternecer Malenkov. Gina está disposta a viajar a Moscou, para acabar com a expectativa da guerra com a única arma de seus encantos, que certamente são todo um ministério de relações exteriores.

Agora há outra mulher — Joan Stork, de vinte anos, aluna da Universidade de Illinois — que viaja a Mônaco com o exclusivo objetivo de conquistar o monarca do menor principado do mundo, que é ao mesmo tempo o solteiro mais empedernido do mundo. Joan Stork está entre as mulheres que acreditam no amor, e talvez sua fé lhe facilite a vitória. Mas não há que alimentar muitas ilusões por agora. A história da humanidade está cheia de mulheres formosas e mandatários apaixonados que, numa única noite, mudaram o rumo dos acontecimentos.

Na atualidade as coisas acontecem de outra maneira, e não se deve atribuir ao fato de que as mulheres de hoje sejam menos bonitas do que as de ontem, nem menos hábeis no manejo das armas da sedução. Talvez se deva a que os homens, e menos ainda os mandatários, já não acreditarem no amor. De maneira que as mulheres, antes de conquistá-los, amansá-los e convertê-los em bobos de coração gelatinoso, devem tentar convencê-los de que o amor existe. Ainda que não exista, claro.

Umberto D.

Umberto D., o filme de Vittorio de Sica, que estréia hoje, é a simples e dramática história de um homem pobre. Digamos que é uma obra-prima da arte cinematográfica, e ao dizê-lo não estamos inventando nada, pois há dois anos a mais exigente crítica universal não faz outra coisa. William Whitebait, o inconformado e autorizado crítico do *New Statesman and Nation*, que, com poderosos argumentos abalou a estrutura de obras consideradas invulneráveis, disse de *Umberto D.* na edição de 6 de novembro de 1954:

> Este não é apenas o melhor, mas o único filme que vi em minha vida.

Daí nossa expectativa diante do anúncio da estréia deste filme na Colômbia, não frustrada por sua pré-estréia de segunda-feira. Há ali um cinema autêntico, sem artifícios nem pré-fabricação, e sim colhido na vida diária, do minúsculo acontecer na vida de um homem comum, que dois cineastas geniais — De Sica e Zavattini — sintetizaram numa história formidável e inesquecível.

Existe o temor de que *Umberto D.* seja um fracasso comercial, pela ausência de atores consagrados. Seria esse um poderoso argumento a favor de quem nos nega o prazer do bom cinema por considerar que o bom cinema é um mau negócio. *Umberto D.* é por isso, mais do que um filme extraordinário, uma prova para o público da capital, que terá de se resignar definitivamente aos melodramas de mau gosto se não responder favoravelmente a este espetáculo de qualidade excepcional.

Umberto D. — não nos cansaremos de repetir — é uma obra-prima do cinema em toda a sua história. De acordo com essa qualificação — que não é nossa e sim da crítica mais rigorosa do mundo —, deve ser a sorte que o espera em Bogotá, uma cidade que já é suficientemente madura para não incorrer em enganos em matéria de espetáculos.

Natal em fevereiro

Enquanto continuarem chegando os cartões não é possível admitir que o Natal passou. Para a maioria, talvez para a quase totalidade dos cristãos, o Natal é uma data com seu ambiente e seu anjo. Mas para alguns deve ser o recibo de um cartão selado numa remota agência de correio de ultramar e, para quem pensa e sinta desse modo, o Natal não acabará enquanto houver cartões atrasados.

Ontem — quinta-feira, 3 de fevereiro — chegou um cartão da Austrália. Nele se deseja ao destinatário "feliz Páscoa", que já se foi e talvez também foi feliz, mas de uma felicidade que de nenhuma maneira pode ser atribuída aos desejos de seu grato e remoto correspondente australiano. Mas o extraordinário não é isso. O extraordinário é que talvez não tenha sido feliz o Natal do destinatário, porque lhe fez falta saber que além daqueles que o desejaram na Holanda, no Egito ou no Brasil, havia também alguém que o desejava na Austrália.

Por esse ângulo, um cartão atrasado pode ser a origem de uma catástrofe. Quantas coisas agora irremediáveis terão ocorrido, enquanto esse cartão conduzia, em seu negligente passo de tartaruga, uma mensagem que na generalidade dos casos costuma ser considerada convencional e rotineira, mas que pelo menos numa ocasião não é. E não porque venha da Austrália, confiada a essa coisa sem cor, sem cheiro e sem temperatura que é o correio internacional, que, ao que parece, sabe quando começa, mas ignora em absoluto quando termina o Natal.

Uma notícia em Santa Marta

Afirma-se, com intenção pejorativa, que em toda sua história Santa Marta somente produziu uma notícia sensacional: a morte de Simón Bolívar, em 1830. Na verdade, poucas notícias chegam de Santa Marta, a não ser as de rotina administrativa: uma crise do gabinete, um novo empréstimo, um barco alemão que levou um carregamento de banana. Nada acontece em

Santa Marta. E ainda que nós, jornalistas, em razão de nossa profissão, desejássemos que as coisas ocorressem de outra maneira, é bom que nada se passe em Santa Marta, no contexto de um mundo aturdido onde acontecem tantas coisas todos os dias.

Cedo ou tarde tinha de dizer isto: a grande notícia de Santa Marta é que ali nada acontece. Não é uma cidade morta, porque, se fosse, essa seria a notícia. É uma cidade equilibrada, onde o tempo passa em silêncio, sem sobressaltos nem tropeços, sem suicídios espetaculares nem violência política. Santa Marta é a paz. Uma cidade que é a paz se torna notícia nestes tempos de guerra.

Como não ocorre nada em Santa Marta, como os prédios se construíram em silêncio — porque não provocam o escândalo dos arranha-céus — e o progresso caminha sem fazer ruído, porque é mais sólido e seguro do que espetacular, parece que nunca houve nada a dizer sobre Santa Marta. Mas, na realidade, dizendo que nunca se passa nada de extraordinário se está dizendo muito, e de passagem se está dizendo o melhor.

Não é uma vingança de Santa Marta, mas ela é a única cidade do país onde não se apregoam os jornais. São colocados discretamente na praça da catedral e ali vão os habitantes de Santa Marta para comprá-los, para saber o que acontece no país e sabendo que não encontrarão neles nenhuma notícia espetacular originada em Santa Marta, porque Santa Marta não se fez para as grandes notícias e sim para o sossego. Tanto é assim que na cidade onde morreu o Libertador e devia existir portanto o mais espetacular dos monumentos a Bolívar, está a menor estátua de Bolívar do mundo, um Bolívar eqüestre de cinqüenta centímetros, numa praça enorme, com árvores enormes.

Cada cidade tem sua psicologia. A psicologia de Santa Marta se fundamenta na discrição. Há um longo século se espera que essa crença seja errada, mas felizmente não é. Já é hora de reconhecer, de dizer e de celebrar, como a grande e maravilhosa notícia originada em Santa Marta.

Profetas fora de sua terra

O acertado título da notícia do *Time* sobre o pintor colombiano Alejandro Obregón — "Um profeta fora de sua terra" — coincide com o triunfo de vários colombianos no exterior, entre eles — além de Alejandro Obregón — Rodrigo Arenas Betancourt e Edgard Negret, cuja escultura *Señal para entrar a un acuario* foi adquirida pelo Museu de Arte Moderna de Nova York, segundo se informa.

Os colombianos andam triunfando pelo mundo, sem ter triunfado em seu próprio país. O ditado de que ninguém é profeta em sua terra parece se cumprir neste caso, como *Time* deu a entender no caso particular e extraordinário de Alejandro Obregón. Mas não há que se conformar com o provérbio, cuja sabedoria obedece talvez mais à falta de proteção aos artistas colombianos dentro da Colômbia do que a qualquer outra circunstância.

Edgard Negret está no Museu de Arte Moderna de Nova York porque o diretor, Alfred Barr J., empenhou-se em adquirir uma de suas obras. Negret não foi vendê-la, não teve de esperar numa extensa ante-sala que o diretor do Museu de Arte Moderna se dignasse a lhe conceder audiência. Na Torre de Ciências Exatas da Cidade do México está o *Prometeu* de Arenas Betancourt, porque o arquiteto Raúl Cacho encomendou a monumental obra escultórica para complementar sua própria obra arquitetônica. Alejandro Obregón expõe em Washington a convite da União Pan-americana. Nesses casos, o processo do triunfo caminhou de maneira certa, pela via direta.

Em seu último discurso de Medellín, o presidente da república manifestou sua preocupação pela sorte dos artistas colombianos. Os casos de Obregón, Negret e Arenas Betancourt estão demonstrando que não só tem fundamento a preocupação presidencial mas que é urgente que ela se traduza em fatos concretos, numa proteção efetiva aos artistas colombianos. Cada vez que um novo compatriota triunfa no exterior, depois de não triunfar em sua própria terra, a Colômbia está capitalizando um triunfo gratuito, uma glória que nada custou ao Estado. Essa é uma das maneiras menos conhecidas e menos notáveis de provocar o ridículo internacional.

O inventor de invenções

Álvaro de la Roche — o *barranquillero* errante que vai de ônibus para Buenos Aires, para demonstrar uma teoria já demonstrada — é o mesmo rapaz imaginativo e nervoso, de ruivo bigode indefinível, que há poucos anos apresentou a fórmula para refrigerar Barranquilla.

— Só é preciso inventar um sistema para que o ar frio dos 2.500 metros desça ao nível do mar — disse, e dito isto desapareceu o fantasma.

Álvaro de la Roche tem o hábito científico de desaparecer depois de cada invenção.

A rigor, Álvaro de la Roche não é um inventor de coisas. Sua missão é inventar as coisas que devem ser inventadas. Descobrir o não inventado para que outro o invente. Assim ocorreu com a fórmula para a refrigeração de Barranquilla: Álvaro de la Roche não disse de qual processo divino ou humano o município deveria se valer para que o ar descesse de seus 2.500 metros. Simplesmente expôs o princípio. Aconteceu a mesma coisa quando inventou o descascador portátil e automático de laranjas ("porque as laranjas não são vendidas porque têm de ser descascadas"); e o microfone para os telefones — "pois nunca se sabe quando o interlocutor passará pelo aparelho"; e esse engenhoso sistema de abreviar os anúncios classificados nos jornais, substituindo as palavras por números, cujo único inconveniente é ser um sistema absolutamente desnecessário: se o verbo "vender" for substituído por um número 5 convencional e o substantivo "casa" por um 2 igualmente convencional, bastaria publicar no jornal o número 52 para que todo mundo soubesse que uma casa está à venda.

A única invenção que Álvaro de la Roche considera inventável e ele próprio está disposto a inventar é essa maneira de ir de ônibus a Buenos Aires.

— Não se trata de demonstrar que existe a estrada Pan-americana, mas que já existe a cadeia comercial de transporte terrestre para ir de Barranquilla a Buenos Aires — diz esse imaginativo *barranquillero* que nasceu em 1930... e continua tão satisfeito!

O filme do sr. Wendfenton

É incrível que um inglês, sendo inglês e além disso abastado e diplomado em Eton, tenha feito o que diz o telegrama que fez Richard Wendfenton, um abastado inglês diplomado em Eton. Em sua tranqüila e cerimoniosa poltrona da aristocracia londrina, o sr. Wendfenton deixava rolar a imaginação, como um filme cinematográfico, e por ele via passar, como num filme e tal como vira nos filmes, a vida da Legião Estrangeira francesa no deserto. Havia bailarinas, exatamente iguais a Ivonne de Carlo, para desconcertar o coração de um inglês, que, não por ser inglês, abastado e diplomado em Eton, poderia ficar mal ao lado de Humphrey Bogart ou Errol Flynn.

A imaginação do senhor Wendfenton se transformou num filme de aventuras. E como é um desses homens que se deixam conduzir a qualquer parte pela imaginação se foi em carne e osso, com imaginação e tudo, para a dura e calcinante realidade da Legião Estrangeira francesa. Constatou que tudo ali era como no cinema, menos as bailarinas. Nada havia de interessante, e em compensação havia uma disciplina férrea, e, como ele mesmo disse, em seu alongado inglês de Eton, "um tédio colossal".

Oito meses depois de ingressar na Legião, o senhor Wendfenton voltou a Londres, resgatado por quatro amigos — entre eles uma mulher — que se condoeram de sua sorte. Agora toma genebra, desprestigiando o cinema, que pôs para circular pelo mundo uma Legião francesa cheia de romântico aventureirismo que não corresponde de maneira alguma à realidade. No entanto, o senhor Wendfenton talvez não se tenha dado conta de que sua aventura, tão real e tão dramática, é um filme bem mais interessante do que todas as bailarinas semivestidas ou seminuas que poderia encontrar no deserto.

Tudo é possível no Carnaval

Sabe Deus de onde tiraram as rainhas do Carnaval de Barranquilla esses quatro elefantes sobre os quais desfilarão pela cidade. O Carnaval de Barranquilla é algo tão assombroso que, para o cúmulo dos assombros, apareceram estes quatro elefantes que criam um confuso problema para a zoologia nacional, que é essencialmente uma zoologia sem elefantes.

No entanto, é um fato: as rainhas do Carnaval de Barranquilla circulam sobre elefantes e os turistas terão de retificar todas as suas informações para saber onde na realidade se encontram. Porque seguramente com respeito a elas mesmas não o sabem nem as próprias rainhas, que viram elefantes no cinema e ocasionalmente nos circos, e agora circulam neles, com essa naturalidade com que as pessoas de Barranquilla se introduzem durante os carnavais até as vísceras do disparate.

Cedo ou tarde se saberá o que pensam as pessoas sobre estes insólitos elefantes, que talvez sejam quem sabe que espécie de animais enormes disfarçados de elefantes. Talvez sejam dinossauros filhotes que a grande mamãe-dinossaura disfarçou de elefantes grandes para que possam andar pelas ruas, com quatro rainhas em cima, sem que ninguém se dê conta de que são animais pré-históricos. Tudo é possível no Carnaval de Barranquilla.

Deve-se ver Barranquilla nos carnavais para saber em poucas palavras como é estranho que nos anos anteriores a junta organizadora não tirou da cartola — como seguramente fez este ano — meia dúzia de elefantes, para acentuar a autenticidade da festa. Os *barranquilleros* estão acostumados a ver de tudo no Carnaval, e agora vêem elefantes de carne e osso. Muitos *barranquilleros* poderão agora identificar suas visões de Quarta-feira de Cinzas. Porque tudo o que é possível no Carnaval é ainda possível, pelo hábito da alucinação, na Quarta-feira de Cinzas.

Limite!

A crise chegou ao limite, como prognosticou dom Manuel Mejía, e o país respira, ainda sem saber exatamente por que respira, mas sabendo por instinto que ficaria asfixiado se a crise não tivesse chegado ao seu final. Agora, na proverbial calma que se sucede às grandes catástrofes, foi dito:

— Fazia falta ao país uma crise do café.

De alguma maneira — ainda que resulte difícil saber de que maneira — a afirmação pode ser verdadeira. Pelo menos o ambiente se movimentou, soou uma campainha de alarme, e o governo, os financistas e José Dolores concordaram, pelo menos uma vez, sobre a necessidade de fazer algo para evitar que todos, juntos e sem distinção de cor política, "fossem para o diabo", como diz José Dolores.

Não se pode evitar a sensação de que aconteceu algum coisa aqui. É bom que assim seja, para que não pareça que a nação é inconsciente de seus problemas. Como não é na realidade, ainda que às vezes pareça.

A verdadeira hora da verdade

Luis Miguel Dominguín, "o número um das touradas", soube aproveitar seus profundos conhecimentos de tauromaquia para fazer verônicas no touro matrimonial. Ava Gardner, como um nobre e belo animal — "o animal mais belo do mundo" — protagonizou com o corpo todos os incidentes da lida; os instantes dramáticos, os instantes sublimes e até os instantes ridículos. Luis Miguel, sempre valente e sempre seguro de sua arte, executou toda a espécie de manobras para não subestimar as investidas, e sua mestria de matador inspirado lhe indicou sempre a maneira de evitar com valor, serenidade e maravilhoso sentido plástico as funestas conseqüências da investida.

De longe, de onde menos se esperava, limpa e silenciosamente, veio a dolorosamente doce chifrada do amor. Veio da Itália buscar o toureiro em Nova York, onde parecia inseguro ao alcance de suas mais espetaculares admiradoras, e onde em realidade se encontrava sob a permanente ameaça de um amor remoto, um amor ultramarino que o seguia como uma sombra, como a enorme e espantosa sombra de um touro bravio. A verdadeira ameaça estava ali, comunicando sua secreta e contínua mensagem no silencioso, implacável e monocórdio telégrafo do coração.

Lucía Bosé, a discreta, a inteligente e finíssima rainha da beleza italiana, ganhou o amor do toureiro sem fazer barulho, seguramente escrevendo de vez em quando uma dessas cartas de amor que as mulheres sabem escrever. Cartas que nada dizem, atormentadas pela expressiva e disparatada tontice do amor, e que são na realidade indecifráveis poemas epistolares e inspirados erros de ortografia.

Lucía Bosé ganhou. E ganhando voltou a demonstrar, para conhecimento de todo o mundo, que o amor é ainda, e até a consumação dos séculos, mais poderoso do que um touro.

O problema de se chamar George

Um homem famoso é uma grave responsabilidade. Chamar-se George Washington, por exemplo, é estar destinado a transitar pelo mundo carregando nas costas uma estátua alheia. Já é muito ter de respeitar os demais e respeitar a si próprio, para ter além disso, de respeitar, a um só tempo, o nome próprio e o nome de um herói que nos foi imposto, na água da pia batismal.

Esse é o caso de um George Washington natural e vizinho de Key West, Flórida, que teve o atrevimento de dirigir seu carro sem carteira de habilitação, e, por ter protagonizado um acidente nessas circunstâncias, converteu-se em notícia de primeira página. Se se chamasse Joe Smith, como devem se chamar milhares de norte-americanos que dirigem sem carteira e protagonizam acidentes, teria sido conduzido simplesmente à delegacia do trânsito, e nada mais.

George Washington carrega a sina de seu nome notável. Qualquer um tem direito de arrebentar a cabeça dirigindo seu automóvel em velocidade inverossímil. Mas se se chama George Washington é obrigado a observar todas as regras ao pé da letra, porque o único acidente permitido em sua vida ocorreu na pia batismal.

Concerto para lagostas

Depois de esgotar inúmeros métodos, o Instituto Nacional Francês de Pesquisas se prepara para extinguir as lagostas da África do Norte utilizando a música. Se o flautista de Hamelin arrastou com o compasso de sua música todos os ratos de uma cidade, é provável que um cientista francês, flautista improvisado por exigências de sua profissão, possa evacuar a lagosta do norte da África e resolver dessa forma um problema milenar.

Já se fizeram testes com gafanhotos. Com apitos especiais, de composição não revelada mas a que os gafanhotos parecem ser extraordinariamente sensíveis, conseguiu-se que os insetos se dirigissem em direção contrária à do som. Portanto, o que se está por saber não é se a experiência dará resultado com lagostas, e sim a que espécie de música são particularmente sensíveis as lagostas, que talvez sejam mais exigentes do que os gafanhotos em matéria de gosto musical.

Que tipo de música prefere a lagosta? Aí está o problema. Não se sabe qual é o gosto musical dos ratos, porque não ficou escrita e nem perpetuada pela tradição oral a melodia com que o lendário flautista os fez chegar até o rio Weser. Mas se sabe que fez, e é preciso admitir que se baseou nos mesmos fundamentos científicos em que se baseia quem pretende repetir a história utilizando lagostas em vez de ratos. Na atualidade, lagostas trazidas da África do Norte devem estar num laboratório de Paris — lagostas africanas que fazem o papel de cobaias — submetidas ao rude tratamento de escutar toda espécie de melodias, até quando a sorte queira que os cientistas descubram sua peça favorita. Talvez falhe a experiência, não porque estejam errados os fundamentos científicos, e sim porque a peça favorita das lagostas ainda não foi composta.

Penicilina para ladrões

A casa de *Sir* James Fleming, descobridor da penicilina, deve ser imune a toda espécie de bacilos, menos os noturnos e silenciosos bacilos que roubam suas jóias: setecentas libras em pedras preciosas foram subtraídas enquanto o sábio cientista se encontrava ausente com a mulher.

Ao que parece os ladrões estão chegando demasiado perto dos terrenos da ciência. Há uma semana, dois marginais carregaram várias barras de ouro. Mas não ouro de qualquer espécie, e sim ouro radioativo, o que determinou que em 24 horas os ladrões retornassem com o butim, para se submeter ao tratamento médico indicado para evitar as graves conseqüências da radioatividade.

O outro roubo, também na França, foi aparentemente mais inofensivo: os ladrões carregaram duas cobaias, e estiveram eles próprios a ponto de serem objeto de uma experiência, pois os animais roubados estavam contaminados com uma infecção em fase de estudo. O roubo foi inútil. Ambos os casos poderiam ser patenteados pelos cientistas como método de evitar sucessivos assaltos aos laboratórios.

Só quem que não pôde se defender do roubo e conseguir que os ladrões fossem vítimas de seu próprio invento foi o bom *Sir* James Fleming, que, com sua descoberta, salvou a humanidade de muitos flagelos e que, no entanto, não se pôs ele próprio a salvo do roubo com escalada e violação de domicílio. *Sir* James Fleming, antes de morrer, deve inventar esta outra espécie de antibiótico, estimulado por sua própria e lamentável experiência.

Chapéus

Era mais expressivo o cumprimento de um homem quando, para fazer uma saudação, tirava o chapéu. Havia algo ao mesmo tempo de sublime e ridículo nesse ato de se descobrir diante de uma senhora, porque era falta de educação continuar com o chapéu na cabeça enquanto se apertava a mão de uma senhora. Os partidários do chapéu talvez não concordem com a conclusão, mas estudando as regras de urbanidade relacionadas ao chapéu se chega necessariamente à conclusão de que o chapéu sempre foi sinal de falta de educação para uma senhora. Por isso era preciso tirá-lo ao lhe apertar a mão, ao viajar com ela num elevador, e até quando se fazia uma visita, ainda que não houvesse senhoras.

Há muitas teorias a favor do antichapelismo. Porém a mais convincente é a que afirma que a falta de chapéu descomplicou duplamente o vestuário masculino e a boa educação. Tudo se tornou mais claro, mais simples quando desapareceu o chapéu. No entanto...

Está reunida uma assembléia de chapelistas para estudar a maneira de acabar com o antichapelismo. Isto é: há uma assembléia de chapistas para restaurar o uso do chapéu. Estão em seu direito, e tanto estão que fazem um benefício à humanidade tentando que a humanidade volte a usar chapéu, que, talvez, seja mais incômodo mas é mais expressivo o cumprimento de um homem quando, para fazer uma saudação, tira o chapéu. E é um benefício para a humanidade conseguir que seus atos sejam mais expressivos, ainda que mais incômodos.

Voltaremos ao uso profissional do chapéu. Voltaremos a ter algo para tirar nos elevadores. Voltaremos a ter algo em nossas cabeças além de nossas preocupações. Voltaremos a ter um objeto que se pareça conosco quase tanto como nosso retrato: o chapéu.

As regras de urbanidade voltarão a se complicar, mas não importa. A vida moderna já tem muitas complicações para que nos mortifique com uma complicação a mais, tão simples e tão antiga como essa de ter as idéias guardadas num invólucro de feltro.

Cinema por voto popular

O público bogotano não tem qualquer ingerência na programação dos cinemas. Em outros países a opinião pública é consultada em relação à espécie de filmes preferidos. Organizam-se festivais por votação popular e os cinéfilos têm dessa maneira a oportunidade de ver filmes que são de seu gosto, e os exibidores a oportunidade de apresentar programas de êxito seguro.

Algumas salas de Bogotá costumam reapresentar filmes antigos. Nós acreditamos que o cinema de há 15 anos era superior ao atual. É possível que o público adulto o prefira por sentimentalismo, por estar de novo em contato com os dramas e os rostos estreitamente vinculados à sua juventude.

Mas de qualquer maneira é evidente que a reapresentação de filmes antigos tem êxito em Bogotá, e é estranho que os exibidores não tenham aproveitado essa circunstância para consultar a opinião pública sobre o tipo de cinema que no atual momento agradaria mais aos cinéfilos bogotanos.

Alguns distribuidores têm filmes antigos em seus depósitos. É um capital morto que sem dúvida poderia ser posto em atividade se se pensasse em fazer uma consulta popular e se estabelecesse quais filmes seriam agora sucesso de bilheteria, incluindo aqueles que não fizeram sucesso na época do seu lançamento. Porque é evidente que o gosto do público evoluiu em matéria de cinema, e é provável que filmes que fracassaram comercialmente há 15 anos sejam na atualidade recebidos clamorosamente.

Um exibidor interessado nesta iniciativa só teria que publicar uma lista de filmes antigos disponíveis e pedir ao público que assinalasse os que quisesse ver de novo. O único espetáculo coletivo existente em Bogotá é o cinema. Por isso, deve-se estar seguro de que o público não ficaria indiferente ao chamamento, e se apressaria a participar do debate. Dos resultados dessa pesquisa se obteriam não só programas interessantes mas ao mesmo tempo uma orientação precisa e útil sobre o gosto bogotano. Os exibidores instigam o público com a publicidade de seus filmes. Esta seria uma nova maneira de estimulá-lo, de permitir-lhe participar ativamente da programação do único espetáculo que se encontra ao seu alcance. Talvez nada convenha tanto ao cinema em Bogotá como o contato que a concretização desta iniciativa estabeleceria entre o público e os exibidores.

"O poder e a glória"

Em outra parte desta edição se publica uma foto que poderia ser titulada "O poder e a glória". Aparecem nela o governador do Magdalena, coronel Hernández Pardo, e o cidadão Rafael Escalona, na pitoresca cidadezinha de La Paz. O governador dança alegremente, com a camisa empapada por um fluente suor democrático. E dança — segundo informa o correspondente e segundo era natural supor — ao compasso de uma canção composta por seu companheiro de foto, Rafael Escalona.

Talvez o governante e o músico não se conhecessem. O músico sabia, naturalmente, quem era o coronel Hernández Pardo, governador de sua província, e nisso não havia nada de especial. O importante é que quase com absoluta segurança o governador também sabia quem era Rafael Escalona, um dos homens mais famosos da província, embora nunca tenha pretendido e seguramente jamais pretenderá chegar a ser governador.

Mas há uma história bem conhecida: há alguns anos um aspirante ao congresso ganhou uma eleição no Magdalena porque em seus discursos prometeu fazer uma estátua de Rafael Escalona. As pessoas, sem distinção de cor política, votaram no candidato com a esperança de que no terreno das promessas cumpridas ele erigiria a prometida estátua. A estátua de um homem jovem que se dedicou a compor canções cheias de personagens conhecidos, de histórias locais, que circulam de boca em boca por toda a região.

Aos 28 anos, Rafael Escalona — autor de *La molinera* e de tantas canções divulgadas pelos discos — conheceu o esquivo sabor da glória. Ele próprio não poderia dizer qual é o gosto da glória, porque é um homem simples, que conta histórias com música por puro amor à sua terra e à sua gente, e que as pessoas aceitam por isso, porque interpreta cabalmente seus sentimentos. Quando o governador do Magdalena viajou a La Paz não poderia se encontrar com alguém que sintetizasse a psicologia dessa cidade com tanta exatidão como Rafael Escalona. Seguramente o governador sabia, e seguramente por isso a foto reflete o ambiente de legítima convivência cordial.

A morte pública

Tudo indica que os suicidas agora não se contentam apenas em se suicidar. Entregam-se à morte dentro de um preparado ambiente espetacular que sem dúvida está chamando a atenção dos psiquiatras. Hugo Kuntze, um jovem ator alemão, é o último exemplo desta tendência cada dia mais acentuada de fazer da morte voluntária uma espécie de mercadoria para exibição gratuita.

Hugo Kuntze estava num cabaré de Munique em companhia de vários amigos. De repente depositou em seu copo uma cápsula de um poderoso veneno, ingeriu a mistura fatal e morreu paulatinamente, ao compasso de uma valsa que sem dúvida seria mais apropriada se o espetáculo se desenrolasse em Viena. Os amigos do ator, que seguramente ainda entendem a morte como uma questão inteiramente particular, não puderam desfazer o nó do mistério. Todos coincidem em acreditar que a determinação se deveu à psicologia do protagonista, um ator que concebeu a morte como espetáculo, e como espetáculo a ofereceu aos amigos, no melhor do baile. Mas lendo diariamente com curiosidade as notícias dos suicídios espetaculares se verá que nem sempre são atores — mais ainda, quase nunca são atores — os protagonistas desses dramáticos episódios em que alguém resulta morto por sua própria vontade.

Antes, simplesmente, um homem se encerrava no quarto e se dava um tiro na cabeça. Agora é mais freqüente que um homem se jogue de um 32º andar, depois de pronunciar um discurso diante da multidão desconcertada. Naturalmente uma das razões pode ser que no século XIX não havia trigésimos segundos andares, mas outro motivo misterioso, ainda não decifrado, poderia explicar a tendência de oferecer o suicídio como espetáculo: a morte pública, que deve se originar de uma nova e terrível maneira de se manifestar o exibicionismo.

Os convidados da segunda-feira

Cada dia traz sua mensagem: a mensagem do dia de ontem foi do Centro Médico Brush, de Cambridge, onde se descobriu que "o mal-estar da segunda-feira" não é ocasionado pelo álcool, e sim por um micróbio que se encontra nas bebidas destiladas. Portanto, a solução está à vista: eliminam-se os micróbios e no dia seguinte o ilustre noctívago amanhece como novo, limpo e fresco, como se acabasse de sair de um frasco esterilizado.

Ninguém pensou que logo depois da vacina contra a poliomelite os cientistas conseguissem descobrir a vacina contra o mal-estar da segunda-feira — que na Colômbia se chama “guayabo”. Mas tudo indica que sim. Sabendo que é um micróbio o causador do mal, não é inverossímil que amanhã esteja à disposição da humanidade a vacina que imunize os moribundos da segunda-feira contra os micróbios que fazem daquele dia o mais amargo, o mais temido da semana.

Então se recordará com saudade desse mal-estar que todos concordamos em ultrajar radicalmente, e que talvez seja o aspecto mais encantador da festa. Talvez agora o consideremos nosso maior inimigo — e a primeira pessoa neste caso pode ser jornalisticamente tão fictícia como o plural —, porque ainda não o perdemos. Talvez amanhã, vacinados contra o mal-estar da segunda-feira, descubra-se que o melhor da festa não era precisamente a noite de atos, e sim o dia seguinte, ou mais concretamente como diz Pancho, o perseverante marido de Ramona, “o dia seguinte da noite anterior”.

Uma segunda-feira sem dor de cabeça, sem delírio de perseguição e sem remorsos de consciência, é agora a segunda-feira ideal. Talvez deixe de ser quando um ingênuo pretenso benfeitor da humanidade, com a melhor boa-fé do mundo, prepare a vacina contra a segunda-feira. Será como eliminar, com uma implacável metralhadora de laboratório, toda essa poética fauna de morcegos e elefantes róseos que agora são considerados os inimigos mais terríveis do homem que se deita tarde domingo e que talvez não sejam outra coisa que um dos extraordinários encantos da segunda-feira.

Como um fantasma na televisão

Há dois dias passou para a primeira fila da atenção, nos Estados Unidos, René Belvenoir, o único fugitivo da Ilha do Diabo. Foi como uma ressurreição para os telespectadores norte-americanos a presença na tela de um homem que foi jornalisticamente famoso há quase vinte anos, contando a emocionante história de sua fuga da terrível prisão francesa.

Belvenoir é um caso que merece ser recordado. Hoje como ontem a narrativa de sua aventura deve ter um sabor de coisa inverossímil, mas há outra história que Belvenoir não escreveu e que talvez seja tão importante como a primeira e já conhecida. Para o homenzinho francês que em 1922 foi acusado de roubo, quando trabalhava como servente de um cabaré, a vida não começou a ser amável até 1942, quando um grupo de advogados dos Estados Unidos, surpreendido pela fortaleza física e moral do cidadão de nenhuma parte, empenhou-se na tarefa de conseguir para ele a nacionalidade norte-americana.

A história de sua fuga de Cayena causou sensação. Mas ainda não terminou. Ignorava-se que fora desterrado para Costa Rica, de onde passou para o México, antes de atravessar a nado o Rio Grande para regressar aos Estados Unidos. Agora — inesperadamente — apareceu contando sua vida num programa de televisão.

Talvez seja lembrado na Colômbia, um dos países visitados por Belvenoir em sua forçada peregrinação pelo mundo. Aqui foi caçador de borboletas, no Darién, uma região colombiana onde ninguém caça borboletas, talvez porque se necessita estar morto de fome para saber que vendendo borboletas é possível conseguir coisas para comer, como conseguiu René Belvenoir. Na atualidade — diz uma informação telegráfica — Belvenoir "tem a aparência de um benevolente avô". Seu rosto é frio e sua conversa sossegada.

Ao saber da notícia de sua intempestiva reaparição, os leitores devem se recordar da Ilha do Diabo, um inferno verde prestes a desaparecer por completo como colônia penal. Parte considerável dessa desaparição se deveu ao dantesco relato que sobre sua vida na colônia fez ao mundo René Belvenoir, um antigo francês que para os franceses de hoje deve ser um ambulante pedaço do passado.

Mito

A partir de hoje não serão poucas as pessoas surpreendidas com a presença nas livrarias de uma revista literária que parece uma revista francesa, mas é uma revista colombiana: *Mito*, uma aventura de Jorge Gaitán Durán, que é jovem ainda, mas já não o suficiente para fazer loucuras juvenis.

Sinceramente, não acreditávamos na publicação desta revista. Seus fundadores fizeram dela uma teoria tão ambiciosa, tão estofada de coisas boas, que parecia uma especulação fantástica sem possibilidades práticas. Uma custosa revista literária na Colômbia, onde quase se pode dizer que se funda uma revista todos os meses para que não volte a ser publicada no mês seguinte, é algo que continuará parecendo uma fantasia, e que na realidade será ainda mais fantástica se conseguir sobreviver.

Mas o caso é que Jorge Gaitán Durán e Hernando Valencia Goelkel, os planejadores de uma das revistas mais ambiciosas idealizadas no país, mandaram para as bancas o primeiro número dessa revista, que também na prática, já feita, organizada e posta à venda, continua sendo uma das revistas mais ambiciosas já publicadas no país. O mais surpreendente é que aspira se sustentar com anúncios. E mais surpreendente ainda é que este primeiro número se sustenta com uma série de anúncios, como estava previsto.

Deve-se acreditar, sinceramente, que o triunfo de uma revista como esta seria um despropósito sem precedente. Mas devem-se fazer votos, e algo mais do que votos, se se puder, para que esse despropósito prospere e alcance o esplendor que merece.

Mito é uma revista séria, bem escrita, impecavelmente editada, sintoma de uma maturidade intelectual a que seguramente o país não será indiferente nem inferior. Deve-se confiar em que enfim chegou o momento de que, a cada dois meses, possamos esperar a aparição de *Mito* como uma coisa perfeitamente normal, como um fenômeno lógico numa república literária que alcançou, tropeçando, levando tombos, um grau de cultura que lhe permita sustentar uma e tomara que várias revistas como esta.

O inventor está no Rio de Janeiro

Álvaro de la Roche, o inventor de invenções, passou à categoria de notícia internacional telegrafada depois de inventar sua última invenção: é possível viajar de Barranquilla a Buenos Aires por estrada, utilizando uma ininterrupta cadeia de ônibus comerciais. Quando passou por aqui, com seu bigode loiro cor de mel de abelha, ele mesmo disse:

— Não se trata de demonstrar que já existe a estrada pan-americana. Trata-se de demonstrar que já existe a cadeia de ônibus para o traslado direto, e que a única coisa que faz falta é o coordenador.

Naturalmente, o coordenador que fazia falta era ele, mas, como acontece sempre, Álvaro de la Roche se pôs à margem do pan-americanismo — no Rio de Janeiro, onde agora vive — e deixou o problema para outro. A invenção está inventada. Agora só falta o invento, como fizeram falta e continuarão fazendo falta até a consumação dos séculos os tubos pneumáticos que ele inventou que deviam ser inventados para refrigerar Barranquilla.

Do Rio de Janeiro, à margem da estrada, à margem da rota, o viajante que inventou a invenção de uma espécie completamente impraticável, mas também completamente lógica, para sintetizar os anúncios classificados, atirou um pião para seus compatriotas para ver quem o pega pela unha:

— Tenho comigo cartas das empresas de ônibus dos países sul-americanos que visitei, expressando grande interesse pela criação de um bilhete continental, o que significaria o início de uma nova era no transporte e no turismo sul-americanos.

Está aí de corpo inteiro o inventor de invenções. Já inventou a necessidade de inventar o "bilhete continental" e comprometeu no empreendimento uma notável quantidade de empresários de ônibus, que ficarão esperando que alguém invente esta nova, lógica e deliciosamente impraticável invenção de nosso inventor de invenções.

Com juiz, mas sem juizado

A trinta graus à sombra de poeirentas amendoeiras se distribui justiça em Valledupar, sem máquina de escrever, nem móveis, nem textos legais, segundo informa um correspondente. Valledupar, como todo mundo sabe, é uma das cidades mais prósperas da costa atlântica, na província do Magdalena. No marco da praça, junto a uma das bases do romance americano, vive o doutor Pedro Castro Monsalvo, várias vezes ministro e agora recolhido à vida privada num belo casarão colonial de paredes grossas e piso ladrilhado.

No centro da praça municipal há um busto do doutor Alfonso López, despedaçado a tiros por pessoas estranhas a Valledupar durante as noites da violência, quando as românticas serenatas de acordeão e violões foram substituídas por tenebrosas serenatas de chumbo. Há em Valledupar uma rua comprida com lojas enfileiradas por onde passa todo o país rumo à Venezuela, e por onde passam durante todo o dia e toda a noite os comestíveis que vêm da Sierra Nevada, da Guajira e do Magdalena, e que vão para diferentes lugares da Colômbia depois de ter passado por Valledupar.

Há um colégio secundário, uma cardadora de algodão e uma fábrica de refrigerantes e muitas coisas que fazem de Valledupar uma cidade importante, como todo mundo sabe, embora a autoridade competente não tenha providenciado o juizado daquela comarca — que até há pouco esteve a cargo de um ex-magistrado — nem sequer uma máquina de escrever, nem sequer um escritório, e nem sequer um exemplar do *Diário Oficial*, o *Diário Oficial* fundado há mais de um século por Murillo Toro, e não o que agora vão fundar, entenda-se.

O mesmo correspondente que informa que não há máquina de escrever no juizado da comarca de Valledupar informou também que várias denúncias por injúria e calúnia estão arquivadas porque ainda não chegou uma cópia do decreto 3.000. Deve-se entender, naturalmente, que o que não chegou a Valledupar é a cópia oficial do decreto 3.000 — publicada pelo *Diário Oficial*, que não chega —, pois em Valledupar chegam todos os jornais nos quais se publicaram o decreto 3.000 e muitos dos outros 3.000 decretos.

As Dionne, em carne e osso

As quatro sobreviventes das quíntuplas Dionne recebem amanhã duzentos mil dólares cada uma, ao completar 21 anos de idade. Este é o melancólico final de uma história que há quase vinte anos deu a volta ao mundo, com a fotografia de suas cinco graciosas e saudáveis protagonistas, e que hoje — já incompleta a equipe que arrebatou em partes iguais o interesse dos biólogos e a curiosidade popular — é apenas a vaga recordação de um anúncio de sabonete.

Com uma fortuna considerável, último rastro da antiga lenda, as quatro sobreviventes daquele coro de anjinhos rosados com punhos de organdi e fitas azuis que o paternal doutor Dafoe levou pela mão através da popularidade, começam agora simplesmente a ser quatro seres humanos. Marie vive na casa dos pais. Anette estuda música num convento. Cecilia e Yvonne estudam enfermagem num hospital de Montreal. Em seu túmulo, Emilie receberá flores neste dia, enquanto suas quatro irmãs sobreviventes começam, talvez, a se dar conta de que a vida é algo inteiramente normal, que mói, entre suas pedras, sem discriminação, até aqueles que tiveram o privilégio de chegar a ela em circunstâncias de lenda.

Orquestra sem música

Existe uma definição: "Coisa é tudo o que se pode vender." Mas talvez seja mais acertada a modificação: "Coisa é tudo o que se pode roubar." Exagera-se a tendência delituosa de um indivíduo dizendo que "é capaz de roubar um buraco". Lendo as informações diárias se pode concluir que não é tão exagerado o exagero como parece, pois há quem roube coisas que não ocorreria a ninguém que pudessem ser roubadas. A música de uma orquestra, por exemplo.

Foi este o caso ocorrido recentemente em Pasto, onde uma orquestra — que o correspondente que transmitiu a notícia considera "um dos melhores conjuntos musicais existentes no país" — teve todo o seu repertório roubado. As coisas devem ser entendidas como são, e neste caso há que entender que roubaram a música da orquestra de Pasto, o roubo mais concreto de coisa abstrata cometido no país.

O conjunto prejudicado é desde há dois dias uma organização completamente inútil, e continuará sendo enquanto não aparecer o repertório subtraído ou se consiga um novo. Uma coisa é roubarem os instrumentos de uma orquestra. Mas roubar sua música é silenciá-la forçosamente, porque os instrumentos só produzirão ruídos caóticos e desorganizados, enquanto a polícia tenta encontrar o homem que levou toda a razão de ser de um baile, dentro de uma mala. Há nisto algo de delito metafísico.

A fotogenia do fantasma

Os fantasmas, adaptando-se às novas circunstâncias, começam a se afeiçoar à mecânica. No domicílio do marquês de Ely, em Hove, perto de Brighton, Londres, fez sua misteriosa aparição um fantasma que não é tão misterioso por ser fantasma como por ser um fantasma exclusivamente fotogênico. Em seu apartamento particular, o jovem marquês — 25 anos — tirou com luz artificial a foto de uma amiga, convencido de que estava sozinho com ela. Mas a foto revelou que o marquês se equivocava: além dos dois havia um fantasma no quarto. Um fantasma que ninguém conheceu pessoalmente a não ser em fotografia e que portanto ninguém pode dizer como é na realidade, pois não há testemunho de que o contraditório, original e modernizado espectro seja pelo menos parecido com seus retratos.

Usos e abusos do guarda-chuva

Se fosse feito um cuidadoso quadro estatístico dos homens que usam guarda-chuva se estabeleceria que quando chegam as chuvas desaparecem os guarda-chuvas. É natural: o guarda-chuva é uma prenda demasiado fina, demasiado delicada e bonita para permitir que seja destruído pela água.

O guarda-chuva, como seu nome não indica, não foi feito para a chuva. Foi feito para ser levado pendurado no braço, como um enorme morcego decorativo, e para facilitar a certas pessoas a oportunidade de bancar o inglês, quando as condições atmosféricas exigem. Se investigassem a história do guarda-chuva se descobriria que foi feito para uma finalidade bem diferente da que lhe querem atribuir os guarda-chuvistas formais, que são aqueles equivocados cavalheiros que abrem na rua o guarda-chuva quando parece que vai chover, não sabendo que expõem sua preciosa prenda a uma lavagem que não estava no programa.

Para a chuva foram inventados os chapéus de cortiça e os jornais de mais de oito páginas. Mais ainda: antes do chapéu de cortiça e dos jornais de mais de oito páginas se inventou a chuva precisamente para isso: para que caísse sobre o feliz transeunte que não tem qualquer motivo para não desfrutar de um aguaceiro de água pura e celeste, o melhor preventivo que até hoje se inventou contra a calvície.

A redução do número de guarda-chuvas na época de chuva demonstra que ainda restam muitos cavalheiros que sabem para que se fez esta árvore preta formada com galhos metálicos, inventada por alguém que se desesperava ante a tentadora idéia de não poder fechar a árvore e sair a passear com ela, pendurada no braço. Uma senhora inteligente disse:

— O guarda-chuva é um artigo de escritório.

E é assim, e é bom que assim seja, porque se supõe que em cada escritório deve haver um porta-guarda-chuva e no porta-guarda-chuva um guarda-chuva. Mas um guarda-chuva seco. Porque guarda-chuva molhado é um acidente, um barbarismo, um erro de ortografia, que é preciso abrir num canto até quando seque por completo e volte a ser um guarda-chuva verdadeiro. Uma coisa para se levar pela rua, para assustar os amigos e no pior dos casos para se defender dos credores.

Fundación (Magd.)

A Fundación, distrito do Magdalena, estação terminal da Zona Bananeira de Santa Marta, não se ofende — e deve se orgulhar — quando recorda que há apenas cinqüenta anos era uma colônia penal. Um pouco antes de Fundación terminava o país e começava o desterro, na margem de um rio pedregoso e transparente, no qual, nas noites de lua, passeavam bruxas e fantasmas, segundo se diz.

Poucas cidades progrediram tanto em tão pouco tempo, com 35 graus à sombra e umas amendoeiras brancas de pó, sob as quais se deitavam para dormir a sesta os desterrados, boca para cima, com o rosto protegido por um chapéu, sonhando com a Colômbia, esse remoto e quase lendário país aonde começavam a chegar os automóveis, segundo se dizia.

Há vinte anos não havia luz elétrica em Fundación. Era uma pobre e desbarrancada área de jurisdição do corregedor de Aracataca, a cidade vizinha, que progressivamente ia morrendo de morte artificial, enquanto Fundación prosperava, começava a viver de vida natural, dinâmica e briosa, apesar de seus 35 graus à sombra e suas amendoeiras brancas de poeira, que ainda estão lá, como há cinqüenta anos. Cresceu com uma maneira de crescer inusitada nas cidades, e mais ainda nas cidades da Zona Bananeira de Santa Marta, que morreram todas pouco a pouco e agora são na realidade cadáveres de cidades, insepultos, sendo calcinados por um sol inclemente junto dos trilhos de um trem que também está morrendo, esquecido, abandonado por completo como toda a Zona Bananeira, até um quilômetro antes de Fundación.

O mais humano dos bairros

Diz um título de jornal:

CHAMBACÚ SERÁ HUMANIZADO

Como todo mundo não sabe, Chambacú é a zona negra de Cartagena, morredouro de 8.687 pessoas que foram viver numa ilha feita de lixo e cascas de arroz, a poucos metros do centro urbano. É uma cidade à parte, de casas enfileiradas construídas com tábuas velhas, papel de jornal e folhas de lata. Uma versão desregrada e diminuída de Bamba, a cidade de vagabundos de *Milagre em Milão.*

Por isso não se vê com clareza o que quer dizer quando se diz que Chambacú será humanizado. A coisa mais humana que Cartagena tem é Chambacú, um bairro que ferve e apodrece de pura humanidade, com uns catres de madeira nos quais dormem tranqüilamente oito pessoas, e uns quartos estreitos e sufocantes onde dormem 12, tranqüilamente. Onde dormem essas crianças esquálidas e barrigudas que se banham do lado negro do lago do Cabrero, cujas margens são limpas e residenciais de um lado e feitas de monturo com maus odores do outro, do lado do muito humano bairro de Chambacú.

O que não é humano é outra coisa: as autoridades, que durante vinte anos viram crescer 1.127 barracos sobre uma lixeira, e não encontraram a maneira de mudar as coisas, embora esta crônica esteja sendo escrita há vinte anos, quase todos os meses e em quase todos os jornais. E embora sempre se encontre uma maneira de fazer com que os turistas que chegam a Cartagena carregados de miudezas e papagaios não passem por Chambacú, quando seria melhor e talvez mais fácil que Chambacú não existisse, para que tampouco existisse o temor de que fosse visto pelos turistas.

Portanto, quando se anuncia — como tantas vezes se fez — que Chambacú será higienizado, não se quer dizer que Chambacú será humanizado e sim que estão se humanizando as autoridades encarregadas de resolver o problema. Tomara que se humanizem de verdade.

CRONOLOGIA*

Fevereiro de 1954: dia 27, "O cinema em Bogotá. Estréias da semana (*O fruto proibido*, *Anjo do mal*, Dois filmes policiais, *Jornada cruel*), por GGM, p. 15; dia 28, "'El Torito', o hino do Carnaval", por Gabriel García Márquez, Dominical, p. 13.

Março de 1954: dia 6, "O cinema em Bogotá. Estréias da semana (Dois musicais, *A festa do coração*, Cinema nacional)", por GGM, p. 13; dia 7, "La Marquesita de La Sierpe", por Gabriel García Márquez, Dominical, p. 11 (uma nota indica que este texto integra uma série de artigos cujos direitos foram adquiridos pela revista *Lámpara*, que ainda não começou a publicá-la e a autoriza a *El Espectador*; na realidade, este primeiro capítulo tinha saído em *Lámpara*, volume I, n. 5, provavelmente nos últimos quatro meses de 1952, sob o título "Um país na Costa Atlântica I. La Marquesita de La Sierpe"); dia 13, "O cinema em Bogotá. Estréias da semana (*Inferno 17*, *Bienvenido, sr. Marshall* [Bem-vindo, Sr. Marshall], *El niño y la niebla* [O menino e a névoa])", p. 13; dia 20, "O cinema em Bogotá. Estréias da semana (*Amar-te é meu destino*, *Como agarrar um milionário*, *Um plano sinistro*, *Hinter Klostermauern* [Atrás dos muros do convento], *Senhorita Júlia*)", por GGM, p. 13; dia 21, "*Los elementos del desastre*", por Septimus, Dominical, p. 8; "A herança sobrenatural de La Marquesita", por Gabriel García Márquez, Dominical, p. 17 e 27; dia 26, "O cinema em Bogotá. Estréias da semana (*À meia-noite do amor*, *Lágrimas robadas* [Lágrimas roubadas], *O sol brilha na imensidão*)", por GGM, p. 15; dia 28, "A estranha idolatria de La Sierpe", por Gabriel García Márquez, Dominical, p. 17 e 30.

---

*Como todos os textos desse período apareceram em *El Espectador* de Bogotá, prescinde-se da indicação de sua procedência nesta cronologia; só se indica se foram publicados no *Magazín Dominical*.

Abril de 1954: dia 3, "O cinema em Bogotá. Estréias da semana (*A princesa e o plebeu*, *Reportaje* [Reportagem])", por GGM, p. 13; dia 4, "O morto alegre", por Gabriel García Márquez, Dominical, p. 10; dia 10, "O cinema em Bogotá. Estréias da semana (*Mogambo*, Dois filmes literários, *Vulcano* [Vulcão], Dois filmes policiais)", por GGM, p. 13; dia 17, "O cinema em Bogotá. Estréias da semana (*I sette dell'Orsa Maggiori* [Os sete da Ursa Maior], *As noites de Decameron*)", por GGM, p. 14; dia 24, "O cinema em Bogotá. Estréias da semana (*Milagre em Milão*)", por GGM, p. 13; dia 30, "O cinema em Bogotá. Estréias da semana (*Topaze* [Topázio], Dois filmes alemães, *Mercado de mulheres*)", por GGM, p. 4.

Maio de 1954: dia 8, "O cinema em Bogotá. Estréias da semana (*Le due veritá* [As duas verdades], *O malabarista*, *Os corruptos*, *Rochedos da morte*)", por GGM, p. 5; dia 9, "Um homem vem sob a chuva (conto)", por Gabriel García Márquez, Dominical, p. 16 e 31; dia 15, "O cinema em Bogotá. Estréias da semana (*Tre storie proibite* [Três histórias proibidas], *Pérfida*", por GGM, p. 5; dia 22, "O cinema em Bogotá. Estréias da semana (*O garotinho perdido*, *O mar que nos cerca*, *Fuga do passado*, *Júlio César*)", por GGM, p. 5; dia 29, "O cinema em Bogotá. Estréias da semana (*Menzogna* [Mentira], *Hondo: Caminhos ásperos*)", por GGM, p. 5.

Junho de 1954: dia 3, "O cinema em Bogotá. Estréias da semana (*Duas mulheres*, *O príncipe valente*, *Não desonres o teu sangue*, *O senhor fotógrafo*)", por GGM, p. 5; dia 12, "O cinema em Bogotá. Estréias da semana (*O salário do medo*, *Dieu a besoin des hommes* [Deus precisa dos homens])", por GGM, p. 13; dia 19, "O cinema em Bogotá. Estréias da semana (*Nós, as mulheres*, *O selvagem*, *A sombra da noite*)", por GGM, p. 5; dia 26, "O cinema em Bogotá. Estréias da semana (*Signori in carrozza!* [Senhores, ao trem!], *A selva nua*, *O salário do medo*)", por GGM, p. 5.

Julho de 1954: dia 3, "O cinema em Bogotá. Estréias da semana (*O cangaceiro*, *Caprichos de uma mulher*, *O sol brilha na imensidão*, *Totó nas Arábias*)", por GGM, p. 5; dia 10, "O cinema em Bogotá. Estréias da semana (*Mais forte que a morte*, *Ardida como pimenta*, *Tormenta sob os mares*, *Os mistérios do Marrocos*)", por GGM, p. 5; dia 17, "O cinema em Bogotá. Estréias da semana (*O diabo riu por último*, *Máscaras*, *Tentacíon* [Tentação], Noticiários franceses)", por GGM, p. 5; dia 24, "O cinema em Bogotá. Estréias da semana (*Un divorcio* [Um divórcio], *Música e lágrimas*, *Tous les chemins mènent à Rome* [Todos os caminhos levam a Roma], *Cine-Variedades*)", por GGM, p. 5.

Agosto de 1954: dia 2, "Balanço e reconstituição da catástrofe de Antióquia", por Gabriel García Márquez, da redação de *El Espectador*, p. 1 e 19; dia 3, "Balanço e reconstituição da catástrofe de Antióquia (II)", por Gabriel García Márquez, da redação de *El Espectador*, p. 1 e 5; dia 4, "Balanço e reconstituição da catástrofe de Antióquia (III)", por Gabriel García Márquez, da redação de *El Espectador*, p. 1 e 11; dia 7, "O cinema em Bogotá. Estréias da semana (*Jeromín*, *Geleiras do inferno*, *Um leão está nas ruas*)", por GGM, p. 5; dia 14, "O cinema em Bogotá. Estréias da semana (*O homem que o mundo esqueceu*, *A morte ronda o cais*)", por GGM, p. 5; dia 15, "Álvaro Cepeda Samudio" (assinado: Gabriel García Márquez. Este perfil do jornalista e escritor *barranquillero*, amigo de GGM, acompanha o conto "Hoy decidí vestirme de payaso", extraído do livro *Todos estábamos a la espera*, de Cepeda Samudio, lançado por essa época), Dominical, p. 17; dia 21, "O cinema em Bogotá. Estréias da semana (*Nerone e Messalina* [Nero e Messalina], *El valor de vivir* [A importância de viver], *El viaje de la reina Isabel II de Inglaterra* [A viagem da rainha Elizabeth II da Inglaterra])", por GGM, p. 5; dia 28, "O cinema em Bogotá. Estréias da semana (*El rapto* [O rapto], *Gigolo and Gigolette* [Gigolô e Gigolete], *Os maridos da mamãe*)", por GGM, p. 5.

Setembro de 1954: dia 4, "O cinema em Bogotá. Estréias da semana (*Se Versalhes falasse*, *Todos os irmãos eram valentes*, *Outros tempos*)", por GGM, p. 5; dia 11, "O cinema em Bogotá. Estréias da semana (*A fonte dos desejos*, *Heidi*, *Llévame en tus brazos* [Leva-me em teus braços], *La aventura comienza mañana* [A aventura começa amanhã], *Dortoir des grandes* [Dormitório para maiores])", por GGM, p. 5; dia 18, "O cinema em Bogotá. Estréias da semana (*Os amores de Lucrécia Bórgia*, *Sie fanden eine Heimat* [Eles encontraram uma pátria], UPA)", por GGM, p. 5; dia 23, "Quibdó, totalmente paralisada", por Gabriel García Márquez, enviado especial de *El Espectador*, p. 1; dia 29, "O Chocó que a Colômbia desconhece", por Gabriel García Márquez, enviado especial de *El Espectador*, p. 1 e 5; dia 30, "O Chocó que a Colômbia desconhece (II)", por Gabriel García Márquez, enviado especial de *El Espectador*, p. 1 e 7.

Outubro de 1954: dia 1, "O Chocó que a Colômbia desconhece (III)", por Gabriel García Márquez, enviado especial de *El Espectador*, p. 1 e 5; dia 2, "O Chocó que a Colômbia desconhece (IV)", por Gabriel García Márquez, enviado especial de *El Espectador*, p. 1 e 18; dia 8, "*El Espectador* visita Paz del Río", texto de Gabriel García Márquez, p. 1 e 12; dia 9, "O cinema em Bogotá. Estréias da semana (*A volta de dom Camillo*, *Cara-de-pau*, *Weisse Sklaven* [Escravos brancos])", por GGM, p. 5; dia 16, "O cinema em Bogotá. Estréias da semana (*Perdonami* [Perdoa-me], *El gran concierto* [O grande concerto])", por GGM, p. 5; dia 23, "O cinema em Bogotá. Estréias da semana (*Filhos do amor*, *Quan-*

do a mulher erra, O inimigo público nº 1)", por GGM, p. 5; dia 27, "Por que você vai à matinê?", por GGM, redator de cinema de *El Espectador*, p. 17; dia 30, "A preparação da feira internacional", por Gabriel García Márquez, da redação de *El Espectador*, p. 1; dia 30, "O cinema em Bogotá. Estréias da semana (*Loucuras de um milionário, O fantasma do castelo, Rapsódia, Leur dernière nuit* [A última noite], Luis Buñuel)", por GGM, p. 13.

Novembro de 1954: dia 1, "O carteiro bate mil vezes", por Gabriel García Márquez, da redação de *El Espectador*, p. 15 e 16; dia 6, "O cinema em Bogotá. Estréias da semana (*La peccatrice dell'isola* [A pecadora da ilha], Três velhos filmes, Informação e propaganda)", por GGM, p. 5; dia 13, "O cinema em Bogotá. Estréias da semana (*Les orgueilleux* [Os orgulhosos], Entre parênteses, *A importância de ser prudente, Le boulanger de Valorgue* [O padeiro de Valorgue], *O fantasma da rua Morgue*, Mais cinema italiano)", por GGM, p. 5; dia 17, "A cidade ficou paralisada", por Gabriel García Márquez, da redação de *El Espectador* (desta reportagem resta apenas o exemplar de arquivo de *El Espectador*; na verdade, ela é encontrada apenas na sexta edição do jornal publicada nesse dia, enquanto os exemplares disponíveis na Biblioteca Nacional e na Biblioteca Luis Ángel Arango são da quarta edição, distribuída antes que desabasse o catastrófico aguaceiro que é tema da reportagem de GGM); dia 20, "Como nasceu e como funciona a nova universidade", por Gabriel García Márquez, da redação de *El Espectador*, p. 1 e 11; "O cinema em Bogotá. Estréias da semana (*O capote, A mulher de Satã, Amor de outono*)", por GGM, p. 4; dia 25, "Dramas reais no cinema mexicano", por GGM, redator de cinema de *El Espectador*, p. 21; dia 27, "O cinema em Bogotá. Estréias da semana (*Alemanha, ano zero*, Cinema argentino, *Papai não quer, Christina*)", por GGM, p. 4.

Dezembro de 1954: dia 1, "Um personagem singular em Bogotá", por Gabriel García Márquez, da redação de *El Espectador*, p. 1 e 14; dia 4, "O cinema em Bogotá. Estréias da semana (*Disque M para matar, La guerra de Dios* [A guerra de Deus], *Il mondo le condanna* [O mundo a condena], *Quo vadis?*)", por GGM, p. 4; dia 9, "Da Coréia à realidade", por Gabriel García Márquez, da redação de *El Espectador*, p. 1 e 14; dia 10, "Da Coréia à realidade (II)", por Gabriel García Márquez, da redação de *El Espectador*, p. 1 e 11; dia 11, "Da Coréia à realidade (III)", por Gabriel García Márquez, da redação de *El Espectador*, p. 1 e 18; dia 11, "O cinema em Bogotá. Estréias da semana (*Die weisse Hölle von Piz Palu* [O inferno branco de Piz Palu], *Los hijos de nadie* [Filhos de ninguém], *Elle et moi* [Ela e eu])", por GGM, p. 4; dia 18, "O cinema em Bogotá. Estréias da semana (*A fera deve morrer*, Festival UPA, *The Secret People* [As pessoas secretas])", por GGM, p. 4; dia 22, "Um Papai Noel de verdade alegra este Natal em Bogotá", por Gabriel García Márquez, 2ª seção, p. 1; dia 27, "O cinema em Bogotá. Estréias da semana (*La bergère et le ramoneur* [A pastora e o limpador de chaminés], *O maior espetáculo da Terra, Minha espada, minha lei, Desejo humano*)", por GGM, p. 4; dia 31, "Resumo crítico do ano cinematográfico em Bogotá", por GGM, redator de cinema de *El Espectador*, p. 5.

Janeiro de 1955: dia 3, "O cinema em Bogotá. Estréias da semana (Daniel Gélin e Burt Lancaster, *O outro homem, A culpa dos pais*)", por GGM, p. 5; dia 8, "O cinema em Bogotá. Estréias da semana (Mattarazzo e Bonnard, *Lua-de-mel agitada*)", por GGM, p. 4; dia 15, "O cinema em Bogotá. Estréias da semana (*Um homem e dez destinos, Julieta*, Dois relançamentos, Entre parênteses)", por GGM, p. 5; dia 22, "O escândalo artístico em Barranquilla", por Gabriel García Márquez, da redação de *El Espectador*, p. 1 e 10; "O cinema em Bogotá. Estréias da semana (*Um fio de esperança, O drama do deserto, Fanfan la Tulipe*)", por GGM, p. 5; dia 27, "Os *cartageneros* ganham outra batalha", por Gabriel García Márquez, da redação de *El Espectador*, p. 1 e 12; dia 31, "A história se escreve com chapéu", por Gabriel García Márquez, da redação de *El Espectador*, 2ª seção, p. 2.

Fevereiro de 1955: dia 1, "Um grande escultor colombiano 'adotado' pelo México", por Gabriel García Márquez, da redação de *El Espectador*, p. 5; dia 5, "O cinema em Bogotá. Estréias da semana (*Umberto D., Avant le deluge* [Antes do dilúvio])", por GGM, p. 5; dia 9, "As intimidades de um célebre toureiro colombiano", por Gabriel García Márquez, da redação de *El Espectador*, p. 12; dia 12, "O cinema em Bogotá. Estréias da semana (*O carneiro de cinco patas, A mocidade é assim mesmo*, Noticiários franceses)", por GGM, p. 5; dia 17, "Como José Dolores vê o problema do café", por Gabriel García Márquez, da redação de *El Espectador*, p. 1 e 19; dia 19, "O cinema em Bogotá. Estréias da semana (*L'étrange madame X* [A estranha senhora X], Entre parênteses, *Sí... Sí... Es él* [Sim, sim, é ele], *O príncipe estudante*)", por GGM, 2ª seção, p. 7; dia 23, "Inaugurada ontem à noite exposição não impressionista" (artigo anônimo que, após breve introdução, reproduz o texto redigido e lido por GGM na inauguração de uma exposição do pintor peruano Armando Villegas; uma fotografia mostra GGM lendo esse texto), p. 12; dia 26, "O cinema em Bogotá. Estréias da semana (*Desirée, o amor de Napoleão, Meu ofício é matar, Amarte es mi pecado* [Amar-te é meu pecado])", 2ª seção, p. 10.

Março de 1955: dia 5, "O cinema em Bogotá. Estréias da semana (*A nave da revolta*, *Matar ou morrer*)", por GGM, 2ª seção, p. 10; dia 8, "A natureza decide o velho pleito entre Puerto Colombia e Bocas de Ceniza", por Gabriel García Márquez, da redação de *El Espectador*, p. 1 e 7; dia 9, "Via-crúcis de Bocas de Ceniza (II)", por Gabriel García Márquez, da redação de *El Espectador*, p. 1 e 17; dia 10, "Via-crúcis de Bocas de Ceniza (Conclusão)", por Gabriel García Márquez, da redação de *El Espectador*, p. 1 e 18; dia 12, "O náufrago sobrevivente passou 11 dias em uma frágil balsa", por Gabriel García Márquez, da redação de *El Espectador* (a primeira frase do título vale tanto para o artigo de GGM como para o de Germán Vargas, enviado especial de *El Espectador* a Cartagena), p. 1 e 9; dia 12, "O cinema em Bogotá. Estréias da semana (*A condessa descalça*, *Amor de outono*, *Magia verde*), por GGM, 2ª seção, p. 10; dia 19, "Um diretor italiano em Bogotá" (assinado: GGM), 2ª seção, p. 9; dia 19, "O cinema em Bogotá. Estréias da semana (*Insatisfeita*, Filmes de arte, *O mundo é das mulheres*), por GGM, 2ª seção, p. 9; dia 23, "O Chocó irredento", por Gabriel García Márquez, da redação de *El Espectador*, p. 1 e 17; dia 24, "Marinha cria assessoria de informação exclusiva para o náufrago", por Gabriel García Márquez, da redação de *El Espectador*, p. 1 e 9; dia 26, "O cinema em Bogotá. Estréias da semana (*Os filhos de Hiroshima*, o filme mais parecido com o inferno, *Johnny Guitar*)", assinado: GGM, 2ª seção, p. 27; dia 30, "A explicação de uma odisséia no mar", por Gabriel García Márquez, da redação de *El Espectador*, p. 1 e 8.

Abril de 1955: dia 2, "O cinema em Bogotá. Estréias da semana (*A viúva negra*, *Romance de minha vida*, *Le chevalier de Maison Rouge* [O cavaleiro da Casa Vermelha]), por GGM, 2ª seção, p. 9; dia 5, "A verdade sobre minha aventura (I)", por marinheiro Luis Alejandro Velasco, exclusivo para *El Espectador*, p. 1 e 3; dia 6, "A verdade sobre minha aventura (II)", por marinheiro Luis Alejandro Velasco, exclusivo para *El Espectador*, p. 1 e 16; dia 9, "A verdade sobre minha aventura (III)", por marinheiro Luis Alejandro Velasco, exclusivo para *El Espectador*; "O cinema em Bogotá. Estréias da semana (*Sabrina*)", por GGM, 2ª seção, p. 10; dia 11, "A verdade sobre minha aventura (IV), por marinheiro Luis Alejandro Velasco, exclusivo para *El Espectador*, p. 1 e 15; dia 12, "A verdade sobre minha aventura (V)", por marinheiro Luis Alejandro Velasco, exclusivo para *El Espectador*, p. 1 e 13; dia 13, "A verdade sobre minha aventura (VI)", por marinheiro Luis Alejandro Velasco, exclusivo para *El Espectador*, p. 1 e 17; dia 14, "A verdade sobre minha aventura (VII)", por marinheiro Luis Alejandro Velasco, exclusivo para *El Espectador*, p. 1 e 9; dia 15, "A verdade sobre minha aventura (VIII)", por marinheiro Luis Alejandro Velasco, exclusivo para *El Espectador*, p. 1 e 16; dia 16, "A verdade sobre minha aventura (IX)", por marinheiro Luis Alejandro Velasco, exclusivo para *El Espectador*, p. 1 e 14; "O cinema em Bogotá. Estréias da semana (*Sindicato de ladrões, Die Spur führt nach Berlin* [As pistas levam a Berlim])", por GGM, 2ª seção, p. 14; dia 18, "A verdade sobre minha aventura (X)", por marinheiro Luis Alejandro Velasco, exclusivo para *El Espectador*, p. 1 e 17; dia 19, "A verdade sobre minha aventura (XI)", por marinheiro Luis Alejandro Velasco, exclusivo para *El Espectador*, p. 1 e 11; dia 20, "A verdade sobre minha aventura (XII)", por marinheiro Luis Alejandro Velasco, exclusivo para *El Espectador*, p. 1 e 15; dia 21, "A verdade sobre minha aventura (XIII)", por marinheiro Luis Alejandro Velasco, exclusivo para *El Espectador*, p. 1 e 17; dia 22, "A verdade sobre minha aventura (XIV)", por marinheiro Luis Alejandro Velasco, exclusivo para *El Espectador*, p. 1 e 10; dia 23, "O cinema em Bogotá. Estréias da semana (*Cidade da perdição, O segredo dos incas)*", por GGM, 2ª seção, p. 9.

Maio de 1955: dia 6, "O drama de três mil crianças colombianas desabrigadas", por Gabriel García Márquez, da redação de *El Espectador*, p. 1 e 3 (em uma fotografia, GGM aparece falando com um dos órfãos de Villarrica); dia 7, "O cinema em Bogotá. Estréias da semana (*Carmen Jones*, Entre parênteses)", por GGM, p. 5; dia 14, "Fala uma testemunha da primeira explosão atômica", por Gabriel García Márquez, da redação de *El Espectador*, p. 1 e 12; "O cinema em Bogotá. Estréias da semana (*Crimes d'alma, A grande paixão*, Caixa postal)", por GGM, 2ª seção, p. 7; dia 21, "O cinema em Bogotá. Estréias da semana (*Caminhos sem volta, Amar é sofrer*, Paisagens colombianas), por GGM, 2ª seção, p. 7; dia 28, "O cinema em Bogotá. Estréias da semana (*Quando as mulheres esperam, Louisiana Story*)", por GGM, 2ª seção, p. 2; dia 31, "Grande batida para controlar a 'febre do ciclismo' em Bogotá", por Gabriel García Márquez, da redação de *El Espectador*. (A 31 de maio de 1955 começa a circular *A revoada*.)

Junho de 1955: dia 4, "O cinema em Bogotá. Estréias da semana (*O coração da matéria*)", por GGM, 2ª seção, p. 10; dia 8, "Uma vítima relata o acidente aéreo do Chocó", por Gabriel García Márquez, da redação de *El Espectador*, p. 1 e 16; dia 11, "O cinema em Bogotá. Estréias da semana (*Nasce uma estrela, Três dias de amor*, Cinema nacional)", por GGM, 2ª seção, p. 11; dia 27, "O tricampeão revela seus segredos. Capítulo I", por Ramón Hoyos, em relato a Gabriel García Márquez, p. 1 e 21; dia 27, "Nota do redator. Cinco dias de reportagem contínua", por Gabriel García Márquez, p. 21; dia 28, "O tricampeão revela seus segredos. Capítulo II", por Ramón Hoyos, em relato a Gabriel García Márquez, p. 15; dia 28, "Nota do redator. Perfume para limpar troféus", por Gabriel García Márquez, p. 15; dia 29, "O tricampeão revela seus segredos. Capítulo III", por

Ramón Hoyos, em relato a Gabriel García Márquez, p. 16; dia 29, "Nota do redator. 'Pego você, Ramón'", por Gabriel García Márquez, p. 16; dia 30, "O tricampeão revela seus segredos. Capítulo IV", por Ramón Hoyos, em relato a Gabriel García Márquez, p. 11; dia 30, "Nota do redator. 'O milagre está em seu tórax'", por Gabriel García Márquez, p. 11.

Julho de 1955: "O tricampeão revela seus segredos. Capítulo V", por Ramón Hoyos, em relato a Gabriel García Márquez, p. 13; dia 1, "Nota do redator. 'O intelectual do ciclismo'", por Gabriel García Márquez, p. 13; dia 2, "O tricampeão revela seus segredos. Capítulo VI", por Ramón Hoyos, em relato a Gabriel García Márquez, 2ª seção, p. 10; dia 2, "Nota do redator. O campeão não quer se casar", por Gabriel García Márquez, 2ª seção, p. 10; dia 4, "O tricampeão revela seus segredos. Capítulo VII", por Ramón Hoyos, em relato a Gabriel García Márquez, p. 7; dia 4, "Nota do redator. Cem cartas diárias para escolher", por Gabriel García Márquez, p. 7; dia 5, "O tricampeão revela seus segredos. Capítulo VIII", por Ramón Hoyos, em relato a Gabriel García Márquez, p. 13 e 16; dia 5, "Nota do redator. 'O Escaravelho', nome equivocado", por Gabriel García Márquez; dia 6, "O tricampeão revela seus segredos. Capítulo IX", por Ramón Hoyos, em relato a Gabriel García Márquez, p. 7; dia 6, "Nota do redator. 'O "Zipa" não está queimado'", por Gabriel García Márquez; dia 7, "O tricampeão revela seus segredos. Capítulo X", por Ramón Hoyos, em relato a Gabriel García Márquez, p. 9; dia 8, "O tricampeão revela seus segredos. Capítulo XI", por Ramón Hoyos, em relato a Gabriel García Márquez, p. 9; dia 9, "O tricampeão revela seus segredos. Capítulo XII", por Ramón Hoyos, em relato a Gabriel García Márquez, 2ª seção, p. 5; dia 9, "O cinema em Bogotá. Estréias da semana (*Última classe*, *Robinson Crusoé*)", por GGM, 2ª seção, p. 10; dia 11, "O tricampeão revela seus segredos. Capítulo XIII", por Ramón Hoyos, em relato a Gabriel García Márquez, p. 7; dia 12, "O tricampeão revela seus segredos. Capítulo XIV", por Ramón Hoyos, em relato a Gabriel García Márquez, p. 17.

*Apêndice I**

Agosto de 1954: dia 24, "A crise do transporte urbano", p. 1 e 18; dia 25, "A crise do transporte urbano (II)", p. 1 e 5; dia 26, "A crise do transporte urbano (III)", p. 1 e 10.

Outubro de 1954: dia 16, "*El Espectador* visita as cidades", p. 1 e 18.

---

*Incluem-se aqui duas reportagens publicadas em *El Espectador* e atribuídas a García Márquez.

*Apêndice II. "Día a día"**

Fevereiro de 1954: dia 2, "Cleópatra"; dia 3, "Descoberta de Marilyn"; dia 4, "Coqueteria política"; dia 18, "A rainha solitária"; dia 19, "A importância de se chamar Maruja" e "O cinema pelo cinema"; dia 20, "Os heróis também comem" e "*O escravo do vício*"; dia 26, "A hérnia é inocente" e "'Que a prendam'".

Março de 1954: dia 2, "Soluções ao ar livre"; dia 4, "Cinema oficial"; dia 5, "Herriot fala de Picasso"; dia 8, "Quase uma história de horror"; dia 15, "Um esporte como qualquer outro"; dia 16, "Sofre-se, mas se vota"; dia 17, "O hábito da moderação"; dia 19, "Em qualquer circunstância"; dia 26, "Os Oscar de 1953"; dia 29, "O pequeno mundo de dom Gregorio"; dia 30, "O leitor e o *gourmet*".

Abril de 1954: dia 1, "'Pode beijá-la na mão'"; dia 6, "Um grande acontecimento"; dia 8, "Audrey"; dia 10, "Erro de cálculo"; dia 19, "Bulimia"; dia 21, "Malaparte ao fundo" e "Fenômenos desnudados"; dia 23, "Regresso ao Gênesis" e "Que a música continue"; dia 24, "Os conquistadores" e "'*Salvación del recuerdo*'"; dia 27, "A hora do príncipe"; dia 30, "Ingrid, outra vez".

Maio de 1954: dia 3, "Depois da tormenta" e "Nada mais que pedras"; dia 12, "Salvador salvo"; dia 20, "Sob o signo de Touro"; dia 22, "O asno de ouro"; dia 24, "O cúmulo do equilíbrio"; dia 28, "Um escritor no cárcere".

Junho de 1954: dia 1, "Mostra-me teu bigode e eu te direi quem és"; dia 4, "Cinema nacional"; dia 5, "Um grande filme"; dia 9, "Devemos cuidar dos fantasmas"; dia 10, "Digestão de diamantes"; dia 18, "O sr. Truman ao piano"; dia 23, "O mais ousado dos pretextos", "Literaturismo" e "Grande lástima!"; dia 25, "O medo é melhor"; dia 28, "Não é mera coincidência"; dia 30, "*Mister* América".

Julho de 1954: dia 2, "Temos que inventar inventores"; dia 3, "Contra vento e maré"; dia 8, "A taurofilia do touro" e "Filosofia ao pé da letra"; dia 9, "Tragiquadrinhos"; dia 10, "Bogotá, cidade tropical" e "Cinema do Brasil"; dia 12, "Problema privado entre homens públicos"; dia 15, "O homem que inventou o celofane"; dia 17, "Perigo em roupa de banho"; dia 20, "Duelo apócrifo" e "Outra vez as quíntuplas são cinco"; dia 22, "Flores eternas"; dia 23, "*Alma no lodo*"; dia 26, "A mais bela".

Agosto de 1954: dia 2, "A magia do contrabando"; dia 3, "Picasso na arena"; dia 4, "Dança bárbara"; dia 10, "Os precursores" e "Canibais à napolitana"; dia 14, "A visita do gelo"; dia 17, "O burro no circo"; dia 21, "O navio fantasma"; dia 26, "A rosa azul"; dia 31, "As baleias são ilhas".

---

*Estão compiladas aqui as crônicas atribuídas a García Márquez, publicadas na coluna "Día a Día", de *El Espectador*. Todas saíram na página 4, segunda coluna.

Setembro de 1954: dia 3, "Sexta-feira"; dia 8, "Bud Fisher"; dia 9, "Diabéticos, S.A." e "Bem-vindo, sr. Marshall?"; dia 10, "Palavras e não fatos"; dia 13, "Álvaro Mutis"; dia 14, "Cinema japonês"; dia 20, "Fama pelo avesso".

Outubro de 1954: dia 5, "Marilyn no banco"; dia 15, "A paz esteja convosco"; dia 27, "Exposição de Ramírez Villamizar"; dia 29, "Hemingway, Prêmio Nobel".

Novembro de 1954: dia 8, "Não é demais?"; dia 10, "Natureza à solta" e "Poligamia teórica"; dia 13, "O último ato, com varíola"; dia 15, "O enigma de Bocas de Ceniza", "Consideração com o que paga" e "Quarenta mil dólares de amor"; dia 16, "Inventado o primitivismo"; dia 24, "Os dois filósofos"; dia 26, "A Itália em Hollywood"; dia 29, "O rapaz da bicicleta".

Dezembro de 1954: dia 1, "O tigre de Juan Mina"; dia 6, "Um livro de Arturo Laguado"; dia 7, "Uma moeda de dois centavos e meio"; dia 9, "Leite para as crianças da França"; dia 10, "*Los elegidos* no cinema"; dia 11, "A tortura visual no cinema"; dia 16, "O dia do solteiro"; dia 20, "Um palácio de retorno", "A tortura do cinema" e "O pobre Huseyin"; dia 27, "Nove senhoras vão à selva"; dia 29, "Não é Churchill"; dia 31, "O pecador Pedro Guzmán", "'O velho que tinha lido todos os livros'" e "A última crônica".

Janeiro de 1955: dia 3, "A psicologia do dentifrício"; dia 4, "Juradó, uma cidade fantasma" e "Senhora presidenta"; dia 5, "E agora para onde?", "Como em 1905" e "Uma pequena história romana"; dia 11, "Proibido beijar no cinema"; dia 15, "O tempo parou"; dia 17, "'Ao pó voltarás...'"; dia 26, "Juanito Trucupei"; dia 27, "Já não cantam os barbeiros"; dia 28, "Algo mais do que uma coincidência" e "Epílogo de um cinqüentenário".

Fevereiro de 1955: dia 1, "O tigre de Aracataca" e "Amor na linha 'H'"; dia 2, "*Umberto D.*"; dia 4, "Natal em fevereiro"; dia 9, "Uma notícia em Santa Marta"; dia 11, "Profetas fora de sua terra"; dia 15, "O inventor de invenções"; dia 18, "O filme do sr. Wendfenton"; dia 19, "Tudo é possível no Carnaval", "Limite!" e "A verdadeira hora da verdade"; dia 23, "O problema de se chamar George".

Março de 1955: dia 1, "Concerto para lagostas"; dia 8, "Penicilina para ladrões"; dia 10, "Chapéus"; dia 22, "Cinema por voto popular".

Maio de 1955: dia 4, "'O poder e a glória'"; dia 5, "A morte pública" e "Os convidados da segunda-feira"; dia 6, "Como um fantasma na televisão"; dia 14, "*Mito*"; dia 17, "O inventor está no Rio de Janeiro"; dia 25, "Com juiz, mas sem juizado"; dia 27, "As Dionne, em carne e osso".

Junho de 1955: dia 3, "Orquestra sem música"; dia 4, "A fotogenia do fantasma"; dia 9, "Usos e abusos do guarda-chuva"; dia 10, "Fundación (Magd.)", dia 11, "O mais humano dos bairros".

ÍNDICE REMISSIVO

Este livro foi composto na tipologia Minion,
em corpo 11/16, e impresso em papel
off-white 80g/m², no Sistema Cameron
da Divisão Gráfica da Distribuidora Record.

Seja um Leitor Preferencial Record
e receba informações sobre nossos lançamentos.
Escreva para
RP Record
Caixa Postal 23.052
Rio de Janeiro, RJ – CEP 20922-970
dando seu nome e endereço
e tenha acesso a nossas ofertas especiais.

Válido somente no Brasil.

Ou visite a nossa *home page*:
http://www.record.com.br